齊藤博史学集成 I

わが精神の歩み

藤原書店

1994年ごろ、獨協大学経済学部長室にて。

▶後列右端。早稲田大学の卒業式にて。（一九五七年、二二歳）

▼大学院生時代、横浜市の自宅にて。（一九五九年ごろ）

▶恩師、瀧川政次郎先生と。（1984 年、明治記念館にて）

▶左より安宅久次郎氏（獨協大学総務部長待遇兼学生課長）、齊藤博氏、大村芳子氏（大村仁太郎次女）、小池辰雄氏（獨協大学百年史編纂委員長・初代）、川崎倫一氏（大村仁太郎三女の夫）。（一九七九年ごろ、川崎邸応接室にて）

齊藤博史学集成 I

わが精神の歩み

目次

Ⅰ　自分史の風景

Ⅱ　齊藤史学の地平――学問と教育

齊藤博史学集成　I

わが精神の歩み

序　民衆史の創造化――『増田実日記』を読みながら

現代に生きる歴史研究のありようには、「一種云うべからざる苦痛を感ずる」（夏目漱石『中味と形式』一九一一年八月）問題があまりにも多すぎる。いわゆる「道理の感覚」で解釈できない、むずかしい事態がどうして現出してしまったのであろうか。考えられることは、「一つの型を永久に持続する事を中味の方で拒むから」であったろう。いかにも強引で無理矢理な裁断を加える方法や学風、あるいは教条と実証の混合がまかり通り、反省はおざなりで通過しつつ、それなりに知的生産性をあげてきたこともある。「一時は在来の型で抑えられるかも知れないが、どうしたって内容に伴われ添わない型式は、何時《いつ》か爆発しなければならぬと見るのが穏当で、合理的な見解である」（同年十一月）という外はない動きは、この一世紀の間に、いくらでも指摘できようかと思われる。

学問方法論や研究上の問題意識、あるいは学者の思想傾向などのここ半世紀における変容と変質の姿態は、それ以前には想像もつかなかったことである。この変化の過程で、歴史研究者たちは、精密な研究業績を積み上げ、その学問とその生活を切り離し、学問生活と思想生活の分離をも含みつつ、学問的な「高度成長」を遂行できたのであったろう。しかし、その代償といってはおかしいが、いわゆる十九世紀から二十世紀前半にかけての、知識人的な役割をになう歴史家としての権能や思想的権威がほとんど消失してしまったのであった。

強行的近代化を急激に遂行した近代日本の社会民衆環境の中で、歴史学という学問が啓蒙思想として果した役割が、すでに完了してしまっていることを確認せざるをえなくなっている。

九十年近く前に漱石が述べているように、たしかに「現今日本社会状況というものは、どうかと考えてみると、目下非常な勢いで変化しつつある。それに伴なわれて、我々の内面生活というものもまた、刻々と非常な勢いで変りつつある。瞬時の休息なく運転しつつ進んでいる」（一九一一年八月）のであろう。「すでに内容生活が違っているとすれば、それを統一する形式というものも、自然ずれて来なければならない。もし、その形式をずらさないで、元の儘に据え置いて、そうして何処までもその中に我々の変化しつつある生活の内容を押し込めようとするならば、失敗するのは眼に見えている」と。

実は私たちの歴史学も、漱石のいう社会の変化に対応する学問と思想の変化の課題に、三十年、四十年も前からぶつかっていた。世界と日本のラディカルな変貌と変質に全人的に切り結ぶような問いかけをしない流儀があいまいに定着してしまい、「変化」を都合よく「押し込めよう」とする気分が一般化したのであったろう。

まさに「内容の変化に注意もなく頓着もなく、一定不変の型を立てて、そうしてその型はただ在来あるからという意味で、またその型を自分が好いているというだけで、そうして傍観者たる学者のような態度をもって、相手の生活の内容に自分が触れることなしに推して行ったならば、危い」のだ。ベルリンの壁や東独の学問や思想の崩壊はこうして起ったのだろう。

つらつら考えてみると、戦後五十年間、公教育の過程における歴史教育で青少年を真剣に啓蒙教育してきたはずであったし、生真面目ですぐれた教科書を執筆刊行し配布してきたはずであるのに、現代国民の多数派を形成するための「たましいの獲得」に失敗してきたことの意味は、案外に重大な反省材料となろう。無論、成果がなかったというわけではないが、長年にわたりこびりついた痼疾のことに思いを致すことも必要であろう。「一つの路」を金科玉条にしてしまい、あとは精緻な学術研究をすれば事足りる、といったわけには行かない所まで、学問思想状況は来てしまっていたのではなかったか。

こうして「民衆史」が、一九六〇年代以降、ある種のアナザ・コースの新しい学風の生命体として、各地に群生をはじめたのであった。

いわゆる民衆史学作品に対して加えられる「曖昧」「無原則」「描写のみ」「特殊事例」「コップの中の嵐」「木を見て森を見ず」などという評価について触れながら、民衆史の創造化の一事例を紹介して行きたい。「木を見て森を見ず」の民衆史学。本当にそうであろうか。そういっている人が、森どころか、木さえも見ていない事が、いくらでもあるのではないか。

ここで取り上げる『増田実日記』（我孫子市教育委員会刊、全三巻）は、一八九九年に千葉県印旛郡大森村亀成の低湿地の貧農小作人層の次男として生れた武藤実（のち養家に入り改姓）が、大正五年十七歳の時から昭和三十四年六十歳の時まで書き綴ってきた日誌である。田園風土と、自己および家族や周辺の人々への観察には、正義感覚あふれる鋭いものが見受けられる。農作業日誌や人事動静の合い間には田園情景の描写が点在する。水田の水の共同くみ揚げ作業を記録していて、「水車上にて、満月の皓々として、そよ吹く風に小波起れる水上に映ずる沼を前にせる三、四戸の水村。灯火を水上に浮べ、すぐ前の水藻影には、二、三の蛍虫、絶え絶えに光る」と描く。その水車仕舞いには、「明け方には、水上の灯火の消え、鶏鳴の聞ゆる。満月中空に上り、夜はまさに明けむとす」と。『増田実日記』はまさに民衆史叙述であり自分史の語りである。彼は六十歳で自動車事故で亡くなるまでの自分の寿命を、あたかもあらかじめ意識していたかのごとくに、誠と志とをもって、自己実現を一歩一歩積み重ね、自己完結をなしとげた人生を送った。

一般に自分史は「個」という極小の「部分」に「淫する」ようにして入り込み居据る叙述である。そこでは、通史・概説や一般史でいうところの国家社会の動向に埋没しきれない部分が個性的に表出できるかどうかが、課題であるといってよい。主体的な人間味や思想性といったものを持たないと、自分史、民衆史といいながらも、ただの社会風俗史の破片であったり、時代風潮の一事例であったりするだけに終る。一瞬一瞬の過去を記録する場合（日記）にしても、数年間あるいは数十年間の過去を記述する場合（回想、自伝）にしても、「過去」を都合よく解釈せずに忍耐することの自己点検が求められる。「現在」の状況（たとえば戦後日本）から「過去」（たとえば戦前日本）を自分に具合よいように振り返り、自己満足に陥ることのないように心掛けたいものである。あえて申し上げれば、軍部や天皇制や財閥に戦争責任をおおいかぶせるのみで、民衆や自分を悲惨な目にあった被害者に描き過ぎる傾向には、若干気を付けるべきであろう。そのような傾向では、真の歴史的な責任探求からは遠くなる場合も多い。

世界史や国家史という大きい観点で歴史上の物事を判断したり描写するのではなく、自分一箇の関りの中で周りを眺める。部分としての自分にとことん徹し、自分のことからその時代を知る。その社会を把握する。「自分史」はこのようなところにおいて、「民衆史の創造化」の第一のキイワードになるといってよい。

第二のキイワードは「自力更生」であろう。一般に農業日記が書き綴られ残されるのは、十九世紀豪農層あるいは十九世紀から二十世紀初頭の中農上層の農家経営体であろう。増田実のような貧農小作人層では珍しい。

初めは「自力更生」という言葉すら知らない彼が、土地や資産そして学歴がないために他人に軽く見られ、小馬鹿にされた悔しい思いや、その日その日に感じ取ったことを毎日、日誌に綴り続けて行く。苦辛の労働をしながら成長し、日記をつけながら向上する。将来への希望の無さからの自堕落を振り捨て、自己を更生して行く。社会倫理と個人道徳に関わる身の周りのことについて、人一倍の批判力を身につける。向上欲の前には、「世話」になった地主でさえ、例外でない。増田実は、そもそも十七歳の出だしからして「この一年間、他の悪青年と行動を共にせず、毎夜高声を発して恋歌を唄いつつ安眠の妨害をなす等、または其他惰弱たる行動、感心せざる行動を見るにつけ聞くにつけ、あゝ彼等如き連中へは身を投じまい」（大正五年十二月三十一日付）という次第であった。

この貧農青年に、山崎延吉（安城農林学校長で昭和四年より鈴鹿の神風義塾々主）の農本主義思想による自力更生の労働精神が深く刻まれ、受け留められて行くのであった。「健康は貧困者の最大の資財なれば摂食・衛生には最善注意を要す」とした上で、「下層民は下層民らしく上層階級者の悦楽をねたまず、自己の職分に忠実誠意であれば、必らず吾人も其の地位を得られる」とし、自分の如き者でも「生活戦線の勝利者」（昭和十一年）たりうるとの信念を実践した。

第三のキイワードは「村落共同体」であろう。大正九年、二十一歳の時、増田家への入婿縁組みが決まる。村落内の相続と労働力調達についての授受の伝統的流儀による仲人口で、自立心旺盛で勉学と勤労の意欲盛んな青年の一生があっさりと決まってしまう。半年後には、老義父母との毎度のいさかい、行き違い、亡義兄の遺子の存在、唯一の働き手としての期待される役割のみの存在を自嘲的に告白しているほどで、読む方にも、人生の哀切が伝わってくる。

男女の結びつきに対する前近代的な制約は、青年ばかりか、すべての構成員を縛りつける。東アジアに目を広げてみると、東シナ海をへだてた中国同時代の魯迅や郭沫若も「家」の決めた結婚を押しつけられながら、それを強引に拒否し、大都会に出て渡海し日本に留学しているのである。残された新妻は、婚家に縛られ、嫁として一生涯を過す。枠組みを強行突破して自由の天地を切り開いた先進的な男と女はそれでよいとして、彼らに相手にもされず、従順に婚家に残らざるをえない（今更、実家には帰れない）女はどうなるか。

増田実は、すべてをあきらめ、上京して進学の道、あるいは就職の道への夢を捨てた。いい加減の無責任な仲人口の結果に苦しめられつつも、苦労いっぱいの後半生を、妻子とともに開拓して行く外の道は閉されたのであった。増田実はその道をどこまでも自力更生で突き進んだ。これがわが日本の近代化の、いわば民衆段階における忍耐・不屈・従順の道の典型といってよいだろう。

第四のキイワードは「同時代史」であろう。

増田実と同時代の人々を考えてみよう。

一、増田実　一八九九—一九六〇
二、昭和天皇　一九〇一—一九八九
三、魯迅　一八八一—一九三六
四、郭沫若　一八九二—一九七八
五、宮沢賢治　一八九六—一九三三
六、賀川豊彦　一八八八—一九六〇
七、スタインベック　一九〇二—一九六八

奇異に思われる方もあろうが、貧農小作人の日記記録者の増田実とルポルタージュ作家・スタインベックとは、太平洋をへだててはいるものの、同時代性において強く結びついているといってよい。スタインベックは、アメリカ・オクラホマ州の貧農小作人一家の中に入り込み、耕地から追い立てられる農民の悩み、悲しみと怒りを『怒りの葡萄』（一九三九年）にて、精緻極まる典型像としてリアルに描写したのであった。『増田実日記』には、オクラホマからカリフォルニアへの大平原と山脈を横切る大移動の苦難の道行きのドラマはない。深刻にして卑劣な農業資本家の悪だくみや、暴力団の挑発、官憲の弾圧もない。それは日米貧農民の歴史と風土の違いだけでなく、我孫子地域の地主・小作関係の間における「善意」の風土的存在といったことに関係するだろう。しかし一村を動かずに死守しつつ自力更生する道を志した増田実の姿にも、それなりの緊張感と圧迫感が満ちていたことは確かである。

宮沢賢治と増田実は、東北農村と関東農村と離れているものの、農業改革者・貧農生活向上主義者として、精神的に同時代性が濃厚であったことに間違いない。たとえ一方が田舎大尽の息子の善意の改革家であり、他方が文字通りの貧農小作人の息子であったとしても、である。「全人的な信念なくして自力更生はない」し、「全ての人が幸せにならない限り、一人だけでは本当の幸せにはなれない」という賢治の本音。

この本音に共鳴したのが増田実の息子の政美であった。父母の懸命に働く背を幼年期から見つめて育ち、少年期からはいつとはなしに無心に農作業を手伝いはじめていた政美が、自力更生の思想に目覚める。日本農村は、日本の貧農は、これでなくては救われないと思うに至る。小学校教師たちの地元に密着した指導もあった。政美は、晩年の賢治に接触し教えを受けていた山形県の最上共働村塾経営の松田甚次郎（一九〇九―一九四三年）の元へ馳せ参じる。

こうして増田実父子が、宮沢賢治と結合した。

それらの動向と対照的な同時代性として、昭和帝との関連があろう。いまだ皇太子時代の二十歳で、第一次世界大戦直後の西欧列強諸国への親善訪問を、平和外交よろしくきらびやかに遂行していた頃、増田実の家と周辺農村は経済の不景気と利根川大氾濫の災害で、暗澹たる困窮の真只中にあった。さらには、キリスト者・賀川豊彦を重ね合せると、国民がトータルにプアであった近代日本の明暗が、私たちに迫ってくる。近代日本の、いわば山場である大正中期から昭和初年代の十年間に、良いことも悪いこともすべての種が着床し、芽が萌芽《もえで》たのであった。賀川は身を捨てて貧民窟に入り、神による救済の伝道とあわせ、貧民の現世における救援を実践する。官憲の弾圧も世間の無理解や無視も少しも気にしていなかった。これは、増田実の自力更生の個人主義段階とは違いの大きい路線であった。全国の地方農村を歩き、講演と技術指導をして回った山崎延吉の農本主義運動とも異った姿勢ではあった。

敗戦前にすでに貧農小作人から離脱し、零細な自作地主に上昇転化することができていた増田実の小世界は、日本的村落共同体の規制の枠組みの内にあって、禁欲的な自己緊張の下で、山崎延吉流儀の労働生活を不屈に積み重ねるばかりであった。だから『日記』の読み方としても、現代の経済大国の民主と平和の民衆の感覚などに移行させて見るべきではなかろう。昭和十五年戦争中に、たとえ増田実が戦争を正当化しているにしても、その対応の中身を丁寧に分け入ってみてほしい。いわゆる軍国主義者・膨張主義者などとは異なる位相の精神の持主なのであった。当時の少数派の被圧迫民衆である中国人や在日朝鮮人に対して、彼がどのように寛容であったか。多数派日本人と一緒になって迫害するようなことをすこしもしていないこと、かさにかかっていない姿勢などを、読みとって行きたいのである。

宮沢賢治も、その弟子、『土に叫ぶ』の松田甚次郎も、近代日本の伝統農村共同体を終生離れなかった。故郷の耕地と人々と動植物と山川に固執していた。しがらみをあえて拒否したり、誤解や非難を理不尽に受けても、脱走したり、とくにむきになって歯向いもしなかった。飛翔して飛び去らなかった。大都会知識人漱石のいう苦痛にこだわる余裕がなかった。変化に対応できればよい、というものでないと知っていた。それぞれの現場を離脱せず、泥土の附着して重い田舎靴を脱がず、それぞれに苦しみながら自分の持場に留まった。いわば民族共同体たる歴史存在としての民衆を尊重したのであった。その報われざる労苦の行末に、からくも日本人と世界人類の真実が見えはじめたのであった。

苦難の道を生き抜いた人の発見。戦争をはじめ悲劇の事件などの追体験と再構築。すべて人生の敗北者や挫折者からの学習。この三つの側面から一歩を踏み出してみよう。民衆史の創造化は、ここからはじめて始まるのだ、といってよいのではないか。

「ずいぶん忙しく、仕事もつらい。もっと明るく生き生きと生活する道を見付けたい。……近代科学の実証と、求道者たちの実験と、われらの直観の一致に於いて論じたい。……世界がぜんたい幸福にならないうちは、個人の幸福はあり得ない」という賢治の箴言のうちに、私たちは民衆史の創造化への灯をみるのである。

I　自分史の風景

1　境川のほとりで――大戦下の少年と教師

鶴久保国民学校四年生で集団疎開
神奈川県高座郡相模原町大野龍像寺へ

たしか一九六〇年前後の数年間だった。まだ三十代後半になっていなかった思想史家・色川大吉氏や近世史家・安沢秀一氏らの南多摩丘陵の地方史料採訪の調査行に、下働きや随行者の立場で、私たち十歳ほど下の世代の研究者たちが歩いていた際である。私個人は、武州木曾村や山崎村（現町田市域）で十九世紀地方豪農層や中農上層の帳簿類や日誌書簡などを現地調査し、いわゆる地主質屋なる存在状況を実証しようと夢中になっていた。

気がつくと、十五、六年前の第二次大戦中の鶴久保国民学校生のうち、私たちの集団疎開先が、木曾村集落から目と鼻の先の境川を渡ったすぐの西南、相模原台地の崖下にある曹洞宗浄源山龍像寺である。ある日、調査を早退けして押し掛けるように突然立ち寄ってみた。お住職・依水文能先生は、相変らずの色白温顔の立ち居振る舞いであった。奇縁にもやはり地域史に関心を持ち、相模原市史編さん委員になられている依水師は、すぐに「昔」をたぐり寄せ、当時手伝いをしていた村のおばさん方を呼び出してくれ、奥様ともどもなつかしきひとときを持った。

明治初年以来、近代日本最大の軍港であった横須賀は、米空軍の空襲被害を防止する一環として、小学三年生から六年生までが、相模原台地に散在する寺院群に強制的な集団疎開を展開した。小学四、五年生の一年四カ月余の期間（昭和十九年九月から二十年十月まで）の集団疎開のうち、私の場合は家の事情や私自身の寝小便の癖もあり、十一月からの中九カ月間は、父の軍務先に母と三人で縁故疎開をした形になっていた。急転回の敗色のため、母子は父と別れ、翌年七月末に私は再び集団疎開先の龍像寺にもどったのだった。

小学一年生の十二月に「大東亜戦争」が始まっている私たちの学年は、戦時体制の国民学校の第一期生である。子供心にもその生真面目で内気な気質が感じとれる美術教師は、目は澄んでいつも蒼白い顔色をしていたが、海軍航空隊の隊員三、四人の出陣離陸直前の打ち合わせの「英姿」を描いて、東京の展覧会で準特選になり、学校中の話題をさらっていた。

あのころは教師も生徒も使丁さんも一様に軍国主義者であり、「戦争文化」の崇拝者だった。各教室では黒板脇に大きなアジア太平洋地域の地図が張り出され、朝刊のニュースで知った皇軍の新占領地や戦果の地点が、赤い布切れのついたピンで示されていた。私たちは学芸会で、美術教師が大きい模造紙に鉛筆で下絵したルーズベルトやチャーチルの醜い似顔絵を太筆で画いて見せ、それを長い箒の先で突き破り、父母や全校生の拍手喝采をあびたものだ。「でてこいニミッツ、マッカーサー。行くぞロンドン、ワシントン」と景気よくがなり立てる雰囲気の毎日だった。今から思うと、現在の私たちより一回りも若い世代に属する校長が、毎週二回の朝礼訓話で、神国日本と現人神天皇への絶対的崇敬心を、師範教育以来の筋金入りの心組みにて吐露していた。

戦局の厳しさとともに、夕暮れの街頭で母姉たちと千人針のほのぼのとした勧誘をしたり、一家で楽しげに軍事慰問袋を作り隣組や学校へ集荷したりの「良き銃後」風俗は、消え失せていた。若い先生たちは皆ピリピリしていた。何人もの先生が帝国軍人軍属として徴用され、学校から消えて行った。出征教師を見送る表面は晴やかで内実はものさびしい荘重な儀式が、霧の中の劇のようにおぼろげに心の底にある。校門入り口左手の奉安殿に神秘の崇高さを顕示している昭和天皇御真影への礼拝は、いよいよ徹底された。誰だったか、下校時に会釈一つで走り去ろうとした同級生が、校長室の窓から監督していた校長先生に見つかり追いかけられ、ひどいお仕置きを受けたこともあった。

集団疎開先の大野の龍像寺への男子四十数名におよぶ四年生の押し込みと受け入れに、前者の立場の引率教師（温順老成のS先生ら）にしても、後者の立場のお寺の家族の方々はもとより檀家の村民たちや地元小学校にしても、皆それぞれに大変だったろう。真新しい杉材で便所や食堂が本堂の左右に増設された。私たちは本堂大広間と脇四室分を寝所とした。食料事情は、私が七月末に再合流した時は、毎日毎日が明日はどうなるのかなと子供心に心配するくらいに劣悪化していた。責任者の教師（生一本の正義漢のK先生）や、それを助ける若い先生（代用教員の美しきI先生たち）、寮母さん（色白で愛敬のあるKちゃんたち）は、役場や学校の連絡行政に挟まれ、地元との食料調達の交渉に疲れはて、シンドイことだったろう。

子供たちはのみ・しらみの巣を寝具や衣類にかかえ、学用品と食品は質も量も不十分で、飢えきっていた。大人たちの苦労も知らず、野良犬のように近隣農家の畑を荒らした。いやな感じのおできが皮膚のあちこちに現われ、治りは悪かった。小集団が結成され、食い物の貸し借りを強要した。いじめや盗難が陰湿に発生していた。強い者にいじめられると、さらに弱い者へいじめを振り替えるのだった。皇国日本「臣民の道」は、戦場や国内政治経済においてばかりでなく、少国民のたましいのうちでも退廃し、崩壊しつつあった。

川向こうの武州木曾村や地元相州淵野辺の畑作物を盗み取ってつかまった際の、村民親子たちの恐ろし気な目付きはものすごかった。地元の小学校と合併授業の試みもはじめはなされたが、町場の子たちである疎開児童と、当時は純農村の子たちでは、学習の効用や進度に格差がありすぎて、休み時間は小さいこぜりあいや対決のようなケンカまで発生、結局引き揚げて龍像寺内で寺子屋分教場を開くだけに閉じ籠った。無論、楽しい行事がなかったわけではない。まだ水量が多かった境川での水遊びや、草原や森林の緑ひろがる台地上の大沼までの遠足など、小学唱歌を唄いながらの道中は、夢見るような牧歌時代といえないこともなかった。相模原台地から眺める真紅の夕焼けと黒い富士も見事だった。

八月に入ると日本中、異常な雰囲気になった。ついに本土決戦とかで、私たちは岩手県下の山村寺院に再疎開が決まり、K先生は父母代表と現地入りして打ち合わせも済んでいた。ポツダム宣言も「新型爆弾」も「ソ連参戦」も、大日本帝国臣民の最後の一人まで玉砕し、悠久の大義に生きる決意を変えることはないと教えられて、素通りだった。

そして十五日昼。中世以来の大蛇伝説をもつ龍像寺の前庭右にそびえる高野槇の大木——時折、鼠を飲み込んだ青大将が登りつめパタンと飛び降りるのだが——のまわりに集まって玉音放送を聞いた。ラジオでは、あの独特の鷹揚たる尻上がりの金切り声の一見のんびりとした発声の外は、子供には内容はよく聴き取れなかった。K先生が、放送終了直後いきなり本堂階段手すりの所へ駆け昇り、倒れるように伏せ、大声で泣きわめき出したのを、私たちはあっけにとられて見つめていた。

なんとむごく、報われざる献身と、生命無駄遣いの青壮年教師生活だったろう。張りつめた糸が切れたような、吠えるようなK先生の嘆声の方が、昭和天皇の冷静沈着な玉音より、私にはリアルであり真実性があった。同じ教師の道を進み、しかも当時の先生の年格好の子を今やもつ私は、そう確信している。安易にあのころを意味あるものに考えたくないのだ。

鶴久保小学校の校区はいかにも庶民的な地域で、校門のすぐ前の小川の先に軍都特有の遊廓があった。明治大正期には、作家・山口瞳の実母の親の経営する大楼があったし、私の母方の洋服屋の伯父が祖父母にやらせたお女郎さん相手の小間物屋もあった。戦後は米兵が往き来してにぎやかであった。鶴久保小学校は、ハングリー精神横溢な少女歌手・山口百恵ちゃんの出身校でもあった。

そのK先生も亡くなった。鎌倉在住の女流画家となったI先生とはたまに会える（奇しくもお二人の弟たちは私と同学年であった）。世界民主連合国に無謀にも立ち向かったあの大戦争の渦中の教師と子たちの、決して美化できない、なさけない実相を日本人の内なるオウムとして想い起こす昨今である。

しかし近隣の木曾村や山崎村の豪農研究が自分のささやかな学問の心棒になった縁もあり、それもこれも、神の摂理にも似た一筋の通過すべき道だったかと想う。

2 「あのころ」を思い起こす——国民学校時代

小学六年次の担任の旧師が、母校の校長に転任されたということで、数人の中高の旧友たちと横須賀市立鶴久保小学校を訪問した。今になってみると、当時、鎌倉師範を卒業したての青年教師だった旧師とは一廻りとは年のひらきがない。旧師の愛弟が私たちの後輩であったこともあり、たがいに落ち着いた男の年齢に達した三十数年ぶりの出会いであった。いわゆるハングリースターの典型ともいえる山口百恵の出身校で、学区は戦前も戦後も庶民的な色彩が濃い。私たちが学んだ旧校舎の一部はいまだに使用されていて、なつかしさを覚えたのだが、学校附近の通学路脇の一帯を占めた柏木田遊廓のおもかげも、「あのころ」と亡き母のことを想い起こさせるに充分なたたずまいで残っていた。

私の母いねの故郷は、相州足柄中郡井之口村遠藤原である。淘綾《ゆるぎ》丘陵の高台にあり、東側の下を花水川が流れていた。西の中井の井之口から登る坂もせまく急であったが、東の金目南平橋から登る坂はさらに急で、周囲は老大木におおわれ、暗い小道である。途中、ひろびろとした畑の台地部落に出会うが、ふたたびがけ道の暗い坂道をのぼりきると、やっと遠藤原の部落に達した。冬でも日ざしをいっぱいにあびる高原状の小台地で、丹沢山や大山を北に大きく見留めることができる。雑木林のがけに四方をかこまれ、日だまりのある窪地に隠田のような水田が何枚も続いた。小さな水の流れが何本も下方にむかっていて、水にも不自由しなかった。

いねの実家原家は、武田二十四将の一人、原隼人の末葉といわれる。天正十（一五八二）年、武田氏が信長に亡ぼされた折、後北条氏を頼って、井之口在のこの丘陵に定着した。遠藤原入口の小社、天神社の棟札に天正十年建立とある。『新編相模國風土記稿』にも記録がある。部落集会所の仏壇にある原家の位牌も立派である。親族武松家は同じ丘陵の西南端にのぞむ赤田村で、小田原平野が眼下に見下せる所だが、同家には武田時代以来の系図と、秀吉の小田原征伐時の軍令や布告などが残っていることを『相模國風土記稿』は天保期に記録している。私も行って見た。明治三十年代に、いねの次兄喜市郎と三兄銀蔵が原家の五輪塔の墓石下を掘ってみたら、刀剣類が朱肉の中に埋っていたという。この剣を振りまわして遊んだというが、それ以降、原家は衰えはじめたらしい。

いねの父、原佐太郎は畑作農民兼農村商人として煙草の集荷販売に手をつけ、小豪農の位置を回復し成功した。しかし明治三十年代の煙草専売制度の強行実施によって、家運は急速に傾いた。『中井町誌』によると、西北部の関東山村に間々みられる〝酔っぱらいときつね伝説〟をもつ地域ではなかったか。秦野や平塚への煙草商いの帰り路は、金目から南平橋を渡る夜道になることが多い。きつねによく化かされ、魚や肉をすり取られたという。美女がオイデオイデをして傘の中へ入れというのだ。

一度などは夏の明るい夕刻にすっかり方角と居場所がわからなくなった。行けども行けども自分の村、我が家に帰りつけない。困りはてた末に、通りがかりの部落の農家の庭先へ入り込み、道を尋ねた。そこの農婦に、遠藤原ノ原佐太郎ノ家ハココカラマダダイブデスカ、と聞いたという。ヤダオマエサン、ドウシタノ、と妻しまが肩をたたいて正気にもどした。アア助カッタ、きつねニ化カサレテタンダ、と佐太郎がいったと記録にある。この話は町誌を知らないいいねも私に話していた。

明治三十年代の前半に、原家は長男、旨太郎の失恋のうらみからの放火事件と、それに続く裁判、実刑判決によって、家産を喰いつぶしてしまった。才気煥発で煙草商いでもひとかどのやり手だった佐太郎が、晩年、たどりついた横須賀の寓居で、しまと手をとりあい、おろおろしていたのをいねは見ている。旨太郎が、先年取り壊された横須賀の大津刑務所で十年の刑を保釈され、その足で午後から夜通しで歩いて明け方、遠藤原の家の縁側の板戸をドンドンたたき、旨太郎デス、といった時、いねを含めた子達は目をさまし、アンチャンが帰ッテキタ、とだきあい、親を起しに行き、親子ともども兄を囲んで泣いたという。

旨太郎は受刑中に覚えた洋服仕立業で身を立て、軍港と工廠のある横須賀で兵隊と工員相手に洋服屋を開業して成功した（のちに、何を思ったか国学院で神官の免許をとり、横須賀の諏訪神社の神主となったりもした）。弟や妹たちも兄を頼って崩壊寸前の家を離れ、きびしい兄にぶたれぶたれ仕立業を覚え、それぞれ独立して行く。佐太郎は田畑家屋敷をすべて手離し、横須賀に行き、長男の肝煎りで、水兵たちでにぎわう柏木田遊廓の中に、小さな店をかまえたのだった。お女郎さんたちの求める桜紙や小物装身具、紙箱などを取り扱った。

柏木田には大門があり、桜並木の大通り両側に大店の遊女屋が立ち並ぶ。中央に大通りを横切るように小川があり、柳が植込まれ、脇道の奥に小劇場が二軒あった。つき当りは組合検番で、その右脇を抜けると写真館があり、私も幼児のころ母いねにつれられ何度も写真を撮りにいった覚えがある。その前の県道にすぐ面して鶴久保小学校があったのだ。明治二十三年生れのいねは、両親といっしょにこの遊女街の中で娘時代を育ち、お女郎さん相手に店頭にいたようだ。

いつだったか、NHKテレビで山口瞳の『血族』の翻案が連続物で放映され、娘にうながされ、気のすすまぬままに数回みて、奇縁に驚いたことがある。私の祖父の店は、山口瞳の母の実家の遊女屋の、まぎれもなくすぐ脇にあったのだった。山口があざやかに形象化した女の意気と水々しい張りと強い色気の匂う母親の娘時代に、いねも娘時代で、二人が会話を交えたことも充分考えられることに気付き、柏木田のイメージが強烈に私を打った（我孫子の歴史講演会で石牟礼道子女史の少女時代の想い出を聴いたのだが、その中でとくに、隣家の遊女屋のエピソードに強い感銘をうけて、この想いはさらに強まった）。

いねは高等小学を卒業すると秦野の質屋へ奉公して働く。その後は長兄や父の店の手伝いをし、横浜の商家や横須賀の海軍将校の家で子守奉公をした。兄の店の顧客の一人、関東配電の技師文平と結婚、のちに鶴久保小学校の学区内の谷戸の奥に家を建てた。大正末に夫は病没、軍人で東北出身の庄吉と再婚し、私を生んだのだった。

朝や午後、近道をして、いつもは通らぬ大通りを通って通学した時などに、垣間みる遊女のお姉さんたちの、あでやかで、こわいようなつやのある色彩の立居振舞いと、放漫な高声の笑いは、四十年後のいまでも、消えずに覚えている。

3 叔父・安藤今朝巳と父・齊藤庄吉

本書を叔父・故安藤今朝巳と老父に献呈することを記したい。

今朝巳叔父は実際の話、本書に掲載の窮民調書の登場人物の何人かを親族として持った貧農小作人の三男坊として一九一七（大正六）年に生れ、少年時代から不幸と貧困をなめつくして成長、出稼工夫・職工から徴兵で大日本帝国陸軍兵卒となった。中国大陸と太平洋地域で戦闘に参加、一九四二（昭和十七）年皇軍大本営の無謀な作戦命令下ガダルカナルに逆上陸し、若妻を残したまま二十六歳で数万の戦友兵士とともに戦病死＝餓死したのであった。金鵄勲章功七級を昭和天皇より拝授している。顔付容貌が似ていた少年時代の私を大変かわいがってくれたこと、戦時下の故郷での盛大な葬儀のあれこれなどをいまだに覚えている。いすの上に立った中国人少女と並んでいるまじめくさった写真が私の手元に残っている。

老父は貧農小作人の次男として一九〇〇（明治三三）年に（昭和天皇より半年早く）生れ、出稼漁夫・職工・農夫から徴兵で大日本帝国海軍兵卒となり、シベリア出兵から職業軍人として満州・シナ両事変、太平洋戦争と昭和戦争下を幾度かの死地をかいくぐって生き抜いてきた。現在は郷里で温厚な保守的心情のもとに苦心しながらそれなりの日常生活を送り老後を養っている。不充分な本稿をいそいでまとめたのは、老人の持病の重い老父に早く、父には関係のない私のいわゆる専門研究ではなく、父からの聴き取りの助けをかりながら、祖父佐々木広吉たちや父たち叔父たち東北貧農民の「伝記」であり息子の思想的原点でもある「絶望の明治農村」作業を、ともかくもまとまった「書籍」の形で見せて置きたかったからである。

私の長い宮城県仙南地方農村調査（地主質屋農村経済史）の間には、祖父や叔父や父たちが最敬礼のようにして裏門のくぐり戸を入り台所口の広い土間にしゃがんで若奥様か女中頭からどぶろくをもらい小作米、小作料、借金返納の受領証を受け取っていた大地主の家へ、筆者は大きく立派な門を通り正面玄関から一歴史研究者として上り込み、広壮な石庭や築山や裏山を客間で眺めつつ歴史資料だけでなく古美術品をみせていただくような日々もあった。ある地主の家では祖父広吉のわずかばかりの小作延納米仮領収控の紙片をみたことがある。地主家の宰領が走り書きした祖父の名前があざやかに私の目にうつった。私の少年時代元気だった祖母の名をつまらん衣類の質入人として質物台帳の中に見出したのを素知らぬ風に頁をめくっていったこともある。戦前大地主の旧家若夫人が令息の担任教師で戦前小作人の息子と戦後駆け落ちした実話に、小作人層出身のものの中には喝采した者たちがあった。戦前小作人で兵隊上りのおとなしい男で評判の者がおかした殺人未遂事件も印象に残る。農地改革で自分のものになった田畑で耕作中、戦前地主気分の抜けない旧地主の息子農民が旧小作人の畦畔や畑を年中無断通過していたことをめぐってケンカが絶えず、ついにある晩夏のむし暑い日中、旧小作人の男が逃げる旧地主の息子を追いつめ早稲刈り用のかまで背後からざっくり首をかききろうとしたのであった。ちょうどその時刻に被害者の親類筋の旧家で資料筆写をしていた私は重体の急報を聞きつけたのだった。いろはにほへと、と四十七倉を邸内に所有した大地主・貴族院議員のＩＢ家はいくつもの（地主的）エピソードを残しながら大正中期に崩壊したが、祖父たち、父たちの世代の小作人層には憎悪されていたようである。「畠にジスバリ田にヒルモ、船岡ＩＢナケリャヨイ」と唱われていたという。ジスバリはハコベ類の雑草、ヒルモは鳥の足といわれる球根草で、いずれも額に汗する貧農小作人たちにきらわれたしつっこく根強い雑草であった。

日本歴史や地方誌史関係の立派な蔵書のある大池唯雄（本名小池忠雄）氏の質素な書斎で氏と対座して語り合った宮城県農村史や農民風俗生活のこと、ジスバリやヒルモを実見するために二人で野良へ出たことなどが想い出される昨今である。

（一九七三年三月）

某大地主の妻と娘——熱烈なクリスト者で戦時中御真影崇拝を拒否したＩＢやよい・敦子母子——の神々しくも悲惨な生涯。夫＝父や町有力者らの軍需火薬大工場労働者用の遊廓設置運動や、地主層の蓄妾をはじめとするソドム＝ゴモラ的雰囲気や、平和主義クリスト者への家父長制的迫害のあった昭和戦争下の東北農村社会。日本近代社会では「女は奴隷として生れて来たか」と考え込まざるをえない。「警察と地主ボスの町、ヨタ公の多き町、淫蕩の町、封建主義の町」「Ｆ岡町」を追われた「非国民」母子の殉教について厳しい義憤と神の愛を吐露された村田大造師（基督教独立伝道者で「現人神天皇制理念は偶像迷信、国体観念は世界的主義と正面衝突」と絶叫しつつ神の福音を布教し八十一歳で一九七一年に昇天）の著作集（一九七二年九月刊）をこの「あとがき」校正を終える直前に偶然に入手し拝読することができたのは、畏るべき霊的奇遇であったかもしれない。

（同年四月二十七日）

4　想い出すこと、これからのこと——青年教師時代と壮年期

想い出すことは、たくさんある。

三十一歳の青年教師が、五十六歳になるまで、二十五年間、小さな私立大学にずっと勤務してきた。その間、私は毎年、毎月、毎週に十七、八歳から二十二、三歳前後の青春群像と顔を合わせ、語り、質疑応答をし、しゃべり続け、飲み、旅を共にし、輪読の会を継続してきたのだった。

『パンタレイ』（万物は流転する）という私たちの年報誌が二十五号になるのだから、いわば確実に四半世紀の間、青春の渦中で、私は、自分のささやかな研究生活を送り、平凡な教師の日常性を積み重ねてきた。人並みに所帯をかまえ、二児を育ててきた。学生諸君の離合集散、成長と離陸、飛翔と分岐、挫折と新生を見守ってきた。その生と死、そして自分ばかりか、教え子の家庭の崩壊の事例すら、いくつかむなしく見守ってこざるをえなかったこともあった。

九〇年五月末の私の学位授与記念パーティーで、ほんとうに卒業以来はじめて再会した教え子の方々も、いく人もいた。皆それぞれなりに壮年、中年のつらがまえになり、世なれた身のこなしを自然体でしめしていた。世のため、他人《ひと》のため、家族のために力をつくし、心をつくして働いていることが、すぐにもうかがうことができた。しかもその上で、しばらくの間、何度か懇談の小さな輪が二転三転するうちに、ひと昔、あるいはふた昔前の青春を、確実に下敷きにした「人間」の顔を思い浮かべるようになっていた。

男の智恵、女の智恵が一人一人の教え子の方々の会話の端々《はしばし》や、目の光の中に感じとられた。こんな瞬間が、いわ

ゆる教師冥利につきるというものだろうと思った。

ベルリンの壁の崩壊、東西ドイツの統一、東欧諸政権と「人民民主主義」体制の瓦落《がら》、ソ連の社会主義一党独裁体制の決定的後退、スターリン主義の徹底的自己暴露と破産、前衛党信仰の消失、ソヴィエト加入の非ロシア諸民族の離反、中国社会経済の混迷と危機――などの世界史的な大状況の激動を、真正面に見すえざるをえない現在、二十六年前からの、師弟同道の歴史と経済学の基礎理論に関する古典輪読の思想的かつ知的雰囲気から、どんな遠くまで「現実」は飛び去って来たことか。あの熱気と真摯な志の原点から、「時代」はいかに分裂と遊離をとげてきてしまったことか。

あの青春の原風景の凝縮と密度と刻苦こそが、古典輪読会に参加した師弟たちの「現在」の血肉となっているに違いない、と今、確信をもっていえるかどうかが問われているのだろう。別のいい方をすれば、あの時代に私たちが、ある広さと深さで、そこまで意識していなかったものの、模索していた歴史的真実へのアプローチの姿勢と、丁寧至極に全文音読しつつ討議するという古典的熟読の仕法と、イデオロギーやセクトや事大主義からの遊離の態度は、案外に「いい線」をいっていたのではないか、と今、しみじみと思う。

しかしそれにしても、カトリック国ポーランド出身のローマ教皇とソ連共産党のゴルバチョフ書記長という現代の二英雄の大胆明瞭な作風が、どんなに東西両世界、南北両世界の行き詰まりとカオスとクレバスを流動化してしまったことだろうか。現代社会科学と党派的知識人が、時代と英雄から完全に立ち遅れてしまっているのだろう。ラテンアメリカの「解放の神学」のクリスチャン・ベイシック・コミュニティの民衆解放者としての神学者司祭の方々の献身と犠牲のともしびも、いままでのような学問では、まったく太刀打ちできない崇高性と厳粛性と真実性をもって、私たちに迫ってきている。

少年時代にカトリックになり、やがてその教条主義と抑圧的規律と高慢なヒエラルヒーに反発して離反した私が、三十年たって、四十代中葉すぎから、キリスト教に回流し、「解放の神学」の思想に共鳴し、信仰の世界に新生したことは、個人生活と家庭生活を激変せざるをえなく追い込まれた渦潮のことを含め、二十世紀末の現在点での私の十字架の道行きと思う。

教え子の皆さん方の、学生時代を土台とする離陸と飛翔のあれこれを脇で眺めつつ、今後とも、貧しいがそれなりの一筋の一生を終結までもって行くための一歩一歩をあゆみたいと思う。

初老に入るばかりになった私にとって、皆さんの貴重かつ多彩な諸人生に、少しでも重ねあわせることのできる部分が、とくに一番大事な青春期にあったことを、本当にうれしいと感じはじめた近頃である。

皆さんの幸せと発展を心より祈る。

5 回流と新生と——我孫子の新宅とロシア文学

六月末に、公用の出張先での冷房病がきっかけで、激しい扁桃腺炎にかかった。もともと扁桃腺が敏感過剰で咽喉が弱かった。二十年近く前に、学生時代から十七、八年間の喫煙歴で、しかも最後には一日八十本になっていたタバコを止めたのも、当時新聞の医療記事で読んだ肺ガンへの恐怖と、実際に毎年、晩秋から初春にかけ、からぜきをくりかえし、他人とのむずかしい会話や、こみ入った電話での応対に、聞き苦しいくらいの息切れをしていたからであった。三十八、九度台が十日間ほど続き、三泊四日の入院をはさんで、一カ月以上にわたり、心身の疲労と消耗は、いちじるしかった。体重も七キログラム減少した。

考えてみると、二十三年間継続した家庭の崩壊に伴う私生活上のやむをえざる「事情」から、五月、六月の二カ月間の毎土、日に、引っ越しと不動産売買の騒ぎをしていて、心身が過労になっていたのだろう。昭和二十七年以来、四十年近く住んでいた横浜の自宅（土地は亡父からの遺贈）を売却し、膨大な書籍（一万五千冊余）や一部の家具を、愛犬レオとともに何処かへ引っ越ししなければならないことになっていた。

昨年三月末に賃貸マンションから転宅した我孫子の新宅には、妻の蔵書（国語学、キリシタン学）も結構あるし、私の蔵書群のうち、ここ数年来の新テーマの中国史や中国文学と、昔からの愛読書である内外の文芸書、美術書や思想・社会・民俗文献、それに日常的な参考書や辞書類および大学講義関係などの四千冊以外は、無理やりに持ち込んでも、小住宅の中にとても入り切れない。わずかな庭をつぶしてまで小書庫を建て、屋内の光を奪うのも考えものであろうと。

そんなわけで、川崎の多摩川南岸、等々力緑地のごく近くに小民営マンションの一室を購入したのである。一階の両隣りから通路で分離した閑静な2DKの小宅を、書斎兼研究室にしようとした。ここに会社員四年目になる娘を同居させ、留守番としてみた。経済史や社会史や文学の全集ものなど一万一千冊余を収容した。ひどくこじんまりしてはいるが、中高年層になっての再生と復活の喜びがなんとなくわき出てくるような各部屋の落ち着いたたたずまいに、横浜の旧宅と丹精の思いの籠もった庭を「死守」しなくてよかったと思った。

ただし庭からは、石灯籠二基と三十八個の山石や川石を思い切れないままに、我孫子に移した。道路から石段を十段ほどあがった狭い玄関前の「前庭」には、織部灯籠を中心に、八個の石を置き、高野槇（三メートル）と木斛《モッコク》（一メートル）を移植してみた。槇はまだ、つくかどうか不安なところである。南裏の「本庭」は、横浜旧宅と趣きを変え、木も植えず、物置も置かない。狭い地面を無駄にした。ちょうど、分譲地の崖っぷちの雑草として部分的に群生しだしたクローバーを全面にはびこらせ、青い大海、あるいは山林緑地と見立て、八女灯籠を脇侍に、三十個の石群を、佇立する山容として据えてみた。緑なすクローバーの白い帽子のような花が、いっせいに風になびくありさまは、涼しげで、今までにどこでも見掛けたことのない風物の詩情を思わせた。門入口から石段脇や玄関前や地下車庫の上には、七十年近く前の横須賀住宅を亡母が作った時以来の根継ぎの万年青《おもと》群を三十鉢ばかり置いて、亡母の唯一の形見継承と考えてみた。

回流と新生が、我孫子住宅の表裏内外に静かに融合しはじめてきた。

混迷する中小私大の教学と経営の渦中にあって、なかなか本調子には回復しない持病の病床や、やむをえずの公用会議のための通勤電車内で、この一カ月間、ペンギン叢書の英訳本のチェホフ短編集II、ドストイェフスキイの『罪と罰』、ツルゲーネフの『父と子』を読みあさった。四十歳台なかば以降になって、はじめてチェホフの面白味と人生観照上の深刻さをつくづく味わっている近年であるが、今そのことは別にして、青春期に通読した『罪と罰』とは比較にならぬ衝撃を受けたことを書き添えたい。

鋭敏かつ幻想的な真実探求者で、さらに誇大妄想家でありつつ、自己加虐趣味を持ち、質屋老女姉妹の殺人犯である貧乏書生のラスコーリニコフと、現世快楽追求者で、一見、時潮の真実に目覚めずに冷酷無惨な個人主義の手前勝手を見せつつ、なおかつ人間愛の基底をその人間性の内奥から消し去っていないスビドリガイロフ。この二人の人間模様に、つくづくと感じ入ってしまった。全能にして永遠の存在である神の御前から見れば、「ラスコーリニコフとスビドリガイロフは私である」と私自身が告白せざるをえないほどの人間的窮地にたたされたことを、この歳になって確認した次第である。報われざる献身に生きる、永遠の聖女、妹ドゥーニャと泥田の蓮花の様な夜の女ソーニャとの、人間的で霊的な助けに、最後になって結局は融合し目覚め、救済の道へ向かうラスコーリニコフに、手に汗をにぎりながら、ほっとした。

『父と子』への何度目かの再会は、別の刺激をもたらした。伝統的日常性と民衆共同体信仰、および国家領導下の社会慣行の内に埋没する良識に対して敗北するインテリゲンツィアの一青年科学者・ニヒリストの肖像には幾度読み込んでも、いらだたしさと、人間の無力感を覚える。今回は、巻頭に付された、一九七〇年、オックスフォード大学でのバーリンの熱っぽく長大な解説論文講義を熟読してみた。二十世紀の五〇年代、六〇年代、七〇年代、八〇年代のすさまじいほどに底なしの混迷と、人類救済の方向性のほのかに見えはじめる九〇年代の入口に生きる今、百年前の十九世紀の同じ五十年間の思潮激流との見事な対照性を認識した。

とくに東欧ソ連圏のレーニン、トロツキイ、ブハーリン、スターリン、フルシチョフ、ゴルバチョフ、エリツィンらの進退盛衰の深刻な政治思想状況の渦を、百年前のそれに重ね合せて、そこにある種のラセン状上向の方向性が浮き出てくることに驚く。それにしても、正負というより負荷のあまりに巨大なロシア民族精神史に如実な人類の苦悩と、挫折と犠牲と虚構に泥まみれになったマルクス・レーニン主義の「崩壊」現象と、ロシア民族の宗教と信仰心の新生と復活の民衆的エネルギーに、さらに驚く。

ロシア・ツァーリズム神聖絶対国家と農奴制の圧政下に苦悩し模索した青年貴族と知識人たち。「その前夜」にはナロードニキ、西欧近代派、農村共同体再生派、民衆的非正統信仰者、アナキスト、ニヒリスト、マルキストなど多彩な反体制派群が継起し、群生した。やがて国家権力に消却され、犠牲を積み重ねながら、精神的にはロシアの良心として生きつないで行ったロシア・インテリゲンツィア。

宗教改革期の過激派、フスとサボナローラのような姿勢で、徹底したロシア民衆への指導感覚に立つ文芸評論家ベリンスキイの影響下に育ちつつ、学友ゲルツェンの国際感覚の自由主義哲学に依拠したナロードニキ主義とも分離し、西欧派の近代自由人に終始するツルゲーネフ。その繊細な自然描写と人物描写における比類ない文学性と、客観的問題意識による社会分析性の融合の妙を達成した作品群に、中年過ぎになり、ふたたび深く溶け込む自分を感じる。目前の基底的な社会問題への鋭い分析を通じて、人間真実を描写し、核心をえぐり出し、救済を待ち望む民衆に改革を指し示すところに、ロシア文学の真実を置くベリンスキイ。彼の主観主義的な文学観の延長線上の、か細い柔軟な先端に、しかし主観性を突き離した客観的思想描写による人物像の構築にあくまでも自己限定した形で、ツルゲーネフの文学性が存在することを、のぞき見ることができた。

今、三十七、八年から四十年前の青春期に、わからずながらも読み飛ばした十九世紀ロシア文学の巨匠たちの作品群に、「わが青春の輝かしき偶像」を再発見した想いが強い。公私の迷路と混迷に入り込んでいながら、病床にあるだけに、余計にその想いが深い。私の民衆史、地域社会史の学風が、あるとすれば、案外に、ここに原点が存在したのだろう。私の民衆史学の原像は、十九世紀ロシア文学の裡にあったのだと、つくづく思わされた。

六〇年代から八〇年代にかけての日本のバザーロフたちの、時代遅れの偏執と憎悪と狂信を傍見するにつけても、『父と子』の、この百年間有効の卓見と預言と真実に驚く。一八八〇年二月二十日のドストイェフスキイの述懐が補遺に付されているが、シベリヤ流刑後、左派に絶望し、ツァーリズム体制派になり、独特の文学性のなかに生きはじめるドストイェフスキイの鬼気迫まる、とぎすまされた政治感覚と時代意識に、ラスコーリニコフやスビドリガイロフの両世界からの反響と分岐を想った。

十九世紀後半期のナロードニキ、テロリスト、ニヒリスト、アナキスト、マルキストたちの敗北と絶望と新生への情熱の中から、二十世紀のレーニン派が生まれ、トロツキイ派やスターリン派が生まれざるをえない、宿命のような人類史の刻印に、しばし暗然とした想いに浸《ひた》らざるをえなかった。

内と外に、回流と新生を感じる近頃である。

6 旧情と近情と——博友会の二十年間と大学の職場環境

博友会が、齊藤ゼミと獨大サークルの社会経済史学研究会との合同企画のもとに生れたのが、二十年前の一九七二年（昭和四七年）であった。

名簿の企画編集者は、岡部洋一氏であった。「恩師」から受けた「薫陶を忘れることなく、また学生時代の光輝ある青春記録を心に刻みながら、いつまでも親交を続けたいと念じて会員名簿を作成した」と序文に記している。まことに面映《おもは》ゆいが、初期の教え子の皆さんの親近感が想い起こされて、なつかしい。

しかも、巻末に三十歳代のごく初めの私の照葉があるのだ。目がきつく、ごつい感じで、まだ肥満もなく、なによりも縮毛の黒髪がふさふさしている上半身の姿に、我ながら驚く。

そこに「私の想い」という小文がある。

「学園から今年も多数の人達が去って行く。それぞれの人生に向って、或者はうきうきと、或者は慎重にねらいを定めて、力強い足音を残して遠ざかって行く。みんな、たくましく進め、と大声でどなりたくなる。特に自分のゼミや研究会で、共に勉強し研究をした人達との夏や冬の合宿で寝食を共にした事は、いつまでも忘れないだろう。

過渡期の渦の中にある日本の現状の中に身を沈めていくのだから、困惑と自己嫌悪と怒りが、諸君をさいなむことだろう。どんな時でも自分の力をフルにのばして、頑張ってほしい。仕事の問題や人生の岐路に立った時は、遠慮なく僕のところに気軽に来てほしい。一緒に考えようではないか。

こんど、前後数期にわたって僕と親しかった人達が集って会を作るという。誠にたのしいことだが、この会がただ僕だけを中心にした親睦ではなく、メンバー相互の付き合いも深めて互いに力になり、はげまし合うような実のある会になってほしいと思う」と。

あれから二十年、いわゆるふた昔たったわけである。

一九七〇年前後に、高度経済成長で経済大国となった日本が内外で威信と矛盾をメダルの両面のように顕在化する渦中で、大学紛争が爆発した。解放と衝突、行過ぎと卑猥、分岐と凄惨、純真と狡猾、暴力と絶叫、皮相と原理が全国の大学と街頭を駆けめぐった。獨協大学の教職員の間にも、学生の間にも、そのころの想いでは修復不可能のような亀裂が入って、明暗の空模様の急転回がめまぐるしかった。

二十年前の、この照葉と小文は、いわば一方で「新しい歴史学」を模索しつつ地域社会史と民衆史の問題視角をさぐりあて、正統派の経済史や金融史の研究姿勢と学界・研究会の主潮から離脱しつつあった時期を反映しているかと思う。宮城県仙南地方農山村で「絶望の明治農村」の資料収集を、爪に火をともすような、執拗だが矮小な歩みで行ない、資料筆写と判読、分析を暗夜にとぼとぼといった姿で進めていた年月であった。六〇年代後半から七〇年代の、私なりの刻苦勉励と孤独な実証作業が、六〇年前後の甲州や武相農山村の近世農家経済史探究からの飛翔として、七〇年代から八〇年代に何点かの作品となって結実したのだと、私は今、ふりかえることができる。

他方で、二十年前の私の顔付きと小文は、勤務先での孤独性と挫折感覚を正直に写し出していたのだろう。「獨大闘争」の激化と混迷の渦中で、創始者・天野貞祐学長をとりまく首脳部を形成した万沢遼（教務部長）体制は、五年目にして、沸騰する状況乗り切りのために「身の程」を忘れて、急「左」傾して、必死の「左」旋回を試みた。

事態を重く見た保守派や「二心」者の上申もあり、天野博士の逆転クーデタを万沢体制が喫してしまった。最初から、公的には万沢体制に無関係なほどの距離にいた私は、「左」傾化の時期にいよいよ切り離されていた。いわば飛翔と墜落の併行するこの時期に、いわゆる獨協民族派でありつつ「中道左派」改革派に属している私は、左右の狭間に置いてけぼりを喰ったような極少数派に陥ち込んでしまっていたものである。その職場環境は、学生運動鎮静化に成功した黒沢清学長体制の六年半もの間、続いたのであった。その後、再逆転劇が発生し、天野伝統に近い白旗信学長体制になる。私も学友会文化部長、獨協学園百年史編纂主任、学科長、学部長を歴任して、七〇年代から九〇年代に入っている。このことどもを想い起すと、なるほどに極く小さな狭い職業職場環境であったから余計に、万感こもる感慨をもつ。手前勝手ではあれ、人間臭い情念に流されざるをえない自分の心性に驚くほかはない。

あのころの私は、孤独・硬骨・原理の三本の心棒を基軸に、『資本論』の輪読と地域社会史の資料収集のフィールド作業に埋没していた。あの時期を、私のささやかで矮小な人生の、宝玉研磨の貴重な時代であったと、多少の誇りをこめて述懐しても、親しい皆さんだけの集うこの場では許されるであろう。

ここ七年間、公私にわたり私も雑事多忙となり、ゼミ生諸君とも親交を重ねることが少なくなってしまった。学生側の学生生活の方も、この二十年間ですっかり変貌してしまった。体育系・文化系を問わず、中年の教師との間に、大状況と小状況を語り合う類の精神的交流や、学問的あるいは思想的問答や対話は、絶えてしまっている。もっとも、中学生・高校生時代から身の廻りの教師たちと対話をしたりの師弟関係が、体育系のコーチ・部長職以外では人間的交流としては必要性が無くなってきている世代なのかもしれない。教師側も、自ら生活と職業を保守するのに精一杯で、薫風の師弟同道、師弟同遊の雰囲気は、とうに無くなっているのであろう。

だから、初期の齊藤ゼミの七、八年間の人々との師弟関係とは、まったく様変りになった現況で、この第三版の会員名簿が出来ることには、推察するに、企画担当の方々にとって実に大変な困難をかかえてしまうことであると思う。

社会経済史学研究会の『資本論』輪読会も、中断し絶えて、丸五年以上になろうか。なんとか若人の心ある人のたましいをとらえ、志をつかまえて、共に歩み学習する若き友を見出し、輪読会を復活しようと毎年春には心配りをしているのであるが、ご承知のようなソ連東欧圏の崩壊とマルクス・レーニン主義体制の地すべり的な瓦落《がら》によって、「復活」はいよいよ困難になったといってよかろう。

ここ十五年、私は『聖書』『歎異抄』『資本論』の古典三冊にこだわり続けてきているのであるが、特に『資本論』についていいえば、私に些少でも「学風」とか、「論理」とか、「ボキャブラリー」、「用語」とか、「文体」とか、「方法」とかがあるとすれば、あるいは「概念」とか、「理論」とか、「思想」の「枠組み」とかが、身についているとすれば、それは『資本論』の個人学習と若者達との輪読のおかげで、といってよかろう。やはり二十年間、向坂逸郎訳『資本論』を、一字一句ゆるがせにせずに音読して、互いにわかる範囲で原文に添って、さかしらにならずに輪読してきたことの蓄積は大きい。『資本論』の熟読から、「解放の神学」を旗印としてラテン・アメリカや第三世界の各国で健闘している神父さんや修道尼さんたちのたましいに接近する道筋は、容易であった。私の、ささやかな回流と回心は、ここに源流をもったのである。

大学人としては、大学改革と学部活性化のために、入試とカリキュラムの諸改革を八カ年かけて断行し、宿願の大学院づくりも修士・博士の両課程創設をなしとげてきた。その意味では、本人としても、非常に難しく一時混迷はしたものの、充実した年期を過ごしてきた。しかし肝腎の一教師としての私的世界における齊藤ゼミや社会経済史研究会としては、困難と渋滞と低迷に滞留しつつあることを、正直に告白しておきたい。

しかも、教え子たちの中で、一番心を許し、気が合い、寝食を共にする機会が多く、歴史研究にも同道することが多かった石沢智敏氏（福島県郡山出身、全日空千歳勤務）と中村光正氏（東京十条出身、ジャンボイン経営）、さらには松枝均氏（佐賀県諸富出身、大川会計事務所）を早くに失ってしまったことが、私の教師人生にとって、悲哀と孤独を深める沈鬱な想いを刻印することになってしまった。公私に、いやなこと、つらいことが生起した際など、つい、天界にいるこれら三君の元へ早く行きたい、そして楽しかったことどもを語り合いたいと、ふと思いつめることがある。

第三版の博友会名簿が、博友会会長・吉田尚高氏の苦心と配慮により刊行されるにあたり、貧しきたましいの私につらなる多くの年若い旧友たちの皆さん「教え子」の方々に、場所的にも職業的にも、あるいは精神的にも遠い距離に生きてあるものの、深い信頼の「誠」と「志」とをもって、連帯のあいさつを贈る。

お元気で！

7 五十五歳の人生に粛然——処女作『民衆史の構造』から『質屋史の研究』まで

国分一太郎のこまやかで一語一語に気くばりした作品を出し、イギリスのマルキスト、イートンの物を出し、わが師・堀江忠男の作品を出し、そして林基や西岡虎之助などユニークな歴史家のものを出している出版社から私の処女作が出せるとは。正直な所、うれしさと不安の入り混じった感激であった。

まだ駆け出しの若き編集者であった藤原良雄氏との出会いがそこにあった。おそらく私の本が、彼が一本立ちして手掛けた最初の本ではないか。東京経済大の研究室を辞する時、玄関口まで彼を送って、齊藤君をよろしく、と色川大吉氏が推薦してくれたことを、彼は私に打ち明けている。

酒好きの二人は、それから十五年間、よく会い、よく飲んだ。とくに、彼が編集長になり、本づくりだけでなく、社の命運を担ってすべてに目くばりしなければならなくなる前の十年間は、本当によく付き合った。色々な企画の下ごしらえやら、たたき台の助手やらを私も勤めたかと思う。そんな流れの一つの先に、小冊子『新評論』の刊行があった。

古いタイプの硬派の編集長である藤原氏のつくる面白味は、小なりといえども、市販の月刊誌や週刊誌が新聞広告の一瞥で済まされる類とは違っていた。彼の体臭が臆面もなく出ており、何故か私たちを安心させた。「現代」を忘れず、しかし、人間の生きざまに足をすくわれることのない男が、現代思想家としての心棒と風貌をもった大編集長・美作太郎会長の下にいて働いてきたのだった。

歳若い研究者の私などにも丁寧で配慮の行き届いた姿勢を崩さなかった美作太郎の死と、私の地域民衆史学の師であり、その下で仕事を一緒にしてきた大歴史家・井上幸治の死と、藤原良雄のつくった月刊『新評論』の終刊は、新評論で育ててもらった小歴史屋、五十五歳の私に、人生なにか粛然としたものを感じさせる。

8 華甲私記——祈りの道と今後の仕事

一

六十歳という還暦の年回りを迎えて、月日の足早に立ち去って行ってしまう日常性の渦中で、物想いに捕らえられる一瞬時が多くなった。

なにかで一人きりになった際、ふと思い起こすのは、無論、「死」あるいは「亡」のことである。それをいかに迎えるか、迎えざるをえないのか。それは自分の場合、いつか。どんな風にしてか、などなど。

川崎等々力緑地脇のマンション「小書斎」（鄭板橋の書の複製小掛軸を掲げる）でも、我孫子「幻住庵」のクローバー園小庭でも、またすぐ裏山の吾妻小台地の農家三軒や真栄寺を囲む緑の小道を老犬レオと朝夕散歩する途中でも、行きつけの何軒かの居酒屋や大衆酒場で、たまたま連れやなじみの相客がいなくて一人になってしまった時でも。

すぐにも口の端にのぼるのは、観想信仰書『イミタチオ・クリスティ』（キリストにならいて）のキリシタン版（十六世紀末刊）『コンテムツスムンヂ』（棄世録）の言葉である。一九八七年初夏に、改めて再発見した。現代訳の文庫本は敬遠していた。その年の秋口からキリシタン長崎代官・村山等安を下調べしていて、同書の戦前日本における最初の研究者が、奇しくもわたしの中学高校（栄光学園）時代のオランダ人の宣教師の恩師エイレンボス先生であることを知った。余計、親近感が強くなった。

人は皆、いつ死すべきことを知らず、今日《きょう》ある人も、明日《あす》は見えず。目前を離るると共に忘らるるなり。所詮、人の終りと言うは、死するなり。一命は、影の如く過ぎ去るなり。死して後、誰《た》れか汝のことを思い出し、誰れか汝の為にデウス（神ヤーウェ）を頼み奉るべき。

「人の道」は、結局はそれぞれ固有の死生観をできることならば旅路の果てに到るまでに自己確認する、苦渋に満ちた難路になるかと思う。十九世紀中葉、三十歳で死刑になった吉田松陰先生のいう「重き生」と「重き死」との対応に思いを込めて没入する筋道を歩み通したいと願望せざるをえない。「軽き生」「軽き死」の道を棄て去る姿勢を、なんとしてでも、造り出すためには、どうしたらよいのか。

日頃のたましい（Soul）と肉体（Body）のありようと全人的な生き方における自己点検を深め強めたい。「生」と「死」、特に「死」へ臨むたましいの育成をはかりたい。それは「自力」による人間的な「修養」「訓練」「難行」によってというよりは、今の今になってみると、この全宇宙体系の創造主、主なる神（ヤーウェ）に助けを求め、よりすがること以外に途はない、と思う。職場同僚や身内や教え子の死歿に立ち会い、また新聞紙上で同年輩層の死亡記事を見るたびに、「死」は、確実に私の身の廻りに「とぐろ」を巻いて、締め付けてくる。

人としては死するを遁るる事なし。……朝には暮を待たず、夕《ゆうべ》には朝《あした》を期《ご》する事あるまじき時刻、到来すべし。今は六根（眼、耳、鼻、舌、身、意）も盛んにして、明かし暮すというとも、たちまち病の床《ゆか》に臥せて、今を限りとする時、来るべし。是を今より、よくよく思案せよ。……思ひも寄らざる時、来るべし。……死するは盗人のごとく油断の時節に来るもの也。……万《よろず》の苦しみ一度に起り、五体（頭、首、胴、手、足）六根、心に任せず、身を責め、心を悩ますものとなれり。病も極まり、医師《くすし》も捨て退きぬれば、死するに迫り、果つるに臨んで、親も子も妻も親しみも、財宝も名誉も威勢も位も、所従も眷属《けんぞく》も、宮殿《くうでん》も楼閣も象馬《ぞうめ》も車乗《しゃじょう》も、所知も所領も千万の軍兵も、皆一時に失せ果てて、わが物ならぬ夢なりと見るべき時、いかが思ひ弁《わきま》へんや。

十六世紀末から十七世紀中葉までの日本キリシタン民衆の老若男女が、矮屋《わいおく》や教会堂の集会（エクレシア）で、この箇所を日夜、音読していた有様を思い浮かべつつ、粛然とする。

中世末から近世初頭の武士道の死生観が、生身の主従の人間関係に強く限定された美辞麗句であったことは、疑いない。いかにも不徹底な死生観であった。面従腹背、現世利益、奴隷根性、私利、向上心、離合集散などのゴッタ煮であった。そのことを思うと、『コンテムツスムンヂ』の死生観の根源性と徹底性はすばらしい。国王や主君や皇帝を神聖視し絶対視することの、信仰生活上ばかりか全人的な人生観からみても顕在化した欠陥が、正にこの時代に露呈したのだ。

「古神道」以来の神道の神国観に基づく清浄感覚と貴賤観および天皇観のありようは、伝統的な日本風土に裏打ちされて、日本人の心身に刻印されている。しかしこれでは現世俗界の生き方はともかく、永遠の生命をめぐる死生観という基準からみて、あまりにも弱い。中世末までの南都北嶺の既成仏教では、貴顕上智の識者・賢者・尊者か難行修練の者しか、救われないだろう。本当の所をいえば、一向宗のような、一人一人の人間の徹底した罪人意識に立脚しない限り、私たち民衆の救いへの道筋が展望できないといって差支えなかろう。

国家鎮護観を執拗にいだき、加持祈禱の密教セクトをかかえ、因果応報の呪術を突出部として、皇族・貴族・封建領主・豪商農から一般下層民までのたましいを捕らまえる既成仏教は、難行聖道門の苦行・献身・寄進を信仰者に「重租」として課すばかりであった。これでは、日本民族共同体の信仰陶酔と美意識の世界への埋没のほか、道がなくなってくる。

この世のむなしさ、人間社会の哀れさ、人間存在自体の一過性・偶然性を、それぞれの水準と態様において覚《さと》るには、今更ながらに、約四百年前、キリシタン時代の修養信仰書「コンテムツスムンヂ」（捨世道とも訳されよう）に帰る以外にはない、とつくづく思う。永遠なる神の国、絶対なる天の国への入国願望に生きることのたしかさ、および俗世の権威・栄華・欲望を拒否した四十日間のイエスの試練と誘惑に似たこの世のいやしさとあやふやさとを、しっかりたましいの内奥にたたきこみ、無論、前者に一度しか実現しない人生を賭けたい。

創造主である神ヤーウェへの忠誠、神の子イエスへの臣従を唯一の判断基準にすることによって、俗世での金銭・

権勢・知性の盛名や出世と享楽の泥海から離脱する捨世の道へたどりつく第一歩を進めることがはじまるのだろう。まぬがれがたき「死」という人間存在の決定的な弱さとむなしさとを、自分自身でしっかりとつかみとり全心身で理解しないかぎり、おぞましく俗悪な「俗世」の「生」の喜怒哀楽におけるありようの貴重さ、大切さも逆に判ってこないであろう。

二

もう十六、七年も前になるか、一泊人間ドックで東京衛生病院にはじめて入院した際、ＳＤＡ（セヴンスディ・アドベンチスト）教会の身心修養健康誌『サインズ』（英語版）を知った。

その中に How to Relax という小論があった。胃腸、心臓、肝臓、脳などの病変をさけるためにも、人生、リラックスせよ、という趣旨である。ライフ・スタイルとパーソナリティが、心臓、脳溢血、そしてガンなどの成人病に大きな影響を与える、というのである。

① Slow down……一時に二つの仕事をするな。敵対といらだち、競争心を消せ。早口でしゃべるな。完璧主義から脱せよ。

② 他人の良い面を考えるようにせよ。友情をもって手助けする姿勢になれ。

③ 自分がいつも正しい決定や判断をすると思うな。正しいというそのことだけから、人々との間の交流が感情阻害されてしまう。

正直な話、参った。

すべてなるほど、と思わざるをえなかった。一つ一つ、我が心身の欠陥と性癖の問題点をずばり指摘された。正にここに現象的に齊博《サイパク》（齊藤博を縮めて私はこう呼ばれている）の弱点と欠陥が露呈していることを思い知らされた。身体の健康ばかりか、心とたましいの健康に気を付け、天野貞祐博士のいう「心も健康、身体も健康」になるよう心がけることが、なによりも必要なのだと覚った。四十三歳前後のことであった。東京衛生病院は全館禁煙で、病院中の廊下も待合室も庭も、空気が清浄で、気持よかった。老若の看護婦も検査技師も、医師も、ドック担当職員も、いずれの方々も人間性への尊厳の姿勢を身につけ、言語会話と立居振舞いがすべて、それぞれの個性において丁寧で美しかった。こちらにまで素直に、ほのぼのとした良感情が生まれてくるのであった。それから今日まで、人間ドックは必らず東京衛生病院にしている。

「人々に好かれ、期待され、かつ愛される人間になるため」にも、これらの欠陥をできるかぎり克服しなければ、と思わざるをえなかった。そのことによってこそ、二大成人病の発症をできるかぎり避け、あるいは遅らして「長生きする道を保障する」のだと、『サインズ』誌は述べていた。

今ここで、少年期から現在まで、初老・還暦の時まですべての人間関係――同僚友人関係、親族関係、師弟関係、男女関係などすべてを洗いざらい、ことこまかにさらけ出し、検証し、点検するわけにもいかないが、しかし『サインズ』誌の鋭い指摘で思い当る節々がなんとも多いことを、自認せざるをえなかった。ともかく、いずれは生命を天なる神に返還しなければならない瞬時の前に、なんとか全人的な告白をして、できたら神のあわれみを受け罪のゆるしを得たい、と虫のよいことを思う近頃である。イエスの十字架上のきびしい試練と苦悩は、一つにはサイパク個人のために存在せざるをえなかったのだという、きびしい痛恨の反省をこめて、真実、告解をしたい。

キリスト者としての霊名レオを、中学二年生の四月、聖霊御降臨の日に栄光中学校附設のイエズス会修道院小聖堂で受洗した際に拝受した。そのレオ（ライオン）という名は、怠惰と闘争心、威圧と君臨、孤独と高慢、引っ込み思案と怒号の性情を反映しているのであろうか。ロシアの民衆世界の文豪レオ・トルストイ（一八二八～一九一〇年）、十九世紀の社会問題に関心を寄せたローマ教皇レオ十三世（一八一〇〜一九〇三年）、不屈・孤高・過激の革命家レオ・トロツキイ（一八七九〜一九四〇年）、それにアメリカの在野史家レオ・ヒューバーマンに、同名の好しみを感じとる少年期の冗談が、今なつかしい。

無論、いまや自分の一生涯の全体像とその本質の大抵の所はわかっている、その帰結も総括もいまひと筆を加筆するばかり、といったら、神への不遜、天への傲慢といってよいかも知れないが。神ヤーウェの許容される範囲内で、与えられた生命を全力で生かしきり、使いきって、サイパクなりのサイパクらしい一生涯を貫徹したいのではあるが。個人の俗世における栄辱禍福、仕事の上での興衰成敗を、いわゆる「天命」思想や「宿命」論や各種占いの「定数《じょうすう》」で、一喜一憂する時期は、とうに終わっている。しかし自分の生命と生涯の枠組みや性癖や特質や欠陥が、その全人的な総括としての人生を、まぬがれがたく「決定」しているという、人智と俗論、信仰と卜占《ぼくせん》を超えた、天なる神の御判断には、なんとしても従わざるをえないことを了承せざるをえないのだろう。

そこはかとない現世、混迷の人間界で高名となり、業績研究学問を蓄積し、評判をとり、名誉と金銭を獲得し、社会的に注目され、人々に好かれ、近づくことを望まれ、地位と収入を上げ、功なり名遂げ、好い女人と親しみ、心も健康、身体も健康、子孫繁栄、夫婦円満、親子団欒……といった現世での果報を希求して、この世を生き抜こうという気持は、さらさらない。いや、できる資質と機会もない。なしうる条件もない。だから、『サインズ』誌のいう、この世でより幸せで、人気のある人間に上昇することへの、ためらいとひがみがむしろ自分の内奥にある。人々に、より助けになる人間になりたいとは考えているものの、現世で報われることを期待して、微笑、好意、信睦、謙譲、信愛の精神に立って、誰にも好かれた、幸せな人生を生き貫く姿勢が、どうにもとれないだけである。無論、期待できない、といった方が本音だろう。自分のような乱雑で偏執で強引な人間は、どのような状況の中でも、最大でも五割の人々が認めてくれたり、反対しないでくれれば、大変な栄誉だと思っている。あまり他人の反対や反発や不同調を気にしない性質からして、自己の存在を他人の評判や評価や悪口や批判や否定や侮辱に依存させない、という姿勢が、サイパクには強い。

居直っていえば、たがねの名工、土屋東雨が述べているように、「心のむさき事なきやうに、是第一なり。細工人は一生貧なるものと心得、つねに心のよごれぬやうにいたしたく候」というほかはない。「むさい」というのは、心の卑しい、きたならしくて気味が悪い、不潔で不愉快である（『新潮国語辞典』）ことである。流行や富貴の枠組みに押し切られない、決定的にまさる生きがいと志《こころざし》が、それぞれなりに、それぞれの人生にあるものだ。

「名を欲し、富を欲し」、皆々様にもてよう、「善にくみし」ようと欲するなど、「心のむさき」人々のいかに多いことか。政治家、官僚、商人、地主、警察官にも、僧侶、学者教師にもマスコミ関係者にも、芸術家、芸能人にも、サラリーマンにも労働組合活動家にも、ありとあらゆる職業分類の世界を貫徹して、このような人種がはびこる。そのような人々の「胸郭は、海綿の如く孔多くして、何者をも能く浸漸透過せしむる代わりには、決して最も好きものを醸《かも》し出すことあたわざらむ」（幸田露伴『靄護精舎雑話《あいごしょうじゃざつわ》』明治二十九年刊）といってよかろう。

三

もはや「若気のいたり」や血気盛んの行過ぎで自己の欠陥を弁解できなくなった中年過ぎのサイパクは、固有群生の欠点や罪悪を直す方向性の困難な道行きの中で、華甲の歳を迎えたのである。

それでもどうにかして神に救われたい、神の子イエスや聖パウロの教えになんとしてでも学びたい、という気持から、自分なりの「戒め」を作り、毎日朗唱してみることにしたのは、まる四年前からであったか。

心を悩ますな　信頼せよ
ねたみを起すな　善を行なえ
怒りをやめよ　喜びをなせ
憤りを捨てよ　神にゆだねよ
神の裁きを恐れよ　寛大であれ
耐え忍べ　愛に生きよ

ここ十五年、なにかにつけ、毎日口ずさむ祈禱は、いわゆる天使祝詞《アベマリア》（マリア讃歌）である。

めでたし聖寵《せいちょう》みちみてるマリア、主おん身と共にまします。おん身は女の内にて祝せられ、御胎内《ごたいない》の御子《おんこ》イエズスも祝せられ給う。天主の御母《おんはは》聖マリア、罪人《つみびと》なる我らのために今も臨終の時も祈り給え、アーメン

無論、イエス御本人が山上の垂訓において多くの弟子たちに対して教えた祈りである主禱文、

天にまします我らの父よ、願わくは御名《みな》の尊《とう》とまれんことを、御国《みくに》の来《きた》らんことを。御旨《みむね》の天に行なわるる如く、地にも行なわれんことを。我らの日用《にちよう》の糧《かて》を今日《こんにち》我らに与えたまえ、我らが人に許すごとく我らの罪を許したまえ。我らを試《こころ》みに引きたまわざれ、我らを悪より救いたまえ。

は、毎日欠かしたことがない。

好きな祈りは、少年時代に愛読した聖母の騎士社の信仰小雑誌『聖母の騎士』への回流のためであろうか、コルベ神父への取次を願う祈禱文である。ナチスに惨殺されたコルベ神父の人となり、その信仰心、その仕事振りはもとより、その二十世紀世界を代表する真の英雄としての全人的なありようは、私の生き方、死に方の軸心になっているに違いないと思う。

われらの救い主のけがれなき御母へのまじりけなき信心と、我らの隣人への無私の愛との模範、聖マキシミリアノ・マリア・コルベ神父を我らに与えたまいし全能にまします永遠の神よ。こいねがわくは、彼の取り次ぎによって、……をしているサイパクのために……の恵みを与えたまえ。我らの主キリストによりて。アーメン

文字通り、神によりすがり助けを求める際の祈りは、

私が、その罪悪と試練の渦中にあって、イエス・キリストの十字架上の犠牲による、贖《あがな》いのきびしい試練のおかげで、神のあわれみを受け、恵みを受けられますように。時宜《じぎ》を得た助けを受けられますように。

である。ちょっと調子がよすぎるよりすがりかも知れない。内外で進退窮まったり、不愉快な泥海にはいずりまわるような状況に落ち込んでしまった際など、混み合う通勤電車の中で読み祈る自家製のサイパクの祈りがある。やはりまる四年前頃に作り、活用している。現世への視座があり、捨世の姿勢が乏しいが、現実のこの世で神（ヤーウェ）によりすがり、神の子イエスに助けを求めるという立場をも捨てきれない俗界の人間として必要で大切な祈りになっている。天なる神に頼み込むといった気魄と一辺倒の祈りである。長いが全文引き写しておこう。

① 我らが主なる神よ、救い主イエス・キリストよ。罪人として苦しむ私を忘れないで下さい。私をわざわいから助け出して下さい。

② 神よ、私をたましいと生活の平安のうちに、生かして下さい。私に恵みをお与え下さい。この世にある間、仕事と慰安とに喜こびを与えて下さい。

③ 主よ、私に知恵を与えて、生き永らえさせて下さい。私の声を聴いて下さい。私を支えて下さい。私を他人とサタンのしいたげ（虐げ）から、あがな（贖）って下さい。私をあわれんで下さい。私に忍耐と勇気と平和を与えて下さい。

④ 我らの救い主、私の罪をお許し下さい。サタンの迷路から離して下さい。

⑤ 主なる神よ、あなたのいつくしみによって、私を生かして下さい。私を誘惑よりお助け下さい。私を悪よりお救い下さい。

⑥ 主よ、神の怒りを以って、罪人である私をこらしめないで下さい。弱く衰え、力ない私を助け、はげまし、いやして下さい。あなたのいつくしみにより、私をお救い下さい。私をすみやかにお助け下さい。この世にある間、私に喜びと楽しみを与えて下さい。わざわいが私に臨まないようにして下さい。神の愛と恵みを私に与えて下さい。

⑦ 我が神よ、あなたの深いいつくしみにより、私を暗黒よりお助け下さい。あなたのしもべ、サイパクをあわれんで下さい。罪悪から引き離して下さい。

⑧ 我が神よ、おん子キリストよ。あなたのいつくしみによって、私の罪をお許し下さい。私を清め、不徳と不義の途からあがなって下さい。サタンのわなから、私をのがれさせて下さい。

⑨ 主よ、救い主イエス・キリストよ、私の願いの声をお聞き下さい。あなたのしもべ、サイパクのたましいを野の獣に渡さないで下さい。助けて下さい。

⑩ 全能にましますす永遠の神よ、私の悩みをみて、私をお救い下さい。私が罪をおかしたとしても、私を見捨てないで下さい。

⑪ 主なる神よ、私はあなたに依り頼みます。私を助ける者もないままに、捨て置かないで下さい。

⑫ 主なる神よ、私を悪より守って下さい。サタンが私のために設けたわなと、悪を行なう者のわなとを、のがれさせて下さい。

⑬ 主なる神よ、正しいものが、いつくしみを持たずに罪人である私を打ったり責めたりしないようにして下さい。

⑭ 主よ、すみやかにわたしをお助け下さい。罪人である私の声に耳を傾けて下さい。私の祈りを聴き入れて下さい。

⑮ 我が神よ、私を見離さないで下さい。私を、見捨てないで下さい。私に長寿と平安をお与え下さい。

解決不可能でピンチ極まりない難問奇問に出合い、あるいは袋小路の絶望下で閉ざされ、突き飛ばされる状況に落ち込んだ際にも、不思議に、この祈りを唱えていると、たましいに平安が訪れ、やがて、いつのまにか難問奇問が解決され、閉塞状況が打開されていることがほとんどである。今の今、私はこの祈りに確信をもっている次第である。たしかに聖パウロが述べているように、「何事も思い患ってはならない。神のあわれみと恵みと助けがあれば、人は何事でもすることができる」（ピリピ書）のだ。

とはいうものの、罪の意識が強まり、くせのように自分の胸をたたいて、自閉症的な信仰人の強迫観念に落ち込む性行からは、なんとしてでも離れていたいものである。その意味では、「神色怡然」として、天の配慮と宰領にまかせて、俗世を生き通したいと考えている。その際に思い起こすのは、

主よ、私に善いもの、清いものをしっかり見つめる聖なる心をお与え下さい。罪を目にしても恐れることなく、ものごとの正しい在り方を回復する手だてを見つけることができますように。退屈を知らず、不平もため息も嘆きも漏らさぬ心をお与え下さい。そして私がこの思い上がった「自分」などというものについて、あまり心配し過ぎることのないようにして下さい。主よ、私にユーモアのセンスと冗談を解する恵みをお与え下さい。人生にささやかな喜びを見出し、それを人に伝えることができますように。

というお願いである。これに関連して想い起こされるのは、二十世紀最大のキリスト神学者の一人、ニーバー（一八九二～一九七一年）の祈りである。貨幣にも、流行にも、ナチズムにも、コミュニズムにも決してゆるがなかった信仰の哲学と神学を築き上げたニーバーは激動混迷の第二次世界大戦中に、

神よ、変えることのできない事柄については、それを受入れる冷静さを、変えるべき事柄については、それを変える勇気を、そして、両者を見分ける知恵を与えたまえ。

という、二十世紀知識人と信仰人にとって感銘深い祈りを示してくれたのであった。
これらの祈りの道を、一路進む以外に私の道はない。サイパクの救いの手だてはない。神のあわれみを受けることはできないのである。

四

今、還暦の歳を迎えることになってしまって、公私ともに混濁と猥雑な俗境に閉されている分限の身で、つい口の端にのぼるのは、イエスの山上の垂訓の一節である。

あすのことを思いわずらうな。あすのことは、あす自身が思いわずらうであろう。一日の苦労は、その日一日だけで十分である。

この心掛けで、これから教職定年までの十年間、あるいは寿命の定まるまでの期間を過して行きたいと考えている。天野貞祐博士も、この言葉が好きで、色紙によく書かれたものだ。解放され、伸び伸びとしたマインドで、天からのスピリッツをおおらかに拝受し、ソウルを柔軟に強め、広々と正していきたい。ファリザイ人的な偽善に陥りたくはない。若さも青春も中年期も老年期もそれぞれに楽しみつつ、長生きと心身の喜びの日々を享受しつつ歓喜の裡に生きてみたい。幸田露伴のいう、「酒好きならば、酒を飲むべし」（明治三十九年『潮待ち草』）である。無論、孔子（前五五一～前四七九年）がずばり指摘している通り「酒に量なし、ただし乱に及ばざるなり」であろう。酒好きの私としては、孔子と露伴の言葉に、励まされる思いである、といったら冗談になるであろうか。

家康の政治顧問でもあった天台高僧・天海（一五三六～一六四三年）が、

気は長く、勤めは堅く、色薄く、食細うして、心広かれ

という教訓を残しているという。この調子を基準にして、定年までの十年を生き、働き、仕事をしてみたい。「済んだことにくよくよせず、いつも現在を楽しみ、未来を神にまかせ」（ゲーテ一七四九〜一八三二年）て生き通してみたい。

これから十年、いわゆる古稀までの仕事として残されている、やりかけの作業は、

① 『大和屋物語』（史伝、出版社も決定）〔その構想は第二巻に収録〕

② 『東北地方金融史の研究』（実証研究の論文集）

③ 『日中方志学の比較研究』（国際共同研究論文集、ほぼ完成。大学の出版助成対象に決定、出版社も決定）

④ 『親鸞の生き方——歎異抄を読む』（オープン・カレッジ講義録全八回分）

⑤ 『近代女性史の人物相関図』〔本書収録〕

⑥ 『獨協学園百年史』本史と史料集（ほぼ完成、その編集と個人分担執筆、今後の資料整理）

⑦ 『中国史学思想史の研究』（『史記』の研究を原点とする作品）

⑧ 『太平天国の思想展開』（ここ四十年の思い入れに原点をもち、今春の現地見学を押えた作品）

⑨ 『日本通史』（入試問題文を生かした日本史百話的な作品）

⑩ 『日本的経済精神』（日本農本主義と経営理念史）

このうち、②の東北地方農村金融史の研究に入れるべき五〜七本の実証的資料研究が、私の農村金融史家としての存在証明になる作品になるべきもので、これだけは、定年までに、なんとしてでも書きあげたいと考えている。現在、厖大なフィルムから相当数を拡大コピーし、読みはじめている段階である。宮城県仙南地方農村を二十年近く歩いて、収集した金貸、質屋関連の資料を使う実証研究には、年季が入り自信があるといえるのである。④の歎異抄は、親鸞

の時代と民衆像を全人的な信仰の観点から全面的にとりあげたもので、ここ三カ年間の社会人講座の実績をもとに、テープ起こしをして、齊博《サイパク》民衆史学の原点としたいと考えている。私の人と思想と信仰にとって、大切な仕事である。親鸞の信仰と人物、そして無論、当時の時代状況については、四十年前から服部之総の本を愛読したことによって、強く深くはぐくまれてきたのであった。服部史学の『親鸞ノート』正続と、『蓮如』なしには、私の民衆史学は考えられない、ともいえる。

近世最大の学者・政治顧問の一人、荻生徂徠（一六六六～一七二八年）が、「人才」を論じてただ一言「人才は疵物《きずもの》にあり」といったという（幸田露伴『折々草』明治二十九年刊）。夜郎自大のようにして、あえていえば私も疵物中の疵物で、これ以上、欠点の多い人物も身の廻りを見渡す限りでは存在しないようなのであるが、それでもなお、この疵物の効用、欠け石の意味、捨て紙の価値、砕け米の活用法というものがあろうといいたいのだ。公私ともに気色悪い事どもが、この一年、八年、十年、十四年、三十年、あるいは四十年、そして六十年、群生し継起したのであるが、その渦中での私自身の対処と対応にも大いなる悪と欠陥と疵が群生してきたことに、目をつむるわけにはいかない。

華甲私記を書きつらねながら、非常に恥入る次第である。

父母から生を与えられ、神の生命《いのち》を天から貸与され六十年、物心ついて五十年。はてしなき曠野をさまよい歩きつづけて来たものの、今だに迷いに迷い、とまどいとあせりとうらみとなげきの多い年月の存在を、押さえ切れない時折がある。

迷うとも行け、
まっしぐらに行け。
中途にて挫折し倒れ伏し、消え去るにしても、その「枯骨」はあるいは後進の「よき途《みち》の標《しるし》たるべし」といってよい。「日にさらさるるの骨は地に埋めらるるの魂よりは甲斐あるべし」（幸田露伴）との言は、私の本音でもありたい所である。

神よ、嘆き悲しみ、あるいは衰え悩む我が魂を野の獣に渡さないで下さい。
貧しい者のいのちを忘れないで下さい。

9　ひとり言（詞華集）

――一九九六年七月三日会合の皆様へ

学科長二年間、大学院設置準備委員二年間、学部長十年間の、ともかく十四年間、学部運営の要にあって、日夜、本質的には繰り返しの多い走馬灯のごとき、しかしラセン状の移り変りも見せる渦中の内に生息していた私です。学部はもとより大学運営にも、正負の影響と結果を、ささやかながら造出したのではないかと、正直なところ怖れつつも自己確認せざるをえません、と思っております。私なりの総括は、「獨協大学経済学部三十年史稿」（『獨協経済』61号所収）にとりまとめ公表しております。この四月以降は、その迷路のごとき渦潮の流れから離れて、一教員としての日常性に復帰し暮らしています。

残された教員定年までの年月は八年ほどと短かく、しかも神が定められているに違いない私の寿命こそ、日頃の不摂生の暴飲暴食からしても、そんなに多くないのかも知れません。

しかし、ともかく、公的な仕事としては、獨協学園百年史と我孫子市史の重責が続きます。私的な研究著述作業としては、東北農村地方金融史の研究、大和屋物語、中国質屋史の研究、中国史学思想史論、物語日本史百話、日本農本主義思想論、親鸞へ——歎異抄を読む、ヨブの信仰と現代、などという継続中か充電中の仕事群を、なんとか七割方はとりまとめたく、幻視夢想している昨今であります。

今夕のこの機会に、今後ともの御鞭撻と御叱正の程を、謹んで願い上げます。

一九九六年七月三日

六十二歳誕生日に当り　齊藤　博

先生方皆様へ

尚、昨今、心にしみる小品文やら箴言とやらを、手すさびの拙ない手習いのあとを身勝手のままに、恥かしながら御披露申し上げます。

御笑覧下さいますよう。

章学誠の史論

（一八〇一年）

森於菟の話（一九六一年六月）

「ともかく不幸中の幸は私が凡庸な人間に生れついたことだ。私は医学者としても大きな仕事を残さなかったし、思うところあって文学者にもならなかった。偉大な頭脳の持主といわれた父に較べれば如何に卑小で不肖の子であろう。だが、いたずらに己をさげすむことはすまい。なぜなら愚かな息子をもつことは、父にとっても決して名誉ではないはずだからだ。妹茉莉をつれて渡欧する日、東京駅に私たちを送りに来てくれた父の顔が今でもまざまざと眼底にうかぶ。思えばその年は父の死の年であり、夏も熟さぬうちに「一石見の人」として此世を去ったのである。享年六十一歳。この年の若さに私は今さらながらおどろく、子としての私の眼にもあくまで偉大な人であったあの父が現在の私よりも十二支ひとまわりも若年であったとはほとんど信じがたい。けれどもこれは事実なのだ、と私は己に幾度もいいきかせる。そして世間の私への非難の言葉とでもいうべきものを空想する。「息子が六十一で死に、父親こそ日本文化のためにより長命であるべきだった」と。

だが、父はあれでよかったのだ。と私はいいたいのだ。世人は再び私の言葉を虚妄の言として難ずるであろうか。しかし、私は医学を学んだ者である限り、人間の宿命を知っている。凋落を必至とする肉体の上に芽生えた精神の宿命を知っている。大脳機能がおとろえをみせはじめたときの思考の混乱と低迷はいかなる天才といえどもまぬがれがたいのだ。天才は夭折すべきである。相撲の横綱にも引退ぎわが大切なように、知能の横綱にも退きどきというものがある。六十一歳で世を去った父は少し早すぎたかもしれないが、私がこれからしばし生きなければならないような耄碌のカスミの中に日本のメートルといわれた父を生きさせたくない。天才の頭脳といえども合成物質に特殊なる帰趨である元素還元には抗しがたいのだ。

その点私は自分が凡庸の生れつきであることは本当に幸と思う。若くして才気煥発だった人が顔をそむけたくなるほどの老醜をさらすのは同情に価するが、そこは私は気が楽である。私は世間になんらのきがねもいらない。安んじて耄碌現象を辿ろうと思う。そして人生の降り坂の終着駅たる墓場に眠る日を待つのだ。

私はある種の老人のように青年たちから理解されようとも思わない。また青年たちに人生教訓をさずけようとも思わない。ただ人生を茫漠たる一場の夢と観じて死にたいのだ。そして人生は模糊たる霞の中にぼかし去るには耄碌状態が一番よい。というのはあまりにも意識化され、輪郭の明らかすぎる人生は死を迎えるのにふさわしくない。活動的な大脳が生み出す鮮烈な意識の中に突如として訪れる死はあまりにも唐突すぎ、悲惨である。そこには人を恐怖におとしいれる深淵と断絶とがある。人は完全なる暗闇に入る前に薄明の中に身をおく必要があるのだ。そこでは現実と夢とがないまぜになり、現実はその特徴であるあくどさとなまぐささとを失い、一切の忘却である死をなつかしみ愛撫しはじめる。すでに私の老化した頭の中では人生はその固有の生々しさの大部分を失いはじめている。ざらざらしたあるいは軟らかな現実の手ざわりや血のにおいのする愛着もない、それは実質を失いほとんど形骸であるイメージになりかけている。つまり人生の実質である肉はなくなり、人生の剥製のみが人間界の名残を伝えているだけだ。つらつら思うに人生はただ形象のたわむれにすぎない。人生は形象と形象が重なりあい、時には図案のような意味を偶然に作り出しては次の瞬間には水泡のようにきえてゆく白日夢である。痴呆に近い私の頭にはすでに時空の境さえとりはらわれつつある。うっすらと光がさしこむあさまだきの床の上で時に利休がいろり端でさばく袱紗の音をきき、またナポレオンがまたがる白馬の蹄の音をきく。はたまた私は父に連れられて帝室博物館の庭を歩きながら父と親しく話し合う青年の私ですらある。現実の人は遠く観念の彼方に去り、以前は観念のみによって把握される抽象の人と考えられていたものが、今の私にとってはより具象的な現実である。老人は狂人の夢を見果てない。現実を忘れるどころか、この調子では死ですら越えて夢見そうである。私は死を手なずけながら死に向って一歩一歩近づいていこうと思う。若い時代には恐ろしい顔をして私をにらんでいた死も、次第に私に馴れ親しみはじめたようだ。私は自分がようやく握れた死の手綱を放して二度と苦しむことがないように耄碌の薄明に身をよこたえたいと思う。若者たちよ、諸君がみているものは人生ではない。それは諸君の生理であり、血であり、増殖する細胞なのだ。諸君は増殖する細胞を失った老人にとって死は夢の続きであり、望みうる唯一の生かもしれないと一度でも思ったことがあるだろうか。若者よ、諸君は私に関係がなく、私は諸君に関係がない。私と諸君との間には言葉すら不要なのだ。」

池波正太郎の話（一九八六年四月）

「人間は六十の還暦を越すと、思ってもみなかった胸の内の自由な世界が開けて来るものだ。

身体が丈夫で六十を越えるまで持ちこたえると、長かった人生のうちで、それはほんの僅かな間だけれど、胸の内が軽々となる。自分の先行きもわかって来るし、それならばこれから先、どのように生きて行ったらいいか、それがはっきりと目に見えてくる。

六十を過ぎると仕事のみか、あらゆる拘束が、あまり気にならなくなる。何とか切り抜ける知恵も若い時と違って頭に浮んで来る。拘束を楽しむ気分が生じてくる。肉体は、すでに若さを取りもどせないが、心象の風景は、次第に自在な軽みを帯びて来る。

いつ、いかなる世にも自由な心象の中にしか存在しない。このことを真にわきまえるのは、やはり六十を越えてからということになるのだろう。

とき（時期）に応じて、また身にふりかかって来る種々の事象に対して、若い頃にくらべると、おのれの言動を自在に操作できるようになる。また六十を過ぎれば、人事の不義理も世間がある程度は許してくれるようになる。

いうところの老年の平安とは、このことかと思われる。」

（一九八六年四月）

洪秀全の偶感

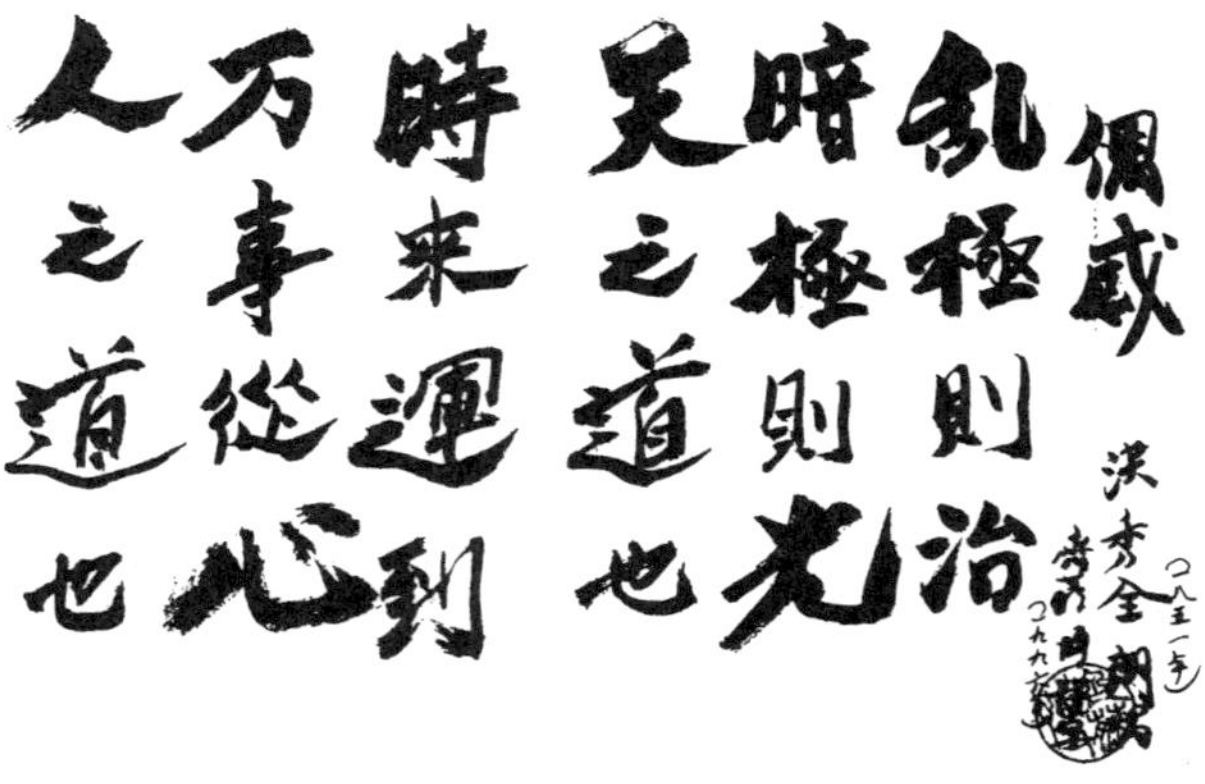
偶感
乱極則治
暗極則光
天之道也
時来運到
万事従心
人之道也
洪秀全

（一八五一年）

來新夏の人物論（一九九六年）

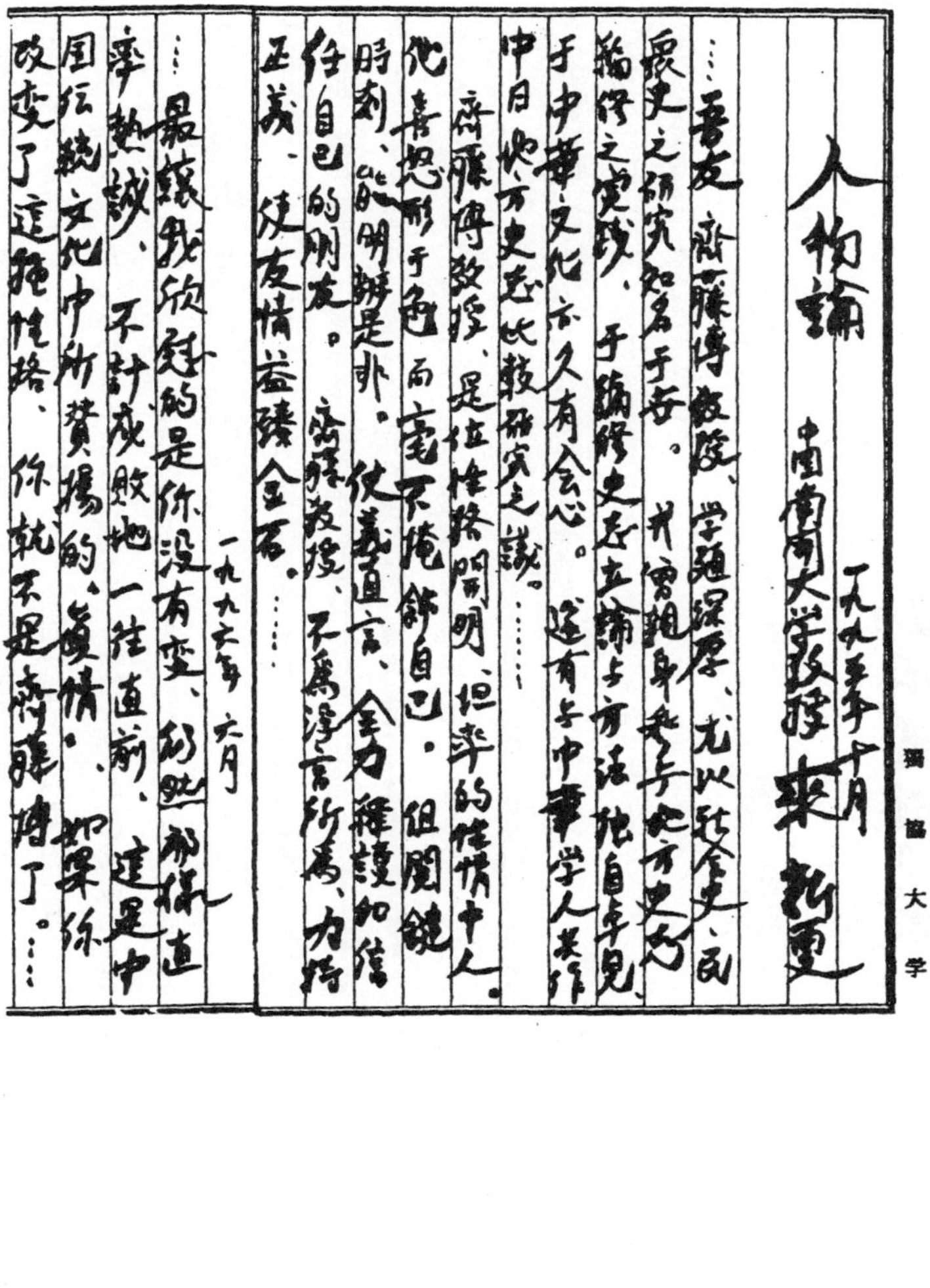
一九九五年十月
中国南開大学教授　來新夏
人物論
……吾友齋藤博教授、学殖深厚、尤以社会史、民衆史之研究知名于世。并曾組卑参与地方史的編修之実践、于編修史志主論与方法，独自卓見于中華文化亦久有会心。遂有与中華学人共作中日地方史志比較研究之議。……
齋藤博教授、是位性格開明、坦率的性情中人。他喜怒形于色，而毫不掩飾自己。但関鍵時刻、能明辨是非。仗義直言、全力維護如信任自己的朋友。齋藤教授、不為浮言所惑、力持正義，使友情益臻金石。……
一九九六年六月
……最讓我欣賞的是你没有変、仍然那様直率熱誠、不計成敗地一往直前、這是中国伝統文化中所賛揚的美徳。如果你改变了這種性格、你就不是齋藤博了。……
獨協大学

中国南開大学教授、來新夏教授と齊藤博は、一九八九年夏より、中国と日本における古くて新しい伝統的な綜合学問である「地方史誌」＝「方志学」に関して、共同研究を試みる話し合いを持った。畏友・地理学、地誌の犬井正教授と齊藤の二人は、九〇年八月末に、天津で長く精密な話し合いの末に、日中共同研究の協定に達した。九一年後期半年間には、來教授が獨協大学客員教授として来日したし、犬井・齊藤両人も九二年初夏に十日間、天津・南開大学を訪問したのであった。

共同研究の作品としては、色川大吉（東京経済大教授）、芳賀登（東京家政学院大教授）、齊藤博、大濱徹也（筑波大教授）、犬井正（獨協大教授）、酈家駒（中国地方志協会副会長）、來新夏、譚其驤（復旦大教授）、史念海（陝西師範大教授）、傅振倫（南開大博物館教授）、揚静琦（中国地方志協会常務理事）、費黒（浙江籲山県地方志論編纂顧問）、林衍経（安徽大副教授）。陳橋駅（杭州大教授）らの論文、座談記録、講演録などが集成されている。

日本語版（三三二頁）は、九五年六月三十日に学文社（田中千津子社長）から刊行された。中国語版（三三五頁）は、九六年一月に南開大学出版社（責任編輯・焦静宜女史）から刊行された。

この人物小論は、來新夏教授の齊藤博に関する人物評論の抜き書き（中文版序文や書簡より）である。記念として、あえて本誌に掲載した。

（齊藤博　識）

毀誉相半するが、人の真に具体的存在の證である。

山田孝雄の話

山田孝雄の話

（一九五〇年）

荻生徂徠の話

人才は疵物にあり。荻生徂徠の話

（一七二五年）

幸田露伴の話

酒好ならば酒を飲むべし。幸田露伴の話

（一九〇五年）

10　慕情——母、齊藤いね女を偲ぶ（三十三回忌に）

近頃、なぜか私の幼年時代の母を想い起こすことがある。

私の父であり母の夫である人は、あの昭和十五年戦争中、ほとんど戦地に引き出されていて、家にいることは何年に一遍といったところであったから、母子でくっついて暮らすことが多かった。高年齢出産の末子である私には、とくに目をかけてくれたのだろう。

母はとにかく働き者だった。普段は渋い大嶋紬か、だらりとした銘仙の色柄のきれいな和服を着て、名古屋帯をちょこんと文庫に結び、たいがいは割烹《かっぽう》前掛けをつけていた。着慣れているせいか、自由自在に動作ができた。台所から便所まで、一家の衣食住のすべてを手掛け、処理していた。

着古した衣服をほどいて、裏庭の日溜まりに立てかけた張り板数枚に、姉《あね》さんかぶりにたすき掛け姿で洗い張りをした。二の腕が水にぬれ、肌についた水滴が光る。手先を器用に動かして伸し棒を回転させるそば打ちでは、着物の裾をはしょり上げ、そば粉をこね、もみ、のばす。足踏みする時は、肉付きのよいふくらはぎが見えた。そば切り包丁の手さばきは手際よく、とくに白い粉をかぶった左手の添え指の動きが、すばしこかった。暗い台所の大きな竈《へっつい》で煮炊きする際や、離れの風呂をわかす時に、手製の火吹き竹を左手に握り、手元の先端を口に含んで火勢を強める母の白い横顔は、赤く揺れる炎に照らされていた。脇にしゃがみ込み絵本を音読していて、飽きてしまい止めていると、「その続きを読んで、ひろし」といいながら、私の方を見向きもせずに薪をくべたりしていた。

山菜採りや雑木枝刈りに行った時にも、母はまめまめしく手足を働かせた。子供の目には大きな蛇が山の小道を塞いでいて、私が息を呑んで動けなくなった時、手にとった竹の棒で「ひろしちゃんが怖がるので蛇さん逃げて」と追い払ってくれた。そんな折柄、林の中で娘時代の小粋な流行歌の一節を歌ってみせたりもした。何人かの年長のいじめっ子に追いかけられて、私がわが家に逃げ帰った時、母はとっさに足袋はだしのまま道に飛び出し、「うちのひろしを二度といじめたら承知しないわよ」と叱声をあびせ、謝らせて追い返したものだった。

博多帯をお太鼓結びにした小紋の和装で、日傘をさし街中を歩く母について行き、その手を握りながら歩いていて転び、膝小僧を擦りむき出血したことがある。母はついとしゃがんで、くっついた砂や泥を手で払い、袂《たもと》から出した小綺麗なハンカチに惜しげもなく、滲み出る血を吸い取らせた。チチンプイのプイとか、ノーマクサンマンダバサラダと呪文を唱えたりした。「さあ、男の子は泣かないものよ、ひろし」といいながら、母がその手につけた唾を私の膝に塗ると、痛みは不思議に消えていた。その時の母の、襟元にのぞかせる女盛りの肌の匂いと、顔の化粧水の香りは、親のことで恥入るが、初老を超えてから想い起すと、「直侍《なおざむらい》」が懸命に惚れる花魁《おいらん》、三千歳《みちとせ》を演ずる中村福助の妖艶を思わせた。

肌といえば、湯上がりに赤い腰巻一枚で、六畳間の母の部屋の鏡台の前にべったりと座り込み、真剣そのものの表情で鏡を覗き込んでいたが、そんな際は、私が側にすり寄るのを嫌った。うまく化粧がのらない時はいらだった。盛夏の日中には、裏庭で水桶何杯かを温《あた》ためたものだった。大きなたらいで私のあとから行水をする母の、すべすべしてきめ細やかな肌の背中は輝いてみえた。部屋の中にたらいを持ち込んで長い黒髪を洗う機会もあったが、もち肌の上半身をさらしながら自分の手でもみ洗いするのだった。中年過ぎからは普通には古風の洋髪であったが、それでも暮、正月や祝い事の際には、上手に丸髷《まるまげ》か銀杏返《いちょうがえ》しに結っていたものだ。働きづめの割には、その細く白い指と手には、老年期になっても油つやがのっていた。

最晩年、わずか一カ月の入院で肝臓癌死したが、意識の消える直前まで、脇にいる私に、その手を握らせて、「ひろし、もっと強く」などと、タオルを口にくわえ痛みを噛《か》み殺しながら、つぶやいていた。その手のかすかな温《ぬく》もりの感触が、かなり長い歳月の間、ただただ悲しかった。しかし今、もはや一回りしか歳下ではなくなった私には、あれは母の口癖の「天なる聖母マリアさんのみ手」と重なる、いのちのバトンタッチだったのだ、とありがたく感じ取れるようになってきている。

11　母の質屋女中奉公とわが二人の恩師

質屋に関心をもったのは、母の昔がたりからだった。

相州平塚宿の北方、淘綾《ゆるぎ》台地にある井之口村大字遠藤原に明治二十三年十月に生れた母イネは、すでに一九六五年五月に七十五歳で死歿している。天正十年来の由緒ある没落小豪農家の長女であった「お稲はん」は、当時この地方では珍らしく、井之口の高等小学校を卒業後、すぐに秦野町の地主質屋に住み込みの女中奉公をしたのだった。日露戦争中の提灯行列や旗行列、戦勝祈願などを秦野の街角で見ている。質物の出し入れを手伝って、店と倉の間を往き来し、質札を付けたり整理したりしたという。質流れしがちな零細小農民層の顧客も多いことから、「流れ」る前に周辺農村部の小農民家の間を、お弁当を持って一軒一軒、知らせに行く。初老の番頭と一緒の時もあったが、おイネ一人で行くことが多かった。「このままに放っておくと流れてしまいます」という。貧しくても心暖かく親切な家では、「お稲はんは、まだおねえちゃんだけど、しっかり者で。有難うよ」といいながら、弁当をつかわせてくれ、文字通りの粗茶を出してくれた。

質屋の女中奉公で、一番難儀であったことは、深夜近くになって、あわてて提灯を下げて来た、必死の形相の貧乏顧客が、質物の生活必需品を出しに来ることであったらしい。余裕のある質物と違って、夜分遅いから、と断るわけにはいかなかった。地方農村地帯の町場でさえ、貧乏人は夜暗くなってから、やっと夕食を作るために、鍋釜を出したり、明日の仕事に必要な着物を請出しにくるのだった。お店と倉の間には、曲り角のある暗い廊下と裏庭先の通路がある。しかも倉の中は、提灯の火に、かえって気味悪く、ほんとうに怖かったという。

質店主の老夫婦は、お金持ちのくせに、しまり屋で、地味な暮し向きを守っていた。とくに奉公下女たちや下男には、こまかく「節倹の道」と「火の用心」ばかりを説いて、それを強《し》いていたという。食事は豆腐おからめしの時が多く、干魚などは十日にいっぺん、半ぺらがあるかないかであった。物音のしない、薄暗く広々とした奥の台所の隅で、いつも遅れ朝飯、軽い昼食、遅れ夕飯をかきこむだけであった。たえずひもじい思いをしていた。そんなには離れていない故郷の、しかもさして豊かでない実家のことを、いつもなつかしがっていたという。煙草商人として一時は羽振りのよかった実父・原佐太郎が、時折、酒気をおびて立ち寄り、質店主と話し込んでいたらしい。この質屋の店と奥が、にぎやかになり明るさをもつのは、東京の私立大学へ遊学していた質屋の息子が帰って来た時だけであった。下女たちの食卓のお膳まで、少しはにぎやかになる。盆正月と重なる時節もあったろう。息子に声をかけられたりすると、まだ田舎小娘の母はなぜかうれしくなったりした、と回想していたものである。

その後、私は早稲田大学の学部と大学院で、慶応義塾大学教授の野村兼太郎博士に、身近かに接して日本経済史と日本経済思想史を学ぶことになった。野村博士には、昭和前半の二十四、五年間を費やした『村明細帳の研究』の大著がある。その中では、近世末、関東地方農村の質屋についての資料紹介と分析が、丁寧になされていた。修士論文で「近世甲州農村における農家経済の史的研究」を作成した前後には、在方の地主質屋層が、豪農や中農上層クラスによって十九世紀農村内でになわれ、小農民農家経営の補完装置として大きな意味をもつことを、はっきり意識していた。畑作養蚕地帯の在村手作地主層が、農村商人や農村金融家として、単なる消費浪費の金融でなく、生産的な金融をしていることに気付いたのだった。「地主質屋」層をはっきり把握できたのは、野村博士の早大での弟子筋でもある正田健一郎先生（現早稲田大学教授）や、慶応義塾でのお弟子の安沢秀一氏（現国立史料館教授）の御指導の下で、『八王子織物史』編纂や東京都の近世文書存在状況調査に関連した、八王子と町田周辺の多摩丘陵農村旧家調査を、本格的にやっていた一九六〇年前後である。

温厚な人柄の内に、学問へのきびしい姿勢を秘めた野村博士の最晩年の、おそらくは早・慶を通じて最後の弟子であった私は、眼鏡ごしにひかる先生の目の生き生きとしたかがやきと、淡々とした語り口を忘れることができない。概念規定や類型把握、段階論思考などに偏する向きをあまり好まれなかった先生は、しかし単なる史料実証屋ではなく、歴史家としての人生観と学問観、社会観をしっかり持っておられた。しかもそれらを、歳の四十ほど離れた私たちにも、強《し》い語《がた》りすることは決してなかった。先生の歴史叙述には、いまだに音読にたえうる佳品が多い。

この間、『日本社会史』や『律令時代の農民生活』の名作を中心に、学部から大学院を通して一貫して御指導を受けている、博覧強記の法制史の泰斗、瀧川政次郎先生（国学院大学名誉教授）からも、民衆生活史について精緻多彩、かつ懇切な御指導をいただき、質屋史研究を励まされてきている。

いたずらに時間を費やした割にはひどく貧しき粗餐にすぎない本書のようなものでも、恩師、野村・瀧川両先生の学恩へ、〝貧者の一灯〟といった気持ちで捧げたく思う。二十八年前の安保闘争の激動と混迷の時代状況の中で急逝された野村先生への思慕の念にかられるままに、記した次第である。瀧川先生には、今年、九十二歳の御高齢にもかかわらず、お元気で、末端の弟子筋の私にまで、学問的かつ人間的な御鞭韃と御配慮をいまだに賜っていることを稀有のことと存じ、有難く感銘している次第である。

また、ここ十五年にわたり埼玉県金融史研究会や我孫子市史づくりで、懇切な御指導を受けている歴史家・井上幸治先生に対しても、感謝の意を表したい。地域民衆に真に依拠した学風の「井上史学」の傘の下で、「歴史とは何か」の根源にふみこんだ知的啓蒙とともに、身に余る御配慮を享受してきたしあわせを感じていることを、銘記しておきたく思う。

三先生のそれぞれの学風の余沢が、本書に些少なりとも反映しているかどうかはともかくとして、無論、拙著の作品としての貧しさと欠陥は、不肖私一個の責任である。

本書は、もっと早くにまとめられ刊行されているべきはずの論文集であった。この二十年間の私の身の廻りの公私ともの色々な事情、理由、条件から、このような遅延をもたらしてしまったのである（私の収集した都市型および農村型質屋資料は紹介できずにまだ膨大に残っているのであって、いずれ覚悟をきめて、本書の続篇の研究を続けることになろう）。獨協大学の学術図書出版助成金を受領してからも、経済学部長職の公用繁忙がきびしく、結果として遅延を重ね、当時の白旗信学長、安本行雄副学長（現学長）にはもとより、発行元の新評論の諸氏に御迷惑をお掛けしてしまった。

私の質屋史研究への原点となった亡母への追想とあわせ、諸先生、諸先学への感謝の念をもって、この『質屋史の研究』へのあとがきとしたい。

（我孫子にて）

博雅の君子、これを読んで、情深《じょう》うして才の短きを嘲弄することなかれ。

（不干齋ファビアンによる天草版『平家物語』の序文）

二〇〇〇年の正月小感——「イゼルギル婆さん」を読む

黒海の海辺で、若きゴーリキイが葡萄摘みの老若男女の一団にまじって働いていた百年前の話である。腰は曲がり目は濁り、声もひからびた不気味な老女が、仕事が済んだあと一人残った彼に夜の闇の中で、愛憎あふれる自分史や霊性豊かな伝説上の英雄の犠牲的精神を語り、人生の知恵を聞かせてくれる。

「みんな、もっと大きな眼をあいて昔のことをよく眺めてみるのだね。そうすればそこできっと、すべての謎をとく鍵が見つかるだろうよ。いまの世の人たちは本当の生活をしていやしない。みんなただ生活の真似ごとをしているだけだ。そんな真似ごとのために、あったら一生を棒にふってしまうのだ。そんな風にしてただ無駄に日を送って、いよいよ自分がごまかしきれなくなると、そこではじめて運命を嘆くようになる」（上田進訳）。

青春期の小さな愛読書を、中年過ぎになってなにかの拍子で手にしてしまうと、わがたましいの源流をみる想いがして、少し生真面目になる。それもこれも正月休みらしい、と思う年配になってしまったようだ。

明陵《みんりょう》にて、幸田露伴『運命』を想う

去年暮、七度目の北京に遊んで、お定りの遊覧コースで明十三陵の華、定陵を見学した。北に重畳する山々を背にし、南に冬日をいっぱいに受け止めて広々とした緑地帯と意外に大きな湖をもつ明陵群は、幾度訪れても感慨深い。東洋的歴史像からいって、文明・人智・権力の限りを尽したとの思いがする。

往来の観光客でにぎわう門前広場の入口片隅に、毛皮帽や雑多なみやげ品の小店がかしましくひしめく。それから三十歩離れて、畳一枚分の板の台に絵はがきやら案内冊子、雑書類を積み上げて販売している露天商がいた。中年男が商売ッ気もないまま、棒立ちに突っ立っている。中に明清関係の史書、野史の類を見付ける。北京大学の歴史学者たちの書いた『明朝十六帝』（三六〇頁）を日本円にして百円で購入した。帰りのバスの中からホテル室内で、早速に第二代皇帝、恵文帝と第三代永楽帝を読み飛ばしてみる。

幸田露伴『運命』を想い、歎息する。旧師當眞嗣康先生にすすめられた高校生以来の読書刻印の深い歴史文学作品である。数奇なる運命に翻弄される人間の魂の生きざまに畏れ慄《おのの》く。天からあらかじめ一方的に与えられ、成敗と功罪共の枠組みを築かれてしまっているかのような、それぞれの人生の明暗の行路に、それ自体への喜怒哀楽をこえて、暗澹とする。俗世における幸不幸と生死の、人間的基準のゆらぐのを覚えざるをえない。近代日本の歴史文学と現代中国の啓蒙歴史叙述の二つの異なる音色のかなでる哀調に、深く共鳴した。帰日後、『運命』をひさしぶりで読み直したのは無論である。

近代日本の混迷が拡散し、社会問題の激浪が打ち寄せていた時代の真只中といえる一九一九年、露伴が心身気力充実の時期に発表された『運命』は、世界と日本の「現実」の現象性の表層雪崩《なだれ》にまぶされず、時代に迎合せずに、ひとり佇立《ちょりつ》して、東洋学芸の世界に粛然と遊泳する、史伝体の歴史小説であった。

十四世紀中葉に反元朝の貧困窮乏の農民反乱将帥上りの朱元璋によって建設された大明帝国は、その長子の早逝により、孫の恵文帝（一三七七～一四四三年）が即位した。開明的で文人肌の青年皇帝で、優柔不断の人柄であった。これに対して起兵反乱したのが、幼少時から「姿貌秀傑」「龍行虎歩」といわれ暴虐無頼の燕王（朱元璋四男）、のちの永楽帝（一三六〇～一四二四年）である。両者による四年間の死闘と、一四〇三年、後者の南京占領、恵文帝亡命にまつわる史話が、『運命』を構成する。

勝利した永楽帝の、南京文武百官への鎮圧はすさまじかった。人間性の残酷さが恐ろしいまでに露呈した。恵文帝の侍講で文人儒者として高名な方孝孺は、その十族門弟の惨刑脅迫をもってしても、皇位簒奪《さんだつ》者燕王に不服従を徹した。その口をさかれ両耳を切り取られ殺されたが、連座した死刑人は八七三人に達する。恵文帝に尽忠不屈で惨死を選んだ官人文人とその一族は四万人にのぼる。

恵文帝は、火が南京城深く迫った際、自死を思い止まり、忠臣の強いすすめに従い、祖父朱元璋秘蔵の逃走用具の鉄箱をこじあけ、国家発給の僧侶資格証明書の「度牒」と袈裟、帽、鞋、剃刀と「白金」十粒をもって僧に扮し城外へ脱出してしまった。以後、永楽帝の懸命執拗の二十年に及ぶ追求探索を振り切り、名所旧跡の「山雲水月」に閑吟しつつ、実に四十年間を生き抜いたのであった。

恵文帝自身が「牢落西南四十秋、蕭々白髪已盈頭」とうたっている通りである。「君側之悪」を清め、内廷の「奸逆」を「誅討」すると称して蜂起し天下を乗取った永楽帝も六十五歳で一四二四年に死歿。その孫の代になって、ひょんな事から恵文帝は北京に名乗り出て、最晩年を宮中の片隅で「老師」として安穏に暮らしたという。

『運命』は、十七歳違いの叔父・甥の権力闘争の残酷な様相を、むしろ淡々とした詩情をもって描く。この史劇は、しかし決して特異な人間ドラマではない。実は矮小化し卑小化した形態と内容・水準において、現代に生きる私たちの日常性に群生しかねない代物である。この苦く、いやらしい俗世に生き通さなければならない私たちが、天命、運命、宿命を信じたくなってしまうのは無理はない。

露伴がいうように「吉凶禍福はみな定数ありて……ことごとく天意に因るかと疑わる」のである。青春期には解らなかった事だが、中年過ぎになってみて、はじめて『運命』の啓示する人間模様の演劇性に気付く。人事百般を、姓名判断、四柱推命、干支、陰陽道、六星占、易断などの数合わせで納得する道への誘惑が強まる。私たちは人生の明暗浮沈の迷路をさまよい歩く。実は姓名判断で「天恵開花運」、四柱推命で「食神」、占星で「三碧木星」、六星占で「金星人プラス」、干支で「甲戌」の私は、その暗合と近似に、身勝手に安堵する。

勿論、天なる神以外のものに依り頼んでみても無駄なことは、解っている。「たとい数《すう》ありとするも、測り難きは数なり。測り難きの数を畏れて、巫覡卜《ふげんぼく》相《そう》の徒の前に首を俯せんよりは、知るべきの道に従いて、古聖前賢の教の下に心を安くせんには如《し》かじ」と露伴も述懐している通りであろう。一般にひとは「敗れた者」になると「天の命を拝して歎じ、成れる者は己れの力を説きて誇る」が、むしろ「事敗れてこれをわが徳の足らざるに帰し、功成ってこれを数の定まるあるに委ね」るべきだと断ずる、露伴五十三歳の知恵に敬服せざるをえない昨今である。

暮から正月にかけ、我が半生の愛読書『運命』と、たまたま出会った史書『明朝十六帝』とを照合して読み込み、いささかしんみりとした。卑賤矮小なわが半生の浮沈、功罪、盛衰を反芻しつつ、人生粛然とした次第である。

II

齊藤史学の地平

――学問と教育

第一章

わが地平、わが原点

1　「市民の歴史学」運動の地平から

――『地域社会史の誕生』の主題――

二十世紀の七〇年代に入って、「解放の神学」とか「民衆の神学」とかいわれる、民衆存在そのものの共同体的な原点に直接に依拠した神学が生まれてきた。微小な民衆共同体の単位の中で、人類全体にからむ事物と精神の全局面を考察しぬく姿勢が必要なことは、なにもキリスト教神学の世界だけに限られたものではない。民衆存在そのものを主体的につかみ、表現するという思想性が、神学と信仰の分野だけでなく、歴史諸科学の分野をはじめ、二十一世紀学芸への世界史的な福音（よきたよりのおとずれ）になると確信してよかろうかと、私は考えている。

地殻プレートの大移動とゆれもどしにも似た、この変化の兆候が、世界中のここかしこで、敏感な精神の持ち主の心身に出現しはじめているとみてよかろう。正しい方針と政策をもった「前衛」や「知識人学者」において、民衆が働きかけ指導する対象者でしかなかったイデオロギーの水準では、表面的にはともかく実体的には（政治力学としても）もはや、まったく行き詰まってきたことが割合はっきりしたのではなかろうか。

無論、巨大な一枚岩や確乎たる教条や、組織的確信や規律によって防衛されるヒエラルヒーの既成体制側は、その体制の左右大小にかかわりなく、それぞれの内の小さな集いである民衆の自前自力の自由なる精神的結合体（エクレシア）を警戒し嫌うものである。民衆存在への価値づけにしても、政治的利害得失にもとづく差別が存在することも周知の通りであろう。

一時もてはやされた「民衆史」や「生活者の歴史学」、「平民の歴史学」などに関する現代日本における評価のゆれとズレも、いわば、これらの世界史的な傾向に照応しつつ、ゆさぶられながら生まれてきたといってよい。

この十年の間、千葉県の我孫子や埼玉県の草加などでのささやかな試みに私が参加して主体的にとり組んできた正負の実践を下敷きにして、民衆精神の存在状況を見すえようとしたのが、本書『地域社会史の誕生』である。方法論や研究姿勢をあつかう第一部と、具体的な地域民衆像をとりあつかう第二部からなる。

「市民の歴史学」とはなにか。

① 非専門家＝生活者としての一般市民が、小集団の有志として結びつき、主体的に地域史づくりに参加する。いわゆる学者専門家たちの調査研究に協力したり聴き手になったりする立場にとどまらず、みずから積極的に歴史づくりのにない手になっていく。

② 全国史や中央史の課題を地域におろす方向ではなく、小さな地域の中で、具体的なことから抽象的なことまで、歴史的、社会的人間諸関係に関するすべての課題をさがし出し、追求して、地域のために考えぬいていく。

③ みんなで話し合い、調査しあい、発表しあう。旧来の郷土史家や地方史専門家のように、結局は個人的立場の専門家に分岐する方向ではなく、新しい地域社会史運動家たちを育てる中で、地域社会史が、はじめて本格的に生まれてくる。

以上の三点に示せるのではないかと思う。

実は、戦後の科学的・学問的「地方史」ブームは、明治末から大正期の戦前地方農村地帯に群生した「郷土史」作品を非学問的なものとして切り捨ててしまってきた。その地域に住む人びとの魂の養育、地域の生活向上、地域民衆の精神的結合力の強化を願って作られてきた「郷土史」の筋道を、忘れたり軽視してしまった。むしろ三千年の東洋的歴史意識（司馬遷以来の）に依拠している「郷土史」の世界を見捨てたことは、戦後「地方史」と戦後歴史学の大きなマイナスであったと私は考えている。

地域の歴史を、地域住民の精神共同体的マインドの中で暖めながら、郷土愛の育成と対応して、手づくりの歴史づくりをする方向を、ふたたび歴史学の学問の世界にとりもどすことが必要であろう。

地域全体を綜合的にみすえ、学界の問題意識や流行テーマに非主体的に動かされることなく、自力で、みんなの力を合わせて、地域研究として学ぶ立場が「市民の歴史学」であるといえよう。

私は、「市民の歴史学」運動の地平から、小著の作業を積み重ねてきたのであった。

2　新たなる地域社会史への提言

本書『地域社会史の誕生』は、実は七〇年代と八〇年代前半のほぼ十五年間の地域社会史づくりに関連する提言と論策を含む著者の論集である。

なぜ今になって、ふたたび地域社会史が問題となりうるのか。

戦後地方史研究の最高指導者といえる児玉幸多氏は、『地方史研究』誌三十年目の一九八二年五月の段階で、この三十年における「地方史研究の隆盛は驚ろくべきものがある」と総括していた。注目すべき論集『地域をなぜ問いつづけるのか――近代日本再構成の試み』を出された金原左門氏も、その七年後に「現在〔一九九四年〕からふりかえってみると、一九六〇年代後半から七〇年代にかけて、地域史は活気をおびていた」（「自治体史の可能性について」）と述懐していた。「市民でつくる市史づくり」運動を行なってきた私たちにとっても、七〇年代前後の十五、六年は、新旧地域住民一体の共同幻想を伴う甘く楽しく、ほほえましい年月であった。

しかし金原氏のいう「上辷《うわすべ》りと混迷」は、そこに萌芽して拡散していく。

まさに「地方の時代」の到来であり、地方史顕現の時代であった。

多くの大学研究者群が教え子筋の中高教師や大学院生たちを近衛師団のように引連れ、地方自治体史の編纂事業に参入した。それはそれは、にぎやかであった。先学、色川大吉氏や芳賀登氏が、その頃、多少の諧謔と皮肉のないまぜで批評したような、仲間同士を呼び込み大型プロジェクトチームを編成したがる請負学者集団が生まれたりもした。官庁出入御用達の巨大印刷資本が厖大な冊数、頁数の自治体史づくりに、時にはダミーの地元中小印刷業者を肩代りに従えながら入り込んだ。

売れっ子地方史家などは、いくつもの自治体史を請負い過ぎて、その歴史叙述力が文章道の上からも枯渇してしまう。その担当するどこの自治体史にも、引用史料以外は、同工異曲にもならぬ説明文をコピー作品として提出して恥じない御仁まで、決して例外でなく出現してきた。学界中央のその時々の流行テーマには必ず飛びつく。中にはすっかり磨損してしまった文章力を糊塗するためか、数カ市町村史でそれぞれ時代や分野の担当を替えて互いに請負いしあう仲良しチームまで生まれる始末である。

こんなことで、いいのだろうか。

金原氏も、八〇年代から九〇年代の地域社会の「乱気流のなかにまきこまれ」てしまった地方史づくりについて、「地域史が一見華やかな装いをみせながらも、色あせ、手垢にまみれ、新鮮さを欠いて」しまったことを指摘する。高度経済成長期に地方も豊かになり、税収が増大した地方自治体は、巨大プロジェクトの自治体史づくりに夢中になり、そのツケは現在に負わされている。御承知の通り、バブル経済の崩壊とともに、厳しい資本の論理が地方財政にも舞い戻ってきた。残念ながら、「大きく変容した今日の地域をめぐる厳しい状況」の下でありながら、その「状況把握がまったく欠け」て、金原氏のいう「上辷りと混迷のはざま」で右往左往しつつ、相変らずの笛を吹いている自信過剰家の人びとも残存しているといった所であろう。

本書は幸いにも、ここ三十年間の地域社会史の硬軟正負の環境をともに貫徹することのできる思想と姿勢をもって書き込んでいた作品である。地域史づくりの共同幻想の流動と崩壊、そして新生と還相《げんそう》を見透す思索が織り込められていると確信している。

第一部では、地域社会史構築への方法を提言しながら、「市民の歴史学」運動の課題に真正面から取り組んでみた。そこに視座を据えて、市史づくり状況のなまなましい欠陥を正直に書き込んでいるのが、本書のさわりだろう。故井上幸治氏からも評価されたところである。第二部では、地域民衆像の史的描写を特殊具体的に提示してみた。近代日本農村のB面であった窮民像とA面の豪農像の両面を描いたのである。

全国県市段階の歴史づくりや資料収集・保存にたずさわる機関と民間の人びと、無論、全国に散在して「市民でつくる市史づくり」の孤塁を守っている人びとに、今一度、私の提言を読んでいただきたい。

3　太平天国の地にて考える

一　私の太平天国

一

一九九四年三月二十四日から三十一日にかけて、「太平天国の旅」をついに自ら試みた。地域民衆史家としての私の長年の夢想と幻影、あこがれと回流である。

高校二、三年（一九五一～二年）から大学一、二年（一九五三～四年）のころ、一九四九年秋に勝利したばかりの中国革命と毛沢東思想に心酔し、『毛沢東選集』全四巻、とくに第一巻を愛読しはじめていた。スノウ、スメドレー、ストロング、スタロビンらの名ルポルタージュ作品群の発光する彩色の衝撃と感動に、地方都市雑階級の青年は、心を強くひきつけられていた。太平天国を源流とする中国人民の反帝反封建の、いわゆる「百年革命戦争」を、東洋人として共有しつつ、自分のたましいの終局の境地として、運命的なのめりこみをするにいたっていた。山田忠雄氏の『新明解国語辞典』第一版（一九七二年）が、「わかげ」を「静かに考えて行動することができない、若人の気持」と解説しているが、良い意味でその語釈の通り「若気の至り」であった。

阿片戦争（一八四〇年）の最高指導者で民族英雄の林則徐（一七八五～一八五〇年）への関心も、その頃すでに生れていた。それから約四十年たった際に、林則徐研究の大家でもある中国方志家、近代史研究家の來新夏南開大学教授と文通往復で知り合う。日中国際共同研究（日中地方史誌の比較研究）を始めるという出会いに、私は内心、強い縁を感じていた。天津の南開大学学者村の一角にある来新夏先生の書斎に立ち寄った折、林則徐の文集と研究文献をいただいている。実は九一年、甘粛省酒泉を起点に西域バス旅行をしている時に、西域独特の雄大な光景の夕刻、嘉峪関を訪問したことを、私はこの太平天国の旅の間、ずっと反芻していたのである。

反帝民族愛の清廉強腕の知識人政治家、林則徐が、結局は欧米白色帝国主義列強に妥協して身内の重臣を身代りに処罰する作風しか出来ない清帝室多数派に敗北する。西域に左遷された際、嘉峪関にて吐露した人事と風土への詩的感慨の言葉を知り、強く心に刻まれていた。もはや粗末な土壁になっていく万里長城の西端が、薄暮の裡に西域草原の奥に消えていく風景を、城門から私は見下ろしていた。大空はあくまで青く、西方は真赤に燃えるような夕焼であった。

阿片戦争の帰趨が、いかに吉田松陰や高杉晋作、品川弥二郎ら長州藩士たちの関心をあつめていたかを知る頃になって、私は自分の明治維新論に結局は包摂される獨協学園百年史の人物相関図（山県有朋、品川弥二郎、桂太郎、加藤弘之ら）が、東アジア世界の反帝反封建の巨大な流れの一端につらなっており、正負取り混ぜ連関していること、しかもその源流が林則徐にはじまることを知ったのであった。

高校三年の初夏、『マルクス・エンゲルス選集』（大月書店）全二十四巻本を直接の郵便荷物で入手している。「ブリュメール十八日」や「フランスの内乱」の史観と思想と叙述に無論感激したのだが、とくに「中国革命論」篇では、太平天国の農民戦争が、「遅れた」東洋の山村辺境の民衆武装反乱であり、それが「進んだ」西洋の近代資本主義体制の俗世的な悪霊と、深刻かつ解きがたい矛盾への本格的な批判者として、いわば世界史の歴史審判者として出現してきていることを示唆しつつ論じていた。バプチストにとっての浸礼《しんれい》にも似た衝撃の大波を全身にかぶった。

二

明治革命への思想指導者としての吉田松陰が、同時代史としての太平天国革命を重視していたことは、私たちの注目するところである。松陰の「清国咸豊乱記」（一八五五年）は、元来、書名もない原本（事変目撃者の筆録）から「今、余、特ニ其要ヲ採リテ此記ヲ作ル。事変ノ大概ヲ知リ易カラシメント欲スルノミ」とした「長髪賊叛乱」の初期五年間の記録である。

「例言」によると「清国我ト海ヲ隔テ相隣ル……其国ノ治乱、往々我ニ関係スルニ至ル。……何如ゾ今人察セザル。此記ヲ読ムモノ、切ニ此意ヲ忘ルルコトナカレ」とある。当時の松陰たちが、内外国難との連関から太平天国の革命の動向に注目した様子がうかがわれる。その「序文」においても、清国天下危乱について「碁局」に見合った訓話を提示する。「敗碁有㆓勝著㆒、勝碁有㆓敗著㆒、故善観㆑碁者、視㆓巧而勝者㆒師㆑之、視㆓拙而敗者㆒戒㆑之」といい、「治㆓天下㆒者、豈可㆑不㆑如㆑此哉」と他国の勝敗、幸不幸からの学習の必要を説く。「抑当㆑局者迷、而傍観者得、当㆑局者苦、而傍観者楽」からだというのである。

しかも「朝鮮の風説、清商の口単《こうたん》」が長崎から「早ク天下ニ布《し》ク」流布していたことを記した上で、末尾にそれを「附記」している内容が興味深い。「朝鮮ノ風説」では、「近年、清国騒動甚シク起ル。……初ハ盗賊一揆体ノ容子ニ相聞ヘシニ、段々盛大ニナル。其根元ハ、明代ノ余類、處々民間ニ残居タル者、前代ノ恢復《かいふく》ヲ名トシ、岳州衡州等ノ地ヨリ起リ立ツト云。主謀ハ洪姓ニテ、徒党皆中国人ナリ。清朝ノ仕来リタル薙髪《ちはつ》ヲ禁ジ、明朝ノ旧制（長髪）ニ復ス」と、太平天国乱の発生をほぼ正確に把握しているのである。

とくに重要なことは、続けて「彼ノ党到ル所、貨財ヲ掠《かす》メズ、婦女ヲ犯サズ。是ニ依テ、向フ所ノ庶民安堵シ、悉ク服従ス。泉州、道州、岳州、次第ニ奪レ、武昌、九江、安慶ノ諸府、引続キ陥没ス。清朝ノ軍兵死傷多シ。北京ニハ……軍兵催促ノ使者絶間ナク、庶民困窮シ、財用ニ乏シク、兵粮《ひようろう》続ガタク、依テ富戸ノ金銀ヲ無理ニ取集ムト」などと指摘されていることを、松陰が記録していることである。「朝鮮ノ風説、大抵其実《じつ》ヲ得」と彼は評価している。

この世界史的な大農民革命戦争を、「是等、全ク竿ヲ掲《かかげ》テ旗トナシ、鋤《すき》を挙テ兵トナスノ類ナルニ、次第ニ滋蔓《じまん》シ、今ハ一《ひ》ト方ナラザル騒動ニ至ルト云」という朝鮮人の判断を受けとめることができているのである。

欧米列強の迫り来る日本侵攻に呼応するかのような日本農民叛乱の群発を、なによりも恐怖する吉田松陰ら明治革命思想家たちにとって、大清帝国の内外の危機爆発は、反面教師としての意義が大きかったに違いない。良くも悪くも日本近代化路線の基軸は、松陰のこのような姿勢の裡に形成されていたのであった。一八六二年、上海へ渡海した弟子・高杉晋作も、欧米義勇軍と清軍による太平天国農民軍鎮圧における目をみはるほどの虐殺の実態と、それに連関する中国社会経済の混迷を目のあたりに実見し、大いなる危機意識をもって帰日している。

「尊王攘夷」に出生の母胎をもつ近代日本と日本人は、西の欧米帝国主義、東の太平天国への恐怖と衝撃への攻撃的な反応として、神聖天皇統帥権のもとに朝鮮・中国へ海外侵出し、東アジアを舞台に欧米列強と「全面対決」したのである。近代日本の民衆信仰や労農運動への過剰防衛的な攻撃的な姿勢にも、近代日本の国家権力が、その誕生前後の母胎内や母乳吸入期に味わった恐怖を、体質として刻み込んで青壮年期まで保持していたからであろうという側面を、感じ取ることができるのである。

三

中国への白色帝国主義（英仏露米独）の加害がもっとも多大に露呈し、かつ大清帝国の官僚制による圧政と重税の矛盾がもっとも鋭く顕在化したのが、首都・北京からも遠隔の南シナ海沿岸諸省であった。伝統的な旧社会（アンシャンレジーム）の汚濁が中国西南地方に集積した。旧体制の中央と地方とを問わず、なにものをも溶かし分解し腐敗させてしまう商品経済が急激に浸透していたのは、大清帝国領域の、とくに華南、しかも欧米列強の軍隊や商業資本、宣教師らに触れる機会の多くなった広東、広西両省、あるいは福建省の一部であったろう。出稼《でかせぎ》層や移民層による華僑経済の流動の影響も鋭く切り込んできた。こうして広東、広西地方には、窮迫と混迷が爆発するばかりになっていた。

そこでの農民反乱群は、洪門の天地会、三合会をはじめ、反満抗清の「復明」的な民族主義俗解による、卑俗な小政治謀略を伴う小暴動の連鎖であった。そこには無知と貧困と怨恨に沈没し、抑圧にしいたげられつづけてきた地方辺境の農山漁民と、その流浪民による、自然発生的な秩序体制憎悪の暴発が群生する地盤があった。

十九世紀四〇年代から五〇年代に群生してきた華南の流賊、匪賊《ひぞく》、山賊、海賊、河川舟賊らの類は、貧窮民の「恨み」の情念に根がある性格を歴史評価できる。しかし一面では残念ながら、それは一般人民衆のなけなしの財産と生命への非情な収奪になるばかりの社会犯罪の側面を否定できないのでもあった。他面では、大清帝国の満族特権貴族や漢族富裕上級官吏と腐敗政商らの秩序への反撥、叛乱への働きかけの吐露でもあったことを、無論過小評価することはできない。

思うに彼らの指導層のほとんどは、東洋的民衆世界における現世幸福と安楽への願いを、反清《シン》復明《ミン》の共同幻想的で歴史復古のロマンティシズムで粉飾していた。貧困窮迫民衆を主体とする漢民族の新王国や新帝国を樹立すると自称し、大明《ミン》帝国の再来を思わせつつ、その内実は匪賊徒党的な地方軍閥に結局は矮小化してしまう場合が多かった。異民族封建帝制支配による虐政への実効力ある反抗や、窮乏民衆救済のための実際的な政策実践、あるいは欧米列強の中国侵略への意味のある反撃という、思想性や政治性、そしてなによりも世界性を持てなかった。

ひとり太平天国だけが、これら同時代に同地域で群生しつづけた数多くの民衆反乱や貧民暴動の中で、思想性と世界性を摑《つか》み育てあげることができた。人類の理想郷、あるいは「自由の王国」を樹立しようと共同幻想することに突出して、全力疾走できたのであった。滅清復明の反乱に止まらない巨大な創造性をもった民衆反乱に成長したのである。

広州居留のキリスト教白人宣教師の教えに全身全霊を投じて真摯に学んだものの、その誠実な人間性と強烈な社会性、不屈の民族性とを彼ら白人宗教家たちに見透されて、はぐらかされ捨てられた洪秀全たち。

伝統儒教や道教の精神世界に生長し、清国官僚社会での個人立身の上昇展開を執拗に試み、全青春を科挙試験にかけた洪秀全は、結局は挫折してしまった。田舎秀才として家族や親族の与望をになっていた自信過剰家ともいえる洪秀全であったが、受験学習のための有力な師匠や教学準備上の資力のない没落寸前の地方農村中農上層にとっては、それはもともと、かなわぬ幻想であった。清朝悪政の跋扈《ばっこ》する現世に絶望し、はじき出され、田舎教師に低迷せざるをえなくなった洪秀全たちは、辺境山村や平野村の豪農層以下の「民衆の子」たちに日常教育活動をはじめる。

欧米キリスト教会からは、うさんくさく思われ信用されず、排除されたが、イエス・キリストの「貧しき人々」への福音を真にわが物として主体的にとらえなおした洪秀全や馮雲山（洪と同じく客家出身で富裕な農村知識人）などのぎりぎりの信仰が、突出して、十九世紀中葉の世界史を切り開いたのである。いわば十九世紀の「解放の神学」といってよかった。中国人民を緊縛していた俗信と迷信から分岐・遊離しようとする姿勢が、強烈に爆発していた。

四

中国歴史上の節目のような過渡期に群発している、いわゆる「農民起義」と太平天国が決定的に異なるのは、なにか。その信仰と思想が全体像、究極性、世界性、民衆性によって貫徹しており、世俗的利害や利己、嫉視、復讐、野望などから隔絶していたことにあった。死生観と人間観において、他の百千の反乱暴動と違っていた。

窮乏民衆たち（広東、広西両省下の「客家」ら移住民を主とする）が清《シン》末社会危機と政治抑圧に耐えきれず挙家離村し、信仰共同体を樹立したことから、太平天国は始まる。この世に太平天国を建立しつつ、死後のあの世において天国へ入ることができるという信仰が、窮民たちの共同幻想として燃えあがった。特権支配層から民衆最下層の段階までの、あらゆる魔神・悪霊への迷信、吉凶相法、加持祈禱、星相占いなどをすべて邪教として拒否する信仰過激性。この世の一切の富、権力、地位、官職、享楽、男女の差別を捨て去って、信仰共同体内の人間秩序にのみ生き貫こうとする徹底した現世否定。

二十世紀民衆においては、十九世紀中葉のこの壮大な犠牲的精神による問題提起が、どの程度、解決への筋道を二十世紀の百年間につけられるかが問われていたかと思う。

諸民族の自治独立、第三世界諸国の革命と発展、帝国主義戦争の挫折、「解放の神学」を先頭とする民衆精神の高揚などの積極面の展開が指摘できるものの、マイナス面もあまりにも巨大な重荷である。英仏米帝国主義とイスラエルの反イスラーム国家独善主義の執拗なる存在、狂信ナチズムと暴虐スターリン主義、そして日本軍国主義の興亡、パックスアメリカーナの勝利、ソ連共産党の分解敗退、第三世界の混迷と汚濁、左右「悪霊」虎狼《ころう》の暴悪などなど。この重荷には現代日本資本主義物質文明の勝利とその後の腐敗退廃も加える必要があろう。

二十一世紀を迎えるにあたって、私たちは又候《またぞろ》、十九世紀の東西人類思想運動の原点に、たとえ冴えなくても立ち返り、新しい学習運動を刻苦勉励しつつはじめなくてはならない。二十世紀が、この東西二つの思想運動を決定的に克服しうる思想と運動を実は生み出していないからである。つまり西のマルクス主義思想と東の太平天国思想とを、二十世紀のとくに最後の四半世紀が批判しつくし克服しつくしてきたようでいて、実はそれが手前勝手な上っ面《つら》だけであるからである。正義、人権、平和、自由、民主、博愛、友情・援助が声高《こわだ》かに唱道されている割には、十三世紀の法然・親鸞の専修《せんじゅ》念仏、悪人正機の徹底した民衆信仰運動の水準に達する、真摯な姿勢はもとより、そのデマゴギーの粉飾すら十分にはできていない。

悪罵を投げかけられ、濁水に浸され、屈辱にさいなまれる挫折者たち、誤謬《ごびゅう》者たち、敗北者たち、あるいは必らずしも善意でなかった悪人、罪人たちを含め、二十世紀のあらゆる民衆運動の大波小波の興亡干満を片寄りなく大観してみると、現在の私たちは、ふたたび地下水に押し込まれてしまった東西二つの民衆思想運動が、間歇泉のごとくに爆発して再湧出するはずの二十一世紀の、いまだ夜明け前の暗黒の無の空間を、見つめている気持である。

こうして太平天国が私たちの前にあるといえよう。

二　広州哀感

一

一九九四年三月二十六日午前八時、広州港に上陸した。十九世紀中葉の大農民戦争、太平天国の戦跡訪問を志した私は、香港対岸の九龍島港前の大屋根の下の大衆食堂群の一店で腹ごしらえをしたあと乗船、有名な夜景の照りかがやきを眺めながら北上したのである。

入国手続に手間取った末、波止場前のタクシー乗り場に並ぶ。白タクのような男の誘いをことわり、いかにも要領の悪い、システムのうまく働かないタクシー乗り場で、中国人、台湾人、白人らとおとなしく長い行列が待つ。いわゆる南国らしい緑の木々と灰色か濃茶色にくすんだ家壁。薄霧の中を自転車やオートバイの群れが騒がしく走る。それらをすり抜けながら、タクシーは疾走する。川越しに北岸の高層ビル群が朝日を照り返してかがやく。珠江南岸の下町風の街並みと人々の動きには、東洋的民衆世界独特の雰囲気があふれんばかりである。それと好対照に、珠江にまたがる二大橋、人民大橋や海珠橋は、車のラッシュ大渋滞であった。北岸のビル街も現代欧風大都会共通の風貌を見せている。

広州賓館に荷物を預けたあと、タクシーにて市内見学をする。大河・珠江に面したホテル前面にひろがる広大な公園、海珠広場では、大きな枝葉を広げている緑蔭で、いくつかの群れの老若男女が、民族踊りやら太極拳やらを楽しんでいる。子供たちは祖父母の回りを離れ、駆けずりまわっている。

最初に訪れたのは、北東部、先烈中路にある黄花崗七十二烈士墓であった。一九一一年四月二十七日、孫文指導の中国革命同盟会（抗清反封建の政治結社）が、旧暦でいう辛亥三月二十九日、広州で武装起義を発動した。激しい戦闘を一昼夜行なって、百余人の犠牲者を出して失敗した。この起義は挫折したものの、少数意識分子による、その英雄的な気慨と敗北を怖れぬ迫力のある先烈性が、同年十月十日の武昌起義の勝利の前奏曲となる。同盟会員、潘達微が鋭意奔走して中国全土の富商、知識人、地主縉紳《しんしん》はもとより、東南アジアや北米、欧州の華僑にいたるまで、広範囲な中国人の寄贈する碑石が、建物にはめ込まれ盛り上り林立し、陵墓状の崗頂となっている。頂上には松明《たいまつ》をかかげる自由の女神像が佇立している。

章太炎の七十二烈士をたたえる書が石に刻まれていた。あたりには各所に花壇あり、竹林あり、松林あり、小池や小亭あり、といった風景である。小学生や幼稚園児などが女性教師に引率されていて、思い思いに散開し、写生画に打ち込んでいるのだった。何人かの児童の絵をのぞき込みながら、女教師と話してみたりした。墓園では、台湾や東南アジアの華僑の観光客団体を多くみかけることができた。

日本でも旧ソ連でも、そして新中国や台湾でも、左右の諸党派知識人それぞれに自派に引き寄せて孫文を理解しようとしていた。だから孫文の評価がどこか中途半端で定着していない時代状況が、つい先日まであった。それを思うと、二十世紀のいい加減さと偏見のすごさを感じざるをえない。孫文のような清濁あわせ呑む人柄で、一種独特にふところの深い温厚大人で、しかも七転八起の不屈の民族革命家が、世界史上、何人数えられることだろうか。二十世紀の民族民主革命家としての孫文の広大な偉大性と微細な人間性は、これからいよいよ注目を集めることだろう。

越秀山頂にある中山記念碑は一九二九年に完成されたという。高さ三十七メートルに達する巨大な花崗岩の記念碑である。庭園はいくつかの山と川と池と森を含み、徒歩でのひとまわりに丸一日はかかるほどの壮大さである。南面の東風中路に面している中山記念堂は、ひろびろとした芝生の前庭に面する巨大な大講堂風の中華様式の建築物である。内部は多少荒れていて、小博物館のような陳列品室も手入れがしばらくなされていないと思われた。電気照明もこわれたままが多く、全体として薄暗く、いい加減な管理体制とみた。外国人用の入場券は百メートルも離れた正面玄関にしかなく、北門から入った私たちは、わざわざ正門まで行ったのである。しかし館内には珍らしい写真や遺品が多く見受けられ、興味をそそった。孫文に左右清濁混在する日本人諸層との交流があったこともあってか、私たちが孫文を考えると、いつも東洋的世界の一体化した歴史像が浮かびあがってくる。二十世紀前半における中国と日本の民衆思想状況を縒《よ》り合わせることになる。孫文を通じて私たち日本人は、中国民衆と連帯することが可能になる。

洪秀全から孫文、そして毛沢東までは、決して遠い道のりではないのだ。中国革命百年戦争を考え合せながら、この三人の偉大な革命家の地域風土的、民衆思想的系譜に感嘆する。

二

中山三路に面した、これまた広壮な広州起義烈士陵園に参拝する。東脇から入園したのだが、黄花崗七十二烈士墓園に比較して、参拝者や遊歩客がほとんど見かけられない。ひと気のないこと驚くばかりである。見わたすかぎりのあたりに、こわいくらいに人通りが絶える瞬時が多い。

一九二七年四月の蒋介石の白色テロ・クーデタに対抗して、中国共産党は都市暴動型の武装蜂起を全国各地で行なう。広州方面の英雄的な奮闘も、二度三度の新規投入の反動右派軍によって壊滅的打撃を受け、全滅した。詳細は次の通りである。

一九二七年十一月、今や師、孫文を裏切り反共の鬼と化した蒋介石指揮下の軍隊による両広方面鎮圧作戦が急展開していた。北伐諸軍閥の混戦により、まさに広州城内が「空虚」になったという。この一瞬を突いて、広州駐留の葉剣英（国民党員であり中国共産党党員）領導の第四軍教導団が優勢をつかんだかに見えた。

張太雷、葉挺、葉剣英らは、十一月下旬までに指導部を形成し、第四軍警護団と赤衛七箇連隊に赤色労組員を合せ三千人を組織したという。これに郊外農村の農民赤衛軍を参加させて「起義」したのである。十二月十一日早暁、一斉に侵攻を発動し、十時間余の激戦で広州市公安局、発電所、電信局、財政庁、軍機庫、鉄道駅舎などの軍事拠点を押えた。広州市の大部分を制圧したころには参加人員は五、六万人に達したという。当時の段階では国際労働運動史上も最先端である広州ソヴィエト政府が成立した。「打倒帝国主義、打倒軍閥、鎮圧地主豪紳」の政治綱領を提出したし、八時間労働時間制や、一切の土地を直接耕作農民に渡す法令を公布したのである。

赤色革命暴動に驚愕した国民党新軍閥軍は、自分らの内戦を停止して広州に舞い戻り、包囲する。この際、葉挺は彼此の軍事力量の格差が問題にならないからとして、広州城を守り切れない以上、軍閥主力軍が広州城包囲に加わる前に、革命軍がいったん広州を撤退し、軍事力量を郊外農村部で温存した上での遊撃作戦を提起していたという。しかし、大都市・鉱山工人一斉罷業《ひぎょう》と、都市赤衛軍武装起義路線をとる当時の中国共産党中央と、コミュニスト・インターナショナルの代表ノイマンらは、これを厳しく批判する。一斉侵攻一本槍の英雄的闘争にすべてをかけ、都市革命武闘作戦を強要したという。

第一次国共合作を裏切り、孫文の中国革命路線を破壊させた反共軍閥と国民党の野合軍団は、五万の大軍で広州城を包囲した。あわせて英、米とわが日軍列強砲艦の砲火を中国共産党軍にあびせる協力を得て、激闘わずか三日にして、ついに十二月十三日、広州ソヴィエト政府は崩壊した。張太雷ら七、八万人の革命戦士と支持大衆が、白色テロの犠牲となって殺害されている。

この深刻で尊い犠牲の上に、都市革命暴動型の革命路線の中国における不可能性が、くっきりと実証され、コミンテルンや中国共産党中央に良い教訓となったことが近代世界史上にも注目されるのである。

円墳風の共同墓所の外壁に、小学生たちの日本でいう千羽鶴様の赤や黄色の折紙細工や、共鳴のスローガンの祈りの文言が竹枝につるされたりして、幾本も飾られていた。小学生たちの作文による革命戦士への讃歌も展示されていた。正規学校教育では、中山記念碑ではなく、ここへ教師引率で参拝しているのだろう。広々とした墓園内に、訪れる人もなく、人通りも絶えて、中国共産党革命闘争の歴史遺産の哀傷が、しみじみと心身に浸みる。

三

ここ十五年間の中国では、いわゆる社会主義市場経済の展開と開放経済の政策による国際化の美名のもとに、貨幣崇拝の現象と資本の論理が大手を振って息をふきかえした。

もともと広東、福建、上海の中国人は、十九世紀前半までに西洋の文明と貨幣の侵略にさらされていた。出稼ぎやら華僑商売やらで、貨幣感覚と利息計算に鋭敏であるから、事態はみるまに毛主席時代の人民中国から変貌してしまう。その源泉は、上海と香港という欧米列強の貿易港として発展した二大都市にあった。

この二十四、五日に見学した香港の商店街、露天市、中小食堂のにぎやかさ、活発さ、人間らしさ。繁華街脇の坂道両側の自由市場と露天市にあふれる野菜、果物、肉類、雑貨、衣類。小商人の手八丁口八丁。素足の細く、こまやかな肌の中国人女性たち。とにかくなんでもある。典当（質屋）も派手な赤い看板を歩道の上に突き出しているのが何軒も見受けられた。「華安大押」（Wan On Pawn Shop）は九龍城南道（South Wall Road）にある。店頭に入り、「押物人須知」で、入質出質の手続や貸金と流質の条件、利息の手続や利率の看板掲示を読む。同じく九龍の「和泰大押」(Lee Tai Pawn Shop) も「押」の大きな看板が歩道の上にはみ出て突き出されていた。

香港街路の散策中、歩道に面した階段を昇り二階にある書店に立寄る。『歴代食貨集成』全五冊が珍しく、正史二十五史の食貨(経済金融産業編)を集成していて便利そうなので、二万五千円というが、ついつい購入してしまう。値切って一万六千円、船便(千五百円)で日本へ送ることにした。

朝はホテル近所で歩道に張出したテーブルでのヤムチャ、昼食はOL、サラリーマンで混合うビジネス繁華街の大衆食堂で肩を寄せ合いながらの食事。夜は、広州へ乗船前に九龍港付近の大屋根内の食堂街の、庶民感覚の活気ある、とある小店で大盛りの肉と野菜いため物の食事。中国人民衆が香港でも広州でも、なんと生き生きとして働き、食べ、買物し、商売して活動していることか。

大英帝国の東洋侵略の歴史の証拠物のように、百年以上にわたり繁盛港湾の島都市として存在する香港において、圧倒的大多数の人口を有する中国人は、イギリス人、インド人、欧米人、そして僅か四年ほど支配した日本人たちを結局は呑み込み、消化してしまった。イギリス人の商人、外交官、軍人たちの豪華な庭園をもつ邸宅街も、商業センターの高層ビル群も、緑の公園も、しゃれた海岸の別荘ホテルのたたずまいも、富豪のシンボルのような豪華ヨットも、驚くばかりである。しかし、それにしても香港それ自体は、まもなく中国人民の手に戻されてしまうのである。英国風の公園、建物、博物館、植物園、あるいは富裕階級の個人住宅や高級マンション街の裏側の崖地や日影地に、べたっと広がる中小零細貧民の高層のマンションビルやミニマンション団地の密集地。貧富の格差にもかかわらず、中国人一般が総じて活気にあふれていることに、つくづくと感銘した。

初めて香港に来たわけだが、聞きしにまさる高層ビルの林立、崖山・石山と緑の樹林。英国人をはじめ印度人やアメリカ水兵までの白人が、ごく当り前に街頭を行き来していて、百年来の大英帝国主義の東洋侵出を思い、旅情切なるものがある。英雄林則徐の阿片戦争を思い、香港中国人の現代の混雑と繁昌を見聞して、感慨無量であった。

四

広州へ入り、香港中国人民衆の生活感覚と庶民風俗における矛盾と混迷と活発のありようを、さらにつくづくと感じ入る。ホテルから朝食を食べに出た街頭は、さっぱり見当がつかず、いいかげんな所でタクシーを降りたら、水道電気や建築工事材料資材の問屋街の中であった。商店街の一歩裏側のあたりは、旧市街の古家屋商店と住宅を破壊して整地中である。とにかく街頭の人の出入り、車と自転車の往来、店頭の物流と人の動きが目まぐるしく、騒がしさの中に中国民衆の人間的な力量と暖かさを感じることしきりであった。

道教寺院の三元宮。参拝する人々の混雑に驚く。そこにいたる大道路の広い歩道は、両側ともに路上生活者か浮浪者、あるいは失業者群に占拠されている。広州周辺の農山村から流出してきた民衆たちの夫婦、子供たち。男衆は、異様なまでに目のするどく高声の群れをいくつもなしている。脇を通る時、ちょっとした目差しの「感じ」を受ける。将棋をさしたり、トランプをしたり、なにか果物をかじったり、寝ころんだり、足を突き出してごろ寝していたり。農山村では喰えなくなり、職もなくなり、大都市へあてもなしに流入したのだろう。アジア的過剰人口は、私経済と貨幣経済が急展開すると、人民公社時代のように農村自体で支えることができない。夢を見て、希望を持って、七百万の大都市、広州へどっとくり出してきて、宿屋にも入れず、街頭生活者になって、職と金銭を探し求めているといった図である。

その近所の中華料理店で昼食をとったが、山海の珍味を窮迫民衆の群れのすぐそばで味わうことに、なにか申し訳ないような感覚を持つ。中国民衆の貧困窮民への社会的同情心の湧きあがる中で、店員や支配人たちが、店頭歩道の彼らに一顧だにせず商売熱心な姿勢に、こちらまでほっとする感じで、なんともいえない想いであった。

三元宮は庶民信仰の典型といった繁昌で、すべては線香の煙の中である。お賽銭の小銭や少額紙幣が、山門両脇の獅子、龍王像をはじめ、ここかしこにまき散らされ、投げ込まれている。背中が思いなしかさびしげな老女と中年の女が多いが、幼児づれの老夫婦も両手をあわせ、身体を振わせて祈る。肝腎の本尊は、関帝廟の巨像に似ている三聖人である。金銀緑赤の原色を塗り込められ、日本人にはさっぱり神秘性を感じ取らせない。浅草寺などのように、狛《こま》犬《いぬ》、獅子石像や神像に手をふれ、さすり、祈念することしきりである。ひざまずいて祈り三昧にふける女人たちの信仰は、洪秀全たちが正に俗信邪教迷信として排撃消却したものの復活であろう。

アジア的民衆世界における俗信の伝統の根強さと、太平天国信仰の信仰革命のラディカルな意味をつくづくと想った。他力《たりき》信仰の専修念仏と同じように根源的な唯一絶対神崇拝をもつ真の信仰の原理的な形成が、このような伝統的民衆信仰を批判しつくすのは、人類史上も安易な事業ではない。絶えず行き過ぎとゆれもどしのジグザグがあり、自《じ》力《りき》の加持祈禱による俗信が勝ち誇って戻ってくるのである。いわゆる理想の王国へ向かうべき中国「社会主義」思想の存在自体と、いわんや展開の困難性を思わざるをえなかった。

それにしても広州の女性一般の足の美しさはなんだろう。その白さといい見事である。脂の適度にのった光るような肌色である。形の整った、すっきりすんなりと伸びた肢体。ひどく短いスカートがわずかに腰に巻かれているといった風情で、太股の内側の肉が薄地の生地を透して輝いて動く。膝関節の裏側の筋肉とそれをおおう皮膚が微妙な感じを見せる。首が細く、うなじがはっきりとしている。あごは可愛気に細身で、卵型の顔立ちである。厚化粧していない顔の肌が、かえって女人の美しさを誇示しているかのようである。麗人談義の続きをすると、広州の一流ホテルのロビーやバーにたむろしている高級娼婦たちの美麗であることにも驚く。日本や欧米の事情にうとい私が言うのもナンだが、とにかく高級感覚のあふれる、生き生きとした表情と楽しげな雰囲気をただよわせている。たたずんだり、微笑をふり向けたり、長い足を組んで坐ったり、闊歩したりである。ジーンズのロングパンツ姿も見られたが、格好よいものであった。貨幣信仰と物神礼拝、女人崇拝が「社会主義体制下の開放経済」なる鄧小平路線の下で、あだ花を咲かせているといった所か。新宿歌舞伎町や赤坂六本木あたりにたむろする娼婦風情や水商売女にくらべて、上品な芳香を発散していたことはたしかである。

夕刻、ぎりぎりの締切り時間まで、紀元前一世紀の西漢王族墓の展示館を見学。埋葬品、ミイラなど、ただただ感銘するばかりの中華民族文化の精華であった。博物館自体もしゃれた建築物で巨大広壮な構造を見せていたが、裏側にのぞかれる民家群は、伝統的庶民家屋で、洗濯物の陳列があり、奇妙なコントラストをなしていた。埋葬品の中にある竹簡冊の書籍類はとくに注目をもって眺めた。生前の王侯貴族愛読の養生性典学関係の本が含まれているからである。古代貴族用の性書の「以和為貴」という男女性交の根本精神と基本姿勢の高尚さと人間的味わいを、六世紀末の聖徳太子が十七条憲法に転用活用したことを、恩師・瀧川政次郎先生から聞き及んでいる私は、西漢墓遺品につくづくと眺め入ったことだった。

三　天地会のこと

一

三月二十七日早朝六時、いよいよ出発である。昨朝、慎重にも慎重を期して、タクシー新車を契約した。その運転手二名がホテルロビーで待っていた。西の広西の金田や桂平、永安州、それに戻って北の広東の花県、官禄に行くには、定期バスを乗り継いだり、戻ったり東奔西走しなければならない。舟運は西方の金田までは行かない。鉄道は運行本数が少なく中途半端な道程である。結局、タクシーを雇うのが一番好都合とわかった。家族持ちのしっかりとした運転手一人と仲の良い若手運転手一人の二人組をタクシー公司で紹介してもらったのである。

薄明の早暁、車は一路広西壮族自治区へ向い高速自動車道路を走る。広州西郊の南海・仏山両市は農工業が最近とくに展開し、工業団地の広壮な模様が、日の出前の灰色の姿で過ぎ去る。国道沿いに驚いたことに「押」(質屋)の看板を見付けることができた。七時には三水市に入る。近代的ビル群の中を走る。やがて四会市、水田が見はらせる。広大な田園風景が朝明けに美しい。二毛作の田植直前のようだ。苗代が点在する。農家はレンガ造りの二階建で街村を形成している。はるか木立の筋が視角を縁取りする。七時四十分、人口百万人の肇慶市に入る。薄曇りの朝である。市中心部に到着したのは八時五分前、華僑大厦で朝食(ヤムチャ形式)をとる。中国地方民衆の生活水準の高さが、市街各所の商店頭や市場、運送の流れからでも理解できる。国道を東西に走破するトラック群の表現できないような激しい流れが、明るくなるとともに始まっていた。

向って左、南側の崖下に大河、西江がついに見える。車は伴走するように走る。旅客船や輸送船が往き来している。行けども行けどものような感じで西江が流れている。

この西江こそ、清朝末期、十九世紀に「水勇」「船戸」から群生した民衆ゲリラ的存在であり「匪徒」である「艇軍」が活躍した流域であった。

一八四七年の天地会起義は西江水軍の艇軍によって担われたのである。西江とその上流潯江の沿岸は広東、広西両省にまたがる。水陸交通が発展し、商品経済は相当程度に発達してきていた。彭大雍「広西天地会と拝上帝会の比較研究」(『羅爾綱と太平天国』四川省社会科学院出版社、一九八七年)によれば、「四方客商雲集、舟車輻輳、百貨駢臻」であったという。この流域は東は広州から西は南寧までを含み、北の桂林、揚州から、河岸の梧州、桂平を含む広大な地域である。清朝政府の両広支配の粗暴な収奪と、欧米列強の両広侵出があいまって、伝統的な男耕女織の農村は分解し、潰れ百姓が群生したし、四川、湖南、江西、広東からの客家をも含め、洋布紡織品に土俗製品が排斥されるなど、手工業や小商業の農家副業も喪失した。

一八四六年から五〇年にかけ、広西省は水旱虫の三大災に苦しめられた。桂平は阿片戦争後の約十年間の内七年間が大災荒であったという。一八四九年の童謡に「你死我飢、哀呵」と歌われていたくらいである。

地域辺境民衆の窮迫は十九世紀中葉には、絶望的なものに至っていた。阿片の烟毒は全国に氾濫したのだが、両広にとくに甚だしかった。梧州、平南、桂平、貴県など潯江河岸の「烟鋪」が「很多」開設されていたという（『金田起義』広西師範学院編、一九七五年）。没落士大夫、郷紳や貧窮民衆に吸着する典鋪、大押、小押など、大小の質屋も群生していた。

二

明朝末以来三百年の歴史をもつ天地会は「天時、地利、人和」を意味し（『封帛会三百年革命史』劉連珂、一九四〇年）、滅清復明を目標とした秘密結社である。「有学識、有思想、有志気、有胆力」の中華民族主義にかたまり、清朝を「仇敵」とねらう徒党である。いわば「草莽」革命の「英雄」集団と自己規定していた。

天地会の「万大洪告示」によれば「天下貪官、甚于強盗、衛門汚吏、何異虎狼、民之財尽矣、民之苦楽矣」とあることからも、「反清復明」の天地会が十九世紀中葉の民衆危機の渦中で、十分に生気を養っていたであろうことが理解できよう。「破産失業の農民と手工業者」は「水滸伝的世界」の「梁山泊式」の農民革命組織としての各地の天地会徒党集団に吸い寄せられた。あるいは「明末士大夫」の復明結社小集団の影響を受け、鄭成功の復明抵抗闘争に連なった。天地会には手工業人、運搬人夫、船夫、製塩工夫、鉱夫などをはじめ、江湖河川の流域の流浪者、医卜星相考、売芸人、乞食、娼妓など雑多な流亡の民が陸続と秘密加盟した（赫治清『天地会起源研究』社会科学文献出版社、一九九六年）。

彼らの拝盟結詩文社的な反清の密約は「順天行道」を基準とし、「忠義」を信条とし、「一寸必死生可同」の兄弟愛同志愛で結ばれた。「心情肝胆、忠誠信義弁無差」であり、「四海皆兄弟」の「理想団体」を形成したという。したがって「不分貴賤」はもとより、「八方共域、異姓一家」の精神をもち、「互助互済」のつながりを大切にして結合力を強め、持続力としたのであった。

「亡国志士」的な誠と志をもつものの謀略秘密結社の性質が強かった。つまり必らずしもその民衆的傾向性が、正義や庶民の味方的存在に直接結合するものばかりではなかったといえるものである。一部の漢族豪商、大地主、行商人、宗教家らだけでなく、各種犯罪者集団の一味などが加盟したり、組織を牛耳っている場合もあったろう。親分子分の強い結盟と復明の理念が、これらのマイナスをおおいかくしている場合もあったろう。

私たちは、西江の奔流を眼下に見て逆走しながら、清末民衆のマインドとエネルギーが天地会などの伝統的結社「艇匪」「匪徒」の渦中において熟成され、飛躍し、太平天国に昇華していくことを、感銘の心をもって、嚙みしめていた。

三

天地会の創立は、赫治清によると清皇帝康熙帝の十三年（一六七四年）で、長林寺開山住持僧の万五道宗（達宗和尚）らによって創設されたようである（『天地会起源研究』社会科学文献出版社、一九九六年）。その誕生地は福建省漳浦県高渓郷高渓寺であった。明朝遺臣惨殺探求の悲惨な苦難に耐え忍びながら、血盟同志の殉難の志士的結合から、「水滸伝」の梁山泊的な強固な組織が結成されたのであった。したがって滅清復明は必死絶対の大目標であった。仇敵の心を堅持するため、いわば抗清闘争の中核組織として天地会が誕生したのである。

「志士仁人」は「亡国之惨」の「塗炭」の苦悩にさいなまれながら、「光復祖国」を求めて「秘密団体」を作った。これが「洪門之会」である。洪門とは明朝太祖（朱元璋）年号「洪武」からとったという（陶成章「教戒源流考」、羅爾綱『天地会文献録』実用書局、一九四二年）。洪門の類に入る復明秘密結社には、天地会をはじめ、三点会（広東がもっとも盛んで、福建、江西、広西に勢力）以下、いくつかの支流がある。三合会（やはり広東が最盛。福建、江西がこれに次ぎ、湖南、広西に普及）、哥老会（湖北、湖南が最盛で四川、浙江がこれに次し、雲南、安徽、江蘇、河南、山西に普及）、慶幇（多くは長江下流域にあり、抗州、安徽、江西、南昌にいたる）、江湖団（多くは長江上下流域に普及、「乞丐」が多く「狗盗之徒」も少なくない）などである。

私たちは、彼ら諸団体の中には、大は「馬賊」となり、小は乞食、狗盗の類に至る者を多くみることができる。身勝手に「豪客」英雄きどりの類が多かったともいえよう。秘密会党の弊害、ここに極まれりともいえたのである。もともと少林寺拳術の修業者の伝統のもとに発生しているという、五台山（山西省仏教聖地）僧侶の一派や白蓮教徒たちの中には、遺明志士の残党が「弁髪の辱」を避けて僧侶となった場合が多かった。彼らは「聚レ徒授レ拳伝レ教」しつつ、明朝「隠謀恢復之挙」を試みていたのだろう。

白蓮教徒は、蒙古族の元朝による中華支配への「反抗之心」とからんで群生した、仏教をかくれみのにした秘密結社である。明朝建立の朱元璋も、白蓮教紅中軍の一小頭目あがりの英雄であった。反元起義の前は皇覚寺の乞食僧侶であったという（陶成章）。中国北方では白蓮教が強盛であり、南方では洪門諸会が支配的であった。別に山東省や河南省、江蘇・安徽を基盤に両者の精義を合体させたとする大刀会が発生している。これから小刀会が分立し、主として東南諸省に普及した。河南、山東、直隷で盛んな八卦教は白蓮の分派で、神拳教あるいは義和拳ともいう。一九〇〇年の義和団の乱は有名である。

これら秘密結社はいずれも宗教に名を借り衆を集め、各種の厳粛神秘の血盟の儀式を以って会員を迎えていた。傳拳も大切な秘義であった。世界観的思想はないが、世智と迷信に織り込まれた詐術をもって「愚人」した。いわば伝統中国の無産「下等之人心」に第一に迎合し、「水滸伝」「三国演義」「説唐三書」の伝統的中国民衆精神の豪傑世界を一歩も出ることはない、威風あふるる世界であったという。そこでは「義気」と「兄弟」がキイワードで、「遊行千里」をいとわず、生死をかえりみることはなかった。「草莽英雄」が「亡国的悲痛」と「異族的圧迫」に対抗して「不分貴賤」に「忠義」一辺倒で戦う「水滸伝」の人物像こそ、天地会や白蓮教の模範であり典型であった（羅爾綱「水滸伝与天地会」）。

四

阿片戦争の敗北後、国際交易の中心地は広州から上海に移行したし、湖南、広東の商路は衰弱してしまう。英国はじめ列強との戦闘に徴発動員された南部中国の兵卒たちは「壮勇団練」に組織されていたのだが、敗北後、解散されてしまう。彼らは貧苦の農民層出身であったが、窮迫無産の郷里にはもどれず、各地で「流落」し、異郷をさまよいながら、「盗」や「匪」に加入していった。失業した水運業の水手や烟販の売子たちも西江沿岸で「沿江刦掠」をはじめ「横行郷間」となる。

彭大雍は「無レ家レ可レ帰、無レ田レ可レ耕、無レ業レ可レ就、衣食無レ着」の流民が群生し、「無籍、無産、無業」の遊民、貧民、匪民が天地会に吸収されている有様を描いている。「私語盟会」は「野火燎原」の如しであった。会員は各地に「聚集」し、富豪財物を没収し、土豪劣紳権力を懲罰した。「開倉、刦庫、放囚、殺害」を始め、ついには辺境地方の清朝官吏官庁への公然たる反抗を拡大したのである。

広東省西部から広西省の諸地方において匪賊、暴徒、反乱の中小規模の群生が比較的容易であったのには、無論、直接的な理由があった。

北京からみて辺境の広東広西における清朝統治者能力は、矮小であり薄弱であったのだ。治政と徴税は腐敗につつまれ、民衆の前途は暗黒であった。地方軍事権力の首脳部は、いわゆるへっぴり腰であり「念仏消災」をするのみであったという（金田起義）。軍事指揮官の中には、城里に閉じこもり、農民反乱軍とあえて出戦する危険をおかす試みをしない者が多かった。その場その場を「掩飾弥縫《えんしょくびほう》」し「苟且偷安」と、いたずらに一時逃れをしていたという。民衆暴動の情念と迫力がこわかったのであろう。

実は広東広西「賊匪」の多くは、清朝地方官の報告や広州キリスト教外国人宣教師の記述によれば、その指揮者の大半が客家であるところの広東人であったという。清朝初期に四川や広東からいわゆる客家が流れ込んだ。広大な土地が存在し開墾や交易の仕事が進展する広西に移住する者が多かった。とくに広東から「客民佃種」として貧農小作人層が、交通閉塞の山間荒僻の山区に入り込んだ。清末になると、広西土着民人は十分の三、外省の客民が十分の七に達していた。こうして「無レ東不レ成レ市、有レ烟必有レ東、逢レ山必東有、無レ山不レ往レ客」といわれるように広「東」人が、広西の辺境山区農村の各地に進出し、商業市場、農業、山林業に従事したので、田地、山林、水利、風水をめぐって土民と客民（東人）との間で厳しい争いが十九世紀前半までには、各地で群生するにいたっていた。土着民に押し出され、窮迫災害時にとくに被害を甘受せざるをえない客家層が、反乱や「匪」に関心を持つのは、いわば必然的であったろう。

しかも広西の地方官吏は「官無レ恥、吏無レ廉、専以二自肥一為レ念」であるばかりか、土着民と客民との地域紛争と利害対立を解決できず、「不レ能レ審判二曲直一」であった。むしろ本地人に客家人追出しを推めたくらいであったという。「無レ家レ可レ帰」の貧民客家人らが、この患難の渦中で、天地会や、やがて太平天国運動に真直ぐに入って行くのは、むしろ当然であった。

五

「水火の中をいとわず救民」に尽力し「興漢滅満」するという天地会の「闘争宗旨」は、いくつかの問題点を民衆運動史の中でもった。異民族支配の清朝に対し「共に天を戴かざるの恨を泄《すす》ぐ」民族的憎悪を持ち、「貪官汚吏」の収奪に敵対している民衆自治団体ではあったが、伝統中国のいかにも旧式の秘密結社に過ぎない限界をもっていた。他方、大清帝国の支配に対抗するとしていたから、清朝政府官兵から特別に嫉恨と憎悪を持たれ、流亡匪類とさげすまれ、大逆不道と蔑視され、いつでもどこでも捕殺されるのであった。二百余年に及ぶ非合法団体であった。

自保自衛の民衆民族団体であり、盗賊土匪と官兵から身を守るとはいうものの、天地会会員の中には、いわゆる無法無天の「頑民」「暴徒」が含まれていないわけではなかった。全国を遊歴して武芸に精通し、識見をみがいて口説《くぜつ》の徒として宣教するという勇敢分子英雄である側面は、各地天地会幹部、首領の中に散見される個人的野心によって曇らされていた。「如意算盤」で私欲を満足させ、官府土豪と裏面ではつながり特権を取得し、しかもその上、私忿を発泄させるばかりの「凶神魔鬼」のごとき人物が幹部層に入り込んでいたのは、たしかであろう（彭大雍）。

民衆革命反乱分子の実に広大な裾野の上に立つ天地会には、無頼者、賭博者、兵勇脱走兵、乞食、風俗犯罪者から地主豪紳や地主武装の郷団の団総、団首までが入会していた。清朝地域官吏と癒着した地方名士、地主階級知識人分子もいたし、民衆弾圧、農民一揆鎮圧の先駆である地方軍の幹部もいたのである。彼らは表面上は清朝体制に協力するか従順な姿勢でありながら、裏面では隠謀術数、時に天地会の隠れ主魁《しゆかい》である場合すら多かったという。「心腹爪牙」であり、秘密結社の不義不正と裏切りが大いにありえたのである。無頼者や犯罪者たちが、その場限りの日和見《ひよりみ》で、規律や誠と志と無縁の存在である場合が多かったろう。「反清復明」の理念では、彼らを社会教育し、思想変革することは不可能であったろう。いわんや一般の広大なる民衆諸層の普通の人びとに、反帝反封建反清を呼びかけるエネルギーを発生させることはできなかったのである。

天地会の方向性では、民衆の村落共同体が伝統的に育ててきている封建綱常倫理や郷約族規を一面的に乱暴に破壊するだけで、民衆の内在的なたましいの変革自体による上昇的な民衆精神の改造教育の達成は、望むべくもなかった。

「却富済貧」「賛天行道」「天厭満清」の類のスローガンを天地会は打ち出したものの、それでは清朝汚職官吏、不正官吏軍人の追求には役立つが、それを克《こ》えた反帝反封建の革命への道につながることはなく、いわんや民衆革命政権への展望はまったく持ち合わせていなかった。

しかも天地会の組織規律はゆるいもので締りがなく、地域分断されていた。各「山党」という支部が林立し、最後まで統一的な指導部が形成されなかった。一九一一年の孫文の革命に入り込んでいった際にも、そのことは指摘できる。各支部はゆるい連合でしかつながらず、それぞれ家父長的、親分子分的な原則の下で縦割りになって閉鎖的にまとまっていた。十九世紀中葉以降、内外の混迷の渦中で天地会は急激に活性化し、各地で暴動反抗の小主体になって行ったが、いずれも「随起随滅」「随滅随起」を単純に繰り返すばかりであった、と残念ながら総括できよう。

いかに不屈で強固な反清秘密結社の民衆動員が成功しても、清朝封建統治の旧秩序と欧米列強のアジア侵略に対抗して、世界史的な展望のもとに民衆革命闘争を展開する道筋に発展していくことはなかったのである。

そのためには、やはり同じ広東、広西両省の客家層を初期の基盤にして、ほんの数年後から農民起義を始め、ついに反帝反封建の中国百年革命戦争を勝利のうちに開始し、世界史にその名を記録した、太平天国運動をまつ外はなかった。

4 〈往復書簡〉地域の精神と歴史の再生をめざして

齊藤 博
花崎皐平

〈第一信〉地域史づくりの体験から――齊藤博から花崎皐平へ

花崎皐平様

はじめて、お手紙をしたためております。じつは花崎さんのお仕事については、十四、五年前に『資本論の弁証法』（イリエンコフ著、花崎皐平訳、合同出版）を読みまして、大変に感銘を受けて以来、ひさしぶりに『地域をひらく――生きる場の構築』（農山漁村文化協会）を読ましていただいた次第です。イリエンコフの読書をきっかけに、その後、花崎さんが各所にお書きになるものを拝見していて、私は、ずっと、北方に賢者あり、という想いをいだいておりました。今回、花崎さんの主体的位相にもとづく思想を平易に展開されている『地域をひらく』を読破してみて、現代日本の民衆をとりかこむ体制環境のきびしさと、その渦中にあって、なにをなすべきかという戦場分析と作戦指導が縦横に開陳されているのを、肌身に実感いたしました。そんなわけで、私なりに感激を新たにいたし、お手紙を差し上げる気持ちになったのです。

運動実践論的には、私などが甲乙できぬ大きな問題ですし、また私などが飛翔できぬほどの高さに花崎さんは到達して飛んでおられるし、かつ、認識論の根底を煮つめつつ、原則的な姿勢を検証されているわけで、私も一読者として、勉強になりました。いろいろ驚きもし、うれしくも感じ、励ましを受けとめました。なぜなら、イリエンコフを手にしたころの私は、いわゆる六〇年代の十年間を、小さな点か穴のような地域の歴史調査の実証研究のなかで埋没し、沈潜していたからです。高校生から大学学部、大学院修士課程期をつうじての五〇年代においての、天下国家革新の志士気取りの臭気を拭い去ったかのような姿勢で、古文書とつきあうだけでした。

しかし時代状況の展開を反映するかのように、六〇年代の後半から、実父の郷里宮城県に足しげく通うようになりました。仙南の戦前、寄生地主制のどぎつい収奪の下での父や伯父たちの世代、弟妹たちの世代と、その祖父母たちの世代における精神的かつ物質的貧困を眼のあたりに、同じ実証史学の手法においてつかむことができたのでした。戦後の新講座派の学者文化人方の学術論文調では、うわべをなぞっただけにすぎ、良心的実証史家の正義では納得できぬ歴史真実を、東北民衆像の具体的史例のなかに見てしまったのです。だから、イリエンコフと『資本論』は、ただの書物とは思えぬ手ざわりを持って私の前に現出してきたのでした。暗夜に灯でした。イリエンコフでは、とくに第四章「論理的展開と具体的歴史主義」および第五章「マルクス『資本論』における抽象的なものから具体的なものへの上向の方法」を、何度か読み返し学習したものです。ほんとうの人間主義的な展望をもつ社会科学と、地方民衆史の方法に確信をもったのは、このころです。

まえまえ、五、六年前から学生有志諸君たちと資本論研究会をつくってはいました。その昔、キリスト信仰共同体（エクレシア）の人びとが、きまった日時に一堂に集まり、真摯な気持ちで一人が聖書を音読して、まわりの会衆が生真面目に眼で追い、後で簡潔な質疑をして、祈りをもって解散していたのをまねるようにして、私たちも、一行一行、一言半句も（翻訳ですが）おろそかにせず音読しつつ、読書会を毎年、重ねてきておりました。

つい五、六十年から、七、八十年前の父祖たちの絶望の明治農村における窮乏と混迷を土台にして、日本近代化の強行が成功したことはたしかでしょう。しかし、例の山田盛太郎分析や平野義太郎史学などの講座派のイデオロギーでは、民衆的水準での事態の具体像は、少しも把握されていないことを、私は眼のあたりに確認する（拙著『民衆精神の原像』新評論、一九七七年）ことが、どうにかできかけてきたのでした。

今度のご本で花崎さんのいっている「自分が人としてどう生きたいか、あるいはほんとうに生きたいとか生きねばならないとかいう内発性・自発性」が、やはり社会科学の認識のはじまりだと思います。私自身も、六〇年代後半から七〇年代前半を、生真面目な模索と小実践を積み重ねながら集り散じていった少数派の学生有志諸君と、『資本論』の輪読会を、毎週あるいは夏期・春期の合宿会でつらぬきとおしながら、いまふりかえって、花崎さんのお言葉を素直に受けとめることができます。

だから、花崎さんのおっしゃる「多くの学問が、己が生きるということとかならずしもむすびついたところでやられているとはかぎらない」という、鋭くえぐった指摘に、思わず目をみはりました。「むしろ業績とか研究とか称して、さまざまの虚栄心だとか名誉心だとか地位・収入とかが入りこんできている。業績をつくることに専念する。それも人類の福祉に役立つのだというふうな口実でもって、自己の特権を享受するというのが暴露された」と、六〇年代後半から七〇年前後の大学「紛争」期の問題提起の基調を、いまに明示しているところなどは、私にとっても、ここ二十年間の、もっとも正確な痛点でもあるのです。

そのことに自分なりの趣向と体質と条件の範囲内で、しかし長期的に固執・死守できる〝戦場〟として選定したのが〝地域研究＝市民でつくる市史づくり運動〟でありました。

正負の役割を発散させつつある戦後歴史ブームと、高度経済成長期以来の地方史づくり（県史、市町村史）が、雨後のたけのこのごとくに、いたる所できそいあって盛昌をきわめております。私は、これらのなかの多くの作品は、主観的意図はともあれ、実態は、中央の学者の方向性や指導性と地方郷土史家や大学院生的存在の方々の調査研究フィールドづくりにのみ利用され、個人的業績づくりに活用されているにすぎないことが多いのではないかと考えていました。地域の自治体の政治家や行政マンの文化主義的点数かせぎに格好の舞台になっている場合も多いのではないかと思います。だから、私としては、地元民有志（歴史学に素人の人びとを主体とする）が、聴き取り対象者や資料提供者、調査補助者の立場にとどまらず、また完成市史購買者・読者の地位に限定されずに、主体的に地域を考え、地域を知り、地域の自己批判を生み出すために地域史を探求する方向性と姿勢を、大切にしたいと考えました。いくつかの試みは全国各地であるのかもしれないが、ともかく、自分なりに自分の力量と限界の範囲内で、この試みが成立するかどうか、身近なところではじめてみる必要があると考えたのです。

市民有志が、専門家や学問権威者を参考にしつつも、自立した一人前の「市民の歴史家」として、生活者の感覚と意識を生かしながら成立することが可能であろうか、と問題をたてたのでした。逆にいえば、市町村史を、地域住民の日常性のなかでの共同討議と共同調査の場に引き下げ、そこでの共同の手づくりの形態にしてしまうなかから、新しいタイプの市史づくりと市史の内実が誕生する機会があるのではないか、ということでした。

資料の解読、分析、解説、歴史叙述の分担執筆までを、普通の市民老若男女が受け持つ方法です。しかも、従来多くみられるような好事家出身の郷土史家や、顔を中央に向けた個人学業的地方史専門家に成長してしまう市民有志の独占的フィールドになったのでは、まずいと思いました。中央か県庁所在地の学者文化人の差配師に連係する下請け学者のような市史づくり学者としてあっちこっちの市史に首をつっこみ、なかには時代やテーマを自由自在に変えて同時に何カ市史かを請負い、その多忙を誇示しておるとか、あげくの果てに、問題意識が希薄のせいで文章力が枯渇し、歴史叙述がどこもかしこも似たりよったりのコピー生産におちこんでいってもてんとして恥じない市史づくりが横行しているのに対し、一石を投じてみたかったからです。現代社会では、政治家やタレント、CMはいいかげんだが、学者文化人・研究者・教師はそれなりにきちんとがんばっている、などというのは、甘い見方に過ぎません。これらの深刻な現象に対して、見て見ぬふりをしている中央の学者たちや、地方自治体の公務員たちにも、反省を求めたいつもりもありました。

千葉県我孫子の市史づくりの実例においては、さいわい、地域の旧家文化人の方々や自治体理事者側の理解もあり、自治体職員の創意をもった指導性と問題意識の学習力が大きく、市民有志の自発性と主体性も強く、さまざまな傾向と流儀が、一つの潮流のなかで十年にわたって練り合わされたまとまりを見せ、目下のところ、前進中であります。井上幸治、色川大吉さんたちや石牟礼道子、鶴見和子さんたちの一定の評価をも受けております。この実践のなかから、地域社会を精神的に結合づけるなにかをさぐりあてた有志の集いが生まれ育ってきたことを、実感として受けとめることができたのでした。いわば単に住民運動とか地方政治運動とかミニ政治活動とかの住民連帯に要約できぬものが生まれてきているのではないかと思っております。知的かつ精神的な側面における地域住民の小共同体づくりの志向が芽ばえつつあるかとも思われるのです。ともかく、近世以来の地域伝説と、地域近現代人との対話が、新旧両住民の協同の仕事として成功しはじめているといってよいかもしれません。

埼玉県草加市の場合には、同じような発想をもとにスタートしたのでしたが、担当の自治体職員（市史編さん室長）が配転した後は、発足後わずか七年で、路線の重大変更が行政執務的になしくずしに展開し、混迷が発生しております。

花崎さんのいう「一人一人に固有の言葉、自分の言葉、自分の表現」をもって「一人の主体としての人間」同士が、真の「対話」をとりかわしつつ「協同する関係」をつくりあげる方向性が、たしかに草加市の事例の場合、決定的に少なかったと思います。考えてみると、八年前から、すぐれた担当室長職員と私とが核になり両輪となって、市民でつくる市史づくりの「スローガン」や「コミュニケ」を持ち、関係委員会の先生方を説得し、市民有志に働きかけるだけで、いわば表面的な力量だけで地域史づくりを動かそうとしていたのでした。だから、室長が交替し、この辺の問題意識と心掛けのない職員が室長に着任すると、従来から居残りの職員を含めて、たちまちに元のもくあみになり、既成の権威ある、県下で多くみられる市史づくりへの逆行が策されたのです。郷土史家や学者と担当職員が請負うチームにすべてをまかせる方向に後退していったのです。

既成の秩序と既往の方法に安住する自己肯定と「現代」からなにも学ばぬ地方自治体職員の職権と公共性の職責論によって、この傾向が保証されてしまいました。従来の、市民でつくる市史づくりに、内心では嫌悪の情をいだいていた旧家層や地方文化人層の方々のなかにも、それ見たことかと居直っている人びともいて、なかなかにおもしろい光景です。

このように、地域住民の日常性に根ざした小共同体意識を構築しつつ、地域を考え、地域社会史を共同でつくりあげていくという方向性のような、小さな〝地域をひらく〟運動においても、むずかしい問題が存在しています。

花崎さんがおっしゃるように、ちょっとでも形式主義に埋没したり、旧来のままの日常性や伝統意識そのままの既成の枠組みのなかに安住したり、地方自治体の官僚主義と癒着していたり、もちつもたれつで〝仕事第一主義〟でいると、路線の説得や知的指導性は、いつでも崩壊する危険をもっているのです。地方自治体の権威にとらわれた官僚主義とそれに巣くう歴史屋請負業たちの反撃が、たちまちに襲ってくることを、味わうことになるのでした。

やはり「認識が肉体を持つかどうか」が、事の分れ道でしょう。地方公務員層にしても、他人の知恵を借りたり、とりあえず大樹の下に休む態度で自己学習や自己変革をしないでいると、いざというときや、上司が変わると、たちまちにバケの皮がはがれて、体勢順応か既成特権にしっぽをふることに落着してしまうのでした。

いま、私も、地域史づくりの正負の体験をふまえつつ、具体的歴史主義の問題意識を、地域のなかで、現実化しようと決意を新たにしております。「生きた感情の躍動と知的労働の緊張」を「お互いに支えあったり、対立しあったり、響きあいをしたり」しながら、真面目にとらえ、学習しながら前進したいと思っております。自力では立たず、時潮に迎合し自分自身に痛みを伴わない官僚主義と業績主義の既成秩序によりかかる地域史づくりに対して、二歩後退しつつも一歩前進する心がまえにて、あゆみ出していきたいと思います。

今後ともご鞭撻をお願いしつつ、『地域をひらく』にことよせた拙文をお送り申し上げたく存じます。

〈第二信〉〈原・北海道〉の復活と〈現・北海道〉の変革——花崎皋平から齊藤博へ

齊藤博様

ご書翰ありがとうございました。そちらは盛夏の候と存じます。お見舞申し上げます。札幌はすでに涼風が吹きわたり、夕方から夜にかけては肌さむいくらいです。今年は天候不順で日照不足。農作物、ことに稲の生育がおくれているようです。

北海道はいま、経済構造のうえで、先行きの見とおしが立たず、政治面にもそれが反映していっそう中央依存の風潮がつよまりそうな気配です。

炭鉱はほぼ全面的に閉山をよぎなくされるでしょう。北洋漁業も日ソ二百カイリ内海域での漁獲制限で、もう二度と夢は追えないでしょう。国鉄の民営・分割の強行で、いちばんワリをくうのは、北海道や九州です。万を越す労働者や職員が住みなれた職場からほうりだされ、本州各地へ移動させられたり、失職したりすることになりそうです。けさ（一九八六年八月二十二日）の新聞を見ますと、日本製鋼室蘭製作所が従業員二千六百人のうちのほぼ四割の千人の人員削減（うち六百名は指名解雇）をきめたとのことです。一昨年、新日鉄室蘭で三百七十人、函館どっくで七百九十人の人べらし、昨年は楢崎造船で百七十人、そして今年七月には日軽金苫小牧が、アルミナ生産の休止と百人の人員削減をきめています。

御存知かと思いますが、多国籍化した大企業は、鉄、アルミなどの素材生産部門を、この十数年来、どんどん第三世界へ工場を移しています。アルミはインドネシア、鉄はブラジルなど。

これで日米貿易摩擦のツケとして、米国農産物輸入の自由化（北海道の地場関連では牛肉、ミルク、米など）が進めば、北海道経済はさらに手痛い打撃をこうむることになりましょう。

こうした北海道の構造的沈下は、しかし、これからの日本社会全体の傾向を占ううえではひとつの先き触れだろうと思います。ここには二つの傾向が示唆されています。そのひとつは、国内産業構造が特定の部門にかたより、他方で空洞化が進む傾向です。もうひとつは、中枢部と周辺部の地域格差および日の当る部門とそうでない部門での所得格差（吹きだまり失業も含め）がひろがるだろう、〈あたらしい貧困〉がじわじわとひろがるだろう、ということです。〈あたらしい貧困〉と書いたのは、名目所得だけではなく、地域格差がうみだす交通、医療、教育、文化、情報などのサービスにおける貧困をも考慮に入れたからです。

世相としては、激しい競争についていけなかったり、自分から降りてしまったりする人たちを、見せしめもかねて徹底していためつけるような風潮がつよまりそうな気がします。国鉄労組の活動家を差別選別して「人材活用センター」へブチ込み、現場から排除するというやり方は、そのはしりではないでしょうか。

地域差別はまた、原発そのほかの危険な施設の立地に象徴的にあらわれてきています。北海道では、過疎につけ込むかたちで道北の町幌延に、動力炉燃料開発事業団が、高レベル核廃棄物貯蔵研究施設を建設しようとしています。岩内郡泊村の原子力発電所建設につぐ第二の核関連施設です。過疎と貧困に追い込まれれば追い込まれるほど、札束や目先の利益に釣られて、こうした危険な施設（軍事施設も含めて）の誘致に走る傾向が憂慮されます。

以上、いささか場ちがいを自覚しながら、私が「地域」という言葉を発するときに念頭を去来する〈現・北海道〉

のことをのべさせていただきました。このように整理すると、北海道の未来はいかにもくらいかのようですが、私自身の考えはかならずしもそうではありません。いまのべてきた姿は、現行流通の物の見方、判断を下敷きにしたために出てきたものです。右の見方の延長に出てくる打開策は、先端技術産業の誘致とか安い土地、安い労働力を売物にした企業誘致とか観光産業に活路を、大規模レジャーランドに、といったプランに落ちつくことが予測されます。でも、時代の流れを追いかけずに、過疎も工場が来ないことも北洋漁業がだめになったのも、百年さきを考えればむしろよしとすべきことかもしれません。資本と時の政権からなるべく遠くへだたることのうちにこそ未来の可能性が、開発＝搾取されずにのこされるという意味で――。

さきほど〈現・北海道〉という言葉を発するやいなや、それと発音をおなじくする〈原・北海道〉が呼び出されてまいります。それは「幻想」でもあれば「ユートピア」の種子でもありますが、なによりも近世史、とりわけ和人中心の蝦夷地地域史の行間をさまよう幽鬼のふるさと、です。

ここでようやく、お手紙にあります地域史という話題に近づくわけですが、もうすこしまわり道をおゆるしください。

私が北海道に住み始めてから二十余年たちます。私が最初に持っていた北海道のイメージは、官製和人史観そのままでした。マルクス主義者として帝国主義と植民地についての一般理論を常識の一部とはしていたつもりでしたし、第二次世界大戦後の民族独立運動にも人並みの関心はありました。チリの大詩人パブロ・ネルーダの叙事詩『大いなる歌』で、ラテン・アメリカでの太古からのインディオたちの文化と闘争がうたいあげられているのに感銘をおぼえてもおりました。

しかし、それらと自分の立っている大地の悲しみと嘆きの歴史への自覚は、すぐにはつながりませんでした。北海道大学という支配エリート養成機関へ、心の痛みをおぼえずホイホイと就職してきた自分のありように気づかないあいだはつながるはずもありませんでした。大学をやめ、住民運動に立ち上がったアイヌの漁師たちを知り、松浦武四郎を読み、ようやくこの地のいまなお沈黙を強いられている真の歴史を垣間見ることができるようになったのです。

北海道の地域史〔市町村史〕の行間には、文字どおり幽鬼がさまよっているのです。松浦武四郎の悪夢さながらの。（『近世蝦夷人物誌』三巻を書き終えた武四郎が心身疲労して、机によりかかって一睡しようとすると）「夢魂陸奥の山川を越へ七里の怒濤の彼方箱館之港に到り、此度立《たて》しとかいへるよし聞侍《ききはべ》る（中略）山上の町といへる処の三階え我も行たるに、実に今を栄へ昌《さか》へに暮し給ふ官吏達が（中略）歌えや舞ひと楽しみ給ふを見ると思ひし其間に、杯盤を吹来る一陣の腥風〔なまぐさい風〕に、頭振りかへり見れば盤中の魚軒《さしみ》は皆紅血を滴る斗《ばかり》の人肉、浸物《ひたしもの》かと思ひしは土人の臓腑、美肉は骨節アバラの数々に盃中の物は皆なま血、見るも二目ともかなしと、日面《ひなた》の障子に聖賢の像もかと思ひしは土人之亡霊にして、ア、ウラメシヤウラメシヤの声に目をさましければ満身冷汗を流し豈元《また》の深川伊予橋の寓居なる餐熬豆居《さんごうがきょ》〔煎り豆を好んだ武四郎の家号〕の南窓の下の机にて有しや（後略）」（〔　〕内は花崎の挿入）

その後、一、二冊市町村史をひもとく機会もありました。それらは押しなべてひどいものでした。百パーセント和人中心のいい気なものばかりでした。松浦武四郎――彼にかぎってまったく問題がないというわけでもありませんが――に匹敵するような記録や弾劾の書は、今日にいたるまであらわれていないといってよいでしょう。いま、私はその松浦武四郎の日誌を初航から順を追って全部、眼をとおそうとつとめております。いまとなっては、民話や歌謡や民芸や数少ない記録などをつうじてしか〈原・北海道〉にせまるすべはありませんが、もっと大事なことは、現にアイヌの感性と自覚を日々研ぎすませながら生きようとしている人びとが、活眼をもって見れば各地に居住し、声をあげる時を待っていることです。

差別は過去の物語ではありません。今日、この地で日々再生産されております。被差別の立場に押さえつけられている人びとに近く接していると、それはじつに切実です。無知と無関心が抑圧の風土を踏みかためています。他者を他者としてあるがままに尊重できない私たちの骨がらみの考え方、ふるまい方が、被差別者を日常の関係で傷つけ、沈黙を強制する力としてはたらいています。

ですから、蝦夷地―北海道とつづくこの地において、「地域」を語り、「地域社会史」を語るのは、ひとつの覚悟、決意を要することなのです。自分や自分の父母やその先代、先々代の苦労物語を、たとえそれが和人社会の最低辺の貧民の歴史であったにせよ、その貧民にすら踏みにじられ、追い散らされた先住民の視点から照らしかえす、という……。これは、宗教でいう回心（悔い改め）に近い内面の自己否定を必要とすることです。

だからといって私は、一部の人がいうように、和人がすべて本州へ引き揚げ、北海道をアイヌだけのアイヌ・モシリ（アイヌの地）とせよ、といった主張に同調するものではありません。それは歴史を粘土細工のようにひねったり曲げたりできるかのように思いなす極端なロマン主義です。私は、かつてこの地はアイヌ・モシリであり、和人がゆたかな資源を漁ってこの地へ侵略し、先住民を虐待したこと、そして今日、我が物顔に暮していることの罪を自覚し、「取りかえしのつかないことをどうやって取りかえすか」（木下順二）という問いを共に生きる未来に向けて問われるべきだろうと思います。先住少数民族としてのアイヌを国家に認知させ、その権利の保証をかちとる努力こそ、私たちが力をこめるべきつぐないであろうと思っています。この道は、諸民族の交流と連帯の活発化として実践される人類共同社会の実現という価値理念を、足下で実践することでもあります。この道は、世界の先住民族・少数民族の交流と連帯の活発化として実践されつつあります。フィリピンの少数民族、オーストラリアのアボリジニ、アオテアロア（ニュージーランド）のマオリ、そのほか世界の先住民族とアイヌとの顔の見える関係が生まれつつあります。それらの交流が、おたがいを勇気づけ、活性化のきっかけを生んでいます。それが〈原・北海道〉の復活と〈現・北海道〉の変革に、どのようなかたちで作用するかには、まだ時間がかかります。でもあわてることはありますまい。世界中どこの地域でも、植民地化の歴史はたかだか四百年にすぎません。アイヌがその地を完全に奪われ、「天皇の土地」とされたのは、たった百二十年ほどまえのことです。悠久の歴史から見ればホンのひとこまです。

つい、自分の問題にひきつけたことばかり書きつらねてしまいました。ご高著『地域社会史の誕生』(新評論)を拝見しつつ、自分のいま在る土地での「地域社会史」を考えるとしたら、という発想からでした。右の本のなかにも、埼玉県の『岩槻市史』の被差別部落関連の叙述の批判がありますね。一面では、いずこもおなじ、という思いがします。しかし、私が差異の側面を拡大した意図はご理解いただけるのではないかと思っております。

お便りには、地域史づくりに市民有志の自発性と主体性が発揮された結果、「地域社会を精神的に結合づけるなにかをさぐりあてた有志の集いが生まれ育ってきた」とあります。「近世以来の地域伝説と、地域近現代人との対話が、新旧両住民の協同の仕事として成功しはじめているといってよいかもしれません」ともありました。うらやましいような思いの半面、もう少しうかがってみないと手放しで受けとめることへのためらいがあります。というのは、その前段に「いわば単に住民運動とか地方政治運動とかミニ政治活動とかの住民連帯に要約できぬもの」とあり、それを「知的かつ精神的な側面における地域住民の小共同体づくりの志向」と敷衍されているところに若干ひっかかったからです。

私自身は、じつはやれ住民運動だ、やれ地方政治運動だといった「住民連帯」に浮身をやつしているので、それらの運動の渦中からいうと、地域の力関係——支配と差別の——の重層性と、地域の精神的な紐帯との関係が気になるのです。右の力関係が寄せてくるゆがみや圧力によって、知的・精神的共同体はたえず分解、分裂の危機にさらされると思います。そのとき、実践の文脈から超越した次元に精神的な紐帯を求めるとすると、そのありよう自体がひとつの階級的な定位になると思うからです。

紙幅がなくなりました。尻切れとんぼで終るのをお許しください。

〈第三信〉全体像をとらえる迂路の有効性――齊藤博から花崎皋平へ

花崎皋平様

お手紙拝読いたしました。

北海道における先住アイヌ民族のありさまと功績を確認しつつ、日本近代化の罪を自覚し、実態を改善できるかどうかを自覚的に行なうところに、今日の北海道における地域史や地域づくりの原点を置く必要があるのではないか、という花崎さんのお話は説得的です。

いつだったか十数年もまえのことです。学生集団をつれて白老のアイヌ部落展示場へ参ったとき、アイヌ住居内で、まとめての三十分ごとの説明時間を終えた酋長身分らしい立派なひげのアイヌ系日本人が、新聞を読んでいたのです。十数人の団体できた会社員か労働者風の日本人たちが室内に入ってきて、まだ室内にひとり残っていた私の目の前で、例の黒いおひつを指しながらたがいに話していたのですが、休み時間中ということで、すぐそばのいろり端のアイヌ老人は、少しも会話に応じません。多少のいやみのこもった口調で日本人の見学者が「これは何に使うものか説明してくれ」と、ぶっきらぼうに尋ねたのです。私は一瞬はっとしました。〝酋長〟がどういう対応をするのかと、息をのむようでした。「これはね、オマエさん方の先祖が、わたしらの先祖をだまして、わたしらの先祖の大切にしていた宝物や魚と交換に置いていったおひつだよ。アイヌ人がだまされた記念のものだよ」とずばり即答して、そのまま新聞を読み続けたのです。話の接穂を失い白けたような日本人見学者たちは、一言も発せず、そのまま外に出ていきました。そのことを、つい昨日のように想い起こすのです。

さて、前便の花崎さんの指摘される北海道の現状観に驚きました。「資本と時の政権からなるべく遠くへだたるうちにこそ、未来の可能性が開発＝搾取されずにのこされる」という意味で、漁業や炭鉱や牧畜が北海道でだめになり、過疎化が進行していることを、「むしろよしとすべきこと」とまでおっしゃる花崎さんのきびしい時潮観に、（肯定的にも）びっくりもしました。それをお説の一本の柱とすれば、対応する他の一本の柱は「北海道の地域史（市町村史）の行間には、文字通り、幽鬼がさまよっている」という指摘があるのだと、私は思いました。これも、地方史屋の私どもにとっても、はっきりと否定できぬすごみのある提言かと存じます。

じつは、六回ぐらい、車や列車やバスで北海道各地を見てまわった程度の者ですから、大きなことも小さなことも、いずれにしてもいえないのですが、たとえば第二の柱に関連して申しますと、『伊達町史』のもつ歴史像などが、私にはすぐ思い出されるのです。東北伊達支藩の亘理藩と船岡藩の旧藩士集団が、明治政府の圧迫のもとで、万やむをえず渡海し、勤勉と絶望と忍耐と刻苦の二代、三代にわたる開拓をなしとげたあゆみが、思い起こされるのです。亡父の実家のある宮城県船岡・槻木地方（現在の柴田町）の近世後期以来の自然災害と後進封建制抑圧の加重されたきびしさが、日本近代化の急展開によって、下級武士、小農民、小商人の諸層にのしかかってきたのです。産業革命と寄生的地主制の確立する明治三十年代末から（つまり日本帝国の海外侵出の本格化の時期から）、いよいよ「絶望の明治農村」が、東北地方に顕在化したのです。地域住民をまるごと、身も心も貧困につき落としてしまいました。他方、柴田藩は戊辰戦役で官軍に抵抗したため弾圧を受け、理不尽にも領主と二家老の切腹を強制されました。旧藩士たちは窮民同様になり、亘理藩主一行とともに、厳寒と酷暑の〝未開〟の北海道へ強制移住せざるをえませんでした。『伊達町史』に関係された北海道の学者先生方の熱誠あふれる開拓魂の発掘に、隣りの角田藩（新角田町をつくる）領内にも身内のいる私などは、正直なところ、感銘を受けるのです。いま、現地を訪問してみても、昔日のおもかげが木造の古い町並みのたたずまいにうかがわれます。新角田の角田神社をおまいりしても、伊達市の大字・船岡へ参っても、下級武士とその家族の人びとが必死になって生きぬいた生きざまを想い、ついほろっとしてしまうのです。しかもそのうえに、明治三十年代から大正初年代の、東北農村窮乏化で急激に膨張する北海道移民の襤褸《らんる》の行列を重ね重ねて想い、ほろっとしてしまうことを押し止められません。私の父方の身内や部藩内でも何十家もが、単身や次三男や挙家や、老人幼児のみ置き去り捨てての形態で、北海道へ渡って行ったのです。

恥入る次第ですが、そこには花崎さんがきびしく提出される、アイヌ人の歴史的風土への感触がないことも事実であります。「和人中心のいい気なものばかり」といわれてしまいそうな、日本民衆史の歴史像が、北海道や東北各地の地方民衆史や市町村史づくりの立場の人々に存在することは否定できないでしょう。北関東や新潟から東北における古代蝦夷の民衆遺跡の発掘は、古代日本の政府と民衆による圧迫と絶滅の運動であったことを十分に配慮していない地方史がなんと多いことか。

全国各地で、一流の進歩的良心的歴史家を含む地方史家が関係して県史や市史がつくられています。また良心的一流学者の執筆するベストセラー的な日本史概説書も、巨大出版社から何種類も発刊されています。しかもなお、民衆の歴史意識は、記紀万葉以来の日本民族観を深く刻印したものを肥大化させるのみの感が強く、地域住民の歴史観は、基本的に変貌しておりません。〝思想〟的にも〝学問〟的にもすぐれた地域研究史が生産されても、その地域の民衆の精神構造に変化が現われたなどという、おめでたい話を聞いたことがありません。地域住民の自主的な判断と創意と志を育てるなかで、いわゆる街づくり・市史づくりの運動を小共同体集団の形態で積み重ねていく方向は、この大状況・小状況に対して、右顧左眄しない姿勢を大切にして、始められたのでした。地域内における各種の精神的な小共同体の群生による、息の長い地域づくり・街づくり・歴史づくりこそ、長い目でみて、地域愛を育て、若者にふるさと感覚を正しく育み、地域全体を、その地域特有の個性ある、よりよき水準へ上向し、変革させていく、ひとつの貴重な足場になりうるのではないか——と、こんなふうに試行しているのです。

地方自治体の機構と権力と職員各層の動向や地域文化政策の対応などに対して、楽観も悲観もしておりません。むしろ矛盾と対立と闘争の側面は、全体として呑み込んでいかなければ、とにもかくにもやっていけないと感じております。保守層から革新派まで、旧家から新規の移住者まで、老人から若者までを包括する地域文化運動の地盤が、現段階では可能性を各地でもっているのではないか。どんなにうまくいかなくても、ともかく、分岐や峻別や尖鋭によっては獲得されない分野や課題が、現代日本資本主義体制のなかに、一見は、混迷のように現出してきているのではないでしょうか。

日本国と日本民衆とを内奥から変革するには、民衆自体のなかに歴史風土のように蓄積している民族精神の歴史像と、地域社会の歴史像をともに、その内実において学習し、分析し、解明しつつ全体像をとらえる迂路が、まだまだ有効性をもっているのではないか。いま、そんなことを考え、考えしています。花崎さんがお手紙の後段で述べている「地域の力関係」の考察の階級的配慮を、地域の社会的・行政的・文化的「ゆがみ」や「圧力」の問題の、具体的存在のきびしさを、各種各様に受けつつも、なんとか、あと十年は歩み続けてみたく念じております。

今後とも、文字どおり、ご鞭撻くださいますように願い上げます。

〈第四信〉〈三人称の私〉になることの自由――花崎皋平から齊藤博へ

秋になりました。北海道の秋は足早です。そして、ピリッとした鋭さと繊細さが入りまじっています。

夏の終りに広島へ行ってきました。部落解放県政樹立広島県民研究集会という大きな集会に招かれてのことでした。部落解放同盟広島県連が中心となっての十七回目という歴史ある集会で拙ない話をするためでしたが、私にとって、そこでえられたものはほかではえられない貴重なものでした。部落解放同盟の運動に現場で接するのは今回が初めてなのですが、私といっしょに招かれたアイヌ民族の解放運動家のNさんは、すでに十年以上まえから、広島県連と親密な関係にあり、毎年この集会に出席しているのでした。

差別の問題、それは日本共産党などが主張しているような過去の遺物ではなく、現代社会がくりかえしあらたに産み出している社会関係と社会意識であり、地域文化、地域自治の課題として今後ますます重要になるだろう、とは考えておりました。さらにまた、日本とアジアの民衆交流を発展させるうえでも、私たちは、差別についての反省的自覚をたえず鋭く深くしていかなければならないとも思ってまいりました。その思いが、部落解放同盟の実践や部落差別問題の研究にふれることによって、いちだんと鮮明なものになりました。

時あたかも、八月初旬に、総務庁付属機関である地域改善対策協議会（磯村英一会長）の基本問題検討部会（磯村部会長）が、今後の「同和」対策についての報告を提出しました。この報告は多くの問題点をかかえていますが、なかでもおどろくべき点は、差別糾弾闘争をつよい言葉で、ほとんど全面的に否定し、「団体の不当な圧力に対しては、毅然とした態度で臨むこと」、「団体の行為が受認範囲を超え、違法行為に当たると思われる場合には、警察の協力を求めることも必要」とのべていることです。

私は、アイヌ差別広告に対する糾弾会に加わって、日本交通公社とのあいだで八回、約半年かけて糾弾をおこなったことがあります。その記録は、『近代化の中のアイヌ差別の構造』（明石書店）という本にまとめてあります。その経験をふまえ、一九二二年以来の全国水平社運動の歴史がまさに糾弾闘争のつみかさねによって切りひらかれてきたことにかんがみ、この報告の反動性、差別性に、批判というより以上に、怒りをおぼえています。

ゆきすぎは、本物の民衆闘争においては、どんなに注意しても避けられないものでしょう。それは、闘争の総括のなかで反省され、のりこえられてこそ民衆の自立の糧となるものです。解放同盟はそれを、「糾弾闘争は糾弾闘争の中でだけ評価できる」という言葉で表現していました。むべなるかな、です。

しかるに、今回の地対協の「報告」は被差別民衆の自立へのながい、つらい運動のつみかさねを、もうこの辺でやめておけ、と上から抑さえつけ、このクニの民主主義の土着化にとってもっとも貴重な財産である反差別糾弾闘争の権利を取り上げようというものです。部落解放同盟の怒りも燃え上がりつつあります。

またしても、往復書簡の直接の脈絡からはずれることから書き始めてしまいました。でも、この問題は、これからの民衆文化運動を推進していくうえで見のがすことのできない問題なので、あえて話題にさせていただきました。

お便りに北海道南部の伊達市の士族移住と開拓の歴史のことがのべられていました。伊達市には、一九七〇年代にほんとうに足繁くかよいました。『伊達町史』もその当時、必要あってひもときました。一九六〇年代末から、北海道にも新全国総合開発計画（田中内閣の日本列島改造論と連動した）の波が打ち寄せ、従来の食糧基地としての位置づけに、次第にエネルギー基地としての位置づけを加える方向が打ち出されてきました。

そのハシリとして、伊達市に、北海道初の大型重油専焼火力発電所を建設する計画が持ち上がり、公害による地域環境破壊を憂慮した農漁民の反対運動が起こりました。私たちは、その反対住民運動を支援するために、十年近くも、なにやかやと現地へかよったのです。そのなかで、アイヌの漁師たちに出会い、かれらの示唆によって北海道の「開拓美化」「開拓顕賞」の歴史の背後にある、アイヌ民族の同化、絶滅を政策の基本に据えた和人＝シャモの罪悪史に眼がひらかれたのです。

開拓万歳史観では、北海道は、お手紙にあるとおり、「厳寒と酷暑の〝未開〟」の地としてかならず表現されています。しかし、そのレトリックは、開拓する側の労苦を情緒的に修飾するための和人中心イデオロギーに汚染されたものだと申し上げたいと思います。伊達地方は、北海道の湘南と呼ばれるくらい気候温暖で、雪が少なくすごしやすいところです。幕末・明治の頃はちがうんじゃない、とお思いかもしれませんが、いま読んでいる松浦武四郎の『戊午《ぼご》東西蝦夷山川地理取調日誌』（安政五年戊午の年、つまり一八五八年の紀行日誌）を見ても、三月半ばに「暖気にして雪も少し解《とけ》かかり、其暇々より春草芽を噴出たり。別《わけ》ても献春菜（福寿草のこと）よく咲たり。恐らくは此処当島第一の暖気地とか思わる」としるしています。

伊達は温暖なのに、というだけでなく、先住民であるアイヌにとっては、ここは全土いずこも住みやすい、親しい土地でした。いまでも、春になれば、沢はまるで桃源郷のように、水芭蕉の黄色い花が咲きみだれ、二十種類をこす食用の野草を恵んでくれます。秋になればかつては鮭が押しあいながら川をのぼっていました。冬も過ごしかたさえ心得ればゆったりとくつろいですごせる季節です。狩猟の季節でもありました。

明治になって入植してきた士族たちは、ただでさえ生活の日常技術にうというえ、ここ北海道の土地と気候にまったく無知のまま、「内地」の生活習慣や食生活に固執して暮そうとしたので、いたずらに自然に逆らい、苦労を呼び込んだといえます。それに、伊達地区だけでも不慣れなものばかり二千八百余名もの大勢がドッと乗り込んできて傍若無人に、アイヌを隅っこへ追いやりながら、この地を「人跡未踏」の地だなどと悲愴がるのも、傲慢なことです。命ぜられるままに渡道した下級武士とその家族に、その責めのすべてを負わせることができないのはいうまでもありませんけれども……。

この図柄は、いま、日本政府が発展途上国へ「援助」するというときの図柄のなかでくりかえされているのではないでしょうか。

白老でのご見聞での、アイヌのエカシ（長老）の答こそ、私たちにとっての歴史意識の原点に据えるべきことだろうと思います。いま、私も近現代のアイヌ史と和人対アイヌの政策史を少しずつ勉強している最中で大きな口はたたけないのですが、対アイヌ政策と戦前の台湾山岳少数民族に対する政策の共通性などが次第に見えてきますし、国家が施す教育のなんたるかも、アイヌ撫育教育のイデオロギーを知ることによってはっきりととらえることができるように思います。

お手紙の後半でのべられている事柄に対しては、私はすこし自分なりの文脈に引き込んで思うところをのべさせていただくことにします。地域内での各種の精神的な小共同体づくりから出発する息のながい地域づくりという実践の方向。それを可能にする課題や要求が各地に生じつつあるのではないかというご指摘に対して、私は、そうですねとすぐ応じるまえにいささか注をつけたい気持ちがあります。否定ではありませんが、速断を留保しておきたいのです。それは、「分岐や峻別や尖鋭によっては獲得されない分野や課題が、現代日本資本主義体制のなかに、一見は、混迷のように現出してきている」のではないか、というご提起と関連しています。たしかに、そういう分野や課題が現出してきていると思います。成長経済への見なおし、生き甲斐問題、教育の荒廃症候群、高齢化社会への歩み入り、アジア諸地域との友好などなど、あたらしい接近を求めている課題や分野があります。

それはそうですが、日本民衆は、同時に、いま自分たちがかなり重い病気にかかっており、それをなおすためには苦い薬を飲まなければならないことを納得しなければならないと思うのです。しかし、その服薬がイヤだと我を張りつづけるところでは分岐は、避けられますまい。

事を市民としての自由の実践という「分岐や峻別や尖鋭」を要しない、合意可能な目標とのかかわりに置いてみることにします。今日のこのクニは自由主義を原理とした政治と文化のもとにあるとされています。この自由は、成長経済の達成物を享受する自由という意味あいのつよいものです。言論はその達成物の配分を有利にする取り引きの手段であり、文化もそのような自由のたわむれと化しています。

もしもご提唱のように、小共同体をたんに道具的手段としてではなく、市民のアイデンティティの場として形成しようとするのなら、そこではあたらしい自由の意識とふるまい（パフォーマンス）がうみだされてこなくてはならないと思います。その自由についての適切な命名が、私にはまだうまくできないのですが、かつての私の表現を使えば、〈三人称の私〉になることの自由とでもいえるでしょうか。どういうことかというと自分の生活や自分の文化や自分自身についての自己了解からいったん離れる自由、自分とは異なった他者の立場を、その異なりのまま受けとることのできるよう心を拡げることのできる自由、といった意味です。もうすこしいうと、世界を自分の見方だけに固執して見る不自由から解放されて、自分自身のものではない視座から見ることができる自由です。

この自由こそ、市民が地籍、国籍を越えてお互いに協調して共通の世界をきずいていくために基本となるものだと思います。なぜなら、市民が共同してなにかをなしとげるには共通の世界や課題をそれぞれがどのように見ているかを表現しあい、理解しあうことがぜひとも必要だからです。

どうも当りまえのことをもっともらしくいうようで気が引けます。けれども、このような市民的自由の気風に私たちはまだ充分なじんではいませんし、言論表現においても習熟しておりません。これは、十数年来、各種の市民運動に参加するなかで、私自身がようやく目覚めてきたことであります。この自由の自覚なしには、いうところの「自治」を実現することはむずかしいでしょう。

しかし、この自由は、「自分をうらがえす」まで自分の心を押しひろげる、ある種の自己否定を含みます。その自己否定が自由として自覚されるには、いまの市民意識がどっぷり浸っている受益者としての利害本位の意識への批判の意識が育ってこなければなりますまい。いまのあるがままの市民意識にとっては、その「自由」が苦い薬であるというのは、以上のような意味です。

ですから、私としては、「分岐や峻別や尖鋭」をまるく包み込むのではなく、たえず緊張としてはらませながら、しかし、気短かに分裂しないありかたに、なんとかお互いの合意の水準を引き上げる不断の努力、ということを注釈として加えたいのです。地域で暮らすということは和解しつつ対立しつつ和解するということのくりかえしです。気まずくなった人から逃げるのではなく、あえて向きあってやりなおす勇気が求められます。

齊藤さんの提起されている地域社会史をみんなの手で産みだすなかからの市民意識の形成と地域づくりという話題

をはみだしてばかりいるお返事になってしまいました。どうかお許しください。末筆ながら、その新鮮な試みがゆたかなみのりをもたらしますよう、期待し声援し、祈念いたします。

第二章　地域社会史の理念

1　地域社会史構築の課題と陥穽

一

第四回柳田國男ゆかりサミット（一九九〇年五月二十四、二十五日、我孫子市、利根町会場）の報告集をメインにした『我孫子市史研究』誌第十五号（一九九一年）全四〇七頁が出てから、はや丸七年が経過してしまった。

今から振り返ってみると、我孫子市史には全国の「市史づくりの先を走っている」と中村誠司氏（名護市史編纂委員会）がいわれる評価（『我孫子市史研究』第十五号所収）がもたらされ、市史づくりの行き方として自他共に認めあうような雰囲気が成立していた時期があった。

東洋的世界史像の中に日本古代を位置づける大きな把握力の歴史観を展開する中国経済史家の我孫子市民、西嶋定生氏や、故郷秩父の困民党に深い関心を持ち鋭い問題提起をされ、地域民衆のたましいにアプローチする歴史叙述のフランス史家、井上幸治氏、そして名著『地方史の思想』をはじめ、かねて自治体史や地域社会史づくりに先見性ある卓見をもつ歴史家、芳賀登氏。この三人の先学によるリーダーシップが、「市民でつくる市史づくり」のいわゆる市民運動論的な側面を、明瞭さと寛容さで照射したところに、『我孫子市史研究』誌と市史講演会シリーズなどの刊行の成果が陸続と誕生してきたといえようか。

高名な近代民衆思想史家、鹿野政直氏（講演「地域史と世界史」、『我孫子市史研究』第十五号所収）によれば、いわゆる進歩的な社会科教員の研究経験交流の全国組織である歴史教育者協議会による「地域への取組み」として、例の六〇年代の「民族の課題」から変展して「地域史への取組み」が示されたことが、全国的な問題提起の第一段階であったという。

そこにおける地域史は「地域における主体形成の歴史と伝統」（熊本歴教協、鶴田文史「地域史研究方法論」一九六九年）であって、「民族的・人民的な立場」で「地域史像を創造し叙述しなければならないし、その地域史は世界史と統一的な把握が必要である」といった文脈で宣言されていたのであった。いわゆる歴史学研究会系の歴史研究者群の軌道修正やらイメージチェンジが少しずつ、しかし次第に大胆に、世界と日本の政治思想状況にすりあわせるように展開しはじめていたのである。先駆者、愛媛近代文庫の島津豊幸氏になると「地域社会史論」（『歴史評論』一九七三年六月号）の中で「私たち自身の主体性による歴史研究と歴史の創造に参加するということ」と定義づける段階に達していた。

今とりあえず地方史、地方自治体史のこの三十年間の文脈を、鹿野氏の指摘から考え合せてみても、戦前の郷土史（国体論を縦糸にした中央政治史の下積み部分としての郷土文化地誌的なありよう）と、戦後の地方史（前者を包摂しつつ地域の産業、経済、教育、政治、文化などへの戦前歴史観を脱した実証史学研究と、全国段階の問題意識の地域における史料採集作業としてのありよう）を克服する、新しい歴史学としての地域史、地域社会史の視座が、全国各地で生まれるべくして生まれようとしていた大状況が推察できるのである。

我孫子市史は、周辺他市はもとより全国的にも市史づくりが遅れてスタートしただけに、期せずして（前述の三氏のリーダーシップもあり）新しい歴史学の姿勢としての市史づくりに取組む可能性が、現実化するチャンスが生じたということであろうか。

二

ただ、好事魔多しとやら、バブルには崩壊と退廃が忍び込んで、腐食を拡散する。事は金融と証券の経済界ばかりではない。

一九八二年の段階で、戦後地方史、地方自治体史づくりの最高権威者、児玉幸多氏が、この三十年間の「地方史研究の隆盛は驚ろくべきものがある」と総括しているそばから、各地で難問奇問が群生してきていた。肥大化しすぎた意欲による大冊づくりの大艦主義、市民的関心の中だるみと売れ残りの山、夜郎自大の梁山泊による割拠と縄張り、地方自治体の財政難による打切りやしめつけ、巨大印刷資本の全国制覇……。

正直に告白すれば、残念ながら我孫子の場合も例外ではなかった。市史づくりの最初から編集委員として現場に深くかかわり、その特徴ある市史づくりの市民運動の渦中に二十数年を費して来て、結局は一度、挫折し孤立をした私が、この際、あえて申し上げる次第である。それが最初に御紹介した本誌第十五号と第十六号との間のまる七年の間の空白をなによりも説明していることだろう。あるいは資料集や通史の遅れにも関連しているといって間違いではあるまい。

それらの事情を、かつて私は次のように表現したことがある。

「二十年前から始まった我孫子市史づくりは、地域住民の中から群生した地域学習運動を包摂したスタイルを生み出して展開してきた。多くの人々が集り散じ、仕事を成し遂げ、世間的にも評価される方法を地域社会史運動体として樹立してきたかと思う。

戦後歴史学の一端を色彩豊かに色どる当時の地方史ブームの中にあって、我孫子の市史づくりは、その機関誌刊行活動といい、市民の市史研究講座といい、関連学会の先達を招いての歴史文化講演会といい、一般市民の調査研究執筆参加といい、いずれをもっても全国水準からいって注目すべき成果をあげてきていた。あのころの勉強好きの市民研究者の刻苦勉励と苦辛の成果である博識ぶりは、いまに記憶に新しい」(我孫子クリオの会『クリオ』誌第一号所収)と。

表面上の美辞麗句や外交辞令をはずしてみると、実は八九年前後から、我孫子市史づくりには、すでに積年の膿がたまり、金属疲労がもはや覆いかくせないまでになっていたのだったろう。

「私たち一見明朗そのものであった我孫子市史づくりの現場関係者たちの心の内に、ひとりよがりが萌芽し、自己糾明の点検を忘れ俗世の駆引に執着したり、調子のよい状況を当然のごとくに思って自他の手足を縛ったりしたのであろうか。地域文化学習運動自体に選別と分岐が忍び込み、表層はともかく、内奥において市史研究市民講座に依拠する側面は、自己崩壊したのであった」(同上誌)。

今やっと、これらの混迷と混濁の中を通過してみて、『我孫子市史研究』第十六号が暗雲や冷雨の気の滅入りを癒しつつ刊行されるのである、と素直に申し述べて置きたい。しかし、この十年間の困難に鍛えられてこそ、新しい歴史学による地域社会史の前進は意味があるともいえるし、そもそも、すべてが望みのままに順調にいくより、市史づくりすら俗世の困難によって鍛えられることの方が、それぞれの人間にとって有益であろうとは、かねて先師の教える通りであろう。

三

現在市史づくりの問題点は、無論こういった市史運動体というシステムの外枠と、人事や運営関係の混迷に限定されるわけではない。早い話が、大冊で立派な地方自治体史の刊行や、華麗な文化歴史資料館や壮大な郷土博物館づくりに連関する地方政治家、土木建築業者、地方自治体職員、郷土史研究家から教育界や地方文化のリーダーたちを包み込むマインドの問題がある。

そこには老婆心ながら、いささか苦言を呈したくなる内実がないわけではない。立派で大冊の市史づくり、熱心な地域文化と地域史学習の姿勢に、いやな感じのする「きれいごと」が表出しているか、「いやなこと」を消去して通り過ぎているのを見ざるをえない場合がある。他人事でなく、自分たちも自分の居住地で五十歩百歩のことを犯しているのではないかと、自戒自省せざるをえない。

とりあえず管見するところとして、『改訂 名瀬市誌』*の場合をあげてみたい。一九七〇年前後に全三巻が出版され、九六年に増補改訂版が出されたものである。

序文によれば「名瀬市誌は、世界史の、また日本史の中の一地方史として位置づけられるべきであって、単なる『郷土誌』的情況にとらわれてはならない」とされつつ、しかし「むしろ、ごく平凡な名瀬そのものの生活の事実を、『微に入り細を穿って』徹底的に探究する作業こそが、案外に世界史的な普遍性にアプローチする一つの方法であると信ずる」といわれる。だからこそ、「微視的探究こそ郷土誌の生命であり、泥臭さの中に世界史は息吹いている。徹底したありのままの微視が、世界史的な洗練された巨視的視野と結合するモメントをもっているのではあるまいか」と、明確に語られているのであろう。

実際に読みはじめてみると、どうだろうか。

＊『改訂 名瀬市誌』全三巻の章別編成と頁配分は次の通りである。歴史編は上下二冊で、第一巻は第一章地勢地理概説一一七頁、第二章原始から古代へ四五頁、第三章中世九五頁、第四章近世二五九頁、第五章近代一五三頁、第六章現代1一九二頁。第二巻は第七章現代2二六九頁、第八章補遺五九一頁で各種年表がつく。第三巻は民俗編三七三頁で、第一章年中行事、第二章冠婚葬祭、第三章衣食住、第四章風俗習慣、第五章子どもの習俗、第六章信仰となる。

私が取り上げる問題は、奄美大島における昭和十五年戦争中のキリスト教徒迫害を、『名瀬市誌』がどのように歴史叙述したか、ということである。

住民五千名以上がカトリックに帰依していたことへの軍部と地方自治体幹部の危機意識から、今では信じ難いような迫害が一気に燃えあがった。奄美大島のもつ対英米戦争遂行上の戦略性からして、外国人（フランス系カナダ人）神父の経営する女学校の非国民教育を黙視できないとか、軍事機密が漏洩するとか、神国日本の国体教育をないがしろにするとか、あらぬ理不尽な理由や信仰の自由の初歩的原則すら踏みにじる口実で、島民を誘導し、離間し、挑発する迫害を執拗に展開したのである。

興味深いことに、この事態について『名瀬市誌』は第五章近代ではまったくふれていない。第七章第三節の「明治以降の教育」（全九八頁）の中で、カトリックの大島高等女学校については、僅かに半頁余しか、割《さ》いていないのである。いわく「昭和に入ってカトリック排撃運動が盛んになり、昭和九年三月に廃校となった。その後を（昭和六年から県立となった）奄美高女が譲り受けた。（その間のいきさつについては島尾敏雄著『離島の幸福、離島の不幸』〔一九六〇年初版〕に詳しい）」とのみ記しているのである。つまり地域社会史学として、世界史と日本史にまたがる壮大かつ微細な歴史観の持ち主の立場からしての自前の徹底した微視の調査（文献、史料、聴き取り）がなされていない。歴史叙述をはじめから諦めて、戦後、妻の実家のある大島に復員した作家の随想文（それ自体はすぐれていて感動的ですらある）に一切をまかせている、としかいいようがない。あとは卒業生一人の、どこにもある女学校の校内生活の回想の一節の引用のみである。

四

迫害の直接的なきっかけは、一九二七年八月の昭和天皇の奄美大島行幸であった。わが連合艦隊の豊後水道での艦砲射撃・爆撃訓練御覧「ついで」である。一般町民ばかりか四千六百名の小学生をも歓迎会に動員している盛事である。なぜか、この小さな南島に丸三日も滞在されたので、島民は空前の行幸に「驚喜」「感激」「恐懼」するばかりであった（『鹿児島県史』第四巻）という。この時から、陸海軍の要塞島防衛のために、全島民が集団の地域的興奮状況に陥ち込む。各町村幹部を動員し、島民を加入させて、昭和一新会という思想善導組織をつくらせる。国家至上と皇室中心の教育運動が展開される中で、とくに皇室尊崇と郷土教育を結合させ、それを大島精神として結晶化し、軍国化とあわせて排キリストを一気に押し進めたのである。

一九三三年ごろになると、行政的にも組織化された弾圧と脅迫が白昼頻繁に起こった。信者家屋への投石から墓地破壊、転宗届の強要、防空訓練の際、信者家屋を消火対象にしてわざと水浸しにしてしまうにいたるまで、いじめと脅迫はものすごかった。ついには信徒の集団リンチや、教会堂の破壊と放火にまでエスカレートした。翌三四年には古仁屋要塞詰の将校が、島内町村を巡回し、国防思想普及を名目に青年団や在郷軍人会を扇動し、一人一人の信徒の背教転宗を膝詰で強要するまでに至った。全島民に「真の現人神《あらひとがみ》は天皇陛下か、ユダヤ人のキリストか」の踏み絵を迫った。全国紙も、この暮には、欧米外国人牧者を「国際スパイ」扱いをする報道を流して、国民を挑発した。外国人宣教師十名は、ついに離島する。三八年から四〇年にかけては教会堂と鐘や聖像から敷地まですべて没収・破壊され、解体され、木材は転用されてしまった。

このような動向は、町村民の民衆段階から盛り上る形にした虚報を新聞記事が一貫して報道することで、あおられた。三〇年春以来、大島国防研究会は全郡町村長連盟と共同戦線をはり、町民大会を幾度も開き、教育勅語を奉読しない、高千穂神社に参拝しない、伊勢神宮遙拝式を行なわない、伊勢大麻を奉賛しない、校内に火薬銃砲を隠しているなどと騒ぎをたきつけ、廃校決議文を作り、町議会の決議とし、鹿児島県に上申し、実行したのである。管轄の第六師団（熊本）師団長・荒木貞夫中将（皇道派中心人物の一人、三〇年一月大島巡察）は、要塞司令部と憲兵隊を使嗾《しそう》し、カトリック撃滅を率先領導した。荒木は三〇年代には陸相から文相となり「大島精神」で全国の文芸思想信仰の制圧に成功する。もっとも大島巡察から十五年後に戦犯となり終身禁固刑に処せられている。

思えば、島尾敏雄のいう「島をおおう貧しさ」と、本土からの三百年におよぶ「故ない差別」と「蔑視」、そして「島津の苛酷な圧制」を「だまって受けてきた」「悲劇的な運命」の島民たちの大多数は、まったく理不尽なキリスト者弾圧を黙過し、身内、隣人、同信を裏切り、あるいはいじめと犯罪に手を貸したりしてしまったのであったろう。極少数の信者たちのみが屈せず、忍耐し、沈黙し、十数年後の春を待っていたのである。「部落のいちじるしい孤立性に根ざした閉鎖的な親族関係の強さ」の負荷が、「日本より日本らしいところ」（以上、島尾）といわれる奄美大島島民に現出し、大様《おおよう》で心豊かな人間性が、一時とはいえ、ねじまげられてしまったのである。

地域社会の住民のたましいの根本をゆるがしたこの昭和聖代の大事件を、三行余で処理してしまう通史叙述のあやしさを私は痛感する。しかも現段階での調査研究や聴き取りを何故かさけて、「その間のいきさつについては」と、作家の随想文（それも小部数ですぐに絶版）に譲って逃げる姿勢が見受けられよう。

第三巻民俗編の第六章信仰でも、カトリックのわずか十八頁分のほとんどを一九二二年の宣教師の引継ぎ文書の布教史に終始させる。肝腎の大事件については、切り離した別項目で、昭和十八年刊『名瀬町史』*を四頁分抜粋して

「邪教排撃」の「熱血勇猛」の勝利の経過を棒引用したまま、カトリック側の「盲信」「叛逆」「賊害」の「幾多の汚点」と「惨憺たる結末」を開示するばかりである。だから日本カトリック司教団の戦争国策協力をも記述できなくなった。

＊気になる事をとりあえず二つあげれば、一つは初版本（一九七一年）には記述されていた昭和天皇大島行幸の厳粛壮重な記事文が、なんの注記もなく改訂版（一九九六年）では削られ、本件の解明をさらにわかりにくくしたこと。二つは戦後米国軍政下の思想言論抑圧事件については詳述するが、戦前の皇軍や特高（特別高等警察）や町村のそれについては黙過する姿勢のことである。

「島のありのままの生活史を明らかにすること、あらゆる上部史料とあらゆる下部史料を探索して、平凡な良識でそれを整理することに、努力を集中して、きれいなまとめ方を次にしたい」という通史編纂責任者の「私のねがい」や「史料にかくされた行間の意味の解読」をしたいとか、「外部からの圧迫」ばかりか「村落社会構造の本来のあり方とそれを内部からゆがめてきたもの」に「直視の眼」をむけたい、という研究と叙述の立派な姿勢は、一体、どうしたのだろうか。戦後の米国軍政下の本件調査団が求めた「厳粛な自己批判」は結局できなかったのであろうか。

恐らくは、戦後現代の奄美大島のカトリック教会の神父と信徒たちの、人は人を裁けないという信仰上のゆるしの善意と地域融和のための配慮に、便乗したようなことなのであろうか。このような地域社会の研究と歴史叙述のありように、私たちは、それを自分のこととして粛然たる心地で、心震えながら自戒しつづけて行かなければなるまいと思う。

五

ともあれ我が身を振り返ってみれば、まる七年目にして、やっと第十六号を発刊できた。「五十年目の戦争展」の成果を特集に講演録（大濱徹也氏と中村恭子氏）や、共同研究（我孫子出身将校をめぐる書簡）、および戦中戦後の開拓農民の証言と研究を集めている。本稿も、一つの昭和十五年戦争期地域像への史評となろうか。

『我孫子市史研究』誌第一号が一九七六年に創刊されてからでもまる二十二年になった我孫子市史づくりのあゆみを、単に遅々としたものと見るだけで終らない大きな展望が、過去にもあったし、今後もみられるであろうことを、市民の皆さんと共に期待したいところである。通史も資料集も、いよいよ終末段階に入っている状況下になった昨今、本誌の使命も終刊号といってよい段階にあるといえるのかも知れない。

長かった時間の経過の渦中で、編さん室と編集委員の苦悩と忍耐と妥協のすりあわせの裡から、やっと生み出された本誌第十六号である。

皆さんの御熟読を御願いしたい。

参考文献

森本季子「私の奄美紀行」、『聖母の騎士』誌、一九九〇年十回連載。

平山久美子「昭和前期鹿児島のカトリック高等女学校圧迫問題の研究」1・2、『鹿児島純心女子短大紀要』23・24、一九九三・九四年。

太田淑子「奄美大島におけるキリスト教の受容と排除」、『近代日本のキリスト教と女性たち』新教出版社、一九九五年。

「『教会の戦争責任』を考える」、日本カトリック正義と平和協議会、一九九二年。

大司忠孝「奄美大島のカトリック」、『信仰の自由を求めて——戦時中のキリスト教受難の足あと』同右、一九八九年所収。

『天皇制ファシズムとキリスト教』日本基督教団宣教委員会、一九八八年。

「島んちゅ受難」『南日本新聞』一九八九年七〜八月全二十六回連載。

平　秀応『フランシスコ会カナダ管区、宣教師たちの遺産』聖アントニオ修道院　一九八八年。
安斎　伸『南島におけるキリスト教の受容』第一書房　一九八四年。
島尾敏雄「島のカトリック」(『名瀬だより』所収) 農文協、一九七七年再版。
齊藤　博「新たなる地域社会史への提言」(藤原書店『機』誌七月号) 一九九七年。
齊藤　博「詩と歴史の女神へ」(我孫子クリオの会『クリオ』誌第一号) 一九九七年。

2　『増田実日記』を読む

第一巻（大正五年〜同九年）

一

ここに『増田実日記』（全二十二冊、大正五年〜昭和三十四年）の完全復刻版第一巻（大正五年元旦〜同九年十二月末）を刊行し、我孫子市民や手賀沼周辺地域住民の方々はもとより、全国の識者の人びとに贈る。

明治三十二年（一八九九）、千葉県印旛郡大森町亀成の低湿地「水村」に、いわゆる貧農層の次男として生れた武藤実（旧姓、のち大正九年四月、養家に入り増田姓となる）青年は、早くから田園風土と身の廻りの人事の観察力を磨き、人生向上欲求に対応しつつ、文章道に専念する所が多かった。数え歳十七歳の元旦から市販の博文館当用日記などを用いて、日記をつけはじめた。それ以来、途中に二年間（昭和初年）と十七年間（大東亜戦争中と戦後）の二回の空白があったが、四十数年にわたる日誌実録の手を休めることがなかった。

一九五八年元旦の日記で、数えの六十歳になった精農、増田実は「若い時分は、日記を書くのが非常に楽しみで、昼間の仕事にいかに疲れても、日記を付けずに寝る事はなかった」と回想している。彼は「人生六十年の歳月を曲りなりにも生き抜いた」自分を、「一応天寿を全うしたことになる」と自己評価した上で、この四十数年に及ぶ日記帳群が、「後代児孫の為の参考、多少の教材にもなれば幸福の至りである」と総括しているのである。

増田実の実父、武藤与作は、最晩年の実の回想によれば「大森町の武藤家に三男として生れ（慶応三年十二月）、貧農の子として人となる。父は非常に意志強い努力家であって、十五歳にして父（三右衛門）を失い、母（ちい、婿取娘）を扶けて農を営み、二十歳にして母を失い、兄（新蔵）姉（かん）はありしが、何れも貧農、（兄は）後を継ぐを心良しとせず、末子の父に母を預けて他（国）を浮浪せるらしい。人間、こうゆう境遇に際して、意志なきは凡愚なりと謂ふべく、父は賢明な努力家であった。傾いた一家の主柱となって営々苦難したらしい。母もまた、その良き伴侶でもあった。実の兄（平治）もまた尊敬すべき人であって、良く父母に仕え、兄が一人前になってからは漸《よう》やく家計に恵まれ、田畑等相当求めて、村でも中以上の農家に列するを得た。それは明治末期（四十年頃）で、手賀沼岸は毎年水魔に襲われ、不作、飢餓に等しい年が続き、漁に依って生計を立てたり、利根の治水工事の人夫等に出で、日々くらしを立てたりした事を、目の当りに見た」のだという。

「こういう時代に育って来た」武藤実の十七歳元旦からの日記文が本書である。

日記執筆の目標と姿勢は、大正五年十二月三十一日の年度末締めに明らかである。「寒気と争い、あるいは不眠と競い、あるいは蚊軍と戦い、暇時はいうに及ばず（帝国実業）講習録または其他の書籍をも披見せしこと、また喜ぶべきだ」とし、「明年は一層努力、不屈不撓の精神を以て勉学すべきは切に希望する処」だと述べる。しかも「この一年間、他の悪青年と行動を共にせず、毎夜高声を発して恋歌を唄いつつ安眠の妨害をなす等、または其他惰弱なる行動、感心せざる行動を見るにつけ聞くにつけ、ああ彼等如き連中へは身を投じまい」と、俗世同世代を批判して切り込む。

「僕は帝国の青年だ、文明の青年だ、将来に希望を有する青年だ」と何度も「思想」し決意を新たにしている武藤実に、私たちは日本「近代化」の、地方農村底辺における確実な定着を感じとることができよう。彼は未だ「智学を得ざる」と反省し、「家業即ち農務」に「かなり奮闘的に従事した」とは思うが、「まだ〳〵この位では成功者の行動から予想すれば、はるかに遼遠だ。この点は一層奮闘努力、堅忍不抜に従事すべきが処也」と自己点検をして、新年を迎えるのであった。

二

自然と人生の観察を丹念に積み重ねる青春の日々。「朝早く残星を眺め出で夜は晩く山寺の鐘の音を聞き」「月を踏んで出で、星を戴いて帰る」ような重くきつい農作業を背負いながら、「晴耕雨読」を守りつづける。「私等農夫の行う事は毎日同じにして、朝早から夜はおそくまで、冬季は山林に行きて、この寒きにもかかわらず下着一枚にて汗を流して従業するにあり」と記する十七歳の青年の心の内。農事ばかりでない。冬期の「堪へ難い寒風」下での低賃金で劣悪な労働条件の利根川河川堤防土木工事人足の出役と、手賀沼の水鳥獲り。あるいは夏秋の肥料作りの藻刈りという重労働。「農夫は勇士の戦場に奮闘するが如し」といってのける気魄。

水田の水の夜間の共同くみ取り作業を記録して「水車上にて、満月の皓々として、そよ吹く風に小波《さざなみ》起れる水上に映ずる沼を前にせる三、四戸の水村。灯火を水上に浮かべ、すぐ前の水藻影には二、三の蛍虫、絶々に光る」との描写。水車仕舞いの「明方には、水上の灯火は消え、鶏鳴の聞ゆる。満月中空に上り、夜は正に明けむとす」と、映像豊かな語り口。

青春の色も丁寧に記録される。苦しい農作業や沼作業の合い間に、「ラブ歌は切なく水面に響く」。六月中旬の水田を描いては「見ゆる限りは稲田となり、南風に吹かれて青波を立てつつあり、その中に姉様かぶりの田草取がちらちら見える」という風である。「どこからともなく少女のやさしき歌声」がきこえてくる。大正九年、二十一歳にならんとす実青年は、三月末「草刈する、四、五人の娘子達と藁を燃して暖をとる。雑談に花を咲かせ、嬉々として笑い興じ、思わず数時間を費す」機会があったことを記しているのである。

実青年は、田園の音色にも敏感であった。「山林に入りて木取りをする斧の音」、「枯枝を折る鎌の音」、「木を倒す音」、「銃猟者の銃声」、梅少き亀成村で稀な「鶯の声」、「下劣で呑気な遊行青年の唄声」、「演習騎兵の銃声」、杭打ち人夫の猛烈な「懸け声」、「轟然たる大雨の一大音響」、夜道の「蛙声」、「利根を上る汽船の汽笛」、松虫・鈴虫・くつわ虫・こおろぎの「虫の声」、雲雀のさえずり、山鳩・もずの「鳴き声」、「水禽の音」、「鳥の羽音」、「花火」、布佐鎮守祭の「太鼓」、「雨戸をたたく豪雨」、ツタッカ打の「クルリ棒打つ音」、沼の「氷を破る音響」。

濃霧、大雪、大雨、月光の描写は、それぞれに印象的であり、しかも十七歳から二十一歳にかけての五年間に、確実に自分の文体と描写力を身につけて行っていることがわかる。おそらくは当時市販の『高等小学生徒必携日用文範』や『作文講話及文範』、『現代文章作法』などの自然・人事の項目別模範文例を丹念に高等小学校以来、学習してきたに違いない。

三

大正中期の都市と農村の社会問題の激動は、大都市近郊農村の貧農小作人青年の敏感なたましいを刺激する。大正七年九月、「米の暴騰」を記述する実青年は、「最高値」の「夢の様な相場で、日々米屋へ通ふ田夫の面《つら》には一種いふにいわれぬ笑みを浮ぶ」と書き込む。武藤家の農事記録をまかされている実は、好況を喜ぶだけに終わっていない。「しかれども、この反面にはこれがため生活難を訴へるものもあるべし」と『国民新聞』講読の知識を活用した念の押し方である。農村景気とともに、貧農小作人の若者までが青春の享楽、夜遊び、祭礼通い、飲酒の夜更し、芝居小屋見物、半信半遊の俗信行事や巡礼に埋没したことを、武藤実は黙過しえない。河川工事現場でも「人目すくなき処では油をうり」怠惰の雑談にふける有様や、乱酔・喧嘩・不身持など「人間のなすべき行為にあらざる」姿を批判してやまない。

近代日本の体制を徹底的にゆるがした米騒動に関連し、河川工事人足賃金の低劣さからストライキ発生の渦中に入ったことに関連し、「国民無産階級者の普通選挙運動」報道に関連し、武藤実の社会意識は確実に飛躍する。とくに河川人足の怠業騒ぎでは、彼は労使両方から頼られる存在にまでなった。「意志薄弱、軽佻浮華に流れ、分を守らず遊楽にふける」農村若者を批判する実青年の姿勢には、毎年二回の青年団総会で奉読される明治末の戊申詔書に基づく儒教的社会倫理と個人道徳観が、プラスの意味でまといついている。「農民は農民としてあくまで質素なかるべからず。いわんや大いに覚醒して、時の景気に溺れるなかれ。景気は後に不景気の至るを知れ」と明言する。誠と志をもった実青年の歴史真実性が如実である。

国家体制派が、農村教育者層や下層青年知識人層への講演（大正八年七月）などで「現今社会に喧伝せられつつある所謂デモクラシーという危険思想の打破」を巧妙に訴える話なども、実青年たちには（中途よりの聴講だったとはいえ）もはや「充分なる納得を得ず、遺憾ながら不明確に終」わっているほどである。

「夜、観るべき書籍は多大あるといえ共、夜短くして多事、身心の困憊《こんぱい》は極度に達し、不相変《あいかわらず》、食事を済《す》ますや否や臥眠す」というほどの重苦しい労苦の中で死守した読書生活であったが、このような上向型の下層農村知識人青年を皮肉る世俗の目を、武藤実は忠実に記録する。河川人夫労働の帰り立ち寄った書店で『牛』なる書を求めた所、「折柄、同書店の書籍購求中の中年の男、慥《た》しか何処かの店員らしき男、余を蔑視して謂う。『牛が牛なれば安食《あじき》（地名）の牛乳取扱所へ往けば四頭居る。欲しければ持って来てやろう。土方が本を見るなど、しゃれていやがる』」といったというのだ。近代日本の暗く閉された非文明的な民衆世界の、傷つけあう雰囲気が哀しい。

四

武藤実の大正九年四月の急に決められてしまった日秀《ひびり》・増田家（丘陵村の規模の大きな自小作の純農民層）への入婿縁組の経過をみていると、近代日本の生真面目な一青年の時代閉鎖状況が歴然である。半年、一年前から「独立の希望」を燃やし、場合によっては「脱郷」の心境にあり、「決心は燃えるが如く」あった武藤実に対して、「父兄は飽迄《あくまで》、余をして他家へやらんものと主張」し、「余の立場を省慮せざる」のであった。彼が「極力、自己の希望を説いて是に反駁」していたのに。

こうして「余の頑強なる反対をもうけがわず、独断的行為にての話は、余は甚だ不服なりしも、飽迄、父兄に対抗するも好まず、依って我を折って渋々諸に至る」。早急な決定を押し付けられ、彼は「狼狽」し「愕然」となる。養家先では農作業の大きな負担を一身に受けとめ、実家ではしなかった「無経験な仕事に困憊」し、「寸分の余暇も無く」「大いに困惑せり」という毎日がはじまった。手賀沼周辺農村共同体内の人事相続、労働力授受のやりとりによって、自立心旺盛な有為なる男子一生の道を、「所謂なこうど《(仲人)》口」で安易に決められてしまったのであった。

半年後の十月九日、増田実が「月日は流れの如く、余、生家を去りて既に半歳月、生家に在りて父母兄妹と相働き相楽しむと異なりて、周囲の事……すべて意のままならず。養父母との間、元より不馴れにして面白からず。屋外に出て（田畑作業）またすべてが楽しきにあらず。ただ妻（かね、明治三十四年生）の愛あるのみなるが、これとても時としては不和生じ、思わぬ狂言を仕出かす事等ありて、養子生活の不可解なるを感ぜざるにあらざりき」と告白しているのを見て、私たちも涙ぐむ。

東洋的世界における近代の夜明けは、通俗道徳を身につけ、勤勉・忍耐・協調・不屈の志と誠とをもって向上しようとする青春に対して、逆に重圧を加える。時代と社会の環境は、まるで利根の大河の氾濫の手賀沼への逆流のようにひどい。

青春の象徴ともいえる男女両性の結びつきに対する、人間的かつ社会的制約のものすごさは、東シナ海をへだてた隣国、中国においても例外でなかった。浙江省出身の思想家・魯迅（周樹人、一八八一〜一九三六）も、没落官人中間層の家柄の母親のきめた嫁・朱安を一九〇六年押しつけられ、ことわりきれず、嫁は周家に入居。魯迅は結婚後四日にして東京へ再渡航してしまう。彼はのちに教え子の許広平と結婚してしまうが、朱安は終生、周家に嫁として暮すという悲惨が展開していたのだった。四川省出身の文人・郭沫若（一八九二〜一九七八）の場合も、親族の取り極めにより地方地主層の母親の納得した張琼華が嫁として一九一二年に入家したが、郭は五日後に家出して出郷、生涯再会することはなかった。

大都会への脱出就職も外国への出奔留学も、その機会や状況はもとより決断の可能性もなかった武藤実には、周樹人や郭沫若のように、頑迷無惨で旧思想にこりかたまっている社会環境を強行突破することができなかった。彼らから十年あるいは数年遅れの一九一七〜二〇年段階（正に東西両世界における社会、民族革命期）にいたっても、呪文に固められた「家」共同体に立脚する日本帝国社会からの自己解放どころか脱走すらも、武藤青年にはできなかった。

私たちは、日中両国のここ百年の「近代化」展開の差異の世界史的な両極性の壮大さを意識しつつ、武藤実＝増田実の忍耐と屈折、節倹と勤勉の農人道の生涯を、わが身にひきつけて嘆賞せざるをえない。この道が、近代日本人の通らざるをえなかった道なのであった。

六十歳で亡くなる十カ月前の一九五九年元旦に「田夫、浅才短学の老爺の記録が、後世、偉大なる文学的なものとなるものでもなく、世の変遷につれて、これが子孫の為に、その日々行動が尊崇され模倣される事でもなし、ただ自己の心の糧に心神を癒やす為め、悦《よろこ》べる時、楽しき時、怒れる時、悲しき時、気の向くままに書きなぐるだけのものなのだ」と述懐する、増田老の虚心平気を見よ。

二十世紀前半期における日中両国民衆の青春がかかえた、両性結合のきびしい制約と理不尽なブレーキ、そして痛ましい伝統と無知の悲劇のありようを、都市型上層知識人と在村型下層知識人の違いを超え、日中両「近代化」の表現できないような違いを超え、『増田実日記』の視座からも想わざるをえない。

五

一九一八年十一月中旬、十九歳の一農村青年が日中《ひなか》の重労働のあと、夕刻になって近隣町の名僧講演に外出した際「十五日の月、赫々として地上のあらゆる事物を赤裸々に照らす」と記しているが、家の内外ともに「平々凡々ながらも多事多端」、しかも個人的には「煩悶」の渦中にいた一青春の「身の振り方に苦悶しながら」の赤裸々なる描写に、私たちは頭が自然と下がる。武藤実の律義で力強く前向きな日常性に強くひかれる。

このような正に「隅の親石」（聖書マタイ伝二一章42）のごとき人物を育てあげた亀成（武藤家）や日秀（増田家）の在村風土を身近に感じとり（しかも七年前から、増田家の五百メートル近くの旧新木村吾妻台地に居住している校訂解説者の）私は、一九八〇年「地域にみる知的な伝統と誠実な勤労精神」と題して、『増田実日記』を日本民衆の自力更生の労働精神のあかしとして紹介したことがあった。その前後十五年間、我孫子市史研究市民講座の仲間であった水津敦子氏の労作「北総小農民の生活の実相」（『我孫子市史研究』第六号、一九八二年刊）は、行商の視座から『増田実日記』をトータルに取り上げた最初の作品であった。品田制子氏も大正十年、昭和五、同十年の三カ年の天候、農事などの一覧表を丁寧に作成し、同号に発表している。中尾正已氏も増田実の気象情報を活用して精緻な「近代布佐の水害」（同誌第五号、一九八一年所収）を執筆していた。『増田実日記』への高い評価については、早くも一九七八年に歴史学者・大濱徹也博士が提言され、一九八二年には社会学者・鶴見和子女史も言及されてきた。

近代日本八十年間の多彩かつ深刻な悲惨に翻弄され、報われざる献身の忍従と節倹の上に現代日本の五十年間の

「繁栄」が継穂《つぎほ》できたことを、私たちは幾度でも想い返して行きたい。日中の過労に疲れ切った夜半《よわ》の暗き灯の下で認《したた》めた『増田実日記』を、私たちの子たちや孫たちにも、よくよく読みきかせ、語り継がせて行きたい。苦く飲みにくく、しかも面白おかしいことなどほとんどないほどの、民衆たちの悲しくもあり、生きがいや喜びがないわけでもない人生の「実相」を飲みほさない限りは、日本人の本当の幸せを感じとれるわけがない。

『増田実日記』は、私たち日本民族の人生とたましいの原型を、丹念な日常性の記録の形態で示してくれる。水と土に埋もれながら生きる百姓の心象風景の描写としても、「日本人のよさ」を青年期までに身に備えた一人の人間の自己実現と自己点検の、半世紀に及ぶ総括としても、この日記それ自体が日本近代史料群の中にあって貴重であろう。

人事出入が分かりやすく、すべての表象がすべすべして、納得しやすい流行性を持った映像表現に慣れ切った現代日本人にとって、一見読みづらく理解しがたい人間の生きざまが展開する。しかし、歴史真実の要求する忍耐心と想像力とをもって読み込んで行くうちに、私たちは人生の実相の花園に入ることが許されるようになろう。

有名なフランス人の昆虫観察学者ファーブル（一八二三～一九一五年）が、「その日その日に追われ通しで過去の思い出を保持することなんか、てんで考え及びもしない」から、「平民は歴史をもたない」（ファーブル『昆虫記』岩波文庫版）といったという。

「自力更生」の刻苦奮闘精神で、家産向上の道を前進する増田実の実生活記録である『増田実日記』第一巻序文を、このファーブルの言葉で締めたいと思う。

「まったくの文盲」で「大地で働く」だけの自分の祖父母や「才気もほとんどなく、町に出た田舎者がなめる辛酸をつぶさになめた父母」の「切実な苦労」を見聞きしていたファーブルは、「われわれの祖先がどんなであったかを教えてくれ、多難な運命をどんなに辛抱強く開拓したか――今日のわれわれを一粒一粒、砂を集めて築きあげるため、どんなにゆるみのない努力をしたか話してくれたら、これはなににもまさってためになる文書で、われわれを励ましてくれるありがたいものであろう。……どんな歴史もこれに及ぶものはありはしない」と。

（武藤）増田実が日々に記録してきた文章は、ファーブルのこのような指摘にたしかに通ずる、民衆生活の結晶であるに違いなかろう。心ある方々の読書三昧を期待したい。

第二巻（大正十年〜昭和四年）

沼のさなか真こものかげに舟をとめて
埃は来ずと酌める酒かも

若山牧水
（大正十四年八月二十二日）

一

下総手賀沼北岸沿いの農村民として育つ増田実（明治三十二年生）の日誌（第一巻は大正五年から九年まで）の第二巻は、大正十年から昭和四年までの年月（うち大正十五＝昭和元年は欠巻）にわたる。

すでに第一巻をひもとかれた方々は御承知の通り、『増田実日記』は、手賀沼べりの若き小農民、増田実が、これでもかこれでもかと思われるほどに続いて襲いかかる困難など苦渋にみちた「小状況」の渦中にあって、一歩一歩、近代日本民衆の一人としての生を刻みつづけた貴い記録である。それは、同時代人として重なる東北農村の民衆詩人、農民教師の宮沢賢治（昭和八年九月二十一日、三十七歳で没）の民衆精神にはもとより、五、六十年を経た現代世界の中南米や東アジア、東南アジアの窮迫民衆精神に、確実に連動している。

日々の厳しく辛い農作業と、手賀沼藻刈りや河川工事人足あるいは開田土工労働、さらには現金収入を求めての紺屋手伝いなどの労働生活の刻苦の中にあって、自分と自分の身の廻りの人びとの生を重んじ、生の現実を見つめ、それら正負を伴う真実を深く愛し、妥協と忍耐と不屈のないまぜになった心性を守り育て、農家経営の自力更生をはかった増田実。

「毎日の生活への愛、小さなできごとへの愛、人生の大きな、あるいは小さな幸せを愛することがにじみでている」

（グティエレス神父の発言、『現代世界における解放の神学』山田経三神父編、明石書店、一九八五年刊）

民衆の生活とたましいの、救済の信仰と思想を探求するペルーの神学者グティエレス教授のこの言葉の真実を、増田実ほどに、半世紀以上も前に日本の地の底から共鳴して証言していたことがあったろうか。

『増田実日記』第二巻がとりあげる大正十年から昭和四年の九年間というのは、近代日本八十年間のうち、一面では、もっとも国難の様相が混迷化して露呈し、他面では、近代学芸と思想の華麗なる成果が実った、なんともいえず複雑な時代相であった。いまから振り返って繰り言をいえば、この九年間に、日本と日本人が適切に、賢明に、慎重に、あるいは大胆に思索し、判断し、行動していたら、いわゆる昭和十五年戦争も起らなかったし、狂悪なナチスなどと軍事同盟を結んで世界の民主連合国戦線と戦い、悲惨な戦禍を敵味方の民衆に押しつけることを、せずにすんだのであったろう。

私たちは、『増田実日記』の第一巻と第二巻をひもとくにつけても、グティエレス神父の「民衆の内にこそ、変化をひき起こす歴史的可能性が存在する」という箴言を想起せざるをえない。

近代日本の政治家、官僚、軍人、経済人、ジャーナリスト、学者、芸術家、宗教家のリーダーシップの多彩な正負の働きかけにもかかわらず、増田実に典型的な民衆像が「大状況」に対して能動的に動かざる姿態の裡に、日本と日本人の性癖を見る思いがする。幸か不幸か、近代日本の私たちの文化、思想、信仰、政治、経済が、変化をひき起こす可能性を民衆の中に見出しうるキイワードをつかみえていなかったことを、いまになって悟ったのである。

私たちの増田実にとって、「大状況」の歴史的可能性に挑む冒険や視座は生まれえなかった。日本的民衆世界の小舞台の裡に加齢とともに埋没して行く傾向をもつ増田実。彼は、「小状況」の堅固な私的基盤の構築に懸命となり、現実的な生活把握と実際的な勤労努力をもって、ひた走りに走る。彼は決して二十世紀世界の民衆的幻想を模索し、人類の理想を真一文字にただ追いかけることなどしなかった。

私は、このような増田実の個性に、近現代日本の百三十年間の民衆精神の象徴を見る思いがして、感慨深いものがある。

二

ちょうど、二十年前に安丸良夫・一橋大学教授のいう「きわめて自己抑制的な通俗道徳型の生活者」が、「家」をささえ、「しっかり世帯をもって」「平凡だが安定した庶民の家」を構築し、「既成の社会体制を下からささえる」ことに要約されるところの、典型的な民衆像（安丸良夫『出口なお』朝日新聞社、一九七七年刊）に、私たちは、増田実をダブらせることができるだろう。

小農民生活上の「矮小」あるいは「些細」な日常性の内に群生する喜怒哀楽の数々と、農村風土の四季の移り変わりの適切かつ叙情的な描写を読みとる読書の楽しさ。私たちは、大正中期から昭和初年代という、近代日本の「国難」の時代を生き抜く一農民の心性の告白を、『増田実日記』の中に聴いているのである。

しかし一方で、こんな側面もある。

「衆」としての「多くの民衆の観念や境遇を叙述する方法」（大橋幸泰「安丸良夫『山口なお』を読む」、『民衆史研究』第五二号所収、一九九六年刊）が有効性をもつと確信している研究者群が多数見受けられることである。彼らは、いわゆる民衆史的な作品を、社会変革運動史上の流れの一つの分流としてのみ、とらえる。このような現段階において、『増田実日記』の内包する思想的示唆は、意外に大きい。個別小農経営の裡に沈潜し、向上心を発揮して、農家経済の上昇（すなわち分家小作農から自作農への）をはかる増田実の自分史は、そのような民衆史作品とのあざやかな対照をなしているのではないか。

実は、安丸教授らが「民衆こそが歴史の主体者である」（安丸良夫『日本の近代化と民衆思想』青木書店、一九七四年刊）という民衆史の方法を提示して以来、人民史的な「硬直」のイデオロギーを自在に着脱しつつ、日本民衆あるいは農山漁民を「民の衆」として共同体態様の内にとらえること（深谷克巳『八右衛門、兵助、伴助』朝日新聞社、一九七八年刊）が流行してきたのであった。

ただ、ここでいう「民衆」には、安丸氏の問題提起を学生時代以来たえず念頭に置いてきているという大橋氏にいわせると、「結局のところ、『被支配階級に属する人々』というあいまいな言い方しか、今の私には適当な言葉がないことに気づいて愕然となった」（大橋前掲論文）というところあたりを、含んでおく必要があろう。

すくなくとも、『増田実日記』の表現する心象風景と人間群像のリアリティは、近世百姓一揆の指導者たちや近世末と近代の民衆宗教家たちについて彼らの教示する、民衆救済の思想性や日常生活上の通俗道徳性の描写力を超えていたといえようか。民衆指導者の伝記作品にうかがえる自己犠牲と報われざる献身の人間性を、内実において超えていた。

いわば、一民衆が民衆であることに徹した生きざまを実践し、かつ表現することによって、日本および日本人の実像を示すことに成功しているといってよかろう。

この際、歴史学研究会で活躍する史家である深谷克巳・早大教授が一九八四年段階（「個人史の可能性」『状況と歴史学』校倉書房刊）で、個人史あるいは自分史（個別民衆の個性の発露）の結晶化の作業を通じても、歴史は全体性を照射し、把握していく可能性を持つのではないか、と指摘していたことが、注目されるのである。

私たちも、個人史＝自分史に属する増田実の丹念かつ執拗なる感慨と描写によって、同時代を生きる農業問題研究者、農村史家、農民作家、農政記者らの分析と論説では、ほとんど得がたい、個性の目と生きたたましいの生命を受信することができるであろう。

三

時代相を特徴づける「明暗」へのこだわりを見ておこう。

大正十年というのは、時代相の明暗がくっきりと露呈した年であった。近代日本はたしかに曲り角に立っていた。増田実は一農村の片隅に苦闘しつつ、これを脇から見つめていたのだった。「明」としては、なんといっても青年皇太子殿下（のちの昭和帝）の半歳に及ぶ英国など欧州列強訪問の「前代未聞の快挙」がある。欧州大戦の戦禍を目のあたりに見学した皇太子が、この時以来「平和主義者」になったと戦後の晩年に述懐した体験である。増田実をはじめ大多数の日本国民は、まさか昭和十五年戦争がこの昭和天皇のもとで勃発しようとは思っていなかった。出発時と帰国時の歓送迎式の文武顕官は、陪随行の元帥閑院宮戴仁親王はもとより、弟宮二親王など皇族貴族をはじめ、伯爵東郷平八郎元帥、原敬首相、諸大臣、両院議員など千数百名を含む。数十万の民衆が、大日本帝国の栄華の全盛に酔いしれていた。御召艦は洋行途上の三月六日、那覇に寄港、首里城で旧琉球王家・尚侯爵や県知事・川越壮介らの盛大な歓迎を受けたが、二十五年後の無謀悲惨絶望の戦闘を見据えると、今の私たちは粛然となる。

「暗」は黙示録のごとくに群生していた。九月末の安田善次郎と十一月初の原首相の凶変はともかく、増田実の理解を越える民衆宗教・大本教が国家社会の建て直しの外なしと宣教したとする不敬罪の大弾圧が二月である。総指揮をとった平沼騏一郎・検事総長はのち首相にもなるが、やはり二十五年後、戦犯として終身禁固刑になって決着している。七月にはキリスト者の社会運動家・賀川豊彦ら指導の大ストライキに対し、明治十七年来の自由民権、困民党弾圧立法の騒擾罪《そうじようざい》を適用し、陸海軍兵が鎮圧、工場管理に出動する。

「暗」はなおも増田実ら「熱誠なる農民」の生存に迫っていた。増田実（明治三十二年生）と同年代の青年皇太子（明治三十四年生）のきらびやかな親善平和外交の上すべりな慶事をあざ笑うかのように、「百歳の老嫗《ろうおう》も例なし」という「手賀沼稀有の氾濫」が発生していた。この秋、「雨になやまされ、水になやまされて……農家の惨状、実に名状すべきものにあらず……のろわしき天候で農民の悲嘆や絶頂に達」する。「名にしおう水村の地……浸水激甚、稲刈する者、半軀を没し、路も畑も大河と化し……其の惨状予想外なり」であった。養家増田家は沼北岸の「湖北の高所にては住居の浸水の虞れなかった」が、「はるか生家の方面（沼東南岸）を望見して愕然」とする。「溢流せる濁水」村郷を「併呑して家屋あたかも浮漂せるが如し」である。

増田実の視座は、「農家の困憊」にのみ閉されていない。「連雨の為に」仕事がなくなり米価は天井知らずの暴騰で、「東京府内の貧民窟の状態は、実に同情に堪へざるものなり」と記述していることに注目したい。のちに新聞紙購読について「社会の事柄見聞する上に於て、読書欲を満たす上に於て、はたまた忙中の寸憩を有意義に公然と憩う上に於て、新聞紙は好伴侶である。酒も煙草もたしなまざる吾人にとりては、絶好の楽しみである」（大正十三年）と告白している農民増田実の、生きる姿勢に感嘆する。

「今後いかにして極度に疲弊せる農家の経済を救済せん」かという問題意識を育てる増田実にとって、普通選挙権問題は重大関心事であった。大正十一年二月、普選案上程にあたり「都下に集る熱狂せる普選運動者十万と知る。国民の熱望や知るべし」と書き込み、帝国議会での否決には「実に遺憾の極みなり……是を一撃微塵に附するとは、政府の不誠意云ふべくもあらず。現政府の末路や近きにあり」と述べるほどである。昭和三年の普選最初の県議会選挙の際には「我々無産者であり非戸主である一介の奴民に此の権限を与ふ有難き時勢なり」と感慨を記している。

増田実の時代把握は、青少年期からの学習の蓄積と主体的な苦悩があるから鋭い。政府のその場限りの物価引下げ政策に対しても、「余りに都市生活の安定を計るのみに偏し……毫も地方農民の生活の途は講ぜられず。一般国民はこれを満足するかは疑問」と新聞報道を理解しつつ、「公平なる新政策」として地方農村生産物価引下げのために必要な輸送上、販売上の「地方民衆の為の施設」を要望している。この大正十一年の秋には「農村の疲弊はいよいよ甚しい。殊に小作人の苦境は実に惨なるものあり。県下に於ても小作の争議、いよいよ各地に猛烈なるを見る。……思想の動揺を醸する原因ならん」と指摘する。十一月の全国農会大会宣言「今や本邦農民は経済的破綻により沈衰の極に達し、為に帝国の基礎また危機に陥らんとす」を写している増田実が、「しかるに農民が唯一の力と頼む県農会は地主の」味方をして状況克服の道を閉していることを痛烈に批判していることを、私たちは知る。

「不景気の為に仕事断絶」し「賃取もなく……賃金の多少をも不問」で農間余業に精出す貧農小作人の実像が『増田実日記』に如実である。藍染農村小工場、金町《かなまち》保線工事、江戸川水道工事、手賀沼開田工事などでの重労働。「僅か一円に満たざる労銀」の「苦業」に「自分ながら切歯《せっし》」するものの「時代時節なれば致し方もなかるべし」(大正十二年)と記している。「寒風峻烈」(大正十一年)「泥濘の中のトロ押し」(昭和三年)などは「実に堪へ難く」、「金銭の尊さが寒風より以上に身に沁みる」と述懐する増田実。「一人未知の地に来りて、いかがわしき世間のいわゆる土方等に混じり、寒き思ひをなして得る金のあだにならざるをつらつら思う」と。彼は出稼労苦の中にあって、郷里からだまされて苦役に従事し放り出されて帰郷する農民たち(大正十一年)や、朝鮮人労務者たち(大正十三年)の姿の見聞を忘却しない。「震災後、彼等の姿を見受ざる吾人にとりては、一種異様の眼をみはらざるべからず」と、「鮮人」虐殺事件のことを下敷きにした記述がある。「粗末なバラック建」の「土方部屋」で「みの虫の如く、ゴロ寝」「立喰」

している際のことであった。激しい重労働の中でトロ押しの「仕事に忠実、平日寸分の影日向な」い土工が片足切断した事故についても、「工場の犠牲なり」と問題視する姿勢である。あるいは紺染屋奉公のわずか十二歳の小僧、「体軀また年よりも小に、誠に可憐なるものなり。今日しも未だ明けやらぬ内、藍瓶に落ちて全身藍に染み、寒気に堪へ難く震ひ慄《わなな》く体、視るも忍びず。然るに主人の叱」声が激しく飛んでいる有様をしっかりと記録（大正十一年一月）する。増田実自身も「朝五時より夕七時迄十四時間」の「苦業」であって「無能者はあくまで浮かばれぬもの哉。余は是の意味の於ていささか不満を懐《いだ》く事しきりなり」と告白している。

こうして「昨今は読書もとより暇なく……体軀の疲弊いわん方なく、ややもすれば日記さえ忘却する有様なり。いな忘却するにあらずして忘却させらるるなり」という現実の苦悩を背負って、増田実は生き続けるのである。

四

「真実、小生等の如き境遇の人間は、社会の道具に外ならぬのです。四六時中、営々として運転する機械に外ならぬのです。足下よ、其の機械に閑暇の有り得べき筈が無いでしょう」。

報国と立身の希望に燃え出郷し、横須賀の海軍機関学校（作家芥川龍之介がかつて英語教師であった）在学中の親友増田吉雄へ無沙汰の手紙（大正十三年三月）を書く増田実。養家は田自作一反六畝余、同小作三反七畝、畑自作七反七畝余、同小作四反五畝の中農自小作農家である。その農作業の重荷を一身に背負う彼には、「繁忙また繁忙、ほとんど寸隙も無い。秋納一過。畠の耕耘……麦播……激忙、こもごも到りて、身に寸毫の余裕も無い」（大正十四年）。「疲弊困憊、ほとんど五尺の短軀を持てあます有様。しかし自己の観念をもってすれば、益々営々として怠慢を覚えず。昼の田植、夜の養蚕の世話。……昨今の農家は実に目まぐるしい苦闘だ。一日の労苦の疲弊は、夜の睡眠位にては到底癒し難い」ほどである。

大正十二年の元旦感想を見よ。「此の他に転移してより三回の正月を迎ひる理にて、いささか夢路を辿る如き感あり。実《げ》にや千変万化、生はまぼろしの如し」と。『増田実日記』第一巻の大正五～九年ほどの青少年期の明朗自在、自力向上の年月とあまりにも落差のある厳しい人生。「其の未だ生家に在る時は種々なる宿望を懐いて、よもや現在の地に来りて農を稼がんとは、夢思わざりしが、いついかなる因縁にや、とかく人もきらう養子の身となり、なさぬ親に仕ひ、不平不満、屈辱等、あらゆる苦痛を忍びて親に従ひ、出でては人に従ふ意気地なさ」と自嘲的であるのが哀しい。

養家の農家経済の興隆に献身する増田実が「養父母をして吾人の奮闘を認めてもらいたい」（大正十四年十月）と願うのに対し、跡取りを故人となった義兄夫婦の遺児にしようと手のひらを返す養父母の「暴言、怒声、悪口」や身勝手な愚痴の「暗雲」「暗闘」。養家復興の「一種の道具」（昭和三年）にされている増田実もついに「邪見な養父母に盲従するのはつくづくあき」たとして、独立分家して妻子を養うか、「いっそ単独東京迄も出て思ふ存分働いてみよう」（大正十四年九月）とも迷う。といって「是迄六年間の辛苦が画餅に終るわけで……苦痛に苦痛を忍んで屈従して盲目的に働らくか」。「自分の余りに柔弱な意志の弱い様な態度を恨まざるをえない様な気がする」。「こんな具合で、とめども無い迷想や妄想で頭を煩」わし、「結局、断定的感想も持たずに」「成行きに委す事にしよう」と「煩悩を落ち付かせた」という。「中間に介在する」「弱き妻の為め」「二人の愛児の為め、忍び難き屈辱、不平不満を耐へて」行くことになる。

しかし大正十年から昭和四年の年月の間は、「盲従するが是か、断然其の態度を決すが非か」（大正十四年八月）をめぐり、「幾多の波瀾重畳も全く根絶して、余も大いに過去の非を覚り、決然意を養家の為めに致せば、一家たちまち和気あいあい、こぞって家業を励む」（大正十一年末）道と、「すべて事件は紛糾した以上、徹底的に破壊して、而して根底から基礎を固めたものにあらざれば」という道とに、揺れ続けた。

それにしても昭和四年一月には、養家に隣接して自分たち一家四人の「家新築」で、宿願の一部が成就する。養父も「日頃の不愉快さにもかかわらず、そば等打ちて大工に馳走するとて、いそいそと嬉《よろこ》ぶ」のであった。「神は正しき者を見捨てはしまいと思ふ」増田実（大正十四年九月）を想い、私たちはほっとする。「婿養子という甘味の尠《すく》ない、余りに辛味の多い生活」を暮す増田実。「血と汗、労力の結晶」を得んためなのに「其の身は逆境」にあり「必らずしも悦楽多き愉快な」人生であるわけでないものの、正にこれが近代日本の普通の農民の実像であったのだ。

このような人生の苦闘の渦中にあっても、少年期以来の、身の廻りの人事自然への観察力は少しも衰えることはなかった。

「田に畑に五穀みのり、農村は至極平和な盆を迎ふ」る頃（大正十一年九月）、「風の吹くのもいとわず、一意専心、筆を振ふ」「艶麗な若き女流画家」が「沼面に咲くあおいの写生に余念なく」「今日で五日間」通ってきていることを記録している。あるいは昭和三年天長節の日、「吾人田夫は何等悦楽は無きも、一日の休業を新緑の行楽に親しむ都人士の多き事ならん」との記述に目が止る。または「桜正に賞すべく、各所へ運ぶ観桜客の列車、いずれも満載、然も是れを呆然として眺望する吾人田夫、彼我を比較、世の情緒や亦面白し」（昭和三年）と、湖北村田畑の中を東西につらぬく成田線路脇に立つ増田実の想い。

田園描写の筆はさえる。春先、「田耕の人影甚だ多く、鮮やかな、まぶしい程の春陽を浴びて、うごめく姉様冠《かぶ》り頬冠りの快活さ。緑水深き湖上に浮べる舟四つ五つ、猟する舟か名残の銃声しきりと鳴る。堤上、山野、小児の草つみ、ここ一団、かしこに一群。ここから手賀湖畔の田園は、真に楽天地である」（大正十四年）と。四月中旬にもなれば、「紺碧の空、風静かに、気暖《あた》たかに、長閑《のどか》さ限りなし……春の湖上は油を流せる如く、水鳥の羽ばたき静寂を破って波紋を画く。畔の真菰《まこも》、尺余に及びて、産卵にいさむ鮒、頻りにこれを動かす。対岸の山麓、霞棚《たなび》引く。桜花是處に一本、彼處に一団、今を盛りと咲き誇る」（昭和三年）のである。

寒冷期の田園は「残寒峻烈、極寒を凌ぐの体である。しかし春らしい陽光はいたる所に張《みなぎ》りて、静暖な気は正に人間に、あるいは草木に、一種力強い蘇生力を与へている」（大正十四年二月）と見事に描かれる。三月ともなれば、「雨後の快晴、一雨毎に其の暖気の著しきを想ふ。心気爽快……野外の草芽色めき、暖《あた》たかき陽光に炎陽《かげろう》の上る。鶯、雲雀の爽かな音も春装を語るに切なり。……冬すでに去れるを知る。水暖たまりて、余等が朝夕の務めも漸やく安らかなり」（大正十一年）とある。

手賀沼べりの田園四季の風物詩が、『増田実日記』の人生苦闘の歩みに、句読点のように散りばめられてくっきりと輝き、厳粛な人生記録の苦しみをやわらげてくれるのである。

五

増田実がついに発見した脱出路は、工学士の豪農・井上二郎（柳田国男の旧友）による布佐下浅間前新田開発による小作地の獲得であった。「余りに悲憤慷慨、哀愁悲嘆」の多い養家から分離自立の道を、自力更生によって探求するには、井上開懇に頼るしかなかった。

手賀沼の北岸に堤防を築き開田する労役夫として賃金収入を得、開田後は小作人として中農程度の農業経営を設営できよう。小作希望の向上欲をもつ貧農層の次、三男八十名～五十名前後が「土工」として土砂運搬、突堤造成などに働く。「世間人並の世帯を持たん」（昭和三年）と求めれば、「肩の痛み、足の痛み」など問題でなかった。「田地を得るを思へば、如何なる労苦もあえて辞せざるの気」（大正十四年二月）が集中した。とくに水害、雹《ひょう》害、旱害の未曾有の被害を大正十三年度に受けた湖北村の場合、「疲弊の絶頂に達し、各所、その借財に首も廻らず、年の瀬になって内情を暴露する者多」かった湖岸村であったから、井上開墾に期待する向きは強かった。

開明的豪農である井上二郎は、貧農小作人の熱意に応えるように、合理的かつ温情的な地主経営者の側面を強めるようにして、国や県を動かし、大規模開田事業を展開したのである。大正十四年正月、「井上二郎、浅間前小作人一同を招待して慰安会を開催」したという。「各地小作争議醸成の折柄、其融和を計るべく氏の今回の美挙は、けだし他の模範となすべきである」と増田実は日記に書き込んでいる。昭和三年新年会には会員五十名が参会している。寒風、豪雨、増水ももののかわ、「土工風情」（昭和三年二月）の増田実の苦闘の努力が続く。相島開墾を視察に来た県庁耕地課技手と対等の会話ができるまでに成長していた。しかし「何等の恵みも無く、依然として踏月戴星」の労働生活に埋没していた増田実が、「自らその身をさげすまざるを得ぬ」「筋肉労働者」に過ぎなかったことを、私たちは痛感する。

昭和四年六月、相島耕地田植に際して述懐した増田実の言葉は、日本民衆の通俗道徳と自力更生の信念の吐露である。「とにかく、働かなければ喰へぬ身だ。いな働いても容易に喰へぬ身柄である。あらゆる人間苦を味あわねばならぬ身である」と。

想い起せば、すでに一九七〇年までに「民衆精神の歴史像」と題して、私は「強行的な日本近代化を支えたものは、江戸時代から近代日本にいたる小農民的資質であった」（『民衆精神の原像』新評論、一九七七年刊所収）と指摘していた。私にとって、「従順、忍耐、節倹、力行、忠義の日本的民衆精神が、村落共同体とその上にそびえたつ天皇制国体を支えた」という全体把握の過程で、通俗道徳を心身に刻み込んだ民衆像を歴史認識していたのである。「『絶望の明治農村』における窮迫人民の特殊具体像のなかにこそ、われわれは、中農下層、小農、農業労働者、奉公人、出稼、兵卒、零細小商人たちの人間的真実を把握することができよう。『空は暗く、生活は陰気』な窮乏農村において、窮迫人民が、従順、奉公、忠孝、勤勉、献身の庶民的な通俗道徳倫理を身につけ、必死に『一年中、休みなしに働いて』きている状況」（「近代農村の窮迫貧民像」同上書所収、一九七七年）を、私たちは、『増田実日記』の小世界の前提として位置づけておくことが必要だろう。

増田実個人に典型的に表出している「刻苦奮励、剛健不屈の汗と血と涙の結晶」（同上論稿）こそ、伝統日本の儒教的精神軌道である個人道徳と社会倫理に裏打ちされたものであった。

良い意味での近代日本的な通俗道徳家に成長した増田実の描写する、大正中期から昭和初年の農村民の心象風景は、北総民衆たちが、「大勢順応主義、物質主義、享楽主義、利己主義の精神」を身につけ、「怠惰、要領、出世、私利、卑劣、偏見、狡猾、差別の人生技術を自己防衛的な意味でも修得、活用」（同上論稿）していた実情を、いきいきと示しているといってよい。

『増田実日記』には、日本民衆の自分史が、個別の特殊具体像として描写されつつ、しかも日本民衆のトータルな自画像として押し拡げられ、一般化される水準に達してきていると評価してよいと思う。

第三巻（昭和五年〜同三十四年）

山に棲む鳥はおほしとおもひしが
沼に来てみれば沼の鳥おほし

若山牧水

（大正十四年八月二十二日）

さあ、あなたの見たことを、今あることを、
この後に起ころうとしていることを、書き留めよ。

（聖ヨハネの黙示録）

—

手賀沼北岸の丘陵村の一農夫、増田実が大正五（一九一六）年から誌した日誌の第三巻として、昭和五（一九三〇）年元旦から昭和三十四（一九五九）年一月二日までのものを、ここに復刻した。

この間の時代相は、「深刻な不景気、生活難」「工場労働者単価切下げ」など「修羅暗黒の地獄」（昭和五年）絵図の展開から、昭和十五年戦争の軍拡による都市と農村の好況で「戦時工業の発展につれて、失業的存在の農家より新職場を求めて出稼する者非常に多く」なり、一見「結構なる話」（昭和十三年）で、やがて悲惨な大戦争。統制・供出・節約から米穀不足・肥料不足・行商不可能（昭和十五年）の末に、不幸な戦死傷者の群生。ついに敗戦から戦後の労苦、そして農地改革から農村再生。真にめまぐるしき三十年間であった。

第三巻が既刊の二冊と違う特徴といえば、昭和五年で三十一歳の壮年期に達している増田実が、その後の十数年におよぶ苦辛の「自力更生」（昭和十六年元旦）の賜物を獲得し、湖北村日秀《ひびり》の一農業経営者としての上向展開が確実にみられることから、農業日誌的な記述（田畑仕付、肥料、草取、収穫、販売など）の分量が多いことである。それに妻の東京行商と夫実の品揃えや荷造りと送り迎えの介添え業務、近隣・親族の祝儀不祝儀出掛けが加わる。あとは購読新聞記事の感想文（息子政美によく読み聞かせたという）や地方政治の話、さらには相島開墾関係の出入りが附記されている程度である。

指摘しておかなければならないことは、増田実本人ものちに告白しているように「四十を越えて疲労を覚えるようになってからは、心に想いつつ、何時とはなしに（日記をつけることを）忘れてしまった」（昭和三十三年）末の日記文欠落が多いことである。昭和六〜九年間と昭和十七〜三十二年間もない。あれほど日記をつけるのが楽しみだった青春期と違い、「自力更生のため、一家興隆のために」日記記述の親しみを「断念」する苦しい事情なのである。第三巻初年度の昭和五年十二月二十日以来、昭和十年元旦までの欠落がそれである。

昭和十四年十月十日には「しばらく日記の白紙を続けた。いささか自分ながら不甲斐なさを感ずる次第だが、実際、秋納のためには、昼の労苦を忍んで、毎夜十時を期する迄の夜業を敢行。しかも夙朝四時には床を蹴って朝業に赴く。全く寸暇をさえ与えられぬ実情に置かれ居る故、如何に自他共に認むる吾人の努力奮闘も精魂尽きて、日記を書くをさえ許されぬのである」と。

昭和十五年の田植最繁忙期には「星を踏みて出で月を戴いて帰る。その就労時間は、実に十四五時間に及ぶ。夜は疲労の為めに新聞も読まず、日記も碌々書き得ない有様にて、睡魔に襲われ、起床寝《うたたね》を為す事もままあり」と。息子政美の語る母の話でも「相島開墾でペンを持つ力もないほど疲れてた。よく布団の中で書いていてペンを置いたままになって寝てしまう」ことがあったと。結局「白紙の連続となり、過去の数日を思ひ浮べて書く」(昭和十六年)ような場合が多かったろう。晩年になると、身体の不調やら「手足のしびれ」やらで「読書、新聞はもとより、日記も心にも無く、一週間ほど忘れてしまう」ことがあったという。

ともかく苦心惨憺の末に、『増田実日記』は書き継がれてきたのであった。この全三冊で、十七歳から六十歳までの間の一日本人の日々刻々の自分史が完成する。

二

六十歳で亡くなる一年十カ月前に「今から考えると、その時代(近代日本)の手賀沼沿岸の百姓は、想いも付かない悲惨なものであった」と回想している増田実。なるほど「たのしみ少《す》くなく、苦の多し、悲しみ多く、恥らいもまた」(昭和三十三年)というわけで、少年期から「手助けに働いて得た金銭によって、ほとんど学費や小使いをまかなった」時以来の貧乏暮しであった。

貧農小作人の一家を「疲労と困憊」が包み込む（昭和五年六月）。「都会人士の味《あじわ》い得ぬ苦痛をなめつつあるのだ」。田植、畑作、除草……農家は「死に物狂の体だ。一度気を安んじ体を憩わんとするなれば、畑は雑草に侵され、作物は鍬入の怠慢によって成育を阻《はば》まる。……田は除草を待つと云ふ。……露天の稲村は、脱穀を怠りなば、風雨にて損失すること必定《ひつじょう》。……もはや……体軀は疲弊極度に達しすれこそすれ、かく思ひ来られば、一層緊張せねばならぬ」という増田実の覚悟をみよ。

それだけではない。「農繁（期）正に酣《たけなわ》なりと雖も、貧乏の辛さは、容易に（農間余業）労銀を得る事を中止するを得ず」（同）相変らず、相島開墾耕地造成現場へ「土工の身分」となって働かざるをえない。かくして詠嘆調となり、「桜花は爛漫として咲き誇る。……菜花また圃園を色彩《いろど》る。新緑は日に濃く、大自然は正に楽天的シーズンと化した」にもかかわらず「汲々として僅かの労銀を得ん事に苦しむ吾人の境遇やあわれむべき」と口にしてしまう。

私たちは、増田実が亡くなる一年半前の述懐を見て、ほろりとしてしまう。それはやはり手賀沼べりの桜花にまつわる。「霞の中に明るく咲き誇る艶な姿は、自然の最大の美である。来る年も来る年も、今年こそはと観桜の行楽を念じつつも、金なし暇なし、信ずべき友もなし、また其機を得ずして終らむか。六十年、人生、花見らしき花見は数度に過ぎず。実に生活に暇なき庶民階層のいつわらざる真の姿はこんなものであろう」と。

昭和四年の自立以来、「依頼心こそ禁物だ。万事は自力に依れ」とし「神は自ら助くる者を助く」（昭和五年）と「一度決意した目的」を達成するため、労を惜まない。「吾人は（自力）更生の意気に燃えて、その将来を期する、切なり」「願《ねがわ》くは天よ、幸福は我慢と努力、赤誠、毫も邪悪なき者に与えよ」（昭和十一年）といってのける自信と決意。

昭和十年年頭の記述によれば、「過去」の六年間の「苦闘」から、その自信と決意が生れていることが如実である。「文字通り血と汗だ」と。「十有余年、養家に尽瘁《じんすい》し、養家をより良く鞏固《きようこ》ならしめたるに不拘《かかわらず》」、「あの悲惨」な分岐で、「居宅こそ自蓄を以てしたれど、食ふに糧なく営に農具なく、辛《かろう》じて他人の家に労し、或は出稼ぎ、或は沼に漁して、さながら獣の生活を過した」のであった。

昭和十年一月の記述に、増田実の田園生活の姿勢がうかがえる。「冬期の農家は降雨の日は藁細工を做《な》すは通例だ。……此の僅かの仕事に依って所謂、自力更生するのだ。其処に百姓の堅実さがあり、真の価値が存在するわけだ。もし是仕事の微なるを以って是を做さざるの時、果して何許の効果を他に求むるや」と。増田実が近代日本最高の農本主義者、山崎延吉に注目し学習していたことはたしかで、同年の国民新聞の記事を引用しつつ、「山崎延吉氏の『農村の若き人々へ』の記事（時弊の匡救）を摘記」していることでも理解できよう。山崎延吉があげる時弊は、労働の忌避、農村生活の忌避である。増田実は「労働を愛すべく尊ぶべき農村青年に対する、もっともよき訓辞である」と念を押している。

だから「凡そ吾人貧困者は娯楽等と云ふ事には縁遠いのであって、生活に追われ、従って閑が無い……吾人は一家挙《こぞ》って……（芝居）を観覧した事が無い。いわば鉄則的に閑をおしみ金をおしむが為に、忌避し来《きた》ったのである」（昭和十五年九月）という。

晩年になって増田実は、この確信を次のように一般化している。すなわち、「仕事を苦にする者は、老いて生活に苦悩する。これは自分が年来のモットーである」（昭和三十三年）と。だから、「努力ある者は雨中徒労に近き仕事をなし、努力なき者は、雨に事付けてとかく怠慢す。やがてこれが一生を通じての貧富の差となる」（昭和十一年）というのである。別のいい方でいえば、「吾人はすべからく常に緊張の裡に努力し、貧乏の境涯より離脱し、以って世間並にならなくてはならぬ」（昭和十四年）ということであろう。

つまり増田実における自力更生は、昭和十一年十二月に述べるごときものであろう。「民衆は、殊に吾人下層階級人には、夏季に於ける炎熱と、冬季に於ける酷寒とは最大の支障であり、最大の敵である。……この雨季を利用しよく戦い得る者は、即ち生活戦線の勝利者であるのだ。……下層民は下層民らしく、上層階級者の……悦楽を……ねたみて悪思想を求めずとも、自己の職分に忠実誠意であれば、必らず吾人も其の地位を得られぬことはないのだ」。実生活の中から「絶対的信条」として打ち出されたものが、次に掲げる「座右銘」(昭和十五年)である。

一、家政については一段の努力を払へ、以って所信の目標に邁進《まいしん》する事。

二、自己に課せられた天業は、最大限の力を以って、いよいよ精励し、生産の拡充を計り、家運の隆盛に資する事。

三、子等の成長するにつれて、修養の注入に意をもちい、自らその範を垂れざるべからず。

四、人と争う事は極力忌避し、信用を得るに努《つと》むるを要す。

五、健康体は、貧困者の最大の資財なれば、摂食、衛生には最善注意を要す。

昭和十五年戦争が厳しい情況を迎えるようになると、自力更生の誠実勤勉不屈の農夫生活では解決できない矛盾が露呈してきたことを、『増田実日記』は見逃していない。「施し様の術もない」肥料不足と米穀不足については、「如何にして増産を計るかに悩みつつある折柄、無肥料を以って、此の矛盾を突破せよとは、為政者の思慮、奈辺にあるかをうたがい、むしろ狂気の沙汰といわざるをえない」とまで指摘する。さらには「全村五百戸の貧弱農村」の自力更生の「重要生業」(昭和十一年十一月)になり、婦人と初老農夫の働きを生みだした行商(東葛行商隊は二百人)についても、「行商不可能等の流言台頭」(昭和十五年八月)してしまう。増田実は「今後の成行、最も注視。実現するに於ては、さながら行商村の観を呈し、行商によって発展し来《きた》り、なおしつつある我湖北村始め、関係町村の行路に暗影が浮ぶであろう。今より吾人は終末を覚悟し、善処の方法を講ぜねばならぬ」と厳しく受けとめているのである。

増田実たち、農本主義の自力更生の農夫たちの懸命な努力と熱情と実践を、すべて呑み込み、潰しつくしながら、大日本帝国は自壊への道を急ぐのであった。

三

増田実の自力更生の献身が具体的な実を結んだのが、相島開墾であろう。「荒廃の原野を開拓する、実に一町歩余り」の「苦闘」(昭和十年元旦)であった。自己の農家経営を点検した彼は、次のように総括する。

「井上開墾は余の生命線だ。此の御蔭で人間並の生活が出来得る様になったのだ。余の過去は実に苦闘の一頁だ。然して此の苦闘、此の努力を余は力の限り、余の生命の有る限り猛続する覚悟は充分持ち合して居る」と。続けて「過去六年間に得た体験、得た効果に依って、漸やく余は人生を味わう事が出来た」とし、「余が将来、余が一家の将来に、より強き光を放射することを得ると確信する」としているのである。

しかし実際の経過をみて行くと、相島開墾に対する増田実の態度に急激な変化をみてとることができよう。開墾工事労役夫として働く立場と小作人としての立場から、開明地主＝豪農知識人としての井上二郎家の開墾地主経営への批判的視座の成長を、認めることができるのである。毎年開催される「井上開墾小作人慰安会」(会員九三名)と「農事講演会」や「宴会」の記述の裡に、増田実の疎外感覚と斜にかまえた姿勢がうかがえる。招待された県議や県農業技師らの美辞麗句による「地主対小作」論(昭和十年)への増田実の言及は、皮肉まじりといえるかもしれない。

昭和十年末の「井上家年貢」小作料納入時の記述にこれが明瞭となる。開墾時の「誓約」より「反当《あたり》一斗値上げとの宣言を受く」。「井上家の横暴も甚しと謂ふべきだ。地主に於ては、当時、如何なる犠牲を払へしか。または如何なる有利な補助を(国や県から)浴すかは知る由もないが、兎に角、小作人のかの荒野を墾さし労力の犠牲は認めて貰わねばならぬ」と強い姿勢である。

増田実はいう。「然《し》かるに小作人は、開墾第一年目より過大の年貢の強要に甘んじたのである。最初の誓約により永久に八斗であるべきを、排水費の名目で五升を増し、今亦一斗を加するとは、小作人を翻弄するも甚しく、しいたぐるも甚しと云ふべし」と。増田実は「此圧制に地元作人は憤起せると。已むを得ざるべし」と述べる。

増田実の独立自尊、自力更生の農夫としての自信のあらわれは、次の感慨に明らかである。すなわち「聞けば井上家に於ては、昨年来、経済的打撃を受けたりと。之を小作人に転嫁せむには、余りにも非道だ。むしろ愚なるやり口だ。井上家ともあるべきものがそうだ。小作人に対して、温情そのものの如き井上家が、むしろ可愛相だ」。

昭和十一年になると、さらに突っこんだ話になる。「井上開墾の築堤工事業務人夫に召されて出務。昨秋の水害にこりて、事も有ろうか、当然地主が既に成すべき仕事を怠りて、水害の被害の悲哀を小作人に転嫁せしめ、加ふるに業務以って水防に従事せしめ、刈取りたる部分の年貢は相当に取上る等、横暴の沙汰限りなく、反対の態度に出ずる者ありと云ふも、結局、地主の前には虎の前の小羊にて、屈服の外なく、僅かの餌に釣られて、かの堤塘は小作人に依って完成されるに致るであろう」と、相当に手厳しい。だからこの年四月の「井上家の小作人慰安会」に対しても、「繁忙なれど、折角の慰安会、むげに欠席するも礼に不有と……小作人連立ちて臨席」と冷ややかに対応しているのである。

昭和初年代には想像もつかないこの自信と気迫の背後には、「正月祝酒でもなく、行楽をするでもなく、年始の往来、宴会でもなく」「極めて無味乾燥」な日常生活を「黙々と自分の意志で仕事に耽《ふけ》るのみ」の爪に火をともすように蓄積した貨幣による土地購入が、昭和五年から十年にかけ、確実に進展していたからであろう。昭和十年一月に一反歩程を百九十円で購入した節には、「田地を求めると云ふ事、吾人の如き独立後、年浅き者にとりては、それ自体が喜ばしく、且つ目出たい。一層更生に努力すべきだ。そうして連年こうした事に有り付きたい」と、日記文は文字通り喜びにあふれているのだ。

無論、慎重居士の増田実のことだから、「緊張」（昭和十一年元旦）を解いてはいない。「衣食漸く足りると雖も、社会方面の欠陥は未だ何等進捗の跡を見ず。人間らしき生活を得んには、前途遼遠だ。即ちいまぞ漸やく人生のスタートに入らんとする所だ」として、「より一層の向上発展を計ることこそ怜悧な行為」だといってのける。

結局、昭和十六年段階になると、増田実の井上開墾離れは決定的である。僅か二反歩に切りつめられている。「思へば昭和四年以来、井上開墾には長い間、厄介になり、布佐下、及び浅間前と二拾年に亘って、切り起した一町二段歩が次第に減じて、今二反歩となったわけだが、随分と苦労も並大抵ではなかった」と自己点検、自己評価できるところまで、その農家経営力の「家運興隆」（昭和十一年元旦）を誇示しているのであった。

四

増田実の精神生活の原像に少しでも接近するために、愛息・政美青年が最上共働村塾（山形県最上郡舟村鳥越、松田甚次郎塾長主催、塾生十余名）へ、昭和十六年七月から翌十七年三月まで寄宿舎生活を送った際の、「父より」の手紙をぜひとも紹介しておきたい。『増田実日記』にうかがえる家族愛と家庭教育の具体像を、さらにくっきりと見ることができよう。

長男政美は、刻苦勉励の農夫の家庭にあって、「子等に（父母の厳しくつらい農作業の）体験を語り聞かす時、自然の教育であり、吾家将来の安泰の基礎たる事、疑なし」（昭和十年十一月）といわれる教育配慮を受けて育ってきていた。稲刈にも「政美を帯同」している（昭和十一年九月）。「彼はいつも心地よく元気に勇躍して野良に出ずる」のであった。「あえて手を採って教へざれど、人の仕事振りを見て」「日曜ごとに常に仕事に使われて、かくする事が必然的の様に体得」させる家庭教育であった。

小学五年の昭和十年「行商から帰ってくる母親の顔がとても素晴らしく見えた。母が喜んだ顔で帰ってくるのを、学校帰りの途中、道路で行き会った」ことを、息子は覚えていた。この長男に対して、父母は「汝をより好く、人一倍善良な人間に成らむ事を願い、且つ仕立つつあるのだ」と自覚して接していた。

政美は義務教育終了の数年後、昭和十五年に藤代町の育英学舎中学に、農閑期の四カ月ほどを聴講生として在籍した。読書人あるいは考える人の芽をもった青年になっていた。卒業後も我孫子第二小学校の理想家肌の若き校長、加瀬完（戦後、日教組最高幹部の一人で、参議院副議長にもなる）の読書指導を受けていたという。

それ以来、増田政美は旧師、故加瀬完への敬愛と信頼の念を崩すことがなかった。加瀬が千葉だけでなく日本の名士になってからも、公私にわたる大小の問題を相談していたという。逆にいえば、この戦後の日本社会党員の国会議員は、こういった増田父子のような地域に根ざす篤農家の手堅い民衆を、その労働と生活、人生のトータルにおいて把握していた政治家であった。

東北農村詩人、窮乏農村改革者の宮沢賢治の弟子である松田甚次郎（明治四十二、一九〇九年生れで、昭和十八、一九四三年に僅か三十四歳の若さで死歿）の、自分史風の農村改革、農業改善の実践記録『土に叫ぶ』（羽田書店、一九三八年刊）を政美は学校から借りて愛読し、いっぺんに青春期独特のあこがれを爆発させ、父を強引に説得して、入塾してしまったのだった。

最初の手紙は昭和十六年八月三十一日付である。

「……色々其後の事を書かないのは何うした事だ。お前が行ってからは、皆で心配しない日は有りはしない。無事到着との便りは有ったが、其後、何とも書いて寄越さないではないか。例えば――塾の状態は如何《ど》うだとか、毎日の日課は、附近の様子は、塾生等は何処から何人来てゐるとか――多少は書いて寄越さなければ駄目だ。それにしても今度の事は、余りにも予期しない事で、親として俺も母も、又老媼も、姉も、むしろ驚愕そのものだが、然し今更とやかく言ふても始《はじま》らない」という、心暖たまる第一信であった。

父は上野駅の夜行列車の乗車まで息子を見送って行ったようだが、第一信の後半部では、愚痴も出ているし、多少の教戒もたれている。郷里手賀沼沿岸は大水害の惨禍に見舞われたばかりだが、「俺は不足を言ふのではないが、お前も深く決意する所有って遠い異郷に心身を研く積りに成り、俺も又、其の心意気を買って賛成した訳けなんだから、他日……最上村塾での修練を意義あらしめてこそ……始めて松田先生への御恩返しにもなり、又お前と云う人間が花も咲き、実も結ばれる時なのだ。……健康に充分気を付けて、しっかり勉強して来い。……」とあり、注文の金員三十円とリュックサック、サル股、クツ下などを小包便にて送っている。

厳父としての父親の愛情が、真っ直ぐに息子にそそがれていて、美しい。

その後は息子からの返書に一喜一憂。現金（三十円を三回）、夜具布団から食品、先生や友人への贈物を送付する。「お前の生き生きとした姿が目に浮ぶ。何だか嬉しい様な寂しい様な感じがしてならない」。「三月修了迄は父も皆んな（農作業を）頑張ってやるから、お前もみっちり修練鍛練して来い。いささかでも女々しい態度が有ってはならない」。「虚弱な軀、薄弱な精神は、自己を損ずるのみならず、国家に最大の不忠である」（十二月十七日）。「修練は将来、直接自分の身の為に成って表れるのだから、先づしっかりやる事だ。お前が元気に毎日練成を積んで居る事は、父は何より嬉しい」（昭和十七年一月二十六日）と。

そしてついに三月六日付の長便では、「愈々終了も間近に迫って、今月末には短い様でも親の身にとっては永らえ七カ月振りに、お前も故郷へ錦を飾ってと迄は言わぬが、兎に角、心身共に立派に鍛へて帰るであろう事を、俺は、お前の父は、心ひそかに信じて、我と吾が胸に嬉《よろこ》びを秘めて待っている」と、いかにも率直な父の顔をあらわしていて、ほほえましい。

増田実論としてここで大事なことは、「終業に際して……何よりも先づ大切な事は、自己を自分と言ふ者を、先生や塾友や其他四囲の人々に感銘せしめる様に勉め……心掛けねばならない」と、息子をさとしている点である。自分を彼らの心の裡に「永久に記憶せしめよ」としている。第二には、松田先生に対しての心のこもり、いたれりつくせりの惜別の挨拶の口上を口述していることである。第三に、「帰郷に際しても、決して土産等は買って来ずともよい。俺は、只、お前の心身共に立派になって帰るのを、何よりのたのしみに待って、其を土産として迎ゐる」との言葉である。

時代を画する名作『土に叫ぶ』や『野に立て』の新作を著わした松田甚次郎への「農村人」「一塾生の父」としての敬愛の姿に、はるかに宮沢賢治につらなる増田実父子の縁を想って、感嘆するほかはない。

五

父の制止教戒を振り切って北上、最上共働村塾入りをした躰の政美であったが、よくよく考えてみると、父、増田実は、政美の幼年、少年期以来の家庭教育で、今日の農村の危機の原因を突きつめて探求する姿を見せつけ教え込んでいたのであり、「破滅に瀕する農村を更生させ、苦悩に充てる祖国をほんたうに救う」(松田甚次郎)道を実践していたのであった。息子は、父のたましいの根源と問題意識の原型をさぐりあてていたといえよう。

『土に叫ぶ』によれば、松田の村塾は「小作人でも貧乏人でもよいから、毎日純真な青少年と寝食労働を共にして修養したい」という願いから、一九三二年八月に始まったという。「人類と祖国を愛し、村を愛し、土を愛し、隣人を愛し、永遠に真理を探求してゆく」ことを目標にした。あわせて窮乏農村の貧農の次三男を満鮮拓殖移民させる計画をも含んでいた。農業実習(畜産を含む多角合理経営)、学科修得(農学の外に経済学、社会問題、国史、皇道精神)、そして、宮沢賢治直伝の農村演劇などを包括する全人教育であった。松田がもっとも好んだ絵画は、独立自営の農夫とその妻の夕べのお告げの祈りと、土に親しむ共働精神の姿を描いたミレー「晩鐘」であり、この複製絵はがきは共働村塾修了証にされていた。松田は賢治の信条「みんなと共に本当の幸福を」に生きた。

不思議な縁といえようが、松田甚次郎が影響を受けた恩師筋の人びとは、みな『増田実日記』の世界に陰に陽に強くつらなる。

宮沢賢治――一九二七年に松田は盛岡高等農林学校別科を修了しているのだが、その際、恩師、賢治から次のような教訓を与えられたという。

「日本の農村の骨子は地主でも無く、役場、農会でもない。実に小農、小作人であって将来とも、この形態は変らない。……社会の文化が進んで行くに従って、小作人が段々覚醒する。そして地位も向上する。素質も洗練される。従って土地制度も、農業政策も、その中心が小作人に向って来る。……現在の小作人は、封建時代の搾取から、そのまま伝統的な搾取がつづけられ、更に今日の資本主義的経済機構の最下層にあって、二重の搾取圧迫にあへいで居るのだ。……小作農民は日夜きうきうとして、血と汗を流して、あらゆる奉公と犠牲の限りを尽してゐる。ところがこの小作人に、真の理解と誠意を持つものは、一人もないのだ。皆んな卑しんで見下げて、更に見殺さうとまでしてゐるのだ。……農民として真に生くるには、先づ真の小作人たることだ。小作人となって粗衣粗食、過労と更に加はる社会的経済的圧迫を体験することが出来たら、必ず人間の真面目が顕現される。黙って十年間、誰が何と言はうと、実行し続けてくれ」(「恩師宮沢賢治先生」、『土に叫ぶ』所収)と。

小野武夫――日本における社会経済史学創唱者の一人であり、農村史、永小作制、百姓一揆などの実証史学の大家であった小野博士は、あわせて昭和初年代農村恐慌からの救済策の提言者の一人でもあった。盛岡時代に接触して師弟の道を作ったと思われるが、この小野博士の論稿「農民教育と村塾問題」が理論・思想上の最上共働村塾のテキストになった。松田は個人的にも小野武夫に近づいており、自村にも迎えて講演会を開いているほどである(ちなみに私の恩師・瀧川政次郎博士は、小野博士の莫逆の知友であった)。小野武夫の提言は「塾長と塾生が起居をともにして」農業技術と農業労働を修得し、あわせて日本文化精神を涵養すべきだというものである。

加藤完治――松田甚次郎は、一九二八年から一カ年間「精神鍛練と農民の信念を確立するため」に、茨城県友部の日本国民高等学校に在学している。ここで加藤の恩師ともいうべき自力更生実践の農本主義者、安城農林高等学校々長の山崎延吉伝来の精神と技術と労働生活の姿勢を学びとっている（私も一九五七年に西の安城へ行き山崎延吉の学風をしのび、東の友部では加藤校長に半日同行し、ある種の強い感銘を受けた縁をもつ）。

私たちは、増田実父子の精神生活と農人道の一筋の道が、宮沢賢治、小野武夫はもとより山崎延吉や加藤完治の農村更生と実践農法につらなっている縁を、農民文学作家・住井すゑや犬井卯との交流を含め、近代日本の窮乏農村改革の舞台の中で確認して、驚くのである。

『増田実日記』の広がりと深さ、誠と志はここに極まれり、というべきであろう。父と子のたましいの連関、思想性の融合は、ここに美しく結晶したといってよい。

六

『増田実日記』全三巻を読み、一人の平凡なる人間の懸命にして誠実な人生のもつ喜怒哀楽の尊さと哀しみとを思う。「偉大な人物と雖も、初心を貫き、永遠の理想を築き上げる事の並大抵」でないことを指摘し、「身を犠牲にし、財を抛《なげう》ち、人にねたまれ、妨害され、なほかつ屈する事なき不滅の精神」の照らし出す理想的人間像を、六十歳になって日記に書き誌す増田実の誠と志のすがすがしさ。

しかも日記の随所にみられる手賀沼風物讃歌は、人間増田実の微光をも見逃さない、こまやかな観察力を示す。風の動き、水の流れ、水鳥の動静、光の反射、雨雲の変化、沼の水面にも気を使う農夫増田実。その青年期の自然描写力はすでに第一巻、第二巻でおなじみであるが、三十七歳になった男盛りの昭和十一（一九三六）年でも、決して衰えているわけではない。

たとえば五月、

「冷気は次第に去る。岡に山に堤に、目の映ずる所、これ新緑ならざるはなく、ふくいくたる香は大気に漂う。路傍の草、枯色を完全に脱して、いよいよ緑に色彩せられ、草刈る早乙女の籠の数多き、朗らかに唄う声の爽けさ。夜、蛙の声の喧しく、耳朶《じだ》に響きて、夜気さえ暖たかく、鰌《どじょう》を漁る童子等を誘ふて田圃にカンテラをともす。（長子）政美も出で数十尾の鰌に歓喜いわん方なし。」

そして九月、

「天気は心行く迄晴朗。開墾地に稲架の稲揚げ。舟に棹さして湖上を往けば、空は紺碧、水清く、気温高昂裡にて、やや吹く風は東北より来りて涼気心地よく、ざわめく真菰の葉摺《はず》れにも、時々、水鳥の飛び立ちて碧空に消え去る影も幾群。湖上の秋はかなりに深い。遠く富士の秀峰は、近く湖畔の緑林の上域のやや淡緑色の区域に濃碧の英姿をくっきりと浮べて、湖面の水鏡に映ゆるかに見ゆ。」

といった具合で、手賀沼の自然のたたずまいと人の息吹が、六十年後のいまに浮きあがり聴きとれる気がするのである。

「児孫のために築き上げた微財を傷付けずに永らえようかと想うのみ」と、ささやかな願いを最晩年の日記帳の最後に記す増田実の「中庸」の精神が発散する、真に人間らしい老成の芳香。「ゆるす範囲内において」「出来ることは努めてやる」という、マイルドな生き方への到達が示す、頼り甲斐のある大人。まさに「あなたはよく忍耐して……我慢し、疲れ果てることがなかった」（聖ヨハネの黙示録）人であった。

こういった日本人が生きてきた、わたしたちの祖国日本の清らかさと美しさとに、つくづくと感嘆する。

『増田実日記』を何度も手にとり読み返すたびに、のちに数奇なる運命に翻弄される朝鮮の詩人が今から七十数年前に歌い上げた詩（翻訳）が、二重唱のように、私の胸郭に響いてならない。

歴史家　　李　光洙　（一九二五年）

歴史家よ
君の歴史は嘘っぱち！
われらの愛が誌されてない歴史
そんな歴史があるものか。
われらの愛の破綻が誌されてない歴史
そんな歴史は知れたことさ、嘘八百さ。

歴史家よ
君の筆は追いまわす――腹芸の茶番狂言やからくりの外交を、
だけれど君は知るまい
田圃の畦道
牧場を吹く風のそよぎに
まことの歴史のかくされているのを――。

歴史家よ
わが子の習い覚えた片言を
君は書いたかね
おつむてんてん　あんよは上手を書いたかね
遊び疲れて寝入っている無心の寝顔も入っているかね
それのない歴史なら知れたことさ、
嘘八百に決っているのさ。

（金素雲訳『朝鮮詩集』創元社、一九五三年）

『増田実日記』全三巻が、その六十年をかけて開示する自分史の人間記録の貴重さは、まさに李光洙が詩人らしく直《ちょく》截《せつ》に語り切った真の歴史家像に限りなく近く、燦然《さんぜん》と輝いているのである。

そこにはもはや、近代日本農村民の大半を占める窮迫貧農小作人上りとか、展望のない泥沼にのたうちまわる自小作小農民とか、日本中どこにでも見受けられた矮小なたましいの中小地主とか、農村知識人型の豪農層とか、寄生する巨大地主とかの社会経済上の範疇でくくるだけに終ることのできない、生きた日本人の人間像が現出している。いや、日本人という限定さえとれはじめている。二十世紀の前半期を誠実に生き貫いた人間の実像が、あざやかな形象を発光する塑像のごとくに、私たちに迫ってきているのである。

大正五（一九一六）年から昭和三十四（一九五九）年までの半世紀にわたる人生を日々刻々に記録した『増田実日記』全三巻の完成刊行を機会に、ぜひいま一度、通して通読なさるなり、あるいはどこからでもよい、手さぐりしつつ、皆さん自身の手でなでさするように読み進めていただきたいと思う。

「政治が貧困のために、貧富の差著しく、財閥のみが戦勝の御蔭を蒙った」増田実の少年期から青壮年期。「国家社会に生活の保護だとか、保証だとか、或いは共存共栄が真に存在するならば、こんな悲劇（殺人・心中・強窃盗）が演出され様筈がない」（昭和五年三月）と壮年になって書き誌す増田実。「自分は当時を追憶して、記憶のかぎりを攬筆する責任がある」と昭和三十三年元旦に記しているのだが、この増田実の、まごころとたましいを私たちは覚えて行きたい。

生死愛執と物神礼拝に浸り切った現代社会の混迷の渦中にあって、『増田実日記』は、かならずや私たちのたましいへの一服の清涼剤になるに違いなかろうと確信する次第である。

わたしは、あなたの行ないと労苦と忍耐を知っている。
……あなたの苦難や貧しさを知っている。
だが、本当はあなたは豊かなのだ。

（聖ヨハネの黙示録）

地方史と民衆史——地域社会史のあり方を考える

一　地域社会史の視座

1　一地域に注目し、観察し、一地域の中に「全体」を見る。地域に歴史意識の視座を置く。部分から全体を構想する。

2　村落共同体そのものの歴史的・社会的な人間諸関係の中に、全体像（一国段階、世界段階を問わず）を浮かびあがらせる。

3　硬直化し教条化した「発展段階論」を批判的に克服しつつ、たましいを持つ民衆が生きる「地域」で、民衆精神の絶えざる新生と展開を考える。

二　地域社会史の姿勢

1　小さく狭い地域でこそ、十全な史料収集の上で、深く分析し、大局観をもって総合する。

2　地域社会史から、一国史を捉え直す、地域の人物史伝から、中央人物に鋭く照射する。

3　一つの地域に全体を見ようとする場合、それは相当量の時間をかけて行かなければ見えてこない。

三　研究者の姿勢

1　**M・ブロック**——反ナチ抵抗運動家として虐殺されたM・ブロックは、フランス農村史研究のために、一つの地域を二十年間ぐらいの歳月をかけて、つまり生涯をかけて研究する態度を堅く持していた。

2　**日本史研究者の事例**

①色川大吉の場合——民権運動に敗北・挫折し、

文学者・平和主義クリスチャンとして新生しようとして自殺した北村透谷の研究家。中央・表層の文学史＝国民思想文化史の視座では、十分に深くできないことに気付く。北村透谷が青春の愛・政治・文学・信仰を含め、生きた地域（武州三多摩、相州）の地域社会に根ざさないと、透谷の全体像が描写できないことに気付く。色州史学における自由党と困民党への歴史的把握の原点は、ここに存在する。

②井上幸治の場合——フランス史、フランス革命史の専攻の立場でありながら、郷土・秩父の、強行的日本近代化に激突した秩父事件の研究者として、地域社会史に没入する。祖父母の世代、父母の世代の直接見聞を受入するとともに、近代学問としての歴史学、とくに日本人がフランス史を学習することの意味づけへの反省をこめて、後半生の主要な作業を、秩父事件に集中させた。世界資本主義のサイクル（生成・発展・不況・恐慌・戦争・停滞・生成……）を青春から中年にかけ、目のあたりに見た体験をもこめて、発展段階論や史的唯物論の教条的把握と応用を批判した。秩父事件におけるマインドフル・ピープルの理解は、そこから生まれてきた。

③芳賀登の場合——三河の豪農・思想家の家が近世末から近代にかけてたどる社会経済史的かつ精神史的な実証研究は、地域社会に視座を据え付けて、全国をにらんだ研究の典型であるといえる。思想史を一流文化人や思想家の学説や人となりの、単純にして明快な連鎖として描写することを拒否して、地域社会の動向と、人々の動静、そして一豪農家の家計と精神の動向を細密に把握する作業を通じて、一地方の国学史ばかりでなく、むしろ幕末維新期の国学のありようが、日本近代化の方向性、水準、そして枠組みを限定していく、生き生きとした典型像を提供してくることに成功した。

四　地域社会史の問題点

1　民衆史の重要視——国王、皇帝、将軍、大臣など英雄、顕官の小宇宙からのみ歴史を見ない。

「中央」追従、中央制度史、中央法制史、あるいは、いわゆる「教科書」的史観（その時代の体制的、常識的総括）の立場を拒否する。

2　地域住民の歴史像と歴史感覚を大切にする。①先人の労苦　②風土的特質（山川、田畑、交通運輸など）③景観の保全（過開発・公害・不均衡発展へのブレーキ）④人間性の確守（家族・教育・風俗）⑤地域経済の発展（地場産業の盛衰）⑥地域の精神伝統（家訓、村是、信仰）⑦地域の政治・行政のありよう、などを特殊具体的に明らかにする。

3　地域住民の歴史感覚の功罪を明らかにする。地方史作品の時代限界性と、地域住民文化の中央追従性を把握する。

五　地域社会史のキイワード

1　本源的蓄積（いわゆる原始蓄積）
2　人間疎外
3　零細過小農経営
4　商品経済

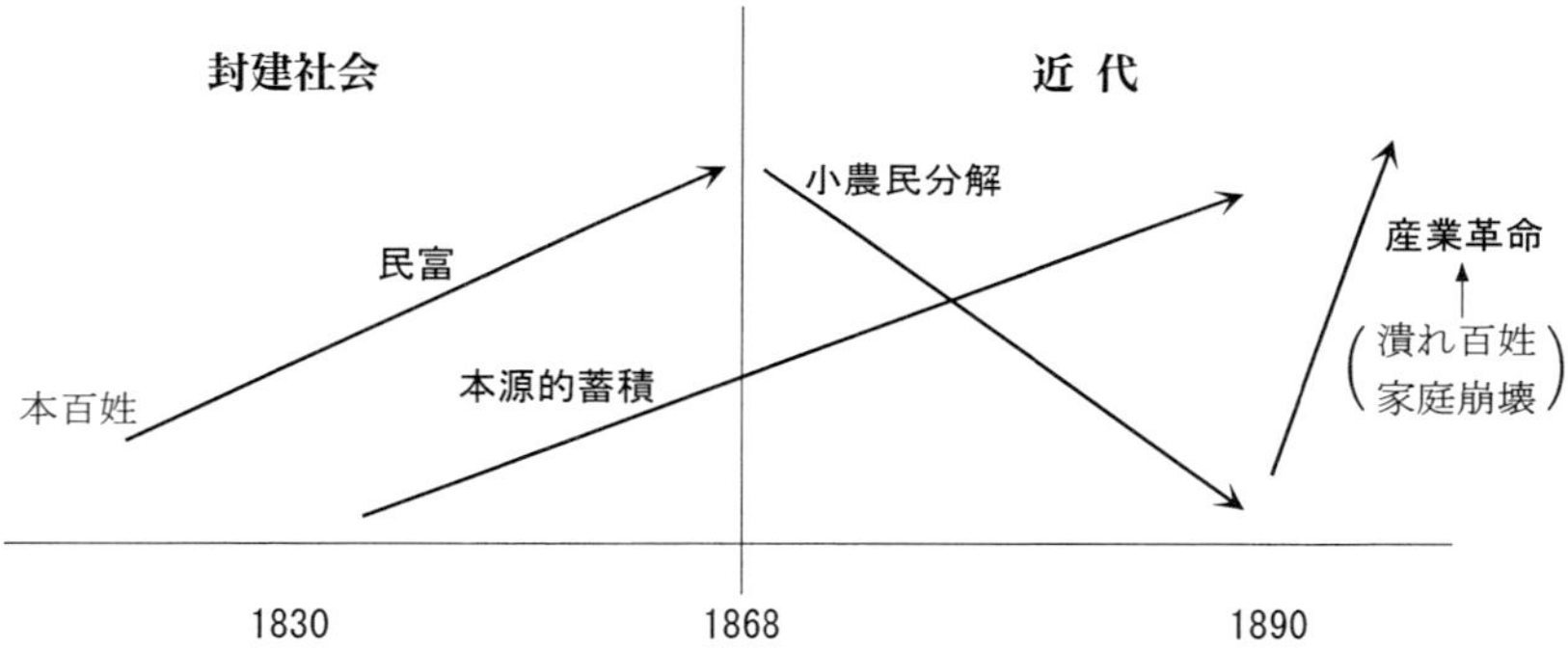

5 貨幣｝民富・豪農＜農間余業／地主制｝農村金融
6 農民分解｝（十九世紀）
7 村落共同体

六 地域社会史の展開

1 幕末維新期——風土記、郡村誌、村是、郡是
2 明治末期〜大正初期——村誌、郡誌——明治帝の巡幸、郷土の英雄
3 昭和初期——「明治大帝」回想、尊王攘夷、国粋
4 戦後民主化の時代　一九四五〜五〇
5 戦後歴史学のありよう　一九五一〜六二
6 民衆史的視座の確立　一九六三〜七四
7 戦後歴史学の克服と飛翔　一九七五〜八七

（中国・南開大学招聘特別講演要旨、一九九二年）

日本近代化と地域社会の問題点

——日本資本主義の正負の体験の中から——

【視座】

日本の近世（専制封建王国）・近代（神聖天皇下の後進資本制国）・現代（象徴天皇下の高度資本制国）を貫徹する歴史発展の論理と社会的実像のトータルな把握

【参考文献】

齊藤博『概観日本社会経済史』（学文社刊、一九九二）。

特に、

第一章第二節「日本に於ける社会経済史学の発達」

第五章第一節「日本資本主義発展の特質と問題点」

第六章第一節「現代日本経済の特徴と問題点」

【キイワード】

A

1 民衆史
2 地域社会史
3 全体史
4 貧困
5 零細過小農経営
6 地主制と豪農層
7 農民層分解
8 半封建的
9 上からの近代化
10 下からの近代化

B

1 村落共同体

2　本源的蓄積
3　人間疎外
4　貨幣
5　自力更正
6　農本主義
7　絶望の明治農村と昭和の窮乏の農村
8　商工立国
9　殖産興業
10　富国強兵

【問題意識】

1　強行的な日本近代化、あるいは急激・急速な日本資本主義発展が、地域民衆にいかなる衝撃、インパクトを与えたのか。

2　①封建社会から近代資本制社会への移行と飛躍、あるいは　②第二次世界大戦後の荒廃と悲惨から、高度資本制社会の経済大国への上昇における地域民衆の正負の体験を、いかに発掘し把握することができるか。

3　とくに日本近代化の負の重荷、負の悲惨、負の遺産を、地域民衆自身が、いかにみずから露呈させ、咀嚼し直し、反省しつつ、将来の日本および世界の展望へつながる正の教訓に揚棄して行くことが出来るか。

【研究史】

A　色川大吉の場合
B　井上幸治の場合
C　芳賀登の場合

（中国四川省・社会科学院における講演要旨、一九九二年。）

答　詞

本日は、輝かしい学問的な成果と、権威ある調査業績を持つ多くのすぐれた研究者陣を擁する四川省社会科学院にお招きを受け、有難く、感銘深いものがあります。

しかも本日は、ここに、貴院の客座教授と名誉教授の称号を授与されまして、矮小な研究業績しか持たぬ私自身にとり、生涯忘れ得ぬ感激であります。深く御礼申し上げます。

この名誉は、私個人のものばかりでなく、四川省社会科学院と日本・獨協大学との双方の研究者有志の国際共同研究——日中方志学の比較研究——に与えられました高い評価であると思います。

想えば、少年時代から漢詩として詩聖・杜甫の詩に親しみ、青年期に入っては、日語訳で郭沫若先生の歴史的あるいは文学的作品群に親炙して参りました私にとって、四川省成都は、風土も文化も人もなつかしく、第二の故郷のように思われるのです。二年前、国際共同研究の協議のために御当地に参り、陳世松先生、賈大泉先生方と話し合いました。その際、御案内を受けて、郭沫若先生の旧居や大詩人・蘇東坡らの三蘇博物館をも見学することができ、青春以来の宿願が果たせて、大いなる感激でありました。

私共の獨協大学の前身は、一八八三年に悲劇の思想家・吉田松陰の愛弟子の政治家・品川弥二郎が創立した学校であります。品川は、ともすれば欧米の学習と模倣に走りがちな日本近代化の渦中にあって、むしろ東洋文化と中国語の学習に強い関心と姿勢を持ちつづけるよう努力した教育家でもありました。

清朝末期に、康有為先生らが近代革命に失敗し、挫折して、日本を経由して欧米に亡命しようとした際、清朝政府の強い要請に基づき、山県有朋内閣が、康先生らを神戸から強制送還しようとしたのです。これを知った品川は、自己の一切の顕官役職と位階勲記を投げ捨て、辞表をたたきつけてまで強硬に反対しました。人道上だけでなく、同じ東洋の近代化の革命運動を、時期は前後していても、遂行している同志ではないか、と迫って、軍閥山県に、やっと譲歩させて、康先生らを助けたことがあるのです。

この獨協大学が、奇しくも運命的に結ばれて四川省社会科学院と合作して、地域社会の視座を大切に育てながら一国の近代化の史的展開を特殊具体的に、かつ比較史的に考えようとしていることは、康有為先生と品川弥二郎の二人の生きた時代からの海を越えた友情の「復活」であり、さらに一歩二歩あゆみを進めた「新生」であります。

終りにあたり、貴院の院長先生、副院長先生はじめ、関係部局の諸先生の御健康と、御研究のさらなる御発展、御隆盛を祈念致し、挨拶とさせていただきます。

（中国四川省・社会科学院客座研究員、栄誉教授授与に対する挨拶）

第三章　史学教育の時空

1 教師と学生、十一年間の精神史

『パンタレイ』誌（PANTA RHEI 万物は流転する、All things flow という、ギリシャの哲人ヘラクレイトスの言葉）が十号を発行することになってみて、想いは深い。十二年間の私の大学教師としての姿や民衆史研究者としての有様が、一定度、反映した鏡であるからだろう。

三十一歳になって大学教師になった私は（十二年前に）当時、大学一年生の石沢智敏君たちと知り合い、たがいに日本史を語りはじめた。これが研究会誕生になった。翌年、吉田尚高・佐藤栄次・田村達夫・近藤和義君たちと日本経済史のゼミがはじまった。サブゼミをも統合して研究会は大きくなった。近代日本の日本人のさまざまな生活を具体的にみていこう。近世から近代への農村や山村・漁村における日本的民衆の姿を忠実に記録しよう。日本人の歩みを全体的に計量しなおしてみよう。日本民衆の栄光と悲惨を特殊具体的にとらえなおしてみよう。日本資本主義発達史のプラスとマイナスを正しく評価してみよう。この作業の上に、現代の、そして未来の日本および日本人の方向をより価値あるものへ発展させていく足場を築きあげよう。大体、こんな思いを共通項に、非アカデミズムの歴史研究学習と『資本論』輪読が始まったのである。

だから『パンタレイ』誌の十号の十一年間は、学生と教師の共同の読書ノートでもあり、討議記録でもあり、精神史でもあった。

『パンタレイ』誌を一年間か二年間、通過していった青年たちの足跡は、私からみると大学教師としての一里塚である。この十冊の『パンタレイ』誌ほど、私の小さい歴史教師体験の具体的歩みを示すものはない。水準の低さに対する悲しさも不十分さに対するくやみも残る。が、歴史の流れの基本的方向をみつめながら、その一端を青年学生諸君に、ともかくも生真面目な姿勢で伝え続けてきているのではないか、という安堵感もない、といったらうそになろう。『資本論』第一巻を一字一句、音読しながら、根源的な思想の把握と全体的な論理の展開と著者の具体的かつ典型的な事例紹介を生々と学習し頭につめこむ作業が、青年期に与える影響も、よいものだと思った。十年たってみて、その意をますます強くしている。要約や概況や教科書や入門書ではなく、あるいはさかしらな論争書ではない古典の世界にまっすぐに入っていくこと、それをあきずに数年の間、毎週つづけること、夏期には一週間以上の輪読合宿をすること、など、通過していった青年たちの卒業後の人生になにほどかの力となるだろうと信じてきている。

教養課程の「日本史」の講義の宿題として夏休みに調べさせている「我が家の歴史」の調査報告の一部を編集委員や研究会員諸君の輪読の上で掲載する試みは、第一号以来続けられている。日本の民衆の特殊具体的な姿を自分の眼、耳でたしかめる（しかも自分の祖父母、父母、家系を）ことが、歴史の学習にとって大事だと確信するからである。われわれ個々人の曾祖父母や祖父母が実際に生きた歴史を、自分たち個人の家族の問題としてふりかえり、それを日本民族全体の大きな歴史のうねりの中に位置づけてみせたかったからである。現代の日本人ならだれでも、その精神的・物質的基盤と体質原型を、曾祖父母と祖父母の世代に負うているのである。歴史教師としての私は、受講学生を指導しつつ、彼らが記録した小さな報告集に盛りこまれた民衆像の姿に大きく教えられてきている。かざらず煮つめられてもいない調査小品文の中に、日本人の生きざまを一々の実例をもって知ることができるほど、中央政治史でない真の日本史の勉強になることはない。

民衆宗教の調査学習が、原始末古代以来のアジア的な民族共同体の特質が現代に再生されている有様の発掘であることは、いうまでもない。吉田君のいう通りである。今後ともゼミナールでも調査して、日本民衆の生の姿に接して、民族の精神をつかみとっていきたいと考えている。

ともあれ、この十二年間の獨協大では、創立期の天野体制・学園紛争期・短かい大学改革期と長いその反動期を通過し、さらには新しいゆりかえしの前進期をむかえてきている。この間、『パンタレイ』誌では共同研究体制も生まれ、下総開墾史研究の成果も発表されてきている。『パンタレイ』誌の使命はその意味では、まだまだ有効なのではないか。この十二年間に私も教えられながら、民衆史を探求してきた。十号発刊を一つの節目として受けとめながら、未来に向かいたいと思う。

雑誌の編集委員諸君や執筆者諸君、卒業してからもチューターになってくれたり、多額のカンパを賜わる先輩たち、合宿地に激励に来てくれる先輩たちの力を背後に、十号が発行されることを、私も、人生有難いことだと感じるこの頃である。

精神力でも智力でも急上昇の時期の青年たちから受けた批判と示唆と論議が、どんなに私を助けてくれたか、はかりしれない。語りつつ学習し、教えつつ学んだ。質屋史や農村史を土台にした私の社会経済史学のささやかな研究作業は、年齢上の生理からも、この十一年間に固着し、民衆史への明確な方向性を得ている。『パンタレイ』誌に集り散じた年若い旧友たちに感謝せざるをえない。

『資本論』輪読を学問的に援助してくれたり、下総開墾史研究を先導してくれたり、『パンタレイ』誌刊行に精神的かつ財政的援助をしてくれる卒業生先輩諸君たちの暖かい配慮の中で、『パンタレイ』誌が十号を迎えることができた。顧問の私もほんとうにうれしい。

（『パンタレイ』誌第十号をむかえて）

2　顧みる二十一年間の歩み

一

獨協大学学生有志の学問思想雑誌『パンタレイ』誌が、第二十号発刊を迎えることになった。年刊誌であるから、創刊から二十一年間が経過したことになる。

獨協大学経済学部の齊藤ゼミナールの機関誌であり、かつ愛好会としての学生サークル（兼、齊藤ゼミのサブゼミ）「社会経済史学研究会」のサークル誌として、二十一年間も継続してきた小さな雑誌のあゆみを考えると感慨深い。第一号の発刊準備の当時、三十一歳だった青年教師が、二十号の今日では、五十二歳の中年男になってしまっているのだ。この二十冊の小誌の中に、良くも悪くも、齊藤博という一歴史教師のすべてが凝結していることは、たしかである。いまになって振り返ってみると、あっという間に二十一年間が過ぎ去って行ってしまったような気がする。時代の大状況から三歩、四歩離れた地点をおのれの歴史視座に設定しつつ、しかし行きつもどりつ、多少は状況の渦中を実地見学してきた。自分なりの生き方と、それにもとづく学問を模索して、それを師弟関係に反映させつづけてきた二十一年間であった。

たしか一九六六（昭和四十一）年の五月ごろだった。第三棟四階で多人数の「日本史」講義（四時限目）を終えて、三棟と二棟の間を足早に、五棟の研究室の方へ向かおうとしていた私を、受講生の一人の男子学生が追いついて呼び止めた。いかにも朴とつなアクセントで、東北人らしい。それは私の父の田舎である宮城県仙南の話しぶりに近いといってよかった。日本史が好きで、本当は、京都の立命館大学（奈良本辰也、林屋辰三郎、北山茂夫氏らが当時は教授だった）へ入りたかったのだが、事情があって（弟や妹との共同下宿生活など）、結局、この四月に獨協大学の外国語学部英語学科へ入学していること、しかし、これからも日本史を勉強しつづけたいこと、県立安積高校時代の恩師（教頭）が自由民権期の福島事件研究者の高橋哲夫先生であること、などを、夕方近く（四時四十分ごろ）になっているとはいえ、すでに初夏で日が長くなっているために、今から想い出しても非常に明るいキャンパスで立止まっての会話の中で、手短かに語るのであった。

私の好きな服部之総が見出して評価した郷土史家出身の本格派の豪農民権研究者、高橋氏の教え子が、偶然に獨協の私の所に迷い込んできた、といった感じであった。師弟の出会いというのは、こんなことで始まるのかもしれないと、正直な所、その時、天啓に似た直感をもった。その頃、五棟一階の西そで左側、奥より二番目にあった私の研究室に、この男、石沢智敏君を導きながら、歴史の新しいサークルを教師と学生がいっしょになって作る筋道を話しはじめていた。社会史と経済史を視座におさめられる、しかも理論的学習と実証的フィールドワークをも辞さない勉強会的サークルを、といった展望の夢が、二人の間にかわされた。初対面だったけれども、なんとなく、はだが合った。気合いが入り、二人は師弟として乗り出すことになった。

二

この年の六月二十七日だったか、集中豪雨で我が家は、鶴見川支流、早渕川の氾濫をかぶり、床上四十六センチになってしまった。これは我が家の二度目の大水害である。一九五二年十二月に大学入学直前に横須賀から一人、父の建ててくれた小一戸建てへ引っ越してきてから五年後の、一九五八年九月二十七日の狩野川台風に出合い、床上五十センチほど冠水してしまっていた。私が母を背負い、妹・正子が愛犬パル（中二の時に飼い出した黒色の雑種大型犬）を背負い、私も腹まで泥水につかりながら高台へ脱出していったのであった。旧住民の床屋のおやじさんに聴いたら、高田村大字下耕地というのは、早渕川の氾濫原で、江戸時代以来の旧農民はみな高台の文字どおり高田に居を構えていたのであった。昭和十二年の大水害の時は、肩の所まで達したというのだ。

さて昭和四十年から獨協大学の教養課目の「日本史」の非常勤講師（翌年から専任）をしている。目白の獨協中学高校の専任教諭の研究日（金曜日）に、草加まで通った。まだ全通していなかった環状七号線を部分的に走りながら、トヨペットコロナで通勤していた。昭和三十五年秋、獨協中高校に当時大学院博士課程の私を紹介してくださったのは、大内兵衛博士の甥で早大政経の英語教授として私も二年間習った大内義一先生である。先生の話を私にすぐもってきてくれたのが小藤計氏（現・旭川大教授）であった。小藤氏は学部ゼミ、大学院以来一貫して、私の一番の知友である。昭和三十八年に獨協高校のPTAが天野貞祐博士の導きで私立大学を作ろうとした時、早稲田大学の大学院博士課程のオーバードクター生でもあった私は「日本経済史」と「日本史」の専任講師として登録され審査に合格していた。昭和三十九年四月に開学した年は、「日本史」は臨時に天野学長の希望で、東大史料編纂所教授の貫達人博士であった。東洋学の大家・宇野哲人博士の息で鎌倉八幡宮社家の名家に養子となり、篤実な中世史家となった。のち文部省教科書検定官として、例の家永三郎博士の教科書をめぐって、二人は官学アカデミズムの学派内の左右の好敵手となっている。その後、裁判で家永氏が勝ったのち、貫氏は青山学院大学へ移る。いわゆる官学アカデミシャンが責任編集・執筆する型の典型である『鎌倉市史』の編集主任にもなった。同じく教科書検定官といえば、経済学部にも、蒙古史の専門家・後藤富男教授が文部省を退官して入った。奇縁にも、初期の野村兼太郎先生の教え子であった。へビースモーカーで神経質の温厚な学究であった。六十歳ちょっとで肺ガンで亡くなった。同じくへビースモーカー（多い時は一日八十本）の私が昭和四十八年末ごろ断固禁煙にふみきった遠因を作って下さった人物である。

昭和四十一年六月二十七日の午後、豪雨の中で臨時休講にするのが遅れ、かつ私も講義を切り上げることを忘れた。日吉付近まで来た所で、道路の冠水でクルマは動かなくなった。トランクルームに入れてあった長靴にはきかえ、家へたどりついた。六カ月の娘をだきかかえた当時まだ若妻だった治子が、赤ん坊用品の避難と畳や家財道具を上の方へ上げるのに四苦八苦していた。厖大な蔵書を積み上げた書棚群は、畳や板の間がやがて下からの泥水の水圧で吹き上げ破られ、横や前に倒され、文献・書籍が散乱した。（この時、日本育英会の奨学金の大学教員就職に伴う返済延期免除の届出書類綴を、ある書棚の中段の手前側に置いていて、倒れたときに落としてしまったらしい。そのまま掃除、大改築などの騒ぎで失念してしまい、また育英会側も機械導入の際に私の件を入力し忘れ、十年後に育英資金未返済者を摘発する、感じの非常に悪い係員に見つかり、職場へ無礼な電話を何度もよこしたのであった。その届出書類を出していれば私は返済義務を解除される権利があった。しかも育英会側は、入力ミスで私に督促を一度もしなかったままで、未返済分に利息までつけて返せ、という強硬なこわおもてで迫った。裁判になれば時効分は齊藤の方は支払わなくてもよいが、他の部分は延滞利息を含め最高裁まで争ってでも取りもどす、と私をおどすのであった。市ヶ谷左兵衛町の急な坂を妻とのぼって育英会へ呼ばれた私は、ジーメンもどきに犯人をつかまえて得意気な係官と、その上司のおためごかしのえせ紳士ぶりにへきえきしつつ、相手側の云い分をのまされて帰った。高利貸、サラ金に似た取り立てであった。唯一の恩恵は、今後十年の年賦償還の方式を認めようということだった。）

ともかく、ぐちゃぐちゃになった紙や本、および泥水をかぶった畳などを外へ出し、砂や泥を流し出し、家財道具を干したりするために、手伝いとして、獨協大学の学生部で、東横線の近所（大倉山）の住所の学生（第二期生）広田香君を紹介してもらった。無論、石沢君にも手伝ってもらった。広田君はマルクス主義にかぶれたところのある、ませた口のきき方をする青年（のち証券会社員）であった。私の蔵書などまですべて見られたこともあり、親しくなった。早速、社会経済史研究会に入って来た。やはり近所（菊名）の温厚で地味な近藤和義君も広田君にさそわれるようにして、続いて入った。

第二期生が三学年の専門課程に入るときに齊藤ゼミが開設された。ゼミ募集は前年、つまり昭和四十一年晩秋に行われた。ゼミ員の中から社会経済史研究会に入る者があった。近江で育った英才の佐藤栄次君（のち読売新聞）や、英語学科から経済学部へ転部してきた、いかにもインテリゲンツィア風の吉田尚高君（のち東野高校）らが入ることになった。吉田君の紹介で、その後、英語学科の真面目青年で名門緑が丘高校出身の菅野由一君（のち日経新聞記者）や、静岡出身の才女・中尾和子君（のち都立高教師）が入った。研究会の主のような存在で、齊藤の研究室をたまり場にしていた石沢君の紹介で、やはり英語学科の上野斉君（のち広告会社）が入った。野球が上手で、無口な青年だった。下宿が近かった石沢君とは、当時まだヤングファミリーだった我が家と家族ぐるみのつきあいにもなり、私の調査助手のような格好にもなってくれていた。歴史教師にとってほんとうに有難い存在となった。

三

たしか本格的な研究会のスタートとなった二年目の一九六七年の五月からは、E・H・カーの『歴史とはなにか』（岩波新書）を読み合わせている。『ソ連邦史』（ペンギン学術文庫）の大著のあるイギリス人の良識派カーの歴史論は、訳者の清水幾太郎氏（旧制獨協中学出身、根はすぐれたアカデミシャンだが、極端に自己顕示欲と知的馬上の将軍的な性癖の強い、左右変転の思想歴を繰り返す思想家）の名文によって、清水氏とはかなり違う性情らしい善良さと啓蒙性を明白に示していた。第二次世界大戦の世界戦略の基本構造が心棒になっているとみられる、民主連合国側の知的雰囲気と香気を十分に備えた作品で、私たち皆に説得的であった。この心情と香気が、ここ十五、六年の日本の、いわゆる進歩的学者から消えてしまったことは、現代日本の特徴であろう。なお、この当時の獨協大学は、天野イズムが、側近第一人者であった万沢遼教授（教務部長でのち副学長）のいわゆる万沢体制によって徹底的に貫徹し、表面的にはうまくいっていた時期であった。『資本論』などを学生集団で読むことはサークルの届出制の下でチェックされていた。一期生と二期生の何人かが、学生部長になった町沢直治先生（数学者で京大以来の天野博士の弟子、目白の中高校の教頭だった）に届け出たら、いったんは善意の町沢先生が許可したものの、あとでまわりにいる教員たちが知恵をつけたのだろうか、ドイツ語の原書で読むなら語学の勉強にもなるから許可するが、翻訳書では政治性強く、大学内でのサブテキストにはならず、問題が発生する、として不許可になったくらいの雰囲気であった。

翌年度、一九六七年は、最大二十二、三名の研究会にふくらみ、どうやら学生勉強会のサークルとして格好がつくようになった。石沢君などは他の諸君と異なり、サイパク直伝の近世村落史の実証研究の道に入り、故郷・福島県の阿武隈川流域の地割制度の資料を丹念に調べはじめていた。獨協大学創生期の学生管理体制貫徹へ反発する知的学生層の雰囲気をもつ学生諸君が、毎週二回は齊藤の研究室へ顔を出し、ダべり合い、帰宅途中で一杯飲んだ。天下国家の階級性、世界史的な大状況と身の回りの小状況、思想性と歴史性を、テキストの服部之総や羽仁五郎の作品を材料にして、あるいは実地調査や図書館文献の報告を兼ねて、お互いにつきあわせることができたと思う。

この年（昭和四十二年）の秋にはユダヤ系ポーランド知識人の『ロシア革命五十周年』（岩波新書）を輪読した。ドイッチャーの複雑な思想的・政治的履歴を下敷にした明快な名著によって、「近代」と「現代」の変革の境界における正負の深刻な人類史の体験が、なまなましく、私たちにつたわってきた。このころまでには、歴史家としてのドイッチャーの大作『トロツキー伝』三部作が、スターリン主義の歴史改竄《かいざん》をただすだけでない、まともな文献として、私の脳裡に定着していた。ウルフの本をはじめ、トロツキー文献もスターリン時代の弾圧の無惨な被害者の体験記も読まれて、思想のるつぼになってきていた。しかし、にもかかわらず、『資本論』『フォイエルバッハ論』『フランスの内乱』『ブリュメール十八日』『経済学批判要綱』『経済学批判』『ロシアにおける資本主義の発達』や『毛沢東選集』らに、私たちが学べることはまだまだあるのではないか、という点があった。歴史主義の立場から非教条的に、非党派的に、非事大主義的に、非アカデミズム的に、接近していく道が残されているのではないか。学習を青年期にしっかり積み上げるくせをもっていることが、将来のいかなる大状況においても、いかなる職業、いかなる小状況にあっても、かならず意味を新生していくのではないか、と思っていた。二十世紀のマルクス主義と社会科学の悲惨・残酷な挫折と分裂と崩壊に、この歴史主義で対峙し、ふみとどまることができるのではないか、と考えていた。

一九六七年の晩秋、土屋喬雄博士の『日本経済史』などを輪読している。この頃の前後十五年ほどを、地方銀行協会後援の地方金融史研究会という各大学の専門研究者の集まりに、いま早稲田大学社会科学研究所教授の間宮国夫氏らと参加し、一カ月に一回、質屋史の研究の立場で私が勉強していた際に、その会の指導者である土屋先生に接していた。有名な岩波全書版は専門的過ぎた。吉田君たちの、最初はなにか入門書から読んだ方がよいかも、という提案もあった。いわゆる戦前の「労農派」の土屋博士は、蔵書家で、資料収集癖の強い、大相撲好きで巨人軍ファンで後楽園の株を、それだけでも老後の生活に困らぬほどもっているといった、人間的臭みのある、東大教授の経歴と貫禄とをなんのてらいもなく押出す大学者であった。一寸、酒が入った時などの、大塚久雄嫌い、講座派のエピゴーネン嫌いがはなはだきつく、末席に列していて私の方は酒がまずくなる漫談であったことをおぼえている。日銀をつくった松方正義などを評価する部類の方で、秩父困民党や武相困民党については、お弟子を使って『明治初年農民騒擾《そうじょう》録』などの新聞や官報資料を集成した好資料集を編集刊行している割には、民衆史的感覚のない官学アカデミズムの学者であった。（個人的にはまったく面識ないが、戦後に進歩的近代政治史学者として高名な東大教授・岡義武氏なども、官学アカデミズムと戦後の「民主と平和」体制の高級知識人の地位を満喫できた方だっただろう。自由民権をとりあつかっても、服部之総や、羽仁五郎の極北に位置していて、ちょっとも面白くなかった。歴史真実と民衆の気持ちを少しも把握できていないのが、岡史学であった。）もっとも、こういう類の印象は、〝早稲田人らしい粗雑な学風・人柄と、大隈以来の政治好き〟というイメージを根にもっていることが時折、目の奥や口元に露呈する土屋先生の体質への、私なりの裏がえしかもしれない。

ともかく土屋先生の概説書は、東大における講義ノートであったらしいが、私にはあまり面白くなかった。歴史のダイナミズムが文章に感じとれなかった。細部描写は土屋先生のことだから膨大な資料と文献に裏打ちされているはずであるが、人物も流れも生きていなかった。歴史社会に顕然あるいは隠然と存在する階級性も民衆性も希薄であった。すでに大学学部時代から服部之総や羽仁五郎の強烈かつ深刻なる洗礼を受けている私にとって、魅力は少なかった。もっとも、付け加えておく必要があるのは、土屋先生の雑話清談の中には、師の大内兵衛や終生の知友、渋沢敬三の思い出がちりばめられ、また大学教師の職場での生き方、経営史学のあり方と、いわゆる日本資本主義論争史上の方法論の整理など、はるか後学の弱輩にとって興味あるテーマが折り込まれていたことである。獨協大学に経営学科ができたとき、私が「日本経営史」講義をやれるようになったのは、十五年間の地方金融史研究会の勉強と、土屋喬雄『日本経営理念史』正続の学習のおかげであったろう。

四

思想性と問題意識をもったひとまわり前後歳下の青年にかこまれている三十一、二歳の青年教師の楽しさは、いまからでも生き生きと思い出すことができる。どんなに私の学問と思想を（大げさにいえば）刺激し、深め拡大したか、はかり知れない。研究会の帰り、駅までぞろぞろ歩く間や、電車の中、居酒屋の店内での、それぞれに真剣な会話は、正直な所、ここ十一、二年の学生諸君とはあまり交わしたことがない種類のものである。とくにこの五、六年の青年学生たちには、私は無口になり自閉症的になってしまっている。時代状況も、物質条件も、情報空間も、大人も青少年も、教師も学生も変わってしまったのである。しかも私は確実に白髪を増し、薄髪からはげの進行も著しく、生理的かつ精神的に「保守」的ながんこさを強めてきている。せいぜい、『パンタレイ』誌に造形される、なかばフィクションの師弟関係にのみ生きているのである。あるいは合宿旅行中という非日常性と、社寺見学の行程時にのみ明ろくも会話が成立しているのである。現在、私のまわりにいる学生諸君の間に、あのころの学生諸君の有志の中に明瞭に存在した政治性、啓蒙性、思想性、文学性、社会性がなくなっていることの正負のありようを思う。ここ十数年の社会福祉や南北問題や緑や人権に関心のある青年には、全人性や国際政治性と歴史性が乏しく、たまに政治性や社会性があると、思想性や啓蒙性や善良性に乏しく、党派的な偏見か、へたな官僚性を身につけた人種に過ぎないのである。しかも、それすらいなくなってきた。もっとも大人の世界でも、その時々の流れに迎合し、自己保身と慎重さを混合させ、官僚主義と、公平さや制度化をいっしょくたにしてみたり、実は骨の髄までごりごりの「右」なのに、職場のポストや人間関係の不満から、「左」の言辞を弄したり、マッチポンプ式の「左」で、本心はただの向上欲強い出世主義者に過ぎない人間が多い世の中であるから、あまり若者論をもっともらしく云々する権利は、私にもない。現代日本資本主義の空洞化と退廃現象の拡散は、男女の若者をも、中年をも、老人をも巻き込み、私たち全員を塩漬けにしてきているのであろう。

一九六七（昭和四十二）年の夏（八月十九日から二十五日まで）は、宮城県遠刈田温泉の中野屋に合宿した。齊藤が編著の形で原稿買切りの学習書『日本経済史』（法学書院）の初稿を、研究会員の皆で分担して書きまくった。無論、六月ごろから参考書を指定し、お互いに話し合っていた。最終ライターには私がなった。その原稿料の一部を初稿執筆者が提供しカンパした形で、研究会の会報第一号を、一九六八年春三月刊行することになったのであった。なお、この学習書は、その後、いくらなんでも全国の大学生の真剣な学習の助言者としてはお粗末なので廃本としてもらった。法学書院の北原哲男編集長の企画にのって、『新版日本経済史』として、今度は私が全部新たに書き直し、とりかえ、書き改めて発刊した。ただ、石沢君の書いた初稿「地割制度論」は、できるだけ全部、彼の三論文を生かし、彼の文章文脈を残して、不幸にも早くに病死してしまった故人の記念としている。まる二十年たった一九八六年の暮れに、さらに改訂版『日本経済史』になって、とりあえずの所、『パンタレイ』誌と兄弟になって共に継続して存在していることは、私のささやかな歓びである。（その後、絶版となったのを機会に大幅に書き直し、かなりの修正加除をし、学文社から『概観日本社会経済史』として一九九二年に出版した。）

五

『パンタレイ』誌ができたときの感激は、指導教師の私もありありと思い出すことができる。編集長の吉田君は巻頭言の最初に「刊行を思い立ってはや一年、ここにようやく初志が貫徹されることになりました。その間、資金の捻出、文献の通読、研究論文の構想、推敲などといった辛苦と粉骨砕身の努力をともにしてきた会員諸氏においては、万感胸に迫っているに違いありません」と述懐している。編集後記では「少々自画自賛めくかもしれませんが、われわれ獨協大学経済史研究会が、部員二十名ほどの少人数にかかわらず、このような快挙をなし得たことに歓びを感じざるを得ません。われわれの会が発足したのは昭和四十一年十月、当時部員は四名に過ぎませんでした。このような小冊子を発行し、われわれの励みにすることが、その当時からの念願であったのです。その念願がこのたび成就したのです」と記されている。佐藤栄次君の執筆であろう。

幹事長の近藤和義君は会報の中で「私達は歴史的なものの見方を私達なりに確立するために、E・H・カーの『歴史とは何か』をテキストにして七回の、読書会、討論会を経て、基本的な意思の一致を見ました。それは過去を学び、知ることにより、現実の位置を確認し、未来に対する展望を持つこと、つまり自己の範疇における座標点を見定め、我々なりに『現在なにをなすべきか、そしてその座標点をどの方向に向けていくべきなのか』を知り、より確信をもった、有効な人生を過ごすということでありました。これこそ私達の学問、研究の真の意義だと思います。そしてまた歴史を学ぶということは、自己の存在を知ることでもあると思います。……我々が歴史を学んで、今、自分は歴史を形造っている世界、あるいは世の中に向かって投げ出されているような存在か、投げかけている存在かを、知ることができ、そこで始めて、未来に向かって前進することができるのであると思うのであります」と述べている。

第一号の研究論文は「日本社会の史的分析」と題されていた。「地割制度小論」(石沢智敏)、「明治百年と明治維新の意義」(齊藤博)、「渋沢栄一」(谷原順一)、「大山郁夫の社会思想」(吉田尚高)、「昭和十年前後の統制経済論争」(佐藤栄次)、「農地改革前後」(上野斉)、「今村昌平の世界」(菅野由一)の諸論文の水準は、その思想性と問題意識を含め、決して低くなかったと思う。史学科風の学術論文スタイル(注記その他の形式など)はとっていないが、それぞれに鋭く「現代」を見すえていたといえる。豊かさの中に浸透している現代文明と大学状況の混迷と虚構を暗示していた。随筆の「遠刈田物語」(吉田)と「子浦にて」(佐藤)は、私たちにとって、研究会のふるさとフィールド的な感覚をいまだにもつ合宿地に関する歴史随想であって、出色のものだったと思う。私個人にとっても、いまだになつかしい小品である。

わずか百頁の小誌だが、教師としての齊藤博にとって、幸いにも定年まで勤めることができるとすれば、その年月の間(すでにあと十七年ほどしかなく、半分以上が過ぎ去っているのだが)、私の宝玉であろう。そして無論、定年後も老境を生きながらえるとすれば、時折、なでさすり、頁をめくりひもとく「老いの友」になるに違いない。

『パンタレイ』誌第二号は、大学内外の大状況を反映していて、興味深い。編集長の吉田君は巻頭言で「体制・反体制特集号の視角」と題し、明治維新以来百年間、国家権力と独占資本は国民大衆に血と汗の犠牲を強いて来た。「私たちは体制・反体制の問題を単に権力をめぐる問題として考察するのではなく、民衆の問題として考察する」と、明言しているのだ。「日本人のあゆみ」として、「日本史」受講生の我が家の歴史調査の具体的な聴き取りや資料分析の報告集を特集して、その後、今日にいたるまで『パンタレイ』誌の特徴としているのだが、そのことについて、吉田君は、「ここに日本人のあゆみとして取りあげた報告も、波間に漂う木の葉のように歴史の変転にまかせて、あるいは明治・大正と、あるいは大正・昭和と黙々と生活してきた、多くのそんな日本人の生活の跡の記録なのである」と指摘している。

第二号の特殊研究は「下駄の変遷と会津桐」（中村光正）、「東北農村における地割制度資料覚書」（石沢智敏）の二本である。前者は家業が北十条で下駄屋さんをしていた中村君の現地調査と聴き取りをふまえた論稿である。獨協大ラグビー部のスポーツマンであり、吉田君の後輩である中村君については、そのあともいろいろ師弟の深いつきあいがあった。結局、三年前の三十九歳の時、愛児を残し、老母を残して、ただ一人、南アルプス単独行で遭難死してしまったことを考えると、悲しい。石沢君は、二本松藩日和田村の地割制度の具体的資料に真正面から取り組んで、大作をものした成果であった。近世資料の復刻、作図表化の作業に埋没している姿は、うれしかった。将来、大学院へ進学し、私ともども実証的な近世史研究の道に入り、いずれは高校教師か大学教師として、終生、私の年若い友人、相棒として過ごせると思いはじめていた。それが家庭の事情（長男であること）もあり、獨協大学の専攻科に入って大学院進学準備をしている時に、突然進路を変え、全日空に就職してしまい、教職や研究職へ進む大学院の道を捨ててしまった時、私は、がっかりした。骨太の巨漢であったが、脳シュヨウになり、二度の大手術に失敗（北大病院）し、三十三歳で、九カ月の幼児と愛妻を残し、亡くなってしまった。石沢君と中村君が特殊研究で二人して並んでいる第二号目次をみるたびに悲しい。体制と反体制の研究は、「大塩平八郎」（岡崎亮）、「リアリスト・森格」（佐藤栄次）、「田中正造論」（岡民男）、「堺利彦」（大槻俊文）、「永遠に未完の無産大衆解放運動」（吉田尚高）である。評論として「果てしなき神話への遡行（今村論）」（菅野由一）、「高橋和巳論」（中尾和子）がある。

第二号の問題作は、なんといってもレポート「獨大紛争始末記」（上野斉編著）であろう。「獨大の民主化及び改革を要求する学生の運動は、昨年度（一九六七年）秋文化祭に於ける〝大学問題について〟のシンポジウムにおいて表面化し、紆余曲折を経て、ついに（一九六八年）一月初旬、二回の徹夜団交を含む臨時特別委員会総出の全学集会を惹起せしめた。……思わぬ方向に発展し四日間に及んだ全学集会は、四月以降の紛争を示唆するに足る大きな意味を含んだものであった。しかしあの全学集会の喧噪と陰影こそ、過去五年間にわたる物言わぬ学生の怨恨と心密かな願いの立ち騒ぐ、ざわめきでもあったのだ」と書き始められている。七頁にわたる、かなり冷静に整理されたルポルタージュは、最後の「獨大において真に欠けていたのは〝考える〟というもっとも基本的な人間の態度であった。学問の何たるかが問われ、学者の脱イデオロギー現象とその非政治的日常性が如何に犯罪的なものであり、体制帰順的なものであるか……獨協大学においては学生の自治組織はもとより、あたりまえの教授会運営もなされておらず……。全獨協人が否定に否定を重ねた結果、真に自己の何たるかを見いだす時、この運動は実りある豊かなものとなろう」と結んでいる。

この第二号の編集後記も、記録にとどめるべき「現代の現実思想性」を表現していると思われるので引用しておこう。すなわち「この小冊子は、まさに混沌とした今日的状況から生まれました。私たちが生きている二十世紀後半の現実は、人間生活のあらゆる分野においてその意味を問い直し、その全体像を捉え直すことを、私たちに迫ってきています。私たちは、あらゆる価値体系が新たな現実の前にあるいは崩壊し、あるいは急速にその権威と有効性を喪失しつつあるのを目撃しています。しかし、一方、社会的諸矛盾がその実体を露呈せずに、かえって本質的、構造的な部分で秘めやかな隠蔽作業が確実に進行しつつあるという事実も看過することはできません。私たちは、私たちが今日、深刻な歴史の分岐点に立っているという状況を、絶えることのない危機感を持って認識しています。……このことは、私たちが、荒廃と模索の状況に埋没しつつも、形骸化した固定観念や現象の断面に癒着して、歴史の変革を阻害している夾雑物を払拭し、歴史に方向性を与え、創造的未来へと飛翔すべき時期を迎えていることを示唆しているのかもしれません。この小冊子には、錯綜した今日的状況を如何に把握し、認識するかという私たちの凝縮した思考が投影されていると考えています」とある。いまふりかえっても、なかなか立派なことを書く学生諸君がいたものだったと思う。

六

この一九六八年の夏合宿（鎌先温泉最上屋）（八月十九日～二十三日）で、ついに意を決して『資本論』第一巻の輪読会を開講したのだ。ちょうど、チェコスロバキアのスターリン主義残党の独裁官僚体制に反逆する「プラハの春」の運動が爆発している時期であった。アメリカや西独の反共治安謀略運動が介入していて、必ずしも純粋な社会主義的改革運動に終始しない「プラハの春」をめぐって、『資本論』輪読の休み時間や食事のあとなど、皆でフリートーキングをしていたことを覚えている。輪読は一日十時間以上にわたり、交代で丁寧に音読していくスタイルをとった。これは秋になってもサブゼミを兼ねて、研究会の主体として続けることになった。むしろ社会経済史研究会の任務は、『資本論』輪読会になった。とにかく徹底して向坂逸郎訳の大冊版を読み込んだ。さかしらに学会風の論議をせず、ことさらの現状分析への引きつけや政治党派的な解釈をせず、できるかぎり古典愛読者に徹した。ただ個人的感想や生活感覚はできるかぎり出し合った。こういう形式と内容をかたくなに守り続け固執した輪読会であったせいか、いわゆるセクトや党派系の人々が長い十七、八年の間には、時折、一、二人ぶらりと参加したり、あるときはかなり意図的に五、六人で参加した時もあったが、結局、こちらの主導権が強固であり、形式と内容が彼らに面白くなく、退場していくばかりであった。

『資本論』読書は、一九六九年度は、一方では大学紛争の余波もかぶり、他方では研究会員の多少の趣向の変質（齊藤ゼミへの傾斜）もあり、沈滞しながら、毎週のゼミと夏期合宿で継続されてはいた。一九七〇年は、平松利朗、松枝均、野本潤、中村弘、大川勝治、後藤三郎、高橋素光、佐藤康一、百瀬芳文、内田浩二君らが参加して、隆盛をきわめることになった。夏は八月二十四日～三十日の一週間の強行軍の猛勉強会を、丸森町営国民宿舎で行なった。この年度は、十二月初旬と翌年一月中旬の伊豆子浦の海蔵寺合宿（都合二泊）で、ついに第一巻を読了している。一九七一年度には、平松君や野本君という『資本論』に魅せられた魂が中心になり、第一巻ばかりでなく、第三巻も輪読することになった。毎週二回、夕方五時から二時間半ほどを使った。夏はそれぞれに一週間ずつ費やす強行軍であった。この年から最上屋が定宿となる。第三巻は気分を変え、丸森に行っている。いずれも猛烈な、共同読書、共同学習をしながら、自分と『資本論』の関係を問い、問題点と理解をお互いにぶつけあい、深化させる一日十時間の労働であった。第一巻の方は、一週間で五百頁ぐらい進行したものである。第三巻の方は、一巻や二巻の理解を復習したり読み直したりしながらの第三巻輪読であって、平松君が第五号に記録しているように「内容が難解で、あちらこちらめくり返し、思うようには進むことなく、何度も論理展開の復習を繰り返し」たのであった。

一九七二、三年になって、一応『資本論』輪読会の集団学習のありよう（個人的な予習、レジュメ作成、集団読書会、復習の毎週と、夏期一週間の一日十時間集中学習、初春の一、二泊合宿で仕上げ）がきまったものとなった。私自身、七〇年代の中葉からは、『資本論』がどうやら自分なりに「見えた」という境地にいたる。師弟ともども全力投球で、毎週のつみ重ねと合宿の集中で過ごした十八年間の『資本論』学習が私の思想と学問と生き方をきたえてくれたと思う。どんなに忙しくても、どんなに公私の用事があっても、それを排除して当然のように毎週一回か二回の二時間半を用いてきたことは、いま中断がまる二年になって、大変なことだったと、つくづく考えてしまう。なんとか復活したいものである。私は、志をもち意気盛んで学問・思想に謙虚な青年たちにかこまれ、議論をふっかけられ、難問を互いに解き明かし、酒を飲み、山野海岸を歩き、……の全過程に生きて学んできたわけだ。二年、三年、なかには四年間、若い世代が『資本論』の中に入り出て行くのだが、これらの教え子たちに私は学び、刺激を受け、勉強も強いられたのであった。とくに平松君などは、卒業後も、毎週の勉強会に数年間にわたり出席してチューターになってくれたし、合宿ものぞいてくれたりして、時代状況が安穏になっていった次の世代の後輩の学習をはげましてくれていたのであった。一時はゼミの正課でも、そして多くの年月はゼミの合宿でも、研究会の輪読会とは別に『資本論』を読んでいたから、かなり多くの青年たちが、ともかく『資本論』を通過して行ったわけである。彼らとの学習交流の中から、歴史と思想、民衆と学問のイメージを、私も自分なりに把握する管制高地に立つことができるようになってきたと思っている。

資本論研究会の女子学生についてあげれば、数人が思い浮かぶ。皆それぞれに紅一点の傑出した青年であったが、なかでも県立伊勢崎女子高校出身の早川康子さんは大学一年生になってすぐ入会し、四年間、研究会のまとめ役として学習に運営にがんばった女性である。大学四年間の間に、『資本論』第一巻を四回も丹念に完読したわけであるから、文字通り驚きである。あと才色兼備の中尾和子君や慎重かつ丁重な北条富士子君たちについては、ここでは省くほかないが、朝鮮人女性についての想い出が『資本論』研究会にからんでいる。

昭和四十五年の晩秋、北朝鮮の物産展が上野駅前の小ビルで開催された時、『資本論』の皆で見学に行ったことがある。鉱工業物産の成果に驚いたが、会場を案内してくれた数人の正装チョゴリ姿の朝鮮大学校女子学生たちの麗人ぶりには、ほとほと感心してしまった。薄もえぎ色や赤や白のシルクのふわっとして、歩くたびに微風にひらめくロングドレスのいかにも薄物で軽そうなスカートのかがやきと、祖国の成果に自信をもつ彼女たちの声色のつやを満喫したことが、いまでも強い残像として私の内に存在しているくらいである。

七

『パンタレイ』誌グループの社会経済史研究会が二十一年間にやってきたことを、列挙してみよう。

(一)『資本論』輪読会　十八年間。

(二)秩父困民党遺跡旅行　三回。関連して井上幸治先生の講演会(民衆運動、その思想と現代的意義)を野本君や内田浩二君の主導で独自に開催した。一九七三年十月十六日のことである。旅行は毎回二泊三日のドライブによる強行日程で、秋十一月初旬に実施した。

(三)講演会　井川一久(早稲田時代四年間のパルの旧友、朝日新聞のサイゴン支局長による一九七三年十二月十日、インドシナの政治構造と民衆)、左幸子(女優、歴史にみる女の生きざま、一九七七年十月三十日)、山辺健太郎(歴史家、反ファシズムの民衆的伝統、一九七六年十月十九日)、井上幸治(秩父事件、前掲)の四本を小さな社会経済史研究会が主催して行なったのであった。七〇年代の私たちの高揚がうかがわれる。

(四)映画会　十六ミリ映画会を行なった。ショロホフ原作「人間の条件」、プドフキン「母」(ゴーリキイ原作)、「ワルシャワ学生蜂起」「地下水道」「戦艦ポチョムキン」「ストライキ」「灰とダイヤモンド」「影」などソ連・ポーランド映画や、昭和三十年代の日本映画の〝傾向的〟なもの(三池ストなど)を上映した。一般学生諸君に見せたいというより、自分たちが見たいものを選んで上映するという姿勢になっていた。なにせ、この種の映画の一般観客は四、五人から五、六人であった。あと十数人は我々研究会側の知人であった。

(五) 民衆宗教の研究 齊藤ゼミの特徴のようにして、毎年、それぞれが分担して、いろいろな庶民宗教や民衆信心について、現地へ行き、聴き取りをし、教典・教義・教祖を調査する形で、論文を書き、発表している。二十号までに、すでに膨大な民衆宗教に関する調査記録集になってきている。

(六) 「我が家の歴史」調査 日本人のあゆみを理解するために、聴き取り、墓石、過去帳文献資料、帳簿類を通じての報告集がすでに二十回、毎号掲載されてきている。「日本人とはなにか、どのように生き考えてきたか」を、さまざまな事例で知ることができる。

(七) 下総開墾史研究会 日本近代史と窮迫民衆像をテーマにした地域社会史研究のフィールドワークとして、社会経済史研究会の分会として実施した。第五、八、九、十、十一号の五冊にわたり、膨大な分量の報告を発表した。豊富な資料紹介、分析や聴き取り、地域史調査などが展開している。調査参加者で執筆者たちは、高木繁吉、長坂伸哉、高野勝、市村茂、兼坂直之、川田武、恩田英二、須田清貴、松永信介の諸君であった。齊藤を中心にしたこの調査は、この他にも、いまだに膨大な資料をかかえており、数年内に、一冊の単行本にしようと考えている。『不屈の日本人――下総開墾史の人びと』(仮題) である。

(八) 東北窮乏農村史調査 私の「絶望の明治農村」の資料収集は、膨大な資料のフィルム撮影を伴っていたから、その大半は、宮城県仙南農村をクルマで移動しながら夏や春に行なわれた。石沢智敏、上野斉、平松利朗、松枝均君らの熱誠あふれる調査助手としての働きの協同の成果であった。それなしには私の地域社会史や、地方民衆史の私なりの学問は、この程度のものですら、形成されることはなかったろう。いずれも資本論研究会の人々の手助けであった。猛暑の夏、厳寒の冬の農山村調査を含め、想い出はつきない。私の『民衆精神の原像』(新評論) の諸稿は、これらの諸君、とくに石沢君の助力による所が大きい。しかも、若き諸君を大なり小なり深浅の差はあれ、巻き込んだ大学紛争期の激動の渦中で、これらの資料収集、撮影、筆写、分析、執筆は必死の思いでなされたものであった。（全日空入社後の石沢君とは北海道旅行を四回も試みている。私の仕事についても忙しい中を読んでくれ、激励してくれたものだ。）昨年の夏に『地域社会史の誕生』（新評論）が刊行されたのだが、窮乏農村ものの、私なりの総括でもあり、石沢君に一番先に読んでもらいたかった作品だ。

（九）　時評　獨協大学の大学紛争ないし大学闘争について歴代社会経済史研究会幹事長らによる「時評」である。第一回目は前掲の第二号所収の「獨大紛争始末記」である。「一連の運動を通じて、単なる情熱や正義感では現実を動かすことなどできないこと、強い倫理とそれを支える行動力こそが必要なのだということを学生は知った。そして、思想が恋よりも、忠誠心よりも、もっと犠牲を要するということも。自分の思想は自分の血で贖われねばならない」と書いた第二号から始まった。第三号、獨協大学一九六九年（頁数二十頁）、第四号一九七〇年（四十五頁）、第五号一九七一年（七頁）、第六号一九七二年（四十二頁）、第七号一九七三年（九頁）、第八号獨大史遺聞（九頁）、第十号一九七六年（十五頁）、第十一号一九七七年（八頁）と続いて終った。文字通り時評から、かなり資料性の強いものまで、なまなましく、七〇年代の学園紛争の中の青春を歴史描写することに成功している。（大学紛争期活躍の学生諸君で想い出深いのは、大槻俊文、伊藤新、上田祐之、岸田有正、岸田浩昭、田村達夫君らであろう。）

（十）　特集　「資本論ノート」第十三号所収。津村衛雄、真塩知晴、木村健司、山崎渉、早川康子の諸君と齊藤博らで、第一巻の解説をして集成したものである。三〇頁分に達している。「マルクス・エンゲルス入門」第十五号所収。「ドイツイデオロギー」（見竹三樹夫）、「空想より科学へ」（久保勇人）、「家族、私有財産、および国家の起源」（早川康子）、「資本制的生産に先行する諸形態」（三谷重英）の諸論で、それぞれに重要文献の解説を書いてみたものである。「日本イデオロギー論」第十六号所収。河上肇論（笠原然郎）、三木哲学（久保勇人）、村田大造のこと（竹柴伸）、戸坂潤（見竹三樹夫）である。戸坂潤の著作に刺激を受けて、皆で学習した成果である。

八

『パンタレイ』誌の第三号以下の中で研究論文として出色のものはなにか。問題意識、行論、資料、新鮮さから、何本かあげてみよう。いずれも私の教師的指導がかなり介入されているかと思う。「孤高のキリスト者・村田大造」（石坂欣也）第十五号、「草加せんべいの歴史」（中山育恵）第十二号、「幕末の草加宿並」（浅古光信）第四号、「石橋湛山」（福田俊郎）第六号、「労働雑誌論」（松枝均）第四号、「公務員労働者を考える」（野本潤）第十号などである。下総開墾史研究の諸論稿を除いて印象に残るのは「関東州における植民地経営」（大川勝治）第四号、「神山理論における天皇制」（高野勝）第六号、「日本資本主義の発展と土地区画整理」（高木繁吉、鈴木弘久）第六号、「明治天皇と東北巡幸」（伊藤衛）第七号、「ほんみち（岐阜）の世界」（小原松蔵）第九号、「大西愛治郎とほんみち」（石渡淳一）第十一号、「大島渚論」（木村健司）第十一号、「平塚定二郎論」（三浦小霧）第十八号などであろうか。他にも多数、好編をあげることができる。

随筆、報告、紀行の分野での名作をあげてみよう。「遠刈田物語」（吉田尚高）第一号、「子浦にて」（佐藤栄次）第一号、「高野実氏訪問記」（松枝均）第四号、「横井亀夫氏訪問記」（平松利朗）第四号、「骨折記」（岸田浩昭）第四号、「三ノ輪物語」（松枝均）第五号、「私の教育実習日記」（折原節子）第七号、「キャロル・グラック女史」（川田武）第七号、「ある教育実習の記録」（須田清貴）第九号、「ポルトガル留学記」（古瀬光宣）第十号、「銀座アスター奮闘記」（奥貫博）第十号、「自伝的現代史」（広野功）第十号、「プドフキン『母』について」（木村健司）第十二号、「卒業に際して」（早川康子）第十五号、「待乳山聖天」（渡辺裕）第十六号、「湯治者の思考」（笠原然郎）第十六号、「教師体験」（渡辺維佐美）第十七号、「教育実習の記録」（小島靖）第十八号、「教育実習について」（大沢竜一）第十八号、「喜多方訪問記」

（川島克也）第十九号、「柴田翔との出会い」（金貴子）第十九号などが、あげられよう。

『パンタレイ』誌の巻末会報の一部に旅行記が記されているが、これは齊藤ゼミ四年の慣習である辺境や出っぱった地域への合宿旅行（三泊四日）の記録である。それは一九六九年夏の下北地方恐山からはじまった。田島敏義、辻野五十二、中村光正、小西和文、大島郁子の諸君らの世代である。以後、佐渡、北陸能登、三陸海岸、北陸、佐渡温湯、恐山、国東半島、木曾路、宇和島松山、津和野萩、遠野花巻、沖縄、江差白老、平戸、江差函館、対馬壱岐などに、いずれも三泊四日の強行日程で行っている。社寺、遺跡、博物館などの見学を主とした歴史学習の旅である。地域民衆のありようを、過去と現在の交錯する中で、具体的に風土の中において把握する機会がもてたと思う。

多彩な師弟関係という面から強いて抜き出すと、獨協目白中学・高校の教え子で今音信不通の鈴木祐吉君（のち偶然に、齊藤ゼミの沖縄合宿で、ホテルのマネジャーになっていて出合う）、所属ゼミも違うし研究会員でもないが目白の獨協高校以来の田村達夫君（会社経営）と法学部の三石賢太郎君（日経新聞記者）、その期のゼミ長の伊藤新君（広告業界）、法華宗僧侶の田島敏義君、資本論学習に傾倒した平松利朗君、大和屋十五代目当主で質屋史料を私に提供してくれた浅古光信君（大和倉庫経営）、静岡のしずはたそば店主の石谷信敏君、文房具店経営の山崎渉君、目白以来の教え子で、酒屋主人の田村宏君とひげの天平の主人、赤羽賢則君、下町の小説家・須田清貴君（学習塾）、ハワイでも働いた事業家岡部洋一君、下総開墾史の松永信介君（食堂経営）、温厚ながら信念のある友情をもつ内田浩二君（薬店経営）と真塩知晴君、村田大造研究を私といっしょにした旅館業者の石坂欣也君、警視庁婦人警官の白取美奈子君、デザイナーの文学青年・森照雄君、私立開成中高出身のスキーヤー・永井由紀夫君（花王）、ものまね器用の文案家・小杉透君、在日朝鮮人の金貴子君や、大東文化大学の博士課程（高橋凡仙教授指導）修了という地方史研究畑出身の川田武君（草加市職員）らがあげられよう。

『パンタレイ』誌第十号発刊記念の一九七七年に、私は「十号をむかえて」という短文をかいた。その後段で、「歴代編集委員諸君や執筆者諸君、卒業してからもチューターになってくれたり、各種のカンパを賜わる先輩たち、合宿地に激励に来てくれる先輩たちの力を背後に、十号が刊行されることを、私も、人生有難いことだと感じさせるこの頃である」と書いた。さらに次のように正直に述懐している。すなわち「精神力でも智力でも急上昇の時期の青年たちから受けた批判と示唆と論議が、どんなに私を助けてくれたか、はかりしれない。語りつつ学習し、教えつつ学んだ。質屋史や農村史を土台にした私の社会経済史学のささやかな研究作業は、年齢上の生理からも、この十一年間に固着し、民衆史への明確な方向性を得ている。『パンタレイ』誌に集まり散じた年若い級友たちに感謝せざるをえない」と。

あれから十年。『我孫子市史研究』第三～十号に埋り、『草加市史』史料篇第一巻を作り、地域住民有志で作る市史づくりに専心してきた。自著としては『民衆精神の原像』(新評論)、『地域社会史の誕生』(新評論)、『歴史の精神』(学文社)を製作してきた。本年は『質屋史の研究』を、公務の経済学部長職が多忙の中でなんとか発刊しようとしている。「獨協学園百年史編纂委員会」では、この十年間に資料集『獨協百年』五冊、写真集『目でみる獨協百年』『あるばむ人間関湊』『回想天野貞祐』の八冊を刊行してきている。編纂主任として働いてきている編纂室では、ゼミ生出身の川田武君、北条富士子君らに調査助手として献身してもらった外に、英語科出身の矢吹優加子君に名調査助手として東奔西走、大いなる働きをしてもらったことを、特記しなければならないだろう。多少の仕事を私はこの十年間にしてきたともいえようが、学問的にみると恥入る部分や傷が散見され、なんとも反省せざるをえない。

この十年間が自分の人生にとって悲しいのは、石沢智敏、中村光正、広田香という三人のひとまわり年下の教え子を、突然の暴風雨の如き状況で失ったことである。とくに、この二十一年の間、もっとも肌合いの近い石沢君(追悼号は第十三号所収)と、明朗でいつも師のことを忘れないで配慮してくれた中村君(追悼号は第十九号所収)を、天はいきなり厳しく召命されてしまった。

いま、『パンタレイ』誌二十号の刊行をむかえて、これからの十年、三十号までの間を、石沢君や中村君からのこの世での激励なしに、どのように私は生きていけるのだろうか。本当は私の人命の最後をみとってくれるはずの二人が、七年前と四年前に昇天してしまい、教師として人間として、むなしさを味わうことになってしまった。自分自身への厳しい天命に素直に聴き入ろうと考えはじめているこの頃である。

九

『パンタレイ』誌二十一年間の前の十年間というのは、大学学部卒業（早稲田大学第一政治経済学部経済学科）から、つまり二十二歳から、三十一歳で獨協大学就職までの、私の学問的修業と徒弟の期間であった。早稲田大学大学院生（経済学研究科）時代である。実証史学の大家・野村兼太郎博士（慶應義塾大学教授）が大学院のゼミ指導教授（学部三年次は「日本経済思想史」を学ぶ）である。「江戸」「日本社会経済史」「近世経済史」「近世経済思想史」を学び、門下生としてつかえた。野村先生は慶応でも評判の厳格な学者であったが、私にとっては、中学高校六年間の小さなクラスの級友・同期生の厳父であったから、親近感がはじめからあった。大学学部二年（日本経済史）の時から、法制史の大家で社会史や経済史にも大きな仕事をしている瀧川政次郎（國學院大学教授）博士の直接指導（「日本中世法制史」「古代中世史文献」「日本社会史」など）を受けてもいた。イギリス経済史は学部、修士・博士課程と十年余にわたり小松芳喬博士（早大教授）に学んだ。ドイツ経済史は増田四郎教授（一橋大）と高村象平教授（慶應義塾大、野村博士の最初の弟子）の出講に学んでいた。甲州や相州・武州の農家経済の史的展開を豪農層を対象に、近世から維新期にかけ、近世村落数カ村という小規模地域の資料による細密実証で歴史描写する方法が、この十年間の私の学問世界であった。「地主質屋層」なる十九世紀農村史の概念を把握したのも、この期間の勉強の過程であった。微視の史学の世界に定住しきっていた十年間であった。

この時期には、恩師・野村先生や瀧川先生の全著作（当時の歴史学界では両先生は地味で華麗でなく、いわゆる人気がなかった。とくに瀧川先生は実体的には無視されたり敬して遠ざけられていた）を丹念に読んでいた外に、私淑していた服部之総の作品をできるかぎり読みあさっていた。大月書店の新版『マルクス・エンゲルス全集』を一人ひそかに、あちこち、かなり丁寧に読んでみたりした。深夜、勉強部屋で一人静かにマルクスやエンゲルスの作品を読んでいると、十九世紀世界史像が先鋭的にせまってくるのを感じたものだ。歴史と国家が人間の歴史的・社会的諸関係から具体的に成り立っているのが、よくわかった。文章の論理的構築、歴史叙述のダイナミズム、信念と確信と不屈、総合性と徹底性をもつ分析力などについても、学ぶ所が大きかった。商学部大学院生の先輩だった間宮国夫氏（のち早稲田大学社会科学研究所教授）や商学部出身で商研同学年の古庄正氏（現・駒沢大教授）らと同学知友ら十数人で、日本共産党中央委員の理論学者で歴史学者の豊田四郎氏（慶應出身）をチューターにして『資本論』研究会をもったこともあった。みな一騎当千の侍であって、いかにも学者風の討議には、ドイツ語参照時の学力的にいって私はついていけなかった。また翻訳書本文の検討についても、最後までなじめなかった。

服部之総の歴史叙述の生き生きした透視性と史実の具体的把握力のすばらしさ、歴史の躍動性の描写力の高さ、歴史叙述における現代性の問題意識力のたしかさなどにほれぼれとするほかに、恩師野村先生の歴史叙述のたんたんとした語り口の人間を見る目のこまやかさ、地方《じかた》資料を見渡す姿勢の丁寧さ、歴史人物の描写力の歴史観上の保証性に、感銘を受けるのだった。法制史、社会史、民衆史の広範な分野で縦横無尽に活躍する瀧川史学の絢爛明解なる歴史叙述と資料引用のうまさには、ほとほと感心して参ったものだった。瀧川先生の指導の元では、地方史研究所主宰の伊豆半島調査団に兵卒として参加した。『上・下河津』『下田』『南伊豆』などの資料調査・収集・撮影の作業は下働きが多く、専門家になるための修業として役立った。会津八一の弟子・安藤更生早大教授にも接触できた。島田正郎明大教授（現・明治大総長）、鍋田一明大教授（現・法学部長）、刑事博物館の茎田佳寿子女史（現・広島修道大教授）と神崎彰利氏（近世村落史家、現事務長）、そして近世農村史のリーダーである木村礎教授（のち明治大学長）に出会った。民間学の泰斗である今和次郎早大教授にも民俗学の桜井徳太郎教授にも出会った。調査旅行中の学者先生方の雑談は学問的な清談が輝き、私の一生の財産の一つになった。

マルエン全集で世界史と歴史哲学と歴史叙述を学びつつも、甲州・相州・武州の地域社会史、農村史に埋没して、「微視の歴史学」に専念している私の零細な姿は、一種の矛盾であったに違いない。近世社会経済史の野村史学や、日本社会史の瀧川史学を真剣に学習していることと、『経済学批判』序論、『資本論』第二十三、二十四章、アジア的生産様式論、『フォイエルバッハ論』などに示される史的唯物論の学習とは、どこかで矛盾が発生していたに違いない。しかし、この矛盾こそ、「私の学問」と「私の思想」の軌条の特徴でもあり、とりえでもあった。それは両者ともに私にとって真実であり、うそいつわりのない姿勢から生まれて自分なりの成長の素であったことにも、間違いがなかった。

『パンタレイ』誌の二十一年間の編集姿勢にみられる、地域社会史的視座と民衆史的な視角の基底をふまえての、多種多様性と幅広い雑多性にとりえがあるとするならば、それは、この十年間の矛盾的共生の修業に負う所があるかもしれない、とまじめに思う。党派や教条や学閥に固着したり、権威に従属し、その変貌に自己の思想見解を合わせる流儀にはついていけなかった。むしろ自立した孤立をもってしても自分の思想や信念や作風に頑固に一貫しようとしていた。しかも、この十年間には、その前の四年間（学部学生時代）の後半二年間の指導教授であった堀江忠男教授（マルクス経済学専攻、国際経済学や世界経済史の著作もあり）の柔軟かつ徹底した批判性、自立性の強い影響もあった。マルクス・エンゲルスについて、あるいはスターリン主義、または反スターリン主義のさまざまな教条主義と事大主義に、幻想をもつことが、もはやまったくなかった。この方面の問題意識における非迎合的な発想や自己の世界観を固守する姿勢は絶えず、その時、その場において、多数派性や一般的適合性から私を切り離すことになった。人づきあいにおける人見知りし過ぎや、強いもの、えらい人、官僚主義やたてまえへのつきあいの悪さ、他人への思いやりと気遣いに欠ける孤独性と攻撃性、正負の自立性は、もって生まれた性情もあろうが、「微視の歴史」十年の、この時期に性癖となって固着してしまったようだ。

一九六〇年の秋に、まだ有名歴史家としての芽が出ていなかった色川大吉氏（服部之総門下生）の精力的な仕事を知った。この年は、六〇年安保闘争の激動期で、文字通り大学構内が騒然とし、私も大学院学生協議会の代表として多忙を極めていた。正にこの高揚期の六月初旬過ぎに急死された野村先生のお弟子で、そのあとをうけて早稲田の日本経済史担当者となった篤実な実証史学の正田健一郎教授（小松芳喬先生の門下生、現・社会経済史学会代表理事）の指導を受けながら、昭和三十二年秋から南多摩丘陵地帯の経済史や地域社会史の資料調査を、私は丹念に、かつ泥くさく、てくてくと徒歩とバスばかりで行なっていた。野村博士の慶応の教え子で、つまり私の兄弟子、安沢秀一氏（前・国文学資料館主任教授、古文書学の権威、のち白鷗大教授）にも正田教授にも、手とり足とり教えられる毎日のフィールドワークであった。農村史の現地調査で、足としてオートバイを日本で使用しはじめたのは安沢さんが早い方ではないか。私もさっそく真似して当時の十二万円で購入し、横浜から八王子まで毎回、ホンダスーパーカブ五〇ccの原付自転車で、まだ車の通行の少ない十六号線を通って行ったものだ。

その時節に、雑木林や丘陵の小道や小川や豪農家や貧農家のたたずまいがのこっていた南多摩農村の、調査行の徒歩での旧家や役場訪問の連続の中で、民衆詩人で、のちに『普段着』という婦人の自分史執筆運動の指導者、橋本義夫氏に出会ったのだった。自転車を引きずりながら、口からあわをとばし、あいそよく語りつづける、人の好い細身の橋本氏の姿に、私は、三多摩民権家の風土に生きる民衆知識人の不屈を見た。八王子から横浜への絹糸輸出の商人の流れを「シルクロード」と表現した人だった。多摩丘陵の起伏の多い脇道から見上げる青空と雲を詩に歌いあげ、反明治政権の三多摩壮士の勇気と気迫をことあるごとに顕彰し、人に語ってやまなかった。この橋本義夫氏が自ら縁の下の力持ちとなって資料発掘の世話をしたのが、色川大吉氏と、沼謙吉氏（早大教育学部出身、神奈川県立高校教諭、多摩民権史、地域キリスト教史専攻の地方史家）であった。

恩方の山村から南多摩の町田近在の農村までを歩き回って、色川大吉氏や正田健一郎氏や安沢秀一氏にお供していた一九六〇年前後の四、五年ほどの期間は、私にとっては忘れがたい学問的青春であった。明治精神史を地域社会の民衆状況の中に豪農層をにない手として検証する色川史学は、この前後の時期に急速に完成の域に達して、自分の作風の核を模索していた私に迫っていたのであった。自由党と困民党に関する三多摩民権の実証資料と民衆史的視座を兼備した色川論文の衝撃性はいまだに私に新鮮である。失業中の色川氏の貪欲な資料収集、丹念な分析、人物と思想を浮かびあがらせる論稿作成の時期に、同地域を歩き、かつ時折は、同行を許されていたからであったろう。

第一号から現在の二十号まで『パンタレイ』誌の常設特集となっている「日本人のあゆみ」が、橋本義夫氏の「普段着運動」に近く、色川氏の「自分史」発想に一層近いことは、いうまでもあるまい。この「日本人のあゆみ」はフランス史家で民衆史家である井上幸治先生によっても高い評価を受け、うれしい限りである。思えば『パンタレイ』誌の地方史的、民衆史的視座の原点は、三多摩地方史の学術雑誌『多摩文化』誌に結集した人々、沼氏や樋口豊治氏を含めたすぐれた地方史家の人々との、この時期のかなり密着したフィールドワークの共同作業にあったといえるかもしれない。正田教授が主宰された八王子織物史研究会には、安沢氏をはじめ、沼氏、樋口豊治氏（現・八王子市立中学校長、八王子時代の酒友）、藤原昭夫氏（現・千葉商大教授、大学院後輩）、高橋浄蔵氏（大学院後輩、大東文化大・高橋凡仙教授の身内、大学院時代の酒友、のち東洋大附属高校教諭）、そして細井久栄氏（現・盈進学園専務理事）、山下治子氏（早大一文史学科を卒業したばかり。のち私の妻となる）らがいて、かなり活発に現地調査、資料収集、旧家聴き取りなどを行なっていた。

エネルギッシュな色川さんもたまには現われて民権と織物業と地方銀行について、丁寧な研究発表をしてくれたりした。正田早大教授と色川東経大教授は同世代であり、共に礼儀正しい戦中派の学徒であった。しかし人物も作風も論文スタイルも、若者への対し方も対照的であった。実力あるこのお二人の様相は、私にとっては逆に、教訓的であり刺激的であった。

この時期の後半に、在野史学的雰囲気が濃厚で、民衆史家的な視座と叙述描写にダイナミズムを有し、従来からのいわゆる「歴研」(歴史学研究会)系左翼歴史研究者と一味違う姿勢と思想性をもった色川史学が確立したのだった。大ベストセラー『明治国家の成立』(中央公論社)を発刊し、その次の年に、織物業の個人企業の財産家や大地主も多くいる八王子税務署管内で、色川さんが長者番付No.1になったことも、今は昔の楽しいエピソードである。

十

『パンタレイ』誌の二十一年間を振り返るつもりで、その前提となり原点となる、その前の十年間を、自分史風に略記しているうちに、さらにその前の十年間をも、少しばかり語っておいた方が、説明に便利かもしれないと思うようになった。

つまり『パンタレイ』誌の二十一年間の、その前の十年間の、さらにその前の十年間というのは、栄光学園中学高校六年間と大学学部四年間の時期のことである。『パンタレイ』誌の伏流や地下水として意味のある源流や動力源が、どのような所にあったろうか。かなり我田引水的な自分史として書き留めておこう。中学高校は六年制の私学だった。それ以来、教育と職場はすべて私学であって、官学、国公立に関係のない人生に私はなっている。大学院一年生の暮だったか、一人で暮の京都の庭園めぐりの観光バスに乗った際、案内役の京都大学の中世造園学者に出会った。この人が、日本歴史学は東大か京大でしか本格的にはできない。あなたの場合はもうすでにやむをえないが、ともかく、なにか普通の学者がやらないような小さなテーマをこつこつ長期にわたって続けなさい。そうすれば意味がでてくる場合もあるかもしれない、と。寺院の庭園を団体客に前後しながら二人並んで歩いた時に注意してくれたことがある。言いまわしは親切で丁寧なだけに〝私大生〟（よく新聞記事の社会面に出る言葉）の悲哀がわが心身に痛烈であったことを、今でも覚えている。

イエズス会系のミッション・スクールは少人数で、牧歌的のどかさとドイツ的律儀さと僧院的厳格性をもっていた。カトリックの世界観における思想信仰の普遍性、全体性と民衆性への少年時代の心身上の接触は、民衆史や精神史を関連させて考える場合、「解放の神学」の生成を配慮すれば明白であるが、プラスになったと思う。すくなくともヨーロッパ二千年の伝統と権威をもつカトリックの生活思想と厳格な宗教教育をもろにかぶったことは、その同じ六年間を公立学校で宗教教育否定の俗的教育しかうけられなかった同世代の人々に比して、魂の刻印を私に押捺したことは間違いない。そこでの反抗と屈折すら意味があったと思う。私は、現在、その刻印を、天なる神のよき配慮にもとづくものと感謝している。この点では、第三世界の不屈の民衆的カトリック者たち、とくに「解放の神学」の神父たち――私と同世代の人々――と同時代人としての連帯意識を持てることをしあわせと思っている。東洋的カトリック者の歴史教師、當眞嗣康先生（早大文学部東洋哲学出身）や色川大吉さんの同級でもある国語教師、堀春夫先生という二人の良師に中高時代にめぐり会えたことも感謝である。敬天愛人に生きたエイレンボス師というベルギー人の、柔軟な思考性をもった老神父が身近にいて私

當眞嗣康先生

を可愛がってくれたことも、私の牧歌時代の光であった。

高校三年間は、ロシア文学を乱読した。語学の天才、エイレンボス師にロシア語を学んだのだが、あとで早大に入り、外語大の佐藤勇教授に発音をほめられた。読書は無論、翻訳であった。プーシキン、レールモントフ、チェルヌイシェフスキイ、ゴーゴリ、トルストイ、ドストイェフスキイ、チェホフ、ゴーリキイなど、手当り次第に読みあさった。『パンタレイ』誌への私の指導性に、なにか特徴があるとすれば、そのはるか二十数年前のロシア文学愛好者の性癖が下地にあるのかなあとも思う。ロシア文学のもつ社会性、批判性、抵抗性と現実レアリズムと歴史主義の原点が、少年の私を刺激した。二葉亭四迷や石川啄木への愛着も、その辺のところと関係するかもしれない。高二の夏休みにトルストイの『戦争と平和』を米川正夫訳で読み切ったときの感激は、いまだに胸のぬくもりとして覚えている。のち早稲田のキャンパスで米川教授を見かけ感激した。高三から大学一年生にかけては、ショーロホフの『静かなドン』や『開かれた処女地』を含むロシア文学も翻訳で読み飛ばしていた。チェホフは高校時代や学部学生時代は、読んでもあまり分からなかったようだ。多少、チェホフが分かるようになったのは、大学院生時代の後半であった。

堀春夫先生と（1993年）

チェホフの戯曲が人生必至のドラマとして分かるようになるには、読者側にも条件があると思う。チェホフのおもしろみが人生のにがみとして分かるようになって、なにか大人になったような感がした。三十歳代のなかばに達していた。妻子もあり、教師・歴史屋として充電の時期に入っていた。ともかく、ゴーリキイのちょっとほろりとする短編小説やドストイェフスキイの長編の人物などに、私は民衆の実際をみていたのだと思う。文献上の論理や机上の資料やテキストの教条を通じてでなく、一過性の運動や爆発性の事件を通じてでなく、ロシア文学を通じて、民衆性や批判性や歴史性を私は身につけたのであったろう。

中学以来の一番なつかしい愛読書といえば、なんといってもメリメ『コロンバ』（岩波文庫、杉捷夫の名訳）であろうか。コルシカ島の民衆群像に、何度読んでも心酔してしまうほど引き込まれる。ツワイク『ジョゼフ・フーシェ』（岩波文庫）などツワイクのドラマティックな歴史物には、中高時代にかなり凝った。大学一年になる直前に、モルガン『世界の重み』（岩波現代叢書）というフランス知識人のナチ抵抗闘争の自伝的小説を読んでいるが、その雰囲気を含め、これら三人の作品は、幼いままにいまだに私の血脈に流れていると思う。

無論テレビもなく、耐乏生活時代に育った私たちの世代は、「映画少年」として自分の人生や世界を「発見」してきたものだ。これまでに最良と思うものは、ジョン・フォード「怒りの葡萄」、チャップリン「ライムライト」、エイゼンシュテイン「メキシコ万歳」だ。自分の青春と人生に何らかの影響を与えたと思うのは、ロッセリーニ「無防備都市」、プドフキン「母」（初作の黒白）、今井正「ひめゆりの塔」（初作）だろう。エイゼンシュテインの「アレキサンドル・ネフスキイ」と「イワン雷帝」は何度見てもよいし、チャップリンの作品は今、一番好きである。衝撃的だったのはカワレロビッチの「尼僧ヨアンナ」で、性と人間の社会史を学んだ。名作から駄作まで、とにかく中高大学の十年間に大量に見ており、そのあとは自分が気に入り勉強になるものだけにしぼっている。なんでもない西部劇で今だに強い思い出があるのは「拳銃無宿」という、御存知流れ者（ジョン・ウェイン）と、たまたま出会う荒地開墾のクエーカー教徒の小共同体一農家の娘との純愛物語である。細部のちょっとした仕草や会話や筋書きまで、なぜか記憶

ヨゼフ・エイレンボス神父（1952年）

しているのだ。日本映画では、内田吐夢監督のものはすべて好きだ。日本人の歴史と日本民衆の魂を感じとれるからでもある。

當眞先生から、高一～高三を通じて『大学』『老子』『論語』を徹底的にゼミ形式で教えこまれたことも、私の歴史主義と天命観に強い作用を与えているだろう。郭沫若の歴史学と文学を親しく知ったのも、當眞先生を通じてであった。学部学生三年の時だったか、郭沫若が中国科学院長として来日した時、早大の講演会場で超満員の中を強引に接近し、青木文庫の選集本にサインをしてもらい、感激したことがある。その脇にまだ当時健在だった魯迅夫人許広平女史が座していたことを思い出す。

たしか、戦前の労農党首で戦後の平和運動家で早稲田大学政治経済学部の先輩で教授でもあった大山郁夫葬のあった日だったか。私はその学生実行委員の一人だった。未解放部落闘争の不屈の指導者・松本治一郎氏（のちに伝記映画を見た）が、大山家での密葬のあと、玄関先で、かなり先まで道路を埋めつくした弔問客にあいさつした。情理と民衆性と楽観主義のこもった、本当に大山＝松本の二人の長い間の戦友としての、よいあいさつであった。白いあごひげの温厚さが、高名な闘争歴をきわだたせて、私はききほれていたものだ。当日の私は、大山家玄関で下足番をつとめていた。保革の国会議員や左翼有名人や文化運動の名士方が多数、私に靴を渡して、室内に入った。美術業者のデスマスク製作の売り込み話を家人の、たしか早大政経学部の大山教授（長子で、大山さんを小肥りにしたような方で、ネールの『父が子に語る世界史』の翻訳がベストセラーになった。私自身は直接に教わらなかった。父に似ず、温厚で非政治的な、山の手知識人と見受ける人柄だった）に奥へ行って問い合せ、ことわったことを覚えている。

『日本資本主義発達史』（岩波文庫）の著者で悲劇の日本共産党最高幹部・野呂栄太郎（叔母の住む宮城県角田の城主・石川家の家臣を祖父にもつ野呂家は、戊辰戦役後、追いつめられて、北海道・新角田の方へ移住し、開拓部落に入ったのだろう。新角田神社を石沢君と参拝して感慨をもったことも、今はなつかしい限りだ。石川家の家臣給米帳で何軒かの野呂家をみたことも、仙南史料調査の合い間にあった）の指導を受けた慶応ボーイの野坂参三氏（当時、日本共産党の最高指導者層のシンボル的存在で、共産党第六回全国協議会後の大黒柱であったろう。宮本顕治《ミヤケン》さんの引き立て役でもあった）には「ごくろうさん」といわれた。イタリア共産党との会談かなにかで「イタリアに行った時に買ったもので、なかなかよいものだよ」といいながら、当時としてはりゅうとした黒靴を手渡された。

大学学部一年生の秋だったか、大山郁夫参議院議員は、世界平和運動の功労で、スターリン賞をもらった。帰国第一声を大隈講堂前で行なった。日本共産党がまだ非合法闘争面を持っていた時代で、大学当局は、早稲田政経学部の功労教授歴をもつ大山さんに大講堂や大教室を貸さなかった。その時、まだ新品めいた角帽をかぶった私は、前列の方で聴衆の一人として立っていた。獅子吼する大山先生の「スターリン賞は大山個人でなく、反戦平和の日本人民に与えられたものである」という独特の金切り声の演説をきいている。新聞社がとった当日の写真に、いまだ少年期を抜けきっていないような私の幼い角帽姿がうつっているのを後年、発見したものである。

ユニークで真摯な教師たちに学び、雑多な読書の中で育ったことが、いかにもなつかしい。のちに『論語』や『孟子』が意外にもはっきり分かるようになったのも、栄光の當眞先生のおかげだ。

民衆的歴史観が自分なりに確立するのに、スメドレーやスノウなどの中国革命のルポルタージュ物がどれほど役立ったかは、はかりしれない。この類のルポルタージュが、少年の私を不退転の反帝民族主義者にしてしまった。自分の人生にとってはすくなくとも高校生から大学一、二年生時代の雑学読書が貴重である。高校時代から大学一、二年次に、きちんと基礎学問や語学を修めなかったことのつけが今だに自分自身にあり、また、「私学人、ワセダ人流の粗雑」と悪口をいわれる手合いのことが、したがって『パンタレイ』誌にも反映しているかと思うが、雑学性は私の地域社会史と民衆史学のるつぼであるのに違いないのだ。

地方都市の、知識人家庭でない雑階級の少年にとって唯一頼れるのは、平凡社の辞典であった。『社会科事典』全十巻は、中学時代の私の至宝であった。全巻、いたるところを、一項目も見逃さず、何度もよみふけっている。いまだに家作りや引越しのたびにも大切に持って保存している私の貴重本である。敗戦直後の民主化ブームの時潮を反映して、大項目主義の歴史、政経、地理の諸項目は、それぞれに啓蒙主義と開明性、批判性が横溢していた。学問がわかりやすく、根元的で、かつ民衆的であった。文章になにかがあった。少年の心にも、それがよくつかめたような気がする。日本の学者が今よりずっと素直であったと思う。いま大家大物の学者が、この当時はまだ新進気鋭であり、民主と平和の時代を生き始めて、自信をもっていたように思う。私なりにささやかな歴史学の母胎といってよい。高校から大学学部前半にかけては、同じく平凡社の『世界歴史事典』全二十巻を愛読した。部厚で丁寧な資料集三冊をふくめ、私の高校教師時代までの要約的ガイドの種本でもあった。(『パンタレイ』誌の二十一年間の講義種本は、戦前版の平凡社『大百科事典』全二十八巻〈妻の父にもらった〉になる。)『世界歴史事典』は、やはり大項目主義で編集や執筆の目くばりと史的判断がすばらしかった。

『社会科事典』も『世界歴史事典』も、いずれも平凡社編集者時代の井上幸治先生の仕事であることを、のちに『パンタレイ』誌時代の中葉ごろ、埼玉県地方金融史研究会に加入を許された後に、主宰者の井上先生自身から拝聴した。身勝手にいえば、こうして、一九七〇年代の前半に、自分の知的学問的な母親に、二十数年ぶりに、出会った奇遇を得たのであった。井上先生の『秩父事件』(中公新書)の仕事が、私たち民衆史家や地域社会史研究者に与えた影響は、はかりしれない。それだけに少年期の愛読書が井上史学の仕事であったことの幸せを味わえることがうれしい。しかも『パンタレイ』グループは、内田浩二君や野本潤君たちの労苦のもとで、井上先生を獨協大学にお呼びして「秩父事件と民衆」というテーマで講演をしていただいているのである。百二十名ほどが熱心に拝聴した。この講演録は、『パンタレイ』誌にものり、のち井上先生の著作『近代史像の模索』(柏書房)に収められている。

十一

学部学生時代の読書は、ある意味で片寄っていた。服部之総や石母田正（法政大教授）の歴史書への愛着が強かった外に、マルクス・エンゲルス・レーニン・スターリンの著作をテキストのように読んでいた。マルエン選集はすでに高三の夏に入手していたかと思う。親に内緒で申し込んだ全巻揃いの荷物が、学校から帰宅した時、玄関脇に積みあげられているのを見たときの興奮は、よくもわるくも青春の冒険心のようなものであり、今から思うとなにか、こっけいだが、本人はロシアのナロードニキの如き高揚をしていたものだった。しかし、いわゆる昭和二十年代には、そんな緊張感覚と正義感覚を必要とする時代状況が、青年の前にあった。「スターリン主義」と毛沢東思想の時代認識をそれなりに模倣・吸収して懸命に生きたのだった。こういう学生生活を一、二年のクラスや三、四年のゼミや学部・全学の学生自治会（学友会）のいわゆる活動家として送ったのだが、中高時代六年間の當眞先生やエイレンボス先生を遠くはなれてしまったことが、今になってみると、くやまれてならない。

四十代の中葉過ぎになって、福音主義キリスト信仰に目覚め、天なる神と、天命で貸し与えられているだけの人命と、たましいの救いとを信じるようになった。随分遠回りをして、ふたたび、しかしいまや故人となってしまった當眞先生やエイレンボス先生の姿がみえるようになってきたのであった。もっとも院生時代の中葉に、早大カトリック研究会の指導者で、当時、上智大学教授だった岡田純一先生（早大政経の先輩、のち早大商学部教授）の紹介で、カトリック思想誌『世紀』に私の解説つきで當眞先生の思索論稿を一本、掲載させてもらった。私は岡田教授主宰の早大カトリック研究会メンバーによる資本論研究会（信濃町真生会館）に、院生時代、かなり深く参加していたのであった。だから當眞先生の立派な遺稿集づくりには、堀先生の下で積極的に買って出て、参加していた。エイレンボス先生の思い出は、八年前に母校の雑誌に私はていねいに書かせてもらった。

学部学生時代四年間の「スターリン時代」の克服にあたって役立ったのは、学部三、四年のゼミ指導教授、堀江忠男先生の、いわゆるフルシチョフ秘密報告前後に明瞭となった批判的学問のパンチ力と、大学院生になってからのトロツキイ文献のはじめての乱読、荒畑寒村や猪俣津南雄の学習、野村兼太郎や瀧川政次郎先生の著作の学習、微視の史学への埋没、オールドボルシェヴィキ・横井亀夫氏との出会いなどであったろうか。荒畑寒村さんにはひょんなことから一度、横浜市立図書館内で講演を聴き、感動もし、名著の誉れ高い自伝（初版）にサインしてもらった思い出がある。「死なば我がむくろを包め　民衆の血に染まりたる赤旗をもて。荒畑寒村」と書いてくれた。民衆の子、寒村の自伝を感激をもって読んだのは、学部二年生の時であった。いわゆる「講座派」や「スターリン主義」派から悪口雑言と蔑視の限りを受けていた猪俣津南雄の学問は『パンタレイ』時代の前半にかなり本格的に勉強したつもりである。目からうろこが落ちた。その愛弟子で未亡人と結婚した高野実氏（元総評事務局長）の病床には『パンタレイ』編集部の学生諸君とともに何度も訪問して、話を聴いている。

早稲田の大先輩の高野さんにはじめて出会ったのは、実は学部学生二年生の時だった。学生参加のメーデー前夜祭がキャンパス内でにぎやかに祭りとして高揚していた時節であった。私達の語学クラス五十数名の中から十三、四名が実際にメーデー当日のデモに参加した。早稲田から街頭を集団示威行進をしながら主会場をへて新宿まで、メーデー歌や革命歌を合唱したりスローガンを唱和したりしながら、行進したものだ。いまの時代では信じられないような学生デモ光景である。新宿の伊勢丹前の道路中央帯の植込みの中には、「社会政策」の平田富太郎教授（のち中央労働委員会会長、現・社会事業大学学長）が早大生のデモの大部隊を待ちかまえて、連帯の拍手をし、手を強く振っていた姿を、覚えている。ほこりっぽい、きたない新宿の街が私たちに感じよかった。高野実さんは、当時、輝ける戦闘性を復原した総評の事務局長として活躍していた時代であった。黒つめえりの人民服に身をかためた、いかにも労働運動家らしい、きびしい雰囲気と厳粛な精神を呼びさます気魄が、細身で大きくもない容姿全体にあふれていた。早大のメーデー実行委員会は、講演者の一人に高野実氏を決めていて、私がその接待者にあてられていた。

そんな役割と時代状況の中で私は高野実に出会っていたのだった。中国人民革命の中で伝統にもとづき生まれたというヤンコーおどりのいくつかの群れと、ロシア民謡や労働歌合唱のいくつかの群れが、なにか騒然たる祭りの爆発のように展開するキャンパスを横切り、青空と夕焼け雲を仰ぎみながら、私は高野実を講演会場に一人、案内した。「理論を身につけなければ最後はダメですよ。学生諸君には、今のうちに勉強してもらいたい。歴史の変わり目にその成果が必ず役立つのだから。戦前の早大文化会や建設者同盟で戦った諸君の先輩たちの歴史もよく調べて、学んで下さい」。そんなことを早口で語りながら会場へ入った。しかし演壇に登るや、高野実は熱誠と正義とをもって、聴衆をまきこみ、さきほどの教訓調はすべてなくなっていた。

『パンタレイ』誌時代の前半に、猪俣津南雄の『窮乏の農村』という昭和初年代の東北農村ルポルタージュを精読したことが、私自身の父の故郷、東北農村の明治大正期の「絶望の農村」の実証研究に直接的に連結している。その後、『パンタレイ』誌編集の千葉県館山出身の高野勝君らと、高野実さんの実子、津村喬氏や、法政大学教授、大島清氏が病床の高野さんの指導のもとではじめていた高野実研究を含む猪俣津南雄研究会に参加したりもしている。安保闘争の直後に川崎の古い労働運動家・反原爆運動家の横井さんを知り、その横井さんを通じて高野さんをはじめて見舞って、お見舞いがてら勉強と聴き取りをはじめたのだった。

講演終了後の実行委員会学生たちとの茶話会は薄暗くきたない小部屋で行われたが、高野実は学生運動の状況や問題点、大学当局と文部省の出方、教育政策の現状などを学生たちからこまごまと要領よく聴き出していた。すみの方で立って、それを私は聞いていた。第一次日本共産党の創立時の最高幹部でアメリカの留学帰り（ドイツ歴史主義の社会科学学習から、社会革命派へ発展）の猪俣津南雄早大教授の愛弟子が、当時早大生だった高野実であったことを、のちに知る。

大学一年生の一月の「旗開き」には、高野実と同じ左翼でも、反対極の人生を歩み通している、「不屈の革命家」である宮本顕治に出会っている。ロシア文学の松尾隆教授が案内してきた。当時、日共内で非徳田球一系の派閥で不遇だった宮顕さんは、にがい顔付をしていた。当日の呼び物のくじ引きで二等賞に当たった私は、大勢の中で前へ出て、松尾教授になにかほめられ、宮顕さんの前に立ち、宮顕さんから直接に景品をもらって、握手までされたのだった。その時の青年の感激はいまだに覚えていて、宮本顕治を、夫人・百合子とともに憎めない。松尾さんにはその後、三年、四年次の全学学生自治会活動家になって先輩につれられ面会に行き、激励されたことがある。四年生の全国学生協議会議長の時は、全学連系の多数派に批判され、袋だたきになったとき、松尾さんから、心配している、君を信じてはいるが、という伝言を人づてにきいている。

十二

出会いといえば、獨協大の教師になってから、戦前来の古代史、中世史の理論的指導者で、戦後のいわゆる民主主義科学者協会の幹事長で日共の参議院議員にもなった歴史家インテリゲンツィアの渡部義通氏や、マルエンやレーニンの翻訳者として知られた理論家・石堂清倫氏に紹介されたのも、篤実で親切な横井亀夫氏を通じてであった。服部之総への文字通りの私淑、羽仁五郎作品の愛読に加えて、高野実との出会い、猪俣津南雄の学習、学部学生時代の神山茂夫理論批判否定へのにがい想い出と、教え子の高野勝君を介して猪俣研究会での神山さんとの出会い。その神山さんを通じて反・現人神天皇制の独立伝道牧師・村田大造を知り、その門下信徒で村田先生著作集刊行人の佐藤岩子女史との深い交流。村田先生たちは戦中・敗戦直後を、私の「絶望の明治農村」の正にフィールドの仙南農村で宣教し偶像崇拝と戦ってこられたのだった。さらには、地方金融史研究会での土屋喬雄先生の月一回の研究会参加、渡部義通さんや石堂清倫さんや山辺健太郎さんとの交流。

河上肇の名作『自叙伝』（岩波新書版大のもの）など河上ものの愛読が、高三から大学一、二年生の時期の私の精神風土の土台になったかと思う。さらに、獨協学園百年史調査上で、ドイツ語教育の先駆者「三太郎」（大村仁太郎・谷口秀太郎ら）の一人、山口小太郎教授（東京外語大や旧制一高の教授で、獨協中学や獨協専修学校で長く教えた語学の天才。『獨逸語学雑誌』の名編集長であった）の愛娘である櫛田ふき女史との出会いも、私には印象的であった。ふきさんは、獨協の功労者・山口先生の外語時代の教え子で、先生がもっとも愛した櫛田民蔵に、父の死没後に嫁したのであった。『朝日新聞』記者として大佛次郎作品（『天皇の世紀』）の長期連載にも担当学芸部員デスクとして活躍した息子・櫛田克巳氏との二度の出会いと、克巳さんの急死（六十五歳）。その絶筆が私宛のはがきだったこと。非合法時代の河上が「三二テーゼ」を翻訳する前後であろうが、はげしい論争の末にけんか別れしたはずの弟子の櫛田家にかくまわれたこと。山の手の少女さの抜けきっていない若い主婦として「二階の小父さん」を遇したこと。「労農派」と「講座派」のみにくいクレバスを超えた性根をもった櫛田民蔵とふきさん夫婦のありように、山口小太郎先生一家の人間のあたたかいぬくもりが咲き揃っていたことを感じ取った次第だった。平和と婦権の活動家に戦後、目覚めて、四十年間、一貫して戦ってこられた女性でありながらも、しんがしっかりしたやさしさとていねいさをもつ、八十五歳とも見えずにお元気の櫛田ふき女史（日本婦人団体連合会会長）との、長時間にわたる二度の出会いは、私の人生に貴重な宝玉となってきている。

それらを通じて、戦前来の日本資本主義発達史論争の人物群像や雰囲気をも学習することができた。恩師・瀧川政次郎先生を通じて、戦前日共の最高幹部でいわゆる転向者の佐野学の思想、学問と人となりにも接近することができた。（私の佐野学論は拙著『歴史の精神』（学文社）に収録してある。）

一見、放逸の仙人の如き山辺健太郎氏は、丸善店員上がりの歴史家・革命家で、『パンタレイ』誌が、病床から無理強《じ》いのようにして獨協大へ呼んだのだが、それが外部で山健さんがしゃべった最後になったのも、今は思い出である。大学学部一、二年生の時、私は早大学生歴研の米騒動部会（当時上級学年だった現・千葉商大教授の成瀬久富氏や、のち松本清張系の現代史研究会の民衆史家・藤井忠俊氏が指導者だった。藤井氏夫人・康栄女史は当時文学部一年生で私と同学年、米騒動部会で二年間いっしょだった。のち文藝春秋新社へ入り、編集者として、松本清張に仕えていた）に属していた。その現地調査や学習をしていた時に、山健さんをチューターとして、二度、迎えて話を聴いたことが、私の強烈な印象となって残っている。いわゆる骨太の徹底した民衆史家であり、心意気が厚く、人情家で、志の高い、非アカデミシャン歴史家の典型であった。

羽仁五郎さんとは一度だけ出会っている。昭和三十年代初めの参院選挙の時で、説子さんと夫婦して大隈講堂の前に現れ、簡単なスピーチをした。茶色の英国製生地らしいダブルの背広が蝶ネクタイとともに、よく似合っていた。話は簡潔にして面白く、かつするどく、しかもパンチ力のある笑いをさそった。車で立ち去る直前に、私は暗い昭和十年代に輝いた名著『明治維新』（岩波新書）にサインしてもらっている。「君の名前は、」と聞き、「齊藤博君へ」と大書して「GORO HANI」と署名してくれた。上品そうな説子さん（自由学園経営者で「婦人の友」社主の婦人運動家）の暖かい表情が印象に残っている。

名士署名の話を附け加えると、ソ連のユダヤ系の作家エレンブルクからも『第九の波』（五月書房）にサインしてもらった。大隈講堂での講演会の終了時であった。そばにつき添っていた米川正夫露文教授がジェビャータイバルといいながら私の差出した翻訳書をのぞきこみ、私に微笑をむけたことを覚えている。いつもキャンパスをこげ茶色の顔色に、にこりともせずいそがしげに歩いている米川教授は、先ほど紹介したように高校時代から大学一、二年時代の私のロシア・ソ連文学愛読の際の主要な翻訳者の一人で、陰ながら強い尊敬を払っていたのだった。米川さんは、岩波文庫のロシア文学訳業の印税だけでも巨額で、早大文学部の給料などは、年に何回も受領忘れをしたので、事務局が困っているというエピソードをその頃きいている。当時は中村白葉のトルストイと米川のドストイェフスキイは、翻訳の最高峰といわれていたものだ。米川びいきの私などは、トルストイも米川訳で読んだ方がぴったりした。文体的にも影響を受けていると思う。

ワセダの卒業生であることを強く誇りに思い、知的なつかしさと連帯感覚を覚えるのは、中高の恩師、當眞嗣康先生の恩師である津田左右吉博士を一度、会津八一博士を何度か、キャンパス内で見掛けた、ただそれだけの想い出である。あと、柳田泉先生が和服で風呂敷づつみをかかえて、昼過ぎの混み合う大隈侯銅像前に立っておられた姿など、とてもなつかしい。津田先生のこと、会津先生のことは、高校時代、當眞先生の自宅で、何度も何度も聞いていた。明治末に津田先生は獨協中学（目白）の歴史教師であり、獨協中学生時代の天野貞祐先生を教えているのも、私にとってなにかの縁といえよう。大村仁太郎（獨協の校祖・品川弥二郎の愛弟子）校長の義弟が白鳥庫吉（東洋史家）であり、白鳥の愛弟子が津田左右吉だったのだ。つまり、吉田松陰の弟子が品川弥二郎、品川の弟子が大村仁太郎、大村や白鳥庫吉の弟子が津田左右吉、津田や会津の弟子が當眞嗣康、當眞の弟子が齊藤博というわけだ。獨協百年史の史料収集の機会に、大村先生の愛娘の老婦人の家（川崎家）へお邪魔した際、私は當眞先生が生きていたら報告したい、と叶わずも思ったものだ。

会津八一先生については、早大の東洋美術館の新装開館時だったか、偶然、学生会館脇に新展示があった際、ガラスケースをのぞいていたら、奥のウィンドウの中をにらんでいる老・会津八一にぶつかった。新潟から上京していたのだろう。なにかつぶやきながら、遠回りになにげなくとりかこんでいるお弟子さん二、三人を従え、悠然と御自分が蒐集したものを巡見している風であった。その脇を二、三十分ほど、私は展示物より、館主・会津先生に心の注視をそそぎながら従っていた。獨協大学の教師になって以来、何度か新潟佐渡に旅行し、その都度、新潟で会津八一旧宅や記念館を見学し、両度は齊藤ゼミ生を伴って行き、その際に、自分のささやかな青春を反芻《はんすう》し、我が師、當眞嗣康を想い、見学している。明治前期の民衆的文学状況や政治小説の前人未到の史的研究家である柳田泉先生には、私淑した。この愛読のイメージが、獨協学園百年史の編纂主任としての仕事振りに、どんなに役立っているか、はかり知れない。直接のお教えを受けなかったものの、大隈重信を知り、民権運動の思想文学状況を生き生きと再現する歴史描写の腕前と、丹念な事実調査の執念に感銘を受けた。ずんぐりと、多少、小ぶとりの和服姿で、ごま塩白髪の丸坊主刈の頭を、なつかしく想い出す。

五十歳の年齢を越す前後から急に、なんとはなしに母校の横須賀鶴久保小学校、栄光中学高校、早稲田大学のことどもが、なつかしくなってくる。老化と自己保存欲によるものかもしれない。ここ数年でもっとも感激したことは、ひさしぶりにワセダに帰った時のことだ。恩師、堀江忠男先生が七十歳の定年で退職される時の退官記念最終講義にかけつけたのである。教え子の草加市史編纂室職員の川田武君を伴っていた。千二百名ほどのぎっしり超満員の大教室において、ひさしぶりの恩師の講義を聴いた。スターリン批判の前と後の学生・新聞記者・大学教授としての、五十年間の半生を貫く正義と科学性と自立性に一徹の姿を味わった。それぞれの時代と社会科学者への皮肉と諧謔《かいぎゃく》まじりの語り口に、九十分が、あっというまであった。ベルリンオリンピックのサッカーチーム員に選ばれたスポーツマンの先生らしく（名門早大サッカーチームの現役監督である。ちなみにその早大サッカーの顧問部長が、西洋経済史の小松芳喬先生であった）体育会系の学生諸君もみられた。熱気あふれる講義終了後、記念品や花たば贈呈などおきまりの儀式があり、そのあと、体育会の一学生指揮による早稲田大学校歌斉唱となった。千名以上の迫力あふれる大合唱の終りの方で、堀江先生は目が潤んでいた。私も、現在の私より十歳も若かった師のことを想い、それへ自分の青春を重ね合わせ、まわりの見知らぬ若者たちの、私とはおそらくまた一味違う感激を受けて一心に唱っている中で、不覚にも涙を流していた。

（『パンタレイ』誌第二十号をむかえて）

3　多彩な夢と展開の三十年間

一

一九六八（昭和四十三）年春に『パンタレイ』誌創刊号を、特集「明治維新百年」として刊行してからまる三十年がたった。

ちょっと大振りに表現すれば、まるで一瞬時の夢の裡に終始したような、あっという間の年月であった。しかしよくよく考えてみると、実に複雑かつ奇妙であり、迷走する長い年月でもあった。

家庭人・教師・研究者としての小状況の、かならずしも単純和平でない三十年間と、二、三年ごとに入れ替る若者たちとの接触のありようのあわただしい三十年間と、国内外の思想、社会、政治状況の、今から振り返ると二、三十年前の当時には想像を絶する多彩な変化——混迷と解放、退廃と虚構——の群生した三十年間。

いわば使徒聖ヨハネの『黙示録』に啓示されている「底知れぬ深みの坑……から煙が上り、その坑の煙によって太陽が、また空気が暗くなった」ような現代世界になってしまった。現代人の前に「あらゆる種類の災厄」が現出している。俗的な力と権威をもつ「地上の王」や「地上の商人」たち「野獣」が、民の傷口から血を吸う。貨幣信仰と女体崇拝の「大竜」と「大淫婦」が民を惑わし、たましいと肉体とを汚濁する。青白い「死神」が言葉と剣と飢饉と死をもって人をおびやかす。国家と企業への偶像崇拝や商品・貨幣への物神礼拝が肥大化し、「あらゆる立派なもの、すべての優美なものと華麗なもの」を占取しようと互いにだましあい、相争っている。私たち人間は、この三十年の間、いよいよ「おごり高ぶり、みだらな行ない」の忌わしいありさまを見ても、「惑わされ」引きずりこまれ、その「ぶどう酒に酔ってしまった」。

しかし不幸と裁きが、因果として生じないわけはない。私たち現代人類が「望んでやまない果実はかえって遠のいていき、華美な物、きらびやかな物は消えうせる」時が必らず来る。金を愛する者、高慢な者、無情な者、恩を知らぬ者、そしる者、実を捨てる者たちは「苦難の時代」(テモテ後書)を迎えよう。ロシア、北米、中南米で、ヨーロッパ、中近東、アフリカ、アジアで、そして無論日本にても、精神の荒廃と退歩が目にあまる。

こういうむずかしい三十年間の世の中に、一歴史学徒として生き抜くのは、その昔、水田の脇にあった泥沼の中で泥んこになって遊んでいて、ぬるぬるした底の岩や古竹木で脚に怪我をした時のようで、ひどくあやふやで、こわい思いが強い。おおげさでなく、世の中を、理不尽な私欲、中傷や憎しみ、間違った信念や無知、身勝手や非情、利己的な不正行為と強力による利益獲得、テレビゲーム感覚の敵排除殲滅の技術、猥雑な政治と狡智な行政、性挑発の文芸・映像・写真の氾濫などが牛耳っている。彼らが、どんなに内外のマスメディアを支配し、尊大なかまえをしていることだろうか。

あえて申し上げれば、このような大状況にかこまれた小状況の条件下で、獨協大学の一学生雑誌(年報)『パンタレイ』誌が、とにかく三十号発刊にまで、こぎつけたのである。

第一号から第三十号までの『パンタレイ』誌には、教師としての私のすべてが正負ともに正直に盛り込まれている。

そのささやかな誠と志も、手抜きといいかげんさ、あきらめと疎外感覚も、すべて「小状況」から「大状況」をはるかに見つめる姿勢のワンパターンで刻印されつづけ、繰り返されている。いまさら反省することさえ不可能のような、必然の筋道の発現のように、今の今、私の前に積み上げられている。

各号に「特集」が編成された場合をみて、誌面作成の特色をみよう。第二号は体制と反体制、第五号は歴史における民衆、第六号は日本の近代と民衆、第七号は民衆信仰の思想、第八号は民衆史への発言、第九号は民衆精神の原像、第十号は記念号（一九七七年）で民衆史への発言、第十一号は民衆の原像、第十二号は我が家の歴史、第十三号は日本人の研究で故石沢智敏氏追悼号、第十四号は日本人の心、第十五号は民衆精神の基軸から、第十六号と十七号は日本研究への試み、第十八号は日本人の生き方と、博友会名簿掲載、第十九号は日本および日本人研究で故中村光正氏追悼号、第二十号は記念号（一九八七年）で博友会名簿付、第二十二号は故松枝均氏追悼号など。最近では第二十七号が齊藤の還暦記念号、第二十九号が日本人を考える、である。

定年まであと八年の、初老の一教師の、ともかくなんともいえぬ悔恨が自分にとってきつい。拭い消し切れない弱さとまずさ、怠惰への恥入りを、わが学問人生に痛感せざるをえない。手抜きの史料収集、ゆるい調査分析、精緻と厳密さへの精進不足などなど。学者として立派で一流の学問業績を学会において構築できなかった割にしては、教育者としての仕事の出来具合い、教え子の作品群のいたらなさと不十分さ、一部に散見される不誠実さの露呈するありさまに、今になっていらだちつつ、あきらめに似た師弟相互のなれあいを味わう。

それにしても第一号から、とくに第十号まではかなりの割合で、それ以降も毎号一、二本は、それなりに優秀な論稿群が読書と実地調査と師弟討議にもとづいて生れていたものである。教師冥利につきるような意欲的な青年たちの、思想性と論理性をも多少は備えた、それぞれなりの主体性の芽ばえはじめた作品を感じとめることのしあわせに感銘する。

獨協中学高校の教師生活を加えれば、実に三十七年に達する私のまずしくいたらぬ教師人生を、自己点検しつつも、ついつい納得してしまう昨今である。

二

社経史研の研修は、もともとは学生歴史学習サークルの社会経済史研究会の活動成果と、経済学部齊藤ゼミナールの論文、および齊藤の教養課程講義「日本史」の夏期宿題「我が家の歴史」掲載の三つから構成されていた。

社経史研の研修は、近世近代の思想、政治、文化情況への主体的な切り込みと自分たちなりの再評価を意図した、すぐれて「新しい歴史学」に位置づけられる作品が多かった。二十年にわたり継承された『資本論』輪読会の読書ノートの発表や、七〇年前後十年間の獨大紛争への時評群、七年にわたる下総開墾史研究の共同研究発表も注目された。

ゼミ論は、民衆宗教史（教祖研究を含め）、地域社会史（北海道、宮城、佐渡、対馬、沖縄など）、人物史（西郷隆盛から美空ひばりまで）、社会史（新吉原、未解放部落など）、中国朝鮮史関係（三一事件、五四運動、魯迅、郭沫若、太平天国）までを含む個別実証研究が多かった。毎年に三、四年生で五、六十本のゼミ論が生産され、そのうち十五本程度が掲載されてきたから、つごう四百五十本の学生ゼミ論が『パンタレイ』誌に発表されたことになる。私が指導してテーマを決定し調査、分析、執筆に立ち合った作品は、したがって三十年間で千五百本を超えるかと思う。我が家の歴史は、受講生一人一人の祖父母、父母の誰かに焦点をあて、その人生の特殊具体的なあゆみを聴き取りや系図、墓碑文、過去帳、そして日誌、書簡などから探り出す。いわば民衆史実習であった。調査、執筆の姿勢や力量が総じて極度に落ちたので四年前から止めてしまった。不誠実極まりない盗作、流用、重複も出現したからである。

ゼミ長やゼミ幹事あるいは社経史研の働き手の活力や知力が活発な時代には、自主的な学生雑誌の色彩が濃かった。

しかしとくに第二十号以降、社経史研の『資本論』輪読会の活動が八〇年代の時代状況の渦中で沈滞しはじめた時期から、教師側の一人支えが主力になってしまった。一つには、日本経済の高度経済成長後の結果で、貧困とか窮乏、変革や社会正義、反封建や戦争にかかわる問題意識が、若者文化から消えたからだろう。社経史研独自の講演会で呼んだ山辺健太郎や井上幸治など民衆史家の歴史意識を受けとめる若者がいなくなったからでもあろう。二つには、毛沢東思想、マルクス主義、レーニン主義、スターリン主義、トロツキイ主義などの左翼イデオロギーの退廃分裂による流動化と崩壊現象が露骨に展開して、社会主義思想が日本人に一般に見捨てられたからであろう。三つには、私と学生との年齢格差が年ごとに開いていくわけで、とくに大学闘争期の消失のあとは世代感覚のずればかりでなく、キャリアと知識の格差が良き師弟関係といったものでは埋められなくなったからであろう。

ゼミの方も、読書力や思想性における現代若者の無力と無関心が顕在化してくると、なさけなくも教師先導型のゼミ討議運営に落着する傾向を強めてしまった。ここでいう読書力とは、劇画漫画の雑誌や性別週刊誌、スポーツ新聞、そして芸能グルメや旅行案内しか見ずに、あとは映像、パソコンゲーム、ビデオ、ニューミュージック、カラオケ、仲間的スポーツ連帯にしか興味を持てないことからくることである。思想性とは、世界や日本を主体的に把握しようと努力する姿勢があるかないかに関連することを、問題にしていうのである。

私自身も頭脳と心理が老化し、新陳代謝が機能として不十分になってきた。当面のまわりにいる学生諸君と、歴史と思想をめぐる問題の環を構築し共有することができなくなっている。我孫子市史、獨協大オープンカレジや個人著作執筆の職業的な作業や、日中両国文芸の個人読書趣向の道楽（ここ五年十年は杜甫、蘇東坡、魯迅、郭沫若、金瓶梅と聊斎志異。露伴、鷗外、鏡花、藤村、荷風）に深入りし、さらにはここ十年、内外の個人旅行や愛犬との時間、および少数の酒侶とのつきあいに心身が強く傾き、時間を若者にさくことが著しく少くなった。しかも若者側も、とくに求めて教師に接近して、主体的問題意識や社会的かつ歴史的思想性をめぐって討論・質疑するポレミックな意欲と資質、興味をまったく消失させているわけである。別のいい方でいうと、私などは最初から相手にされていないのである。

せいぜい夏期のゼミ合宿で、三年生は三十二年前以来、鎌先温泉最上屋であるが、三泊して昼は宮城県、山形県下の文化、歴史関連施設や神社仏閣の見学を行ない、夜はゼミ論の中間発表会を開いている程度に、コンパクトで平板なものになっている。四年生は、第二十号まで全国各地（稚内や江差から対馬や五島列島まで）の地域民衆史的な原点へ三泊の見学合宿を試みていたが、この十年は沖縄ばかりとなり（石垣、宮古、奄美も含む）、城《グスク》見学とひめゆり部隊記念館学習をメインにしている。もっともたまにはゼミ学生幹部諸君をさそって、私の行きつけの居酒屋に飲みに行くぐらいはある。

毎週金曜夜の外に一夏にまる一週間、文字通り一日実質十時間の『資本論』輪読、討議をしたり、それも第一巻ばかりか第三巻まで有志で続くもう一週間かけて取り組むことまでした七〇年代中葉までの雰囲気は、今は夢幻のかなたである。

それでもこの五、六年、たまに私の「日本経済史」受講生の中から迷い込むようにして、学習を申し出る御仁が一、二ある。しかし大概は一、二回あるいは数回で行方不知の繰り返しである。私の輪読対応が近づく若者のニーズに合わないのかも知れない。私の資本論は、ここ十年は、終末論と原罪論に深くつらなる人類理念史発展の究極、理想社会（自由の王国）の共同幻想をも視野に入れた本源的蓄積論を縦糸にして、物神礼拝論の哲学的完成を基調に、商品（価値）の二重性を内在矛盾とする商品・貨幣・資本の分析を徹底させて、第一巻を一カ年で読み切るプログラムになってきている。

数年ほど前に、日本人女子大学院生の他ゼミ所属の受講者二名に納得ずくで、正規授業で一年間を通して講義したことがあったが、そのうちの一人はとくに、こちらの苦心と配慮の割には本人が面白がらず有難がらず、自分のテーマのソ連経済崩壊の現象描写に自己愛的に固執する一方で、暖簾に懸命の腕押しのなんとも芸のない格好であった。

思想性、主体性、論理性、根源性における『資本論』学習の困難さを覚《さと》る次第であった。

しかしそれにしても、大学教師の喜怒哀楽は、私の心身に刻印され、習い性となって固着しているといってよい。つまり大学教師の生活というのは、大人先達としての教師とのつきあい方を心得ているごく一部の学部ゼミ学生たちや、学問への誠と志をもった知力あふれる院生たちにかこまれて、知的啓発力を互いに発揮しあえる会話をし、年若い酒侶としての立場に立つ若者の気力と雰囲気をゆったり味わえる時間をもてることが、最高である。できれば時折、昔の教え子たちの中で、心暖かい旧友同志のような感覚の立場になって交流し、飲食の機会をもつのが、教師人生の醍醐味であるといってよかろう。

私自身は悪いことに、心ずしも交際上手ではないし、人づきあいに勤勉丁寧でもないし、しかも口も悪いし、教師勝手の所もある。とくに最近の十年の学部ゼミの教え子たちとは、肝腎の在学中、深いつきあいをしてこなかったので、教え子との交流といっても、そう広い範囲の盛況といった感じのありようではない。それにしても、教え子たちの小さなつどいに招かれたりした時の、会合前後の心持の軽い興奮と気分のほんわかとした高揚とを自分で意識して、うれしい限りである時がある。

『パンタレイ』誌の第三十号発刊は、その意味でも、私の教師人生のおそらくは最大の里程標となるだろう。

三

『パンタレイ』誌、この三十年間に及ぶ私の教師人生の基調を下支えしている課題は、なんだったか。

とりあえず気軽にあげると、五点ほどになろう。

一、絶望の明治農村調査（東北農村における貧農小作人の小農民像の特殊具体的な資料発掘と歴史叙述）。

二、解放の神学と法然・親鸞の信仰（第三世界の窮迫民衆救済の展望と自由の王国への飛翔、さらには貧民、差別民、悪人成仏救済への民衆仏教や原理主義民衆キリスト教への一筋の道）。

三、SDAの聖書講座（生真面目な原理派クリスチャンのセブンスデイ・アドベンチストの聖書講座による、少年期信仰への回流と、中年になった罪人としての覚悟、よりすがり、目覚め）。

四、村田大造師と佐藤岩子女史の信仰と生き方（独立基督宣教師、村田師の強烈な個性の信仰と、反偶像崇拝の徹底、弟子佐藤女史の献身的布教活動）。

五、沖縄ひめゆり部隊の女子生徒たちの戦争犠牲（二十世紀人類の戦争犯罪が、身内の日本人少女たちに与えた残虐と、国家国王への報われざる献身）。

一の絶望の明治農村史調査は、父の実家のある宮城県仙南地方農村の貧農小作人の実情を、なまなましい資料群を一九六〇年代中葉から発掘しながら暴露した作品群となった。私の民衆史学の原点であり原型である。役所、旧家の残存史料を発掘しつつ、史料解読、筆写、解釈から歴史叙述にいたるまで、自分でいうのもなんだが、渾身の力をふりしぼったものである。農地改革とその後の経済発展、とくに高度経済成長が、東北窮乏農村の風土景観と人情と社会的歴史的人間諸関係を、すっかり変貌させてしまったのだが、私は父の世代、祖父の世代、曾祖父の世代になりかわって、近代日本の社会と国家を糾弾することにもなってしまった。

温厚な実父が老後を故里に養い、地元企業家になっていたこともあり、「戦前の地主も小作人もみなそれぞれに今時しあわせになっているのだから、旧悪を暴露したりしては困る。昔の地主も昔の窮民も、いまになったら博の研究発表を喜ぶことはないのだから。もっと学界むけの専門的な一般データや公の資料を使う論文を書いたらどうか」などと、何回か呼び出され、さとされたものである。旧地主や旧小作人の心性や情念、心のひだに迫るような歴史は困るということだろう。全国的にいっても初めて発掘した窮民調書や兵事綴込みから表出してくる東北貧民像と兵士像のものすごさは、想像を越える衝撃を与えるべきはずであった。そのあと当時はやったテレビ連続ドラマ「おしん」などに対比すべくもない真実の悲惨が、私の『民衆精神の原像』（一九七七年刊）に露呈し発現している。今の今、再読しても、私は自分自身の父祖たちの悲哀と怨念と無知に泣けてしまう。底のないその絶望と、なさけない敗北と、たわいない挫折にがっくりする。

しかし、これが齊藤博の民衆精神の原像である。ここから出ていき、必ずここにもどってくるのである。

貧農小作人の窮迫と家庭崩壊、満足に小学校をもしっかりと卒業できなかった低就学率、北海道開拓移住の挫折、北海遠洋漁業の出稼から都市土工、鉱夫、荷車曳きを経て、最後には北満や中支やガダルカナルや西太平洋で御国の弥栄《いやさか》のために無惨な姿で殉死した東北民衆兵の実像。中には杭州湾上陸から南京へ強行侵撃し、南京事件に連関した殺人者＝日鬼になり下った民衆の子たちが群生したのだった。白河から北は二足三文といわれた東北兵と東北窮民の悪人ぶりを思い、近代日本の「業」を思わざるをえない。

二の解放の神学は、七〇年代末から八〇年代に私も学習する機会をもてたが、もともとカトリック左派としての信仰感覚と社会認識がなかったわけではないから、やはりそうだったかと、一種の出会いの必然性と受取め、神のプロビデンス（摂理）を感じ取ったものだ。実は学部学生時代、大学院時代を通じて、いわゆる教条的マルクス主義、政治主義的政党政治の唯一絶対主義、党中央崇拝心や人間に過ぎない最高指導者絶対視＝神聖視のおかしさと馬鹿馬鹿しさに気付いてはいた。中高時代のエイレンボス神父や當眞嗣康先生の教育の思わざる刻印が、心身に押し込まれていたのだろうか。中南米やフィリピンにおける貧農小作人、山村民、都市窮民たちの信仰と現世の社会福祉に献身し土着した神父、修道女たち。旧来のカトリシズムのヒエラルヒーと神学が、上流富裕支配層の淑女紳士、大地主・軍閥・買弁資本家などと結びついていたことを否定できない点を暴露する社会哲学の切り口と、それにもとづく社会実践は、見事であった。

人間解放の自由な王国への、気の遠くなるような困難な道筋を共同幻想しつつ、一歩でも二歩でも前進したい。ローマの宗教ヒエラルヒーや第三世界の俗界指導者や宗教ヒエラルヒーからの、抑圧と差別に苦戦しているキリスト教基礎共同体に結集する聖俗の民衆に、敬意を表したい。終末信仰を確信しつつ、しかし、その間を人類は神（仏）の前に罪人として、全身全霊をもってあがないと自己犠牲の細い道を、祈りをもって生き抜きたいものである。

スターリン個人専制によるエセ共産主義政党の一党独裁政治が、ロシア民衆の正統ギリシャ正教信仰ばかりか、在野土俗の原理主義的民衆信仰を権力的に紛砕したことは周知の事実である。スターリン体制の崩壊とソビエト解体の渦中で、これらの純粋信仰も復活し新生した。ドストイェフスキイの『罪と罰』にうかがわれる因業で強欲な質屋老婆の、善良無比の小間使＝義妹リザベータのひめやかな信仰なども、私たちが注目する所である。彼女がひそかに持って愛用していた大型豪華本聖書のこと。彼女は苦学生犯人のラスコーリニコフを意識下では愛しはじめていたらしいが、間が悪くも外出のもどり時間が早まって質屋に帰ってきて、巻きぞえで殺されてしまう。報われざる献身をする、体制ツァーリズム国家と体制教会にも抑圧されていた、こういう民衆信仰の世界を視野に入れた民衆精神を、ロシアばかりでなく日本においても、特殊具体的に検討して行くことが、さらに必要であろう。

俗世現世の政治経済と文化芸能を極度に嫌悪して、信仰共同体をつくり、孤立した集団生活をしたり、俗界との交流を強く制限する原理主義信仰集団は、中世のワルセンデス以来、欧州と南北アメリカに散在してきている。たとえば私は、現今のロシアに弾圧と差別を生きのびて生存する、フョードロフスチ派にも驚く。彼らは大工仕事だけで俗世と交流しつつ、あとは貨幣、商品、税金、政治、国防、文化も拒否するほどであった。簡単、質素、単純の消費生活で満足した。「Moscow News」九六年七月十一日号上の探訪記によれば、貧困と非暴力の原則をもってナザレのイエスの教えに忠実に、スターリン時代の理不尽な暴圧を強制収容所で耐えしのぶ。犠牲者を厖大に生みながらも、少数が、現在三十家族ほどの共同体を形成しているというのだ。

この五年間、オープンカレジで市民の老若男女の方々に年間十八回で講義している「親鸞とその時代——歎異抄を読む」は、私の三十年間の日本民衆精神史の原型への回流の、総決算である。あえて申せば、長い年月の準備と配慮と逡巡の末に、やっとここまで辿りついた感がある。青年期に私淑した服部之総の『親鸞ノート』上下と『蓮如』の愛読が四十年前からあり、その土台の上に構築された「私の親鸞」「私の法然」である。この四十年間の「私の毛沢東」「私のマルクス」「私のイエス」への読書と思索がすべて投入され煮込められている。いわばこの「親鸞とその時代」は、サイパクの民衆史学の総括といってもよい位置にある。古代中世の日本国体の政治と社会と信仰に、反撃し反抗した法然と親鸞の信仰の強烈なインパクトを、まともに受けとめたい。虐げられた古代中世民衆の、精神革命を伴う信仰と生活の一如のありようを通じて、日本民衆が理想の王国に入り込んでいくのであろう。民衆精神史の視座にとって、法然・親鸞の信仰は、世界史的にも巨大である。十年近く前に浄土宗百万遍知恩寺法主の林霊法師の人生と作品に出会えて、以後、自分なりに学習できて、『歎異抄』をわが心身に必死に組み込むことができた。

三のSDAの聖書講座は、ちょうど、信仰への回流がはじまって数年たった際に、東京衛生病院の人間ドックのケアの一環として受講したのである。十九世紀以来、一貫して生真面目な原理主義キリスト者であるSDAの、一女性伝道師の親切丁寧な方の指導と介添で、八五年七月から八七年三月まで、キリストと聖書について、徹底的に原理と基礎を再検討した。私の学問と生活、心情と性格にまで、一生涯から見ると、大きな刻印を押したことになった。終末論、罪のあがないのテーマをめぐって、旧約聖書と新約聖書を細かく読破することの意義は、大きかった。終末論の巨大な宇宙論的視座については、いわゆる、「ものみの塔」の配布雑誌からも学習している。彼らの布教動静、聖書理解、第二次世界大戦下の苦心、反ナチ抵抗を含め、国家俗界と信仰の関係をめぐって、原則的な目を教えられた。

私の資本論理解は、キリスト教や仏教の終末論信仰や千年王国観、最後の審判と救済への往生観を導入、融合することによって、飛躍したといえるだろう。人類史には始めがある以上、終りがあるのだ。歴史哲学＝神学は、ここをさけては通れまい。本源的蓄積論や物神礼拝論を含む資本論の思想体系と論理構成は、キリスト教への深い洞察と原理的理解なしには、本当の所、把握しきれないものであろう。欧米や中国、韓国に対して、日本のマルキストの資本論理解が、社会評論風の政治主義であり、よくいって大学左翼アカデミズムの教科書に成りがちで、ただもの的唯物史観に矮小化されてしまうのは、なぜか。彼らが、真の仏教も真のキリスト教をも知らない上に、それらの悪しき側面と表層だけを受け入れて、使いかっての悪い狭量なイデオロギイの容器にしてしまったからであろう。このことが、日本における民衆史学の展開に対しても、特異な正統主義の刻印を押しつけているのである。

四の村田大造師の独立キリスト牧者の働きについては、一九六九年秋に教え子のT君を通じて、戦前来の不屈の革命的政治思想家・神山茂夫から教わったのである。風変りで徹底的な天皇神国批判者としての村田大造の、尾張知多半島の大地主家のギリシャ正教の信仰家庭からの出自の、神の摂理に似たありよう。日露戦後のロシア正教への露探《ろたん》扱いの抑圧と袋だたきの中を、歯をくいしばって成長する少年。仙台藩佐幕派以来の孤高不屈な武士道精神をもった影田神父などの、「明治天皇がなんだ、やはりただの人間ではないか、つまり神の前では罪人にすぎない」という説教中の文言を耳にしていた村田大造少年。ギリシャ・カトリックに落着かず、といってプロテスタント改革派神学にも納得できなかった。旧制高校時代、のちの東大の哲学教授・出隆の同級生であった村田青年は、重いノイローゼの末に、独立伝道牧師として、いやしの実践と信仰をもって立ちあがる。心身ともに苦悩に満ちた後半生と、忍耐と犠牲と献身をもって、文字通り一家をささげた村田大造。

私は、村田師が戦中から戦後にかけ、実に宮城県仙南地方の、まさに私の実父の郷里に滞在し、天皇神聖拒否、国家斉唱拒否、国旗崇拝拒否、奉安殿御真影礼拝拒否という、徹底した偶像崇拝拒否を貫いたことに、驚いた。あまりの符合奇遇に恐怖するほどだった。絶望の明治農村の子孫の中にあって、東洋最大の海軍弾薬庫のある田舎町にあって、極少数の信徒家族を指導激励しつつ、軍需工場労働者と軍人用の売春街建設反対、戦争反対、天皇神聖反対を、昭和十五年戦争の後半に、わが父の郷里で実際に口にし、村人、町民、警察と闘っていたのであった。

村田師とその家族、佐藤岩子女史（宮城県仙北地方出身）らの弟子たちは地元民による信仰抑圧、いやがらせに遂に敗北する。驚くべきことに、それは戦中と戦後に共通した闘いの構図であった。違った所は、米軍（日本解放軍）が介在した戦後は、キリスト者、反戦平和主義者の村田師に、現場米兵たちが好意的であったことだ。地元官民のいじめと迫害を、仙台の米軍民政部とMPは少なくとも軽減してくれていた。

私は、自分の学問の原点である絶望の明治農村の、子や孫の世代の時代に、純真徹底真実のキリスト信仰をもった人々が思想抑圧と信仰弾圧を受けて、家庭崩壊し、町や村を出て行かざるをえなくなってしまった因果に、近代現代を貫徹する日本と日本人の悪業を読みとらえざるをえないのである。この点なども、実父と精神的に分岐した箇所であった。私の著作のよき愛読者であった父であるが、地域民衆精神史のこわい実像を咀嚼できなかったのである。村田師については「赤いキリストだ。普通一般のキリスト者と真面目な教会も迷惑している。常識はずれの非国民だ。きちんとした知識人、学者文化人も見捨てている」という価値判断をほとんどのキリスト者が持っていた。

私は驚く。あの悪名高い反共フレームアップの松川事件という、国労活動家と日共の地方活動家弾圧の陰謀が発生した時の村田師の言動に感銘する。最初の段階では、良識ある知識人も一流新聞も、文化人もみな、相手にせず、粗暴犯罪・暴力革命・インチキ労組の犯罪者仕立てで、見て見ぬ振りをしていた段階で、しかも拷問と誘導で「犯人」側の弱い部分が「自白」していた段階で、村田師は、あとさきも考えず、とるものもとりあえず、被告人擁護に立ち上っているのである。有名な作家、良識ある文化人、広津和郎の大きな仕事となる丹念徹底の弁護がはじまるのは、ずっとあと（第二審仙台高裁）になってからであった。

佐藤岩子女史の、師亡きあと四半世紀にわたって、苦難の経済生活の孤独の中にあって、師の著作等を二十冊も出版し、反偶像崇拝の一点から、近現代のキリスト教のありようの批判や、現実社会の非キリスト的状況をきびしく糾弾している姿は、尊い。

五のひめゆりは、ここ十年、毎年学部ゼミ学生をつれて行き、新旧の記念館を参観し、反戦平和のための歴史感覚と人間感情を育成しようとしていることと関連する。三百名に及ぶ戦争犠牲者の女学生たちの一人一人の肖像写真と簡単な履歴と家族状況、死亡時の状況の記録は、涙とうらみに似た怒りなしには、読み見て通り過ぎることができない。この十年間、私は何度見学しても、新たな感慨、悲しみ、憤り、うらみが湧き起こってくる。

大本営といい、現地牛島司令官といい、島田県知事といい、なんということなのだ。これはまさに国家による、国家指導者による集団少女殺人ではないか。そうだ。オウムではないか。正直な所、私には、牛島、長両将軍が、追いつめられた岩穴壕内で泡盛を飲み将棋を指し続けての最後の最後まで降伏せず、敵味方の犠牲者を無意味に拡大したこと、しかもその上で自決前に天皇陛下万歳を叫び見事な辞世の和歌を詠み、戦後、未亡人がそれに唱和しているといった日本的風景に、たえられない。「沖縄県民よく戦えり」の電文を大本営に打電した大田海軍少将であっても大同小異であろう。決して、陸軍はひどいが海軍は、といったものでないのだ。

毎回、私はなにも解説もせず注解も加えないのだが、こうやって現代の若者をひめゆり記念館の中に入れ、赤いつぼか暗黒の地底にも似た日本と日本人のぎりぎりの本質を見せつけるのである。これが私のささやかな歴史教育の一本の心の糸であり、たましいの柱である。

沖縄戦を考えることによって、近代日本と日本人、近代天皇制、戦争と平和、国家と民衆、のすべての本音が見えてくる。あらゆる虚構とみせかけの化けの皮がはがれてくる。島津征伐、琉球処分、日清戦争も、沖縄と日本の正負の関係をもって、現代日本人に迫ってくる。近世・近代・現代日本史が、きれいごとで済まなくなってくる。

毎年、ひめゆり記念館の中に入ることによって、一年間のなまけぐせとだらけ気分にゆるみがちの私の史観と史論、史想の筋がためされ、リフレッシュされ再強化される感じがする。

沖縄史は、私にとっても、民衆精神史の心棒であるともいえるだろう。

四

十年に及んだ経済学部学部長時代（一九八六〜九六年）に、宿願の大学院経済学研究科造りに力をそそぎ、語り尽くせないほどの御苦労さんの末に、マスターとドクター両課程が出来た。そのことと、はじめての海外学術交流の難関を克服しての天津・南開大学や四川省社会科学院との国際学術共同研究（日中地方史誌の比較研究）を遂行したことが、この三十年間の『パンタレイ』時代の私の花盛りだったと思う。しかし同時に、苦々しい闇を伴うことにもなったのだった。

私の第一年度大学院Mゼミ「日本経済史研究」には、中国人留学生H君が入って来た。法政大学の高名近世史家、村上直教授の紹介状付きだった。私の中国史学史上の問題意識（史記と方志）との関連で、中国地方史学（方志）のテーマを持つことになった。しかも私の調査助手兼通辞として、日中共同研究の最初から北京、天津、成都、重慶で働いてもらったのだった。この共同研究の行事の一環である交換教授として来日した南開大学來新夏教授の滞在中の世話をまかせ、H君を公的にも優遇していた所、H君主導のいざこざ騒ぎが発生し、來先生を苦しめた結果、私は「批來」で頑迷なH君を心ならずも排除せざるをえなくなった事件が起ったのは残念であった。悪夢のごとき文革時代の南開大学の悲惨残酷な分岐の暗影が、東京にまで怨念として流転してきたということか。南開大学文革派の教授の息子が日本留学中で、かつて父が打倒した「実権派」の巨頭、來教授批判の策謀を試み、それにH君が乗った形なのだろうか。私と日本側共同研究者の犬井正教授は断固、來教授の側に立ち、少しもゆるがずに日中の交情を守ったのであった。

次年度進学の台湾人院生S君は、学部からの齊藤ゼミ出身で、温厚精緻な華僑タイプである。中国における酒文化を研究して、私の酒侶としての趣向に合致し、日本、中国、台湾で広範な文献収集に成功した。現在はドクターに在学中である。中国酒文化研究では、私の成都訪問時の現地通訳になった本格派（四川省酒文化研究所主任）の青年R君（四川大では亡父の教え子である陳世松先生門下で四川省社会科学院職員）がいたが、日本留学の強い大学院進学希望だった。難問奇問続出の出入国手続を強引にクリアしてあげて、五月末までに来日させ、ひとまず聴講生とし、秋の大学院入試に合格したが、十二月中旬から突如姿を消した。呼び寄せた妻（成都で面会に来た新聞記者）との生活苦から、日中貿易関係企業に勤務したという身勝手な変り身の早さである。

ドクターにはS君の外、マスターまで他ゼミ（私の同門、鈴木勇教授の門下）で、中国ユートピア思想の史的展開で社会主義思想とのからみを研究していた上海出身のSさんがいる。中国民衆古典文学作品の中に民衆の理念と情念を探求しつつある。文学者タイプで、私の中国古代養生学の性典奇書の翻訳を下訳して手伝ってくれた。いずれ近年中に公刊のはこびとしたい。マスターでは台湾人のG君（学部は他ゼミ）が福建省人の台湾渡航開拓史で修士論文を作成した。いかにも社交的で調子のよい青年であった。福建省海岸線をバスで乗りついで踏破したのには感心した。中国人Y君（学部は他ゼミ）は、まずは頑丈な精力家で、中国共産党員であり、中国の近江商人といえる新安商人の面白い研究をしてもらった。現地を二度歩き文献も結構集めた。私も二年前の夏一週間半、同伴して安徽省黄山地域を旅行し、質屋資料を採訪し・歴史家・載震や、文人・胡適の生家をはるばる見学したことを、昨日のように想い起す。

色々な意味で個人的に親近感覚をもつのは、学部ゼミ卒業のT、K両君であった。大連出身の美男子T君は、家族ぐるみのつきあいでもあったが、頼まれ仲人にもなってしまい、脇ながら彼の日中交易の仕事を見守っている所である。同じくK君は上海出身で、現在、上海日系銀行で働いているが、気持よい青年気質で、居酒屋で日本人と間違えられるくらいの日本語を操作できる。私の青春期以来の念願であった太平天国旅行の生涯忘れえぬ十日間に同行してくれ、通訳として活躍した。本記念号に上海便りを寄稿してくれた。

現在マスター課程には、台湾人女子学生J、Mさんの二名（Mさんは学部は他ゼミ）、日本人学生男女I君、Uさんの二名（二人とも学部は他ゼミ）が在籍し、それぞれの研究をしている。男子院生I君は目下の私の酒侶で、明治四年三河真宗騒動を研究しているが、「自力更生」の農本主義者・山崎延吉への研究関心の縁で私が旧訪の真宗王国、安城、西尾へ二日間、同君の同伴で行った。ここ五年間積み重ねて書物作りをしようとしている私のオープンカレジ市民講座「歎異抄を読む」への史観と情念を養生することができた。

これら齊藤ゼミの院生諸君の専門研究の修論概要や中間報告が、本記念号に掲載されている。

実はあと一人、台湾人女子院生が在籍したのだが、破門せざるをえなかった。私の専門研究テーマ質屋史をやりたいといい出し、ドクター進学を希望し中国典業史をまとめたいとて、いやがる私が二カ月後についに負けたのをいいことに、斯学の大家にとくに紹介したり資料採集も十分活用できることになった。しかも他の中国人学生のD《ドクター》進学希望をあきらめさせる結果（ドクターは初年度一ゼミ一人）を生じ、私が自分のテーマでもあるからつい「熱心」に指導することを引き出した。もともと学部は他ゼミで、指導教授が海外留学のため、こちらに移動して進学したのである。三十代なかばでもあるし、滞日就学の世話は、当時大学院研究科委員長在職中の私が、自分のゼミ内に台湾人学生、院生もいることだしと面倒をみることになった。あわせて百年史調査助手のアルバイトも世話しようという話であった。修論完成と二月中旬の審査判定の時点まで、獨協のドクター受験進学のことだけを口にし心配していながら、修論判定が主査齊博《サイパク》の原稿上で確定すると、一月末から両親が強く帰国をいうので進学できないかもしれぬといい出し、ついには正式会議を経過した二月中旬の時点で、結婚のために帰国するから獨協ドクター受験は無理かも、となり、結局、帰国するから大学院D《ドクター》は受験できないとなった。無論私は、それは残念だね、しかし止むをえないでしょう、百年史のことなど君が心配する必要はない、と言った。その後、三月七日夕方帰り際になってはじめて、東大のD《ドクター》

（比較文化論）に合格した、面接で修論はほめられたなどと、そそくさと告げるのであった。四月になって洩れ承る所によると、実は前年秋に、帰国後の学部ゼミ指導教授に内々で相談し、結局、サイパクに一言も告げることなく東大Dを受験することにし（サイパクに知られると、修論判定でいやがらせを主査サイパクにされるという読み）、必要書類の推薦状は現経済学部長＝研究科委員長に緊急避難的に書き入れてもらったという手まわしのいい異常事態であった。私は、齊藤ゼミの他の台湾人学生（無論その人物と知友）が同じ年に獨協大学院の私の演習を受ける外に、同時に前後して他国立大学大学院を受けた場合も、普通に推薦状を書き、どうぞ、もし合格したら、よい方に行きなさいといってきていることがゼミ内で周知のことからも、いかにも奇怪な、人間的手口であった。

三十号記念号のおめでたい本誌上の、しかも巻頭で還暦を過ぎた教師が「愚痴」をこぼすなどは、あまりほめた話ではない。まあ、なんといっても結局は、教師側の不徳のいたす所といってもよかろうか。

五

私は、少年時代から漢文、唐詩、宋詞をはじめ中国の学芸と歴史に憧憬の念をもち、毛沢東、朱徳や魯迅、郭沫若に強い親近感覚をもって育ってきた。栄光学園の中学三年から高校三年にかけて當眞嗣康先生から学んだ日中学芸の道が出発点である。當眞先生は私に、津田左右吉、会津八一の学風を紹介されただけでなく、郭沫若史学の存在を教えられ、老子、孔子、孟子について私塾的な講義を有志にしてくださった。

そういう私にとって、日中文化学芸の交流と友情には土台、打ち消しがたいものがある。日中学術共同研究者、南開大学の碩学の來新夏教授をはじめ、四川省社会科学院の同じく共同研究者の本当に気立のよい質朴・篤実な陳世松、スケールと大きい実力をもつ賈大泉、両主任研究員の先生方に対しても、この八年間、一貫した友情の姿勢を貫いてきた。あるいは四川省自貢市の書家、蕭爾誠老先生や今一番私が評価している黄宗壌先生方の学芸書道に対する私の思い入れも深い。

前節についつい触れたようないやなことは忘れ、よい想い出を覚え続け、人生の終着駅までむしろ育てて行きたいものと思っている。どんなに気色悪い夾雑物や見当違いの異臭がたまたま発生しても、私の日中学芸交流と中国の歴史と文化学習への熱い姿勢に変りはない。

この六月四日に、爾誠先生が八十三歳にて亡くなられた。陳世松先生の親切な配慮で自貢市を訪問できた九二年九月、目の前で論語「可ニ与共学一……可ニ与適レ道一」の翻案を流れるように澱《よど》みなく大書され、私に賜わった時のことは、今に忘れえない、私の人生の輝きである。お孫さん（蕭自聯）の報ずる所によれば、その追悼の式次第の中で、次のように挽聯句が唱い読みあげられている。

挽《おくル》ニ爾誠先生一ヲ
爾雖《なんじいえどモ》レ去ルト矣、数仞ノ宮墻輝キニ富順一ニ、還《かえリテ》ニ我ガ河山一ニ、燿《かがやカシ》ニ瀘州ノ文物一ヲ、留《とどムルコト》ニ精粋一ヲ世界ノ名人、千秋ノ誉レ。
誠《まことニ》可キレ楽《シムかな》哉、東瀛《えいノまじわりとも》交ニ友齊藤博一ト、美国ノ受クレ謝ヲニ陳香梅一ヨリ、桃李満チニ門墻一ニ、書法ノ老師、四海欽《うやまウ》。

富順県の黄葛鎮（世界最大の恐竜遺跡の附近）に生れた蕭爾誠先生は、日帝による侵略戦争の七七事変（中日戦争）が爆発した際、毅然として筆を投げ「戎」に従い、祖国に「報効」したが、爐州月亮岩に「還我山河」の四個巨字を書いて、中国同胞の民族愛と歴史風土の護持を訴えた。抗日民族英雄・馮玉祥将軍がこれを深く称賛したという。現在これは地域歴史文化財として刻られて保存されている。挽聯句はこのことを詠み込み、生前の蕭爾誠先生の書にとくに親しみ評価した米国の陳香梅女史（抗日対華援助の米軍の名将シェンノート（陳納徳）将軍の夫人で、のち台湾国会議員を勤めた女流名士）と不肖齊藤博（東瀛＝日本）の名をあげ、藤、梅、桃、李の花樹とその美香をかけ、千秋誉、四海欽と賛嘆しつつ、なお双頭に老先生の爾と誠の二字を載せた構成をしている。

私は、蕭老師が日本の一教師の中日学術交流にかけた誠と志を記憶され、一期一会でありながら書の恵賜をされて私情を暖めてくださったことを想い起し、哀悼万感こもる一週間を過した。「蕭爾誠先生治訃委員会」（主任・金徳富氏以下四十八名）の長文訃告には、先生の履歴と業績、愛国民族主義者としての祖国愛の事蹟と一貫した中国共産党擁護の立場、地方政治協商会議代表委員の経歴、爾誠書画社の活躍、書道家としての文化功労などが詳細に書き記されている。

とくに強く心に刻印されたのは、蕭先生の性情についての評である。「先生、生淡泊、与《ともニ》レ世無《シ》レ事《ト》、書海遨《あそビ》レ舟《ニ》、怡然《トシテ》自得《ラ》。其《ノ》高尚《ナル》人格令《しム》ニ人《ヲシテ》欽佩《きんぱいセ》一、令《しム》ニ人《ヲシテ》感動《セ》一」と。私も自貢市における僅か三日間のおつきあいの中で、何度か食事や酒席を共にしたし、一度などは老先生は、わざわざ緑濃い丘上のホテル（毛沢東も重要会議の際に宿泊）の私の部屋まで訪問され長時間、談笑してくださったのだが、文字通り飾らぬ、高ぶらない、温和柔順な人柄を感じとることができたことを、今に覚えている。

この訃告の内でも「美国陳香梅女士、日本獨協大学齊藤博教授、台湾易勁秋先生等或来信感謝、或与ニ先生一成ニ朋友一」と書き込まれていたことは、私にとって望外な高い評価であり、私の人生にとっての大いなる記念となった。

蕭爾誠老師のテーブルのすぐ隣で、四川省が世界に誇る名酒、瀘州老窟五五度を痛飲して楽しみ談笑していた自分を想い起し、東洋文化の裡にある人生の喜びと哀しみの機を味わうのであった。

わが教師人生の峠路を登りつめた感のある『パンタレイ』誌第三十号発刊にあたり、その直前に亡くなられた蕭爾誠老師を思うこと切なるものがある。范仲淹詞文にうたう、洞庭湖を見下す風景絶勝の岳陽楼の書を恵贈された蕭先生。「可《ベシ》ニ与《ともニ》適《ゆク》レ道《ヲ》、永《とこしえニ》以《テ》為《なス》レ好《よしみト》也」と一気呵成に書かれた蕭先生。一は衝立《ついたて》にして愚生の幻住庵和室にあり、二は額に入って玄関壁面を飾っている。
心にしみいる老師の書と文、日夜眺め仰いで、残りの人生の道筋を歩み通すつもりである。

（『パンタレイ』誌第三十号をむかえて）

Ⅲ　獨協大学の教育精神に学ぶ

序1　私学教育精神史の大観

われわれの現実は、過去を負いながら未来を含む。過去の流れと未来の逆流との渦巻のなかに、われわれはもがいている。しかし独自の過去をなくしてしまっては自覚というものはありえない。自分を現在の全体の流れのなかに解消してしまっては、責任ある判断と行動をする主体、すなわち自己の生命中心をつかんで未来へ向ってゆくことができない。

（天野貞祐）

私学教育精神においても、それぞれに独自の「信念と自覚」をもって「道」を信じ、それぞれの「道理の感覚」を信頼して歩みたいものである。私たちについていえば、獨協らしい教育精神を守り育てて前進することが求められる外はない。

二十世紀が将来した結果は、決してバラ色ではなかった。

世界中の諸国民の全収入の五十パーセントをわずか六パーセントの人間が収取しているという、貧富の格差の厳然たる存在がある。地球上の全人口六十億人の五十パーセントは飢餓に瀕していて、そのままでは流行疾病や慢性症を伴って死に至るはずである。全人口の六十パーセントは、率直にいっておよそ人間の住む住宅や家庭とはいえないスラムに生存している。全人口の七十パーセントは無識字者であって、人類五千年の文明と文化の恩恵から遠いといってよい。しかも現代の地球的規模における構造的不況と思惑的投機は、執拗に群生する地域内戦争の惨禍も加わり、社会の中間層であるホワイトカラーや中小企業家層をも負債と分解に追いやってきている。暴力・退廃・利己・搾取・虚偽は、世界中の幼児・若者から老年までを、その学歴、身分、階層、人種、信仰、男女を問わずにとらまえてきている。各種物質文明の情報と利器と便益は豊富であり、ともかく人々を走らせ一箇所に落着かせず、人間性を一面的に刺激し挑発してやまない。

この全体状況の中にあって、一私学の教育精神の史的展開などといった書籍範疇に、出版文明の「ノアの洪水」的危機の今日、なんらかの存在価値があるのだろうか。

本書『獨協学園史』（本史編、資料集成編の二冊）は、独逸学の始祖・青木周蔵、校祖・品川弥二郎、学祖・大村仁太郎、中興の祖・天野貞祐らの私学教育精神を特殊具体的に発掘し、丹念に吟味し、高らかに顕彰しながら、近現代日本における一私学教育精神史の大観を志した作品である。不世出の学園理事長であった関湊の二十年前からの指示のもと、天野貞祐の教育精神を軸心にして、初代編纂委員長・小池辰雄の下で作業を始めたのであった。

それ以来、史料集『独協百年』全五冊二千七百頁、写真集『目でみる獨協百年』、天野博士の文集と回想記『回想天野貞祐』、『あるばむ人間関湊』の八冊を相継いで刊行してきたし、あわせて、百年史編纂室の発想により、自らの事業として獨協学園天野先生記念室を開設した。

今ここに本史編と資料集成編の合わせて二千頁を、「回顧が創造の契機として強く働くことを祈ってやまない」と励まされた天野博士の理念のもとで、作り上げたのである。「人のこころぞ国の真柱」と明確に打ち出され、「この学校より、国の柱石と相成るべき人物出るべしと祈る念は一日も忘れ申さず」と大村仁太郎に書き送った松下村塾出身の品川弥二郎のたましいを忘れずに覚えて、その「誠と志」が、どのようにそれぞれの時期に展開したのか、その正負の歴史描写を正直に試みた次第である。

その際、「少数の、墓石にその功績を刻まれている人々よりも、数多き無名の墓石の主人公の集まった力の方が社会にとっては、かえって大なる働きをなしている」と、歴史的なものの見方を私たちに指し示してくれた大村仁太郎の教えを二十年間、忘れることはなかった。

「私たちは、この激しい歴史の動きによって作られつつ、しかもまた歴史を作りつつある」(天野貞祐)という箴言をかみしめ強く自覚しながら、私学獨協学園に深浅さまざまに連なる方々が、二十一世紀を進んで行っていただきたいと考えている。

本書が日本の教育界において、多少なりとも御参考になれば幸甚の至りである。

(『獨協学園史』まえがき)

序2　二十一世紀の獨協像の基礎に

品川弥二郎、大村仁太郎、天野貞祐ら三大人《うし》の、それぞれの「誠と志」。そして「独逸学」創唱者たち、青木周蔵、桂太郎、西周、加藤弘之、平田東助、山脇玄、山口小太郎、谷口秀太郎ら八人の一人一人の確信と感性、そして努力。これらを、来たる二十一世紀の百年間に、獨協人の私たちとその後続者たちが、自分のものとして新しい装いのもとに新生させ続けて行けるであろうか。獨協教育精神と縁《えにし》の深い吉田松陰、そして伊藤博文や森有礼、あるいは内村鑑三や尾崎行雄の日本近代精神の良質の側面を、これからの百年間に発展させて行くことができるであろうか。

情報科学技術文明の爆発と自然科学技術文明の驚異的な進歩。生産・流通・消費の三過程における資本制的浪費と収益の欲望の拡散。耐えがたいほどの収奪・無知・貧困・退廃・暴力のはびこり。これらの黒雲と暴風雨による人間疎外の暗闇を突き抜けて。私学獨協教育精神が生き続けて行くことができるであろうか。

《Die Toten Bleiben Jung》「死者はいつまでも若い」（アンナ・ゼーガース）といわれる。松下村塾に始まった小さな私学教育精神が、一つの教育生命体として活性化し、私学教育共同体として成長し成熟したのであった。しかしその百二十年間に、何度かは危機に見舞われ、幾度かは死に体となった。その度毎に、不死鳥のごとくに、心奥から湧き出るような「誠と志」をもって、復活と新生をなし遂げてきたのである。これから先も、いつまでも絶えず若くして、その教育精神を涸渇させずにおられるであろうか。

弥二郎も仁太郎も貞祐も、あるいはこの三大人を支えてきた多くの献身者たちも、無私で不退転の愛校心を持ち、報われざる献身をもって、小私学獨協のために尽してきた。このことを、あらためて私たち獨協人は永く心に覚え続け言い続け、感謝の念を、それぞれの時代の父母・生徒学生とともに表わすことが必要であろう。

二十一世紀のことを考えると、私学獨協の新しい理想像は決して無料で入手できるわけではない。全構成員一人一人のこれからの努力や労苦なしには、なにごともむずかしい。二十一世紀の新獨協像は、十九世紀以来の創唱者たちにまさるとも劣らない、人生上の高価な犠牲を払ってのみ、手に入れることができるものであろう。それからして私たちは、とくに校祖・学祖・中興の祖の「誠と志」の不屈の苦辛を覚えて、前進していくべきである。老婆心ながら、そのように申し伝えて行き、獨協二百年を迎えてほしい。一歴史家として編纂主任は、ゼーガースのように大局的には楽観的である。天野博士も、過去には感謝、現在には信頼、未来には希望を、という箴言が好きであった。本書全二千頁が、その際の参考文献になりうるならば、これに越したしあわせはない。二十二世紀を迎える時代の獨協人の方々にとって基礎資料となりうるであろうと、私たちは確信している。

獨協教育精神の中を貫徹するところのものは、決して特異でも特殊でも難解なものでもない。世のため、人のため、国家のため、世界のために有用な人材として、俗世にあってしっかりと生き、永代の来世に活かされるという基本姿勢、いわゆる松下村塾精神の良質の基礎教養の側面を、物質文明のどのような展開と爛熟の中にあっても保持して行くことであった。正にこのことが、二十一世紀の世界と日本に求められよう。いかなる悲境、いかなる虚飾、いかなる栄華、いかなる苦海にあっても、あせらずあわてず、創唱者たちから引き継いできた獨協らしい伝統とその雰囲気を、申し送りしながら完成していっていただきたい。

しかしこのような、ここ百二十年目の時点での課題と注文を申し述べることからは、歴史家は退場すべきであろう。

もはや新しい物語と新しい獨協人の創造、したがって新しい夜明けが始まると見なくてはならない。これまでの百二十年間には、まったくわからなかったか十分には理解できなかったところの、日本と世界の混迷と退廃、私学教育精神の苦悩と挫折の現実に対する「いやし」の光明を、二百年目の際には、いくらかでも摑みとることが可能であろうかと思う。

本書が探り出し示唆してきたところの課題は、あるいは獨協二百年史の新しい歴史物語として、八十年後の獨協人たちの前に展開するのであろう。

それにしても、私たちの書物『獨協学園史』は、ここで終りとなる。

（『獨協学園史』あとがき）

第一章　先人から

1　品川弥二郎
――人と教育精神――

一　品川弥二郎の銅像

明治期の獨協学園の威信の高さは、当時の獨協経営の最高幹部の銅像が三体も東京に残されていることからも推しはかれよう。北の丸公園の南側にある馬上の北白川宮能久親王の雄姿、靖国神社南側、田安門右脇の茂みの中にあるフロックコート立像の品川弥二郎、それに九段坂下、交番脇にあるワシントンのリンカーン像スタイルの平田東助座像の三像がそれである。

わが獨協学園の創立者である品川弥二郎の銅像は、ロダンに学んだ彫刻家、荻原守衛にいわせると、「残念ながら何らの運動もなき Actionless のもの」で「静止沈着の姿」である。品川像には「内的力の欠乏を感ずる。……荘厳な、ドッシリした重味というものが欠けている。全ての製作の基礎たるべきライフが入っていない」と、手厳しい。しかも碌山は品川像について「九段坂を上って断崖の端に危く押片付けられて、石塔のように」立っていて、置き場所も悪いという。「その形の大なる点において、実に堂々たるものである。その容貌はいわゆる写実的とでもいうのであろう。あるいは写真引伸し式とでもいうのであろうか。一見、堂々たる如くして、その実、全然失敗の作であるというを憚らぬ」とまでいってのけている。「勤王家として国家に奔走し、晩年は念仏庵主人として仏道三昧に耽ったという彼の人格が、かの銅像のどこに表現されているか、余はすこぶるこれを疑問に思う」と断言する。「いかに礼服のみを着用したりとて、その中に隠れたる内的生命を発現するあたわずんば、芸術家の能事いまだ終れりとするは出来ない」と。

たしかに品川唯一の師、政治思想運動者、吉田松陰に最後まで従い、維新（明治革命）の国事に尽くし、長州閥の立場を守ったにせよ、勤王開国、殖産興業、独逸学吸収、地方振興のために捧げた品川の生涯の記念としては、充分に納得できる作品とはいえまい。「後人の感激」「敬意」「追慕」をあつめるべき「高風英姿」として満足できぬものであろう。設置場所は富士見町一丁目一番地の旧邸宅に近い地であるが、現在は丁寧に整備されていない小緑地に忘れられた大きな置物のようにあるといっただけである。すぐそばの陸橋の高さから真横に見えるのが「便利」とは。まわりは、ごみくずや食べかす、酔払いのヘドが散乱すらしている場所になっていた。

品川を、このようにしか表現しえなかった明治体制と、また品川像をこのようにしか扱いえない現代日本とによって、品川弥二郎の生涯の二重の挫折と悲劇が現出しているのであろうか。

二　人間・弥二郎

維新の元勲の中では、もっとも、上品な意味で人間くさく、誠実にして直情型の気立てで、野人・志士タイプでもあり、教育家の筋を持ち、師・松陰の姿勢を継承している弥二郎が、大村仁太郎宛で、配慮の行きとどいた、暖か味のあふれる手紙を書いている。開校十数年の獨協の若き現場責任者、大村仁太郎への丁寧な指導ぶりと思いやりは、いま読んでも胸を打つものがある。独逸学への熱意、獨逸学協会学校への愛校心、獨協生への愛情ばかりでなく、神経をこわして長く病床にあった夫人への看病といたわりなど、書簡に表われた一箇の明治人の姿に、頭のさがる次第である。

明治二十年代の中葉以後、明治政府の助成金を断たれ、ドイツ人一流教師陣の補充を断念し、大学並の専修科の廃止などを甘受した協会学校によせる品川の苦悩と大村の苦闘は大変なものだったであろう。私学経営のむずかしさに一喜一憂する品川の姿は尊い。薄給と悪条件の小私学、獨協の中でがんばっている教師への品川のいたわりと励ましと申し訳のなさは、独逸学が明治軍閥官僚体制をとらえてきただけに、皮肉にも、痛々しい。府立中学への身売り転身の話も、そのような中で発生してきたと思う。校地・設備拡充のプランや桂陸軍大臣（第二代校長）を通じての新校地獲得の思惑も燃えては尽きていったことであろう。

日清戦役前後を含む日本資本主義の興隆と大日本帝国の上昇期に、藩閥政府と板垣・大隈ら民党との複雑、熾烈な闘いのみられる政界の荒波の中に生きつつ、品川は、「日本国家将来」のため、「皇道」のため、「開国主義」（近代化）のため、「独逸学」のための青少年教育の道筋を、多忙な心の片隅で、決して忘れていなかったのだ。「国家将来のために……一人にても、この学校より国の柱石とあいなるべき人物出るべしと祈る念は、一日も忘れ申さず」という品川の言葉は、獨協学園に対してもった品川の本意であろう。

品川は、近世以来の勤勉精密な伝統農法の担い手である老農の存在を高く評価している。在来産業や中小企業、零細地場産業への政策的配慮を加え、信用組合の設立案など零細農村経営などへの補完的金融の見通しに関しても、ドイツから学んだ第一人者であった（その弟分が品川亡き後、獨協委員長になった義弟の平田東助である）。政治的には「やじのものぐさ」で有名であり、知識人的な要素も強く、それらのことがかえって（執拗な痔病や病妻もちと合せ）Aクラスの顕官にならず、表舞台主役の山県や伊藤に兄事するに止まった原因であろう。またひょうきんでもあり、「トコトンヤレ節」の作者でもあった。しかし松陰から師の妹婿、久坂と並んでもっとも愛され、また師をもっとも熱烈に慕ったのが少年期からの門弟の弥二郎であった。

生真面目で、社会倫理感覚の強い志士に成長していく品川弥二郎は、先師・吉田松陰の処世訓「一日一生」を実践した。「重き生を生き通すことによってのみ、重き死を成し遂げることができる。軽き生では軽き死しかできない」という先師の教えを、深く心にいだいて、五十八年の生涯を貫いた。明治元勲の中では、一味違う芳香を放っているといえよう。

長閥の先輩で同門かつ身内になる山県有朋首相が、外交上の友誼関係を理由として流亡中の正義の清国革命家たちを国外追放処分にし、結果的に狂暴な清国政府の手中に渡さんとした時に示した品川弥二郎の言行は、特筆に価しよう。愛妻を十五年にも及ぶ長い看病生活の果てに失ったばかりの品川は、まなじりを決して、松下村塾以来の先達であり義叔父にもあたる山県有朋に楯突いたのである。たまりかねた民党有志の要請を受けるや、弥二郎は山県の所へ駆けつけ、「今は昔と違う、法律や議会や外交というものはやじの心情だけではどうにもならぬ」という山県に怒り、号泣し、絶叫して迫り、こんなことでは幕末維新に倒れた先輩同志たちの霊前に申し訳が立たぬ、と自らの顕官栄誉の地位の辞退と称号位記の返上をたたきつけた。山県はやじのことであるから、畏きあたりを騒がしたと、死に場を定めて切腹しかねないと、すぐにも読み取った。切腹して押し通そうとするかも知れないと、山県は考えたろう。首相官邸を飛び出し、那須の品川農場へ籠ろうとでもしたのを、あやうく駅で引き止め、つれもどす。冷静酷薄な山県もあきれつつ、品川は何を仕出かすかわからんと恐れ、今度だけは、なんとかしてみよう、とやじをなだめ、清国政府側に革命家たちを引き渡さなかったのだという。

日清戦役において、中華大国の大清帝国軍隊が新興日本帝国の陸海軍の猛攻により安易に敗北崩壊してしまったことに衝撃を受けた文人識者の中に、民族主義者・近代洋学者たちが群生する。彼らは、中国封建専制の退廃と無責任、近代化への踏み出しの弱さと分裂性、特権の割拠性などを十九世紀中葉以来、批判しはじめていた。譚嗣同（一八六五―九八年）、梁啓超（一八七三―一九二九年）とその師匠の康有為（一八五八―一九二九年）らは、万木草堂なる民衆教育学校を経営し、人材を育成するとともに、君主独り正しく人民は間違う邪賊であるとした守旧派支配層の考えを批判し、富国、養民・教士、練兵の強力な近代国家としての中国を建設しようとした。まさに明治維新革命の道筋である。事実、康有為は『日本明治変政考』を著わして日本の幕末維新期を研究学習し、その成果に基づき民権を論じ、変政と封建的土地制度改革を打ち出した。国家と社会の旧体制を維新し変法しなければ、中国民衆が欧米列強と新興日本の侵出に対抗し、民族危機を救い「大同」の世に改変していけないと唱道した。しかし、青年光緒帝（一八七一―一九〇八年）の宮廷「革命」による新政府は、あっさり西太后や李鴻章らの反動クーデタにより崩壊（戊戌政変）されてしまう。光緒帝は幽禁され、維新変法改革指導者たちは逮捕され殺害された。譚嗣同ら多くの同志たちは一八九八年九月に殺され、梁啓超や康有為はアメリカ亡命の往き帰りの途中、同年十月二十四日、横浜港に上陸、孫中仙（一八六六―一九二五年）もいた日本滞在を試みた。そこへ清国政府から日本政府へ上陸拒否と本国強制送還の要請があったのである。

日本政府が、欧米列強との条約改正の交渉のためにも日清戦役終了後の清国が、欧米列強と組んで反対にまわることを怖れ、清国との友好を壊さず、この程度の問題（敗北した亡命革命家の生死）でややこしくなることはないとして、上陸禁止と強制送還を了承したことに対して、反対の動きが起ったのである。船から下船し横浜に上陸できてしまえばよいが、このままでは外洋船は上海へ行き、逮捕され、処刑されてしまう。僅か出帆まで二十時間の猶予しかないという清国留学生たちの訴えに対し、日本の中国革命支援グループの民権派政党人たちが、苦手の山県首相ではと、逡巡したという。大隈重信や犬養毅が適役なのだが、この二人が動くと山県はかえって硬化するに定っている。品川しかない、ということになった。

清国人留学生三人が品川邸に駆け込み越訴《おっそ》した。弥二郎は「弥二郎、引請けた」と大音声を発し、早速に首相官邸に飛んで行った。山県らしく「弥二、落着け。おまえは枢密院顧問官にあらずや。顧問官は顧問官なので現場の政治、軍事、外交の政策判断には介入できぬぞ。少しは慎しめ」と強くたしなめた。弥二は「満面朱をそそぎ、怒髪竪立して」山県有朋の前へ進み、「枢密顧問官がナンダ、ナンダ」と絶叫し、辞表をたたきつけ、あげくの果てに、位階勲記の辞退も云い出す。横浜から神戸に廻る外洋船に追いつき、「なにがなんでも康や梁を助命するゾ」と云い張った。もし官憲に邪魔されるなら、「まず弥二を引ッくくってから上陸を拒め」と言い放って、官邸を飛び出したという。この時のことは、保守派宮廷学者政治家の雄・元田肇の回想によると、品川は、硯と紙を拝借して、辞表を書いたという。「枢密顧問官になっているが為に国家に忠なりと信ずることができないならば、枢密顧問官であることは害あって益なし。私は辞職します」と。品川の正義感覚あふれる「肝癪破裂」(『日本新聞』記事)が、すぐれた清国思想家・革命家たちの生命を救ったのであった。山県は、生真面目で裏のない「誠と志」を絵に画いたような弥二から、松下村塾以来、第一次長州征伐以来のすでに倒れた同志・志士たちのことを持ち出されたのに、辟易し、音を上げて、この際折れたのだともいえよう。この事件の経過の中に、品川弥二郎の全人格と全人的持ち味の一切が表出しているとみてよい。

品川弥二郎の殖産興業家としての人間性と富国強兵の志士としての資性は、彼の詠じた和歌の中にも、うかがうことができよう。たとえば、

明治二十一年三月二十日、自ら京都の大石祭に臨みて

雪と消え花とちりても後の世に、
残るは人の誠なりけり

明治十八年十月十一日、鹿沼の大麻品評会をみて

下野《しもつけ》の都賀の乙女がいさをしは、

麻の色にぞ現はれにけれ

明治十六年七月二十六日、エトロフ島フルベツ村にて

皇国の国の境と振建し、

人のこころぞ国の真柱

明治二十六年九月五日、京都の維新殉難祭の日に

咲くもよし散るもよしのの山桜、

清き心は変らざりけり

明治二十一年七月二十六日、上州の新設揚返し製糸場にて

家国の宝は信《まこと》一ツなり、

心つくしてあげかへせ人

ら五首にも、品川弥二郎らしい目のつけどころと気くばりが感じとられるといえるのである。

品川が亡くなるのは翌年の明治三十三年二月二十六日、主治医青山胤通博士（独逸留学、東大教授）、ベルツ博士にみとられながらであった。妻を失い、泥濘の明治政界から離脱し、全心身を自己貫徹し使い果たしての、自己実現の死であったといってよい。

京都霊山の品川弥二郎墓誌銘文には、「維《これ》、廟堂器《うつわ》、授民福利、経天緯地、崇信、重義、拡充師志、終始誠意」と、そのありようを、まさに真正面からとらえている。

萩城外、松本川のほとりの低湿地に、現在は児童小遊園地になった品川の生家跡がある。城郭近くの堀内の家老、上級武士のいかにも武家屋敷然とした大邸宅街に対し城下町内にある青木、高杉、木戸らの住宅は対照的である。さらに川をこえた松本村丘陵の松陰や、博文宅や、品川宅のごとき下級武士や卒族身分のありように、近代化の激動と、精神と思想の飛躍のドラマをみる思いがする。松陰は、肉体の死とともに亡びる魂ではだめで、人生百年とはないのだから、同じ死なら、肉体の死にもかかわらず魂の留まる死でなくては。そのような志をもって生きろ、と弥二郎にいっていたようだが、象山、松陰の路線を、人間教育を土台に和洋兼学で実践した品川が、獨協を創り、大村仁太郎に伝えてくれたことは、獨協学園史のハイライトの一つであろう。

三　家庭の人

品川弥二郎の人柄と、まわりの人物像のありのままの姿を推察できる書簡二通をあげておこう。明治二十二年一月十六日消印で、同郷人・茂木百太郎（本所松井町三丁目一九番地）宛で、萩へ里帰りした「やじ」から発信されている。「萩川島村勝津方」とは、妻の実家、すなわち山県有朋の姉の嫁ぎ先である。

元旦の御試筆ヨリ迂遠々々の前口上にて細縷御懇書難有拝覧ス。「御別レ後、所詮御不快ニテ大弱リ、角力仲間も外ヅサルル勢」。イカニモ御気の毒ニ堪へず。何卒健壮ナル御身体ニ御回復ノ御工夫申も謀ニ奉《ぞんじたてまつり》存候。念仏庵主（弥二郎）も空念仏を称へ過セシ天罰ニヤ、歯痛烈しく相成、十二月二十九日夜ヨリ元旦迄、痛ミヅメ、困申し、荊婦（弥二郎妻・静子）ハ発東京以来、神経痛少しも無之、仕合申候。御承知之奥の二階附きの六畳ニ蟄居シテ四十七歳も迎へ、恩光深処ニ寒梅を観て、空念仏で暮らし申。御書中ニも有之通り、世間ニテハ、色々の評ヲなし、山口県下の人心ヲ収攬セン為メ帰郷セシナド申居候ものも有之候得共、一昨年来（御同行せし時ヨリ）之帰県之約束、芸・石（広島・島根）ニ境せし田舎ヲ巡視セシ故、談話中ニハ時事ヲ慨した事も出、彼是ト世間の疑惑、尤千万ナル事と奉存候。念仏庵主の御宗旨ハ、御承知之通り、改進（大隈重信）も自由（板垣退助）も一ト丸ルメ、金米糖主義ニテ、雪達磨主義ニ反シテ、コノ金米糖主義ハ死ニ至ルも止メル事ハ出来ヌ。死後迄もコノ志ヲ継グベキ人を望ミ、自ラも草ガ結バルルものナラ結ブ覚悟なり。胃病ニハ大毒の金米糖ト申事ハ百も承知、二百も合点ナレドモ、金ト米トアリテコソ、コノ社会へ誰様もできるものと確信シテ居レバ、棺桶の中へも死出の山路の旅用ニハ金米糖ヲ入レテくれト荊婦、豚児へも遺言ハ兼テ申テアリ。世間ニドノ様ナ評ガアルトモ、御煩念被下《くださる》間敷《まじき》様ニ奉願候。飯山（正秀・協会員か）へも御序之節、前条も談話可被下《くださるべく》候。

元旦の歌アリ御笑ニ供し申候。世の中ハ泣クト笑フの二ツなり。心一ツヲ千々《ちぢ》ニ砕けて

何を申も身体ノ健康が第一ナリ。数ノ子ナド過食セズニ、御保養ガ第一と奉存候。独眼龍が留守中ニ、代々木ニ帰リ来ル事ハ（悪しき事ナガラ）心ニ期し居タリ。静（子）も御先見ニ閉口シマスト笑ひ申候。ドウゾ々々ト御心配なく、春永ガ、よき奉公口も探求奉願候。飯山も春霞の立チ様が少しく違て来て困ルデアロウ、辛抱セヨと之御伝へ可被下候。

其内御自愛専一々々。

一月八日

長門萩　川島村のやじ拝

黄橙楼ニて

茂木力士坐右へ

御誕生目出度々々

御子様も繁昌、親父困リ顔デハアルマイ、

〔前段添加筆書〕

豚児・弥一（嗣子、協会学校中退）ハ昨冬十月ヨリ英京ロンドンニ滞学ス。当四月ニハ米国通り、中村精男（妻は静子の妹、理博）ト同行、一応帰京之筈ナリ。御含ミ迄ニ此段申上候。

手紙宛先の茂木百太郎が郷党親族の、しかも代々木念仏庵自由出入の、やじ贔屓筋の街「力士」と思われ、弥二郎らしき人間性がさらに露呈している、率直な文面となったと見られる。弥二郎は長期独逸留学（明治三～九年）のあと、十八年に独逸公使となり、繊細な気質で病身の妻・静子を同伴していた。おそらく寒冷の伯林で、妻の身心への具合に必ずしもよくなかったと思われる。帰国後、それが顕らかになる。二十年に宮中顧問官になり、二十二年に御料局長になっているのは、一種の閑職でありつつ、皇室に関連するわけで名誉職でもあり、また御料地拡大と確保の政策にとって重要な役職でもあったから、忠義心横溢せる品川にとって、適役でもあった。伊藤博文系のみが宮中に接近することへの山県なりの心配りであったかもしれない。そして明治二十四年、薩閥・松方正義内閣の内務大臣に登りつめるのであった。たとえ話やひょうきんな軽口をたたくことの趣向が強い弥二郎は、しかし実体は調子者の軽い人間でなく、むしろ激し易く、扱いにくい、無融通の了見の男であった。ここでいう金米糖主義とは、自ら正義党・少数派を意識していて、志操堅固で純粋な国民協会（明治二十五年創設の藩閥与党の高級官僚政治家グループで、民党と藩閥政権との間にもみくちゃにされ展望は開けなかった）の方向性を、すでに示唆しているのであろう。もともと、弥二が酒も女も当時の元勲たちのやり手の如くにたしなまぬ性情で、甘味を好むためもある。事実、明治十七年段階で「飴菓子中毒」にかかっている（伯林の青木より弥二郎宛の独文書簡）。からかい気味だろうが「自ら死期を早めたいのか」とまで青木が忠告するほどの甘党胃病であった。これに対して雪達磨主義とは、雪達磨を作る時のように異物をすべて丸め込み取り込んで肥大化するのだが、耐久や充実のないことをいい、自由・改進らの民党諸派の野合を皮肉っているのだろう。弥二は、師・松陰に精神構造が似ていて、機会により主義主張を変ずる便利主義を嫌うこと甚しかった。融通無礙の伊藤が品川にあきれはてていたことは、明治二十五年の第二回総選挙時の品川らの大干渉弾圧への対応でも分るし、保守頑迷・慎重居士の山県ですら、弥二を持てあますほどであった。

やじは本当に憎めない人柄の人間であった。愛妻家ぶりを妻・静子宛の手紙で見ておこう。一八八四（明治十七）年、協会学校創立の翌年で、九月二十三日、地方豪農民権家の過激派が爆裂弾を秘かに製造し、薩閥の民衆弾圧者三島通庸県令の殺害や、移転させた宇都宮新県庁の強引なる開所式に三条実美以下の政府高官を招待しているのに合せテロを引き起そうとした直後である。文面は、このような「暗澹」たる関東地方の政治状況（一ヵ月後には近代日本の民衆暴動としては世界史的な意義すら有する、埼玉県下の秩父事件が爆発する）の中にあって、弥二の人間味といつわらざる長閥志士魂のありようが露呈していて興味深い。

そののちは御病気いかがにや、あんじ候。やじ事、何のさわりもなく、一昨夜ハこが（古河）と申処ニ泊り、士族の製糸場ヤラ、横山小学校の開業式などニのぞみ、昨夕はやく宇都宮ニ着仕候。御地新聞紙などニも見候し之通り、自由党の命シラズの狂人ども、悪だくみいたし、いばらぎ（茨城）県ならびニ、当地方など大さわがし（騒）致し申候。一昨日こが江着くするとすぐに、近辺ニて一人の悪徒捕られ、残らず白状致し申候。今日も当地ヨリ、四里アル処ニテ、四人斗り捕らえ申候。（先日神田ニてにげさりしものなり）〇県庁の開業式ハ今日の処、御延引ニ相成、待チニ待ちし三条公、其外の御出が三度も延引ニ相成、諸方ヨリ運納を申御祝餅ニハかびが出、各町のほこだし（鉾山車）（四十余車）も待くたびれ、やじが参りしを幸ニして、今日ハ不残、県庁前に引付ケ、実ニ筆ニも言葉ニも尽し難き賑々しき事どもなり。御安心々々。

九月二十七日夜　うつの宮ニて　　　やじ

夜も昼もしゃぎりのおとと花火のろしのおと々々ニて、神田御祭礼も、代々木八幡も及ぶ事ニは無之候。明日ヨリ塩原と申処ニ行、来月二日迄ニはなるべく当地ニ帰り、来る積りニ御座候。前田大書記官ハ昨朝ヨリ御用ニて帰京仕候。

静どの　　　やじ

印刷局ニテ出来候松陰先生の文壱冊、弥一（長男）ニ持せて麻布の前田大書記官の奥さま江御遣し可被下候。一日も早きがよし。宮じま江引当の分を暫時とりて遣し置てもよろし。前田ハ帰京の上、直ニ播州辺江出張致し申候。一昨日ハ少しく寒く候処、昨日、今日ハ余程暖カニテ、仕合申候。〇いばらぎ騒動の事（加波山事件）ハ東京ニて委細承知して（やじは）出足致し申候。久しぶりニて煙硝のにおいをかぐ事も我と楽しみ之処、二日、三日たたぬうちニ、ばらばらににげちり申候。尤、当地ニテ昨夜も今日も今宵も県庁新築開業式前祝花火のにおいは、かぎ申候。昨夜、宴会席ニテ花火を見申候。

打揚ぐる煙の花に里人の
誠の花はあらわれにけり
御一笑々々

やじの妻静子は、周知のように山県有朋の姪であり、嗣子山県伊三郎公爵は実の弟であった。妹は平田東助の妻になった。賢夫人であったというが、ともかく、繊細過敏な性情は、加齢とともに鋭くなり、弥二郎が独逸全権公使時代に伯林へ同伴したのも、一緒につれ出した方がやじの心配が少ないからであった。しかし寒冷の外地で身内もおらず、彼女にとっては堅苦しい夜会など多く、病状を促進させたろう。山本悌二郎（獨協中退者で品川公使の随員に選ばれ独逸留学、ドクトル。農相、衆院議員）の追悼文にもあるように、「晩年、極度のヒステリーに陥って、ほとんど夜は台所の刃物までも隠さなければならぬというような状態で、十カ年の間、亡くなられるまで続いて居った」と。品川の大村宛の書簡に、本日の卒業式、無論出席のつもりでいたが、まことに残念ながら例の妻の「朝来、病婦あいにくト精神狂い出し、種々困難ありて、出席を得ず、いずれも御憐恕可被下候《くださるべく》」（明治三十二年五月十三日）とあるのは、その一端であろう。青春のときを獨協で過し、品川に公私ともに世話になった山本がいうように「十年の長きにわたって」看病もし、手当もして、飽きる、見限るといったことはなかった。その間、いわゆる「外に女をつくる」とか、「玄人女と遊ぶ」とかいううわさは一つだに生れなかった。まるで人生の後半、重いだけの十字架を発病から数えると十五年間背負ったような、つらく暗い家の中でありつづけたのだが、弥二郎は、それを当然のごとくに日々に過し、少しも表面に苦悩を出さなかった。外の者にはできるだけ明るく振舞っていて、病妻をもつ苦辛を覚られないようにしていた。ただ、念仏庵主の信仰三昧は深く沈潜し、元勲政治家として脱落するのは、どうしようもなかった。とにかく、夫の外出を極度に嫌がり、それでも、どうしても公用で家を明けると興奮してしまうというのでは、政治どころか、公務が勤まるわけがない。

明治三十二年八月に五十一歳で亡くなったが、弥二郎は案の定、後妻をもらわなかった。松下村塾以来、独逸留学以来の仲間、男爵松本鼎（協会員）が強く推めても、相手にしなかったという。

伊藤博文と桂太郎は無論だが、北白川宮といい、山県といい、その他、皇族・旧大名華族から元勲顕官にいたるの女性問題は、明治の「御代」にうんざりするほど陳列することができようが、わが品川弥二郎は、師・吉田松陰の全人的たましいの雰囲気になずんでいて、見事なくらいに清純にして誠実なのであった。獨協人でいうと、青木周蔵、平田東助、長井長義をも、これに準じて加えることができようか。（巻末の「近代女性史を考える人物相関図」参照）

四　松下村塾

松下村塾の教育精神によって立つ基盤が「人間的立場、郷土的立場、労働と経済の立場」（上田庄三郎『松陰精神と教育の革新』啓文社　昭和十四年刊）であったことに間違いない。二十世紀末にいたって、ますます明瞭になってきた地域、民衆、環境と民心融和の土台の上にからくも成立しうる「共生」の生き方にあっては、松陰精神は、逆転の発想のように新生してきたといえる。上田庄三郎が「松陰の教育は、封建末期の社会情勢において歴史的役割をはたしたのであって、今日（一九三〇年代）、直ちにとってもって教育改造の原理とすることは出来ないのは云うまでもな」いとしているのは、近代日本の社会状況の末期的ありようや時代的制約の中でのぎりぎりの発言であったろう。あるいは、あの時代の緊迫状況と一種の国民的狂騒時代にあっては、松陰は日本国民上下各層にとって、もっとも親近感覚を有する人と思想であったろうが、実は意外にも松陰精神の神髄というものを包括的に理解できる道理と仁徳を喪失していた時代であったから、真に松陰が分からなかったのであるともいえた。だからこそ、上田が念を押しているように、「松陰の教育には幾多の欠陥もあるであろう。しかし、その教育革新の根本精神と、時代に処する真摯な態度とは永久にわが教育界を鞭つものであろう」という言葉は、二十一世紀にあっても聴くべき示唆といってよい。

しかも松陰の公私の学校教育論には、実践的な提案として鋭いものがある。今日においても時代遅れでない。『戊《ぼ》午《ご》幽室文稿』（安政五年）中にある「論学校」（『吉田松陰全集』第四巻所収、岩波書店、一九三四年刊）によると、「聚二人材一振二国勢一、為二今日要務一」として、近代化にあたりなによりも人材を集め、学校を「奮」わすことが必要であるという。「募下学問行義可レ為二人師一者、志気材能可二学而造一焉者、其他兵農暦算、天文地理、諸種学芸、自挟レ所レ長者上」と、すぐれた教師陣を集めて、「不レ拘二貴賤一、不レ問二浅深一」と選別せずに入学させることが大事だと。教育は、このような「有徳者」を置き、生徒学生の徳を成し材を達するように仕向けることが必要であると。この際に松陰は、当時の公教育の問題点として、「陪臣、足軽」と「民」百姓を入学させないでいることを批判すると同時に、「読書之士、率《おおむね》多二空疎一」いことを反省せよとしている。それには産業労働の現場（「作場」）を学校に「連接」することが大事で、「船匠、銅工、製薬、治革之工、凡有二寸技尺能一者」を集め、「衆知」を合せ、「巧思」を広くする。労学共生の教育現場が設営されることによって、学生は空疎空理空文に走らず、「実事」に熟達するようになるし、産業を支える民衆的世界を識ることができよう。産業労働者も「愚朴」の境地から離脱できて、近代産業発展の需要に適応できるようになる。こうして国勢が振うようになるのだと。松陰が政治力学や尊攘運動のかけひきや、歴史や哲学の教育に偏っていたと思うと間違いであって、松陰は意外にも、算数、理科、工科に対して積極的な示唆を与え、問題意識を生徒学生に注入しつづけていたのである。そろばん勘定や経理会計を武士身分としては軽く見なしていた明倫館出身の青年士族や卒族にとって、このことは、非常に新鮮であったという。わが品川弥二郎の回想にも、「算術は此頃、武家の風習として、一般に士たる者はかくのごときことは心得るには及ばずとて卑しみたるものなりしに、先生は大切なる事とせられ」たと述懐している。

松陰教育精神にあっては、地域、環境、産業との共生は、空念仏では決してなかった。松下村塾はまさに松本村の風土になずんでいたし、松本村をめぐる山川草木の環境の内にあって、天地人が呼吸をし、水を飲み、食を喫し、学問を論じ、人生を考え、徳をみがいたのであった。天のみそなわす宇宙全体系の極少ではあれ一点に立ちて、自然と人間の融合の中で生命を燃焼させながら、天から一時的に与えられ借用している生命を大切に守り育てるのが、松陰の教育であった。松陰の教育精神の関心相手とするものは設備でもなく、制度でもなく、教員の数でもなく、生徒学生の能力の高さや家庭階層の良さでもなかった。「銭を愛し、命を愛するのが世間一般の是認し希求するところ」（松陰）であろうが、松陰が「金銭や地位や能力」に換算した人間の力を、あまり信用していなかったことも、ここに強く明記しておきたい。六十年前に上田庄三郎が唱道するように、「役に立つ人間」「できる青年」を育てる教育に淫して行き過ぎると、私たち教育界は、役に立たない人間、少数意見に固執する人間に対し、都合の悪い思想や信仰や趣向を持っていて手放さない人間に対して、どうしても偏見や差別感情をもつようになる。それで世の中すべて、いつまでもうまく行けばよいのだが、いつか必らず少数者、良くない事、だめな者、邪悪な思想と判断して差別していたことどもが、必要になり、逆転して重要である、となってくることがあるものである。次の時代の真理は、現今の少数派の中に萌芽する、とは永遠の真実の一つといえよう。

吉田松陰は松下村塾において、親の出身階層の貴賤、本人の能力の上下、犯罪歴の有無、性格の善悪などをとくに顧慮して、生徒学生を差別したりはしていない。年齢・学習経験・学力の違う生徒学生たちを同時に一部屋で教える、いわゆる複合クラスの場合が多かったから、松陰は、そのすべての教え子を区別しつつ、それぞれにもっとも適切なテキストを与え、問いかけをし、考えさせながら、授業を進行させていたのであった。

松陰は「眼光、常に人物に注げり。実物に注げり。活世界の人物を把えて、直にこれを子弟に説き、活世界の実物を捉えて当世を論ず」る発想の教え方をした思想家であり、「実践の精神」を持った教育家であった。

五　やじと吉田松陰

安政六年五月二十四日に高杉晋作（一八三九―六七年）が詠じた詩がある。

品川弥二郎

事業未《いまダ》レ成《シテ》年月流《ル》、　梅松叢《そう》裏《リノ》一榛《しん》荊《けい》、
満腔《ノ》悲憤熱腸《ヲ》裂《ク》、　空《むなシク》向《ツテ》二親朋《ニ》一訴《ウ》二寸誠《ヲ》一、

この詩は、松下村塾同門の品川弥二郎宛の作品である。尊王攘夷の大事業に対しても、内々にかくされた討幕ののろしにしても、いまだまとまった成果をみないまま年月が流れ去っていることを述べ、庭の梅、松の下に生えているいばらが暗示するように、この世の体制に対して、するどくきつい批判がほとばしり出んばかりに悲憤となって発生していることを訴えている。寸誠というのは、謙譲接頭辞の寸がついた誠（まこと）であろう。この時、まさに両人の師、松陰は、長州萩の野山獄から内々で仮外泊となり、翌日には江戸へ向けて護送され、五か月後には死刑となったのである。「満腔の悲憤」がほとばしり出たのは当然ともいえた。

「やじ」と呼ばれ、純朴誠実な人となりで師に愛された品川弥二郎は、五月二十二日、死出の旅の如き江戸東送に際し、「逢う事は是れやかぎりの旅になるか、世に限りなき恨《うらみ》なりけり」と、「何となく聞けば涙の落つるなり、いづれの時か恥を雪《そそ》がん」という二首を師に送った。必ずしも弁説大言を得手としなかった品川について、松陰は「別れに臨みて」「情ありて辞なし」と評し、「千万無量」の情のこめられた弥二郎の反骨、正義の真情の吐露を哀しみながら受けとめていた。千万人といえども我往かんの猛士であり、重き死を恐れず、死生をこえて天下国家を想っていた松陰であったが、五月二十七日、徳山在の宿駅にて捕吏の厳戒の下で、ひそかに無言で見送った一門下生に「よそに見て別れて行くだに悲しきを、言《こと》にも出でば思ひみだれむ」と歌う、やさしさと哀しさの心をもっていた。

安政六年に、江戸伝馬獄中から高杉へ、弟子たちの「人物月旦」の「一々的当」の手紙を往復した吉田松陰は、「弥二郎、大いに足、有レ情可レ愛々々。終始一意、両獄（萩入獄時代）と往来して万事周旋して、今日に至るまで、書

籍其外、大抵、彼が力にて読む事を得たり。……少年と雖も待つべし」と将来を期待する風である。同年七月中旬にも「同志中、頼むべきものは……弥二郎也。弥二郎極妙」と高杉宛で誉めている。一年前の安政五年をみると、この年の初めに村塾に参ったが、「年はじめて成童、すなわち来りて余を見る。その容色温直、敦朴なり。余一見してこれを異とす。已に年余、卓々として称すべきものなし」。好い少年（十四歳）だが、一年近くたってもあまり進歩がみられないという。つまりは「事に臨んで驚かず、少年中、稀覯の男子なり。吾、屢々これを試む」と。別の所で「弥治は人物を以って勝る」とあって、学問よりも人物においてすぐれていると評している。無論、松下村塾の教育精神では「学は人たる所以《ゆえん》を学ぶなり」というのであるから、机上の理屈や教文定義の暗記力に依存する代物ではなかった。松陰は口ぐせに太宰春台の『産語』の素読をしたが、「不レ能二糞水一、不レ能二善農二」の実践の真実を好んで教え子たちに呈示した。

品川の維新後の回想によると、松陰師は「実に温順にして、怒ると云う事のなき、体格の小兵なる人にてありし。三〇〇人の書生が、一度も先生より叱られたることなきを以って知るべし。書生等は一人として先生を恐れざるものなく、皆、先生を見てビクビクして居たり」というから、威厳の備わったやさしさがおのずから松陰の心身に溢れていたのであろう。期待されているからこそ、弥二は、幾度か注意や訓戒を受けている。安政五年四月には、弥二の父親が一代限り侍身分に昇格できて、祝い酒もあり、祝賀客もあって、「酒食狼藉」があったようであるが、その為か村塾を欠席し「足下数日不来」と。おめでたいこと（賀々）はよいが、「国家危急艱難亦莫二甚于此時一焉。吾輩草間微虫、万不レ足レ言、雖レ然分尽二已乃臣民之宜一、是豈《あに》酒杯大荒之時哉。皆奮然上京之志、足下急々来塾、勿レ為二安坐一」と叱咤激励してやむことがない。

弥二の無断欠席ぐせは直らない。松陰は同年九月末にも「弥二之才不レ易レ得矣、年雖レ稚、学雖レ幼、吾之相待。則不レ異二于長者一（上級優秀者）也」と評価しておいて、なぜ、休むのか。時勢は「切迫」しているではないか。自分と意見が違ってしまい「自立」したのか。あるいは遊びほうけて休むのか。「学業」を「荒廃」させるなどというのは弥二の才から出るなどという、決してそんなものではないだろう。自分の意志ならともかく、そうでなければ「即来」れ。三日を過ぎても「不来」ならば、もはや「弥二非二吾友一也」と。松陰は未練たっぷりといった風に「去者不レ追、吾志決矣」といって、弟子弥二郎に迫っている。あるいは弥二が、藩重役たちに師松陰の入獄を非難抗議して処罰を受け、遂に入獄させられた際に（同年十二月）、一時、宅預りになっていた松陰が「囚中読書被レ勉候哉、入用之書有レ之候ハハ、御申越可レ然候」と獄舎に手紙を出しているなど、師の配慮はなかなかである。あるいは正義漢ながら短気な弥二に「千斤（金）之弩《ど》、不下為二鼬鼠《いたち》一発上じゃ。滅多に発するなよ」（安政六年四月）と、ずばり注意している。

松下村塾の教育精神の基盤である死生観については、死刑になる半年前に、噛んで含めるようにして弥二に与えた、名高い教示の込められた文章を引用しておこう。

死生の悟が開けぬと云うは余り至愚故、詳《つまびらか》に云わん。十七、八の死が惜しければ、三十の死も惜し。八、九十、百になりても是で足りたと云う事なし。芋虫水虫の如く半年の命のものもあり、是以って短とせず。松柏の如く数百年の命の者あり、是以って長とせず。天地の悠久に比せば、松柏も一時《いっとき》蠅なり。……何年程生きたれば気が済む事か。前《さき》の目途でもある事か。浦嶋（太郎）、武内（宿禰）も今は死人なり。併、人間僅かに五十年、外《げ》天《てん》の内をくらぶ、人生七十古来希。何か腹のいえる様な事を遣って死なねば成仏は出来ぬぞ。吾、今よりは当世流の尊攘家へは一言も応答はせぬが、古人に対して少しも恥ずかしい事はない。足下輩、少し胆あらば古人へは恥ずかし、今人はうるさし。此世に居て何を楽しむか。陳《のぶ》るも凡夫の浅ましさ。併し恥を知らずと。孔子曰く「志士仁人有二殺レ身為レ仁一」とか、孟子云「捨レ生取レ義者也」とか云うておる。（演）台を叩いて大声を発する儒者もある。そのウルサイ者知らずに一生を送るものもある。足下輩もその仲間なり。

弥二郎は、師に親しみ塾生たちにもまれ、「年少気鋭」の生意気盛りであったから、「此書を見て」感情が「平なること能わず」いくら恩師だからといってと反発を覚えた。「直にその書」を破り捨てようとした。ところが恩師のいう文中の鋭い指摘は、その「精神」からいって間違っていないことに気付く。「大いに悟る所あり、深くこれを悔い」、破った師の書簡を「拾いて」「補綴」したと告白している。

松下村塾は、こういう人生根源的な教育精神によって壮青少の教え子たちを、天地人の実相に目覚めさせた。一人一人のそれぞれに適った具体的な教育方針をもって、塾生を肝腎の幕末維新期に育てあげ、送り出したのである。

松陰はどこまでも教育者であった。

江戸への死出の旅にあたって、おそらくは最後の別れとなるであろう際、「思父（弥二のこと）年少、能知レ敬レ我、我是以深愛ニ思父一、思父無レ為《なす》而死《ネバ》、思父為レ辜《そむく》レ我、我害レ義而生《レバ》、我為レ負ニ思父一、思父室懸ニ我像一、両心相照、一幅感深、辜負二字、天地豈容レ之哉」とみずから書して、最愛といってもよい弟子（最後まで、松陰がどんなに孤立し、あるいは弟子のかなりの部分から偏執、行き過ぎ、悪判断、軽率などと批判され、離反されていた時でも、「弥二、真に慎《おそ》れずの奇人」と師にいわれるように身辺から離れなかった）弥二郎に与えたのであった。

正にこの師あってこの弟《てい》ありであろう。

六　青木周蔵

青木周蔵と品川弥二郎という独逸学のもっとも堅い生涯の友情は、二人が伯林と東京に離ればなれになった際、ひんぱんな手紙の往復となる。互いの職務上の人事や政策や事件（暗殺、反乱を含め）について意見を交換したり、共通の独逸留学者の個人情報（恋愛、情事、家庭）、青木の日本における資産形成への努力（当時の三千円を投資する大規模な土地・宅地・農地購入を含む）、互いの家庭状況の説明、などが交換されていた。むずかしい話の一切は、ドイツ語でなされた。ベルリンの青木による一八七八年三月二十八日、東京へ帰国している弥二郎宛の手紙に、そのことについて、こういう記述（『品川弥二郎関係文書』、山川出版社、一九九三年刊）がある。独逸文の「大意」を同書から引用してみよう。「親愛なる弥二郎、私の体験からすると、今の貴兄（二年前に六年間の滞独から帰日）にとって、日本語の手紙の方がドイツ語の手紙よりはるかに楽であろうとは思うけれども、やはり貴兄が再びいわゆる『かに』文字を読む練習が出来るようにドイツ語で書く。さらにドイツ語で書くと、私の思考を日本語以上に発展させられるし、又これから書く報告が我々以外の誰にも知られないという利点もある」と。

青木の品川宛の手紙でまず第一に注目されるのは、ドイツ人新興貴族令嬢との国際結婚にまつわる件である。無論、青木は、帰国後の活躍が明治政権内で保障され、評価されるためにも、この国際結婚で自分の官職歴に不利にならないよう配慮しなければならなかった。教会結婚を望む新婦側の親族の、それでなくとも東洋人との結婚に反対しがちな立場、クリスチャンになったら帰国後、政府内での立身出世に重大な支障があることを配慮せざるをえない青木側。さらには、ドイツ帝国政府と皇帝および日本政府の承認。その前に、養家青木家の日本残留妻（恩師の家付き娘）との離婚。旧姓三浦に戻らず、戸籍上は青木の分家になることを恩師一家と青木一族に認めてもらう事。なにより青木の庇護者・木戸孝允の許可。

数々の難問・奇問が青木とエリザベトの二人にのしかかっていた。親友であり、現地伯林の日本人留学生たちや日本人の付合うドイツ人男女の事情に詳しく、しかも長州閥の山県に非情に近い品川の存在は青木の宝であった。品川の了解と各方面への説得があればなんとかしのげると判断していたから、恋愛と結婚への道筋の要所々々で、品川への報告がある。そもそも青木家への入婿や海外留学の件などすべて取りまとめ世話してくれた恩人である難関の木戸

（長閥の雄）を、品川から説得してもらい、日本へ新婦をつれて帰りたい、というのである。

明治九年七月五日の独文通信（大意）では、「この女性は非常に教養も高く、かわいらしく素敵な人で、ポンメルン地方の名家の出身なのだ。その娘に私はぞっこんほれ込んでいる。そしてもし私が結婚の申し込みをすれば、応じてくれるかも知れないと思う。もし結婚するようなことにでもなったら、日本にいる貴兄たちに非常なセンセイションをひき起すであろうということ、また私が熱望するその様な結婚が人生を楽しくする快適さと並んで、又さまざまなやっかいなことを伴うであろうということはわかっているつもりだ。……どうか前にも頼んだように、どんな場合にも味方になっていただきたい」と本心を打ち明けている。

第二に注目されるのは、明治元勲たち、つまり当時の青木にとっては足元にも及びもつかぬ薩長の大物たちへの人物評価である。青木はあけすけに薩閥を独文にてこきおろす。明治九年三月の内乱勃発一年前の手紙では「芋」（薩州閥のこと）の連中が「狂信的」なことを論じ、「要するにこれらの連中は何らかの方法で抑えつけてしまわなくてはならない。外部からの刺激もなく、即ち敵の脅にさらされることもない国、特に日本は、とかく古い見解に固執し、先の発展を不可能にしてしまう危険がある。私は、もし『芋』の連中が過度に大きな影響力をもったら、我が国を著しくそこなってしまうであろうと確信している」という。この見解は、実は、青木が生涯苦手とし嫌いだった大隈重信の薩閥批判に非常に近い。西南戦役の決着がつき、二週間前に大久保暗殺のあった明治十一年五月三十日、青木は政府人事で隆盛弟の西郷従道が文部卿に任命されたことに不満を爆発させている。全国に散開している隆盛派残党がもつ怨嗟への配慮を示さざるをえない長閥の苦衷も知らぬ気に、「何故、軍人が文部卿なのか。……あの恥知らずな芋分子……私は御存知の如く芋連中には全く我慢がならぬ。個人的反感を彼等に抱いているからではなく、全ての行政機構の中であのエゴイスティックな派閥を優勢させてはならぬという、専《もっぱ》ら政治的根拠からいっているのである」。青木は品川に語りかける。「官員録を手にとって見たまえ。すべての行政機構において、軍関係の官庁を除いて、指導的ポストの三分の一は芋が占めているではないか。機会の均等など全く見られはしないのだ」と。「何年間も仲間内でガッチリ地位を固めてきた彼等」のことを「それが本当に国益のためだ」とでもいうのだろうかと厳しい。地方自治を確立しながら「中央政府から独裁的権力を奪うことが出来るのではないか」と、思いつきの、しかし重要な提案さえしている。

長州閥といっても伊藤博文には、手厳しい。伊藤が憲法学習のためベルリンとウィーンへ滞在している間の明治十五年十月十五日の書簡（日独混交文）に「伊藤参議も……方今は維納（ウィーン）府滞在、彼之碩学士の（シュタイン）之許に而、憲法及び行政の根本理念等の講義聴聞を致候処、来十一月初旬よりは又々当境（ベルリンへ）来り、グナイスト其他之大家に就《つきて》而……質疑可被致都合に御座候。最前、参議此地に而憲法政治等之諸科被修学候節はモッセ氏に課して憲法政治の大綱目を体系的に講釈せしめ、グナイストによりて理論的にも実践的にも重要かつ基礎的な国家理念の講義等相頼候処、両人共斉敷《ひとしく》骨折而勉強いたし、随而参議も満足被致申候。尤御承知之通、憲法、特に政治学之区域は深遠且広大に有之候故、期二旦暮一修学相調都合に無之、加之《しかのみならず》、伊藤随行之諸氏中、漸《ようや》く政略之情を悟候者は可有之候得共、第一、解二独語一者無之、次而沈重取調事務に堪ゆる者亦太《はなはだ》少く、参議も前後浩嘆之様子に相見、気之毒に奉存候」とあって、たしかに明治初年代にすでに国家立憲の道を木戸孝允に上申し、プロイセン憲法を下敷に、それなりの憲法草案を起草している青木からすると、見ていられない、といった感じが強いのだろう。

松下村塾出身の伊藤が大久保に気に入られ、とくに青年明治天皇と岩倉具視の信任篤く、あらゆる公私の憲法案を差し置いて、伊藤のみが天皇の、いわば特命で独逸へ来たことへの嫉視は強かったろう。青木からすれば要領のよい、可愛がられ屋の俊輔め、といった感情があった。二年後の明治十七年九月の書簡（「密告」とある）にて、青木が、農商務省へ人物推薦した折、伊藤参議に電信をもって「相試候得共」、伊藤から「直に『無要也』との返答に相接し」たという苦情を品川に洩らしている。以下に青木の痛烈な言辞がある。「要するに紅毛白皙ならざる小生如き迂漢之建議は、親愛なる友よ、中々難レ被レ行なり」と。白人の学者や行政家の云うことには耳をそばだたせる伊藤が、同じ長州であるが、松下村塾でもなく、士族・卒族でもない田舎医者上りの青木を、近いだけに差別していると、あるいは競合しかねないと警戒していると、青木は受け止めていたのであろう。

西南戦役にからんで土佐の板垣については、「ちょっと時勢に背きたる仕事すきの様に相見え、掛念此中に御座候」などと、きつい。土佐民権に流れた土佐藩閥旧武士たちを「鰹武士」と切り捨ててもいる。西南戦役については、外地にいて情報不足ながら品川の安否を気遣っていて、「老賊糞西郷、今以て存生ならん。実に一寸刻に戮しても立腹、難然、狂信的政治家なり。……右老賊之下手な功名心と怨望位に有之……桐野、村田等に至而は……大馬鹿」など切り捨てている。政府側が「彼より砲発」などと「大目に見しこそ……実に失策と云たし」などと青木口調は止るところを知らない。これも相手が熊本籠城戦で苦労し、「西郷」から精神的にも分岐したばかりの品川で、しかも親友だからであろう。

第三に注目されるのは、女、あるいは「シロ」(白人女性)についての話題である。弥二郎と周蔵の仲が対等な男同士のつき合いで、人間的にもぴったりしていなかったら、いくら長閥同士とはいえ、こういう話題が真正面からとりかわされることはないだろう。逆にいえば品川弥二郎なる人物がもって生れて持つところの人格に、まるで真の信仰者のような相手のすべて(正も負も)を受け入れるおもむきがあり、ある種の全人的許し合いの関係がつくりやすい人物であったことである。あるいは青木からみて、よほどの好人物であったのだろう。

たとえば品川が伯林を発して日本横浜へ向っている間に、先廻りして寄港先へ発送していた手紙の続きで、帰日直後の弥二郎が読める見計いで出した独文の手紙(明治九年三月九日付)をみよう。「我々は今月の三日か四日には貴兄が無事横浜、あるいは江戸に着いたかと確信している。一体、今どんな気持でいるだろうか。長い間祖国を離れていた後、再び祖国を見るということ、そして祖国の人々に歓迎されるということは、貴兄にとって喜ばしいことに違い

は「シロ」から切り離し「なんとか帰国せしめ度と心を砕けり」という方向を捜す。彼女の周辺からは婚約せねば出入りを断わられた青木は「自分はどうすることもできない」と品川に訴えている。いずれ結婚を認めるからといったん帰国を拒否した北白川宮は「後家と是非とも結婚したがっている」。宮から遠ざけられ出入りの野心」になっている。日本政府が結婚を許さなければイタリアなり欧州に滞在し、「後家の前垂れにて飯を喰うとまでいう様惑」となる。日本への帰国は「せぬ」と申立て、「不謹慎」極まりなく「閉口々々」。現地ドイツ人の間でも評判になり、青木の「縁談にも相響き、万々迷言ってさわぐよし」となった。「実に案外の馬鹿者にて言語に絶し申候」と青木もびっくり。日本への帰国は「せぬ」には有之由に候得共、一旦他家に嫁したる人にて、世間には兼々ね評判なき程の人なり」）と恋愛関係を結び「女房にするとか「取り巻きに腐らされ、すっかり色狂い」になってしまった。二年前から女遊びというより貴族の後家（「なる程金持日付）であろうか。北白川宮はプロイセン陸軍士官学校から陸軍大学校入学と、将軍学をするはずであったが、悪友

青木がなんでも打ち明けている「シロ」の話題の中で大きいのは、やはり「北白川宮軽挙一件」（明治十年八月十六

さておき……」という、ふざけ様である。

ャバレー（遊廓）を訪れているであろう』といっている。このうちのどの意見が正しいか私にはわからない。冗談は弥二について……最初の行動はおそらく池田の主張した通りだと思う。……彼はここ数日、連日少くとも十カ所のキ……』といっている。三番目に松本（鼎、のち協会員）は『君たちは弥二のことをあまりにも一面的にしか知らない。彼は横浜に到着した後、何よりもまず愛する家族を喜ばせるため、彼の無事到着を家族に知らせたに違いない。れと反対で『弥二のように品行方正で行儀のよい男は、これまでの道徳的な行動を変えることなどないに違いない。早速それを御使用になろうとして、彼のボスを清めたに違いない。……』。長井（長義、のち協会学校長）は、全くこどうか？　池田（謙斎）博士（のち協会員）はこう主張している。『弥二はきっと日本が近づくと直ぐ横浜（遊廓街）でない」。と、ここまでは友情の思いやりといったところであろうが、すぐに「ところで黄色人種の淑女たちの印象は

処へ出ると強談判《こわだんぱん》も出はじめているばかりでない。実は他にも下宿先の「下婢へたれこみ、現に三、四歳の童子存するよし。……宮より有余る程に贈金せねば此婢も公然……可申出含《ふくみ》に罷在候よしなり。なんと飛んだ還俗和尚ならずや」と青木もあきれ顔。この落し種は「日本へ送るより外なし」と。下婢の兄弟らは「宮というよき相手を引当に」大金を所望、「脅し」をもって金を「引ったくる所存」である。前段の後家はともかく軽挙の婚約の破棄に行くまでが児戯に類する大変で、結局、宮を引当て「思惑をするつもり」。「評判悪しき」「婦人にだまされた」のであった。「本件は欧州一般に響き渡り、実に不都合之極なり」と青木も品川に伝える。「実に在独日本人は女気違いと云わるべし。汗顔々々」と。

考えて見れば、北白川宮は、幼少期に出家させられ、天台座主という伝統日本最高の僧位につけさせられて、天台の細密な儀式と厳しい苦行を身体に覚えさせられ、自分の意志や希望など聴かれない「人生」を歩みはじめていたのだった。しかも上野寛永寺に輪王寺宮として据え付けられ、二十歳で公武両者の激動の渦中に投げ込まれている。薩長土肥の「官軍」に歯向う幕府「朝敵」側の調整役にされてしまい、東向進軍する官軍将卒の、野卑極まりない喧噪の中を決死の覚悟で箱根を越え、調停を試みて相手にされず、とどのつまりは上野籠城から尼僧に変装して脱出し東北へ逃れ、東武皇帝として「即位」し、結局敗残・崩壊。取り巻きの高僧たちは死罪や自殺。罪一等を許され、またもや一方的に還俗させられて謹慎、独逸へ留学という、いかにも剣呑なる前半生であった。独逸留学ではじめて一人の人間としての「自由」を獲得。その反動で行き過ぎて脱線となったのであろう。強制的に帰国させられた後には、土佐山内家の娘と結婚するが、病弱でうまく行かず、宇和島伊達家の娘（富子、島津家へ嫁いで未亡人となり戻っていた）と再婚したが、この前後に、すでに正式の妾女を三人もかかえ、みな子達（のち立派な華族、皇族になる）を生み育てていた。なんともいいようのない「人の道」の業が、明治二十八年、台湾で太平天国以来の黒旗軍ゲリラとの激しい戦闘中に四十八歳で戦病死されたことを含め、北白川宮の人間性にとりついていたとしかいいようがあるまい。歴史の大転換の過渡期の、冷厳なるクリオの女神は、幸不幸を平等には配ってくれないのである。

七　選挙干渉

第二帝国議会の藩閥政権と民党連合（板垣と大隈）との力関係から、松方正義上奏の詔勅解散となり、品川・白根の山県系長閥による選挙大干渉となったわけであるが、このような軽挙で不誠実と強引な権力の振りまわしの政治風土が、そもそも明治政権にあっては、十年前にはびこっていたことを指摘しておかなければ、品川に申し訳ないともいえる。正義感情家の伊藤や変り身の早いクレバーな陸奥が、初めて驚いた風に品川を責めるのは、あるいは多少品川に酷といえようか。その一例として長閥・山田顕義（一八四四―九二年）文書中の資料をあげておこう。

全国の上中層官吏たちの人間的性行は、明治元勲「現今廟堂諸公」への「売り込み」にあった。手足二十指に入る元勲たち（山田を含む）の所へは、全国各地からささやかな提言をこめつつ、民党や民権家を誹謗する提言書や密書が舞い込んでいた。以下に掲げるのはその一例（『山田文書』六所収）で、明治十六年の住所氏名不詳（切断）である。

何分にも此儘にては不容易之結局に成行候事と杞憂不啻《ただにのみならず》候。先ず其一言現証たる、客冬来大阪に、三重に、静岡に、岐阜に、恐多くも聖影を踏破するあり、祖宗を盗賊視あり、あるいは云々代理視するものありと。又々謾《みだ》りに社会党、虚無党に比擬するものあって、詭激至らざるなき之現況を呈出せり。右等之挙動、勅諭前、御国臣民たる者夢想視せし事も無之、一時之反動とも可申候得共、履霜之歎、此事に御座候。……是すなわち客冬以来詭激之風潮に相成候現況にて、今回集会条例之改正相成候得ば、直ちに革命親睦会之催しに及び、今後半歳間、何等之激状を呈すべきや。此社に、彼党に解散を命ずる如き、彼地に、此処に秘密之集会を企て、罰金に、禁獄に触刑之者続々出来、終に竟《つい》に出没隠顕、匕手（首）縦横之場合にも可立至歟。於是乎政府は大に警察権を更張し、あるいは国事に関する処分法を厳重に更正する如き、又は府県会を停止するが如き、到底明治十六、七年は頗《すこぶ》る危険之形勢に可立至。

と、元勲山田（もともと山県に比肩しておかしくない松下村塾出身の大物で協会員）をおどかすように、このままでは「修羅界に陥入」るといい、兼々思い付いていた「人気陽気に相成候様致度」の地方補助策を提言しているのである。

反板垣の気分が強く大隈寄りともいわれる土佐藩閥の河野敏鎌（一八四四―九五年）は、大久保の下で佐賀の乱の江藤新平の処刑裁判官として評価された硬骨漢であるが、その河野でさえ、板垣暗殺未遂事件の起った明治十五年四月段階で、「在朝の人、もとより激徒を教唆せしにあらざるべしといえども、政府正に（吏党を）奨励勧誘して……自由党を攻撃せしめし事は事実に於いて明白なれば……党派相刺すの禍機成れり。……我は政府に陰謀なきを保する能わず。在朝の人、我輩を反逆者なりと誣い、探偵などにはすこぶる卑劣を極めたり。あに公正の政府ならんや」とまで告白している始末である。同上巻に収録の高知県少書記官太田卓之の、長閥山田顕義への密書によれば、地方県令から大書記官のみでなく、少書記官にいたる役職者までが、中央藩閥の方を向き、出世のひもつるを求めてか、探偵もどきの「職務上に於いて知りたる事」を「妄りに」「誣言《ぶげん》」を構え、地域社会に「禍機」を醸し出そうとしている越訴が如実である。太田は地域民衆を「悪風潮は県下一般の人心に注射」し「風倫萎靡《いび》、徳義地を払」うとまで上申し、「ほとんど謂《い》うべからざるの惨状を呈するに至れり」と報告している。「その甚しきに至りては権謀術数をはさんで、以って人心を誘掖し、……終に社会の秩序を紊乱するに至る」と。つまり太田は「憤然決起して……前面は警察の威力を利用して狂暴過激の徒を矯正し、裏面は又教育を以って軽躁子弟を薫陶し……いやしくも法網に触《ふ》る者は……刑罰を以てす。……激徒末路の方略を看破し、安寧警察の盛旨を公衆に注」ぐことをしていると、自画自賛している。

海軍費（国防力改善と製鉄所建設）を拒否されたことで国家危機を感じとり、民党連合が無責任と放縦、議員数の力で押しまくることへの憤りで蒼白となった品川は、持ち前の「誠と志」から、宿痾をかかえた白根専一（一八四九―

九八年）らしい謀略を云われる通りに呑み込み、責任は自分がとる事で選挙大干渉の断を下したのであったろう。

品川（内相）は白根（次官）、小松原英太郎（警保局長）（いずれも協会員）と相談の上、あらかじめ秘かに各地方長官と各県警察部長宛で、「吏党候補者を擁護せよ。民党候補者およびその運動員に対しては、極力干渉を試み、運動の妨害を為《な》すべし。以って吏党候補者の当選に努力せよ」との訓令を発していたという。各県警では巡査に対して「議員中に於いて、民党なるものはその説詭怪《きかい》、その言粗暴にして、ほとんど国民の権利を増進することを妨ぐるものなれば、諸氏は直接に人民に接して政党に関係なき者を選ぶことを諭すべし」などと指示したからたまらない。野村秀雄の『政党の話』（朝日新聞社、一九三〇年刊）が「暴君の態度」で「すこぶる非常識、無鉄砲の訓令」と断言した日本近代政治史に残る「暴挙」になった。

大隈重信系の大学人・政治家として大をなした高田早苗（一八六〇―一九三八年）によれば、高知（板垣の自由党の本拠地で土佐民権の巣窟）と、佐賀（大隈重信の出身の地で肥前民党が制覇）では、ねらい打ち的に露骨な「干渉が激烈で、一時は其方面に於ける内乱とでもいってよい位な大騒動」が持ち上がったのである。

「日本全国至る所、官吏は暴徒と与んで白昼選挙区を横行し、あるいは甘言を以って吏党候補者の為に投票を勧誘し、あるいは暴力を振りかざして民党の同情者を威嚇する。さらに進んでは剣を抜き、砲を放ち、人をきずつけ、人を殺し、家を焼くの暴状をあえてしてはばからない。ことに板垣の出生地である高知県と大隈の故郷である佐賀県はもっとも猛烈を極め、その他、熊本、福岡、富山、石川、千葉のごとき、これと大同小異の実状であったため、さすがの良民も「革命か死か」を叫んで、凄惨の気は天下を蔽《おお》うた」（野村前掲書）と。

高田早苗も埼玉二区で立候補していたが「演説会などを開くと、土方や賭博打ちがその中にもぐり込んで乱暴を働き、警察官は陰に陽にこれを応援する」という有様。この二月総選挙で当選した高田は、五月、自宅前で肩先から斜めに長さ八寸、深さ一寸ばかり、プロの手さばきで、死なぬように重傷を負わされている。犯人たちの下っ端は自首して出たが、警視庁の態度は「凶漢を熱心に捜索する様子も見え」ず、被害者に「冷淡」そのもので、結局「証拠不十分」であるとされ、しかも未成年者だとして軽罪になっただけ。主犯はあがらなかった。非藩閥の民党人は「斬らるれば斬られ損、殺されても事実上、仕方なかった」（高田『半峰昔ばなし』昭和二年刊）時代であったという。この大選挙干渉の間に、死亡者は高知で一〇人、負傷者六六人、佐賀で死亡者六人、負傷者九二人を数えている。全国で死者二五人、負傷者三八八人に達するのであった。

そもそも、藩閥政治の行く末に危機を覚え、政党政治の渦中へ入ろうとしていた伊藤博文や「鋭敏で先の見えた」陸奥宗光、そして無論、形勢展望家で無定見、しかも大言壮語の後藤象二郎らは、手の平を返して強く批判しはじめ、肝腎の総選挙でも敗北した松方内閣は手を上げたのである。

品川の「民党征伐」の根は深い。平田東助も明治二十四年段階で「議会の有様、実に痛嘆の至に不堪《たえず》……唯々驚入申候。内閣大臣は何と以て責を後世に負う積に候や」と二人の宿願であった信用組合法が不成立になった際、弥二郎に書を認めているほどであり、品川らからすれば、在野民党に妥協せんとする伊藤らの動きは、しゃくの種であった。「伊藤らは自由党（板垣）と政府との双方協議調いし事」とあるような「政党内閣の萌芽を度々顕したるもの、実に痛嘆に堪えざるなり」と痛憤している。「やじが杞憂かも知れず、杞憂になれば国家の幸じゃが、不幸の萌芽と確に覚申候」と念を押している。こんなことでは大隈・福沢などは六十余名の民党人を府県知事その外へ入れることを条件にしてくるなど、ひどいと品川は思い込んでいた。柔軟・狡猾・したたかな伊藤の胸中など理解できなかった。「政党内閣を志し、元勲の一人が着手する姿と相成候わば、国の為、真に悲憤に堪えざるなり。立憲政体、つまり免れぬ」と危機感をつのらせていた。

したがって品川が内相になれば、当然そのくらいしかねないのであった。高田早苗にも、品川は「吉田松陰の愛弟子であって、熱誠男児というべき性格は十分備えていたが、立憲政治の大臣たるに適しない」人物であったと軽くあしらわれていた。

八　大村仁太郎

品川弥二郎が、北白川宮はもとより、西周や加藤弘之と違って、協会学校のために懸命の献身をしたことは別にも指摘しておいた所であるが、わが協会学校の教学運営と協会それ自体の管理について、品川は若き大村仁太郎を見出し、学習院教授のかたわら、協会の事をまかせたのであった。ここでは、そのありさまを、品川弥二郎の大村宛の書簡（大村の外孫・川崎倫一家所蔵文書）にて追ってみよう。

1　明治二十八年三月八日消印

尊書拝読、ロイスレル（明治二十六年帰国）之御宿、御手数なるも、早々御仕出し可被下《くださるべく》候。何もやじに於て異議無之《これなく》候。（駐伯林日本）公使館に依頼すると、いつも反古になるが常なり。小生、（ドイツ全権公使）在勤、覚えあり。可相成《あいなるべく》は当地に居る独乙人に聞合して、宿所を知り度ものなり。大丈夫は、在東京之独乙公使館へ依頼するがよき事と存候。必ず悦んで世話してくれる事と存候。（協会ならびに学校ヨリ頼むと申せば）在独乙の日本公使館にて夫々之居処をさがして送りもらい度と申は普通の考なれ共、実地は決して、其世話の出来るものではなく候。分りはせぬかと存候。為念《ねんのため》申上置候。尤、日本公使館に托するを忌むと申訳けには無之候間、此迠《とて》、不悪《あしからず》御承知置可被下候。

やじ

三月八日

大村様

（獨逸学協会）学校卒業生之名、履歴、夫々御取揃え御廻し可被下候。陸軍省へ出来るか出来ぬか、運び込みて心配致し可申候《もうすべく》（山県の陸相就任と新校地獲得運動に関連）。学校之事、種々と心にかかるのみにて、何之御助けも得《え》致さず、汗顔々々。何卒、乍此上《このうえながら》、御尽力之程、奉願上候《ねがいあげたてまつり》。

近代法制定や憲法確定に大きな功績のあったロエスレルの在独住所の問い合わせであるが、公使館の業務姿勢をめぐる品川の対応と判断に人柄が浸み出ている。しかも卒業生名簿（とくに専修科か）を知りたいといっていることや、末尾の協会学校を心づかい思う姿勢に感銘せざるをえない。陸軍省云々は、山県陸相就任や桂太郎の昇任にからんでの手狭になっている校地移転か拡張の話にからんでいよう。

2　明治二十九年五月九日

卒業式に付ては不容易《よういならざる》御配神、感謝々々。今後も不相変御丹誠、皇道之為、独乙学之為め、奉祈候。（佐久間）象山先生の長短歌は定めし反古になりしもの多々可有之《これあるべく》、自然、望みの人もあり申（さ）む。残余有之候間、御用捨なく可被仰越候。此歌道にて、象山翁之勤皇主義、開国主義の傑物にて在りし事、有《あら》わに分り申候。松陰先師之、象山々々と死ぬる迄申せしも、無理ならぬ事と今日感じ申候。かしく。

二十九年五月九日　やじ

大村学兄

過日御送り被下候独乙の小学読本は、上木之手続は出来不申候や。いかにも教師先生方に少しく知らせ置たし。尤、文部省にては、不同意たるべし。協会之名にて出板（版）は差支《さしさわ》り無之事と存候、如何。

その人物の不羈狷介、容貌魁偉で、文武両道の天才、しかも勤皇と開国の両義を兼務して、幕末期に各方面から誤解される所多く、結局、分らず屋の反幕勤皇のテロリストに殺された佐久間象山（一八一一―六四年）についての、恩師松陰の入れこみ様をよく知っていた弥二郎の考えが表出している貴重な書簡といえよう。あれほど自負心が強く、他を許さない所のある松陰が「象山々々と死ぬる迄申せし」というのは、納得する。井伊政権の厳しい取調べの際も、自分の不始末から不法脱国の連帯責任を取らされた佐久間象山をかばい立てして、自己の死は当然として師・象山だけは免れさせようと夢中で必死に努力していて、それを狡猾したたかな幕吏に見破られ、生真面目な松陰の精神がもてあそばれたことなど、心痛む。

文部省云々にも、弥二の非官僚的な気風がうかがえるといってよかろう。

大村仁太郎（協会幹事、協会学校書記）宛の品川の手紙は、いずれも協会学校あるいは協会の業務にまつわる依頼や指示である。大村が「不相変、御励精奉万謝候、後一層御配慮願候、山脇より詳《つまびらか》に伝承、国家将来之為メ、悦び申候」とあって、真心から弥二は大村を激励し、大村に感謝している。

3　明治二十九年五月十二日

尊書拝読仕候。被仰越候（佐久間）象山先生、長短歌四十葉、呈上仕候間、篤志者へ御配賦被下度、奉願上候。ボックの読本（品川の序文あり）は協会之名にて上梓可致都合に相計い可申候。府立云々は（東京府立中学への移管策か）、余程之利にて有之候様、昨今、山脇（玄、協会学校幹事）来訪にて承知致し申候。やじに於て、少しも異存無之候間、（加藤弘之）校長ならびに平田（東助、協会委員）等に異議なくば、其御運び被下度、奉願候。

○エーマン氏、石川県へ転ずる事は、誠に協会の為め、独乙学の為め、本人之為めにも不得策と存候。数年来、薄給にて独乙学の為め、孜々《しし》勉強、十年一日之如く、同人に尽しくれたるは、実に我ら感謝に言葉なし。其報恩に月給増するも出来ぬ協会、唯々、気毒と申外無之、山脇ヨリ承知すれば、他の学校等に行きて、月給は彼是、本人異議なしとの事なれども、五円でも一〇円でも出来得る限りは、生徒の数も増し候事故、補助致し度ものなり。（相手金沢の）大嶋校長との情義上、本人ヨリ辞退するは中々心苦しき事は万々承知致し候得共、獨逸学之為め、飽く迄留任を切望致し候。委員長之資格にて此段、老台江申上候間、此手紙之旨趣、本人へ篤と御通じ可被下候。本人身上之快楽ヨリ申して、不気候之北地に行き、同国人（獨逸人）之交際はなし、不愉快気に察せられ申候。呉れ々々も、いづれの点ヨリするも、石川に転ずると申事は、やじは承諾得《え》不仕《つかまつ》らず。府立にすれば一層、本人之名誉にも可相成、積年之丹誠にて今日漸《ようや》く独乙語の花の咲かんとする時になりて、本人之此帝都を去るは、独乙学に対して、本人之去て田舎行は、万々不同意なり。唯々、十分之給金、報謝金を与える事の出来ぬが、いかにも気どく千万なり。此段、篤と御申聞、返す々々も奉祈候。為其《それなり》。

匆々頓首

やじ

二十九年五月十二日

大村学兄坐下

学習院は代々木御料地に極り候よし。何ヨリ之事と相悦び申候。（大村は学習院教授兼職）。兵営も出来るとか、調練場も出来るとかにて、やじの拙宅なども植木の取調べをして出せと四、五月前、申来り候よし。（文頭添書）長州の仮な字朱書一枚、差出候間、御写取之上、御返し可被下候。中々よみにくき文字ある故に為念、差出す。老婆心御笑止々々。

品川らしい率直な手紙であって、府立尋常中学校への移管によって経営不振を免かれ学校を維持しようとの姑息な手段から考えていたことを知る。資料からみていて私たちも、さこそあれとは思うものの、びっくりせざるをえない。山脇協会学校幹事や協会委員平田、加藤校長らと相談して決定すれば異議はないという品川の気持は買えるものの、いかにも品川らしい無策の素手であった。幸いにも公立へ移管せずに（あるいは東京府側からことわられ）済んだ。ドイツ人教師エーマンの北陸地方の公立校への転校には、品川もほとほと我が身と協会学校の実体の力のなさに、なさけない思いをしたことであった。独逸学のためにも、といっているところも泣かせる。

4　五月二日

明日、（獨逸学協会）委員会に而、書類御廻し、拝見仕候。何も不都合之件も不見出。何卒、被談合《だんこうなされ》、御取極め奉願候。病骨（弥二郎痔疾）は不参、会合御免を蒙り候間、御海恕可被下候。後来御注意を仰ぎ置度は、維持費の一点なり。御救助米（政府）なしに生活出来ぬ。生徒を集め、修業半途にして退校、又は廃校などの不幸を被《こうむ》らせては、生徒は元トヨリ、其父兄に対し申訳けなし。この点のみ、学校設立之最初ヨリ気遣し事なり。（加藤弘之）校長殿、被談合候て、くれぐれも、この不幸に陥らぬ事を奉祈候。維持費なき上は、どの様なる細小之学校に相成りても不苦候間、虚飾に門戸を張り、終に小学校さえも維持する費用なき様にならぬ事を奉祈候。頓首

やじ

五月六日

平田（東助）様

中根（重一、協会委員）様

平田や中根に見せるようにした大村宛の書簡で、第二便あるいは四便にある協会学校経営不振の有様がいかにも深

刻であることが伺われる。品川の必死の思いが伝わってくるが、政治にまつわる公私の用務の泥海にあって、教育家専念の決断ができない弥二郎の優柔不断の性情が典型的に表出している。歯がゆいくらいである。文化人・帝大教授加藤弘之や陸軍出世頭の桂や、高級官僚政治家として上昇中の平田などに依存しては、「細小の学校」すら私学としては経営できないことぐらいは察知できなければならないのに、そこがまた松陰に似て、大甘の所があり、ザルで抜けている所があった。いかにも善人であった。一筋の道を行き、自己の生命体としての信条を貫くことと、現実の世の中で経済経営を切り盛りすることの連関にゆるい所があった。その志やよしであるのだが、大村にも天野にも、つまり獨協三大人のすべてに、それが濃淡はあれ、伝承していた。「天野は甘い」（安倍能成）と評されたゆえんでもあった。大村も学習院問題で「甘さ」が露呈してしまったが、逆にいうと、そのお蔭で獨協が飛躍したのであった。

5　五月二十三日

今日は、折角御来訪被下候処、無拠《よんどころなき》来客有之、失敬仕候。別紙捺印致し候間、よろしく御取計い奉願候。学校へ時々御見舞致し度と相考候に、御無音に打過し、何とも恐縮に堪え不申候。乍此上《このうえながら》、万事御尽力被成下度、国家将来之為めに奉祈候。一人にても此校ヨリ国の柱石と可相成人物出可しと祈る念は一日も忘れ不申。偏に老台之御勉務を奉願候。為其。

匆々頓首

五月二十三日夜　やじ

大村仁太郎様

学園史にとって大事な書簡であり、校祖品川弥二郎のいかにも校祖らしい雰囲気と責任感覚の備わった気持が表われた文面であり、ありがたいことだと思う。学祖・大村への校祖の評価と感謝、励ましがうれしい。別にも認めたが、品川のいう「此校より国の柱石と相成べき人物出るべしと祈る念は、一日も忘れ申さず」は、この百二十年最高の金言といえるであろう。大村への品川の別の書簡には「いつもお手伝する事もできず、御気の毒に堪えず」と本音で詫びており、また別便に「学生のため、国家将来のために祈り申候」とある文言も忘れられない。

6　明治三十二年五月五日

尊書拝読仕候。いつも御健康にて御勉務、敬賀々々。協会学校之事、如例、御配慮、何とも御気どくに不堪候。桂大臣（陸相）へ図面に添え委しく申遣し置候。返答有之次第、可申上候。御申越之此場所（新校地購入一件）は、異論は無之筈と存候。十三日之卒業式には是非一寸、参列致し度ものと存候。

（右脇添書）祝詞御認め奉願上候。不相変之空談夫、御憐察可被下候。先は不取敢、御答まで。　草々頓首

三十二年五月五日

大村様

西小川町校舎が手狭になり、設備も首都の尋常中学校教育が急発展しようとしている矢先で、適当な移転先を、大村は、交際範囲が広く急成長の権力をもつ陸軍の桂の世話になろうとしていたかも知れない。品川を通して、ということだろう。無論、桂も大村から直接より、弥二を介してを望んでいただろう。念仏庵主も、本人自ら老成化しすぎて「空談夫」になっていると自嘲あるいは謙遜する所が、痛ましいというか、生身の政治家、あるいは海千山千の明治期の私学経営者としては似つかわしくないといわざるをえない。入学式、卒業式の挨拶文なども大村に書かせていた。品川の文面にいう中学校新令によると、第一には中学校の生徒人数は八百人を超過してはいけなくなるのに、協

会学校は現在（明治三十二年四月末）七九八人に達しているので、「因て我校、最早二名の外、入ることを得ざることとなれり」という苦境に陥ってしまうのである。第二には「要するに二千坪の体操場を除き、学校の敷地は凡八百坪以上、一千坪を要する事」になった。（『品川弥二郎関係文書』二、山川出版社、一九九四年刊）。大村の品川宛（明治三十二年四月二十七日）書簡によると、現在の地所（壱千坪）が「安く見積りても地所のみで一万八千円（坪八円の見込）」の価格があるので、これを売却し、桂太郎の陸軍の融通により「若し幸いにして陸軍之地所借用相叶」わば「現在の土地を売却して、建物は可成《なるべく》移転先きへ持行く」ようにしたいというのである。

同年五月四日の大村の書簡によると、「学校の方は目下益々好況に向い居候え共、今回規定せられたる新中学令により、弐千坪の体操場を備えざるべからざる事に相成、誠に困り申候。此規定は厳重に励行せらるる趣に付、我学校の如き到底現今の場所に居る事出来申さざる事に相成可申と存候。さりとて新に地所を買入、之に新築することは経済上為《な》し能わざる処に有之、何んとかして官有地の拝借を願度と存じ、夫々詮索仕候処、別紙図面の地所は先般一度申上候事有之候陸軍の火消地の一部にて、砲兵工廠とは余ほど距離も有之、且其前面には人家も多く有之、実際火除け地の効用は無之ものと被存候。此地所なれば或いは拝借の義、聴許せらるる筈には相成候え共、何分覚束なき事にも被存候間、此際、是非に閣下の御高配を仰ぎ、右地所借用の義、相叶候様御工夫の程、切に希望仕候。……我校に於ても此際、出来る丈けの事は致度と存居候」と、大村は品川に実状を報告している。

ともかく品川文書にある十二月十日付の書簡（年号不詳なるも同年か）には、「陳《のぶれ》ば学校地所売却の義、本日午前十一時、第十九国立銀行に於て売渡し、書類引替にて現金受取方無滞相済み、金壱万参千八百円、確に領収仕候間、左様御承知賜り度奉願候」と報告を上げている。追書きで「買手は郵船会社社長近藤廉平なる事、判然相分り申候」とあり、さらに「尚又、右金額利殖の義に付ては、何卒可然《しかるべく》御指図賜わり度奉願上候。差当りは安田銀行へ当座預けとして振り込み置申候也。仁太郎再白」とある。

結局、新令は既設校にては特別に猶予され、移転建替えもうまく済んだ。幸せをつかんだと思われたが、好事魔多しとやらで、明治三十四年十二月九日には、この時、協会学校が入手して公社債・株券に変換した証書はともかく、残りの多額の現金が失火（あるいは故意放火）とともに焼失、消去されてしまったのであった。

7　五月十三日（明治三十二年）

今日は快晴に相成、卒業式之為め、天助あるものかと御同賀に堪えざるなり。今日は、参場之心得にて有之候処、朝来、病婦（品川夫人）相悪《あいにく》と精神狂い出し、種々困難ありて出席を得ず。何も御憐恕可被下候。加藤（弘之）校長はじめ、教員諸君へ、可然、御話被成下度《なしくだされ》、奉願候。此書二十部差出候間、今日之卒業生へ御遣し可被下候。此書は、やじが満十四歳に二ヶ月も足らぬ時に、先師松陰先生ヨリ叩きこまれし太宰（春台）氏の『経済書（録）』にて、何科に進む人も、此主義を外しては、一身一家一国之為めもならぬ事と、やじ堅く信じ居り候間、卒業生に一言、此の段、御申聞け、御渡し可被下候。前回にも卒業生に遣し候事あるかと存候。またやじの祝詞は老兄、代りて御朗読被下候わば、大幸なり。御都合によりて御止め被下候ても不苦《くるしからず》候。為其。

草々頓首
やじ

五月十三日

大村仁太郎様

桂ヨリ今以、返書（校地購入の件）なし。気長には閉口々々。

此事は後日に譲り申候。

その卒業式であるが、品川夫人が例の調子で精神安定せず、夫・弥二郎の外出をとくに拒否するくせが爆発してしまうらしく、晴れの式場に、委員長（現在の理事長）として出席できない詫状といってよかろう。

ここで、獨協教育精神にとって大事なことは、「やじが満十四歳に二か月も足らぬ時に、先師・松陰先生より叩きこまれし太宰春台の『経済録』」の内容である。「何科に進む人も、この主義を外しては、一身一家一国の為もならぬ事と、やじ堅く信じ居り候」といい、卒業生一同に読み聞かせ、その色紙を与えたい、としている。

春台（一六八〇―一七四七年・荻生徂徠門下の経済道徳合一学者）がいうことには、天下国家の「王業」はもとより久遠の歩みをもって成立するのだが、「庶民の業」といえども、そうでないことはない。例えば、穀物は、植えてから一年以内にその「利」を見るし、植樹は「十年之外」に利を見ることができる。ところで徳を植えるには数十年の後に利を見るのであって、「王業」に似ているとさえいえる。ここで古典古代中国の逸話が持ち出される。周の衛君が田園を巡視していた際、一老父が松苗を苦辛して植え込みながら「喘息」していた。問いかけると将来、家の「棟梁」にしようとしているのだと答えたという。衛君が笑って、この松が木材となるまでのことを考えると老父がそれを用いることが果たしてできようか、だめではないかと。植え込み続けている老農夫は面をあげ君主を凝視して、「植樹は用をなすまでに百年を待つ。『小人』である自分は耄碌して幾くばくもなく死んでしまうが、我が子孫のために計画しているに過ぎない。それにしても君主が当世のことだけ考えるなど、どうしたことか」と強く批判した。名君主の衛君はすぐに真実を覚り、「我あやまてり」と詫び、そのしるしに「酒食」を授けたというのである。弥二郎はこの教えを、しきりと協会学校生徒たち（専修科学生と普通科生徒）に訓話していたと思われる。これは無論、先師・松陰が佐久間象山から学んだものという。

古代以来、大木の産地である防長出身の者らしく、品川弥二郎の教育論には、樹木の植林にたとえた話も多く活用されて講話の材料とされている。すなわち、木はそのままに折ったり、燃やしたり、枯らしたりすればそのまま木の寿命の範囲に終始してしまうが、杣人《そま》が丹念に世話をして大木に育てあげれば、家となり、舟となり、家具となって後々も人の役に立つ。木の一生はわずかに数十年であるが、木材はさらに数十年、あるいは百年以上の寿命を持って人間に有益な働きをする。ところが、真の教育は、木材よりも寿命が長いはずである。丁寧なる良き教育を受けた人間は、生長し大成し、さらにまた多くの周りの人々を生育し、良き影響を与え、善良なる感化を生じさせ、次々と世代を超えて良き人間を生み出し続けるのであると。したがって教育者は、植樹家に比しても重大なる責務と名誉を有する、というのである。

明治の獨協生は、品川に学ぶ所が大であった。幕末維新の混迷と動乱の中を切り抜けた志士でありつつ、それを超えた弥二のありのままの人間的雰囲気にひかれた。象山――松陰の東洋哲人的世界観と人生訓の精華を「やじ」を通して学び取り、胸にいだいて、世の中に出ていったのであった。

8　明治三十二年五月十五日

一昨日は種々御配神、被下候事と感謝々々。先、無事に相済み、御同賀々々。多数之少年子弟等預り、卒業式之義務□□（十分）に相済せ候て始めて父兄に対して責を免かれ申候。学校之世話も中々容易之事に無之、乍併《しかしながら》、これほど国家将来之為□□□（めに成）ものは無之、暗々裡に天助も有之之事と存候間、何卒御耐忍御指揮被成下度、乍此上、奉願候。殊に独乙学之必要は漸□（く）世間に知って来りし今日なれば、商業家之実際に従事するものには英学は実要（用）なれ共、他はいづれの科も、商業も学問としては独乙学に限り申候。独乙学に超過せるものは無之と確信仕候。唯々、残念な事は、資金不十分の為め、万事不如意にて、老台はじめ各教員ならびに生徒に対して気どくに不堪候。新令（中学校令改正）に要する運動場の弐千坪の外に、十分に校舎の建築場等を要する地坪は、大凡《おおよ》そ幾坪なるや御記載可被下候。又現在之地所建物売払い、安価に積りて大凡何程之御見込みなるや、大略御記し可被下候。先は為其。

草々頓首

三十二年五月十五日

大村仁太郎様

教育現場の教育実践家の思いは、弥二郎のいう通り、「卒業式の義務を果し終て十分に相済せ候て、はじめて父母に対して責を免かれる」のだという真理が認められる。天野博士も常々、御父母から大切な子達を預っているという気持を忘れるなと、私たちに教示していたものである。(1)教育ほど「国家将来のためになるものは無之」とは、品川の、現場で苦悩する大村はじめ教師たちへの慰めの言葉かけに過ぎないとは思えない。品川らしい本音であろう。

独逸学の必要性は、日本産業革命の展開とともに、ともすれば英学の後塵を拝するようになっていたが、商業貿易の世界はともかく、学問と科学技術の世界では独逸学は充分なる地位を占めることができように、「残念なことに資金不足のため、万事不如意」で、教員、学生に気の毒至極だとあやまっている弥二郎に、私たちは頭が下がる。中学校令改正にともなう私立学校の改善、つまり選別淘汰を前に、苦悩する協会学校の姿が如実である。

つくづくと校祖品川と、無論、校長に就任する十年前からの学祖大村の無私の献身を想わざるをえない。それにしても品川の無力観は、性癖であり、実体であり、以後の獨協史の基調になった色調であるともいえようか。

九　その死

品川の死は、世人からみると、あまりにも突然であった。身心を病む愛妻の看病に専心していて死なれ、幕末維新期の志士の御霊のとむらい念仏に専念しながら、自分の身体の不調を調整するだけに終始した晩年とみられがちであるが、まだまだ志は高く、天下国家への誠実にして正義の感覚はゆるんでいなかった。

維新期青年志士として、いまだ少年期をへだてることすくない頃から京阪、江戸、萩に活躍し、維新期に独逸へ長期留学。帰国後は、山県の黒子か手足となって献身的に働き、北は千島列島から南は沖縄まで国防と外交問題と産業開発の展望を秘めて巡察。しかもむつかしい萩の乱、西南戦役に「過去」を捨て、政論家としては独逸学の信用組合、産業組合と庶民金融の制度を学ぶ。とくに近世伝統の在村精農・老農のたましいと技術を再評価し、村落共同体に依拠する農事伝承を評価する。明治政権にあっては、品川自身が上司であった薩閥の前田正名（一八五〇―一九二一年）にまさるとも劣らないユニークな働きをしたのであった。

品川の親密な部下であり伝記作家である村田峯次郎は、真情哀切極まりない哀悼の文で次のようにいう（村田峯次郎『品川子爵伝』参照）。

> 人生哀悼すべきもの多し。賢者の死を聞くより甚しきはなし。天道理会すべからざるもの多し。賢者の短命に死するを以て最と為《な》す。正二位勲一等子爵品川弥二郎君薨ず。これ余の最も哀惜して、天道の最も理会し得られざる所なり。何となれば君の性行道徳は、悉《ことごと》く天下の標準なり、其言其行は滋味薬剤として、世道人心に必要なるものとす。然るに天寿未《いま》だ耳順（六十歳）に及ばず、前途なお多望の歳月を空擲《くうてき》して、溘逝《こうせい》せり。社会の道徳改善を要するの今日、一朝君を喪う。これ実に不幸短命に終れりと謂わざるべからず。今や哭泣《こっきゅう》して万斛《ばんこく》の血涙を濺《そそ》ぐも終《つい》に及ぶなし。天道の是非果して知るべからず。君の世に在る至誠一貫、常に仁義忠孝の心を以て、事に当る。少時親しく吉田松陰先生の薫陶を受け、能《よ》く精神統脈を伝う。君の勤王愛国の事業、その養来るもの淵源深且《かつ》遠と謂うべし。王政維新の前後、君しきりに諸名士と結託し、臥薪嘗胆、万死を期して遂に復古の鴻基《こうき》を賛襄《さんじょう》す。由来黽勉《びんべん》、あるいは海外の諸国に留遊し、あるいは邦内の各地を探訪し、百科研鑽《けんさん》、偏《ひと》えに国民進取の

学問芸術を開誘して、実業的公益を奨励助成せられたるの功、枚挙にいとまあらず。時には政府の大臣となり、時には政党の首領となり、日夜焦慮、天下の政務に尽瘁《じんすい》せること容易ならず。君の勲績朝に野に存留せるもの、燿々灼々光彩を生ず。万人至る所に之を記し、之を見る、あたかも大碑版の累然傑立せるものの如し。余等かつて君の恩教を蒙る頗《すこぶ》る多し。故に訃音《ふいん》を獲《う》るや、切に慟哭《どうこく》哀悼し、且つその不幸短折を惜しみ、天道を疑うもの甚し。本日、君の霊骨を東山に納むるに際し、余等埋葬の儀に随う。あたかも春風駘蕩《たいとう》、桜花映発《えいはつ》して、君の心境天真を顕表し、山禽《さんきん》悲鳴、君の長逝を惜みて、噪々哀叫《たくたくあいきょう》す。余や心事悽愴《せいそう》、万感にわかに胸に満ち、幻影縹渺《ひょうびょう》ほとんど幽界を隔つ。嗚呼《ああ》、君が幾多の偉業を世間に存留せるを謝すると同時に、君が尚未だ施設を了せざる多種緊要の願望を抱きて、香煙一縷《いちる》、空しく東山の壙底《こうてい》に鎮座するを遺憾とす。然れども君の知友門下其人あり。君の懐抱したる遠大の遺志は、必ずや諸君の力に頼り、国家の為に期成せらるべし。こいねがわくは英霊之《これ》を慰安せよ。余、式に臨み哀悼の情迫り、暗涙に咽《むせ》びて、万一を言うこと能わず。謹んで英霊の明察を禱る。拈香《ねんこう》合掌黙礼敬拝す。

村田峯次郎

明治三十三年四月五日

私たちの獨逸学協会学校の教職員生徒たちの弔詞は次の通りである。万感胸に迫る哀悼の辞を全文掲載しておきたい。

（1）

獨逸学協会学校生徒部長　新保　寅次

明治三十三年二月二十六日、枢密顧問子爵品川先生、病を以て其邸に薨去せらる。国民として我等はここに忠厚なる元勲を失いたるを嘆き、獨逸協会の一員として生等はここに悃誠なる委員長の長逝せられたるを悲しむ。

ああ人生のはかなさは、古よりこれを朝露夕電に譬う。されど朝露は一たび消えてまた結ぶべし。夕電一たび失せてまた現わるることあるべし。ひとり悲しきは人生なり。市井の匹夫、蠢蒙《しゅんもう》の孩児も、死なば人たれが為に戚《いた》まざらん。いわんや勤皇の功臣、文明の保護者にして、終生、身を邦家民衆の為に殉ぜしの英俊なるをや。天下あに誰か之を悲まざらん。ああその功を以てして、その徳を以てして、なお遂に死せざるべからざるか。あらましかばと世を思える英俊の凋落ようやく滋《しげ》きを見ば、為朝ならずといえども、いかでか痛嘆の情に堪えんや。

訃報宸聴《しんちょう》に達するや、聖上震悼《しんとう》、特に勅使を遣して、幣帛《へいはく》を賜い、叙勲陞位、天恩はなはだ渥《あつ》し。越えて三月三日、霊柩を築地本願寺に葬る。我校また一日の課を廃して、奉送の列に参す。この日天地静にして、風塵揚《あ》がらず。粛々たる儀仗暗愁を帯び、怜人《れいじん》の哀音、人の腸を断つ。霊柩に随うもの、上は内閣の諸相より、下は農工の団隊に至るまで、公となく、私となく、貴賤となく、都鄙《とひ》となく、その数を知らず。皆頭を低《た》れ声を呑んで、あえて仰ぎ見るものなし。生前の盛徳に因るに非ずんば、いずくんぞよくかくの如くならんや。

先生はもと長門の人、少時、吉田松陰に従遊し、幕末維新の際、王事に尽瘁《じんすい》して、殊勲あり。明治初年、官命を以て欧州に留学し、帰朝の後、外務・内務・農商務の諸省を歴任し、ついに枢府に入り、大政の上、釐正《りんせい》せられし所すこぶる多し。先生ひととなり忠誠にして謹厳、慷慨の情、常に邦家と蒼黔《そうけん》とを忘れず、ただいま世智を挙げて混濁、人は営々として、ただ権栄を争い、直を愚とし奸となし、徳望の如きは、迂《う》として取らず。世教の如き、あえて顧みる者無きに当り、芹誠摯実《きんせいしじつ》、身を国家に致せし者、先生の如きは、天下果して幾人かある。先生また実業を奨め、文芸を興し、以て国運を進め、民福を増さんことを務められき。その欧州に留学せらるるや、学術技芸の皆その源を独逸に発せるを見、国運を進めんには、すべからく独逸の芸術を伝えざるべからざるを看破し、帰朝の後、経営みのりあり。十六年十月、ついに本校を創設し、かたわら独語の翻訳を奨め、また独書の出版を勧め、ひとえに我国民をして独逸芸文を闡明《せんめい》するの道を得せしむことを務められ、二十三年、本校の組織改まるの後も、なお委員長として、常に保護扶導の任を尽されき。

絢爛たる独逸芸文の、我帝国を飾れるもの、まことに皆先生の賜《たまもの》なり。方今天下幾万の士、その独書をひもとき、独人の知識を得て、これを文運に資するもの、いずれか皆先生の余沢《よたく》によらざる。しかして先生今《いま》や在さず。痛嘆の情、何ぞ堪えん。校門を出入りして門標を仰ぎ見るごとに、獨逸協会の四文字は、生等をしてうたた先生を想起せしめ、日夕哀惜の念、絶ゆることなし。然りといえども、いたずらに悲傷するは、これ士の恥ずる所、また先生が扶導の洪恩《こうおん》に答うるの道にあらず。今より以て行き、門標を仰ぎて、先生を想起するごとに、ただまさに先生の本校を創立せられし主旨を想い、志士として孜々《しし》として斯学《しがく》の研鑽《けんさん》を積み、以て将来文運の万一を輔翼せんことを期すべきなり。この誓をして空しからざらしめば、すなわち先生忠厚の鴻志《こうし》を、万世に伝うるを得べく、しかして生等が、先生の洪恩に答うる所以《ゆえん》、またこれに過ぎざるべし。

たとえ先生世に在さずというとも、在天の威霊、それ生等が微衷《びちゅう》を嘉納せられざらんや。今や先生の訃音《ふいん》に接し、哀嘆措《お》く能《あた》わず、ここに校友会長以下衆生に代り、部長新保寅次、謹んで奉悼の微衷を白《もう》す。涙隕《お》ち心昏《くら》み、言わんと欲する所を知らず。

獨逸学協会学校五年級甲　荘司　秋次郎

(2)

明治三十三年三月三日、獨逸学協会学校教員生徒等、故正二位勲一等品川子爵の御柩を送り奉りて後、申さく。君が皇国の為に尽くさせ給える大御功は、あなかしこ是を隈《くま》も落ちず、つばらに深く刻みて、後の世に伝え奉らん事は、ただ歴史のみこそ。しかすがに獨逸学協会委員長として、親しく己れ等をも慈しみ、育て給える其の御労の忝なさは、いかでかも、え忘れ奉らんや。年毎《ごと》の卒業式などの筵《えん》には、必ず臨《のぞ》ませ給いて、ひたすら訓《おし》え戒められつ。今年もはや、その時に近づきぬるを、あわれあわれ梅よりもまだきに過ぎ給いて、悲しきかも。

今より後は、その雄々しき御姿を仰ぐによしなく、その厳かしき御言葉を、聞くすべもなしとや。さがの嘆きに沈みつつ、事の忌《いまわ》しきもなく、ただ惜しき翁かも、慕わしき翁かも。この学校の在《あ》らん限り語りつぎ、言いつぎ行かんと、泣児なすしぬび奉るを、天《あま》かげりてや見給うらんと恐《かし》こみ恐こみも申す。

(3)

獨逸学協会学校五年級甲　鳥潟　碩

東風なお寒うしていさごを捲《ま》き、御堀の楊柳未《いま》だのびざる三月三日、品川子爵閣下の霊柩を送り参らせん為め、帽を正《ただし》うし服を直《なお》うして、和田倉門外に列す。鯨鯢《けいげい》をも捕え獅虎をも撃たんずる七百の健児も、頭を垂れ眼瞼を湿して、待つことしばし。一陣の風、哀音悲調、はるかに喇叭《ラッパ》の声を伝うれば、形態はおのずから改まり、隊次令をまたずして整いぬ。心澄み気おののきて、静かに地を睨《にら》んで、眼底泪《なみだ》湧くを覚えし頃、白衣素旒《そりゅう》、間近く見え初めたれば、一層の謹厳を加えて粛然たるに、ありし世の高徳を頌《あら》わせる、幾百の造花生花は、早くも目前にあらわれぬ。大礼服もて覆いたる霊柩は、之に次ぎて数名の白丁《はくてい》にかかれて進みたり。会者無慮五千有余、鹵《ろ》簿《ぼ》道を狭からしめ、引いて五丁の余りに及べり。

子爵世におわせし日、心事さながら嶄《ざん》乎《こ》として富岳の高をぬき、汪《おう》乎《こ》として内海の広きをしのげり。声色も之を鼓《くじ》くるあたわず、黄白《おうはく》も之を汚すを得ざりき。痛ましい哉、此の偉人、今や遠く白雲乗じて、永遠の旅に赴き玉いぬ。ああまた何《いず》れの日、何れの時にか、清爽なる風貌に接して、再び髣髴《ほうほつ》の間に、松陰吉田先生の面影を仰ぎ、春潮灘《なだ》を下るが如き快弁の警戒をきかん。

子爵、我校とは浅からぬ縁をもち給えり。我校史を為《つく》らんか、先ず大書すべきは誠に子爵の名なり。子爵は実に我が校の設立者におわせりき。吾人もて人に誇って曰く、我校の設立者すでに高行篤実の士、むべなり校風の他に比べなきやと。悲しい哉《かな》、子爵は吾人を見すてて去って白玉の楼に入りましぬ。流水は走りてとどまらず、名花は散りてかえらず。ああ、柳絮《りゅうじょ》今や阡陌《せんぱく》にとわず、芬香抄枝《ふんこうしょうし》に薫らず、花咲き鳥鳴く近きにあらんとす。しかも子爵が制すべからざる世を去らんの念は、逸してまた留むべからず。春光の冲融《ちゅうゆう》に先だち、早く齢を限りて、幽冥の境に入り玉いぬ。余は感迫て筆到らず、胸裡の悲痛写すによしなし。僅かに蕪辞《ぶじ》一篇、以て清酌《せいしゃく》の典に代うると云う。

(4)

獨逸学協会学校五年級　藤本　有隣

門辺にそよ吹く春風、いと優《やわ》らかにして、何処《いずこ》ともなく梅匂い、小鳥さえ長閑《のどか》になづる今日この頃、人の心はかげろうの、燃ゆるが如く、のびのびしうなりゆけど、我等の情緒は、いかなれば、かくもかなしく哀れにさびれゆくならん。あわれ、明治三十三年如月《きさらぎ》の二十六日、北ゆくかりがね霞の空に鳴き沈み、哀韻とこしえに、我等の胸中を撼《うご》かしぬ。

本校創立者なる品川子爵閣下は、ようよう春知り初めし八百の児をのこして、遂に空しく薨去し給いたり。操守厳かにさながら富士の高巓《こうてん》の如かりし子爵は、遂に立ち登りし煙の如く、絶えさせ給いたり。青雲の如く清く澄みたる心もて、行なせ給いし子爵は、遂に白雲迷う天津《あまつ》み国に旅立せ給いたり。あわれ子爵は、遂に日頃慕いにし、松陰先生の膝下《しっか》に赴かせ給いたるなり。思えば思えば無限の憂愁、我胸に充ち満ちて、あふれ落る涙おさえんによしなし。げに子爵は、緑濃き老松の陰に生い給いて、遂には雄々しき高嶺の幹とはなり給いぬ。艶なる薫り立ちこめて、人の心を闇路に誘う我が現《うつ》し世の危うき道を辿《たど》る、只一本の目標なりき。今は見ぬ高嶺にはえし常磐の松は空しく砕かれ終りぬ。我世に繁げき草花は、あわれ迷い路多き野辺に立てる我等、是より何をか的に進むべき。原頭人日《げんとうじんじつ》に墳墓を営むとは云え、子爵の薨去は、国家の為め、はた我校のため、実に千載の恨みならざらんやは。今弥生《やよい》の初め天麗《うら》らかに花笑い、春もすでに央《なか》ばとなれど、我は遂に楽しむ能《あた》わざるなり。霞の底にうち沈み、折々淡《あわ》き大空を仰ぎつつ、ただ悲しき音に咽《むせ》び詫《わ》ぶるのみ。

（5）

獨逸学協会学校五年級　磐井　育美

時これ初春、百花まさに綻《ほころ》びんとして東風冷やかに、吾品川先生の訃《ふ》をもたらし来る。ああ天何ぞそれ無情なる。先生は天の使命を是帯ぶる者に非《あら》ずや。しかし天今返って年を仮《か》さず、溘焉《こうえん》として逝かしむ。ああ天なんぞそれ無情なる。余等俄然先生の訃報に接し、悵然《ちょうぜん》として号泣するもの久し。先生意気北斗を衝《つ》き、徳識兼備わり、日月とその光を争わんとす。つとに松下風を鼓吹して、諄々《じゅんじゅん》復厭《またいと》わず。一度其道を説くや、言々よく人の肺腑に徹し、邁往《まいおう》勇進の慨き、天馬の空を行くが如し。吾人もとより先生の人と為《な》りを欽慕《きんぼ》し、心ひそかに親炙《しんしゃ》に渇せり。

先生が常に我校を念頭に置かれ、其の卒業式に臨んでは、毎に必ず高教を垂れ給うの時、その温乎たる容貌、その諄々たる訓戒は、如何に吾人をして感奮せしめしぞ。特に吾人の前途を戒め、その邪道に陥るを憂うる慈親の赤子に於けるが如く、靄々《あいあい》たる音容、満腔《まんこう》の慈音、「この弥二の云うことを」と反復せられたるを想起せば、今なお眼前に髣髴として、吾人の終生忘るる能《あた》わざる所也。余等また卒業の栄を担う近きにあり。しかして先生今や則ち亡し。悲しき哉、ああ彼の靄々たる音容は、遂にまた接す可らざるか。ああ夫れ先生は真に逝きたるなるか。否その音容は遂に以て接すべからざるも、先生は未《いま》だ是れ逝きたるにはあらざる也。天地開闢以来、俊傑みな後生の奮起を待つ。先生の志まただ吾人の能く之を体するに在り。今の吾人は学生の本領を失わざるにあり。しかして吾人が先生の霊を祭る、まただ、この性を有するのみ。

吾人の心駒鉄鞭を得るの時、すなわち先生は、怡々《いい》として側に在り。吾人の良心が魔軍に降るの時、すなわち先生は、忽然《こつぜん》として去る也。先生あに逝かんや、先生あに逝かんや。余恭しく香を霊前に焚くの時、満腔この心を持するのみ。死生、命《めい》ありまた如何すべきなし。幽冥相隔つるは、必ずしも何ぞ妨げん。吾人ただ奮発努力、心つねに先生の側に侍せば、拊髀《ふひ》雀躍、期して待つべくして、英魂また能《よ》く吾人を擁護せん。

（6）

独逸学協会学校校友会

あわれかなしきことの出で来たりしよ、うれたきことのかぎりなるよ。われらが学の庭の若草におき添う露とあがめ奉り、学の海に望みをてらす星の光と拝し奉りにし、品川子爵の君には、かりそめの御いたつき重らせ給いて、ことし二月二十六日と云うに、遂にかえり給わぬとなん。あわれ星の光とことばに耀やけと、静かなる胸にもえにしおもいも、其光と共に消えをあらそい行きて、今はもろともにかすかに消え果てぬることのかなしさよ。あわれみ恵の露、永く若草におき添えと、色に出でたりし梅の花も、時ならぬ春の嵐に、其の露ともろともに、散り果てぬることのかなしさよ。

あわれ学びの海は、いと暗くなりぬ。雲の覆《おお》いたらんにはいかで、再び晴れぬことやあると思えども、雲なくて消えにし其光こそ、天にかこち、地になげくとも、遂にかいなきをいかにせん。春の日影そらそらとして、学の庭の若草は、もえ出ずれど、おき添う露は無く、谷の戸出ずる鶯の声は、のどかに聞こゆれど、香を添うる梅の花なければ、いかにかはせん。

あわれとしとし（年々）の卒業式は、しのぶがままになおあるものとおもいつつ、あわれ子爵の君には、など早く来まさぬ、いかにし給いつらん、など子の父を慕いつるが如く、待ち詫ぶるならんと、行末のことまで思いやられてかなしきことのかぎりになん。されどいたずらに嘆きかなしむのみは、われらが務めにあらざりけり。

今や子爵の君は、已にむなしといえども、其の常にわれらをはげまし、いましめ給える、言の葉の露の光は、今もなお行く末の世も、とこしなえに消えならねば、此光りにたよりつつ、かぎりなき大海原を打ち渡りて、あなたの岸に、大和心の花を咲せなん。これぞわれらが務めなりける。

（村田峯次郎『品川子爵伝』明治四十三年刊所収）

鳥潟碩（明治三十三年卒）が「我が校史をつくらんか、まず大書すべきは誠に品川弥二郎の名前なり」とうたいあげてくれたことは、この二十二年間、私たちの金科玉条であった。私学教育精神史の視座をもつ、学問的かつ思想的な研究と叙述の立場に徹する外はない、と考えざるをえなくなったのも、これら校祖・品川弥二郎への弔辞と学祖・大村仁太郎への回想や弔辞を幾度も読んできた過程で、固まってきたのであった。[2]

松下村塾直伝の品川弥二郎の教育理念と教育精神を「この学校のあらん限り、語り継ぎ言い継ぎ行かん」（荘司秋次郎、明治三十三年卒）の姿勢と気迫で、私たちは『獨協学園史』で働いてきたのである。

それにしてもわが校祖・品川弥二郎が十九世紀最後の年でその生涯を閉じることなどなく、あと三十年ほど、つまり山県有朋のように八十歳代までの長寿を全うすることができたならば、獨協教育精神のより確実な生成の上で、学祖・大村仁太郎を動かして、どのような鳥瞰図を画くことができたであろうか。

注

（1）なお、明治三十二年の第八回卒業式の学務報告について、大村は品川の指示に基づき次のように知らせている。中学卒業生総数三七人（『五十年史』は三六名）、うち第一高等学校第三部（医学）志望のもの三二名。本書『資料集成』の卒業生名簿で御覧のように、この前後、約二十年間、協会学校中学は医学部進学者がほとんどで、独法科志望はこの年も二名に過ぎない。他医学部志望が三人。現在大学入学中の者一一人、高校入学中の者四〇人（うち医科三三人）、医学部入学中の者八人、などであった。現在生徒数七九八人。前年の落第者一〇七人で、「凡そ二割に当る」と。教員数現在三三人（内独逸人一人）。うち専任二四人。「別科」生徒二八六人などとある。

（2）品川弥二郎伝については、定本として、部下であり門下生である村田峯次郎の大作『品川子爵伝』（大日本図書、一九一〇年刊）をまずあげるべきだろう。品川弥二郎への人間愛がうかがわれる作品である。弥二の人となりの回想記としては、その対象が人間の臭味と情感の濃厚な好人物だけに、よい小品が多数見受けられるのだが、独逸関係から強いて一人だけあげるならば、公私ともに品川の世話を受けた若者で協会学校中退者の一人であり、のち三井財閥系の実業家（とくに台湾製糖）として成功したばかりか、政友会系の政党人としても活躍した山本悌二郎（一八七〇―一九三七年・佐渡出身）のものが、短篇ながら説得力がある。山本は、有松英義や向軍治らと同窓の獨協生で、明治十八年秋、独逸全権公使になった品川の九段坂上の本邸や那須品川農場を日参するほど強引に訪問し、どうにか随員九名の一人に採用されたところから立身した人物である。この時の随員中に、伊藤博文の嗣子・博邦（協会学校生）、小早川四郎（男爵家）、伊達家一門の子弟、船越光之丞（協会学校生、のち山県の姉の娘と結婚、男爵）らがいた。山本は独逸で、独逸普及福音教会を組織したリヒター牧師の知遇を得て、のちライプチヒ大学で博士号をとっている。

戦前段階の社会科学の視点に立つ伝記としては、農政学者・奥谷松治『品川弥二郎伝』（高陽書院、一九四〇年刊）がある。奥谷が産業組合の専門家であるだけに、政論家・品川へのメリハリがきいている好篇といってよい。弥二郎の産業政策に対する史的評価については、奥谷は、次のようにいう。近世名君（上杉鷹山ら）の再評価から二宮尊徳とその流れの報徳社運動、さらには老農・精農（船津伝次平、林達貴、鈴木久太夫、中村直三ら）までの在野の民衆段階の指導者を表彰しつつ、その伝統的技術と成果の伝承を大切にしようとしたと。信用組合については、御雇外国人のマイエット、エッケルト、フェスカに学んだ功績が大きいと。ともかく品川の基本的な日本社会への理解が「国民中、十中の七、八は小農と小商と小工に従事」している者であるというのであり、今にいたるまで、地域民衆史分析の規準となる考察力を示しているといえよう。この方面については、奥谷松治「品川弥二郎の産業政策」（『経済評論』昭和十年十二月号所収）と横山健堂「品川・平田の二大家の面影」（『産業組合』産業組合大思想家号　昭和三年十月号所収）が、品川の活躍を如実に描いている。国防費増額支出の問題で荒れた明治二十四年の第二帝国議会で、民党連合の反対により信用組合法案は廃案になってしまったが、十年後の同三十三年、協働者・平田東助から、産業組合法の帝国議会での成立を品川は瀕死の病床で知らされた。品川の突然の死は、しかし中産以下の「人民の産業を維持し、その勤倹貯蓄の精神を鼓舞し、資本を生産事業に投下せしめ、貧富懸隔の弊を防ぎ、もって国際間に於ける後進国なる我国民の総動員的向上を期する」にあった信用組合運動の、明治三十三年に於ける確立によってむくわれたといえよう。品川の理想は「地方小農」の生産と生活が向上すれば「地域経済の基礎も鞏固になり、したがって地方自治の精神もはじめて発達し……国家真正の進歩」となるというのであった。

その惜まれる早逝の没後百年、私たちは品川弥二郎の人と思想、そしてその教育精神にますます強く惹かれていることを告白しておきたい。

後記

ここでは品川弥二郎の後について、「後記」として若干記して置きたい。弥二郎の妻静子が病身であったことは本文中にも触れておいたが、普段は気配りのきく女人であったという。出入りの奉公人や下男下女にも馬車御者にも、付け届けをかかさない、こまめな主婦であった。しかし持病の神経症性の胃痛が激しく発作となるとモルヒネに頼りがちで、それが切れるとヒステリー気味に爆発した。一人息子の弥一（一八七一―一九二四年）は、自由放任で育ち上り、しっかり固まった学歴はない。独逸へ留学している。酒を一滴も飲まないたちであったが、後半生は高血圧症の肥満体で、脳溢血の発作に苦労していた。北海道の牧場経営に乗り出し、移住してみたり、父の郷里の品川邸に隠居してみたりであった。東京二カ所と北海道や那須などすべての土地財産を結局は手離す仕儀になった。いわゆるお人好しといってよいだろう。すべて他人まかせで、三井財閥（父・弥二郎が岩崎＝大隈と戦った共同運輸会社以来のつながり）系の台湾製糖（品川門下生・山本悌二郎が重役で、悌二郎は弥一の獨協時代の同窓生）にも落ち着けなかった。弥一の妹・美子は平田東助の紹介で、平田の娘（歌奈）婿・長岡隆一郎の同級生の秀才でのちの高級官僚・時永浦三に嫁した。その長男が品川家を継いだ清太郎である。次女祥子は軍医（内科医）の窪田精四郎に嫁している。三女和子は名門辰馬酒造分家の専務・辰馬修一に嫁した。四女文子は当時の名酒「松竹梅」の酒造家の井上貞三（醸造学の理学博士）に嫁した。井上貞三は家がつぶれ、辰馬の技師長になった。清太郎の妻・和子は大久保立（海軍造船中将）の娘で、小田原大久保家は子爵である。弥一の初婚は福羽美静子爵の孫女千代で、弥一の外遊中、姑の静子とうまがあわず、里帰りさせられ、弥一の意志は無視され、そのまま離別、千代はその後再嫁している。後妻の英子は子爵・松平直致の長女で、妹が辰馬吉左衛門に嫁している縁もあり、平田の紹介で嫁入りした。古風貞淑に育てられた深窓のお姫様風で、台所仕事は一切できなかった。品川家が急速に傾き財政的にも危うくなった際でも、そういったことには全然かまわない女人であったという。

2 関湊の風土

一

とにかく、まめな人だった。早朝に起き、庭掃除や野良仕事を念入りにやった。何通も手紙やはがきを出し、電話をかけた。只今の苦衷を訴え、覚悟を求め、協力を願った。能筆ではなかったが文章をものしたり手紙を書くのが好きであった。それから病身の妻をいたわり、とくに入院時は自分で実際に台所に立ち朝飯をつくり、片づけを済ませてから、出かけたものだ。

すべてを投げうち、全人格と全財産をかけて、私学・獨協のために献身してきた。姫路獨協大学創立のための一九八四年五月七日（亡くなる四ヵ月前）の調印式の挨拶でも、姫路獨協大学のために「命がけでやっています。なんでもおっしゃって下さい。その覚悟です。私は命を投げ出しても惜しくはないのです」と述べていた。本音だろう。しかも、それらは「関学園」のためではない。百年の伝統のある獨協学園のためであった。「獨協という大変立派な学校に関与させていただける光栄」というものを、内心、深く感じていたのである。「自分のような、学もなく、人間も出来ておらず、教養もない、お金だけで生きてきたみたいな男」が、中年の人生途上にして、「このような名誉ある大役を仰せつかった」ことに、感激していた。

無論、関湊は、そのような感激を普段はあまり外にださなかった。外づらは「俺がやらないで誰が出来る」といった風であった。が、関湊にとって、天野貞祐博士の呼び出しに応じて、獨協学園に馳せ参じることができたのは、一生一度の最高のしあわせであったと思う。

関湊の前半生の辛苦と悲惨と努力と忍耐と金儲けが、この決定的な一瞬時以降に、すべて生きた。この世のもっともよき善業の一つである教育の世界で用いられる器《うつわ》に、すっかり昇華することができたからである。

苦労しつつ懸命に生き抜いた母方の祖母にいつくしまれて育った関湊は、シャケや干しうどん、そば、ケンチン汁など、祖母につくってもらった素朴な庶民的手料理を、終生、好んだ。お大尽になってからも、意外と日常の生活は粗末で、御飯なども余ると最後の最後まですくって、おむすびにしたりした。絶対に食物を無駄にしなかった。焼き魚でも端から端まで、骨を何度も裏返して食べた。割合と他人に金銭的にはおうようなくせに、無駄は嫌った。大きい金よりも小さい額の金にうるさかった。電気なども、大切で貴重で高価なものという気分を少年時代からもっていたせいか、大邸宅に住むようになっても、部屋の電灯を人が居ないときは、すぐ消してしまった。医科大学の研究室などの電灯を消し忘れて帰る教員については、怒ったことがある。

父親が博奕はしないが、いわゆる「気持」がよくて仕事と金にゆるかったので、いやというほど家族一同が迷惑したのを見ていた関湊は「親父みたいな気持ではダメダ」として、がんばったのだろう。お金を大切にして、東京の奉公先でも給金を使わず、自分の着物の紐がなくても、その辺の麻縄を拾ってきて縛っていたりしてまで、故郷の母親に仕送りをしたりした。昭和九年、五十一歳で父・庄助が亡くなったあと、十一年に墓石碑をたてるお金を、十円銀貨で二十枚持って兄の所へ来たという。大戦中の自作農創設維持事業の政策の下で、実兄は、湊から二千円（昭和十八年）借り、年間百八十円の小作料だった田六反、畑一反五畝歩、山二町歩を手に入れることができた。関湊の実家想いは健な気だが、その世相の見通しも正しい。戦後、米価急騰とともに、米一俵が三千六百円になり、自作農資金融資を含めた今迄の借金三千三百円を、米一俵できれいに返せてしまった。関湊の金銭感覚は、こうして実地に育っていったのだろう。

二

不動産事業や地域開発周旋業者としての関湊は、洞察力と決断力に秀いでた豪の者であった。しかも金や金利にザルではなく、細密な計画の手立てを組み立てていた。己れの育てた人脈を活用したり、頼りがいのある大物や親方の物心とものの力量を十二分に借りることがうまかった。おしゃべりや軽口をたたくことが好きな割に、事、その場の商売にかかわる大事なことは容易に口を割らなかった。自分もいわないし、聞かれてもとぼけるのが上手だった。そのかわり、もう関係がない、時期をはずれたとなれば、面白おかしく他人にもらした。北関東の東武沿線で広大な森林地帯や荒蕪地、水田、沼地を買収しようとしていた時に、関湊は猟銃の免許を取っている。これは仕事の合間に野兎でもつかまえてやろうという、周囲の知人たちや田舎の農民たちへの話の額面通りではなかったろう。莫大な広さの土地を買うためには、お百姓に直接交渉する前に、事前の実地調査が必要で、雑木林や沼沢地や田畑を横切り、他人の地所の中をのこのこ、ふみ込んでいかなければならない。無論、目ざといお百姓に怪しまれることになる。ところが鉄砲をかついで入れば、狩猟で獲物を追いかけているとでも弁解できようと。だから関湊は、案外真剣に猟銃かついで地所捜しと土地鑑定に歩きまわっていたのであった。

そのくせ、他人にはともかく関湊にとってどうでもよいことや、つまらぬかげ口やうわさ話には、開放的で秘密が守れない人間だった。「これは秘密らしい」と大きな声で話して関係の人びとを失笑させ、あわてさせもした。日常性の内緒事は絶対にできない人だった。小事は穴だらけで、どことなくおとぼけで憎めず、しかも大事は絶対に口外しなかった。これぞと信ずる人物には忠節を守り、恩義には必ず感謝と返礼を忘れなかった。といって単なる慈善や見栄はなく、先き行きの物価の動向や世相の変貌の中に時潮を読み取りながら、利息やもうけをきちんと計算し、もうけられるものは確実にもうけていた。

東武不動産の下請けとなり東武鉄道鉛線の地所を買いまくった時、関湊の資質と能力と努力が文字通り開花し結実したのである。東上線沿線では上福岡・坂戸・高坂・滑川・川角方面を、伊勢崎線・宇都宮線沿線では竹の塚・草加・国谷・壬生・西川田方面を土地買収し、地域開発の先兵となった。自分のもてるものをすべて投げうって全人格をかけての土地周旋であった。東武鉄道が戦後買収した地所六百万坪のうち、約半分は関湊を通じてのものだという。その気迫と誠意は果敢な行動力に裏打ちされて、関湊の大を保証したのであった。

三

関湊の出生の地、葛城（東坪）は古い土地柄であった。高名な人類学者・直良信夫早大教授が調査に来たこともある。中世においては塩谷氏の所領であった。十五代塩谷氏の時に、荒川の東側二百石余の「平三郎」村内に、葛城地頭「関和泉」を置いて守備させたという。天正十八（一五九〇）年、塩谷氏が滅亡後、関和泉の嗣子、関平三郎が帰農土着して一村になった。

葛城は四つの坪（上坪、中坪、星の宮、それに東坪）からなる。「坪」はアイヌ語で渡舟場ともいわれ、また壺で、窪地や細長い穴を指すともいう。もともとは、村落共同体の労働、生活、信仰をセットに包括する歴史的かつ社会的な基礎小集団の名称であったものが、より大きな共同体集団となり、四つの「坪」に集約されたのであろう。「坪」の下に「組」がいくつか結成される（現在の「班」）が、これは地域的小集団というよりも、血縁的集団系統（本宅・新宅など）によって成り立っていたという。おそらくは最初の村開発と共同開墾時からの小共同体の慣行であろう。同姓集団としての「同名」（関家十二戸）は昭和初年代まで強く存在して、とくに葬儀時に同名系譜の働きが大きかった。「組内」は、田植、不時の不幸、病気時に助け合う。関湊にみうけられる配慮のきいた助け合い精神のたくまざる発露の源泉が、塩谷郡葛城村地域における小農民たちの歴史的な風土を土台とする民情にあることを、充分に窺わせるのである。

関庄助家の檀那寺は、領主の香華寺である璉光院（曹洞宗）であったが、屋敷地の南隣りの成田山東光寺（真言宗）は、明治二十六年（関湊の誕生の十四年前）、成田山の神霊を分けて村民の家内安全、武運長久を祈願する寺となり無檀家ながら、繁昌した。湊という名付けは、東光寺の祈禱師僧侶、佐藤師がしたものである。湊は水路の集る所であり、那珂川の河口、那珂湊を思わせる。はじめはノボルと読ませ、実際の誕生月の秋の稔りにも通じさせたという。にぎやかな働き者を予想させた。

喜連川周辺の小農民たちの働き者振りの伝統は、浄土真宗系の次三男坊が十八世紀末から十九世紀前半にかけて、北陸方面から移住してきたこととも関係するだろう。近世後期に水災の重なる鬼怒川、那珂川周辺の支流、枝流の河川敷や川沿い可耕地を開墾するために、幕府代官や領主層は、封建支配の安定化と地元農民生活の保護を考え、凶作と人口増加と間引きの悪習に苦しむ北陸小農民の余剰部分を引き寄せることに成功したのである。北関東真宗名跡寺院の勧化僧たちは、真宗門徒の大集団が存在する北陸へ宣教と移民奨励のために出かけた。こうして那珂川、荒川、内川、江川沿いの荒地起返や開墾に、土着させた北陸移民を使用した。信心の深さと勤勉心の強さをもった真宗門徒の移住者たちの混住が、喜連川周辺の小農民たちの人情風俗に与えた影響は大きい。現在も葛城で浄土真宗檀家は十九戸（そのほとんどが上坪）存在している。

じっとして何もしないでいることの出来ぬほどの働き者の関湊。物識りで喧嘩上手ですばしっこい関湊。たましいの真底にふれる暖か味をもった関湊。この関湊が、ふるさと喜連川、とくに葛城の歴史的風土から、まさしく育ってきたことを、私たちは確信することができるのである。

四

伝記作家としての史家にとって、時代像と人物の相互諸関係を丹念に復原することが、なによりも必要であろう。それには、ともかくできるかぎり対象者に個人的に接近することが肝要である。幸い、この二十年間、必ずしも平坦、単純でなかった獨協学園と獨協大学のあゆみの中で、私は、個人的に関湊に接触する機会を多くもてた。地位・役職や身分からいって、直ぐそばにいつもいたわけでは全くないが、三歩離れた所から絶えず観察できる地点にはいた。いつでも欲すれば接触できる距離から、史家として冷静に見つめることができた。

例の大学紛争期は、理事・教職員諸層を、ある種の極限的状況に追い込み、それぞれの人間の本質の美醜と可能性の有無が露呈した時期であるが、その渦中で、関湊は毅然として仁王立ちをして、しかも細心怠りない手当てをしていた。ワンマンで赤ッポイとして密かに〝交代〟を策する動きさえ一部にないわけではなかった。創立者天野博士の辞任という混迷を乗り切り、当面の危機を克服するだけではなしに、攻撃的に学園を拡大していく中で、私学・獨協を守っていこうとする関湊の戦略を、私は目のあたりにみることができた。

七年前に始まる獨協学園百年史編纂事業については、関湊の積極的な姿勢がもつ意義は大きかった。いままでの百年間への反省と評価、およびこれからの百年間へ向けて前進する戦略と展望とを、きちんと持った関湊の配慮の下で、私たちなりに、かなり立派な仕事ができることになった。私は、百年史の現代史の一端として関湊関係の資料を集めだしたが、そこでの関湊との接触は、予期しなかった今回の伝記史作の働きに、有効な感触と見通しを生んでくれた。

誤解を恐れずにいうならば、関湊は、獨協学園における自分の歴史的位置づけに、かなり関心があった。私などの時折の調査報告を、多忙と煩瑣の合い間に、聞かぬふりをしていながら、大事な所だけはしっかりと耳に入れていたようだ。七年前の発足時前後には、私学の歴史制作を手軽な冊子もどきに考えていたようだが、次第に百年史作業が構想通りに展開して拡散・重厚化してくると、関湊は、一方では歴史の意義がわかってくるとともに、他方、あまり「過去」にこだわり、微に入り細に亘る史学的調査研究には、イライラしてきてもいた。その爆発を多少でも抑えたのは、案外、自分自身の歴史的評価を、担当者がどんな風に見定めて描写するか、一寸見据えてやろうといった気持ちであったろう。

故郷、喜連川には、都会者がびっくりするような雷雨があるという。関湊のかみなりは、やはりたまには、私たち歴史屋の担当者にも確実におちた。その為に各所にショートが起こり、小火災も発生し、多少仕事の上でも混乱と遅延が生まれたのだが、現場責任者としての部下である私は、この最高位の上司を憎めなかった。正直にふり返ってみると、学園全体の金と人の動きの中で、一つの部署の位置づけと役割機能は、その時々の実態の展開の中で修正することが必要であったろう。そのための変更作業を、関湊は〝激怒〟の形態で一発、見舞ったのかもしれない。私などはむしろ人生処世訓を学ぶことが多かった。

とにもかくにも、このような形での二十年間の人間的な接触を土台にして、私は「関湊氏を偲ぶ会」の先生方と御遺族の皆さんの懇請を引き受け、写真伝記の編集執筆にとりかかった。私は自分で納得した範囲の学問的な心づもりと歴史主義的な姿勢を崩さずに、百年史編纂室（学園史料館開設準備室）の総力をあげて、取り組んできたのである。

さて、出来上がった本書を手に取って、故人関湊は、どの程度、満足してくれるであろうか。恐らくは、一万円札を財布から抜き出し「このお金をもって、浅草・尾張屋の天井でも食べに行ってこいヤ」と、話をそらしてしまうかもしれない。そして出がけぎわに、一言「有難う」というに違いないと思う。

さようなら。

さようなら、関理事長！

第二章　教育と学問

1　民衆の顔を持った歴史

——私の講義の基本と特徴——

一　「私の講義」の原点

昭和四十年に獨協大学の非常勤講師になり、翌年から専任講師に転じ、以後、現在まで二十五年間、同じ大学で教鞭を執ってきたことになる。その前も五年間、百年の歴史を持つ目白の獨協中学・高校の専任教師を、早稲田の博士課程大学院学生のかたわらにしていたから、教員生活がすべて小私学・獨協で都合三十年になる勘定である。

昭和三十五年十月に、早稲田の谷間から、野間邸脇の芭蕉庵の細く急な坂を駆け上がり、旧山県有朋邸の椿山荘の前に、目白通りを挟んで位置する獨協中学・高校に参上し、天野貞祐校長に初めてお会いした。

低迷していた母校新生を志していた天野博士は、授業への指導に教員が全力を入れることを強く希望していた。「各教員が、個別に学問的な実力を自分の身につけなければ、よい授業はできない。小手先の授業準備では、すぐにも馬脚を現わす。しかもよい授業は、それぞれに誠実で全力投球の教授姿勢を必要とする。さらに教場では、教師と生徒との間にダイアローグが成立していなければならない。モノローグばかりではいけない。問いかけと、それへの応答が弁証法的に展開して、ラセン状に高まりながら、新しい真実、正確な知識、広く深い視野がつかみとれるようなものでなくてはいけない」

と、口を酸っぱくするようにして言われたものだ。

天野博士は、文相を辞任後も多忙の公務の間隙を縫って、実際に週二回は目白に見えて、会議や打ち合わせの合間を活用し、各教師の授業現場を見学していた。そのあとで機会をとらえては、授業実践へのアドバイスを与えていたものである。

私の授業・講義の原点は獨協以前の、小・中・高・大学時代の恩師、旧師の方法や姿勢の融合物であり、それに新工夫がちょっと加わっているかと思うが、天野博士の晩年に身近に接して具体的に指導された五年間の影響は大きいと、いまつくづく思う。

中学・高校と六年間、私学（神奈川県にあるイエズス会系の栄光学園）におり、大学も私学というわけで、いわば私学人として十二歳から五十五歳の現在まで生き続けてきている私にとって、中学・高校時代の、語学の天才といわれたエイレンボス神父（英語）の、四十歳以上も年下の中学生をすら紳士として扱い、丁寧かつ用意周到な教授法のもとに教室の一人ひとりを配慮する教育や、会津八一や津田左右吉の弟子のカトリック者・當眞嗣康先生（歴史）の、大局観と思想性とに裏打ちされた熱情的なアプローチが、一番懐かしい。

その津田・会津両先生には、早稲田へ入り、最晩年の姿をキャンパス内で、二度ほどお見かけしている。目白へ行ってから、実は天野博士が旧制中学時代（明治四十年前後）、津田先生に歴史を学んでいたことが判明して、そのえにしに驚き、うれしくもあった。

大学では、学部演習の二カ年間、堀江忠男先生に経済学と世界経済史を学ぶ。学部と大学院を通じては、野村兼太郎先生（当時、慶應義塾大学教授）に日本経済史と日本経済思想史を学び、それを専攻とするに至った。また同じく学部、大学院を通じて瀧川政次郎先生（当時、國學院大学教授）に日本社会史を学び、現在に至る。

堀江先生の熱烈、痛切な社会批判と論理分析の思考を学生に点火する教育、野村先生の温厚にして淡々とした中に微視の史学の粋を心身にしみ通らせる教育、さらに瀧川先生の該博にして実事求是の教育などが、私に与えた影響は、本当に大きかった。

ここに「私の講義」の原点があるといってよい。

二 「身の回り」からつくる

教養課程「日本史」講義については、外国語学部、法学部、経済学部の共通で一、二年生が聴講する。実質年間二十三回で「日本史概説」でもあるまいと考えている。それに、日本史学の専門課程に進む学生ならともかく、というわけで、いくつかの柱を立てて組み合わせたものを展開させてきた。

一つは、古代から近代までの民族共同体概念の生成や民族共同体幻想の確立をめぐり、人物史中心の講義である。いま一つは、夏休みレポートとして「わが家の歴史」を調査して書かせる（四百字詰め原稿用紙で五枚以上）。さらに三つは、私学人としての誇りを持たせ、特に獨協人として社会に巣立っていってほしいことから、獨協百年史にまつわる吉田松陰、品川弥二郎、西周、大村仁太郎などなどの人物史と教育理念史である。いま一つは、松陰精神を継承発展させた高杉晋作の漢詩集を読むことである。

私の日本史のキイポイントは、「わが家の歴史」レポート作りだと、私は思う。日本史を、いわゆる支配者、殿上人、武人、外交官、芸術家など一流有名人の華麗な出入りに矮小化してしまわないためにも、またNHK大河ドラマの通俗性と現在性に落ち込まないためにも、まず「身の回り」から日本史を考え「つくる」ことの体験を、学生時代に味わっていてもらいたいと思っている。

そのために、前期の講義のちょっとの合間に脱線するようにして、祖父母、伯父母などからの聞き取りの仕方、過去帳や先祖書きの筆写、保存書簡の整理、墓碑文調査、日記や帳簿の探し方と分析解読の入門までを、面白おかしく教え込むようにしている。

しかし無論、これらはきちんとした史料調査法でもないし、古文書学習でもない。オーラルヒストリー入門といったところであろう。祖父母など目上の親族からの聞き取りを、いかに丹念に、執拗に、こと細かに、くそリアリズムで行うかを、徹底的に学生諸君に伝えておこうとしている。

話者の歴史感覚を目覚めさせ、旧来からの〝中央史観〟〝お上の歴史観〟を実体的に覆し、庶民としての、民衆感覚の一人ひとりの歩みを大切にして歴史として構築することができるかどうかと、励ましながら教えている。話者自身も、記憶を掘り起こす過程において、「もう年とってバカになって、忘れた」「わしなどは日本史とは関係ない」「学歴もないし、物知りでもないし、地元のことしか知らん」「つまらん、いやな苦労話ばかりで、歴史になりはせん」と言い張ることをやめ、変わる。

学生諸君に、ずばり、話者にしつっこく迫って、話をどこまでもねだり、人生の真実を語らせ、そのことで「過去と現在」の対話を実現してみせ、自己変革させるのだと励ます。老人の記憶の糸を太く、長く、繁くしていく気迫と配慮とをもって、若者がアプローチしていくのだ。それが歴史づくりの王道なのだと言っている。年老いた人々は、思い出を「無理強い」されながら、むしろ思い出が自力で掘り起こされるようになる。回想が喜びとなり、あとはするすると、あれもこれも思い出されてくるのだと。

聞き手からみると、いままで何でもない老人と思っていた人が、生きた人間であり、有名人や偉い人でもないのに風土と人物をよく観察して生き続けてきたことに驚く。七、八十年の間の喜怒哀楽を具体的に体験してきた人間の強みと深みに、若者は気づく。

ここにこそ、日本民衆の魂が息づいているし、日本人の歴史が、細かな諸分子の結晶体として結合しているのであろう。これらのことを聞き取りし、墓地を歩き、文書を読み合わせることによって、聞き手の歴史感覚にも確実に変化が起きるに違いない。

「わが家の歴史」の意外な側面や、隠された真実が、いかにも人間臭い生きざま、失敗や成功、挫折や上向などが、具体的な名前を持ち呼吸をしていた生きた人間の姿を通して語られ、書き留められる。この中から「歴史をつくる」作業が、本当の意味で学生諸君の心の中に定着するのである。

「私の講義」では、毎年、これらのレポートの中から三十～五十篇を選び、『パンタレイ』誌（年刊誌。万物は流転するの意）という学生雑誌に発表して、もう二十二年になる。

二十二冊に達するこれらの「わが家の歴史」レポートをいま見ると、祖母の労苦、祖父の労働、わが家の家業、母の語りなどをめぐり、十八歳から二十歳前後の青年男女の、率直な目と誠実な魂がとらえた日本人庶民の姿が如実である。また彼らに一生懸命に答える話者の息遣いもうかがえて楽しく、かつ「日本及び日本人」についての格好の教材になっていると自負している。

書き手の学生諸君にとっても、私の教師としての概説講義部分はたちまちに忘却してしまっても、自分の目と耳と足と手で確かめた祖父母のぬくもりや家業の成り立ちについては、青春の貴重な一カットとして残影していくのではなかろうか。

三 「人」から見る

「日本史」「日本経済史」「日本経営史」を講義しているのだが、実際の中身では、すべて「人」の問題を表面に出すようにしている。一見、教科書的でなく概説的でないので、いわゆるきまじめな学生諸君の一部には、最初、戸惑いもあるようだ。

前期の最初の入門編、序論のところでも、学説史上の何人かの学者の人生と学問について、かなり深く分け入って、具体的に語ってしまう。津田左右吉、喜田貞吉、柳田国男、土屋喬雄、石母田正からわが師に至るまでである。学問を自分なりに受け止め、論理と問題意識をつかみ、新史料を発掘し、考証し、解説し、歴史叙述を展開させた学者の人生と学問を語る中で、「日本及び日本人」を理解させ、学生一人ひとりの人生に対比し、置き換え、何らかの知恵を学びとってもらいたいからだ。そのほうが、ただ正確な学説上の概念や範疇規定や方法論を学習するよりも、若者にプラスになると考え始めている。

私が実際に出会ったり教えを受けたりした学者先生の場合は、その人の風貌から始めて、人となり、癖、エピソードはもとより、著作のあらまし、歴史叙述のさわり、問題意識、歴史家としての真骨頂などに及ぶ。古代、中世、近世、近代の概説部分についても、研究者像と歴史人物像をクロスさせながら、割合と面白おかしくしゃべっているつもりである。自分でいうのも何だが、出席して聴講してくれる学生諸君にとっても、割合新鮮な感覚で聞き入ってくれているようである。

例えば、明治十年代の農村史のところなどは、いわゆる本源的蓄積期の最終段階として、「日本経済史」では重視している箇所であるが、私は井上幸治先生の井上史学流儀で、地域史と人物史をクロスさせ、微細にわたり、人間を語りながら、時代像をとらえる手法で講義を展開している。田代栄助、菊池貫平、井上伝蔵や坂本宗作、落合寅市、高岸善吉らについての人物像の歴史描写は、本来の日本経済史講義からは多少の脱線であろうが、まあ、「語り」のサイパク（齊博）講義として許されると勝手に解釈してやっている次第である。

「人から見る」といっても、基本ベースはやはり概説部分の質量とものデータのよしあしにあるから、七年に一回の割合で、基本ベースが全部改新されるくらいのスピードで、講義ノートを少しずつ書き変え、加除を繰り返してきているところである。

四　地域で考える

最後に、「私の講義」の特徴として、「地域」のことに意識的に力点を置いていることを書き留めておきたい。

もともと私の講義は、いずれもそのキイワードに東洋的歴史意識、共同体、風土、民族伝統、アジア的共同体、都市と農村、地方豪農商、農本主義、家訓、民富、地域社会などが認められるのである。

三、四年生の演習では、必ず人物と地域とを結び付けた学習と調査をしてもらっているし、講義でも地域と連関させた態度を貫いてきている。近世末関東農村と二宮尊徳、山崎延吉の農本主義と自力更生、明治十年代の困民党と農村窮乏、明治末東北農村の窮迫、地割制度の地域農村などをとっても、これらの事情がのみこめる。「地域」を具体的に生き生きととらえない限り、日本の経済と社会の事態の究明は不十分のままに終わるといってよい。

現代の学生諸君にとっては、概念的、範疇的な歴史規定の理解よりも、西周だったら実際に津和野へ行ってみる、品川弥二郎だったら京都霊山や萩へ行ってみる、キリシタンだったら平戸、長崎や五島列島へ行ってみる、秩父事件だったら無論秩父盆地へ行く。といった、目と足を使った感覚的探究をベースにした歴史づくりの門戸から歴史学へ入るのが、むしろしっかりし、かつ容易な道だと考えているからである。

もちろん、現代のマスメディアとミュージック、映像の巨大かつ潤沢な洪水現象の渦中にあって、歴史ブーム、旅行ブーム、地方ブームが演出されている。しかも大学内の表層には、いまだに学問が生気を持って生きているかのようである。この段階にあっても大学の歴史学講義は、ともすれば現代学生気質や気分に無関係に、ごくひと握りの専門家の卵相手になりやすく、あるいは学生サービスか、むなしい教授権威の虚構に埋没してしまいがちである。

定年までわずか十五年に迫っている私は、つまりあと十五回しか講義ができないわけで、いまは、「私の講義」の原点に立ち帰りつつ、何とか自省と自己批判のうえに、後半生の講義をしっかりとしたいものだと考えている昨今である。

2　七〇年前後のわが講義姿勢

一、本書〔『南関東山地周辺地方農村史研究』〕は教養課程『日本史』講義のためのものである。『日本史』の正テキストとしては別に指定してあるものを使用している。

実際の講義での史料紹介、補足叙述、挿話的追加事例紹介などの部分、および結局かなり時間をさくことになった「歴史的なものの見方」をめぐって、などの諸章節を合わせて、かたがた教場での板書筆記の補助手段となることを当面のねらいとしている。

二、とくに第二部〔南「関東山地」周辺地方農村史研究〕についていえば、特定地方――甲・武・相・豆州、とくに甲武相地方農村についてのいくつかの史料報告となっている。いずれも関東山地南部周辺の山麓地帯で、十九世紀に入るころには畑作、養蚕を中心とする農作物商品生産に特徴を有する、寄生地主的成長度の低く農民分化が激しくは進行しない地方である。支配行政関係も、主として天領か、旗本領・小譜代大名知行地かであって、大体同じような様相を示している。

人文地理的にも歴史地理的にもあるまとまりを示す南「関東山地」周辺地方農村とそこに生きた人々の動向に、具体的な関心を寄せて歴史描写を加えつつ、近世地方農村史研究のフィールドワーク、史料探訪・処理・筆写・分析の紹介をかねたつもりである。講義担当者の経験と能力の範囲内において、具体的な地方史的史料を通じての人と物との動きを示したい欲求が、打消しがたく強かったからでもある。

なお、第一部〔歴史的なものの見方〕と第二部〔日本社会の「近代化」覚書〕は、内容的にも時代・問題上も部分的な言及にとどまっている。板書事項的な概要指摘や参考文献史料の紹介・引用にとどまっている次第である。実際の講義では正テキストにそいつつ、いくつかの重要な内容と問題を加えなければならないであろう。

三、ゲーテの『詩と真実』（小牧健夫訳）に次の一節がある。

「学生が甚だ悩まされたなお一つの弊害を序でにここに述べておこう。官職に就いている他の人々と同じように、教授たちもすべてが同じ年輩というわけに行かなかった。ところで、若い教授たちは本来ただ自分が学ぶために教えるのであって、そのうえ彼等がすぐれた頭脳をもっている場合には、時代に先んずるものであるから、彼等はまったく聴講者を犠牲にして自分の教養をかち得るのである。というのは、聴講者は彼等が真に必要とすることを教えられないで、教師が自分のために研究の必要を感じていることを教えられるからである。これに反し最年長の教授たちのあいだでは、大多数がすでに長いこと停滞した状態にある。彼等は概して単に固定した見解のみをつたえ、また個々のものに関しては、時代がすでに無用であり、誤りであると排斥した多くのものを教える。両者によって、悲しむべき葛藤が起り、その中で若い人々はあちらこちらに引きずられる。ただ十分の知識も教養もありながら、依然として知識や思索にたいする勤勉な努力を惜しまない中年の教師たちによって辛うじて埋め合せがつけられるのである」。

本書が、その若い教師の欠陥だけを保有していて、中年の教師の理想像のかけらも所有していないであろうことは、自省せざるをえない。

それに、つい最近、一流大学の一流教授である水田洋博士が毎日新聞社『エコノミスト』（一九六七年八月一日号）で『大学の退廃』を指摘され「自分の講義をきく学生にしか売られないような『著書』が、泡沫教師と泡沫出版社に、利潤をもたらす」と書いている。この『覚え書』がさっそく水田発言の一好事例となるであろうことも自省せざるをえない。ただし「利潤」範疇も、水田博士と異なって「泡沫利潤」ではあるが（ちょうど江戸時代に水田と違い畑の石盛〔公定生産力〕が低く、年貢も比較にならず低く、売買地価も安かったように）。

四、本書の発刊は、友人平井一雄・高橋正男両氏の勧めによる。また本稿のうち旧稿の一部の浄書、筆写、校正、雑務等は、獨協大学社会経済史研究会の創設者である石沢智敏君の協力による。彼はこの『覚え書』の最初の読者でもある。

（一九六七年八月）

五、史料紹介、事例報告として若干の旧稿を石沢君の助けをかりて追加してみた。

一九六八年は世界の大学、日本の大学にとって激動の年であった。最近の国連調査報告によれば世界中の若者たち五億人（十二歳〜二十五歳）は、あらゆる体制への欲求不満と「参加」「民主化」への熱望との行動を高揚させつつあるという。六九年に入って、いよいよ激流は大きく深く広く、しかも一部では矯激になってきている。わが獨協大学においても六八年秋よりこうした流れが生じ、六九年初より激流化しようとしている。六八年末より学生問題に関する臨時特別委員会の一員として獨協ナショナリズムの「最前線」におることになってしまった私は、教員・学生を含む獨協人の左右上下の諸動向の中にみられるさまざまな不安・焦燥・動揺・策動・煽動・固守・我執・我利・挫折・取引・矛盾・対立の諸様相を、いくたびかの精神的かつ肉体的な極限状況を含んだ数カ月において、まきこまれぶちかまされつつ、近代市民社会デモクラシー体制に依拠すべき大学の研究・教育状況の危機として、実見し観察せざるをえなかった。

わが師、野村兼太郎博士の「英雄論」「変革論」を想うこのごろである。「歴史的なものの見方」がいまこそ、すべての獨協人にとって必要不可欠であり、重視されねばならないといえるのかもしれない。

（一九六九年二月）

六　六九年から七一年初めまでの、この二年間に種々のことが大状況、小状況をめぐってあった。上下左右、本末表裏の諸様相に関連して、いろいろの潮流が出没し、いろいろの時流が来往した。不学不感、不類不変、不仁不天、不順不遜の動向が観察される。一人の歴史主義者・歴史研究者・歴史教員・獨協人として、私自身もその渦中を乱調子の乱取り模様で生きてきたといってよい。

大状況における勝利に対しては小状況における敗北によって報復を与えることができる。小状況における敗北は大状況における勝利によって復讐しうる。「歴史的なものの見方」を身につけた歴史主義者は、あらゆる諸条件、諸局面の表裏を貫徹して確乎巋然《きぜん》と立ち、動ずることや動揺させられることがあってはならない。真の歴史主義者は、敗北と分裂と挫折と屈辱に耐えつつ、日本民族の真の歴史具体像をとらえ、正しい「歴史的なものの見方」を固守し発展させて、耐え、待ち、みつめ、智慧を働かせ、万策をねり、行動と思索をつみかさねていきたいものである。

ここでは「歴史的なものの見方」と歴史研究学習の正面教師（B）、反面教師（A）として役立つ古典の教訓として、二千三百年前の『荀子』（竹岡八雄・日原利国訳本）を引用しておくにとどめたい。

A

(1)　「君子は……善を好んであくことなく、人の諫言をうけいれてよく自分を戒め（る）……小人はこれと反対である。きわめて乱暴なふるまいをしながら、他人が自分を非難するのを憎み、きわめて愚劣でありながら、他人が自分を賢いとほめてくれることを願っている。心は虎や狼のようで、行いは鳥や獣のようなのに、しかも他人から道をそこなうものと言われるのを憎み、諂《へつら》う者には親しんで、諫める者は遠ざけ、品行の方正な人を笑いものにし、この上なく誠実な人を賊とみなして斥ける。このようでは破滅しまいと思っても破滅せざるをえない」。

(2)「君子は才能があっても立派であり、なくても立派である。小人は才能があっても見苦しく、なくても見苦しい。君子は才能があれば心広く率直でよく人を教導し、才能がなければ恭しく謙遜で慎んで人に仕える。小人は才能があれば心ねじけ尊大で人をあなどり、才能がなければ怨み嫉妬ぶかく人をおとしいれる。だから君子に才能があれば人はついて学ぶことを光栄と思い、才能がなければ告げ知らせることを楽しむが、小人に才能があっても人はこれについて学ぶことを嫌い、才能がなくても告げ知らせることを恥じる」。

(3)「小人は……心の大きい者は放漫で荒々しく、心の小さい者は淫乱でゆがみ、賢ければ物を盗み人を欺き、愚かならば人を傷つけ乱暴をはたらき、用いられるとこざかしくて威張りちらし、退けられると人を怨んで悪だくみし……栄達すると驕り高ぶってえこひいきをし、窮迫すると捨てばちになって怠けおこたる」。

(4)「小人というものは、しきりに嘘をつきながら自分を信じてくれることを願い、しきりに欺きながら人が自分に親しむことを願い、禽獣のような行動に走りながら人が自分をほめてくれることを願う。ものごとを考えても道理をさとることができず、行なっても失敗しやすく、固持していても成立しがたく、ついに必ずその好むところの栄誉や利益を得られなくて、必ず憎むところの恥辱や危害をこうむることになる」。

(5)「多く語っても少し語っても法則がなく、口にまかせて放縦ならば、たとい弁説巧みでも小人である。……姦事……姦心……姦説……これら三つの姦邪は聖王の禁じられたものである。ずる賢くて険悪で、傷害を加えてもさとられぬほど絶妙であり、偽って人を陥れることが巧みであり、無用なことに多弁を弄し、不急なことに明察であるのは、政治上の大害である。邪曲を行なって我意を張り、間違いを飾りたてて巧みにつくろい、姦悪になれて潤色を加え、言論はよどみないが理にもとるのは、古代に厳禁されたことである。知恵はあるが法度に従わず、勇気はあるが恐れ憚ることなく、明察で弁はたつが見方がねじれて、誇大な言をはくが実用に乏しく、姦悪を好んで人をも仲間に誘い、足早に歩いて道に迷い、石を背負って水中に落ちるようなのは、天下の人々が捨てて取らざることである」。

B

(6)「風むきに従って呼べば、声が大きくなるわけでないのに、はっきり聞える。車と馬を利用する者は、足が強いわけではないのに、千里の遠くへ行くことができる。舟と楫を利用する者は、泳ぎが上手なわけではないのに、江海をも渡ることができる。学徳すぐれた人物も、生まれつき一般の人と異っているわけではない（歴史的・社会的・精神的事）物を上手に利用したまでである」。

(7)「こころが修まって正しければ、富貴に対しても気おくれせず、道義の観念が備わっておれば、王公に対しても恐れることがない。内に省みてひけめがなければ、外面的なものに心を動かされないのである。……身は労苦しても心さえ安らかであれば進んで行ない、利益は薄くても道義に厚いことならば進んで行なう。大国の横暴な君主に仕えて栄達するのは、小国の困窮した君主に仕えて正道を行なうのに及ばない。それゆえ、よい農夫は洪水や旱害があるからといって耕作をやめないし、よい商人は損失や売れ残りがでるからといって商売をやめてしまわない。同様に、士君子は貧窮におちいったからとて、道の修業を怠るようなことはない」。

(8)「半歩づつでも休まずに歩けば、足の悪いすっぽんさえ千里の道を行くことができ、少量の土でもやめずに積みかさねれば、高い丘や山もできあがり、水源をふさいで出口を開くなら、揚子江や黄河の水でさえ涸らすことができる。しかし進んだり退いたり、左に曲ったり右に折れたりしていては、たとい六頭立ての駿馬でも目的地に到達できない。いったい、人間の素質の隔たりは、どうして……はなはだしいものなのだろうか。……けっして他に理由があるわけではない。一方は努力し、一方は努力しなかったまでである」。

(9)「法則を好んで守り行なうのは士である。意志を固くもち法則を身につけているのは君子である。知慮が明敏でなにごとにも窮しないのは聖人である。もし人に法則がなければ途方に暮れるであろうし、たとい法則があってもその精神を十分に知らなければ、落着きがなく操守に欠けよう。（歴史）法則の精神を知ってこれに依り、しかも細かい法則までよくわきまえてこそ、はじめて潤いのある床しい人柄となる」。

(10)「学問をするには、然るべき先生に近づきになって教えをうけるのが、もっとも便利である。……然るべき先生について君子の教えを習得すれば、わが身は向上し広く社会のことにも通暁するようになる。……学問のしかたは、その先生を好きになるのが何より早道であり、礼を尊ぶのがその次である。一方ではその先生を好きになれず、他方では礼を尊ぶこともできないで、ただとりとめもなく雑駁な説を学び……教えに従ってゆくだけならば、それでは一生涯かかっても固陋な学者の域をぬけ出せないであろう。……礼儀にかなった恭しい態度のときはじめて道の大綱を語りあうことができ、言葉が素直なときはじめて道の条理を語りあうことができ、顔色がおだやかなときはじめて道の極致を語りあうことができる。だからまだ話しあう時機でないのに話しかけるのをやかましといい、ともに語るべき場合であるのに言わないのをかくすといい、相手の顔色にかまわず話すのを盲目という。……問いかたの乱雑な者には答えるな。答え方の乱雑な者には問うな。説明のしかたの乱雑な者には耳を傾けるな。喧嘩ごしの者とは議論するな。……礼をわきまえない者は避けて相手にすべきでない。……（歴史的・社会的）礼を尊ぶ者は、まだ明達していなくても、（歴史）準則を守る立派な人物といえるが、礼を尊ばない者は、いかに明敏であっても、物の役にはたたぬ学者（学生）である」。

（一九七一年一月）

七、第一部「歴史的なものの見方」は一九六七年初夏段階における、学生受講者諸君の多種多様な段階と傾向を考え、また大学政治社会の特定状況を考え合わせつつ、筆者の歴史論のともかくも読書覚書的入門をそれらの諸条件の下で意図したものであった。その後の国内外・大学内外・自己内外の大状況・小状況の変化進展を想うと、ある種の感慨がわくと共に、私の「歴史的なものの見方」への基本的確信を強める次第である。なお筆者の歴史家としての姿勢をめぐっては、一九七〇年初春執筆の「社会経済史研究学習の姿勢」(『近代日本の社会的基盤』蒼文社、所収)をみられたい。

参考までに本年度の「日本史」履修の手引の文章を転載しておこう。

「本講義は日本民族の歴史的具体像を実証史学の観点から構造的・本質的に明らかにしつつ、民族の歴史的真実を追求する。受講者一人一人の『我が家の歴史』と民族の歴史を関連づけつつ研究学習していきたい」。

「前年度受講学生諸君が記しているように、単に事大主義的基準で選ばれた『史実』の年月・人名・事件の整理暗記に過ぎず(経M、仏T君)、あまりにも受身で考えることをしなくてすんだ(法K君)中高の受験歴史、教科書歴史と本講義は全く異なっている(法W、営T君)。日本民族の歴史を自分自身の問題として考え(仏O君)るならば、日本史学習は『我々がいかにより正しく現代社会の状況の中で生きていくべきか問う唯一の手段に他ならない』(英O君)。わが家の歴史調査により、社会的視野と歴史的真実をふまえた(英F君)上で、故郷への愛着(経K君)が生じ『両親の苦労、大きくは歴史を作ってきた人々の努力がすべての中にうかがわれ』(英S君)、先祖や祖父、父母たちの生活、時代感覚、感情のひだ、たゆみない努力、苦悩、失敗、挫折、刻苦奮闘に深く触れ合い(独M、営S、法I、経O・T君)、『民衆・庶民の歴史が日本全体の歴史の最重要部分であることを強く感じた』(法A君)のである」。

「心ある同好の士を受講者として迎えたい」。

人類史発展の基本方向にそい、社会的視野と歴史的真実とをふまえ、主体的な危機意識を高め問題意識を深めつつ、七〇年代における日本民族歴史の研究学習をしていきたいものである。

(一九七一年四月)

3　根のある学問修練を

――大学院生諸兄姉へ――

一

宿願であった大学院経済学研究科が誕生したのは、学部開設以来三十年近くになる三年前のことであった。創設運動に関係する教員・職員の報われることを期待しない献身と、神戸大学、慶応義塾大学、大阪大学などの専門の諸先生方の御指導・御鞭撻によって、なんとか修士課程が生まれ、三年目の今年四月に博士課程が連続して生まれたのである。

ささやかではあっても、一つの小さな大学院づくりには、大学内外の多くの知恵と配慮と経験、努力と情熱がこめられている。この経済学研究科に今後、集り散ずる多くの若い院生たち諸君が、創設者たちの苦心と執念の足跡を想いつつ、自己の人生の決断による学問の道へのあゆみを無駄にすることなく、立派に学問の花を咲かせていただきたいと思う。

本誌『獨協経済研究年報』は、こういった筋道の当然の結果として生れた院生の学問誌である。

広い意味での経営情報科学としての経済科学群と情報科学群の二群を、経済諸学（理論・歴史群と経済政策群）への補強併設科目群として配置していることに、私たちの経済学研究科の特色の一つがある。お互いに他群の諸科目をあわせ研究・学習することによって、自分の選んだ専門分野に対して、より深く、より広い姿勢による学問研究が可能となるはずである。「日本的経営」のノウハウや真髄、あるいは「日本企業の国際化」に強い関心を寄せる外国人留学生にとってはもとより、内外の実業界へ進出の意欲をもつ日本人学生にとっても、高度な経済、経営・情報の専門家になるためには、本大学院研究科の複眼的な視座の設定が、貴重な存在となるに違いない。

本年発足の獨協大学経済学会は、学部・大学院の教員と学生・院生を打って一丸とする研究学習上の修練の共通の広場として設定されたシステムである。院生の研究発表や修士論文公開の場としての本誌第一号には、学位を授与された一〇名の二カ年間の、それぞれなりの専門研究成果の「概要」を掲載してみたのである。次号以降は、修論概要の発表以外に、一部のすぐれた作品については全文復刻をしてみたいと考えている。本年四月に発足したばかりの博士後期課程（いわゆるドクターコース）へ進学した院生諸兄姉の、学問的水準の高い作品や、実業社会で高度な専門家として活躍することになる博士前期課程（いわゆるマスターコース）の優秀な諸作が今後、陸続と掲載されていくことになろう。

このことは、必ずや広い意味で、本学の学問水準の高度化と活性化、および新鮮化に大きな刺激をもたらすに違いなかろうと思う。

学問の道は、いろいろな人生の道の中でも、とくに、どこまでも一筋の細く、きびしい、孤独の道である、といってよい。

「一路寒山萬木中」の志と誠をもって、精進していただきたい。

本誌に公開された皆さんの学問的成果の一端が、皆さんの苦心刻苦の道筋の証しであり、後輩諸君への道標となり、かつ、皆さん一人一人の生涯の心棒になっていくと、確信している次第である。

がんばって行こう！

二

およそ社会科学にせよ人文科学にせよ、思い立って大学院に進学し、学問をはじめようとするのは、はてしなき曠野か原生林にわざわざ自ら進んで迷い込むようなところがある。

色々な意味で、人間界の「流行」と「浮華」の現象面から、わずか二、三年間にせよ、ともかく撤収し、人類が獲得してきた真実の知的探求者として、修練院のごとき厳しい戒律の中で、心身の炎を燃やし続け、その苦しみを刻印しなければならない。人間文化と自然風土の織りなし編み出している文明システムの網の目の中で、結局はむなしさの余計に肥大化することを感じとりつつも、自己の魂をたたき直し精錬することになる刻苦世界に、一歩、足を踏み入れてしまうということなのだ。

内外の知的動向が複雑で、価値観の多様化した現代にあっては、大学院修士課程の水準の学問の世界に真剣に遊泳するほどの意欲と勤勉と問題意識を持たない限り、なにほどかのリーダーシップを持つことはむずかしいだろう。公私の企業人としても、中高の教師としても、公務員、技術家としても、あるいはおよそ柔軟な思考と洞察力あふれる発想をもって、各界の渦中で生き抜く人間としても、十分に対応できない、というのが、実の所、私の本音である。

しかも本当の知識と真の学問は、その持ち主を、さらにいよいよ謙虚にし、高ぶらせなくする。大いなるものはもとより、すべての事物とあらゆる人間と内外の事態に対して、自己の無力を感じ取り、絶えざる自己批判の下で生涯研修に励む姿勢が、当然のように生まれてくるものである。

大学院における研究教育の人類史的な効用がこのあたりに存在することを思いつつ、院生諸兄姉の、より一層の精進を期待したい。

今年で本研究科がまる五年を経過し、本誌『獨協経済研究年報』が一九九二年九月に第一号を刊行して以来、一年有余たち、その間、私たち大学院経済学研究科の研究教育体制が、よりこまやかに、より厳密に確立してきたことは事実である。このことを、関係教員・職員や院生の皆さん方とともに喜びたい。

しかしいまだに一部の院生諸君が、「中途半端」で「夜郎自大」の小世界に埋没し、学問上の師弟関係のもつ親密かつ厳正な知的啓発力と刺激力への信頼と依存から、ともすれば離れがちである悲しい現象についても、私たち教員側に大いなる力不足があるにせよ、お互いに心に留めて置く必要があるのに違いない。

ともあれ、院生の皆さん方の学問的成果の第二弾が、ここに公開されることになったことは、慶賀にたえないところである。論文・要旨の両方を含め、いずれも院生諸兄姉の刻苦勉励の証しといえよう。必らずや現役後輩諸君たちの道標になるであろう。

ともかく、いったん学問のはてしなき曠野に入り込んでしまった以上、
迷うとも行け、
まっしぐらに行け。

三

随分、長い年月がたった気がする。
獨協大学大学院経済学研究科が、混濁と苦難の末に誕生したのは、一九九〇年四月であった。それから修士号の学

位を授与された方々は、四一名に達するのである。感慨深い。

これらの「教え子」たちが税理士業界や研究教育界の専門分野で立派に活躍しているのを見聞きするのは嬉しい。修士論文の水準も確実に向上してきている。本誌の第一、二号から本号にいたる道程に、そのことは如実であるといってよい。しかし私たちがまだまだ満足できる状況に立ち入っていない問題点を多く抱えていることを、私は告白しなければならない。

ここでは一例として、研究学習上のいわゆる「きびしい訓練」の是非について、触れて置きたい。

残念ながら教職員の一部にも、私たちの訓練と審査の指導に、厳しさと酷薄さを感じとり、それを院生諸君につぶやきもらされる場合が、ないわけではなかった。ともすれば安易さにつこうとする一部の院生たちが、その「慰め」に安堵するといった所があったやに見受けられるのであった。

しかし「すべての訓練は、当座は喜こばしいものとは思われず、むしろ悲しいものと思われる。しかし後になれば、それによって鍛えられる者に、平安な義の実を結ばせるようになる」（聖パウロのヘブル人への手紙十二）といわれる通りなのだ。

私たちの大学院で展開される、この厳しい訓練が、無論、教師側の自己満足や顕示欲、あるいは高慢さであってはならない。院生諸君の後々の現世でのしあわせと利益のためであることは、間違いなかろう。教師側も、自己の学問的業績と方法論的な管制高地に立って、真剣試合を開示しているはずである。知的世界における専門技術と思想性についても、教師側に学ぶ姿勢が院生側にないといけない。自分の専攻分野と修論テーマに関係ない教師の指導性など……と軽んじて小利口に高ぶらないでほしい。教師たちには、「愛する者を訓練し、受け入れるすべての（教え）子をむち打つ」ことが必要な場合と時期があるものである。院生側も、教師側に「責められるとき、弱りはててはならない」。教師側の厳しい指導を、出来るかぎり「訓練として耐え忍」び、歯をくいしばって、自己の限界に挑戦してもらいたい。

中には、他大学の大学院や学部などであまりにイージーな指導と甘い審査を受けていて、それを学問的な「愛の道」だと都合よく思い込み、あるいは思い込まされている場合があるかも知れない。しかし「いったい、父に訓練されない子があるだろうか。誰でも受ける訓練が、あなた方に与えられないとすれば、それこそ、あなた方は私生子であって、本当の子ではない」（同上）のだ。ともかくは学問上の師道に「服従」して、「学問の道」に「真に生きる」べきではないだろうか。

正直なところ、専門学問的な意味で経験と識見と業績が無いか乏しい院生諸君が、一方では安易な自己顕示と夜郎自大に陥り、他方では、修士論文などは「学習」であって、分析と資料と論理と叙述における「独創性」や「全体性」と「研究姿勢」に、高い水準の深さと広がりを必要としない、などと身勝手な自己規定をし、その場を糊塗して逃れ去ろうとしている傾向性が強い場合もあろう。またそのように甘い言葉をささやく人びともいるだろう。

私たち獨協大学大学院経済学研究科は、こういったタイプの院生たちの、いわば執拗な姿勢に屈服することはできない。

四

それぞれなりの知性と識見と性情を全面開花させ、意欲を燃焼させつつ、学問への志を「萎《な》える」ことなく、学問的執念を「弱める」ことなく、自分なりにがんばって、自分の目標点まで、走りつづけてもらいたい。この道筋を、学問的良心を謙虚に保ち、真直ぐに、一筋に突き進んでもらいたい。

かつて日系米人画家、国吉康雄（一八八九―一九五三年）が、一人の画家における芸術と人生との密接不可分の関係について、次のように語ったことがある。

「一本の枝をひとつの木に結びつけることもできなければ、その枝が自立するとも思えない。そこから発芽する根と、養分を与えてくれるいくらかの土地がなければならない」。

国吉康雄になぞっていえば、私たちの学問の花を咲かせ果実を稔らせる大地や根や幹とはなにか。

それは、一人の人間の人生である。どんなに小さく、ささやかな学問であっても、一人の人間の人生を懸けた試練と忍耐を必要としている。それぞれの人生がなければ、国吉のいう芸術ばかりか、それぞれの学問など、たちまちに干からびて枯れあがってしまう。粒々辛苦の人生を築きあげまとめあげる道筋を歩む過酷な条件の中でのみ、納得のできる自分の学問を、しっかりとつかみとることができよう。

結果的にいって、根のない学問があるとすれば、それは根のない人生の現象形態であるとしか、いいようがあるまい。本当の所、学問と人生とは、一人の人間の心身とたましい（Soul, Body Spirit）の内で、融合されて生まれ出るものである。ちょうど、長期の熟成をして融合され発酵してこそ、ふくよかな古酒が生まれるような、気の遠くなる志と誠の忍耐を伴う積み重ねの過程をへて、学問と人間とが渾然一体になる。

長い人生の過程の一時期を、たまたま学問の道として修士課程で送ったことの意味を、あまり大げさに重々しく考えず、また逆に、あまり偶然事の一瞬時の思いつきと矮小化しないでいただきたい。ひとつの運命的な道行きの選択肢を流水の勢いによって選びとったわけであるから、ここは覚悟を定め、きちんとした学問が必然的にもつ芳香と苦汁とを、あわせ嗅ぎ飲み干しきるつもりになってほしい。

ほんの間に合せの花は咲くが、無論、たいした実はならず、次年度以降は葉も茂らず紅葉もせず、やがて枯木のままに立ち枯れてしまうような「学問」にならないよう、互いに自戒したいものである。多彩多様な生きざまを包含する、世俗的な幸不幸と人間的な善悪を越えた豊かな人生によってのみ、それぞれの人の探求する学問は、それぞれなりに豊かな稔りあるものに成熟し、万人に開かれた自由の天地に飛翔することができる。

数年間の内外にわたる苦難の道をへて、一九九〇年四月にやっと発足した大学院経済学研究科も、すでに七〇名をこす進学者が集り散じ、新教室棟の第六棟五階の院生研究室も、個人机、コピー機、共通図書をはじめ研究教育設備も一応充実してきた。修士論文の水準も、先輩から後輩へと次第に向上し、この五年間で、それなりの進歩をみせているのではないだろうか。指導教授層の新旧の交代や開設演習群の新動向などにも、時の移り変わりが感じられる昨今である。

第一号から本号まで四冊の院生研究年報を眺めながら、「一本の枝をひとつの木に結びつけ」、「その枝」を幹から根に結びつけ、大地に結びつけるような、ささやかでも新しい学風の成長の足跡を、そっと手のぬくもりに受けとめたい。

それにしても、大学院経済学研究科は難産だった出生の割には、その後の発育の歩みは早く、変化が激しい。「いえさ、何事も移り変わるもんでございますよ」と、十八世紀末江戸下町の女湯で、母親お辰さんが述懐する（式亭三馬『浮世風呂』）通りのことなのであろうか。

世界も日本も、ご覧のような混迷と激動にゆれ、多難な移り変わりのめまぐるしい世紀末にあって、皆さん方の、今後さらなる研修と、稔り多き人生の発展を祈る次第である。

学問修練の場の活性化——獨協大学経済学会の発足によせて

まず本誌『獨協大学経済学研究』の誌名、体裁その他が、すっかり変貌したことを、御報告したい。

経済学部がこの六カ年間、学部の教学・研究両面における活性化を促進させてきたのは、周知の通りである。カリキュラムの大改革の基礎的な方向性をすべて終了させたし、非常勤講師陣の一新も完了させた。宿願だった大学院修士課程も二年前に発足、三倍以上の受験者を迎え、定員を毎年充足させ、学問殿堂としての地歩を固めつつある。研究と教育への自己評価と自己点検についても、公開主義をとって、積極的な姿勢をとってきた。いまや、大学院博士課程を申請し、発足させるばかりの地点にまで、展開してきた。

学部紀要の体裁を変えたのは、学部活性化を、外枠と外装からだけでも表現したいと考えたからである。

無論、このような学部活性化は、学部内の教職員の多くの人々のたましいと気分の、融和的かつ知性的な対応が結集し、燃えあがらなければ、不可能であったと、学部長の私は確信をもって断言できる。

学問的研究の成果を発露させ、蓄積させて、それぞれに已れとしての最高の研究者として、自己を完成へ近づけていく精進の道筋に、真に生き抜いているならば、融和的かつ知性的な対応を果しえない大学人は、ありえないであろう。これは「政治」や「思想」や「性格」や「仲間」に関する問題に矮小化させて弁明できる範疇ではない。あくまでも学問的研究者のありよう、生き方、原像にかかわる基本的問題である。

たしかに経済学部は、受験システムも大改革を成し遂げてきた。受験生も八千名を超えるにいたったし、いわゆる偏差値も五二、五三から五九、六〇に急上昇してきている。受験界で注目されるばかりか、全国の高校教育界でも関心を湧き起してきている。受験システムを元々の英語・和作文・面接の方式のみから、B方式として外国語・社会・国語による選択方法を追加したことが、経済学部を首都圏の他の有名私大との併願競合校に格上げできることにもなった。

そのおかげも手伝って、経済学部卒の就職戦線における活躍にも目覚ましいものがある。株式市場第一部上場企業への入社率をとっても、従業員千人以上、五百人以上の企業のいずれをとっても、偏差値がまだ三か四ポイント高い外国語学部に比して、高率になっているのである。

今回、念願であった獨協大学経済学会を発足させ、学部学生、院生、教員を打って一丸とする研究・学習の修練の場が設営されることになったことは、会長としても、ほんとうにうれしい。大学人自身による自己点検と自己評価の姿勢が問われている現在、獨協大学経済学会が学問への刺激と相互批判の充実、公開主義の促進などに果す効果は大きい。学部ゼミナールの機関誌、大学院生（二カ年で三三名在籍）の業績発表年報などを含め、その中核的存在としての紀要『獨協経済』誌の役割は、重大である。

その重い学問的かつ知的責任を厳粛に痛感しつつ、その外装や形式のみでなく、内容の充実と水準の向上のために、獨協大学経済学部人の皆んなが、一人一人、精進していくことを、学部長として誌上でお誓いして、「編集者の声」としたい次第である。

研究と教育の融合——獨協大学経済学会発足

もう七、八年前からの、いわば宿願であった経済学会が昨春に発足した。

教員、学生、院生を打って一丸とした研究と教育の融合課程の自己表現としての経済学会が、今や人気講座になっている学部の総合講座の運営や、学生諸君の自発的かつ自治的な研究修学の活性化に与える影響は大きい。

大学の個性化や私学経営の活性化が語られ求められてから、まだ年月はあまり経っていないが、これらの事を獲得していくためにも、学生・院生諸君と教員の結びつきや連係を、より一層強化していく必要があるだろう。

第二号も、ゼミ学生諸君それぞれの目標と趣向に応じた、ゼミ案内特別号としてみた。二年生の諸君がゼミ募集に応じる際にも、教員自身のゼミ概要記事に比して、身近なアピールになるに違いない。

大学の個性化と活性化は、まずは、構成各学部それぞれの個性化と活性化に依存せざるをえないものだ。そうして、学部個性化と活性化は、各教員や各学生諸君の研究・調査・学習のありようと水準による。だから、学部ゼミナールの活動が、これからの教学の基底的な存在になるだろう。

お互いにがんばって行こう。

4　二十一世紀における社会科学新生への幻想《ヴイジョン》

――獨協大学経済学部創設三十周年記念号によせて――

まもなく、その終末を迎えようとしている二十世紀の百年間は、人類にとって、いかなる意義と役割を持っていたか。そのうちでもとくに、私たちに関係する社会科学あるいは歴史諸科学は、いかなる時代状況と課題を背負っていたか。

現代日本の、そんなには古い歴史を持たない小さな大学の経済学部に三十年近く籍を置いている一社会科学者、あるいは一歴史科学者として、拭い去りきれない悔恨と絶望的な無力感が吹き出してくるのを、私は押えることができない。

第一次世界大戦、第二次世界大戦という、人類歴史上の汚点として幾千年後の先まで語り伝えられるべき悲惨と残虐と愚挙の数々。反帝反封建の民族独立運動に伴う貴重な犠牲の人柱の数えきれぬ墓標。ドイツナチズム、西欧ファシズム、日本軍国主義、ソ連スターリン主義の暴挙と抑圧による恐怖の数十年。戦禍の大量虐殺、人種差別、信仰弾圧、民衆思想文化抑圧など国家悪の数々。

遠く人類史の文化伝統と四百年に及ぶ近世学芸の興隆を、批判的に継承して飛躍を試みた十九世紀社会科学の精華を学習してきたはずの、二十世紀社会科学は、これらの悪の状況と負の課題に、適宜、必要にして不可欠な対応で取り組めたであろうか。正直に振り返ってみると、人類の向上発展と民衆生活の護持にかなった役目を、二十世紀社会科学の大半が果すことができたとは、いいきれないのではないか。

二十世紀の前半五十年を、帝国主義戦争と民族独立運動の織なす混迷と激動の時代と見なせば、その後五十年は、東西両陣営体制の崩壊と西側の相対的安定および「東」や「南」の両世界における混迷深化の時代と見なすことができるであろう。

そのかん、歴史諸科学と総称される学問群が、現象的には隆昌してきたことは間違いない。十八世紀以来の輝かしき近代学問の先駆者である経済学を中核にした近代社会科学が、対症療法的な手法の開拓や計量的技術の革新、システムの改新と政策実践に役立ってきたことについては否定できない。しかし二十世紀が群生させた本質的な汚濁を防止できなかったことを含め、自問自答しつつ、はなはだむなしいつぶやきを吐露せざるをえない。

二十世紀の地球上のどこにでも見受けられた人類の愚行、暴行、蛮行の発生にあたって、国王、大臣、将軍、兵士から現場技術者や理化学者はもとより、社会科学者も、その多くが、ごく少数の例外を除いては、それぞれの汚辱に満ちた戦争犯罪と人間蛮行に終始、立ち合い、あるいは先導し、あるいは後詰めしてきたのであった。それらを学術的に保証したり思想的な意味づけをする人々さえ群生したのであった。

あるいは、いわゆる象牙の塔のアカデミズムに閉じ籠って、我関せずと見て見ぬ振りをし、己れのささやかな学問的小財産の構築と防衛に利己的に励むばかりで、これらの、ジンギスハンも顔負けの犯罪と犯行を見逃し黙認していたのであった。

こうした恐るべき歴史真実への真摯にして深刻なる反省抜きには、私たち二十世紀後半の社会科学者たちは、尊い犠牲と輝かしい献身に彩られた二十世紀への挽歌をもっともらしく歌い、送辞を平穏無事な顔付きで述べることはできないであろう。

無力で怯懦、しかも大勢迎合の社会科学者が、なんと多くの愚挙と罪業を追認し、これに同調してきたことであろうか。ナチズムや日本軍国主義やスターリン主義下の時潮を一寸想起するだけでも、恥ずかしさに身振いするほどの「あわれな敗北」が、社会科学に群生していたのだ。

しかし、にもかかわらず人類は、これらの百年に及ぶ愚行と蛮行の渦中においても、真実の道を指し示す学問的、思想的な灯を消さなかった。灯は消えないどころか、むしろ十九世紀にまさるとも劣らない照度と迫力とをもって、世界と日本に確実に点灯していたのであった。孤立と敗北、挫折と窮迫の中からでも、真の社会科学は、枯木から幾度でも芽ばえ、焼跡から何度でも新生してきたのであった。

私たちの獨協大学経済学部は、いまわしき「昭和十五年戦争」中に「戦争文化」にまぶされた国民大衆の支持を受けた学者文化人やジャーナリスト、そして無論軍部らによる抑圧と侮蔑に包囲された文学博士・天野貞祐先生（『道理の感覚』の著者）によって創設されたのである。

この輝かしい、決して軽くない栄誉を、戦後の「平和と民主」の時代の重荷として脇へ置き捨てにして、この三十年を安穏に打ち過ぎてきた傾向はなかったろうか。内心、忸怩たるものがあるというところが、私のいつわらざる総括である。なんでもない普通の人々の「道理の感覚」こそが、あのいまわしい時潮の渦中でのさばり、いい気になり、暴挙と蛮勇と挑発を支持してはばからなかった日本の社会科学に対して、唯一最高の批判基盤になるのだという、天野博士の確信こそ、戦後日本の復興にあたって、日本民衆の灯とされるべき理念であった。獨協大学の経済学部は、この路線上に、一九六五年、出生したのである。

創立者・天野博士の期待と依嘱に応えられた三十年であったかどうか。私たちは、経済諸学、経営諸学、情報諸学の各学問体系をまんべんなく揃えて、ともかく現代社会のニーズに応えようとした。三十年間、お互いに努力を積み重ねてきたとはいえ、高邁な人類史的観点はもとより、技術的・計量的側面にいたる学問態様の全局面において、十分な水準を達成してきていると、胸を張っていえるであろうか。

周知のように私たちの経済学部は、日本資本主義の八十年のワンサイクルが一九四五年に終了し、その後二十年に及ぶ戦後復興過程が終結した年月に誕生した。校祖・品川弥二郎（松下村塾出身）による獨協教育精神の「誠と志」をもって育てられた天野博士の手で私たちの経済学部が設置された意味を、よくよく噛みしめて、三十周年を記念したいと、昨今、考えているところである。

東西南北の世界諸地域の諸民族における戦争、貧困、飢餓、無智、犯罪、業病や憎悪、復讐、裏切り、挑発、そして勿論、階級対立と宗教戦争、さらには自然災害など、人間の原罪の申し子のような諸困難と苦悩に、十分に対応しえない現代社会科学のありように、ともすれば絶望しがちになる。しかしやはり、ぎりぎりの所に踏みとどまって、近代社会科学の灯を消さないで行きたい。社会科学の有効性を、その技術的かつ計量的なノウハウに矮小化することなく、展開できるかどうか。人類史的な思想性の展望において、人間愛と誠実さを伴う社会科学を、二十一世紀にバトンタッチして育ててあげることができるだろうか。

二十世紀の左右両派や上流下流の社会科学と社会科学者たちの、虚無と利己、無責任と軽薄、無定見と迎合、偏見と悪意の数々を、あまりにも多くの事例で見せつけられてきた私たちの世代は、二十一世紀における社会科学新生への幻想を持つことが、はたしてできようか。

創立者・天野博士の「道理の感覚」を信じつつ、私たちは、二十年後、あるいは七十年後の日本の社会科学と社会科学者の新生と興隆を祈念したいと思う。

一九〇〇年十二月三十一日に、福沢諭吉先生が慶応義塾の世紀送迎会を開催している。去り行く十九世紀への送別と、新生の二十世紀への歓迎の会席を設けたのである。二十世紀が独立自尊の世紀として自由と進歩と明朗をもたらすことを期待しつつ、前世紀の因習、閉鎖、従属、無知からの解放離脱を祈念したという。

私たちの世代は、二十世紀が必ずしも世界と日本における個人と国家民族の独立自尊の花咲く道筋を確保できなかったことを、うらんではいない。福沢先生らが期待した人類理想の「自由の王国」が、二十世紀のうちに生誕しなかったものの、独立自尊と自力更生の人間精神を、現代社会科学の力によって、二十一世紀の先端に接穂《つぎほ》して行きたい。アジア、アフリカ、ラテンアメリカの諸民族民衆が、いわゆる白色帝国主義体制から離脱し、誇るに足る独立自尊を目指して、一歩二歩前進し、自力更生の苦難の道をそれぞれに歩み出している姿は、二十一世紀人類への二十世紀人類からの苦渋に満ちた贈物であるに違いない。

獨協大学経済学部も、創設三十周年を迎え、二十一世紀をあと五年後にひかえた正にこの時機にあたり、たとえごく小さな自己の学問的、教育的な任務であるにせよ、その枠組と機能を自覚しつつ、教職員、学生、院生が一体となって、ゆっくりとではあれ確実に己れを高め、世界と日本のしあわせのために奉仕して行きたい。

そのような幻想《ヴィジョン》をひそかに夢見ながら、三十周年記念号への御挨拶とする次第である。

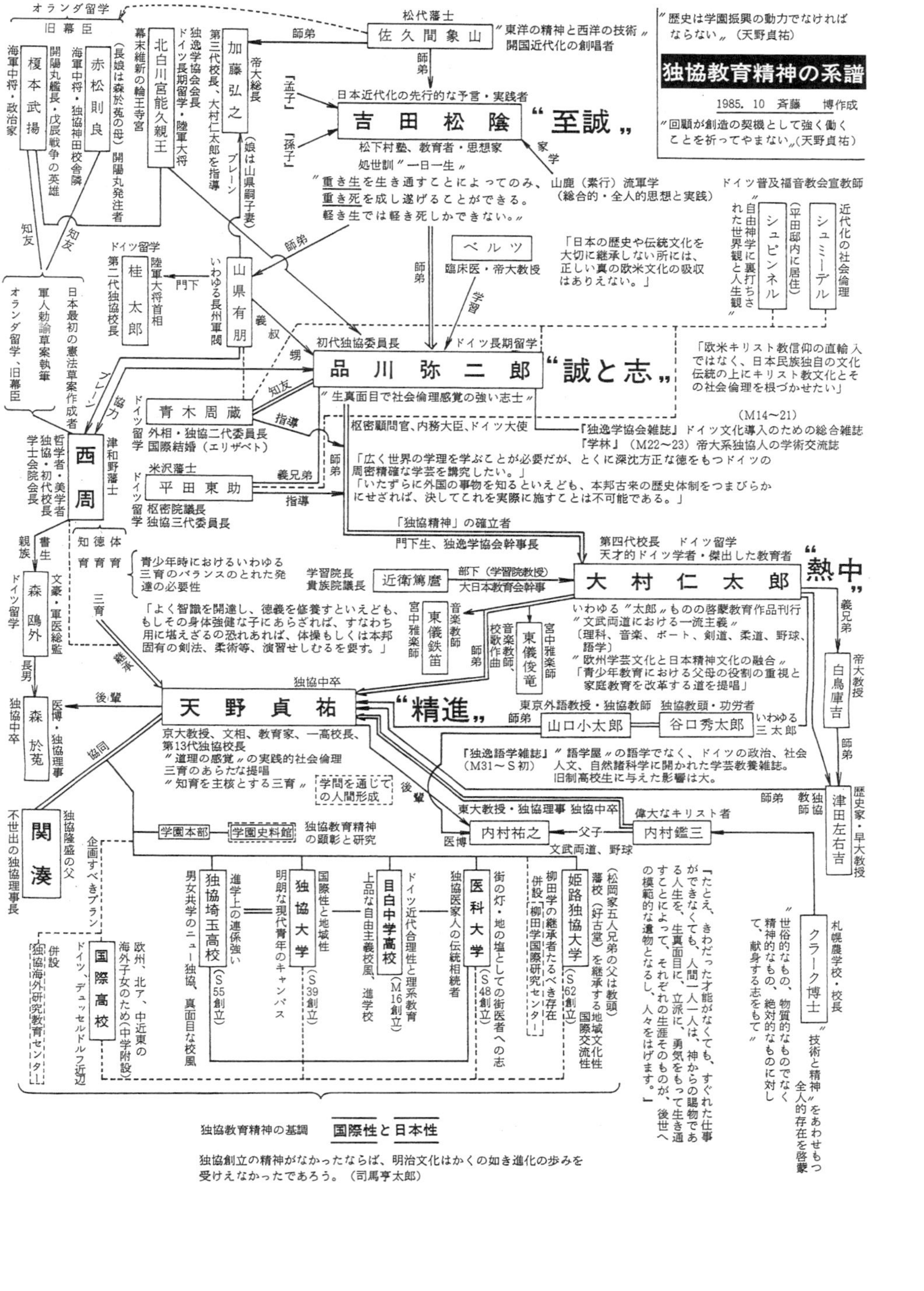
独協教育精神の系譜
1985. 10 斉藤　博作成
〃歴史は学園振興の動力でなければならない〃（天野貞祐）
〃回顧が創造の契機として強く働くことを祈ってやまない〃（天野貞祐）
松代藩士
佐久間象山
〃東洋の精神と西洋の技術〃
開国近代化の創唱者
師弟
日本近代化の先行的な予言・実践者
吉田松陰
“至誠”
『孟子』
『孫子』
松下村塾、教育者・思想家
処世訓〃一日一生〃
〃重き生を生き通すことによってのみ、重き死を成し遂げることができる。軽き生では軽き死しかできない。〃
家学
山鹿（素行）流軍学
（総合的・全人的思想と実践）
オランダ留学
旧幕臣
榎本武揚
海軍中将・政治家
赤松則良
海軍中将・独協神田校舎隣
開陽丸艦長・戊辰戦争の英雄
（長娘は森於菟の母）開陽丸発注者
北白川宮能久親王
幕末維新の輪王寺宮
独逸学協会会長
ドイツ長期留学・陸軍大将
加藤弘之
帝大総長
第三代校長、大村仁太郎を指導
（娘は山県嗣子妻）
ブレーン
知友
知友
師弟
ドイツ留学
桂太郎
陸軍大将首相
第二代独協校長
門下
山県有朋
いわゆる長州軍閥
義叔甥
日本最初の憲法草案作成者
軍人勅諭草案執筆
オランダ留学、旧幕臣
ベルツ
臨床医・帝大教授
学習
師弟
「日本の歴史や伝統文化を大切に継承しない所には、正しい真の欧米文化の吸収はありえない。」
ドイツ普及福音教会宣教師
シュミーデル
近代化の社会倫理
シュピンネル
（平田邸内に居住）
〃自由神学に裏打ちされた世界観と人生観〃
初代独協委員長
ドイツ長期留学
品川弥二郎
“誠と志”
〃生真面目で社会倫理感覚の強い志士〃
「欧米キリスト教信仰の直輸入ではなく、日本民族独自の文化伝統の上にキリスト教文化とその社会倫理を根づかせたい」
（M14〜21）
『独逸学協会雑誌』ドイツ文化導入のための総合雑誌
『学林』（M22〜23）帝大系独協人の学術交流誌
枢密顧問官、内務大臣、ドイツ大使
ブレーン
協力
青木周蔵
ドイツ留学
外相・独協二代委員長
国際結婚（エリザベト）
知友
指導
米沢藩士
平田東助
ドイツ留学
枢密院議長
独協三代委員長
義兄弟
指導
師弟
「広く世界の学理を学ぶことが必要だが、とくに深沈方正な徳をもつドイツの周密精確な学芸を講究したい。」
「いたずらに外国の事物を知るといえども、本邦古来の歴史体制をつまびらかにせざれば、決してこれを実際に施すことは不可能である。」
「独協精神」の確立者
門下生、独逸学協会幹事長
津和野藩士
西周
哲学者・美学者
独協・初代校長
学士会院会長
親族
書生
知徳体
育育育
三育
青少年時におけるいわゆる三育のバランスのとれた発達の必要性
「よく智識を開達し、徳義を修養すといえども、もしその身体強健な子にあらざれば、すなわち用に堪えざるの恐れあれば、体操もしくは本邦固有の剣法、柔術等、演習せしむるを要す。」
継承
ドイツ留学
森鷗外
文豪・軍医総監
長男
森於菟
独協中卒
医博・独協理事
後輩
第四代校長　ドイツ留学
天才的ドイツ学者・傑出した教育者
学習院長
貴族院議長
近衛篤麿
部下（学習院教授）
大日本教育会幹事
大村仁太郎
“熱中”
宮中雅楽師
東儀鉄笛
音楽教師
東儀俊竜
宮中雅楽師
音楽教師、校歌作曲
師弟
いわゆる〃太郎〃ものの啓蒙教育作品刊行
〃文武両道における一流主義〃
〔理科、音楽、ボート、剣道、柔道、野球、語学〕
〃欧州学芸文化と日本精神文化の融合〃
「青少年教育における父母の役割の重視と家庭教育を改革する道を提唱」
義兄弟
白鳥庫吉
帝大教授
師弟
独協中卒
天野貞祐
“精進”
京大教授、文相、教育家、一高校長、第13代独協校長
〃道理の感覚〃の実践的社会倫理
三育のあらたな提唱
〃知育を主核とする三育〃
学問を通じての人間形成
東京外語教授・独協教師
山口小太郎
師弟
独協教頭・功労者
谷口秀太郎
いわゆる三太郎
『独逸語学雑誌』〃語学屋〃の語学でなく、ドイツの政治、社会人文、自然諸科学に開かれた学芸教養雑誌。
（M31〜S初）
旧制高校生に与えた影響は大。
協同
後輩
独協隆盛の父
関湊
不世出の独協理事長
学園本部
学園史料館
独協教育精神の顕彰と研究
企画すべきプラン
東大教授・独協理事　独協中卒
内村祐之
医博
父子
偉大なキリスト者
内村鑑三
文武両道、野球
師弟
独協教師
津田左右吉
歴史家・早大教授
独協埼玉高校
（S55創立）
進学上の連係強い
男女共学のニュー独協、真面目な校風
独協大学
（S39創立）
国際性と地域性
明朗な現代青年のキャンパス
目白中学高校
（M16創立）
ドイツ近代合理性と理系教育
上品な自由主義校風、進学校
医科大学
（S48創立）
独協医家人の伝統相続者
街の灯・地の塩としての街医者への志
姫路独協大学
（S62創立）
（松岡家五人兄弟の父は教頭）
藩校（好古堂）を継承する地域文化
国際交流性
柳田学の継承者たるべき存在
併設
柳田学国際研究センター
国際高校
欧州、北ア、中近東の海外子女のため（中学附設）
ドイツ、デュッセルドルフ近辺
併設
独協海外研究教育センター
「たとえ、きわだった才能がなくても、すぐれた仕事ができなくても、人間一人一人は、神からの賜物である人生を、生真面目に、立派に、勇気をもって生き通すことによって、それぞれの生涯そのものが、後世への模範的な遺物となるし、人々をはげます。」
札幌農学校・校長
クラーク博士
〃世俗的なもの、物質的なものでなく精神的なもの、絶対的なものに対して、献身する志をもて〃
〃技術と精神〃をあわせもつ全人的存在を啓蒙
独協教育精神の基調
国際性と日本性
独協創立の精神がなかったならば、明治文化はかくの如き進化の歩みを受けえなかったであろう。（司馬亨太郎）

Ⅳ

新歎異抄講義——二十一世紀の生き方を読む

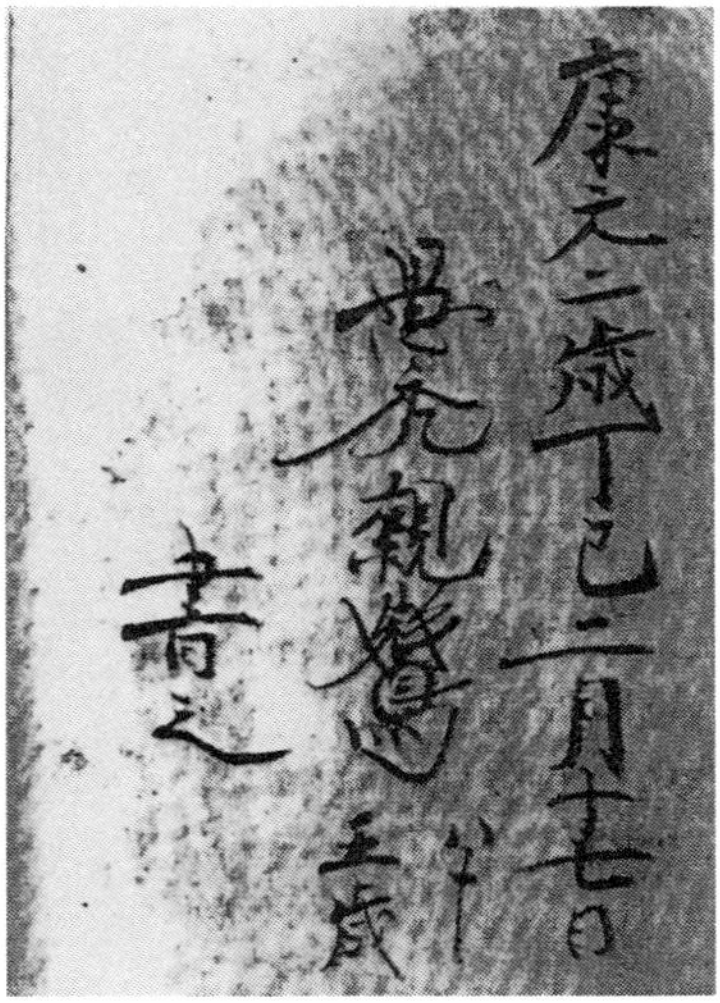

親鸞自署
（「一念多念文意」より、大谷派本願寺蔵）

はじめに

一　日本が世界史に誇ることのできる法然（一一三三―一二一二年）と親鸞（一一七三―一二六二年）の、人と思想と信仰に内在する日本民衆のたましいを再発見してみたい。

二　弟子・唯円《ゆいえん》『歎異抄《たんにしょう》』が発光する人間解放の信仰と、師・親鸞の人生が語りかける救済思想の現代性を明示してみたい。

三　師・法然と弟子・親鸞の信仰精神の連続性と発展性の道筋で、『歎異抄』による私たち自身の罪人としてのたましいの救いの道を探求したい。

四　唯円『歎異抄』に学びながら、すでに十三世紀に於いて、神（仏）と、宇宙および人類の本質と行く末を把握した、真の霊性の人、法然と親鸞に没入したい。

五　過去と現在に於ける人生の惨苦と悲哀を直視しつつ、いかに生き、いかに死ぬかを学びたい。

六　生死愛執と物神礼拝に混濁する私たちの歴史感覚性を研ぎすまし、その歴史認識力のパワーを増強していきたい。

本文テキストについて

一　本書で利用する『歎異抄』テキストとしては、一五一九年に書写したと伝えられる、いわゆる「永正本」を用いた。章立て区分けを含め、先学・故安良岡康作氏（東京学芸大学教授）の教えに基本的に従った。

二　ただし本書の入門書的な性格を配慮して、真宗大谷派宗務所出版部編纂本に見習い、表記を変えた。漢文体は訓み下し和文に、その他の和文体は、片カナを用いず、平仮名で、かつ現代かなづかいで表記し、適宜に現代字体の漢字をあてはめた。

三　一部の漢字熟語に付した振り仮名は、やはり故安良岡教授の業績に教示を受けて、主として『日葡辞書』（一六〇三—〇四刊）（『邦訳日葡辞書』森田武ら編訳、岩波書店）によった。この場合も現代かなづかいで表記した。

本文尊称について

法然、親鸞両人の呼称に附す尊称語は、その時折の文脈、文節によって適宜にした。文中一般には、両人に限り「上人《しょうにん》」を附した場合が多い。これは、持戒厳格で仏学に精緻な僧侶で、智徳兼ね備わり、一般道俗の導師、あるいは師表として人の上に立つにふさわしい僧侶に附する尊称である。なお「聖人《しょうにん》」なる敬称は、「上人」呼称の上を行くもっとも尊崇の度合いの高い敬称であろう。浄土宗、真宗などではそれぞれの宗祖に対してのみ「聖人」を使うが、本書は信徒内輪の文献文書ではないので、「聖人」を用いなかった。但し、本文中にふれる機会のあるキリスト教関係については、慣用もあり、聖パウロ、アシジの聖フランシスコなどと用いた。なおキリスト教（ローマおよびグリークの両カトリックとアングリカン・チャーチ）では、「聖人《せいじん》」としての奇瑞、福徳、とりなし、のあらわれの、きびしく長期にわたる調査にもとづいて、列聖された信徒に対して与えられる。ちなみに「福者」はその前の段階である。

用語の読みについて

『歎異抄』テキストの読みと語釈は、『日葡辞書』によって一々確認している。日本語ポルトガル語辞書というのを宣教師が十六世紀の末に著述編纂し、活字印刷している。キリシタンの宣教師たちは日本へ来たとき、日本語、日本史、日本文化、日本宗教を研究している。ちょうど幕末に函館へ来たニコライというロシア人ギリシャ正教僧侶が儒教と仏教の色々な宗派を徹底的に勉強したのと同様である。宣教師たちは日本仏教諸宗派の中で、とくに他力信仰の専修念仏二派（浄土宗と浄土真宗）をキリスト教の好敵手だと見て取ったから、その関係の語彙が多く採用されている。

日本に送りこまれた宣教師たちは知的レベルも高かった。意志や教養、学問、宣教意欲の高い人たちであった。彼らは日本語の使い方を十分に研究するために、日本語の語彙を集め解釈し、その事例を集積した辞典をも作ったのである。それにはローマ字で発音も記されているのである。我々の日本語の資料は、漢字で記されてしまうと当時どのように読まれていたのか、濁音なのか清音なのか、鼻音で濁るのか、ということがわからない。その意味で、宣教師が作った辞書というのは、ローマ字で当時の発音が記されているので、正確に当時の発音を知ることができるのである。彼らは信仰心を伴なっている確信で日本人をとらえようとしているので、日本語の学習理解も全力投球で臨んでいる。後になると十七世紀の初め頃、日本の上流階級、下層階級との言葉遣いの違い、文体の言い回しや発音の違いなどもきちんと理解するようにまでなるのである。だから下層階級の人たちに布教活動をする時には下層階級の言葉で、上流階級の女性に対して、例えば大名の貴婦人や公卿の女房に対して宣教する時には、それなりの高級な言葉で、上品にふさわしいエピソードを交えながらキリスト教を布教したのである。こういう風に徹底していた。

私たちが『歎異抄』を読むにあたって、日葡辞書の恩恵ははかり知れない。

「親鸞」について

法名「親鸞」について、粟津義圭師は『御伝鈔演義』（一七七四年刊）の中で次のように紹介している。すなわち「親鸞とは御諱なり。本は善信、綽空と名乗り給いたなれど、御年三十五歳、越後の国に下らせられ、五年の間、流罪左遷の身と成り……その時節より愚禿親鸞と名乗り給う。（報恩講）「嘆徳文」に『皆、是れ夢中に告を得て、幻の前に瑞を視し故也』とあって、もともと私に思いつかせられたではない。幻には天竺（インド）の天親菩薩まざまざしく、夢の中には震旦（中国）の曇鸞大師、それが今日本に現れては、親鸞聖人とならせられたという奇瑞あるゆえに、自ら親鸞と名乗り給う」と。

唯円について

『歎異抄』の著者、唯円について、宗誓師の『遺徳法輪集』全六巻（一七一〇年刊）は、北陸・関東方面の親鸞上人関係遺跡見聞録であるが、以下のように述べている。

「常陸国茨城郡河和田報仏寺、当寺開基、唯円房（一二二二—八九年）は、俗名平次郎とて、平太郎舎弟なり。（親鸞）聖人（一一七三—一二六二年）の御弟子となり、如信上人（一二三五—一三〇〇年）の御代まで給仕せり」と。覚如（一二七〇—一三五一年）『慕帰絵詞』（一三五一年）には、「正応元年（一二八八年）冬のころ、常陸国河和田の唯円房と号せし法侶、上洛しけるとき対面して、日来《ひごろ》、不審の法文において、善悪二業を決し、今度あまたの問題をあげて、自他数遍の談におよびけり。かの唯円大徳は、鸞聖人の面授なり。鴻才弁説の名誉ありしかば、これに対しても、ますます当流の気味を添けるとぞ」とある。

1　歎異抄の構造

一　全体の構成

『歎異抄』は、

総序（著者唯円による和風漢文調の序文）

前段（親鸞の言葉（語録）を十章にわけ、そのままに紹介されている）

後段序（唯円による異説・異義批判の序文）

後段（十一～十八章）（親鸞をはじめ法然・善導の言葉を引用しつつ、唯円の異義批判が展開される）

総括（全体のとりまとめと、唯円の信仰と著作活動の感慨）

流罪記録（法然門下が信仰弾圧を受けた記録）

以上のような構成である。

二　前段の聖句十章

第一章から第十章までは、親鸞上人《しょうにん》の聖句を十箇の箇条書きで記録している。上人の言葉による正しい信仰の証明でもある。

北関東の親鸞上人の弟子たちは同門同朋《どうぼう》集団を結成し、一か月に一度集まった。その道場（サンスクリット語の音訳。華厳経にある。仏を供養し信仰修法を行なう場所）には道場主が居り、後に寺院形成を行なうこととなる。門徒たちが仏になるべき覚りの場である。この道場で、親鸞上人の言葉（書信や著述や和讃）が読まれた。外からみると板葺き田舎家風の粗末な小屋であっても、その屋根の下では、皆が南無阿弥陀仏（仏に向って衆生が至心に敬礼し帰依・敬順する信心の表明）と連禱して唱和し、迫力のある民衆信仰の教会堂となっていた。寛政二年（一七九〇）の粟津義圭師（近江膳所《ぜぜ》響忍寺の出身で、東本願寺高倉学寮で修行、唱道説法をよくした。一七九九年没）が真宗一寺院本堂落慶式に際して行なった農民信徒向けの説法（新選即席談）によれば、「百姓が秋の時分は臼すりをして籾《もみ》の皮を磨りおとし、正味の米を俵におさめるが百姓の場（にわ）。今は我等が無量劫来、疑惑不信の籾ぬかを親鸞聖人御勧化（人を説き勧めて仏道に入らしめること）の唐臼にかけ、さっぱりとすり落して、覚りの米を御助け一定《いちじょう》と面々が胸の俵に納めさせて下さる」法座が道場であった。

この連禱は、個人生活では大豆や小豆《あずき》をザルに幾度も移し替えて一日に幾十回も唱えるのだが、念誦念仏の遍数を数えるのには伝統的に数珠《じゅず》を用い、一同に会して行なう。累計すれば何百万遍も繰り返し繰り返し行なわれることがある。そのような同朋集団の道場で、親鸞の聖句そのものを読む。つまり信仰原点を再現するのである。ちょうど新約聖書に書かれているイエスの言葉、そしてイエスをとりまく状況描写を弟子たちが記録し、イエス・キリストという神の子の言葉を皆が言い伝え、それらのあらゆる出来事が、あるストーリイとしてまとまって残され、またそれらすべてが、後になって教会で語り伝えられるようになるのと同様である。すべて親鸞上人の言葉である、消息文の朗読と和讃《わさん》（通俗日本語をもって、仏徳を讃嘆した詩型の偈頌《げじゅ》）の唱和などを道場で行なう。老若男女の信徒集団が混声合唱のように唱える。

前段の十章にわたる親鸞上人の言葉は、側近の弟子・唯円によって、師の生前から、繰り返し繰り返し口の端《は》にのぼせ、正確に整理され、純化されてきていたろう。孔子の『論語』も、弟子たちによって、孔子の言葉を集録したものである。それを受け止める弟子たちの理解により、純化されていく形がとられる。したがって前述の通り、法然や親鸞についても、新約聖書のイエス・キリスト、論語の孔子と同様な形式で弟子たちにより編集され、整頓されていく。これらのことから、親鸞、イエス・キリスト、孔子、各々の言葉が文字通り正確精密に復元されていると考えられ、信仰証明として記録される、と理解できるであろう。

親鸞について、その点が歎異抄総括で取り上げられている箇所を掲げる。

かまえてかまえて聖教《しょうぎょう》を見乱らせ給うまじく候。大切の証文ども、少々抜き出で参らせ候て、目安にして、この書に添え参らせて候なり。

「聖教」とは仏教聖賢の説いた教説および典籍遺文をいうが、この箇所は、歴史学者や東西の僧侶など専門学者の論ずるところである。この文の直後引用の親鸞上人の二つの御文の部分が「証文」であろうという意見も強い。また一説には、流罪記録が証文ではないか、という意見もある。

流罪記録を証文とする説の理由は、一二〇五年、一二〇七年に激しい弾圧を受け、無実の罪により殺された者もいた。しかし一二二一年に、この弾圧をした日本国王が島流しになって、最後には念仏（阿弥陀仏の名号を称名すること）を唱えながら隠岐の島で亡くなる。つまり文武両道の達人でもあった後鳥羽上皇でさえも、阿弥陀仏信仰に入り、往生（死してこの世を去り極楽浄土に往き生れること）を願いながら亡くなっていった。古代天皇制の権威を十分に自覚して、尊大な自信家であった才人の後鳥羽上皇も阿弥陀仏によって救いとられたという信仰を、人々はもつようになる。このことが、信仰の証しとなるのだという考え方が理由である。我が信仰の勝利の記録が「証文」という考え方である。

しかし一般的には、親鸞上人の言葉を十箇条も掲げるという前段全体が「証文」となるという見解が強い。この「証文」問題に関しては、細かな点についても多くのことが議論されている。その点を掲げれば以下のようになる。

①「大切の証文ども、少々ぬきいでまいらせそうろうて」の「少々」について。少々といえば、二つ三つ程度のことを指す。しかしこの親鸞の言葉は十箇条も掲げられている。この少々という言葉の理解からも疑念が残るという問題。

②「目やすにして」の「目やす」について。目安というのは箇条書きの意である。中世では訴状や陳状の形式となる。だから一箇条はさほど長くないはずであるが、第二章などは活字にしても四ページにわたるほどの分量である。通常は三～五行くらいで、特殊な例でも七、八行程度であろう。そのような見解からの「目やす」についての議論。

③「この書にそえまいらせてそうろうなり」の「そえまいらせて」について。添えるといえば、常識的には本文の後に注記とか参考資料として添えるの意だろう。しかしこの点については、ある程度判読できる。つまり、唯円は親鸞を尊敬しきっている。その師の言葉を自らの著作の後ろにつけるわけがない。「証文」をそえると述べてはいるが、結果的にはその「証文」を前へ付けることになった。その意味でこの「そえまいらせて」の部分は理

解できるであろう。

この『歎異抄』を私たちが読み進めていく姿勢において、重要なことは、前段を音読することである。というのは、同朋集団が音読をしていたわけであるから。身も心もこの著述の言葉にひたりきることが肝要だと思う。このことなしには『歎異抄』は理解できないであろう。音読は不可欠である。つまり身読、心読をして、身心に刻み込みながら読んで行きたいものである。

三　後段の異義八章

後段の十一〜十八章では、唯円の反論する異義（異なった信心あるいは歪曲された信仰）が述べられている。したがって前段と後段では書き方も異なっており、分量も前段の二倍に達する。

後段の序文にいう「いわれなき条々」とは、親鸞上人が決してそのようなことをおっしゃったわけではない、上人はそのようなことを否定していたのだ、しかし今では一部の道場では親鸞上人の教えにはなかった誤った考えが受け継がれてしまっている。その悲しむべき誤った信心を、以下に「子細に」掲げていく、という序文があり、第十一章へとつながっていく。

総括において「右条々はみなもって信心の異なるより、……おこり候か」とある「右条々」とは十一章から十八章までに示した異義を指す。

まず異義の一つ目として、道場主や幹部が、道場のなかの無知文盲の下層民や悟りの悪い人やお人好しの人に向い「お前は信仰を守ると言っているが、その意がわかって言っているのか。試すぞ」といい驚かすのである。「二つの不思議の子細を分明にいいひらかずして」、つまり説明もせず、人の心をまどわす。真面目な人に対して、まだまだ信仰が浅いと動揺させるのである。「ひとのこころをまどわすこと」。この「こと」で切れる。以上、「こと」までが異義である。それに対して以下、唯円が丁寧に、あるいは強く、あるいは二重否定しつつ、または師匠筋の御文《おふみ》を引用しながら反論を付していく。

第十二章についての異議の部分は、「一、経釈《きょうしゃく》をよみ学せざるともがら、往生不定《ふじょう》のよしのこと」つまり経典、仏典、あるいは注釈書を読んで学習せず浄土宗を学ばないような人が、南無阿弥陀仏と念じても往生は定かではないであろうと脅かす。これに対し、唯円がすぐに強く反論をするのである。

第十三章についての異義の部分も、「一、弥陀の本願不思議におわしませばとて悪を恐れざるは……往生かなうべからずということ」、これが異義であり、その後に唯円が反論を加えるということとなる。

以上の例からもわかるように、後段では、まず異義を掲げ、それに対し唯円が反論を述べるという点が特徴である。

以下、第十四章の異義は、「一、一念に八十億劫《こう》の重罪を滅すと信ずべしということ」

第十五章の異義は「一、煩悩具足の身をもって、すでにさとりをひらくということ」

第十六章の異義は「一、信心の行者《ぎょうじゃ》、自然に、はらをもたて……回心《えしん》すべしということ」

第十七章の異義は「一、辺地《へんぢ》の往生をとぐるひと……地獄におつべしということ」

・第十八章の異義は「一、仏法のかたに、施入物の多少にしたがいて、大小仏になるべしということ」

唯円は、随筆調の文章が自然に流れ行く仕方ではなく、かなり巧妙に構成が準備され作文された、論理的な述べ方をしているのである。

既成の宗教認識や俗信の智恵と妥協して混濁してしまう一部門徒衆の誤った傾向に対して、親鸞上人「面授《めんじゅ》」（師と弟子が目のあたりに教義を授受し、口づから信仰の秘訣を伝える）の「鴻才弁説の名誉」ある唯円大徳（年長有徳の比丘の尊称）は、厳しく破邪という否定の姿勢を貫く。その上で唯円は、念仏行者内における亀裂、分岐、崩壊の深刻な苦痛と悲哀の渦中から、やがては、一切が融合し肯定され、等しく救済される阿弥陀仏（無量光、無量寿のサンスクリット語の音訳。西方極楽浄土世界の教主で浄土教の本尊）の本願（四十八願中の第十八願をとくにいう）の光を仰ぎ、永遠のいのちの復活を得よう、と懸命に『歎異抄』を綴る。こうした絶対他力本願の信仰告白によって、智愚、老少、男女、貴賤、貧富の差別をみず、一切を平等に包摂してしまう歓喜の天地が開けていく。

四　親鸞の語録

前段は、親鸞語録のみが、文字通りの正確さを確信するように紹介されている。それらの親鸞の聖句の、唯円による収録状況を推察させるのが第二章である。唯円と師親鸞の出会いを思わせて注目されよう。親鸞上人と北関東から京都へ上洛してきた信者たちとの、出会いと会話が語られている。おそらく親鸞上人の草庵に、上洛してきた信者が前夜泊りの翌朝、親鸞居室の内外に並び、挨拶を行なう。その際、よく御無事に来られたとのお言葉が「おのおの十余カ国の境を越えて、身命《しんみょう》をかえり見ずして尋ね来たらしめ給う」のであろう。以下、親鸞上人のお言葉が続くのであるが、おそらく唯円は、北関東の直接面授の有力信徒である兄の平太郎につれられて上洛した際の、この最初の出会い以来、親鸞上人の側《そば》にずっといて、最初の会話を心身に刻み込み、繰り返し追体験していたのではあるまいか。またそのような機会に立会うことに、その後の唯円は何度も恵まれていたであろう。

第三章では親鸞上人の言葉の後、唯円が「と、おおせそうらいき」と結びを付している。第四章、第五章、第六章、第七章、第八章、第九章までは、すべて親鸞上人の言葉のみで、各々章末は「云々《うんうん》」と以下を略する形式で結ばれている。第十章については、第三章と同じ形式で、「おおせそうらいき」と、親鸞の言葉の後を結んでいる。

前段の特徴は「云々」または「おおせそうらいき」。後段の特徴は「～こと」。両者は文章構成上からも、明らかに相違点を認めることができる。

『歎異抄』前段は、親鸞上人自身の言葉そのものを唯円が心に刻み、日頃絶えず繰り返し繰り返し暗唱して、唯円のたましいには、もはや、切り離すことのできない血肉となっているお言葉を、地底から泉水が湧き出すごとくに表出させ文章化して「証文」にしたわけである。

この著作のねらいは、総括にもあるように異なった信心に対する反論を記述しようとした。そのために、まずは異義を八つ掲げ、それに対して反論を述べる。遡《さかのぼ》って、それらの異義への反論の証拠となる師の語録を対応させて明確に据える。最後に、それらに対する総括と感慨および個人的な詠嘆を付した。

そして念には念を入れ、末尾に流罪記録（実は親鸞上人のライフワークである『教行信証』の結語の中でも弾圧と流罪の記録を出している）を信仰の証し、信仰勝利の証明として付している。

活字本として六十ページほどの小さな分量の著作ではあるが、師の語録をベースにした文章と文体、章節の構成は、しっかりとしたものであるといえよう。

北関東の地付きの民衆であるから、それほど唯円に修学歴はなかった。北関東の在で、兄が道場を開いていた程度であるが、そのような唯円が、論理的にも思想的にもしっかり構成された著作を書き記すことができたというのは、やはり師の語録がもつ信仰の光に外ならないであろう。思想信仰の力によって自分の本来の限界を脱出し、自己実現が完璧に確立し、すばらしい人間性を人生と著作上で開花することができたということでもあろう。

2 親鸞とその時代

一　親鸞の容貌

西本願寺（明治初期に末寺一万、東本願寺は末寺九千）蔵の親鸞肖像画「鏡の御影《みえい》」（縦五四㎝×横三三㎝）をよくよく拝見してみよう。肖像画家として名高い藤原隆信（一一四二―一二〇五年、歌人藤原定家の異父兄）の息子の藤原信実《のぶざね》（一一七七―一二六五年）の子・専阿弥陀仏の画業と伝えられる。

いかにも「善男善女と童女」を威嚇しそうな、世俗にいうところの高僧としての枯れきった容貌ではない。刺すように眼が鋭い。唇が厚いのだが、しかし多少の微笑を見せているさまがかえって恐ろしいくらいである。濃い眉毛は八字にはねあがり、高い頬骨が目立つ。鼻の穴が上向いているような感じの精悍な顔付きで、凡々たる平均的人間でなく、ただ者ではない。良い意味だけでなく、何か精力的で梃子《てこ》でも動かぬ意志力をもつ、すごそうな感じがある。出っぱった小さな口は、きっと結ばれている。この顔付きは、私たち平均的現代人の印象に強く残る。この人の独特な真実一路の誠と志とが表出している。あえて暴言私語をつけ加えれば、何かしたたかな罪人《ざいにん》で、このようなお坊さんに自分の娘なんか預けたくないという感じもする。この親鸞の顔付きを見ていると、上の者だろうが同僚だろうが、身分の高い者だろうが、社会と時代の権威や威光にはばかることなく自己の信念をぶつけ向っていくという、ある気迫というか気性というか、そんなものを感じとらざるをえない。何か上流階級身分の人々から見ると、ふてぶてしく感じの悪い人相である。マイルドではない、ソフトではない、というキャラクターが、少年時代から親鸞の中に植え付けられるというか、種として育ってしまっていたということも考えられる。

親鸞の信仰には、自分自身を善人ではなく、悪人として、あるいは罪人《つみびと》・愚者としてとらえる意識が強烈にある。何人も自力では救われようのない罪人である、あるいは阿弥陀仏によって救われなければどうしようもないほどの悪人であるという認識がある。自分こそ、とくにひどい愚者、罪人そして悪人であるという思いが強い、と見受けられる。

これこそ親鸞の人間性の持ち味で、透き通った一徹の専修念仏（余の諸行雑行を捨てて、もっぱら南無阿弥陀仏とのみ称念すること）、悪人救済の信仰者の心性が顔に表われているという迫力で圧倒される。

二　親鸞の人生

定められた人生

ここで親鸞の略年譜を掲げる。

親鸞略年譜

1173	(承安3)年	皇太后大進・日野有範の子として4月1日誕生か（山科日野法界寺か)。幼少時に父（4歳時）母（8歳時）と死別といわれる。
1181	(治承5)年	9歳。比叡山横川堂僧となる（学生身分でなかった)。のちの天台座主・大僧正の慈円（九条兼実の弟）について出家。【1180　頼朝蜂起、1185　平家滅亡】
1201	(建仁1)年	29歳。凡夫生死出離の道に苦悩し、愛欲の広海に沈没し名利の大山に迷惑しつつ、1月10日より六角堂如意輪観音に百夜祈願、3月12日満願。3月14日、東山吉水に庵住する専修念仏、他力本願の法然（69歳）門下となる。
1204	(元久1)年	32歳。11月7日、法然の『七箇条起請文』(比叡山延暦寺の弾劾批判への釈明）190名の連署の87番目に親鸞の自署「綽空」あり。
1205	(元久2)年	33歳。師の『選択本願念仏集』相伝を許され、念仏の奥義相承を許さる。10月、南都興福寺より念仏停止の訴状。
1207	(建永2)年	35歳。2月18日、念仏弾圧（善綽、性願、住蓮、安楽ら4名死刑。法然・親鸞ら8名遠流)。越後流罪（1211年許さる)。のちの恵信尼（越後豪族・三善為則娘か、1232年得度）と結婚。
1214	(建保2)年	42歳。常陸国笠間郡稲田郷へ恵信尼と共に移住。周辺北関東農村で地方民衆に念仏布教。鎌倉寺院、足利学校など関東名刹文庫で仏典学習。ライフワーク『教行信証』の著作活動。
1221	(承久3)年	【承久の変（後鳥羽上皇・順徳上皇・土御門上皇の流罪)】
1235	(文暦2)年	63歳。京都へ移住。関東念仏門徒へ手紙布教。『教行信証』の補正加除等の著述活動。恵信尼は、こののち生国越後へ下る。
1256	(康元1)年	84歳。絶対他力の一向専修念仏信仰から脱落し、自力加持祈禱信仰に転じた長男・善鸞（29歳）を破門義絶。
1262	(弘長2)年	90歳。11月28日歿。東山大谷に葬る。
1268	(文永5)年	恵信尼歿（86歳、越後在住)。

一一七三年、承安三年四月一日に洛外日野の里に文章博士《もんじょう》の日野家の末流として、山科《やましな》の法界寺域で生まれた。同寺の阿弥陀堂は十二世紀末のもので、仏師定朝《じょうちょう》法橋作の阿弥陀仏や飛天女の壁画で今に名高い。親鸞の人生の出発の特徴は、幼少時に父母と別れているということである。これは『歎異抄』の中の第五章で死後の父母の供養をどうするかということに対して、親鸞が淡々として他力信仰（自分以外の力、とくに阿弥陀仏の御力によって救われるという信仰）上には恩愛を断ち切っているが、そのようなことにからむかどうかは別にして、伝説では四歳の時に父に死に別れ、八歳の時に母に死に別れ、九歳で坊主になるために叡山《えいざん》へ入るということとの、ある種の必然的な人生上の重みがあろう。父・日野有範については貧しい下級貴族の階層であり、早くに死亡したとも、源三位《げんざんみ》頼政の係累の流れがあり、失意の末に宇治三室戸寺（天台宗寺門派、西国三十三番札所）で出家して子達を捨てていたともいわれる。祖父母か伯父母に育てられたかどうか。当時の古代貴族社会の儒学者の家系というか、そのような家のしかも崩壊家庭の人生として、親鸞の弟たち（尋有、兼有、有意、行兼ら）も坊主になっている。尋有僧都は最晩年、京都でいっしょに暮らした弟である。

比叡山横川の堂僧時代

治承五年（一一八一）、比叡山横川（叡山東塔の北、一里。源信も居住した）の堂僧となる。学生《がくしょう》身分ではなかった。堂僧と学僧とでは身分差が甚しい。ご存じのように学歴の話というものは、近現代日本では簡単に差別と選別の対象にしてしまうものである。あまりよい例えではないが、堂僧は、戦前、職業学校（商業学校や農工業学校）へも行かない、例えば高等小学校で終わって（あるいは尋常小学校のみで）勤めるという人であり、学僧は旧制の県立中学への進学者である。つまり学僧となっていないと昇進できない。いくら修行をして、どんなに学問を身につけても、立派なお寺の住持や一宗の監督のごとき僧正などには上昇できなくなる。最初のところで選別されてしまう。

このことが親鸞が後にあの厳しくすさまじい人生を歩む、一つの運命的きっかけになっていただろう。一筋の糸が、親の庇護を受けられない堂僧になるという人生のあゆみを強制したのであった。

藤原氏の高級貴族の一族では、親の庇護を受けながら僧侶になるわけだから、よほどへまをしない限りは僧侶位階が上昇していく。

私たちの講義のキイパーソンの一人である慈円（一一五五—一二二五年）は後に四度、天台座主《ざす》になっている。天台座主というのは、古代から前近代までの日本の宗教界のトップである。鎌倉仏教のほとんどが、すべて天台宗に学び、そこから分離、独立をした。近現代日本のいわゆる新興宗教の諸派諸宗においても、天台教学の影響が濃い。

この天台座主・大僧正の慈円は、関白・太政大臣の九条兼実《かねざね》（一一四九—一二〇七年）の実弟である。古代日本支配層の中核・藤原氏の最も中心的なエリート出身である。彼の著作『愚管抄』（日本史通史）をみても、その人物識見の高さとスケールの大きさは間違いないが、それにしても彼はとんとんと煩項な階段を上って行けた。無論、上がれば上がる程、それなりの政治的・人生的な苦労もあるわけで、そういう身分格式の人が必ずしも幸せということとも違うのだが。

伝説によれば、親鸞の出家儀式は二十七歳の若き慈円によって、養和元年（一一八一）得度《とくど》（生死海を渡って彼岸に到達し得ること）式がなされたというが、しかし私たちが、しっかり心に刻んでおきたいことは、慈円などとまったく異なり、親鸞が横川の堂僧となって、働き小坊主みたいな、声明《しょうみょう》（仏経文を歌誦する宗教歌唱）担当の役務《えきむ》僧で、不断念仏（日々に昼夜をわかたず相い続けて間断なく念仏を称名する）をも修行するような矮小な人生を、最初から枠組みとして与えられてあったということである。

この前後の時代状況は、一一八〇年八月、頼朝が挙兵したことが山場であろう。まず手はじめに伊豆の三島代官所の山木判官を襲った。五年後には平家が滅亡するというこの乱雑な時期に、親鸞が堂僧になった。

そして二十九歳までの二十年間、比叡山にいた。

煩悩の迷路

この年月、非常に苦悩したようである。親鸞がみずから「沈没」していたという「愛欲の広海」という言葉には、いま、セクシャルなイメージが強いが、人間・親鸞の場合には、そのような人間の業《ごう》（サンスクリット語カルマの訳。心身における一切の作為行動をいい、身口意の三業をいうが、多くの場合、悪や苦の業障、業累に用いる）が色々とつきまとう。すでに釈迦仏が「色を忍び欲を忍ぶこと難し」「人の妻子舎宅に繋《つなが》ること、牢獄よりも甚《はなはだ》し。……情の色を愛すること、あに駆々と憚らんや。……泥に投じて自《みずか》ら溺《おぼ》る。故に凡夫という」「愛欲は色より甚しきはなし。色の欲たる、それ大にして外《ほか》無し」（仏説四十二章経）と達観している通りである。

「顕浄土真実信文類」の印象深い述懐である「悲哉、愚禿鸞、沈没於愛欲広海、迷惑於名利大山。不喜入定聚之数、不快近真証、可恥、可傷矣」ほど、時空を超えて私たちの日常性の基底にまで迫ってくるものはない。名説教家、粟津義圭師講述の『新撰即席談』（一七九〇年開板、故高羽五郎金沢大学教授一九八四年復刻刊行）では、若き親鸞の濁世俗間における人生上のこの辺りの苦悩を語ってやまない。


日暮れなん、いざ帰りなん、児は泣かん、吾子の母は我を待つらん。わびしい暮しする百姓の、こまかな子女を大勢持ったものが、野山へ出て、終日骨を折る処に、もはや薄暮に及んだ。思えば今時はせがれどもが母親をせがんで啼くであろう。親父は……早う戻って……とさぞ待ちかねているであろう。さらば急いで還ろうぞと、妻子の恩愛にまとわれたる山民野処が身に代りて読んだ歌のこころ。妻にまとわれ子にまとわれて、身を苦しめ心を苦しめるは、匹夫には限らぬ。身分ある人も同じ事で、恩愛の道は忘れがたいもの。さるほどに子は三界の頸かせ、妻は輪廻のなかだち。……縁はてしなく、とめどもなく迷うありさまを、広き海に沈んで浮ぶ瀬のないにたとえ給う。……迷惑於名利大山とは、人と生れて尊いも卑いも名聞というものが一生の病い。豪貴も鄙賤も身分相応な名聞を好むが、よう思えば名聞で腹ふくれぬ。まして死んだあとで何ほどほめられたとて、体軀を野辺に送り土となり灰となってしまってからは、何の詮はない。それよりは即時一盃の酒、飲み食いでもして、一膳の栄花をやるがその身の得じゃとも。古人の申し置いたに違うた事はない。しかしそれを知りつつも、益にも立たぬ事に僭上ばり、名聞ばりたがるが凡夫のくせじゃ。その上、金銀財宝は今しばらく娑婆逗留の間の重宝。死んで冥土へ持って去くものではないけれども、長者、富に飽かずと、……親子いややの銭財ほしや、銭や財こそ親戚なれ、欲の道になりては義理もなさけも忘れ、血をわけた兄弟も敵味方と成って、しのぎを削る世間のありさま。名聞に心を奪われ、欲に目の眩んで、足もとの見えぬを、案内しらぬ山路を踏み迷うて、すべったり転んだり、難儀迷惑するに、たとえ給うた。

人の道の煩悩の泥沼に汚れ、黒闇の迷路にとまどっている実相を見定めた親鸞上人は、

親鸞上人自身が、「かくの如く一生涯、恩愛にまとわれ、名利に縛せられて、如来の御恩をしみじみとも思わず、たとい覚りの身（覚者）となし下さるる事をも、はかばかしく得喜ばぬ。他人は知らぬが、さしあたりて親鸞がその通りじゃ」とつくづくと告白されたのであった。

なんという深刻な懺悔であろうか。

普通にいって「聖人」「賢者」の本物の出家の信仰生活というのは、「内は賢にして外は愚なり」といわれるのに、

親鸞の場合は、青年期ばかりか、壮年期から老年期にいたるまで、「それと裏腹で」あった。「表て向きは殊勝らしう見せかけて、内心の処は三毒（煩悩の根本である貪《とん》、瞋《じん》、痴《ち》）、五欲（食、財、色、名、睡眠《すいめん》）、名聞を好み、利養を好み、妻にまとわれ、子にまとわれ、煩悩の淵に沈み切っている。ささて恥かしい心根かな」と、泥沼の人生とたましいの内実を吐露されている。

しかし振り返ってみれば、「有縁の衆生を導」かれるに浄土教五祖（曇鸞《どんらん》、道綽《どうしゃく》、善導など）はいずれも「戒法を守らせられ、精進潔斎の御出家」（粟津義圭師『御伝鈔演義』）であったのに、それでは「まったく我等が手本にはならぬ」ということが、はっきりしている。だからこそ、「末代の明師」親鸞上人は「戒律精進の姿をかえ、肉食、妻帯、在家同事の身振りをなされて、凡夫往生の御先達とならせられた」というのである。

聖徳太子の夢告

考えてみれば一般に私ども人間が、ハイティーンから二十代にかけて、このような生死《しょうじ》の恐怖と不安、異性欲の重圧、自分のくだらなさと罪人《つみびと》としてのあやしげなところを、何とか脱却したい、救済されたいと煩悶することが多いわけだが、人間親鸞も、この苦悩が人並み以上にきつかったようである。一二〇一年に、とうとう京都烏丸東の六角堂（頂法寺）の聖徳太子に御縁のある本尊如意輪観音（六道を遊化して衆生に罪悪消滅と福徳授与をする功徳の大きい観音菩薩）に、百夜の祈願をして、三月十二日に満願になるという。

これは、明治時代になって発見された親鸞の妻の恵信尼《えしんに》の手紙の中にも保証されている話である。恵信尼は晩年には在洛の夫と離ればなれになって越後で暮らしていて、親鸞が京都において亡くなったことを、京都で同居していた娘（覚信尼）から伝え聞いてその返事を書いている。亡くなった夫は、私に結婚の当初は言っていた、人生観が変わったのは、この六角堂の百昼夜祈願であると。亡くなった知らせを受け取ったその時、人間親鸞を敬愛していた妻・

恵信尼が嘘を言うわけがない。結婚した時も、その後も妻に、自分の宗教家としての決定的な飛躍はこの時だと、何度も言っていたのではないか。そしてその間、九十五日目の明け方、聖徳太子が夢に出てくる。

実は親鸞はいまだ範宴といわれていた十九歳の建久二年（一一九一）、大和法隆寺や河内の太子廟（石川郡磯長）に参詣して九月十二、十三、十四日の三昼夜の間、厳しく真剣にお籠《こも》りをするほどに、青少年期から太子信仰に打ち込んでいる。この時の夢告で、「善信」と呼び出され、十余歳の命運を与えられていることを聖徳太子から告げられたという。まさに十年後、叡山大乗院で三十七日の連日連夜の参籠した最終日に如意輪観音が現じて満願を明示していた。信仰上の自信を得た親鸞は、翌年初春から太子信仰に因縁の深い京都六角堂で百カ日参籠をはじめたのであった。

浄土真宗は伝統的に聖徳太子信仰を非常に大切にする。儒教、仏教はもとより天文暦算、地理、書法にまで精通していた仏教篤信の博識家である太子（五七四—六二二年）が日本の仏教を初めて興した皇子で、排仏の古代豪族物部氏らと争いながら四天王寺、法隆寺の創建にかかわったことは知られる通りである。摂津国四天王寺（本尊・如意輪観音、腰壇に弥勒仏と四天王を配置する）は聖徳太子のお祈りによって、須弥山《しゅみせん》麓にあって仏法者を護る東持国、西広目、南増長、北多聞の四天王をまつると仏に約束をして造られたお寺である。西日没海の位置にある極楽聖地として念仏寺になっていた。上下貴賤貧富を問わず男女道俗が群集《くんじゅ》し、百万遍念仏講が催された。この講は、阿弥陀仏の名号を百万遍唱えると必ず往生できるという信仰から来た。阿弥陀経の七日念仏会で不断念仏すれば百万遍が修し得られる。また念仏行者たちが一つの大数珠を繰りながら念仏を昼夜唱えることもいう。四天王寺の周囲には、あやしげな海中投身往生やラジカルな焼身往生の「聖《ひじり》」（叡山や高野山の念仏者）や「沙弥《しゃみ》」（サンスクリット語の音訳。出家しても修行未熟で具足戒を受けていない、比丘の準備段階の僧侶）も群がっていた。

『新選即席談』で粟津義圭師は、四天王寺について、次のように説教している。「昔、聖徳太子、摂津国難波の地に於いて、天王寺を御建立なされ、西門に鳥居を立てられたが、その鳥居の額に、釈迦如来転法輪（仏の教法により一部の怨敵を破壊するように一切の煩悩を破却する）処、当極楽土東門中心とある……この地面、西方極楽の東の御門の真正面にあたるという事で、当極楽土東門中心と太子みずから御筆を染めおかせられた。後に元祖法然聖人、後白河の法皇と、かの天王寺に於いて日想観（浄土三部経の一、「観無量寿経」による浄土観想の方便として正念正座して西方日没を観想する善導大師の法）を修し給うた事がある。日想観といわば、「観経」に説きて、日の西に入り給うを見て、極楽の方処を知り、あの西の方にこそ、極楽浄土という都があって、その浄土に阿弥陀如来の、我等衆生を今やおそしと待ちうけ下さるる事ぞと想いやりて、念仏のよすがとせよとある」。もっとも浄土真宗の興隆となると、「門のあり処にかかわらず」どの方向を向いて祈ろうが、「たとえ身体ばかり西向きに拝みましても、肝心、胸のうちに自力の計いが止まいでは、極楽とはいつもうしろ合せ、阿弥陀仏に向い奉ることは叶わぬ。又もし雑行捨てて一心一向余念なき……は、たといその身はどちらに向いていても、いつでも仏と向い合せ」だという。壮大な四天王寺境内周辺にはいまだに聖徳太子のあるイメージがまといついて、日本古代幻想のような雰囲気がある。

この聖徳太子が親鸞に現われて、きびしい苦悩と深い挫折感覚を救済する方向ではげましを与えてくれたようである。伊勢国一身田の高田派専修寺《せんじゅじ》蔵の六角堂夢想偈文（親鸞直筆）によれば、六角堂に籠る建仁三年（一二〇三）四月五日深夜、三十一歳の親鸞を、ふたたび「善信」と呼び出され、救世観音（聖徳太子が応身）の夢告が感得される奇瑞が発現したという。太子浄土往生の信仰は、すでに八世紀初めには確立した。あまねく一切の衆生を必らず救済するほどの慈悲の権化で衆生縁もっとも深い、救世観音菩薩として尊崇した。天台の法華経重視の法統がそれを拡散した。信仰の確信が親鸞にとってさらに深まった。そこで比叡山延暦寺における信仰探求の道を結果的にはあきらめて、捨ててしまう。

法然による七箇条起請文

親鸞は山を下りて、東山《ひがしやま》吉水《よしみず》に庵住する専修念仏、他力本願の法然、当時六十九歳の老僧のもとへ走る。六十九歳といえば当時はかなりの高齢である。お気づきのように信仰者というか、宗教家は長生きする人が多い。毎日規則正しい節制した生活をたましいの確信とともにしているせいか、宇宙を包括するきちんとした精神的世界をもっているせいか。この法然の師匠の慈眼房叡空（?—一一七九、黒谷別所の学僧）の恩師が、「一人一切人《いちにんいっさい》、一切人一人」の他力往生を唱道し、二十余年も常坐不臥《じょうざふが》で毎日六万遍も念仏を称名する念仏三昧の融通念仏会《ねんぶつえ》の勧進僧《かんじん》（人に説き進めて仏道に入ることをすすめたり、財物を三宝に寄進して善根を積むことをすすめる僧侶）でもあった良忍（一〇七三—一一三二）である。

この時すでに六十九歳の法然の信仰共同生活の庵に、二十九歳の親鸞があがりこんだわけである。その証拠としては一二〇四年、元久元年十一月七日の法然による『七箇条起請文《きしょうもん》』があげられよう。古代仏教の頂点である比叡山延暦寺学僧たちのきびしい法然弾劾批判は、法然の信仰が天台、真言その他の既成仏教を誹謗し、一向念仏のみに偏り、「淫酒食肉」をすすめ「造悪」を恐れず、猥雑なる邪義と妄説を無知の道俗に広め教化したとして、専修念仏の停止《ちょうじ》を迫った。宗教信仰の世界というのは必ずニセ宗教、あやしげな邪教という害虫がその時どきに出てくるのであるが、それとのからみにされてしまったのだった。中国伝統の正統仏教宗派の継承がなく、日本国王の勅許もなく、法然に正式の面授の資格もない、というわけである。延暦寺は法然を許さなかった。朝廷政府に訴え出られた時に、たまりかねて法然は詫び状文を入れた。

七箇条制誡

あまねく予《よ》の門人に号して念仏上人等《ら》に告ぐ

一　いまだ一句の文《もん》をもうかがわずして、真言《しんごん》（真言宗における曼陀羅と陀羅尼）、止観《しかん》（天台における重要な観法、心を摂し妄念を停めて一境に止住しつつ一切事象に対して動的に活動し観照が無礙なること）を破り奉り、余の仏《ぶつ》、菩薩《ぼさつ》を謗《ぼう》ずるを停止すべき事。……

一　無智の身をもって有智《うち》の人に対し……好んで諍論《じょうろん》を致するを停止すべき事。右論議はこれ智者の有《ゆう》なり。さらに愚人の分《ぶん》にあらず。また諍論の処にはもろもろの煩悩起る。……

一　別解別行《べちげべちぎょう》の人に対して、愚痴偏執《ぐちへんしゅう》の心をもって、まさに本業を棄て置くべしと称し、あながちにこれを嫌喧《けんがい》するを停止すべき事。

一　念仏門において戒行なしと号して、もっぱら淫酒食肉を勧め、たまたま律儀を守る者を雑行人《ぞうぎょうにん》と名付けて、弥陀の本願をたのむ者、造悪を恐るることなかれ、と説くを停止すべき事。……善導和尚は目をあげて女人《にょにん》を見ず。……

一　いまだ是非を弁《わきま》えざる痴人《ちにん》、聖教《しょうぎょう》を離れ、師説にあらずしてほしいままに私義《しぎ》を述べ、みだりに諍論を企て、智者に笑われ、愚人を迷乱するを停止すべき事。……

一　痴鈍の身をもって殊《こと》に唱導《しょうどう》を好み、正法《しょうぼう》を知らずして種々の邪法を説いて、無智の道俗を教化するを停止すべき事。……黒闇の類《たぐい》、己が才を顕《あら》わさんと欲し、浄土の教えをもって芸能として、名利を貪《むさ》ぼり、檀越《だんおつ》（施《せ》主《しゅ》）を望み、ほしいままに自由の妄説をなして、世間の人を誑惑《きょうわく》す。……これむしろ国賊にあらずや。

一　自《みずか》ら仏教にあらざる邪法を説いて正法とし、偽って師範の説なりと号するを停止すべき事。……

年来の内、念仏を修すといえども、聖教に随順してあえて人心に逆わず、世聴《せちょう》を驚かすことなし。これにより今に三十箇年、無為にして日月《じつげつ》を渉《わた》る。しかして近来に至り、この十カ年以後は無智不善の輩《やから》が時々到来、つとに弥陀の浄業《じょうぎょう》を失うのみにあらず、釈迦の遺法《ゆいほう》を汚穢《おえ》す。……慎みて犯すべからず。この上なお制法に背く輩は、これ予の門人にあらず、……更に草庵に来るべからず……。よってその趣を録して、門葉に示すの状、件《くだん》の如し。

この七箇条の趣旨は、自分たちに他意はない、今までの既成の南都六宗プラス高野山と比叡山に対して、決して信仰生活を抵触させない、信仰の秩序を破るようなことはしない、私共の信仰はくだらない無知無学の民衆だけの下賤下郎の者だけの信仰であって、しかも律令体制の僧尼令を犯したり、邪教まがいの淫乱な仕業、あるいは犯罪的なことはしないという証文であろう。法然は「無智不善」「無法」の輩は「師匠の悪名をあぐ」者であり、「予が門人にあらず」と厳しく門人をいましめ、門葉に示し、一札を取ったのである。

とにかく、法然弟子とされる一九〇名が十一月七、八、九日と三日間にわたって証文に署名させられている。すべて思想信仰には、行き過ぎというのがつきものとしてある。「天性愚鈍」「化導《けどう》を好まず」と謙遜する法然の一向念仏による救済信仰に、どうしようもなく貴賤が集まってくる。その中には、人生なにものをも恐れぬほどに激しく真一文字に突き進んでくる「無智不善」のラジカルな人がいる。それは、俗世の論理からいって「人心に逆らい」行き過ぎている。

例えば六時礼讃《ろくじらいさん》（善導大師の「往生礼讃」の行法に基づき、日没から日中まで昼夜を通し六回の念仏礼讃の勤行《ごんぎょう》をする）とか声明のように、夜となく昼となく、唱うがごとくに南無阿弥陀仏、南無阿弥陀仏とずっと祈禱を行なっている。男も女もなく、一堂に入りこんでくる。四天王寺の念仏講では高級な地位職階の僧侶や皇族貴族顕官まで臨席する。俗人罪人悪人も、いい加減な人も入ってくる。こんな易行だけの祈禱会ではおかしいではないか。偽物ではないか。加持《かじ》祈禱、喜捨寄進、あるいは修練、善行と学問智識が無用ということはない。ただ南無阿弥陀仏というだけで人間が業と罪から助かるのなら世の中、好い加減だ、そんなことはありえないという理屈である。

その延暦寺への詫び起請文の第八十七番目に、親鸞の署名がある。二十九歳で門下に入った際に師からいただいた法名の「綽空」とあるのがそれである。この段階でいえば、法然グループの中で、法然の信仰集団の人たちには、おそらく僧《そう》尼令《にりよう》にもとづく正式な坊主の資格のない人も入りこんでいる。その中で、このような起請文署名の作法は、法然に一番身近に仕えている幹部門徒の方や、古い弟子筋方から署名をしていくであろう。あるいは初日にはいなかった。十一月七日は親鸞はどこか外出していて、二日目に、ではお前もといわれたのでもあったろうか。「私共は比叡山延暦寺、高野山、興福寺、東大寺、このような既成の古代宗教に対してたてつきません、その秩序の中でささやかに南無阿弥陀仏というだけです」、という趣旨の答弁書に署名をさせられている。

法然はこのような妥協をせざるを得なかった。しかし一方、これは妥協ではなくて、法然信仰集団内の一部に「自由の妄説を成して」「愚人を迷乱する」行き過ぎがあるのだから、一向念仏の浄土信仰の確立を目標とする法然とその幹部僧侶たちは、「顔色衰窮」「性質闇昧」できびしい「練行」や「研精」に堪ええない同朋信徒の「黒闇」の「愚昧出家」や「遁世之輩」を切り落しても、中正の信仰者本体を護り抜かざるをえなかったのだとも考えられる。若き親鸞は師匠法然や兄弟子たちのその紆余曲折・右顧左眄の動向を、ずっと見ている。つまり自分の兄弟子や同僚、弟弟子の中にラジカルな、古代国家と仏教界の「制法に背く」信仰者が出てくる。あるいは親鸞もその一人に目されていたかもしれないし、その自己評価もあっただろう。師・法然は全体を統括しているのだが、押さえがきかない、という感じがある。「偏執」の源空は仏法の「怨敵《おんでき》」で「僻見不善」だという強い非難攻撃の前に、あるいは法然は、「源空（法然）の本懐にあらず」あるいは「源空天性魯鈍」というような弁解をもって、朝廷と延暦寺に弁明する姿勢をとりつづけようとしたのだったか。

法然が弟子と認定

一二〇五年、三十三歳の時、親鸞は法然の正式の弟子として認定された。『選択本願念仏集《せんじゃくほんがんねんぶつしゅう》』（全二巻十六章）という法然上人の著作があるが、これは形としては、時の最高顕官である九条兼実に奉呈したものであった。周知のように九条兼実は摂政・関白・太政大臣の地位にあった藤原家の中心人物である。無論、古代貴族の中にも派閥がある。朝廷の中にもある、天皇家にもある。そして藤原氏の中にもある中で、兼実は、時代と社会の過渡期の混迷（古代から中世への大転回期）に機敏にも気付いて一人苦悩する知識人でもあった。この世の人生に絶望していて、とうとうあろうことか、少数派の非公認信仰者の法然を頼ってくるわけである。法然の教えを真っ向から受けとめる。そして法然が日本浄土宗立教の根本書であるこの著作を、彼個人への信仰指導書として進呈する。

法然は、浄土三部経の趣旨により「往生之業、念仏為先」の義を叙述した。身の廻りの弟子たちに口述筆記させつつ、仏典の資料確認をして、この書物を自己の信仰宣言書として位置づける。それをごく一部のしっかりとした弟子たちに写す許可を与える。師の本を写してもよいとすることは、その弟子を認めることである。さらに師の肖像画を描かせる。それで、念仏の奥義相承《そうじょう》を許すという。この年元久二年、四月十四日、こうして親鸞が書写した師の選択集の内側に源空は、表題と「南無阿弥陀仏」、「往生之業《ごう》、念仏為レ本《もととす》」の文字および「釈綽空」と書いてくれた。法然上人の真影も図画し、この年の閏七月二十九日に師が称名の銘文六字と「若我成仏十方衆生《にゃくがじょうぶつじっぽうしゅじょう》……衆生称念必得往生《しょうねんひっとくおうじょう》」の真文《しんもん》を書いたという。

興福寺からの念仏停止の訴状

ところがこの年の十月に、南都の興福寺より解脱《げだつ》上人貞慶《じょうけい》（一一五五―一二一三年）執筆といわれる念仏停止《ちょうじ》の訴状が出される。「表裏」二枚舌の邪見をもって反省しない法然の罪科をもはや見逃すわけにはいかないと。さきに北の延暦寺が行なったが、今度は南の興福寺《こうぶくじ》である。周知のごとく、これは藤原氏の氏寺であるが、単なる藤原氏ではなく、古代日本国家を代表するような格式と勢威をもった寺である。

九箇条之失《しつ》事

第一　新宗を立つる失、第二　新像を図する失、第三　釈尊を軽んずる失、第四　万善を妨ぐる失、第五　霊神に背く失、第六　浄土に暗き失、第七　念仏を誤る失、第八　釈衆を損ずる失、第九　国土を乱る失

興福寺僧綱《そうこう》大法師等、誠惶誠恐謹言《せいこうせいきょうきんげん》。

殊《こと》には天裁《てんさい》を蒙り、永く沙門《しゃもん》源空が勧む所の専修念仏宗の義を糺改《きゅうかい》せられんことを講ずるの状……一沙門ありて世に法然と号す。念仏の宗を立て、専修の行《ぎょう》を勧む。その詞《ことば》は古師《こし》に似たりといえども、その心は多く本説に乖《かい》す。ほぼその過《あやま》ちを勘うるに、おおよそ九箇条あり。第一にそれ仏法東漸後、我朝《わがちょう》に八宗あり。あるいは異域神人《じにん》来りて伝授し、あるいは本朝高僧が往きて益を請く。……その新宗を興し一途《いっと》を開くの者は中古以降、絶えて聞かず。……もし古《いにしえ》より相承して今に始らざる者は、誰なる聖哲に逢いて口訣《こうけつ》を面受《めんじゅ》したるや。……たとえ功あり徳あるといえども、すべからく公家に奏すべく、もって勅許を待つべし。私《わたくし》に一家を号するは甚だもって不当なり。……

第四に……難行苦行は得る所、正法なり。……華厳……真言、止観（天台）……の結縁《けちえん》（衆生と仏法僧との関わり）、十の八、九は皆もって捨置き、堂塔の建立《こんりゅう》、尊像の造図のごときはこれを軽んじこれを笑うこと土のごとく沙《しゃ》のごとし。……（源空）上人は智者也。自《みずか》ら定めて謗法の心、無きか。ただし門弟の中にはその実を知り難し。愚人に至りてはその悪少なからず、根本と枝末、恐らくは皆同類也。……

第五に……念仏の輩、神明に永別し……宗廟大社を憚らず、もし神明《しんめい》にたのめば必ず魔界に堕《お》ちると云々。

……

第八に……あまつさえ戒を破るを宗《むね》として道俗の心に叶う。仏法滅縁はこれより大なるは無し。……勅宣《ちょくせん》によらずんば、いかでか禁遏《きんかつ》を得んや。……

第九に……仏法と王法はなお身心の如し。互いにその安否を見てよろしくかの盛衰を知るべし。……仏法と王道は永く乾坤《けんこん》に均《ひと》しく、しかして諸宗皆念仏を信じて異心なきといえども、専修（念仏）は深く諸宗を嫌い、同座に及ばず。水火並び難しという……事の軽重《けいちょう》、重ねて恭まりて聖断を仰ぐ。……

奏状　右件《みぎくだん》の源空は一門に偏執《へんしゅう》し、すべて八宗を滅せんとす。天魔の所為《しょい》に仏神も痛むべし。よって諸宗同心して天奏に及ばんと欲する処、源空すでに怠状《たいじょう》を進めたり。……院宣《いんぜん》によって御制あり。……（源空）上人の詞は皆表裏あり。中心を知らず。外聞にこだわるなかれ云々《うんぬん》と。その後、邪見の利口はすべて改変がない。今度の怠状もまたもって同前か。奏事に実がない。罪科いよいよ重い。……罪科を源空ならびに弟子等に行ないて、永く破法の邪執を止《とど》めんことこそ、また念仏の真道を知るべきか。……

第三の、阿弥陀仏のみを尊崇して、肝腎の釈迦牟尼仏を軽視することについては、その後も後代にいたるまで一貫して専修念仏宗が非難される点であった。もともと仏教は釈迦が覚者として大覚した上で開示教導した教法であり、その中心は、一切衆生を救済する無量光寿の阿弥陀仏への信仰であったことから、究極の阿弥陀信仰が生れた。近世十八世紀後半の真宗説教師、粟津義圭師は、この点について、「釈迦牟尼如来の、弥陀の本願を説き給いて始めて十方衆生悪人凡夫の往生の道が開けた」（「大経和讃二十二首即席法談」）と明確に答えている。さらに「親鸞『正像末和讃』可説」（寛政九年）の中で、信仰を得た仏恩というのは弥陀・釈迦二尊の「お蔭なれども、御恩を報じ奉るは、阿弥陀如来一仏。釈迦牟尼如来かねて一向専念無量仏と説かせられて、弥陀を頼みまして極楽へ参りたくば、諸仏へ目をふるな、ただ阿弥陀一仏を念じ奉れと仰せ置かれた。しかれば釈尊の御意に従い、一心一向の掟を守るに子細はない。……どう見ても阿弥陀如来は本師法王、諸仏は弥陀の御弟子なれば、……ただ阿弥陀如来一仏、あなたへ仕え奉れば釈迦も菩薩もみな其中にこもり給う」とまでいっている通りなので、浄土教側の論理は強固であって、既成諸宗の非難攻撃を受け易かったといってよかろう。

専修念仏の法難

かくして興福寺は「所為自由」「狼藉奇怪」で諸仏教諸教を誹謗する専修念仏衆徒の停止を要求し、朝廷に直訴して強要した。日和見《ひよりみ》る朝廷に圧力をかけ続ける仏教界に負けた建永二年一月二十四日に、専修念仏輩の停止令が重ねて宣下《せんげ》された。親鸞が三十五歳の時の一二〇七年二月十八日、「僻見不善」「偏執」「天魔」と誹謗される法然の唱道する念仏衆に、大弾圧が加えられる。歌人・藤原定家（一一六二―一二四一年）の日記『明月記』は、三月九日の記事で「近日ただ一向専修の沙汰、搦取《からめと》られ拷問される云々、筆端の及ぶ所にあらず」と記録している。

善綽、性願、住蓮、安楽ら四名が死刑。法然、親鸞ら八名が遠流《おんる》である。すでに善信房親鸞と名乗りはじめていた親鸞は、越後国府へ流された。「師匠の側杖（御相伴）に会って科もないのに流罪……左遷の身」（粟津義圭）となった。越後地方豪族の娘である後の恵信尼と、夫婦になるきっかけになる。伝説によれば、京都から十三日の道中にて越後国頸城郡国府に着いたという。翌年には近郊の平岡に移り、さらに三十七歳の頃には蒲原郡弥彦荘島屋野に逗留したという。配流後二年目からは、朝夕、布教をされたという。「この里に親の死にたる子はなきか、法（みのり）の風に靡く人なし」を詠われたというが、「人生はずれのないは死する事ばかり。生れては死するなり。……定めなき世の定めなりけり。……さしづめ我身も逃れはない。死する事のがれないから、後世の一大事は願い置かねばならぬ」（粟津義圭）といったことを、身の廻りの庶民に話しかけていたのであったろう。死罪になった門弟は親鸞の兄弟子たちで、諸宗「誹謗」に過激で偏執の念仏者とうわさされた者である。取調中も「あだにはかなきこの世」と「後世《ごせ》こそ一大事」をいいつのり「出家の身として上を蔑如《べつによ》し、王法を軽んずる」ばかりであったという。

一二一一年十一月、釈放されてから、京都へ戻って来なかったには色々と説があり、後章にもふれる。一つは法然上人がもう亡くなっているということもある。かねて法然上人は遺言の中で、高弟たちに、自分の没後は在京してまとまらずに、それぞれ分離分散してそれぞれの道で布教するようにせよと言っていたこともあろう。信仰教理や宗派継承権問題での高弟間の嫉妬と争いをあらかじめ覚り、恐れていたからでもあった。そのまま いて一四年には東日本・常陸国の方へ関東山地を越えてやってきた。

北関東農村への移住の背景

親鸞が、常陸国笠間郡稲田郷へどうして来たか。推理も含めとりあえず述べれば、日本海沿岸地域で、飢饉に出逢ったりして生活ができなくなり、「今この稲田の草庵から見れば、南方七里に当りて、名にしおう筑波山が手にとるように見える」（栗津義圭）ような北関東の閑散地域へ、開拓農民として土豪領主層から呼び込まれて来た。信越や北陸では言葉は悪いが、食い詰め、東日本側はもう少し地所が余っていて、低湿地帯が空閑地として拡がっており、埋め立てたりなどして行けば暮らせないことはない、というようなことで始まっていた。多分そのような貧農漁民や、それらの廻りにいる小商人、小職人、工人たちの、自分の廻りにいた念仏衆徒に付き添うような形で東国の方へやって来たのではないか。親鸞・恵信尼一家の様相、衣服のありようは移住開拓貧農民としての窮迫したものであったろう。

これは浄土真宗の御僧侶たちが明治末以降、門徒さんの移民団といっしょにハワイとかブラジルへ行くような感じであったろうか。北陸や中国地方の浄土真宗の門徒たちの次三男坊一家が移住していく時、その人たちのたましいのよりどころとして、御僧侶もついて行く。

親鸞は彼らのたましいの救済指導を行ないつつ、南関東鎌倉の寺院や北の足利学校などの図書館を利用しながら、六万八千字のライフワーク『教行信証』の著作活動をしていた。鎌倉や下野薬師寺などに高水準の厖大な仏教書があるから、そこで仏典学習をした。

十七世紀中葉の了波師「正保記」によると、この辺りの事情を生き生きと描写していて興味深い。

或る日、(親鸞)聖人の仰せに、辺鄙には書籍乏しかるべきかと。頼重申し上げ候。下野国薬師寺は日本三戒壇の随一と承り候えば、文庫も可レ有レ之。この寺は宗家。宇都宮(北條時政の女婿の頼綱家。歌人としては定家の門人。出家して法然の弟子。娘は定家の息・為家妻)の支配に候間、御心安かるべく候。また足利文庫は小野篁以来、書籍《しょじゃく》相聚《あつ》め候義も承り候。この地は足利氏の支配に候。足利氏は私の親戚に候えば、是又、御心に任せ可申上候。於レ是、聖人御気色不レ斜、御満悦にて後日、頼重房、供奉、薬師寺並に足利文庫へ御越相成、蔵経、其他、秘書、珍籍、随意御持帰り被レ為レ遊候。聖人は毎日、参集の人々へ御教化被レ為レ遊、其余は諸経論の要文、御抜書被レ遊、凡そ十巻余も有レ之候て……歳月相嵩み、要文の類聚、近々御成功相成、元仁元(一二二四)年に至り、一部六巻、即ち「教行経文類」と題せられ、立教開宗の御本書と相称え、浄土真宗根本の宝典に御座候。

と。恐らく高田専修寺派系の伝承であろうから、かなりの程度、親鸞上人修学研究の模様と雰囲気を伝えているといえようか。

上洛の決意

一二三五年、六十三歳で親鸞は上洛する。二十年ほど北関東地方農村に居住していたが、どう思われたか、一二二一四年生れの娘（後の覚信尼）や息男（益方入道《ますかた》）など妻子女を引き連れて京都へのぼっていった。前述のように京都には僧侶の弟もいた。京都では必ずしも、おだやかな老僧風の生活をしていたとは思われないが、『教行信証』の補充、訂正、加除の作業を仕上げるのには、仏典蔵書閲覧に便利な京都が最適であったろう。

それで関東の門徒と手紙による信仰問答や質疑の往復をすることになる。それが残っている。もし親鸞が北関東にそのまま居留していたら、直接口頭による指導をすることになる。その講義、説教を受けている人が必ずしも経済的に豊かな人ではなく、教養もなく、筆録もなかなか出来ないから、親鸞のナマの教えが残る可能性は少なかった。これは天の配剤と言えるかもしれない。親鸞が上洛したので、遠い北関東へしきりに消息文を書かれた。その手紙を北関東にいる門徒たちが、大切に保存した。喰うや喰わずの人たちまでが、親鸞の著述物や手紙だけは保存しておくから今に残っているというわけである。実物が残っている。また、おそらく実物通りに写したものが残っている。これはもう手紙自体が信仰の対象になるくらいに、北関東の民百姓たちは大切にした。親鸞の消息文自体を大切に大切に保管し、何度も読む。月の二十五日（法然上人命日）の、ひと月一回、門徒たちが念仏道場に集まる集会日があるが、その時に読み聞かせたのだった。これはちょうど新約聖書の聖パウロの書簡を、初期のキリスト教の信者たちが、日曜日か土曜日に集まりはじめた頃、集会所（エクレシア）内で大声で朗読したというが、それに似ているような状況であろう。私たち日本人にとって無論、非常に劇的に貴重なものとなっている。

恵信尼の方は、生活防衛のためか夫と別居している。けれども彼女らは北関東からそのまま越後へ来たのではなく、いったん京都へ上って、それから覚信尼や慈信房、益方入道らを置いて、残りの子や孫たちを引き連れて、実家のある越後へ下ったと思われる。恵信尼の手紙の中にある京都への言及で、一度は京都にのぼって滞在しているような感じの描き方をしている。あるいは京都だから誰もが知っているから、意外にそれをわかったように老成の女が書き付けたものか。娘が京都にいて、そこへ手紙を出す時に、京都の方の無事をたずねる時、全然京都へ行ったことがない者が書くのとは違うように思う。これは証拠があるかどうかはわからぬが、とにかくいったん、恵信尼は京都へのぼり、それで親鸞の生活を見届けたあと、東国へくだる。生活不如意のこともある。皆が一しょにいては生きてはいけない。恵信尼は恵信尼で、自分の周りにいる門徒たちと生活していくことになる。

これは、また後で考えなければならないけれども、彼ら専修念仏者は一種の信仰共同体をつくっている。だから、この人たちの間では利己物欲にからむ個人主義的な水準と傾向はなかった。現今は、日曜日にキリスト教会へ行って、同信者が和気藹々《わきあいあい》と、信者さん同士、日常会話はするけれども、さて、日曜日礼拝と献金をしてなごやかな交流が終わると、おのおの自分の自家用車に乗り込んでさっと別れ、教会の帰りは高級ブティックへ寄ったり、音楽会へ行ったり、高級レストランで食事したり、そのまま伊豆の別荘へ行ってしまう。全然バラバラになる。信仰の世界と日常生活、あるいは職業生活、または精神生活をそれぞれ都合よく分離し区分けして上手に人生を満喫している。ところが十二、三世紀の北関東の念仏衆は、貧家屋は別でも、その信仰共同体的なたましいの一致生活をしている。恵信尼が越後へ下るというのも何か、そういう感じの、互いの信仰を第一義的に考慮した上での生活感覚であったろう。二十七、八年近くを恵信尼と親鸞の老夫婦は東西に別れ離れのまま、お互いに死んでいく。

長男善鸞の裏切り

一二五六年、親鸞は八十四歳の時、長男善鸞（慈信房）二十九歳を破門義絶する。親と念仏信仰への裏切り者として。

これは親鸞の生涯にとって、晩年の一大危機であった。粟津義圭師の説教にもあるように、「老婆深切といって、人々老年に及び、行先き死するに近うなれば、とりわけ子孫の事を心にかけて……世話をやく」年頃であったからである。信頼して育てあげ、名代として北関東の門徒群の間に送り込んでいた長男に裏切られてしまった。決定的な打撃だったが、その結論を書いてしまうと、絶対他力の一向専修念仏信仰から脱落し、自力加持祈禱信仰に転じた者は長男といえども許せないということだったであろう。

というのは、念仏衆に対して関東では、古代権力ばかりか鎌倉幕府の中世権力からも弾圧がくだっている。他力本願は国王と貴族領主が呑み込める信仰ではなかった。一向専修の信仰をもつ自立した民衆を彼らは許容できなかった。親鸞も「領家《りょうけ》、地頭、名主《なぬし》のひがごと」にて「念仏をさまたげん」とする有様について、北関東の弟子たちへの消息文の中で、幾度も言及していた。北関東の窮迫民衆の門徒の間に動揺が起こってくる。その動揺に対応して権力側に迎合する人が内部からでてくる。絶対真実の全人的な救済信仰をとるか、国家権力の認定する国王領主迎合の部分信仰をとるか。既成の仏教諸派や鎌倉新仏教や鎌倉幕府の勢威に合わせる人が出てくる。これはもう仕方がないことであった。

北関東の信仰危機を感じ取った親鸞に派遣された慈信房善鸞は東国に行って、専修念仏一辺倒ではやっていけないと判断したようだ。父親鸞の秘事秘伝を口授されていると偽わり、秘かに異義を立てて、常陸・下野の門徒たちを誘った。つまり鎌倉幕府の中世国家権力と地域の守護・地頭の支配に迎合しはじめた。善鸞は先頭に立って権力に迎合しながら一方では、京都の父・親鸞にぎりぎりまで偽りの手紙を送っていた。八十歳を越える老親鸞は、息子の言うことではあり、北関東の粒選りの親鸞面授の弟子たちが言うことだから、と、ついつい、信用していた。

実は北関東門徒の人たちは貧者の一灯のごときおひねりのカンパを親鸞に送っていた。京都でちゃんと暮らせるように、著作活動に専念できるように、北関東から時々、信徒代表団がお金を持って行く。あるいは手紙の中に入れて送る。専修念仏道場主のような有力な信仰者は、より多くお金を入れる。なけなしのお金を送ってくる。余って困っている金を教祖様に寄付するのではない。生きるか死ぬかという人たちまでもが、おひねりにちょっと入れたのを送ってくる。

建長四年（一二五二）二月二十四日の親鸞上人（八十歳）の手紙に、

方々よりの御こころざしのものども、かずのままにたしかに賜わり候。

教忍房への返事にも、

銭二百文、御志のもの賜わりて候。さきに念仏のすすめの者、かたがたの御中よりとて、たしかに賜わりて候いき。人々に喜び申させ賜うべく候。この御返事にて、同じ御心に申させ給うべく候。

北関東に散在する慈信房宛の問題の書簡（建長七年十一月九日）の巻頭にも、

九月廿七日の御文、くわしく見候いぬ。さては御志の銭五貫文、十一月九日給いて候。

と。

「親鸞上人、頑張ってください」とか何とか言ってくる文脈の流れの中で、かなりの道場が自力加持祈禱に走った善鸞についたので、北関東の他力信仰専修の人々も、はっきりとは京都に師の息子のことを告げ口することが出来なかったのだろう。それで老親鸞もついだまされていた。「祖師上人も今は年きわまりて候えば、定めて往生し候わんずれば、必ず浄土にて待ち参らせ候べく候」（粟津義圭）という信仰導師の姿勢で北関東の万余の弟子たちを配慮していただけに、その心痛は悲しいものだった。

建長七年（一二五五）十一月九日の慈信房宛の書簡で、親鸞八十三歳は、はじめて長男に怒りをぶつける。

九月廿七日の御文、くわしく見候ぬ。さては御志の銭、五貫文、十一月九日給いて候。さては、ゐなかの人々、みな年来念仏せしはいたづら事にてありけりとて、かたがた人々様々《ようよう》に申すなる事こそ、返すがえす不便の事にて聞え候え。様々《ようよう》の文どもを書きてもてるを、いかにみなして候やらん、返すがえすおぼつかなく候。慈信坊（善鸞）のくだりて、わが聞きたる法文こそまことにてはあれ、ひごろの念仏は皆いたづら事なりと候えばとて、おほぶ（常陸国大部）の中（平）太郎のかたのひとびとは、九十何人とかや、みな慈信坊のかたへとて、中太郎入道を捨てたるとかや聞き候。いかなるようにて、さようには候ぞ。詮ずるところ、信心の定まらざりけると聞き候。いかようなる事にて、さほどに多くの人々のたじろぎ候らん、不便の様と聞き候。又かようのきこえなんど候えば、そらごとも多く候べし。又親鸞も偏頗あるものと聞き候えば、力をつくして唯信鈔（聖覚）、後世物語（隆寛）、自力他力（分別事）（隆寛）の文の心ども、二河の譬喩なんど書きて、かたがたへ、人々にくだして候も、みなそらごとになりて候と聞こえ候えば、いかようにすすめられたるやらん。不可思議のことと聞き候こそ、不便に候え。よくよく聞かせ給うべし。あなかしこあなかしこ。

十一月九日　　　　親鸞

慈信御房

真仏坊（下野高田専修寺二世）、性信坊（下野国飯沼人）、入信坊（常陸国人）、このひとびとのこと、うけたまわり候。かえすがえす、なげきおぼえ候えども、力及ばず候。又余のひとびとの同じ心ならず候らんも、力及ばず候。

ひとびとの同じ心ならず候えば、とかく申すに及ばず。いまはひとのうえも申すべきにあらず候。よくよく心得給うべし。

専修念仏者側の内部問題

実は、この年のわずか二カ月前の九月二日の「念仏の人々御中」宛の書簡では、北関東における「そら事を申し、僻事をことにふれて念仏の人々に仰せられつけて、念仏をとどめむと、所の領家・地頭・名主の御計い共の候らんこと、よくよく様（子細）あるべき事也」と教えさとし、念仏衆抑圧の原因の一つには、「よろづの仏、菩薩を軽ろしめ参らせ、よろづの神祇、冥道をあなづり捨て奉ると申事」があるからではないかとしているのである。親鸞がいまだ、善鸞の反逆を知っていないことがわかる。「仏法を深く信ずる人をば、天地におわしますよろづの神は、影の形に添えるごとくにして守らせ給う事にて候えば、念仏を信じたる身にて、天地の神を捨て申さんと思う事、ゆめゆめなき事也。……よろづの仏をおろそかに申さば、念仏を信ぜず、弥陀の御名を唱えぬ身にてこそ候わんずれ」とまでさとして、在地領主層や地付の名主層の神仏儒一致の既成仏教や鎌倉仏教への信仰心との紛争をさけるように、丁寧な教導を示した。親鸞は、いわば、この難題については真剣必死であったろう。

同じ年月日の慈信房善鸞宛の書簡でも「領主・地頭・名主のひがごとすればとて、百姓をまどわすことは候わぬぞかし。……仏法者の破りさまたげ候なり。よくよく心得給うべし。なお〳〵御文には申しつくすべくも候わず」とあって、さきの御文末尾にある「この世の習いにて、念仏をさまたげむ人は、そのところの領家・地頭・名主の様ある事にてこそ候わめ、とかく申すべきにあらず。念仏せむ人々は、かのさまたげをなさん人をば、あわれみをなし、不便に思うて、念仏おもむろに申して、さまたげなさむを助けさせ給うべしとこそ、ふるき人（法然上人）は申され候しが、よくよく御尋ねあるべき事也」と念を押されていて、親鸞の専修念仏の信仰への自信と、抑圧者側への配慮の対応策を語りつつ、むしろ念仏者側の内部における信仰の弱さや乱れ、崩れを見透していて、善鸞らの反逆を予想していたかのようで、信仰者・親鸞の恐ろしいくらいの透徹した心性が如実である。

翌八年（一二五六）五月には、弟子・性信房宛で、勘当義絶の宣言を公表するよう命じている。

この御文どもの様、くわしく見候。さては慈信（善鸞）が法文の様故に、常陸、下野の人々、念仏申させ給い候ことの、年頃、受け給わりたる様には、みな変りおうておわしますと聞え候。返すがえす心うく、あさましく覚え候。年頃、往生を一定と仰せられ候人々、慈信と同じように、そらごとをみな申され候いけるを、年頃、深く頼み参らせて候いけること、返すがえすあさましく候。……みな御心どもの浮かれて、はては、さしもたしかなる証文を、力をつくして、かずあまた書きて参らせて候えば、それをみな捨ておうておわしまし候と、聞え候えば、ともかくも申すに及ばず候。まず慈信が申し候法文、……教えたること候わず。……自今以後は慈信におきては、親鸞が子の義、思いきりて候なり。世間のことにも不可思議のそらごと、申すかぎりなきことどもを、申しひろめて候えば、出世にのみにあらず、世間のことにおきても、おそろしき申しごとども、かずかぎりなく候なり。なかにも、この法文の様聞き候、心も及ばぬ申ごとにて候。つやつや親鸞が身には、聞きもせず、習わぬことにて候。返すがえすあさましう心うく候。……心うく、うたてきことにて候……返すがえす心うく候。この文を、人々に見せさせたまうべし。あなかしこ々々々。

五月廿九日

親鸞

性信坊御返事

なおなお……本願を捨て参らせて、……年頃、候いけるこそ、あさましう候。この文を、隠さるべきことならねば、よくよく人々に見せ申し給うべし。

結局、すべてがわかって怒り心頭に発して息子を破門義絶する。「親鸞に虚言を申しつけたるは、父を殺すなり、五逆のその一なり」と。「この手紙も公表してよい。親とも思うな。子とも思わぬ」という強い姿勢の手紙（善鸞宛）であった。

八十四歳の絶望

仰せられたる事、くわしく聞きて候。……慈信房の法門の様、名目（教義綱目）をだにも聞かず、知らぬ事を、慈信一人に夜、親鸞が教えたるなりと、人に慈信房申されて候とて、これにも常陸・下野の人々は、みな親鸞が虚言を申したる由を申しあわれて候えば、今は父子の義は、あるべからず候。又、母の尼（恵信尼）にも不思議の虚言を、云いつけられたること、申すかぎりなきこと、あさましう候。……継母（恵信尼）に（親鸞が）云い惑わされたると書かれたること、ことにあさましき虚言なり。……まことにかかる虚言どもを云いて、六波羅の辺、鎌倉なんどに、披露せられたること、心憂きことなり。これらほどの虚言は、この世のことなれば、いかでもあるべし。それだにも虚言を云うこと、うたてきなり。いかにいわむや、往生極楽の大事をいい惑わして、常陸・下野の念仏者を惑わし、親に虚言を云いつけたること、心憂きことなり。……親鸞に虚言を申しつけたるは、父を殺すなり。五逆のその一なり。この事ども伝え聞くこと、あさましさ、申すかぎりなければ、今は親ということあるべからず、子と思うこと、思い切りたり。三宝神明に申しきりおわりぬ。悲しきことなり。……

六年後の一二六二年十一月二十八日、九十歳で弟の持坊である寺で亡くなる。それはまさに、親鸞上人書簡（一二

六〇年十一月十三日）に、

なによりも昨年《こぞ》、ことし、老少男女、多くの人々の死にあいて候らん事こそ、あわれに候え。ただし生死無常のことわり（道理）、くわしく（阿弥陀）如来の説きおかせおわしまして候上は、おどろきおぼしめすべからず候。

とあるような、大地も人事も末法の濁世にうちふるえている時候であった。

妻・恵信尼の方は、夫・親鸞の知らせを受けたあと、一二六八年、今から七百三十年前、越後で八十六歳で亡くなる。この夫婦、信仰上の気迫と芯の強さもあってであろう、本当に長命であった。

三　同時代像

末法の世

末尾の**年表1**は「親鸞とその時代」を年表風に全体像を概観してみたものである。『歎異抄』をひもとくにあたり、**年表2**の「災害凶事年表」とともに時々、読み合わせていただきたいと思う。

十二、三世紀の世相は、子が親を斬り、兄弟相殺し、同族相食《あいは》む、荒涼、破倫、無常の惨憺たる時代であった。それればかりではない。放火を含む火災や大水、地震などの災害が頻発し、凶作と飢饉が俗世をおおった。民衆から国王にいたるまで、毎日を愛憎無限の苦海の中で、不安と苦悩の裡に生活していた。自然の猛威の前に人心も荒れ果て、頼るものはあやしげな加持祈禱と迷信しかない状況であった。

まさに末世《まっせ》の世相であった。濁世《じょくせ》であり、悪世《あくせ》であった。

親鸞が誕生している前後、文覚《もんがく》が活躍している。文覚というのは、北面武士上りの真言僧で、頼朝に挙兵を説得して、その気にさせたという伝説が残っている怪僧である。頼朝は父兄たちの殺されたあと二十年間という長い間、伊豆に流されていて、その間、写経をして父や兄の霊を弔うという日常で、殊勝なことをしていた。

しかし伊豆介の家系で田舎土豪侍では有力な北條時政の長女・政子と結婚しているから、ただぼんやり写経をしていたわけではあるまい。出家する気などははじめからなかった。頼朝は何かあれば復讐をと思っていたには違いない。文覚は「そんな写経なんて今さらするな。時代は変ってきたぞ。お前、その気になれば天下をとれるぞ」というように挑発するものだから、頼朝も渡りに舟でやってみようということになっての武装蜂起ともいえようか。その文覚は、実は後白河法皇に神護寺再興云々で悪態をついて捕われ、伊豆へ配流となる。これで伊豆で頼朝と知り合う。

この年表で多用する九条兼実の日記『玉葉《ぎょくよう》』というのは一一六四〜一二〇〇年にいたる日記である。当時の貴族は日記をつけていた。この日記は、朝廷の儀式と政治や人事とか、その他、地震、火災、凶作、災害、疫病などの情報を丹念に書き込んでいる。範例として子孫に残すために記録したともいえる。九条兼実はその中で、当時の社会情勢や政治動向についての感想を書いている。きちっとした人間で、ただ身分格式がトップの、ぼんやりしている古代貴族政治家ではない。作文や記録は周りの者がやっているという人ではない。いわゆる知識人として最高級の人であった。

一一七三年五、六月には南北大衆《だいじゅ》、南都《なんと》北嶺《ほくれい》、興福寺や延暦寺などの僧兵大衆が蜂起している。「止むべきに期《ご》なし、大事に及ぶ」、「万事狂乱の世なり」と。

この、万事狂乱の世というのは、九条兼実という当時の政界のトップが言っていることだからすごい。「万事狂乱の世也」。そこへ親鸞が生まれているわけである。時代状況の枠組が親鸞に与えられたといってよかろう。「多武峯《とうのみね》を焼払う。ただ仏法の滅尽なり。五濁《ごじょく》の世、悲しむべし」と兼実は言っている。大化改新の英雄である家祖、鎌足ゆかりの多武峯すらやられてしまうほどの、古代仏教界の混迷である。時代に絶望している晩年の九条兼実が、ついにたまりかねて、当時弾圧され嫌がられていた法然の信仰に傾いてきたわけが納得できる。もう耐えられなくなってきたのであろう。それが九条兼実のような男の日記の中から伺われる。興福寺（法相宗大本山）末寺や清水寺が焼かれる。南京《なんきょう》衆徒の集会に四五千人が武装して集まる。「皆ことごとく甲冑をかぶるの者なり」と。こういうひどい状況であった。もう内乱状況に近づいている。

他方では、平家が清盛因縁の厳島神社に舞楽の面を奉納するような、平家の全盛時代である。「天下不穏」というのは正史流の表現だが、「比叡山の山大衆いよいよもって蜂起云々、奈良に向うべきの儀」とある。興福寺を焼き討ちしようと延暦寺の坊主たちがわめくというようなことが伝わってくる。桓武天皇御願寺の清水寺（坂上田村麿創建）がまず焼かれる。九六三年は空也草建の六波羅密寺《ろくはらみつ》も焼かれる。

一一七四年、後白河法皇が清盛らと福原から瀬戸内海を船で西へ向って、安芸国一宮で航海保護神の厳島神社御幸《ごこう》とある。

法然開眼

一一七五年が問題の年である。三月十四日夜半のことだった。叡山黒谷の報恩蔵の中に仏経典と注釈書の一切を収めているのだが、法然はその図書館の中に閉じこもって研究三昧の仏教学者として暗中模索していたようだ。四十三歳になっていた。

阿弥陀仏の人類救済の「本願の不思議」を体験し、専修念仏に開眼《かいげん》したのである。この時、宗教的な法悦境に入って、「わかった」と叫んだ。この瞬間、十五歳からの自分の人生の修行と学問上の研究と修練はすべて否定された。とくに十八歳から黒谷の師・叡空上人の所に居住しつつ奈良、京都を歴訪し諸宗の蘊奥《うんおう》を極め、いたずらに学問の名利を求めず、真の解脱の道を求めていた「智慧第一の法然房」が、暗記力、理解力、洞察力をもってしても、段々迷路の深みにはまってしまったところが、中国の善導という浄土宗の大成者の「一心専念弥陀名号《みょうごう》」の教示を見て、わかったという。

善導大師（釈迦の尊称であったが、のち智徳兼備の高僧の称号）の『観経疏《かんぎょうそ》』（観無量寿経の注釈書）の「一心専念弥陀名号、行住坐臥不問時節久近、念々不捨者、是正定之業。順彼仏願故」の一文に読みあたり、忽然と覚ったのであった。その喜悦の心境は「歓喜のあまりに人なかりしかども……高声にて感悦、髄《ずい》に徹《とお》りて、落涙千行なりき」と。これはあとから回想している。本当に嬉しかったのであろう。

法然上人の孫弟子・良忠（一一九九―一二八七年、鎮西上人聖光房の弟子）の伝聞によれば、法然は天台はもとより、華厳、三論、法相等の宗学をあまねく学んでいたが、生死出離の法をどうあっても獲得できなかったという。「即ち黒谷に帰りて報恩蔵に入り、一切経を披くことすでに五遍也。出離の要道を得ずして、悲歎やみがたかった。ただし善導の勧化の書籍あり、往生機を判断していたので、これによって、その意を明らかにしようとして、とくに三遍読み込んだ」という。その前後すべてで八遍に及んだ時にいたって、「一心専念・弥陀名号」によること、善導の「元意」を覚り、不覚にも落涙すという劇的な場面となったのである。この時、はじめて一日六万遍の念仏を唱え始めたのだという。

自己否定。自分の今までの学問とか、地位とか、評判とか、名誉とか、財産とか、智恵とか、経験とか、難行苦行とか。そういうもの一切を捨てて「南無阿弥陀仏」。「これだけだ。これで良いのだ。これで救われる」。雑行、雑善《ぞうぜん》を捨ててひたすら念仏に専念する真実信に達したわけである。

この法然の信仰の開眼に親鸞がひきこまれた。

法然は一一七五年より専修念仏唱道を行なう。そして一一七七（治承元）年、延暦寺でも僧兵大衆の集会が開かれている。興福寺や園城寺《おんじょうじ》（天台宗寺門派総本山、三井寺のこと）や延暦寺は十年も前からガタガタしているが、とうとう焼き討ちが起こった。内裏まで焼かれる。九条兼実も見に行った。あまりにもひどい。「火熱いよいよ盛んにして大《だい》極殿《ごくでん》以下八省院一切残らず」焼け落ちた。

時代状況というのはそういう形で、法然や親鸞の周りをつつんでいた。

一一七六年の十月六日に彗星が天空に現われる。彗星が箒《ほうき》で掃いたようにというのは綺麗というよりは不気味で、この彗星を古代人は非常に怖がった。天変地異の知らせ、「天下兵乱……この一両月変異しきりに呈す。必ずや朝家《ちょうか》大事あるべきの由」と。九条兼実もこの彗星を見て、何か悪いことが起こらなければよいが、といっている。

案の定、次の年、延暦寺の「大衆蜂起、狼藉、凶徒、騒動、放火、合戦」。この一一七七年、叡山の武装力は朝敵であり悪魔ではないかと九条兼実が嘆いている。この右大臣が嘆くような時代状況なのである。

他方では六月一日、有名な鹿ヶ谷《ししがたに》の事件、アンチ平家のグループの知識人達が摘発された。裏切り者が出たからである。裏切り者というのは仕方がないもので、グループに参加して調子の良いことを言っていながら怖くなってきて、告げ口をして、一斉検挙になる。西光《さいこう》は召し取られて禁錮、成親卿は招き寄せられて同じく禁錮。ほとんど面縛されて拷問にかけられた。二日には西光は首をはねられた。「京中騒動、上下諸人、皆もって怖畏《ふい》」と。京の上下の宮人たちは清盛を怖れている。ところがその後、人品骨柄のよい長男・重盛が四十二歳で亡くなってしまう。念仏を祈りながら亡くなったという。十一月七日、大地震で「比類《ひるい》無し」と『玉葉』は書いている。この段階で、清盛はついに後白河法皇の利用をあきらめて幽閉する。居直りに出たわけである。

肉親あい食む混濁の時代

治承四年、一一八〇年。いよいよ軍事状況が決定的になっていく。法然が目覚め、親鸞が成長していく時期であるが、時代は源平の内乱状況になる。自然災害と飢饉のもの凄い姿がある。その前から南北の寺社が争ったり、火をつけたりしている。諸国に散在する源氏の末裔達がうごめき出し、高倉宮をかつぎあげる者も出てくる。彼は後白河法皇の皇子ではあったが皇位継承の相続権が弱い。自分はどうせ天皇になれないのであれば、内乱に加わるというようないちかばちかの気持ちでもあったか。「近江国武勇の輩、同じく以てこれに与《くみ》す云々、およそ此間巷説《こうせつ》縦横にして真偽云い難し」と『玉葉』は言っている。九条兼実は詳細、確実に情報を集め、それを日記に記している。

そして例の頼政（七十六歳）がついに高倉宮にふきこんで、子供達と一緒に武装蜂起して三井寺に参籠する。「天下大事か」と兼実は言っている。奈良の大衆達もそれに呼応して上洛してくる。「謀反をたくらみ国家を危うくする」という。しかしこれは結局ダメで、「頼政党類あわせて誅殺《ちゅうさつ》」された。九条兼実は古代秩序のトップにいるから日記の感想文では「王化なお地に堕ちず」などと喜んでいる格好にはなっている。一種の皮肉もあるかもしれないが、額面通り受け取るべきであろう。これは日本古代国家に良かったというだけでなくて、平清盛というのは何と運の良い男であろう、という九条兼実の感想である。「これ入道相国《しょうこく》（太政大臣）の果報なり、恐るべし恐るべし」は、それを皮肉っているようだ。斜に構えているともいえる。清盛がこうやって、後白河法皇のお子まで巻き込んだ反乱の芽をつみ取ったのだった。

ところが八月十七日、頼朝が挙兵する。九月七日には木曾義仲が挙兵する。そして十二月十一日、平家は山門寺門堂塔を焼亡してまで戦う姿勢をとる。延暦寺や、とくに南都が、源氏に呼応しようとしたからである。十二月二十八日、若き大将軍、平重衡《しげひら》が東大寺、興福寺を焼く結果になる夜戦になってしまった。東大寺の大仏は頭が転げ落ちて、胴体はとけてしまった。あの立派な、今の東大寺の大仏殿よりも、間口でいうともう半分ぐらい大きいような感じに見える、東洋の第一級建築物の大仏殿である。それを焼いてしまったものだから、釈迦滅後一五〇〇年後に始まるとされる、行《ぎょう》と証果はなく「教」もむなしい暗愚の「末法」の世の証しに、朝廷貴族は震えおののく。早速、仏教国家として復興が企てられる。

翌年の三月には親鸞九歳が、坊主になる。この年、餓死、強盗、兵乱、旱魃の群生と記録される、大変な時代であった。まさに僧俗ともに、憎悪と闘争にあけくれる混濁の時代に入り込んでいた。

天災凶作が容赦なく、十二世紀末～十三世紀中葉までの日本民衆を襲っていたことを、親鸞の精神と信仰に影響を与えた時代像として、深刻に考えざるをえない。編年体の『百錬抄』（九六八―一二五九年）は、治承五年（一一八一）六月条、「近日天下飢饉、餓死する者、其数を知らず」と記録している。養和二（一一八二）年正月条の記述は怖いばかりである。すなわち「近日嬰児《えいじ》道路に棄て、死骸、街衢《がいく》に満つ。夜々強盗、所々放火、諸院蔵人《くろうど》（官庁役人）と称する輩、多く以て餓死す。それ以下数を知らず。飢饉、前代に超えたり」と。『平家物語』にも、養和元年「諸国合戦」「春夏の炎旱《えんかん》おびただしく、秋冬、大風洪水打連れ」「天下飢饉して多く餓死に及ぶ」、同二年「疫病さえ打副《うちそ》えて餓死、病死の者数を知らず。死人、砂のごとし」「あすこの軒《のき》の下、ここの築地《ついじ》の際《きわ》、大路《おおじ》の中門の前をいわず、死人横たわり臥《ふ》せる事、算《さん》の乱れたるがごとし。されば（牛）車なんども道に通らず、死人の上をぞやりける」との惨状をまざまざと描いている。

重源《ちょうげん》（一一二一―一二〇六年）が六十歳で東大寺勧進《かんじん》上人となる。というのは焼け落ちた東大寺を朝廷は建て直すと。一説によると重源は、宋へ入国して学問を勉強したというけれども、とくに彼が勉強したのは寺院土木建築学で、その経験と智恵をかわれて、重衡に焼かれてしまった東大寺を再建することになる。

一一八四年でみると、平家が次々に負けていく。源頼朝は、国賊、仏敵として都合のよい平重衡、東大寺大仏殿を焼き払った「犯人」を、何としてでも生捕りにしようと義経らに命じている。具合良く、一の谷合戦時に生け捕りにできた。重衡の乳母《めのと》の子供、一番仲の良い部下だった後藤兵衛盛長《ひょうえもりなが》に裏切られた。御存知のように乳母はお乳を出すわけだから、主人の妻と同時期に男の子を出産している。いわば乳兄弟である。その盛長に対し、追いつこうとする梶原源太景季《かげすえ》に重衡の馬が射られて具合悪くなって、お前のと交換しよう、俺は一番源氏にねらわれているから、とにかく俺は乗馬のまますぐ海へ入って船へ上がるから、といったのだが、乳母子《めのとご》は自分の命が惜しくなってしまったのか聞かないふりをして逃げてしまった。出血する乗馬を捨てて、そのまま強引に海へ入って入水自殺しようとしたが、あいにくと遠浅海岸なので、重衡は自殺も出来ずに源氏につかまった。そして義経によって鎌倉へ護送され、最後は一一八五年、二十九歳で大和木津川で斬られた。この年、東大寺の大仏落慶供養がある。頼朝がついに天下をとる。周知の通り義経は奥州平泉へ逃げ込んで行った。

専修念仏の興隆、そして弾圧へ

一一八六年、いよいよ法然の専修念仏の信仰が興隆してくる。この間ずっと、法然は、専修念仏だけで、南無阿弥陀仏だけで救われると宣教している。それだけなので、他のこと、お寺さんへ金を寄付したり、写経をしたり、何かもっともらしく苦行をしたり、学問をしたり、そんなことは極楽浄土に一切関係ないと。十年後の聖光房（弁阿、一一六二―一二三八年）への御詞にも「我はこれ無智の身也。破戒の身也。弥陀本願の口称念仏の力によって往生に決定を遂ぐべし」と信仰確信を述べている。

一一九〇年には東大寺再興の大檀越《だんおつ》、頼朝も上洛して新築東大寺上棟式に参列する。他方、禅宗の栄西《えいさい》が九一年には宋より帰ってくる。そして九二年、古代から中世にかけての天皇権力のありようの典型といえる後白河法皇という、すご腕の、悪の見本みたいな（悪といってははばかられるが）、政治的にクレバーという意味で日本史に刻印した人物が六十六歳で亡くなる。この年、頼朝が征夷大将軍になる。

九条兼実の実弟、慈円が天台座主にのぼりつめてくる。九条兼実と慈円は京都における頼朝派であるといってよい。勿論、ぴったりとしたというわけではないが、武家政治の理解者であった。「関東」の歴史的な役割を非常に理解していた。それで後々の事件が起こる。

一一九五年、頼朝が東大寺開眼供養で上洛する。二月十四日から七月八日までの間、鎌倉からのぼっていって、東大寺の盛大な式典に臨席する。一説によると三千名ぐらいの関東武士を引き連れた頼朝の威勢というものはすごかった。この晴れやかで劇的な、日本史に残る東大寺大仏開眼供養に、三月十二日後鳥羽天皇が行幸した。ところが、一一九六年から九条派が朝廷から一掃される。頼朝も後鳥羽天皇に接近して、自分の娘を后として宮中へ入れようとして、妥協し始めるということがある。

九九年に頼朝が五十三歳で亡くなっている。三十三歳で武装蜂起して二十年間、全力で鎌倉幕府の構築につとめてきたわけである。

このころから、専修念仏への弾圧が始まる。実は一二〇一年、二十九歳の親鸞の年譜にもみられるように、親鸞が法然へ入門する。そのころ後鳥羽上皇がしきりに熊野三山へ御幸する。これはただの物見遊山がらみの巡礼や祈禱信仰の熱情だけでない。頼朝亡きあとの鎌倉幕府から政権を、朝廷が取り戻そうという呪詛《じゅそ》祈禱の目的もある。実は、この動きには黒い人脈があった。権謀術数にたけた反幕の能吏で、後鳥羽院好みの歌人、内大臣源通親《みちちか》（村上源氏、内大臣雅通息、一二〇二年急死）は、後白河、後鳥羽両院に女人関係から取り入り、朝権回復、および九条家排除で執拗に一貫していたのであった。

日本古代文化の総括として、後鳥羽上皇が藤原定家らを使って編纂した『新古今和歌集』が出来るのが一二〇五年。この年には前述のように師法然の『選択集』相伝、影像見写を親鸞が許される。関東では北条派が強大化し、畠山氏がやられる。ついに十月には興福寺衆徒が念仏糺改《きゅうかい》状を朝廷に提出した。念仏衆党類をけしからんと言って、源空（法然）並びに弟子らに罪科を行なうことを朝廷に強く望み請うた。浄土宗弾圧の大事件が起こってくる。

四　一二〇七年と一二二一年

一二〇七年、後鳥羽上皇主導による弾圧、二位法印尊長《ほういんそんちょう》の沙汰により、法然七十五歳、親鸞三十五歳ら八人遠流。安楽ら四名死罪。おのれの確信する信仰の指導者、法然を助けられなかったために失意のどん底に堕ち込んだ兼実は、晩年、法然に指導をうけて出家していたが、土佐への遠流を私領荘園のある讃岐にしてもらうのが精一杯の助け舟であった。

兼実の嘆願

九条兼実の天台座主への消息

念仏弘行《ぐぎょう》の間の事、源空上人の起請文等、山門（延暦寺）に披露《ひろう》の後、動静如何《いかん》、尤《もっとも》不審に候。……念仏の行者、諸行を毀破《きは》するあまり、経論を焚焼《ふんしょう》し、章疏《しょうそ》を流し失い、或《あるい》はまた余善《よぜん》をもっては三途《さんず》の業（三悪趣の造業）と称し、犯戒をもっては九品《くぼん》の因（九煩悩思惑）とすと云々。これを聞かん緇素《しそ》（黒と白の衣、すなわち僧と俗人）たれか驚嘆せざらん。諸宗の学徒もっぱら鬱陶《うっとう》するに足れり。ただしこの条においては、ほとんど信をとり難し。……この説過半《かはん》まことならずと云々。慥《たしか》なる説に付て真偽を決せられんに、あえてその隠すことあるべからざる事。もし実ならば科断また難とせず。ひとえに浮説《ふせつ》をもって咎《とが》を（源空）上人にかけらるる条、理尽《りじん》の沙汰《さた》にあらざるか。……いま上人の弘通《ぐづう》は……すべて紕謬《ひびゅう》なし。しかるを門弟等《ら》の中に奥義を知らず、宗旨を覚《さと》らざる類、ほしいままに妄言《もうげん》をはき、みだりに偏執をいたすよし聞えあるか。この事、甚だもって不可なりとす。上人……当時すでに数輩の門徒を集めて七箇条の起請《きしょう》をなし、各《おのおの》連署を集めて永く証拠にそなう。上人もし謗法《ぼうほう》を好まば、

に俗諦随事《ぞくていずいじ》の仮論《けろん》を執して、いよいよ無明迷理の惑障《わくしょう》に堕せんこと。痛ましきかなや、悲しきかなや。乞う、学もって師範の咎を救わんと思う。およその仏道修行の人、自他共に罪業をかえりみるべし。しかるを罪なくして濫刑を招き、勤ありて重科に処せば、法の為に身命《しんみょう》を惜むべからず、小僧代りて罪を受くべし。しかんぞいわんや上人は小僧において出家の戒師たり。念仏の先達《せんだつ》たり。帰敬《ききょう》これ深し。尊崇もっとも切なり。しか土の教迹《きょうせき》この時にあたりて滅せんとす。……一寸の赤焰胸をこがす。天に仰ぎて嗚咽《おえつ》し、地を叩いて愁悶《しゅうもん》す。な進みて数百万遍の仏号（南無阿弥陀仏）を唱う。頃年《けいねん》よりこのかた病せまり命もろくして、黄泉近くにあり。浄らず、罪業をもしといえども往生を願うにものうからずして、四十余回の星霜を送る。いよいよ求め、いよいよ

ここに小僧《しょうそう》（兼実）幼年の頃より衰暮《すいぼ》のいまに至るまで、自行《じぎょう》おろそかなりといえども、本願をたのむ心怠な思う人の外に誰か習学せんや。念仏の弘行によりて余教滅尽の条、戯言《ぎげん》か、狂説か、いまだ是非を弁まえず。修学は名利によりて研精す。これ人間の定まれる法なり。浄土の教法においては名にあらず利にあらず。後世《ごせ》を学の邪執にいたりては、上人厳禁を加え、門徒すでに服膺《ふくよう》す。……なんぞ仏法の破滅に及ばんや。およそ顕密《けんみつ》の事しかるべからず。過分の逆類においては、実によりて禁断せらるべし。まったく浄土宗の痛む所にあらず。末となり。……また或人云、念仏もし弘通せられて諸宗たちまちに滅尽すべし、ここをもって過防《かほう》すと云々《うんうん》。このえて、他宗に対して執論を好まず。余教に比して是非を判ぜず。ひとり出離《しゅつり》を願いて、必ず往生の直道《じきどう》を遂げん迎《ごう》の音楽を庶幾《しょき》（こい願い）すべきか。……浄土の一宗においては古来の行者ひとえに……専修念仏の一行に仕る）、一としても過失なし。（叡山）衆徒の鬱憤《うっぷん》、何によりてか強盛奉らんや。はやく満山の鼓躁《こそう》を停止《ちょうじ》して、来《らい》

これをもってこれをいうに、三重の子細（一に念仏を勧進する、二に諸行を毀破する、三に余行を停止すべきを勧進すろ繁茂する事を得んや。

禁遏《きんかつ》あにかくのごときならんや。事ひろく人多し。一時に禁示すべからず。根元すでにたちぬ。我執の枝葉むし

僧の心あらん、理に伏して執を変じ、法に優して罪をなだめよのみ。死罪死罪敬白

十一月十三日

専修念仏沙門円証

大僧正御房へ

悲嘆絶望のうちに兼実は急死する。兼実は自分の力不足で、既成古代国家信仰の伝統と国王権威の護持に必死の後鳥羽上皇たちの、この暴走を止められなかった。後鳥羽上皇たちの、日本人上下のたましいをとらえた専修念仏衆への憎しみはすさまじい。熊野三山巡礼の留守中に愛妾も尼にされ「寝取られ」たと嫉妬するから、よけいに憎悪は倍加した。執権北条氏を中核とする鎌倉政権と、念仏衆に対する後鳥羽上皇の階級的憎悪が強かったので、公卿最高職位の兼実もかばいきれなかった。それで失意の中で五十九歳で亡くなるということになってしまう。

唯円が『歎異抄』末尾に流罪記録をわざわざ置いたことで、法然上人以下の専修念仏衆幹部に対しての流罪と死刑について、親鸞がいかに憤り、これを法難、宗教弾圧として許さなかったかということがわかる。

法然の「一枚起請文」

一二一一年十一月十一日、親鸞三十九歳。赦免になった。次年、勅免の宣旨により帰洛を許され、いったん摂津滞留後に東山大谷に隠栖していた法然が八十歳で遷化《せんげ》した。その直前、古代国家の体制派仏教諸寺との混雑出入から防衛させつつ、念仏衆一門の信仰結束のために、一枚起請文を作る。一月二十五日、側近源智《げんち》上人（一一八三―一二三八年）に与えて、易行《いぎょう》門の他力本願の本筋を守らない者は、私の弟子ではないと遺言したのである。

一枚起請文

もろこし、わが朝《ちょう》に、もろもろの智者たちの沙汰し申さるる観念の念にもあらず。また学問をして念の心をさとりて申す念仏にもあらず。ただ往生極楽のためには、南無阿弥陀仏と申して、疑いなく往生するぞと思いとりて申すほかには別の子細候わず。……この外に奥深き事を存ぜば……本願にもれ候べし。念仏を信ぜん人は、たとい（釈迦）一代の御法《ごほう》をよくよく学すとも、一文不知《いちもんふち》の愚鈍の身になして、尼入道《あまにゅうどう》の無智のともがらに同じくして、智者の振舞いをせずして、ただ一向に念仏すべし。証として両手をもって印す。

浄土宗の安心起行《あんじんきぎょう》、此一紙《いっし》に至極《しごく》せり。源空が所存、此外に全く別義を存ぜず。滅後の邪義を防せんが為に、所存を記しおわんぬ。

「安心」とは阿弥陀仏の教えを一筋に信じ、一切の異学邪見をまじえずに安住不動なることをいう。菩提心、厭離穢《おんりえ》土《ど》心、欣求浄土《ごんぐじょうど》心と三心（至誠心、深心、廻向発願心）および三信（至心、信楽、欲生）をさす。「起行」とは、これらの実践修行をさす。安心と起行が相まって浄土宗の信仰生活を構成した。最晩年の法然は、強く突っ込んで、専修念仏信仰の核心を確証し、創唱者没後の高弟、俊才たちの混乱と行き過ぎや後退をあらかじめ予測し、厳しい警告と枠組みを与えたのである。

一一九三年に法然の信仰に入門した功名の鎌倉御家人・熊谷直実（一一四一―一二〇八年）に対しての法然上人のお言葉にあるように、「罪の軽重をいわず、ただ念仏だにも申せば、往生するなり。別の様なし」と断定的に諭し励まされている。「無智の罪人の念仏申して往生する事、本願の正意なり」とも念を押されて、「源空が所存」を明確にいい残されているのであった。

明恵の法然批判

法然歿後、顕密仏教の戒律の再興、厳守を求める流れが群生し、追い打ちをかけて法然を批判していく。当時の既成仏教学界の多数派や、明恵上人（一一七三―一二三二年、高弁、華厳宗僧侶で戒律を重んじた。栂尾で苦行修練し高山寺開山となる。後鳥羽帝の崇敬を受けた）、解脱上人（一一五五―一二一三年、貞慶、左小弁貞憲息、法相宗、笠置山に隠遁）など部分改革派は、日本民衆全体を飲み込もうとしているかの勢威を示しはじめた法然を、徹底的に追及していこうとした。建暦二年（一二一二）の『摧邪輪』（高弁）は、当時の体制派内の部分改革派学僧の法然批判を鋭く示しているといってよい。

ここに近代、上人あり。一巻の書を作る。名づけて選択本願念仏集と曰う。経論に迷惑して諸人を欺誑せり。往生の行を以て宗とすといえども、かえって往生の行を妨礙《ぼうげ》せり。高弁（明恵上人）年来（法然）聖人において深く仰信を懐けり。聞ゆるところの種々の邪見は、在家の男女等、上人の高名を仮りて妄説するところなりとおもいき。いまだ一言を出しても上人を誹謗せず。たとい他人の談説を聞くといえども、いまだ必ずしもこれを信用せず。しかるに近日、この選択集を披閲するに悲歎、はなはだ深し。名を聞きしの始めには、上人の妙釈を礼せむことを喜ぶ。巻を披くの今は、念仏の真字をけがせりと恨む。今、詳らかに知りぬ。在家出家千万の門流、起すところの種々の邪見は、皆この書より起れりということを。上人入滅の頃に至って、興行ますます盛んなり。……何ぞそれ悲しきや。よってかの書を破す。

と。「聖道門を以て群賊に譬うる過失」など、まったく許せないということである。「地獄」へ堕ちた「邪見人」とまで非難されたのであった。

後鳥羽上皇の怨念

一二一九年。なにも知らぬ気に歌人でもある後鳥羽上皇を尊崇している源実朝二十八歳が鶴岡八幡宮で、十二月の暮れに叙任された右大臣除目《じもく》の拝賀式を正月二十七日にしている。これは明け方にする慣行だという。あの時も意見が分かれていた。物騒だから、真昼間にやったらどうだとか、明るい所でとか朝方はどうか。ところが目出度い儀式は夜行なう。その時、亡父のうらみに燃える甥の公暁《くぎょう》十九歳は、祖母政子に呼び寄せられ園城寺から一二一七年に帰ってきたばかりである。鎌倉八幡宮別当に着任し、父頼家のかたきということで、第三代将軍である叔父の首を手際よくちょん切るということになる。女装して近づいた。真夜中で、あっという間に二人殺された。京都からの顕官貴族たちが参列している目の前でやられた。大雪が降り積もっている。鶴岡八幡宮の大銀杏の脇あたりであった。

二月、それを知って、もともと実朝呪詛をくり返していた後鳥羽上皇は、国土安穏祈願を真摯かつ猛烈に行なう。護摩を焚き、仏法の力に頼って幕府北条氏の呪詛を行なう。後鳥羽上皇は真剣であった。

「恐るべきは天道、神明、道理を弁えること」であるとし、歴史の道理の感覚を働かし、大逆に道理がある場合がありうることすら、自著『愚管抄』で明瞭に示唆している慈円が、しきりになだめる。

神武より承久までのこと、詮を取りつつ、心に浮ぶに従いて書き付け侍りぬ。……世の道理の移り行く事……其外にはなにもなきや。……まず武士というものは、今は世の末に一定、当時あるように用られてあるべき世の末になりたりと、ひしと見ゆ。……その上には、この武士を悪しと思召して、これにまさりたるともがら、出で来べきにあらず。……世の末ざまは、いよいよ悪き者のみこそ、あらんずれ。このともがら滅ぼさんずる逆乱は、いかばかりのことにてかは、あるべきなれば、冥に天道の御沙汰の外に、顕に汝等を憎くも疑いも思召すことはなき也。……大向のようの武士のともがらが、今は正道を存ずべき世になりたる也。……一向に天道にまかせ参らせて、無道に事を行なわば、冥罰《みょうばつ》を待たるべきなり。末代ざまの君の、ひとえに御心にまかせて世を行なわせ給いて事出で来なば、百王まで、小田にまけつけずして、世の乱んずる也。将軍が内外あやまたざらんを、故なく憎まれんことの悪しからんずるようを、こまかに申す也。この筋は悪ろき男女の近臣の引出ださんずるなり。

後鳥羽上皇は慈円の進言に聞く耳を持たない。しかし、好き嫌いや利害に関係なく、歴史は公卿の世界から武家の世界へ移行してきている。「一向に天道にまかせ参らせ……無道に事を行なわば、冥罰を待たるべきなり。……一向に道理によりて万の用、行なわるべきなり」と。この時代状況はどうにもならない。日本国王の後鳥羽上皇といえども時代の状況を納得せざるを得ない。「受け入れなさい、これは時代だ、この時代に背いても駄目ですよ」と慈円は忠告している。「文武合体の出で来たらんずるを、えて（とかく）君（後鳥羽院）のこれを憎まんの御心出できなば、これが日本国の運命のきわまりになりぬかと、かなしき也」と。摂関家と武家を一つにして文武兼行して世を守り、国王を後見したいと。慈円は日本仏教最高位の立場にありつつ、日本国王の危険な賭けを批判せざるをえなかった。「末世の強き悪しき者が武士として覇権をとる」わけで、「少し頑固にて、あなづりにくくこそあるが」止むを得ない。関東武士は乱暴者でいかがわしいのが多いけれど、これが末法時代のことわりなのだ。しかも幕府の民政は善政といってよかった。実兄の九条兼実も同じ立場であった。京都と鎌倉の二つの異なった立場が協力しあう公武合体を考えていた。幕末はその喜劇的な再版である。兼実は、鎌倉との公武合体による秩序安定を試みる。鎌倉を使って実際政治をしたらよいではないかといっているのに、後鳥羽上皇は納得されなかった。

ついに一二二一年に、最後の熊野参詣をした後鳥羽上皇は、討幕の最終祈願を紀伊国熊野三山（本宮、新宮、那智の三宮）にて行なう。それまで武力討伐の準備に準備を重ねてきたあかつきに、五月十五日明け方、一千七百余騎にて内乱を起こす。京都にいる鎌倉側の守護・伊賀光季の六波羅駐在軍をたたきつぶし、焼き討ちした。

北条義時五十九歳を仏敵、国賊、逆臣、朝敵として全国に指名手配をする。追討令となる。この際、西園寺公経（一一七一―一二四四年、乱後に太政大臣、関東申次となる。足利義満の金閣寺はその邸宅寺院跡）は妻が頼朝の姪だから血脈にもなり関東と仲も良かったということで、一番警戒されていた。法勝寺執行・僧尊長（九条実氏妻の弟）をして公経を幽閉し「数々、公経を害せんとす」。実氏や慈円らの衛護と配慮で死は「逆に免るる」と。十九日昼には官軍挙兵の飛脚が鎌倉に到着した。執権一家は、日本史はじまって以来の朝敵、仏敵とされ、三日三晩の間、ふらふらになってしまう。自分たちは、とうとう日本の歴史上に汚点を残すかということで、降参止むなし、といったんはたじろいだ。頼朝に呼ばれ、一一八四年京都から鎌倉に下り、公文所や政所の別当になっている大江広元（一一四八―一二二五年）明法博士の説得でようやく立ち直る。天道の決断を仰ぐべし。天道の道理は我々にある。畏れ多くも天皇は間違っておられる。「運を天道に任せて、早く軍兵を京都に発遣せらるべし。君臣の運命は、皆天地の掌る所なり。……その是非、宜しく天道の決断を仰ぐべし。全く怖異の限りにあらず」（『吾妻鏡』）と。君側の姦を断つ理由をもって後鳥羽側の武装蜂起に受けて立つ。五月二十二日、やっと思い直して義時、政子ら姉弟は運を天道に任せて、すわ鎌倉一大事と馳せ参じた関東武士の十九万の全軍に上洛出動を命ずる。その時の政子六十四歳の腹臣、安達景盛（秋田城介）を介して述懐した声涙下る説教は有名である。十四世紀の史書『梅松論』によれば、東洋的世界像から国は「皆王土」であり、「勅命を背く者」は「天命のがれ難き事」であるから、臣民は「降参」する以外にはない。「但し、それは君主の御政道正しき時の事也。近時天下の行い……実を失い……国土穏かなる所なし。禍いまだ及ばざる所は、恐らく関東のはからいなり」と。したがって「天道にまかせて奮戦を致すべし」という義時の立場が成立したのであった。義時は「天下の人の歎きに代りて、たとい身の冥加つき、命を捨てるという共、痛むべきにあらず。……神明も何の御とがめが有るべき」と考えたという。子の泰時も「理に背かば……命を召し往生を助け給うべし。もし天下の助けと成って人民を安んじ、仏神を興し奉るべきならば、哀憐をたれ給え。……いささか私を存ぜず。……ひとえに命を天に任せて、ただ運の極らん事を待ちけり」と決意していた。

三週間後、六月十五日、三十八歳の司令官、泰時が大軍を率いて入洛する。

まさかの連戦敗北。頼みの「要害」防衛陣をも破られ、日和見た比叡山にもそっぽを向かれた後鳥羽上皇は、一本釣りで鎌倉を裏切らせた反北条の関東武士たちに開戦の責任を押しつけ、反鎌倉の公卿強硬派の近臣に責任を身代わりさせて、出家をして免れようとした。鎌倉は断乎とした審判をくだした。後鳥羽上皇は隠岐島へ、皇子の順徳上皇は佐渡ヶ島へ流される。お二人とも亡くなり、お骨になるまで二十年間出島できなかった。日本の歴史では、このようなことはかつてなかった。その後もない。

五　教行信証から

遠流の記録

親鸞の『教行信証』という中国と日本の厖大な経典注釈書を整理した著作の結語にも、この件が出てくる。

通称『教行信証』というのは、専修念仏の教義確立のために、仏教経典（大無量寿経中心）と注釈書の要文を書き抜きし自己の見識信条として類別編集した根本の宝典である。中国、日本の浄土教の展開を踏まえ、四建立の教（仏の言教）、行（教えの実践、念仏）、信（教行の利益功徳を信ずる一心）、証（行信の証果、すなわち往生して仏になる）を詳細に説いて、この『顕浄土真実教行証文類』という宗教書に仕上げた。これはいったん足利学校や薬師寺の図書館を利用しながら北関東で書き上げられていた。上洛されてから六十歳から九十歳までの間、さらに色々手直しをし、完成されたものである。

ところがその最後に自分史を含めた、自分の信仰の成長の歴史を含めた箇所がある。『歎異抄』の末尾にある流罪記録の意味が決して軽いものではない、ということを証明することが、ここには示されている。

> ひそかにおもんみれば、聖道《しょうどう》の諸教《しょぎょう》は、行証《ぎょうしょう》久しく廃《すた》れ、浄土の真宗は証道いま盛んなり。しかるに諸寺の釈門、教にくらくして真仮《しんけ》の門戸を知らず、洛都《らくと》（京）の儒林、行《ぎょう》に迷《まど》うて邪正《じゃしょう》の道路を弁《わきま》うることなし。ここをもって興福寺の学徒、太上天皇（後鳥羽の院と号す）、今上（土御門の院と号す）、聖暦、承元丁の卯の歳、仲春上旬の候に奏達す。主上臣下、法にそむき義に違し、忿《いか》りをなし怨を結ぶ。
>
> これによりて、真宗興隆の太祖、源空法師（法然）、ならびに門徒数輩、罪科を考えず、猥りがわしく死罪に坐す。あるいは僧儀を改め、姓名を賜うて遠流に処す。予（親鸞）はそのひとつなり。しかれば僧にあらず俗にあらず。このゆえに禿の字をもって姓とす。空師（法然）ならびに弟子等、諸方の辺州に坐して五年の居諸（日月）をへたりき。……しかるに愚禿《ぐとく》釈の鸞、建仁辛の酉の暦、雑行《ぞうぎょう》を捨てて本願に帰す。……これ専念正業の徳なり、これ決定往生の徴なり。よりて悲喜の涙を抑えて由来の縁を註す。慶ばしきかな……これによりて真宗の詮を鈔し、浄土の要をひろう。ただ仏恩の深きことを念じて、人倫の嘲《あざけ》りを恥じず。……

「聖道」というのは、古代貴族、天皇家の信仰する高野山、延暦寺、興福寺、東大寺などなど現世において難行の末にかならず証果を得るとする自力仏教である。唐の道綽禅師が「安楽集」において聖道門と浄土門の二門を唱道し、後者を仏力によって浄土に往生できる末世唯一の易行の法門としたのであった。古代南都六宗と高野山、延暦寺は天皇家や藤原氏の信仰を拝受して、壮大な伽藍を造っているが、この聖道門の諸行はすたれてきたという。今や我々、法然の教えの他力念仏信仰の「浄土の真宗（勿論この当時は親鸞は浄土真宗は創っていないのだが）は今盛んなり。」と意気盛んである。

「主上」とは、国王天皇のことを指す。親鸞上人は実は信仰弾圧の加害者の名前をあげている。後鳥羽院、土御門院以下がそれという。「法」は天下の大法、仏法。「義」というのはまっすぐな道理の意味となる。しかも義は美と同根である。義人というのは一筋の道をまっすぐにどこまでも貫く人をいう。忠義というのも同様で、まっすぐ貫く人が忠義心が篤い人ということになる。

「主上臣下背法違義成レ忿結レ怨」の漢字で十二文字の表現はすごい。後鳥羽上皇が熊野三山に巡礼している間に、自分のかわいがっていた女性が、安楽房らの主催する六時礼讃の念仏講に馳せ参じ、現在の栄華の無情と男の女支配の虚無を覚り、宮殿を脱走して、そのまま帰らずに、強引に尼になってしまったという。安楽房遵西《じゅんさい》（七箇条起請文署名第三十番目）は、少外記《しょうげき》・中原房秀の息子で美男の聞こえが高く、しかも美声で、声明家（微妙深刻な音声で仏徳を讃美詠嘆する信仰歌唱の専門家）をもって知られていたから、内廷で無意味な虚偽と愛欲の泥水に浸っていた女官らにとって、彼らの説法と祈禱は大きな衝撃となっただろう。歌劇のテノール歌手のように南無阿弥陀仏、南無阿弥陀仏と哀切極まりない節で唱えている有様にすぐさまに惚れ込んだ。現代日本でも真言や天台や法華のお坊さんに腹の底から良い声が出てくる方がいる。何ともいえない痛切な声調で、信心篤くなくても、女性がほれぼれとして当然であろう。そのことが理由でというわけではないが、国王の愛妾のような自分の身分とか、一見幸せでありながら本当のところはそうではない、実につまらぬはかない人生に、目覚めたのであろう。

それに対して、九条兼実（玉葉）や藤原定家（明月記）が宮廷内外のうわさ話を記録している。法然の弟子たちは、念仏信仰を名として上流階級身分の美女たちをさそい出し、連れ去り不倫を行なった。不浄不潔である。許せないと。

慈円などもそれを真に受けて、困ったことだとしている。もともとは法然上人も、住蓮、安楽らとともに草庵を結んで念仏三昧の別行を修していたのだが、その六時礼讃（礼拝と讃嘆）は熱風のごとく過熱化してしまった。法然上人は、そのような行き過ぎに対して、びっくり仰天したであろう。高位高官のまわりの女性たちを軽々しくひきつけ寝泊まりさせて、日夜連続の祈りに参加させ、男女一緒に祈りを同じ堂内でするというのは、あらぬ疑いをかけられるわけだから。しかも後鳥羽上皇が好まれた女性を、ということもあった。

「いかりをなし、うらみを結ぶ」

ということは、親鸞がそのようなうわさや悪口を知っていて書き記している。これはまさに親鸞の上位の兄弟子たちのことである。熊野参詣から帰洛されて、事の次第を聞き知って後鳥羽上皇は大いに怒った。「おおきに逆鱗あり」。住蓮房と安楽房は法然門下のベテラン幹部クラスで、前々から南都北嶺にねらわれていた。しかし二人は王法に姿勢を屈しない気迫をもっていた。「輪王《りんおう》の位、高けれども、七宝《しちほう》久しく留まらず。……王衰《おうすい》早く現じける」と、のろいにも似た不気味な予言までして、後鳥羽上皇を激怒させている。国王が「罰科を考えず」とは痛烈である。つまり安楽房たちが女性をひきつけたということを、そんなに猥雑な思いのままに、厳しい罪と罰にすることはないのではないか、と弟弟子の親鸞は思っていたのであろう。

道理の正しさを予言

しかし、天皇をはじめ、畏れ多くも京都朝廷の側が道理にそむき、仏法にそむいて行なった一二〇七年の悪業に対して、一二二一年に結論が出た。この天道の結論を、信仰者法然は十四年前にあらかじめつかみとっていたのだった。

実は法然上人が遠流にされて、瀬戸内海を下る出発の際、西阿《さい》弥陀仏という法名の弟子が師の健康を慮って語りかけている。

本来、古代国家国王の怒りに触れた処刑の嵐の中で、小さくなって萎縮しなければならない際に、そのようなことに一向おかまいなく、八十歳になろうという老人が、専修念仏布教宣伝の説法をしているので、見送りに集まった弟子たちは、はらはらした。また新しい弾圧を呼び込みかねない。この高齢で「この際は演説なんかしてはいけない」と申し入れたのに対して、

弥陀の本願はこれ愚痴、暗鈍の輩、罪悪、生死《しょうじ》の類《たぐい》の、出離解脱《しゅつりげだつ》の直路《じきろ》なり。我、首を切らるる共、この事いわずばあるべからず。

たちまちに法然上人の機嫌が悪くなった。師を敬愛するのあまりに余計なことを述べた弟子を叱りとばした。親鸞上人もすごいが、その恩師の法然上人はまっすぐの道なのだ。極楽往生できるのは、この道だけだ。生死を超えた重大事が浄土信仰なのである。

「首を括られるとも、このことを言うぞ。お前、しっかりしろ」と、直弟子にいうほどの法然上人であるから、朝廷による大弾圧下の流罪行にもひるんではいない。

念仏した為に、たとえ死罪に行なわれても苦しからず。この舌を寸断されたかとて、念仏は止めることはできぬぞ。何の罪もないのに無罪（実）の科を受けた試しは、古今、沢山あるぞ、と。

常随の弟子で弾圧時の七箇条起請文の直接執筆役を勤めた法蓮房信空（署名は第一番目　一一四六―一二二八年）に与えた法然の言葉が残っている。

予、齢《よわい》すでに八旬《はちじゅん》（八十）にせまる。たとい帝京にありとも久からじ。この時にあたりて辺鄙の群類を化せん事、莫大の利益なるべし。ただ痛む所は、源空が興《こう》ずる浄土の法門、濁世末代の衆生の決定出離の要道たるが故に、守護の天道《てんとう》、常随すらん。我が心には遺恨《いこん》なしといえども、かの天道、さだめて冥瞰《めいかん》（感）をいたさんか。もししからば因果《いんが》のむなしからざる事、生きて世に住せば思い合わせらるべし。因縁《いんねん》は尽ず。なんぞまた今生《こんじょう》の再会なからんや。

信空上人、後に言う。先師の詞《ことば》、迷わずしてそのむくいあり。なにをもってか知るならば、承久の兵乱に、東夷、上都にそむいて、時の君（後鳥羽上皇）は西海の島の中にましまして、多年心をいたましめ、臣（藤原光親、秀康ら）は東上の道の傍《かたわ》らにして一旦《いったん》に命を失う。先言のしるしある往生、ききとるべし。およそ念仏停廃《ちょうはい》の沙汰あるごとに凶厲《きょうれい》ならずという事なし。人みなこれを知れり。……筆端にのせ難しといえども、前事の知られざる後事の師なりというをもっての故に、世のため憚りながらこれを記す。

信仰の勝利につながる証し

弾圧を悲しむ弟子・信空に対し、法然上人は「齢、すでに八十にせまる」と語り始める。たとえ罪を受けずに在京できたとしても、それでも結局は数年後には死ぬのである。歎き悲しみなさるな、と弟子に言っている。地方へ流され行くことによって、地方民衆を真の信仰に導くことができるチャンスを与えられたのではないかと。信仰の証しである弾圧は、決してマイナスのことではない。これは勝利につながる証しになるという理解である。

「もはや今生で師弟が会えなくても、また会えるではないか、その時我々は信仰の勝利を味わうことができるのである。歎き悲しむな。しかし源空がちょっと心配なのは、私たち浄土の真宗の正しい信仰心の念仏衆をいじめることによって、いじめた人々を天道は見ていて、天道の道理からして、その人たちに天使たちが罪を与えるのではないか」と。

わずか十四年後の一二二一年、結果が出てしまった。このときの弟子信空がしっかりと書き留めている。「私には、遺恨はない」と法然はいったという。「私を弾圧した人々、弟子たちを死刑にした人々に対してうらみ、つらみはないが、天は罰を下すのではなかろうか。そこが因果のむなしからざるところで、困ったことで、悲しいことである。いずれにせよ、私はその時には死んでいるであろう。だから、あなた方とは浄土でお会いしよう。その時は、我々の信仰の勝利をともに喜びたい」と法然上人が言ったという。親鸞上人も後になって、一二二一年の承久の変での信仰者と鎌倉の勝利を目前に見て、報いありと言っている。

落飾した後鳥羽上皇は僧形で七月十三日、隠岐島へ配流となる。順徳院も佐渡島へ配流となり、二度と京都へ戻って来られなかった。「釈放してくれ、京都へ戻りたい」、と申請しても、鎌倉幕府はのらりくらりだった。京都の公卿たちも「もうよいではないか。高齢である前の日本国王を京都に戻してさしあげたら」と仲介した。保釈を幾度も申請したが、執権は「我らはよいが関東の御家人たちが納得しない」と言って聴いてくれなかった。恨むぞと、京都の旧後鳥羽派の公卿たちに御手形押捺の手紙を送って、なかばおどしたり嘆願したりしたが、幕府は結局許さなかった。二位法印尊長は潜伏したが、逃亡できぬと観念して自殺する。このことは何度言ってもいい足りぬほど重要なことである。法然門下の念仏衆徒からすれば、天道の下で我々の信仰が勝利した、といったところであろう。「二位法印尊長の沙汰なり」とあるが、内乱前後の尊長のうごめき方は無惨であった。彼はうろうろしながら、延暦寺を動かそうとしたり興福寺を動かそうとしたり、敗戦直前に策謀をしている。

後鳥羽上皇はあのような高貴で才色兼備の方だから、事態が思い通りに行かなくなると、興味と忍耐力をいっぺんに失い、努力をやめてしまう。あきらめが早い。延暦寺に登り籠ろうとしたが、延暦寺側は入られたら、鎌倉にいよいよ申し開きが立たなくなり困るので、適当にあしらってしまう。当然、後鳥羽上皇の説得で誘いにのった反北条の鎌倉武士たちをはじめ「院中上下消魂……諸人仰天之外無他」（吾妻鏡）であったという。「官軍」は出陣前から「敗走」「逐電」「逃亡」する仕末で、早くも京都中は「諸人変顔色、凡御所中騒動」する有様が展開した。「張本人」の後鳥羽上皇の個人的な心理状況は「今度合戦、不起於叡慮、謀臣等所申行也」と無責任極まりない。しかし最初から上皇の状況把握はこのような程度のものだったろう。東国側は「道理が我々にある。君臣の運命はみな天地の掌る所なり。万一敗北して朝敵逆賊と汚名を残されても仕方ない」と覚悟をきめて戦ったところ、案外に簡単に勝利を得たのだった。その末に、幕府側は、上皇派の「近臣重臣」の公卿および「西面北面」武士や官軍に寝返った在京関東武士を厳刑に処した。後鳥羽上皇の身の廻りにいてアンチ鎌倉の謀略で活躍した藤原光親（一一七六―一二二一年、後鳥羽院司、権中納言、義時追討宣旨起草者）や秀康（北面武士、後鳥羽院側近として反幕戦闘派）らは、逐電したが捕まり殺される。こうして「先言の印ある」ことがはっきりし、恩師法然が言っていたことは皆実現した、と信空がのちに述懐したのである。親鸞も、畏れ多くも後鳥羽上皇といえども、道理に背くとこうなるのだと述べている。

信仰の勝利

このように念仏を弾圧することを国家国王がするたびに、必ず天は後からそれをくつがえし、正しい道の信仰を守る、証明して下さる、という。「人皆、これを知れり」とは、『歎異抄』で唯円がわざわざ流罪記録を付していることに照応する、信仰者の確信である。あるいは親鸞上人のライフワークの結語の中に、わざわざ流罪のことを書いているのと同様の確信である。

「世の為、人の為にはばかりながら」というのは、「畏れ多くも天皇陛下のことなので筆の端にのせるのは畏れ多いし、申し訳ないことだし、言いたくはないが、いや、言ってはいけないことなのかもしれないが、はばかることだけれども、法然上人は、しっかりと予言なさっていた。私は遺恨はないけれども、しかし天は許してくれないのではないか」と。

こうして、親鸞上人を含めた法然上人の弟子たちの間では、一二〇五年、および一二〇七年の専修念仏衆への宗教弾圧を信仰の証し、勝利として受け止めつつ前進なさったということがわかるのである。私達の信仰の正しさは、一二〇七年のあの弾圧「疑謗」を許さないぞと。勝ったということも言っている。一二二一年、宗教弾圧を加え、さらには鎌倉幕府をつぶそうとした後鳥羽上皇たちがとうとう敗北し二十年間も流罪になると。その意味で、『歎異抄』は日本精神史上からも、なかなかに「こわおもて」を、しっかりと残しているのである。信空上人が「筆の葉にのせがたしといえども世の為、人の為はばかりながらこれを記す」としているところは、その微妙な口調が親鸞上人と符合している。そして『歎異抄』と合うわけである。

そういった意味で親鸞上人とその時代状況というのは、日本の歴史で一番緊迫した九十年間である。このようなことは日本史上、空前絶後で、無いことである。私たちが悲惨極まりない辛酸をなめた昭和十五年戦争の直後にもなかったことである。古代以来の日本天皇信仰と社会国家体制が動揺する時代状況の中での、日本の歴史上最大の厳しさと緊張であった。法然と親鸞の信仰が、まさにその時代に着地するというか、着実に日本人のたましいの中に定着していくというのが、この証しである。師・親鸞と弟子・唯円が流罪記録をわざわざ論述しているというのも、それがあるからで、決してそれは信仰と別の話をここに書いているわけではない。己れの恥や罪を書いているのではない。「無実」の我々を恥ずかしい目に会わせ罪人とした古代国家国王の後鳥羽上皇こそ、わずか十四年後には天道の罰を受けているのではないか、というのが、親鸞や唯円の本音なのであろう。

3 親鸞と法然

一 歎異抄の総序

三つの著述目的

『歎異抄』をはじめから丁寧に読むことにする。

ひそかに愚案をめぐらして、ほぼ古今を勘《かんが》うるに、先師の口伝の真信に異なることを歎き、後学相続の疑惑あることを思う。幸に有縁《うえん》の知識によらずば、いかでか易行一門に入《い》ることをえんや。まったく自見の覚悟をもって他力の宗旨を乱ることなかれ。よって、故親鸞聖人の御物語のおもむき、耳の底に留まる所いささかこれをしるす。ひとえに同心行者の不審を散ぜんがためなりと、云々。

総序（全体の序文）は、多くの専門漢文学者が指摘している通り、日本人で儒学漢文を本格的に学んだ者の文章ではない。漢文らしき形の擬古漢文である。とはいえ当時の法然上人、親鸞上人の御本、仏教典やその注釈書などを引き写すような形をとっているため、正確な漢文のルールからするとかなり外れつつも、漢文調の文章となっている。前段と後段の全十八章の和文調との差異は、師の大作『教行信証』や法然の『選択本願念仏集』にならった、かなり改まった姿勢で序文を表現したかったからであろうか。

この総序で、『歎異抄』を著述する目的が三つ掲げられている。最初に三つ目からあげると、「同心行者の信仰上の不審を散ぜんがためなり」と目的をはっきりさせている。

二つ目は「他力の宗旨を乱ることなかれ」と同信同朋に注告する。

一つ目は「先師の口伝の真信に異なることを歎き、後学相続の疑惑あることを思う」からであると。

「ひそかに愚案をめぐらして」の愚案というのは、自分への謙譲語の「愚」が入り、「案」は思いめぐらすことで、まずは公表せず内々に問題提起をして見るということである。だが「先師」親鸞上人が一二六二年、弘長二年十一月二十八日、九十歳で弟の自坊で亡くなる。その時、唯円は四十歳前後で、男として一番その人らしい格好となっているころである。少年時代から慕っていた親鸞上人との別れである。男と男との師弟関係における口伝や、親鸞上人が北関東の門徒たちに出される手紙の中身も、すべて唯円は承知していただろう。

真信に異なることを嘆く

実は、唯円がなぜこの著作を作らなければならないかというと、恩師・親鸞上人の口から直接お教えいただいた、まことの信心と異なる「信心」がはびこってきていることがあるからである。「真信」は真実信心のことである。阿弥陀如来の本願を信ずる心をいう。この信心は仏よりたまわったものであり、現世の師弟間の秘伝ではない。秘伝というと、我こそが親鸞上人から秘伝を授かったという理屈をこねる人間（親鸞の息子・善鸞のように）が生まれてきてしまう。それを避ける意味で唯円は言っている。

「口伝の真信に異なることを歎き、後学相続」すなわち、後から学ぶ者がこの信仰を次から次へと相続していく上での、疑惑あることを思う。これがこの本を執筆する第一の動機である。当時すでに疑惑が生まれてきている。疑問が出てきている。迷いが出てきている。

「有縁の知識」というのは、仏教的考え方からいえば、前世からの因縁があるお師匠さんであろう。勿論、人と人とのかかわりには出会いや別れがある。ある師弟関係ができ、あるいは壊れるには、本人たちが思いもつかぬ因縁が張り巡らされていて、前世から決まっている。見える人から見れば、そのように見える。これが因縁である。「有縁の知識」で我々は結ばれているのである。私どもが信仰によって繋がれていることは、自力で選びとったのではない、という考え方である。前世から繋がっているのは仏が決め給うたのであって、自分たちはそれを偶然のように思っているに過ぎない。これは非常に意味が深くて、私たちの成人後の三〜五十年位の生涯で窮めつくせるものではない。そのどうしようもない、良かれと思っても、悪かれと思っても、いずれにしても、この縁は深いところで結ばれている。あるいは切られている。そのようなところで結ばれた善知識・親鸞によって教えを受けなければ、易行の一門に入ることを得るであろうか。しかし幸いにも我々は、それを得ることができる。「幸いに……入ることを得んや」というのは文章の「係り」として変であるが、これは、幸いにも親鸞上人にもお会いでき、上人の言葉を口づてに伝えることができる人々から教えを受けることが出来た。行じやすいという「易行」は難行と反対極の言葉であるが、親鸞の信仰、法然の信仰こそ易行門である。

「自見」というのは自分勝手な解釈、独断的な見解となっている。「自見」というのは結局、自力の見解といえるのではないか。「覚悟」というのは、仏教語で悟るということ。真理を会得して智恵を悟るということである。現今は

「覚悟」というと、覚悟はよいか、などというようなことにもなるのであるが。「自見の覚悟」というのは、唯円が拒否している信仰スタイルである。自分の識見、自分の力で真理を会得するというようなことである。唯円はこの著作の最初から、こうして結論を出している。「自見の覚悟」批判という問題提起をしているわけである。自己の見解をもって、自分の努力でもって真理を極め、智恵を得るという信仰を自力という。その反対が他力（易行門）である。

宗旨を乱さぬこと、同心行者の疑問解消

「他力の宗旨を乱ることなかれ」とは、この著作の二番目の目標である。まずは真信に異なることを歎き、疑惑あることを思うから、この本を書く。自分の実力で真理を会得して智恵を得るというようなことで他力の宗旨を乱さないでくれ、と唯円は言い出したのである。このことは、この著作の主旨でもある。

「全く」というのは全否定である。駄目であると。少しも妥協するすきはない。このことは法然、親鸞の教えの、のるかそるかのところであって、自分の苦労や努力でもってたすかりの見解を会得して知恵をつけ、悟りを得るということは駄目である。そんなことで真実の信仰を乱さないでほしいと。「故親鸞聖人御物語の趣」というのは、先師の直接語られた口伝の内容である。唯円が日頃、親鸞に接していて直接に教導されていた口伝のうちから大方判断されるところを、多少書き記そう、という。「耳の底にとどまるところ」というのは、なかなかに言い得て妙であろう。唯円が在京の親鸞上人のお側にいて、日夜、給仕をしたり雑用を手伝ったりしている際、親鸞上人のお言葉を一句も聞き逃すことなく、心に刻んだのである。親鸞上人が遷化された時の四十歳以降から唯円が亡くなるまでの三十年間近く、この『歎異抄』を書くまでは、その教えをくりかえし口の端にのぼせて、暗唱していたのであろう。だから青年期後半に上洛してからの親鸞上人のお言葉を正確に復元することが可能であった。その自信が、この本文からも伺い知ることができる。「耳の底にとどまる」というのは、全身全霊をかけて親鸞上人の言葉を受け止めて心身に刻み

こんでいた、それをここに記すというわけである。

八〇〇年前に唯円は親鸞上人の言葉を全身全霊で受け止めて、日夜、咀嚼しつつ、特に師が亡くなってからは、毎日繰り返し繰り返し、声に出して言っていたのではないか。そして晩年となり、もはや自分の寿命も尽きそうだという予感があった頃から、この著作をしようと試みたのである。

三番目の目標は「同心行者」という自分たち志を同じにする念仏行者の疑問を解消するためにこの本を書くのである、ということである。

これが全体の序文となる。

二　流罪記録

法然聖人、他力本願念仏宗を興行す

ここで『歎異抄』末尾に流罪記録がついていることに注目しておきたい。これがついている意味は、親鸞上人のライフワークである大作『教行信証』の末尾の総括でも同じ趣旨を言っていることからも、専修念仏衆にとって重大事であることが推察できよう。

後鳥羽院之御宇《ぎょう》、法然聖人、他力本願念仏宗を興行す。時に興福寺僧侶、敵奏《てきそう》の上、御弟子中、狼藉子細あるよし、無実風聞によりて罪科に処せらるる人数の事。

一　法然聖人ならびに御弟子七人流罪、また御弟子四人死罪におこなわるるなり。聖人は土佐国幡多という所へ流罪、罪名藤井元彦男云々、生年七十六歳なり。親鸞は越後国、罪名藤井善信云々、生年三十五歳なり。浄円房備後国、澄西禅光房伯耆国、好覚房伊豆国、行空法本房佐渡国、幸西成覚房、善恵房二人、同遠流にさだまる。しかるに無動寺の善題（前代）大僧正、これを申しあずかると云々。遠流の人々以上八人なりと云々。

死罪に行なわせらるる人々、

一番　西意善綽房、二番　性願房、三番　住蓮房、四番　安楽房、二位法印尊長の沙汰なり。

親鸞、僧儀を改めて俗名を賜う。よって僧に非ず、俗に非ず。しかる間、禿《とく》の字をもって姓となして奏問を経《へ》られおわんぬ。かの御申状《もうしじよう》、いまに外記庁《げきちよう》に納ると云々。流罪《るざい》以後、愚禿《ぐとく》親鸞と書かしめ給うなり。

釈蓮如　御判

右斯聖教者為二当流一大事聖教也、於二無宿善機一無二左右一不レ可レ許レ之者也

後鳥羽天皇は十九歳で天皇を譲られた後、院政を開いて、上皇として二十三年にわたり実際政治を指導するような文武両道の達人であった。この後鳥羽上皇の志の「雲行き」が念仏衆の天空を覆っていることを思わずにはいられない。その人間としてのスケールの大きさを理解しつつも、鎌倉幕府打倒の執念のあられもない姿と人間的な欠点も含めた全人像については、第二章で触れておいた。

前章で見てきた通り、承安五年三月十四日夜半、それまで法然の身心を包みこんでいた人間苦の悩みと研究上の泥海が、突然に解けた所から、この話は展開しはじめる。当時四十三歳の法然は、善導（六一三―六八一年）の教え、「本願の不思議」を体験し、専修念仏に開眼する。「高声に唱えて感悦」をした。おそらく絶叫したのであろう。阿弥陀仏の衆生救済の本願の不思議な無限大の力とは、十七世紀の粟津義圭師が「大経和讃二十二首」（親鸞上人述作）を注解した「即席法談」（安永二年、一七七三刊）によれば、「心縁及ばず、口量はからず、いうもいわれず、説くもとか

れず、心も言葉も及ばぬ処をさして不思議という。およそ何によらず、成べき事の成るは不思議ではない。なるまじいことのなるが不思議じゃ。善人聖人の歴々が修行して仏にならば、其はあるべき事。格別の不思議ではない。今はかかる罪業深重の悪人を如来の願力によりて能令瓦礫変成金。石や瓦をたちまち金となすが如く、あらあらしい悪人凡夫をたった一念の信心で紫摩《しま》黄金の光耀やく仏になして下さるる。これにすぎたる不思議はない」と解説されている。

それは、法然上人のそれまでの修練と研究のための刻苦の自己否定であった。他力本願念仏衆になる前は法然も自力信仰である。のちにも考察するが、法然は大変な秀才であった。そのまま行けば、延暦寺や東大寺の随一の学僧として、トップレベルの名誉を得ていたに違いない。十五歳で延暦寺にのぼって以来、一貫して学問を学び取ることに集中していた。仏教経典を読み、注釈書を学び、すべて学成ったところで、悩み、苦しむこととなるのである。

時代状況も関わってくることかもしれないが、法然上人の考えとしては、苦学をし、修学をして、自力で悟りを開き、安心立命することができると考えていたが、そこにいたってこそ悩みが群生してしまう。ついに南無阿弥陀仏のみの念仏衆となる外はない、との自覚に達したのが、黒谷の蔵書である一切経を全巻、五度も読み終えた末であった。そこで、すべての経験、智慧、学問を捨てたのである。今までのように徹夜で勉強をしたり善い行ないをすることもなく、ただひたすら南無阿弥陀仏と唱えるだけで良いということを「発見」したのである。これが「法然聖人他力本願念仏宗を興行す」という内容にあたる。そして比叡山を降りて東山吉水に移ってしまう。

大原問答——法然の信仰宣言

有名な大原問答について触れると、文治二年（一一八六）、当時大原隠棲の顕信（一一三〇—九二年、のち天台座主に任ぜられたが固辞）が中心となり、東大寺を再建した重源、貞慶（一一五二—一二一二、のちに解脱上人といわれる。『摧邪輪』

などを著わし、法然上人を痛烈に批判する一人でもある）らが沙弥、聖や出家、在家信仰者の集住する大原の勝林院丈六堂（のちの龍禅寺）に集まって、法然の新しい信仰宣言の説明を聴いた。当時、大原はフリータウンで、俗界を離脱して自由自在に信仰の世界に入っていると称する色々な風体の者、いい加減の者から本物の者まで含め、聖俗の信仰者が集散していた。彼らの研究会に呼ばれて、新しい信仰を法然が直接に話すことになる。聴衆約三百人。その中には叡山の智海、覚代、證真、堯禅、浄厳ら、高野山の明遍、笠置の解脱、三井寺の公胤、大原の蓮契、律宗の重源、印西、浄然、仙基らが名をつらねていた。法華、真言、法相、華厳、三論らの諸宗にわたる法然の批判的検討と新しい浄土宗の開示に関する宗義論は見事であった。なかなかに説得力ある法話に、参会者一同は、感服した。修了後、三昼夜、念仏を唱えたが、どよめきにも似た見事な法悦境であったという。

四年後の建久元年二月、法然は東大寺再建途上の仮屋根の脇で浄土三部経を既成仏教の向学心と好奇心にあふれる聖俗に講義している。何故招待されたかといえば、法然の推薦もあって就任した東大寺大勧進の重源が、中国伝来の浄土教五祖（曇鸞、道綽、善導、懐感、少康）図と観経（観無量寿経）曼陀羅を入手して供養会を開催した機会を得たからであろう。それに、もはや南都六宗も、他力本願と専修念仏の信仰を頭から否定できない所にきていたほどに、法然の布教に民衆の人気が集中していたのであった。

法然の信仰は、まずは自己否定である。既成仏教の古代宗教は朝廷、藤原氏と結びついている信仰と学問であって、上流身分階級と密接にからんでいる高尚宗教である。これは基本的には自力の信心である。例えば、学問をしたり修行をしたり、写経をしたり寄進をしたり、仏像や五重塔を建立したりする。子供を坊主にしたり尼にしたり。色々な努力をしてこの世の善行を積むのである。そのような人々の努力が報われてあの世で幸せになれるという、いわば因果応報のあたりまえの考えである。この世で悪いことをしたり、いい加減な者があの世で救われるわけがない、仏が見ている。悪い者を裁くというのが古代仏教の基本的考え方である。

時代状況として、この流罪記録が、『歎異抄』の後ろにつけられているということは、決して余計なことではない。おそらく唯円も、この流罪記録が法然上人とわが師・親鸞上人にとって、徹底的な信仰の証しとなっていることを確信していたのであろう。

宗教弾圧は信仰の証し

本来、このような宗教弾圧というものは、一般的にいって信仰の証しとなっている場合が多い。関西の大きな民衆信仰のＰＬ教団でも、戦前のあくどい信仰弾圧が、神による贖罪と教育勅語を教義の本旨とする現世御利益第一の「ひとのみち」時代にあった。創唱者の御木徳一（一八七一―一九三八年）は入獄までしているが、この苦難がパーフェクトリバティと戦後改称した自分たちの信仰を強めた。この弾圧というのは、教祖の婦女暴行容疑や医師法違反を奇貨とする不敬罪容疑の治安維持法違反であった。近代日本の典型的な宗教弾圧といってよい。出口王仁三郎《おにさぶろう》（一八七一―一九四八年）の大本教《おおもと》や中山みき（一七九八―一八八七年）の天理教も同様である。人間のつくる国家の権威や神聖国王による宗教弾圧を真実の証しとして、また勝利のきっかけにして行くということが信仰者にはある。無論、この末法時代の混迷混濁の世の中で、無知の善男善女をだまし、その財産ばかりか生き甲斐と生命をすら収奪してしまう内外のインチキ犯罪「狂信徒」への社会的な規制と制圧は、話が別である。

イエス・キリストも、ユダヤ教多数派とローマ帝国とから弾圧を受け、そして結局は信仰の勝利を得て復活をする。ネロ皇帝による大虐殺すら、そのこと自体が信仰の証しとなる。あるいは十六、十七世紀に日本のキリシタンが国王の秀吉や徳川三代によって大弾圧を受けたが、そのこと自体がやはり信仰の証しとなるのである。そこで殉教したことが信仰の勝利となるのである。これらは日本的霊性の普通の人々からみると、何故、国家国王にまで反抗して死に急ぐのであろうか。国法と治安当局にわびを入れて転びます、信仰は捨てたと、ともかくその場だけでも嘘をつけばよいものを、と思うであろう。が、信仰者は弾圧者の前で、信仰は決してやめないと毅然と言う。無思想・無理念で、その時々の国法と多数派に従うばかりの傍観者民衆はもとより、弾圧者側の方が驚いてしまうほどである。

だから、法然・親鸞らの「流罪記録」を一般的にみれば奇異に思われるかもしれない。これらの記録は、いわば信仰の証し、勝利宣言として唯円はきちんと末尾に記したのであろう。そして本願寺第八代で政治的マインドの傑出した蓮如（一四一五―一四九九年）すらも、これらを削らなかった。もし、国家国王に罰を与えられたことが恥ずべきことをすれば、削除しても良いところだが、これらの流罪記録は勝利の証しでもあることから、親鸞の直系血族であり『歎異抄』に感動しているほどの蓮如は、しっかりと写し、書き残したのだった。

私たちが、信仰の世界、思想の世界あるいは信仰者、思想家のありようを研究する時には、相手の立場に入りこまなければ、理解がなかなかできないであろう。のめりこむようであるから多少、危険を伴うことではあるが。ある信仰者の内に入るということは、大変な冒険である。相手はオーラを発しているし、いい加減な人ではないので。法然にしても親鸞にしても、へたに接近すると信仰の炎に燃されてしまう。言い過ぎを怖れずにいえば、私たちがよほど「ずる」賢く、逃げ足が早いか、あるいはあまり誠実ではないか、いい加減にしないと信心の世界に入りこむ「おそれ」がある。だから流罪記録は、ある意味では「こわい」ことでもある。

この信仰を選び取った人は、信仰の世界で幸せになるなど単純なものとは思っていない。信仰すれば身体がよくなる、病気が治る、財産がもらえる、持ち株が値上がる、出世はする、よい異性に出会える万々歳というような信仰であれば、誰でも信仰者となりたい筈である。しかし、そうではないということを、この流罪記録は示している。だから、これが信仰の大切な証しとなるのである。

「藤井元彦男云々」の「男」というのは蔑称である。

中国のあの忌わしい、二十世紀の奇行愚行の文化大革命の時、党と国家の最高幹部を貶める時に、名前を逆さまにしたり、音が同じでも悪いイメージのものに変えて名前を張り出したりした。これは東洋人の悪しき伝統なのであろう。日本でも一九六〇~七〇年代の大学紛争拡散期に、浄土真宗がもっぱら被差別部落民の人々の信仰の世話を担当していた時代の「つけ」がまわってきてしまった。どの宗派でも戒名問題が生じた。戒名の中に「痴」「畜」「狗」「愚」などの文字が入っていたのである。十五、六年間も論議が続いた。表面を糊塗して美辞麗句で綴り、現代日本には差別はもはやない、などと国際社会をはぐらかしていた日本外交官や日本仏教界の最高幹部たちは、国連諸機関での鋭い批判に耐えきれず、差別の真実を告白せざるを得なく追い込まれてしまう。問題の墓碑を地下室に埋めてしまうような仕儀で解決する場合も出てきた。「藤井元彦男」というのも、ある種の下郎としての呼び名である。僧侶として認めず還俗させた上で罪人とする。七十六歳にもなる法然上人のような長老を、このような扱いにするのである。

弟子・親鸞自身も「禿」とされ非僧となり、カブロ髪の蔑称を受けたのを居直り、「愚禿」と名乗りはじめる。そもそも出家とは、家庭を離脱し、家を出て、厳しい戒律の下で僧尼になることである。すなわち姿態形好をこわし、人間情愛と俗事の係縛を脱却して、専心仏道を修めることである。すくなくとも形式的にはそうであった。親鸞は、それをかなぐり捨てたのである。

「無動寺」というのは比叡山東塔にある慈円住持の寺である。「善題」というのは、前代座主を憚ってという意である。慈円はもともとは藤原本家の主流派であるが、後鳥羽上皇からその対鎌倉への公正なマインドを嫌われて、天台座主の座を外される。後鳥羽上皇は反鎌倉で凝り固まっていたから、着々と武装闘争を準備しているわけだが、兄の関白、九条兼実と弟の慈円は、鎌倉と和解したいという公武合体派であるので、後鳥羽上皇からすれば、面白くない存在であった。第二章でふれたように、関東武士は無教養で乱暴者ではあるが、彼らがこれからの時代を担っていくのであるから、我々京都の貴族は彼らに協力せざるを得ない。これは耐えなければならない時代の流れであるから致し方ない、と言っているのが慈円と九条兼実である。

建仁二年一月、兼実は法然により剃髪をして出家し、円証と名をいただく。それほどまでに、法然は兼実から心服を受けた。法然の著作『選択本願念仏集』は前述のように、兼実による専修念仏信仰の基軸となる教えを記載していただきたいという強い希望から、法然が記したものである。

「幸西成覚房、善恵房二人」が貴族出身の知識人ということもあり、兼実らがなんとか刑を軽くしようとしたことも恐らくあったであろう。幸西（一一六三―一二四七年）は行空法本房とともに一念義という異説を唱え師から破門されていた。壱岐に配流。幸西は華厳、天台の教理を取り入れ、凡夫の信心が仏智と相応してしまえば往生できるから多念の念仏を不要とした。これに対し天台学僧・隆寛（一一四八―一二二七年）は、百万遍のごとき生涯の念仏を唱える多念義を唱道していた。奥州配流（実際は相州）となる。後者は久我内大臣の養子で、のち浄土宗西山派（善恵房証空（一一七七―一二四七年）の門派、諸行不生義を唱え、主流の鎮西派（聖光房弁阿（一一六二―一二三八年）の門流、諸行往生論）に対峙した。禅林寺（永観堂）、光明寺、誓願寺の三派あり）の祖となる。

審判処刑担当者であった「二位法印尊長」とは法勝寺（白河天皇御願寺、院政期に盛んな六勝寺の雄）執行であり、後鳥羽上皇の懐刀のような存在で、頭のきれる政治坊主であった。本来関東派であるべき血脈だが、主人の後鳥羽上皇の立場からアンチ関東の急先鋒となっていた人物である。「二位法印」とは、父・一条能保（一一四七―一一九七年、頼朝の義弟、仏門に入って入道と称す）が正二位権中納言になっていたからということからであろう。前述のように逐電して潜伏したが、結局自殺した。

「外記庁納云々」「外記庁」とは、太政官所属で叙任の公事記録をとっているところである。そこにも証拠記録が残されていると、ここでは念を押して述べられている。これは念仏者のすごいところである。公けの記録に遠流になった事実が残されているということを何故わざわざ述べるのかということは、先に言及しておいた。

三　信仰の要旨

摂取不捨の救い

では、まず第一章から具体的に読み進めて行くこととする。

歎異抄第一章

一　弥陀《みだ》の誓願不思議に助けられまいらせて、往生をばとぐるなりと信じて、念仏申さんと思いたつこころのおこるとき、すなわち摂取不捨《せっしゅふしゃ》の利益《りやく》にあずけしめ給うなり。弥陀の本願には、老少善悪の人をえらばれず、ただ信心を要とすとしるべし。そのゆえは、罪悪深重《じんじゅう》、煩悩熾盛《しせい》の衆生《しゅじょう》をたすけんがための願《がん》にてまします。しかれば本願を信ぜんには、他の善も要にあらず、念仏にまさるべき善なきゆえに、悪をも恐るべからず、弥陀の本願をさまたぐるほどの悪なきがゆえにと、云々。

この最初の文章が専修念仏信仰の本質である。阿弥陀仏の四十八願の中の第十八誓願の不思議のパワー、何ともいえぬ猛烈なエネルギーによって、どんなに「罪悪深重」の悪人であっても、往生することができる。「煩悩」の激しく盛んな罪人も極楽へ救いとられると信じて、「念仏申さんと思いたつこころのおこるとき」には必ず救われる。捨てられることはない。「摂取不捨の利益にあずけしめ給うなり」。「本願の御慈悲のほどを聴聞して、さらば念仏申して御助けにあづかろうぞと思い立った一念に、はや往生は定まる」（『新撰即席談』以下同様）。この信仰が絶対信仰である。それを親鸞がおっしゃっているのだと、まず唯円は私たちを励ましている。

「夜があけたらば是非とも日が暮れる。日がくれたれば是非とも夜があける」。「それと同じ正確さで仏は衆生に約束なされたのであった。衆生往生せずば、我も正覚は取らぬぞと、我等に向て堅い御約束をなされた（阿弥陀仏の）不取正覚の一言、虚しからず。この大慈大悲の本願力に引き立てられて、在座の面々が生死長夜の迷いの夜が明けて、御助け候えと一念帰命の信心の暁に、是非とも至らねばならぬように御手まわし下さるる他力不思議を御知らせ下されし」たのであった。

弥陀の誓願不思議に助けられまいらせて、往生をばとぐるなりと信じて、念仏申さんと思いたつこころのおこるとき、すなわち摂取不捨の利益にあずけしめ給うなり。

この言葉が『歎異抄』全体の核心であり、専修念仏信仰のエッセンスである。阿弥陀仏の救いは、善悪智愚貴賤のどんな人をも捨てない。「我名を称うる者を必ず助くるぞとある」を信じて専修念仏をする者は、すべて救ってもらえるという信仰である。

以上が専修念仏の信仰の本質であり、これをまず最初に掲げている。「弥陀の本願には、老少善悪の人をえらばれず」。阿弥陀仏の第十八番の本願の救いは、歳をとった訳知りの経験者であろうが何も知らぬ若者であろうが、善人だろうが悪人だろうが、人を選ばない。誰に見せても呑み込めぬ、誰にいっても了承できないほどの「罪悪深重、煩悩熾盛の衆生」を助けようとなさるのが阿弥陀仏の本願である。良い人だから救われ、悪人だからと見捨てられたり、救いの順番を遅らされ、救命ボートに乗せてもらえないというようなことは、一切ない。「十方衆生の中でも善人よりは悪人、出家よりは在家、男子よりは女人、罪の重いものほど大切に思召すによって（阿弥陀仏は）正客と待ち受け給う」のである。

「ただ信心を要とすとしるべし」。信心のみである、信心を本としたもう、というのが、専修念仏の法然上人が唱道された浄土の真宗の、日本における決定的な信仰宣言なのである。

「そのゆえは、罪悪深重、煩悩熾盛の衆生をたすけんがための願にてまします」。

顔も形も仏の御姿に似かよった人間と生れながらも、私共人間の罪というものは、ちょっとやそっとのものではないのだが、その悪人の罪業にしてからが、必ず救い取ってくださる。「たとい罪業は深重なりとも必ず弥陀如来は救いましますべし」。

「しかれば本願を信ぜんには、他の善も要にあらず。念仏にまさるべき善なきゆえに、悪をも恐るべからず、弥陀の本願をさまたぐるほどの悪なきがゆえにと、云々」。

いかなる程度の悪人で犯罪や悪業を犯した人でも、阿弥陀仏の絶対的巨大エネルギー（本願力）の源の光の前では全部とかされて、救いとられてしまうのである。「いかなる者でも御洩しなく残らず御助けなさるる故に……五逆十悪のものも、五障三従の女人も、決定御助に疑わないほどに……他力を知らぬ者は自身の罪業に畏縮して、此様な者が……助からりょうぞと思えば、年の寄るに従いて何になく力なく、行末を案じたに、今、聖人善知識の御勧化に由りて、他力往生の御ことわりを聴聞したれば、たちまち自力根生の闇がはれて、御助一定あらとうとやと、夜の明けたように往生を安堵させて下された」と。こういうような絶対信仰である。親鸞上人は、凡夫のこの信仰心を暁光にたとえられた（教行信証、正信偈）。「阿弥陀如来の無上仏智の日輪の光が、我等が胸の無明煩悩の黒闇の内へさし入らせられた」。「我等が迷いの夜が明けて、往生の暁に至る」。「日輪いまだ出ぬさき……から、はや東が白らんで明るくなる」。こうして早くも「生死の迷いの雲は霽れて、往生一定の夜明けになった」のである。

この第一章が、専修念仏信仰で一番大切な章である。

勿論、そういうことではあるのだが、通常の俗界の考え方では、この専修念仏の信仰の本質（他力）は、理解しがたいであろう。通常私たちは、よりよい行ない（自力）を目指すものであり、その功徳と苦辛に対して神仏がよい評価を下さるのではないか、と思っている。この点が、専修念仏とまったく異なる。「難行自力の行者は、阿弥陀如来の御慈悲に背いていいるによって……（その）御意に適って」いないのである。

宮沢賢治の信仰心

この他力本願の専修念仏信仰でもっとも大事な指摘の箇所については、明治末に宮沢賢治少年も気付いていたことを、ここで附記しておこう。

一九一二年十一月三日、当時十六歳で県立盛岡中学校（旧制）在学中の宮沢賢治は、学校の寄宿舎から花巻の地方豪商の父、政次郎宛の手紙を認めている。

謹啓、小生益々《ますます》頑健、他事ながら御安心下され度候……多分この手紙を御覧候はば、近頃は随分生意気になれりと仰せられ候はん。又多分は小生の今年三月より文学的なる書を求め、可成《かなり》大きな顔をして歌など作るを御とがめの事と存じ申し候。又そろそろ父上には小生の主義などの危き方に行かぬやう危険思想などはいだかぬやうと御心配のことと存じ申し候。

御心配無用に候。小生はすでに道を得候。歎異抄の第一頁を以て小生の全信仰と致し候。もし尽《ことごと》くを小生のものとなし得ずとするも、八分迄は得会《えとく》申し候。念仏も唱へ居り候。仏の御前には命をも落すべき準備充分に候……

私の身体は仏様の与へられた身体にて候。同時に君《きみ》の身体にて候。社会の身体にて候……充分御安心下され度……

宮沢政次郎は田舎大尽の質屋で町会議員になるなど花巻の有力商人であったが、商売熱心の上に地元仏教会の指導者で、浄土真宗の篤信家であった。すでに明治三十年代から『歎異抄』普及に功績のある暁烏《あけがらす》敏《はや》（一八七七—一九五四年）を呼んで講演会を開いたりした。その際には手伝いを賢治がしたという。質屋帳場の留守手伝いに辟易し、「貧乏人いじめ」になるような職業に嫌悪して商人道に徹する父と対立した賢治であったが、歎異抄の世界には、まっすぐに入れたようである。

『歎異抄』第一頁とは、いま私たちが読んできた第一章の信仰宣言の箇所であろう。暁烏や父の教導もあったろうが、賢治は真一文字にすっと『歎異抄』全十八章のさわり、専修念仏信仰、本願他力信心の核心を覚っていたということであろうか。人びとのために、世の中のために、おのれの仏性《ぶっしょう》の器を役立てる道を前進しようとする中学生の賢治であったが、外には都市と農村に貧富格差が顕在化し、近代日本の社会矛盾が露呈し国難は爆発、幸徳秋水（一八七一—一九一一年、大逆事件にて死刑）派弾圧の闇黒がおおっていたのであった。

「主義」はイズムであり、西欧風の社会改良や政治革命の思想のことで、明治末にもっとも恐れられた。「危険思想」云々といって、父親をなかばからかいながらいるところなど、早熟な賢治の心象風景の躍如たるものがあろう。

青壮年期になって窮乏農村青少年の教師としてばかりか、貧農小作人の農業経営への助言者として死力を尽す賢治が、そのたましいの形成を歎異抄と法華経から汲み出したことは、私たち歎異抄学習者にとっても、忘れることのできない貴重な存在であろう。

学問不要、念仏あるべし
歎異抄第二章

一　おのおの十余ヶ国の境をこえて、身命《しんみょう》をかえりみずして、たずねきたらしめ給う御こころざし、ひとえに往生極楽のみちを問いきかんがためなり。しかるに、念仏よりほかに往生のみちをも存知し、また法文《ほうもん》等をも知りたるらんと、こころにくくおぼしめしておわしましてはんべらんは、おおきなるあやまりなり。もししからば、南都北嶺にも、ゆゆしき学生《がくしょう》たち、おおく座《おわ》せられて候なれば、かのひとびとにも会いたてまつりて、往生の要よくよくきかるべきなり。親鸞におきては、ただ念仏して弥陀に助けられ参らすべしと、よき人の仰せをかぶりて、信ずるほかに別の子細なきなり。念仏は、まことに浄土に生まるる種にてやはんべるらん、また地獄に堕《お》つべき業にてやはんべるらん、総じてもって存知せざるなり。たとい法然聖人にすかされ参らせて、念仏して地獄に堕ちたりとも、さらに後悔すべからず候。そのゆえは、自余《じよ》の行《ぎょう》を励みて仏になるべかりける身が、念仏を申して地獄にも堕ちて候らわばこそ、すかされたてまつりてという後悔も候らわめ、いずれの行も及びがたき身なれば、とても地獄は一定《いちじょう》すみかぞかし。弥陀の本願まことにおわしまさば、釈尊の説教、虚言なるべからず。仏説まことにおわしまさば、善導の御釈《おんしゃく》、虚言《きょごん》し給うべからず。善導の御釈まことならば、法然の仰せ、そらごとならんや。法然の仰せ、まことならば、親鸞が申す旨、またもってむなしかるべからず候か。詮《せん》ずるところ愚身の信心におきては、かくのごとし。このうえは、念仏をとりて信じたてまつらんとも、また捨てんとも、面々の御はからいなりと、云々。

親鸞上人の弟子へのはげましと感謝の気持ちが、よく表われている文章である。親鸞上人が、やさしく丁寧に、北関東から来た弟子たちに対して、皆さんはこの私に宗教の学問を深く知り尽くした高僧として妙な期待をしているようだがそれは違うのだ、ということを述べる。第二章は第一章とは明らかに相違がみられる。第一章は専修念仏信仰のエッセンスをテキスト的に要約したものである。唯円が、自分たちの信仰の精髄としてまとめたのであろう。第二章は、一面ではやさしく諭すように御自身の信仰についての描写がなされているのである。法然上人のお言葉のおっしゃる通りの信仰を持つ以外に道はないと。はぐらかしのようだが、たとえ法然上人にだまされて、学問研修や善行もしないで念仏だけをする。聖道門の難行、苦行もしない、それで地獄へ堕ちたとしてもかまわない。後悔しない。どんな修業も及びもつかない身としては、もともと地獄こそが私の行きつく先、住みかなのだからと。

第二章の「よきひと」とは、親鸞の師匠、法然上人のことである。「信ずるほかに別の子細なきなり」とは法然の教えを信じるしかないというのである。「救いの道を虚言したまうべからず」といわれる善導（六一三—六八一年）とは、称名念仏を強く提唱し、浄土教を実際に開創し大成させ、民衆に大きく布教した中国唐代の高僧で、山西省交城県西北の石壁山中の名刹、玄中寺に居住した。玄中寺は四七二年創建であるが、北魏の曇鸞《どんらん》（四七六—五四二年）による浄土宗発現地である。九〇年代に入って、私は西嶋定生博士の先導の下で訪問、その急峻な山峡の深山のたたずまいと、周辺気象の恐ろしいばかりの激しい急変の中で、法然・親鸞両上人が夢想・幻視すらした玄中寺境内を散策し、ひとり感動していた。十歳で出家した曇鸞は一時神仙《しんせん》方術に凝ったが、のち六世紀初めに中国へ入ったインド僧菩提《ぼだい》流支《るし》（仏教経典百余巻の翻訳あり）に会い、『観無量寿経』を授かり、専修念仏に転向した。浄土宗の理論的基礎を構築した。「神鸞」と尊称されたというが、私たち親鸞尊崇者からみてもその著『往生論注』が浄土信仰第一の書として注目される。のち隋唐時代にいたって唐大宗も玄中寺を訪ねて参詣したほどの道綽（五六二—六四五年）とその弟子善導が、ここを根拠地に浄土念仏信仰を宣教した。

信者たちを突き放す親鸞の言

第二章からうかがえることは、北関東から勇んで上洛してきた信者たちが、親鸞から他力宗、専修念仏のエッセンスや信仰の証明への講釈を願ったのであろう。田舎の道場へこれから戻って、帰りを待ち望んでいる皆の同朋に説明する上で、参考になるような大切な証しをしてもらいたいと頼んだものと思われる。しかし親鸞は、そのような有難い高尚な話を詳しく知りたいのであれば、「南都北嶺」興福寺や東大寺、延暦寺などへ行って勉強をされたらいかがですか、と皮肉めいた突き放しをするのである。「よき人」法然上人は、強盗犯人から弟子になった天野四郎（教阿弥陀仏）に対して、くれぐれも

念仏には甚深の義ということなし。念仏申すものは、かならず往生すと知るばかりなり。いかなる智者、学生なりとも、宗にあらざらん甚深の義をば、いかでか作り出していうべき。ゆめゆめ、甚深の義あるらんと、ゆかしく思わるべからず。

と御詞を給わっているのである。

学問などを深く進めれば正しい信仰がつかめる、と思われるのか。そのようなことはない。法然上人がおっしゃっているではないか。たとえ私は法然上人にだまされているのだとしても私は法然上人に従う。法然上人も善導にだまされても良いから善導に従ったのである。その確信と信頼の信仰相承から成り立っているこの信仰の中で、「念仏をとりて信じたてまつらんとも」あなた方の自由である。興福寺へお参りに行ったり、延暦寺で勉強するのも、無駄ではあろうが、それはあなた方の自由である。と親鸞は北関東からわざわざ上洛してきた信者たちへ言う。このことは北関東からきた信者たちにとってみれば、かなりショックで深く心に刻まれたであろう。なによりも、若き唯円にとって、はるばると種々の危険と苦難を克服して上洛したあげくに、引きつけながら突き放す親鸞の言説言動におどろきもし、強い衝撃を受けたことだろう。一生涯の刻印となった。このエピソードを第二章に置いた理由は、自己の信仰経験上の重要性と信仰本質上の大切さがこめられていることにあろう。

たしかに、自分自身の恐るべき罪の身であり、まったく無力の存在であることの自覚が生れたならば、自らの罪を忘れて他人の咎を責めることなどできるわけもない。僅かの才能、学解を誇って、我は善人、彼は悪人などと、澄まし顔して居直ることなどできないだろう。学問や功徳を積み上げ、賢善精進して、道徳的な修養を完成させる自力の智者などに成りきることなどできるわけがない。いわんや生・老・病・死の四苦を自力で克服して即身成仏などすることは、できないのである。

人生はすべて煩悩具足の苦海であり、この末法の時代にあって、いわば奈落の底に沈淪しているかのような私たち「罪人」「下智」「悪人」「破戒」の人間存在にとっては、自己を無にして他力本願の道にただただ、よりすがるしかないのであろう。

「浄土宗の人は愚者になりて往生す」と弟子たちに繰り返し教え込んでいた法然上人は、「文沙汰《ふみざた》してさかしらを構える智者を遠離すべし。たとえ百万の法蔵を知っても、後世を知るを智者とす」と念を押しているくらいである。

親鸞上人は、ここに立っているのである。

四　法然をめぐる人々

法然人脈

「法然をめぐる人物・信仰相関図」を参照されたい。第一章と第二章における法然上人と親鸞上人の師弟関係を見定めつつ、偉大なる法然的信仰世界の全体像を鳥瞰しておきたい。

中心に法然上人が光り輝いている。右側に小さく親鸞上人が見える。北関東道場の面授の門弟群が連なる。親鸞上人と直接お会いできて弟子となった人が、道場をもち同朋集団を結成している。これが親鸞上人のサークルである。

親鸞上人はいわば法然直参の弟子なのである。

法然上人の直参の弟子の、一番せまい中核サークルには一九〇名が属している。この数の正統性の証拠として、先述の一二〇四年、元久元年十一月七日から九日までの間に、百九十名の弟子が起請文に署名したことがあげられる。

これらの弟子たちが、おのおの自分の周りで念仏道場を開く。それらがやがて全国各地の浄土宗諸派寺院となるのである。

法然直参の弟子の第一の特徴として、貴族顕官の子弟出身者が多く見られることがあげられる。このことは当時の古代貴族社会の出世、栄華、富貴のむなしさと、古代皇族貴族御用の既成仏教の自力信仰の混迷を証明している。古代貴族の構成員にとって、出世と没落による人間関係の不安定や、人生上の行き詰まりがあると、やたらと都合のよい加持祈禱に頼るところがある。しかし既成の聖道門の自力信仰では、どうしようもなく、頼れない。こうして上級貴族の息子たちが法然のもとへ駆けつけ、信者になったのである。このことにより法然は、延暦寺や興福寺や東大寺、園城寺などのような古代仏教の最高の寺院から警戒された。信仰の中身よりも、まずは古代貴族、高位顕官の貴族階級に属する者が信者になったからである。

法然上人の人脈の第二の特徴として、聖道門からの転向者である専門僧侶覚悟者が多いということがいえる。法然上人が著名僧侶となる機会を作った一一八六年の大原問答を設営した顕信（一一三〇―一一九二年）は、その一人である。法然と同じ美作の出身（藤原顕能息）で、叡山で顕密の教学を修し、四十歳過ぎに洛北大原に隠棲してしまった人である。信仰心に沈潜し、天台座主という日本仏教界最高の顕職をも拒否したことで知られる。明禅法師（一一六六―一二四二年、参議藤原成頼息）や、明遍僧都（一一四二―一二二四年、信西藤原通憲息）らも同じような専修念仏者であった。これに対して明恵（一一七三―一二三二年）、貞慶（一一五五―一二一二年）、聖覚（一一六七―一二三五年）、重源（一一二一―一二〇六年）らは大原問答あるいは東大寺の講義で、法然上人に諄々と説得され、いったんは入門するの

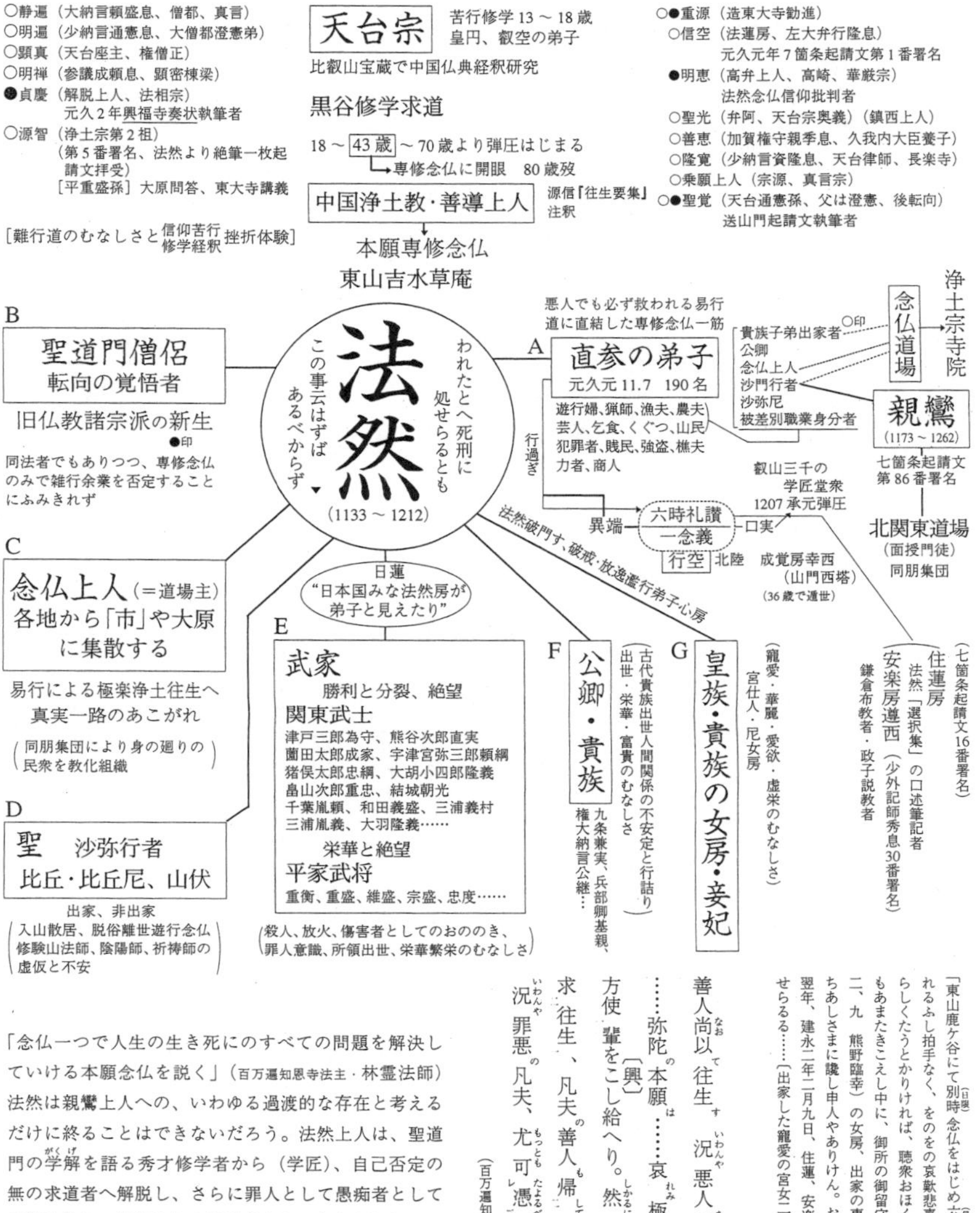

「東山鹿ケ谷にて別時（日課）念仏をはじめ六時（昼夜）礼讃をつとむ。さだまれるふし拍手なく、をのをの哀歎悲喜の音曲をなすさま、めづらしくたうとかりければ、聴衆おほくあつまりて、発心する人もあまたきこえし中に、御所の御留守（御鳥羽院、建永元、十二、九　熊野臨幸）の女房、出家の事ありける程に、還幸ののちあしさまに讒し申人やありけん。おほきに逆鱗ありつ。翌年、建永二年二月九日、住蓮、安楽を庭上にめされて、罪（死罪）せらるる……（出家した寵愛の宮女二人は自殺）

『法然上人伝記』

善人尚《なお》以《て》往生《す》、況《いわんや》悪人乎事《をやのこと》、口伝有《くでんこれあり》之……弥陀《の》本願《は》……哀《れみ》極悪重人《が》無《の》他方便【興】、輩をこし給へり。然《しかるに》二賢聖《も》付之、求往生、凡夫《の》善人《も》帰《して》此願《に》得往生《を》。況《いわんや》罪悪《の》凡夫、尤《もっとも》可憑《たよるべき》此他力

（百万遍知恩寺蔵『法然上人伝記』）

「念仏一つで人生の生き死にのすべての問題を解決していける本願念仏を説く」（百万遍知恩寺法主・林霊法師）法然は親鸞上人への、いわゆる過渡的な存在と考えるだけに終ることはできないだろう。法然上人は、聖道門の学解《がくげ》を語る秀才修学者から（学匠）、自己否定の無の求道者へ解脱し、さらに罪人として愚痴者として専修念仏にて救済される教化者として生かされた。

斎藤　博

法然をめぐる人物・信仰相関図

であるが、中途半端に自力他力をとりまぜて退き、旧仏教諸宗派にもどった者や、法然の教えを自分たちの宗派にとりこみ新生させようという部分改革の反他力念仏派に転じていく。聖道門僧侶たちは、法然上人の同朋者となるが専修念仏になりきれず、雑行余業を否定することには踏み切れない。

つまりこのことは、法然上人が旧仏教へも大きな衝撃的影響を与えていると言えるのである。

第三の特徴として、全国の「市《いち》」のある所や、大原に集散してくる念仏上人と呼ばれる者が、法然上人の信仰人脈に結びついているということがあげられる。これらの人々は自分の行動範囲のフィールドに道場をもっていて、同朋《どうぼう》集団を集め、身の廻りの民衆を教化している。それらの者が絶えざる行き過ぎと動揺を通過しつつ、法然にひきつけられていったのである。彼らが、法然上人の専修念仏に魅力を感じた点は、易行による極楽浄土往生という即決性の絶対救済が、混迷する末法の時代社会にもっとも適合的だということにあるのであろう。

第四に、聖《ひじり》、沙弥《しゃみ》行者、比丘《びく》などが人脈としてあげられる。彼らは大原や全国各地に散在し、あるいは山に入り一人暮しの祈禱と思索をしたり、脱俗離世、あるいは遊行《ゆぎょう》をして市から市を布教して歩きなどしたりして、一見、世をすねたようにも見られる。この中には有名な鴨長明も含まれる。陰陽師《おんみょうじ》、祈禱師、修験《しゅげん》山法師らも同種とみてよい。彼らは自分たちの野放図で、無規律で、半分手前勝手な脱線とあやしげな行き過ぎから転向して参加するのである。

第五の人脈は武士である。まずは平家。例の大将軍平重衡は、興福寺、東大寺、大仏殿を焼き払うが、これは政治行為として正当性がないわけではない。当時のいわば天皇陛下後白河法皇と、当時のいわゆる総理大臣である父親の清盛の命令で、内乱共鳴者を退治征伐するために南都興福寺へ向ったのである。興福寺側が、重衡が派遣した丸腰の使節団をたたき切ったことから、止むを得ず懲罰の戦争状態になる。しかも真冬の十二月末、大風にあおられて、火災が発生、たちまち南へ吹き抜けて大火になってしまった。

これを奇貨とした源氏と暗躍もっぱらの後白河法皇に利用され、重衡は、国賊、仏敵、朝敵として追及されることとなるのである。一の谷合戦で捕われ、鎌倉まで引き回しの上、大和で斬首の前に、罪人として目覚めつつ、阿弥陀仏の救いを求めて、法然の教えに入りこむ。不運の武将たち、維盛、宗盛、忠盛も法然上人の信仰に従うこととなる。

他方、関東武士は、津戸、熊谷直実、園田、宇津宮、猪俣、大羽、畠山、結城、千葉、和田、三浦といった東国地付の鎌倉武士の代表的な名族、豪族の中から、法然上人の信仰に続々と入るのである。

以上、平家も関東武士も共に殺人、放火、傷害加害の専門家であることが、入門のいわれである。華麗な武功顕著な勇者の真の中身は、実は殺人者である真相に、おののき出す。罪人意識をもつに至る。所領、出世、栄華のむなしさも、怖ろしい戦闘行為のあいまに感じていたので、後生助かりを願って法然に従うようになる。

上皇の妃妾と信徒

第六の人脈は、皇族貴族の妃妾、女房である。彼女らは美麗と華美に包まれた虚構を満喫していたのだが、ちょっとした挫折や不満が爆発すると、たちまち寵愛、虚栄、愛欲のむなしさに気づき、法然上人のもとへ参る。住蓮房や安楽房は法然門弟四人の死刑人のうちの二人である。後鳥羽上皇が熊野三山へ御幸されている間に、その寵愛していた二人の女人を、彼らのすばらしい南無阿弥陀仏の声明詠唱がほれこませたからであるという。

第二章五節で述べたように、住蓮房は良声で念仏を唱えることで知られていたし、安楽房は美男子で、美声の持ち主であった。絶対救済の祈りの「定まれる節《ふし》、拍子《ひょうし》もなく哀歎悲喜の音曲をなすさま、めづらしくたうとかりければ、……御所の御留守の女房、出家の事ありける程に」とある。むろん、後難を怖れて尼出家を止めたが、彼女らは極楽往生を選択して、尼になってしまった。女としてのむなしさに気づき、後鳥羽上皇の愛人たちが飛び出したのである。

安楽房は宮廷貴族の息子で、師の法然上人からも学問知識と説教力を評価されて、鎌倉へ派遣され布教をしたり、北条政子をも一時、念仏衆中に引っ張ってきたりもしたほどである。文章も達者なので、法然の『選択本願念仏集』

の最初の部分の口述筆記者の一人である。元久元年、法然教戒七箇条起請文にも三十人目に署名をしている。

さて、後鳥羽上皇は「還幸ののち、あしざまに……逆鱗あり」。上皇はさぞ憤ったことであろう。自分の愛する女人が留守の内にたぶらかされ、寝取られたと思ったのである。当時の風聞資料では、住蓮房と安楽房が上皇の両愛人と深い関係にあったという尾鰭のついた、現代日本の週刊誌かスポーツ新聞のスキャンダル記事まがいの記述までもが残っている。そのことを面罵され問いただされた二人は、後鳥羽上皇に、不正義で反仏の国王の栄華は続かない、必ず滅びると予言したという。こうして師である法然上人までもが罰せられることとなる。先述のように九条兼実が必死で庇うが、遠流の場所を多少近くにすることくらいの計らいしか、とることが出来なかった。その責任を感じたためか、その後すぐに亡くなってしまった。二人の女人も自殺する。

以上、法然上人の厖大なる人脈を詳細に見てきたわけだが、この人脈の大きさに、さすがの日蓮（一二二二―一二八二年）も、

「日本国、みな法然房が弟子と見えたり」

と、事実を認めたような言葉を残しているくらいである。そしてその末端に私たちの親鸞上人もいらしたわけである。

この法然上人人物相関図を見ていてわかるように、「念仏一つで人生の生き死にのすべての問題を解決していける本願念仏を説く」（百万遍知恩寺法主《ほっす》・林霊法）法然は、「親鸞上人へのいわゆる過渡的な存在と考えるだけに終ることはできないだろう」。

法然の再認識

『歎異抄』に全人的にほれこんでいる私たちは、うっかりすると、法然のことを、親鸞を考える上での前段階の存在としか捉えない懼れがある。私の思いを正直に告白すると、親鸞の師である法然を、イエスの救いの先駆である荒野

に叫ぶ洗者聖ヨハネのごとくに、足もとにも及ばない存在として軽んじてはならないのである。親鸞自身も、決して師を少しでも軽んずるようなことはなかった。その証拠に、『歎異抄』の中で、法然の言葉や教えを十五回も登場させていることからもわかるであろう。くれぐれも法然上人を、親鸞上人を語る上での過渡的存在としてはならないのである。

「法然上人は聖道門の学解《がくげ》を語る秀才学匠としての自分を自己否定し、無の求道者へ解脱し、さらに罪人として愚痴者として、専修念仏のみにて救済される教化者として生かされる信仰者であった」と私は考える。

法然上人の信仰確信は、

「われたとえ死刑に処せらるとも、この事云わずはあるべからず」。

つまり専修念仏の信仰を宣教し普及させることで死刑に処せられることになっても、信仰確信を言わずにはいられないという信念を持っていたのである。その確信のすごさに、聖道門の僧侶らは圧倒されてしまう。難行道のむなしさ、古代国家の公認仏教の無常を深く味わい、その苦行と修学への挫折を感じた、いわば良識派の、敏感な僧侶たちが法然上人に引き込まれていったのである。学力においても法然は聖道門の第一級の僧侶らに劣ってはいなかった。むしろ聖道門中のトップにいたほどに一切経についても学んでいたのである。そのような存在だからこそ、聖道門の僧侶らは法然に引かれたのだった。誇大感覚で自己評価の高い自信家である日蓮でさえも嫉妬した、という先ほどの話も理解できよう。

私たちは、その法然上人の一端にいる親鸞上人が、師の言葉を真摯に受け止め、北関東民衆のたましいの中で発展させた経過と真実を学ぼうとしているわけである。

注目すべきことに、法然の信仰にひかれていった者として被差別職業身分者がいる。遊行女婦、猟師、漁夫、農夫、力者《りきしゃ》、芸人、乞食、くぐつ、山民、樵夫《きこり》、行商人、犯罪者、屠者、賤民、悪人らがそれにあたる。それと同様のようなことが、特殊的に北関東の地域社会との関わりで親鸞にも言えたのである。それらのことについては、『歎異抄』（第十三章）に残されていることからも伺い知ることができる。被差別職業身分者こそ、当時の時代と社会の「悪人」であり「罪人」であるという信仰確信から、第一番手に救われなければならないとした。あるいは面相顔付や身体の障害や弱点、疵の痕跡や一見の醜悪などで、それを苦に世間を畏縮している人々こそ、阿弥陀仏より「煩悩するな、案ずるな」と極楽往生への救済の御慈悲を真っ先に賜わることができるのである。阿弥陀仏の本願は、そのような人たちのためにこそあるのだということで、さらに彼らの現実のたましい救済を通じて、信仰革命につらなる展開が深まることとなる。

実は親鸞上人だけでなく「善人なお以て往生を遂ぐ、いわんや悪人をや」とは、法然上人も述べたところである。阿弥陀仏が本当にまず最初に救おうとしているのは、「無明淵源の眼病を煩って智恵の目を失い、目は見えず、煩悩悪業の大病を病んで腰が抜けて足は動かず、何とはしょうぞと途方に暮れたは面々の身の上じゃ」といわれざるをえない私たち悪人なのであると、法然上人もおっしゃっていることなのである。

4　法然の信仰

一　信仰の相承

弥陀の本願

前章で見てきたように、『歎異抄』第一章には専修念仏信仰の根本精神が記されている。法然上人の教えを受けとめた親鸞上人の一向徹底の信仰の精髄が、この一章に凝縮されているのである。その基底には、一切の衆生（人間はもとより動物、草木にも、さらには非情の瓦石、河海、大地にも）に、ことごとく仏性（仏になる可能性）あり、という永遠の哲理がある。

そのキイワード「摂取不捨《せっしゅふしゃ》」は、何ものをもおさめとって捨てないことである。限りなく途方もない大きな力の助けによってすべての罪人が救われるという信仰の世界がいきなり展開される。「老少善悪のひとを選ばれず」は、この信仰の特徴であり本質である。生、老、病、死、罪、福そして因縁という七種類の人生経験を決してのがれることのできない私たちである。その「罪悪深重、煩悩熾盛の衆生を助けんがため」の阿弥陀仏の本願である。どのような罪人をも助けとってしまうのが、この阿弥陀信仰の専修念仏の称名である。本願とは、阿弥陀仏が私たち人類＝衆生を根本的に救わんがための悲願のことである。阿弥陀仏は一切の衆生を救済しようとして、この誓願をなしたのであった。私たちの信仰は、まさにここから始まり、ここに帰《き》すのである。だから救われるには「他の善も要にあらず、念仏にまさる善」はないからと。「悪をもおそるべからず、弥陀の本願をさまたぐるほどの悪なきがゆえに」といわれるほどに、心を集中して、絶対的な信心のもとに、一心不乱に称名する名号の力は、ものすごい。

しかしまた、この「悪をも恐るべからず」という信仰の力のもつ自信から、行き過ぎの信心が出てくるし、またそれを批判しすぎる逆の行き過ぎも生れてくるのである。第一章にも指摘した通り、唯円の歎きも、ここに発生していたといえよう。

第二章と第三章でみてきたように、法然が結局は破門せざるをえなかった異端というものが浄土宗の宗派に出てくる。先にあげた「法然をめぐる人物・信仰相関図」を再度御覧いただきたい。世俗秩序の破壊も恐れない「放逸」、戒律も恐れない「狂信」ということで、日常的信仰生活と修行を軽視して、臨終時の一声念仏のみを強調する一念義の成覚房幸西などを中心に、北陸方面で法本房行空などが念仏否定の信仰を流布した。この過激な聖道門批判のために、法然の専修念仏の新宗派が南都北嶺（天台宗、真言宗、律宗、法相宗、華厳宗、三論宗など）から難癖を付けられる理由を作ってしまった面があった。そこで法然上人は、浄土宗の人気に嫉妬をしている古代寺社勢力に押された朝廷による弾圧を危惧して、彼らを破門にするのである。

この講義で何度もふれるように、信仰や思想というものは、行き過ぎに陥りやすい。しかしもともと喜、怒、哀、楽や愛、悪、欲のあまりにも人間的な情念に突き動かされることの多い私たちにとっては、実は行き過ぎを恐れていては、真の信仰や鋭い思想は人間の歴史に登場しえないという側面をも指摘せざるをえない。あまりにその内容が中庸でありすぎ、既成のそれに融和的であるなら、新しい生き生きとした信仰、思想は育たないともいえる。法然上人の弟子たちの周辺には、泥海にうごめく無数の極小の生命体のように、多くの胞子植物が増殖しつつあった。それらを育成し、その渦中で苦心して取りまとめつつ、法然上人は国民精神の導きの明星のような光源体となっていたのであったろう。親鸞上人も、無論その光の中に入って行った。

『歎異抄』第二章では、唯円が師・親鸞の言葉を引きながら、信仰伝承の重要性の核心を論じていることが注目される。信仰は思想と同様に師弟伝承を伴う展開によって流布される。信仰や思想は、いわゆる「素人」が概念的に平板に考えるのと、その道の「玄人」が実践者として考えるのとでは大いに異なる。伝承、すなわち誰から教えを受けたのかということが重要になる。学問の世界でも、誰の弟子であるかということが、ある学者の道筋や学風と水準にとって重要な判断基準として扱われるものである。

既成仏教の攻撃

法然上人が南都北嶺から一番強く攻撃を受けたのは、法然の信仰に、学問と信仰の系譜としての師弟相承がないということであった。たしかに法然の叡山での師は叡空という叡山黒谷の聖であった。法然上人が黒谷の書庫に籠り、一切経（仏教聖典の総称、経・律・論と疏・解の文献を含む仏教基本典籍の一大集成）を五度までも読みつづけ、睡眠も惜しむほどに不屈の勉強が出来たのは、師である叡空のお蔭である。師が最低限の衣食住を保障してくれたからである。しかし、結局は師を乗り越えてしまい目覚めた法然は、四十三歳で下山することになる。この辺は前章までにみてきた通りである。後にこの師も法然上人の信仰上の弟子となる。だから法然上人は仏縁の相承がない。あるいは面授の師弟の儀式がない。法然上人の信仰の本当の師は中国の善導大師である。とはいっても、これは書物によって善導に学び、悟ったということにすぎない。これが、先述した一一七五年、承安五年三月十四日の「夜半、叡山黒谷報恩蔵中」にての劇的な信仰開眼である。このことは聖道門の高僧たちには、なんとも証明のつかない法然胸中の内面史であるにすぎない。それが南都北嶺に批判攻撃を受ける点でもある。

法然上人の専修念仏信仰の決定的な弱点は、これである。天台宗の僧侶であることまではいいとしても、浄土宗という新しい宗派を布教するためには、中国で直接、師匠から修行指導を受けて、キリスト教の按手礼にも似た師弟面授の免許皆伝を受けているかどうかということが点検されるのである。通常、中国で仏教学問の修行をすれば、その証拠となるものが必要である。空海（七七四―八三五年）も、免許の証拠品を、その厖大な珍品の仏具、経論とともに将来して帰国し、朝廷へ提出し、審査を受け勅許を得てはじめて、真言宗の創唱者となれたのだった。

宗派の創唱者となるためには、先進仏教国である中国のしかるべき寺院の高僧の弟子となるべく、留学することが肝要である。あるいは中国から渡海来日したところの資格を持った僧侶について修行して面授となる。この二つしか道はない。現に法然より後の臨済宗の栄西（一一四一―一二一五年）は宋へ留学し、禅宗の免許をもらってきている。道元（一二〇〇―一二五三年）も同様、中国へ留学し、朝廷より勅許を得ることができ、新宗派の草創者として曹洞宗を開くことができた。

法然上人は、そのいずれでもない。こういう問題点を親鸞は知っていた。自分たちの集団には浄土宗の開宗免許がその時点では与えられていない、と。このことは、日蓮宗においても同様なことがいえる。日蓮に対する弾圧も、法然、親鸞らと同じ要因で行なわれた。近代日本の学者の研究相承を考えてみても、例えば日本経済史学を学ぶにしても、先進国イギリスかドイツに留学しなければならなかった。私の恩師の野村兼太郎博士（一八九六―一九六〇年）の場合も、英国ケンブリッジでアシュリーやアシュトンの学風を学んで来た。そうでなければ日本経済史の専門家とみなされなかったくらいの時代であった。学問の国際交流という役割だけでなく、そうであった。今でもその雰囲気と気分は残っているだろう。

キリスト教界においても同様のことが指摘されよう。プロテスタント諸派でもアングリカンチャーチ（聖公会）やギリシャ正教（グリークカソリック）でも、牧師や神父、主教になる信仰者はほとんどみな、アメリカかイギリスの母教会神学校に進学し、按手礼を受けている。ローマカトリックでも同じく聖ペトロ以来の使徒伝承の秘跡としての按手による叙階を経てのみ神父（司祭）になりうる。司教、大司教になるような信仰者は壮年期以前に必ずローマの大神学校で学位をとるまで修学して、帰朝するのである。カトリックはもとよりプロテスタント諸派でも、ただ個人的に聖書を愛読した上で覚醒し、自力で神父、牧師を身勝手に名乗ること（独立宣教師）は認められない。

『歎異抄』の第二章にもあるように、親鸞上人はたとえ法然上人にだまされたとしてもいいとしているが、その法然上人の信仰は、阿弥陀仏の人類救済の本願からきている。そもそもインドの釈迦牟尼ゴータマ・シッダルタ（前四六三―三八三年）も阿弥陀仏の本願を悟って仏《ぶつ》（覚者）になった。阿弥陀仏とは、いうなれば、広大無辺の全宇宙体系とあらゆる銀河体系すべてのエネルギーの根源体である。仏教とは、その無限大の力と無際限の光を、歴史的存在としての釈迦牟尼が悟ったという考えの信仰体系である。

その釈尊の説教を受けて、まずはインドでさまざまな人々が弟子門下に加わり、中国に伝えられ、最後に中国で善導がそれを受け浄土信仰として大成したのである。

「善導の御釈まことならば、法然の仰せ、そらごとならんや」。

と親鸞が言い切ったのは、信仰伝承の核心を親鸞上人が無論持っているのだが、当時の俗世間では認められていなかったので、善導＝法然とつなげて、わざわざ北関東の門徒たちに示したのである。これらのことから、親鸞上人が法灯を継承していることを確信していたということがわかるであろう。しかしこのことは、残念ながら当時の京都や鎌倉の世間一般にはなかなか通用しなかった。

法然の仰せまことならば、親鸞が申す旨、またもって、むなしかるべからずそうろうか。

阿弥陀仏の本願が正しければ、釈尊も正しい。釈尊が正しければ善導も正しい。道綽が正しければ善導が正しければ法然も正しい。法然が正しいのであれば私（親鸞）も正しい。こういう信仰伝承が正当に展開されているのであるが、相手が民百姓のような素人であれば説得できる。しかし南都北嶺の「玄人《くろうと》」にはそうはいかなかった。法然について、先進仏教である中国へ留学もせず、また資格をもった渡日僧侶に学習もせず、したがって勅許ももらえずに宗派の草創者と名乗れるはずがない、と非難をしたのである。これが法然の最大の「弱点」である。

詮ずるところ、愚身の信心におきてはかくのごとし。

自分たちのささやかな信仰は、古代国家公許の信仰の枠からはずされてしまっているので、関東からわざわざ訪れてくれた人々に対して、それぞれの信仰を本当に正統学問として「勉強」をしたいのであれば、ご立派な南都北嶺に行って学んではどうか、南都北嶺は法灯が脈々と正統に続いているから、と親鸞は正直に告白し、関東門徒の信仰上の厳しい覚悟を迫ったといってよい。周知のように伝教大師最澄（七六六―八二二年）は中国天台山へ籠って修行学習しており、免許皆伝を将来し、日本国王の勅許を得ている。勅許が出れば、朝廷皇族貴族による土地不動産の寄附があり、華麗壮大な伽藍を建立し、広大な山地を本山として占有できる。

法然や親鸞には、そのようなことはできなかったのである。日本における専修念仏信仰の発展のバネとして、このような宗派創唱上の「弱点」をもたざるをえなかったことを、十分に留意しておく必要があろう。

二　善人と悪人

善人なおもて往生をとぐ、いわんや悪人をや

歎異抄第三章

一　善人なおもて往生をとぐ、いわんや悪人をや。しかるを、世の人つねにいわく、「悪人なお往生す、いかにいわんや、善人をや」。この条、一旦そのいわれあるに似たれども、本願他力の意趣にそむけり。そのゆえは、自力作善《じりきさぜん》の人は、ひとえに他力を頼む心かけたるあいだ、弥陀の本願にあらず。しかれども、自力の心をひるがえして、他力を頼み奉れば、真実報土の往生をとぐるなり。煩悩具足のわれらは、いずれの行《ぎょう》にても生死《しょうじ》を離ることあるべからざるを、あわれみ給いて、願《がん》をおこし給う本意、悪人成仏のためなれば、他力を頼み奉る悪人、もっとも往生の正因《しょういん》なり。よって善人だにこそ往生すれ、まして悪人は、と仰せ候いき。

『歎異抄』第三章は、いわば私たち世俗の常識と教養をこわした逆転の発想により、ズバリと迫る文章（善人ですら往生するのであれば、まして悪人が往生しないことがあるであろうか）といえる。『歎異抄』を、通して丹念に読了していない人々にとっても、有名な文言である。悪人にとってみれば、とても頼もしいことであるが、善人および善人となるよう努力している人々にとっては、かなり不満に感ずることから、この第三章の一節は近代日本の一般知識人の間でも刺激的な部分となっている。

親鸞上人は「弥陀の本願は聖人智者の為ではない。正が悪人凡夫じゃほどに、そこを間違わずなとて、くれぐれ御念を入れられた。……智者聖人の罪障の軽い御衆こそ極楽参りのおあいてでありそうなものじゃに、思いの外、左《さ》は

なくて、罪業深重の悪人凡夫を正となさるる弥陀の御本願」（『新撰即席談』）なのである。

ここでいう善人とは、仏法に随順しつつ、仏（覚者）になるために自分の力（自力）に頼って、いわゆる善行に励んでいる人、自分の日常の想いと行為を良しと思っている人、つまり自力作善の人、国家の法律や社会倫理と個人道徳をしっかりと守る人、知恵あるいは教養のある人、具体的には写経をする人、造寺造塔のために金銭を喜捨する人があげられよう。有徳の人、良家の人で退悪修善の自力行の人々をさすのであろう。別の言葉でいいかえると、自分の努力で善業の行為を積み重ねていく、あるいは苦辛の修行や心身を意図的に痛めつける苦行によって、自ら悟り、自ら救われると信ずる人々のことをいうのであろう。

自力信仰と自力作善

私たち日本人は、伝統的に良い意味で自力作善の労働スタイルに陥りやすい。努力・勤勉・向上の精神性が強く、成せば成るという姿勢の考えである。もっと良い人間になろう、もっと立派になろう、もっと出世しよう、もっと良い仕事をしよう、もっと人に認められよう、もっと貨幣を獲得しよう。そしてその成果の一部を寺社に寄進したりする。苦行や修行の外に善行をしたりもする。ここには一人の人間としての倫理的道徳的な向上力が認められる。人間としての能力を開発し、可能性を追求し向上させる。これが自力である。その意味では自力で心性を解脱したり、神妙に悟ったりすることになって、納得できるのである。

このような信仰、あるいは生き方は、実は民衆宗教や新興宗教といわれる種類の流行《はやり》信仰にも特徴的な性質であるといってよい。心の安定、生活の向上、難病の治癒、家庭問題の解消、職場トラブルの克服など、あらゆる人生苦からの離脱の力添えとなる。信仰はこの世で幸せをもたらすものであるはずだ、というわけである。自力作善に挫折した人々は、さらに強く、このような流行信仰に引きつけられてしまうのである。そして勿論、学問をし修学することに専念して、仏典・経論を読むなどの自力修学で解脱しようとし、難行苦役をおそれず、人間としての能力と可能性の限界に迫って向上させようとする人々がいる。これを善導大師は「善人」と呼び、救いから遠い人と憐れんでいたのである。

粟津義圭師によれば、「自力の行者は、他力を頼むすべを知らず、我身の罪業に恐れ、こうした事で（浄土へ）どう参られようぞと御慈悲を危ぶみ、諸善万行、なにやかや勤めてこそと、我力を頼みたがる。……自力の行者は我力を頼みにして如来の他力を頼まぬによって御恩のありがたいを知らぬ。他力の信者は……露ほども行者の才覚を増せず造悪不善のたちのままで御助け下さる。……さてもさても広大な御慈悲かな」（寛政九年「正像末和讃可説」）と、この辺りを法話に語って、あます所がない。

もっとも現代社会では、このような自力信仰と自力作善の向上欲を喪失させたイージーライダー的な人種が群生しはじめていることは周知の通りで、しかしその現象自体が自力作善の作風の裏返しであり、両者は義兄弟姉妹といってよいのである。両者による競合的な風俗生態としての混迷と退廃が、二〇世紀末の資本主義経済体制の主柱をすら空洞化したのであろう。

三 『往生要集』と『選択本願念仏集』

『選択本願念仏集』

図は、法然上人の主著、『選択本願念仏集』（明治二十三年刊の木版本）である。アクセントと清濁音の表記がついていることから、宗門内で伝統的にどのような読み方がされていたかを知ることができる資料である。「ねんぶつしゅう」と読まずに「ねんぷつしゅう」と読まれていたことがわかる。「゜」が二つついていないのは清音であるので、

「せんぢゃく」と読まずに「せんちゃく」と読まれていた。つまり「ほんがん」の「がん」は濁音となっているが「ねんぷつ」の「ぷつ」は濁音になっていない。「せんちゃくほんがんねんぷつしゅう」南無阿弥陀仏。「なむ」あるいは「なもあみだぶつ」と読ませている。「ねんぷつしゅう」と読ませていながら、ここでは「なむあみだぶつ」と読む。「往生ノ業ハ念仏ヲ先と為ス」。中国の道綽禅師（五六二―六四五年）は七世紀の人である。（ところで禅師の師も濁っている。この濁り方は、左肩に縦につながっているのは新濁といって、つながりで濁音になるもの。単独では「シ」であるが、ここではセンジと濁っている。）

「聖道浄土ノ二門ヲ立テ而モ聖道ヲ捨テテ正シク浄土ニ帰スル之文」。この文はブンではなくモンである。「一切ノ衆生皆仏性《ぶっしょう》有リ。遠劫《おんごう》ヨリ以-来《タ》」。この「以来」は通常はイライと読むが、この場合はコノカタと読ませている。「何ニ因テカ今ニ至ルマデ、ナヲミズカラ生死ニ輪廻《りんね》シテ、火宅ヲ出《イデ》ザル」。

これらの問は、法然が引用している『安楽集』で道綽が提出しているのである。つまり、一切の衆生にはみな仏性がある。一人一人に仏が宿っているのに、どうして自分たちは生死に輪廻してこだわり、この火宅のような右往左往のあやしげで矮小な人生を離脱できずにうろうろしているのか。ここにこの著作の問いかけがあり、ここから『選択本願念仏集』の本文が始まっている。

執筆のころの法然は六十代であった。法然上人のところには、前章の「人物相関図」に示したように、全国各地からさまざまな信仰者たちが集まってきていた。日蓮のように嫉妬深く自信過剰の宗教家が、日本国中、この五十年間、みな法然の弟子になったようだと専修念仏衆の悪口をいうようになっていたほどである。（周知のように、日蓮上人は専修念仏のみならず、禅宗も天台も真言も魔教だ、地獄だ、国賊だと他宗を非難し、我々だけが正しい信仰で国難を救えると唱える独善的な思想家でもあった。）

法然上人の信仰の国民精神牽引力がすばらしかったことから、法然のところへ色々な偏向をもつ聖、あやしげな言

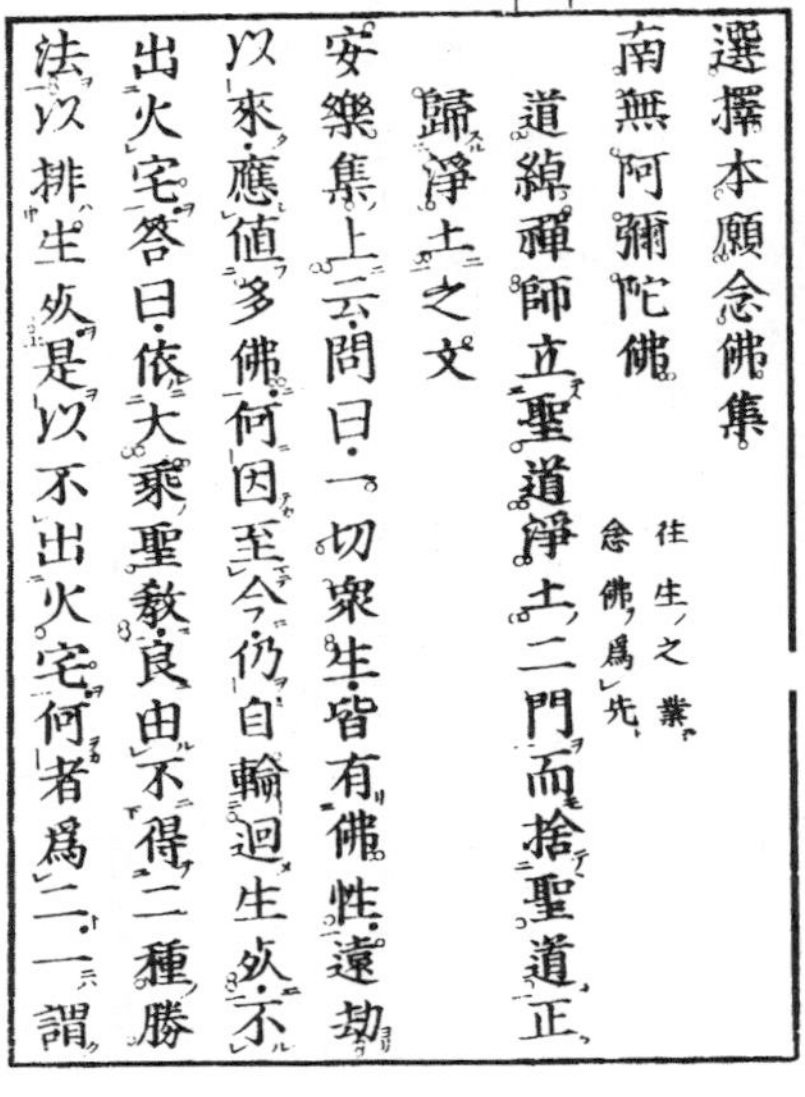
選擇本願念佛集
南無阿彌陀佛　往生之業念佛爲先
道綽禪師立聖道淨土二門而捨聖道正
歸淨土之文
安樂集上云問曰一切衆生皆有佛性遠劫
以來應値多佛何因至今仍自輪迴生死不
出火宅答曰依大乘聖教良由不得二種勝
法以排生死是以不出火宅何者爲二一謂

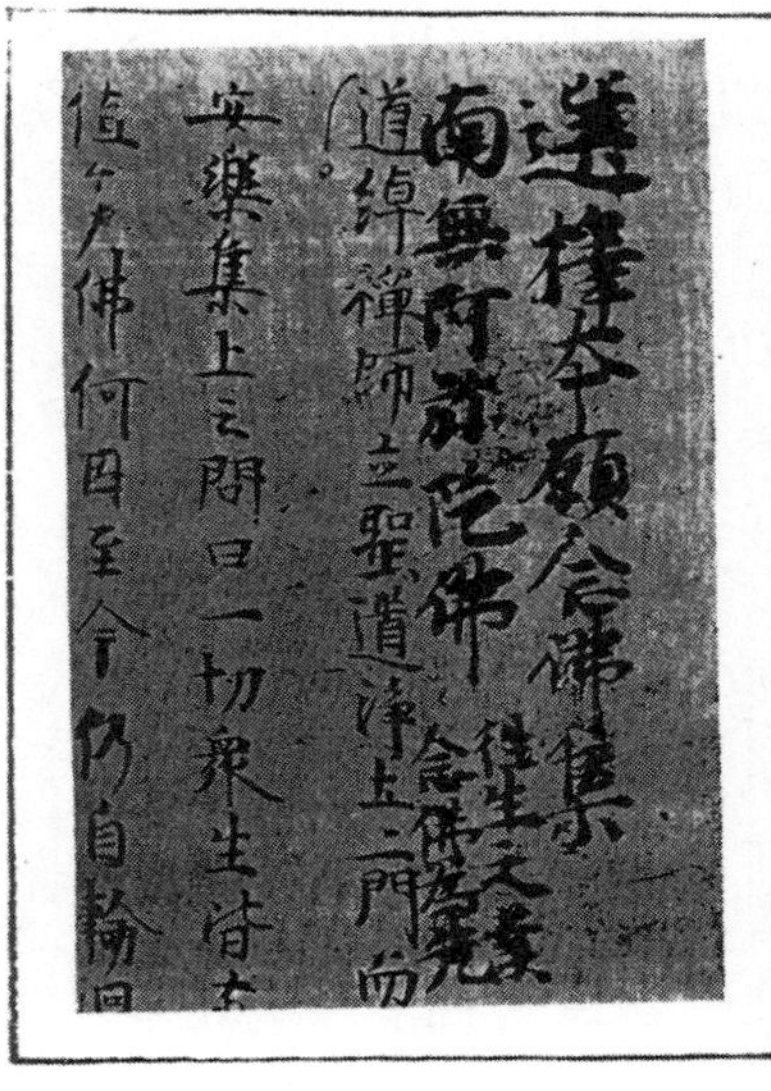

行の念仏上人たちが集まってきていた。法然上人が南都北嶺の弾圧への対応策の苦心も加わり、大変に疲れていた時に、九条兼実が法然上人に教えを受けたいと申し入れてきたのであった。弟子たちに口述筆記をさせた作品がこの『選択本願念仏集』であることは、前にも述べた通りである。

日本では、一〇五二年より末法の時代になるという。法然が師事したこともある天台学僧・皇円（？―一一六九年）の日本通史『扶桑略記』に、永承七年（一〇五二）を末法時代の開始年としている。釈迦が入滅してから三つの時期に区分し、最初の五百年は正法《しょうほう》の時代（教理、実践、証悟という教行証三者が具体的に顕現している時期）、それから千年が像法《ぞうほう》の時代（教と行は残留しているものの、すでに覚悟、覚証が存在しない時期）、それから一万年が末法の時代（教のみがあって行証がなく仏教衰微の時期）となる。故に、すでに十世紀中葉から日本古代社会の各分野で、末法の濁世悪世というべき社会不安が湧きあがっていたのである。

『往生要集』

末法時代には、天災地変が群発したり、上下左右の人間社会関係が入り乱れたり、残虐醜悪な犯罪が起こったり、インチキ宗教家が群生してきたりする。ありとあらゆる悪業と不法・暗黒がはびこって、真の信仰、真の人間が沈没し駄目になるという恐ろしい時代である。人間の善意や好意、努力、情愛が生かされなくなってしまう時代である。あらゆる虚偽、悪口、憎悪、殺傷、無法、虚栄、浪費、私利、退廃、偽善がはびこる時代である。日本ばかりか中国でも注目されたベストセラー『往生要集』（九八五年）の著者・源信（恵信僧都《えしんそうず》）が、もはや「濁世末代」に突入せんとしている時代像の兆《きざ》しを指摘し、末法時代の暗黒世では浄土信仰にしか救いがないことを詳細に説教したことも、人々に底知れぬ恐怖を生み出すことになったろう。

源信の特色は、第一に、仏典から引用しつつ穢土《えど》地獄の様相を、まるで実際に見てきたように描いて、末世の不安におびえる貴賤の日本人をまずは恐怖にさらしたことであったろう。

現世での罪人、悪人が「みずからの業をもってみずからの果を得る、衆生みなかくのごとし」と、来世で堕ちる焦熱地獄や阿鼻《あび》地獄の描写はすさまじい。二つの山のひだに押しつぶされ身体はくだけ散り、火汁の燃える河中になげ入れられ、熱鉄棒でたたきのめされ、猛火で身体の表裏をあぶられ、舌を抜き取られ、熱鉄丸を口中に入れられ、内臓に貫徹されるという。

第二に、人間の不浄の実体を暴露したことである。外面の美麗な顔色をみて、海水で洗っても潔くならない内心の糞のごとき不浄をみず。しかも命終《みょうじゅう》の後の投げ捨てられた死骸は腐りただれ、蛆虫《うじむし》にたかられ、白骨となれば崩れ飛び散り、腐朽砕末《ふきゅうさいまつ》して塵土になってしまうのみ。愛染《あいぜん》強い男女、みな愛惜して内の不浄をば観ぜず。「高き眉、翠き眼、皓《しろ》き歯、丹《あか》き唇」の美女といえども、あたかも屎《しふん》糞に脂粉《しふん》をもって覆《おお》っただけの存在にすぎない。この真実を知ったらば、欲情をもって見て近づき、口を吸って抱き、淫楽を共にすることなど、ちょっとでも思うことができようか、と。

第三に、人間の無常を明瞭に示したことである。人間はこの世に生きていて「行住坐臥、みな苦にあらずということなし」である。寒熱、飢渇、風雨、牢獄、鬼神、毒虫など、苦悩を常に受けている。しかも人生すべて無常である。たとえ長寿といえどもついには死するし、たとえ富貴といえども、かならず衰患《すいかん》の期《ご》あり。会えば別離あり、壮年は久しくとどまらず。色香は病に侵される。「命は死のために呑まれ」る。だから結局「人道かくのごとし。実に厭離《おんり》すべし」と源信は結論づけながら、日本人に怖れをいだかせ、往生願求の信仰心を育成しようとしたのであった。

種々の悪業《あくごう》をもって財物を求めて、妻子を養育して歓娯《かんご》すと謂えども、命終の時に臨みて、苦、身にせまり、妻子もよく相い救うものなし。……車馬、財宝は他人に属しぬ。苦を受くるに、誰かよく共にして分《わか》つ者あらん。

……死して去りぬれば、一として来《きた》り相《あ》い親しむ者なし。……父母《ぶも》妻子もよく救うことなし。……妻子、珍宝、王位も、命終の時に臨みては、随わざるものなり。

法然の主体的な信仰改革

十二〜三世紀日本人の専修念仏による、浄土への往生願求の燃えるような熱狂的信仰は、実に『往生要集』の恐怖に土壌があったといえるだろう。法然上人は、その恐怖を思想的にもぬぐい去り、全人的な把握力をもって仏の大慈悲心を受けとめて、主体的な信仰革命を起したのである。他力信仰の確立をはかり、否定の渦中から絶対肯定の人間救済の道筋を示現したのであった。

法然上人が紹介する道綽禅師の『安楽集』に指摘されているように、「当今は末法、現にこれ五濁悪世なり。……ただ浄土の一門のみあって通入すべき路なり」。

浄土の一門のみが、この末法時代には、真実に、仏や菩薩たちの所在したまう極楽浄土の理想郷に入れる道なのである。まさに浄土こそ、五濁（戦争、疫病、飢饉をはじめ思想信仰上の混乱、貪欲煩悩、怒瞋、あるいは民衆全体の心智遅鈍や身体虚弱）を遠離し、悪道の境地を離脱した完全に無汚染・無汚濁の所であり、阿弥陀仏の主宰される極楽浄土なのである。

この故に大経（浄土宗三部経のうち最も根本的な経典の大無量寿経）にいう。

「もし衆生あって、たとい一生に悪をつくるも命終の時に臨んで、我が名号（阿弥陀仏）を称えんに、もし浄土に生れざれば正覚《しょうがく》（全宇宙体系と人生の真理（無常、無、苦、無我）への覚悟）を持つことはない」と。

絶対的な慈愛の光沢を輝かす阿弥陀仏は自信をもっておっしゃっている。一生涯、悪いことをしてきた人でも、私の名前を唱えれば、必ず救ってあげる、と。法然上人も阿弥陀仏の第十八願に共鳴し傾倒しきって、真実の信仰を深く獲得できたのである。

四　悪人救済

浄土宗の系譜

道綽禅師の意によれば、浄土宗の中にすべての聖道門と浄土門の二門が入ってしまうのだと。従来の日本古代仏教の南都六宗もすべて救いとって包摂してしまう。このことは、法然上人が南都六宗を怒らせてしまった要因でもあろう。法然上人は決して南都六宗を否定しているのではなく、それらすべてを摂めとって浄土宗の中へ入れるのだと信仰確信からも考えていた。南都六宗側からすれば、新参の非勅許、無面授の法然房が非道なことを言うものだ、と思われたのは当然である。そこで強い論難の問いかけが提出される。

華厳、天台など八宗、九宗とあるが、今だに浄土の宗名を聞かないが、今になって浄土宗と号するのには、なにか証拠でもあるのか、と。法然上人は、このように読者に相手側の問いかけをしてみせて論破していくという、非常に論争的で自信にあふれた手法をとっている。相手の厳しい質問を、自分の著作の中にとりこんでいる。浄土の宗名はその証は一つならずとして、以下、法灯の伝承があるのだということが述べられる。浄土宗が、久遠の彼方の阿弥陀仏から出でて、釈尊の法灯の主流なのだという。

浄土宗の始祖といわれる北魏の曇鸞は、山西省五台山《ごだいさん》の近くに生れ、内外の経籍を学習、のち梁・武帝に重んじられたが、洛陽でインド僧の流支《るし》から『観無量寿経』を授けられ、悟る所があった。晩年は玄中寺に在住し、もっぱら浄土教を唱道し、大声で称名する信心を世に流布した。その後を継いだのが二祖・道綽《どうしゃく》である。玄中寺において平日は西面して坐り称念し、仏名を口誦した。『安楽集』を著わし、道俗に曇鸞の口誦念仏の教えを説く。当今は末法の時代であるから五濁悪世であるので、ただ浄土の一門だけが極楽往生の入路であると。もし一念に阿弥陀仏を称名するならば、すなわち生死の罪は永遠に除去されるのであると説いた。自分自身も日に七万遍を称名したという。道綽の業を継承したのが三祖・善導であった。道綽に出会い弥陀浄土をもっぱら念仏し『阿弥陀経』を数万巻筆写したほどで、『観経疏《かんぎょうそ》』、『往生礼讃』『法華讃』などを著述し、多くの信徒を集めたという（以上、湯用彤『隋唐仏教史稿』中華書局刊、参照）。

かくして法然は、「一切の功徳はみなことごとく阿弥陀仏の名号の中に摂受す。故に名号の功徳をもっともすぐれたりとする也。余行はしからず」と行論している。「余行」とは色々な善業や苦行、写経や寄進のことをいう。余行をいくらなしても、それは一隅を照らすのみで、全面に力がない。南無阿弥陀仏の六文字の称名のみでよいのだという。例えば屋舎家屋での棟と梁の役割が大事なので、つまり家屋全体と一切の家具を代表して棟梁というようなものだという。

逆転の思想「悪人正機」

南無阿弥陀仏は、易行である。「念仏は修《しゅ》し易《やす》く、諸行は修し難《がた》し」とされるのである。

男女貴賤が行住坐臥をえらばず、時処、諸縁を論ぜず、これを修するに難からずという南無阿弥陀仏の称名である。男女を問わず、学識知力のある人、身分の高い人、そうでない人や卑しい人が、寝ころんでいても、歩いていても、場所も時間もチャンスも問わずに唱えることはたやすいという。病気で痛みの苦しい時に、長々とした経典を読むことはできないし、臨終の痛苦の時でも、南無阿弥陀仏ぐらいなら言えるのだということを法然上人がおっしゃっている。「臨終に往生を願求するのには、その便宜からして念仏にしかず」と。

これが源信『往生要集』に依拠した画期的な信仰上の問いかけである。この『往生要集』を法然上人は非常に勉強した。その要約メモも二種類作っているほどである。

「造像起塔」とは、皇族、貴族、大尽たちが仏像や壁画や五重塔や本堂を寄進することである。しかし、これを本願の筋道とされては、「貧窮困乏の類」はさだめて往生の望みを絶たれてしまう。もしすばらしい仏像や高価な材料を使用した写経のような、お寺へ大金を喜捨することで良い行ないをし、往生することができるという信仰心の考え方の場合は、貧しい人々は往生できないということになってしまうではないか。これが善導や源信に学んだ法然上人の確信であった。このことはまさに、善導大師が強くおっしゃっていたことである。

「しかるに富貴の人は少なく、貧賤の者ははなはだ多し」。

世の中には貧乏な人が多く、金持の裕福者は少ない。その時には金持、貴人だけが善人の識者として救われるとでもいうのか。そういうことはどうでしょうか、と法然上人は、我々にずばりと問うのである。

「もし智慧高才をもって本願としたならば愚鈍下智の者はさだめて往生の望みを絶たん」と。賢い人、才能のある人のみ往生するということであったら、愚鈍、馬鹿な者はどうするのだ。望みがないではないか。ところが「しかるに智慧者少なく愚痴なる者ははなはだ多し」と。世間一般には智恵あるものは少なく、そうでないものが多いのである。「もし多聞多見をもって本願たれば、少聞少見の輩はさだめて往生の望みを絶たん」と。法然の信仰説得は非常に簡潔な論理である。何度も何度も同じ形を展開させて相手を納得させるようにできている。同じ例を重ね挙げ、螺旋《らせん》形の展開をしながら論理的に攻めようとするのである。「持戒持律」の者のみが往生できるようでは、すなわち破戒無戒人はどうしたらよいのか。思えば「破戒無戒」とは、親鸞上人もご自分のことをおっしゃっているのだ。「しかるに持戒者は少なく、破戒の者ははなはだ多し」と。この世間には、厳しい戒律を守っている者は案外に少なく、実は守れない者の方が多いのではなかろうか。つまり、往生することができるのは、この世の中でひとにぎりの皇族、貴族、大尽のお偉い方と、学識のある知識人と、十悪十戒（殺生、偸盗《ちゅうとう》、邪淫、妄語《もうご》、綺語《きご》、悪口《あっく》、両舌、貪欲《とんよく》、瞋恚《しんに》、愚痴）

を含む戒律を守っている、ひとにぎりの善人だけになるのではないか。それではほとんどの人が往生できないではないか。こう語りかけた。ここから法然上人の厳しく鋭い論法を伺い知ることができる。ここが、南都六宗の学僧みなが屈服した部分である。

したがって法然はいう。

久遠永劫《えいごう》の彼方から来たり給う阿弥陀仏は、広大無辺で普遍かつ平等の慈悲を大宇宙の根源から垂れ給い、催されている。人類一切を救いとろうとなさっているのであるから、造像起塔のごとき善業の諸行などぐらいで、往生の本願とはしないのである。「ただ称名念仏の一をもって本願とするのである」。法然上人もこの『選択本願念仏集』では、十苦（生、老、病、死、愁、怨、受、憂、病悩、流転）をもつ悪人こそ救われるということを述べられているのである。いわゆる善人が救われるくらいであるから、悪人は必ず救われる。悪人を救うためにこそ、この完全、絶対、永遠の根源である阿弥陀仏の御慈悲の巨大エネルギーが存在する。

これが、中国浄土教における四十八願中の第十八願に附記された重大除外の制約を乗り越え、五逆（殺父・母、殺《せっ》阿羅漢《あらかん》、傷仏身体流血、僧団破壊）をも救済対象に含めてしまう法然上人の悪人救済の信仰革命である。

親鸞における悪人

ひるがえって、『歎異抄』における親鸞上人の言葉、「善人なおもて往生をとぐ、いわんや悪人をや」の「悪人」とはなにか。悪とは悪業、悪行のことである。人倫の道の秩序を破壊する行為を指すことから、古代国家国王に服従しないものをも含むだろう。具体的には殺生、偸盗、邪淫、妄語、人の間を離間する両舌、悪口卑語、言葉の粉飾、貪欲、瞋恚、邪見などを指す。悪人は、これらの業と行をなす人間のことであろう。どのような善行も積めずに、濁世の中に埋没し、煩悩ばかり多く、泥海の奈落の底に沈澱している者を悪人というのである。

「悪人なお往生す、いかにいわんや善人をや」という方が「いわれあるににたれども、本願他力の意趣にそむけり。そのゆえは、自力作善のひとは、ひとえに他力をたのむこころかけたる」からと。善人はどうしても自分で頑張ろうとする。阿弥陀仏の絶対的な救いに疑いをもつのである。いわんや悪人が救われるというのは、彼ら善人にとっては心外である。自分のような善人が救われるのは当然だが、悪人は地獄へ堕ちるのではないかと考えたくなる。それらの考えは法然と親鸞によって、ばっさりと切断されるのである。自力では駄目である。人間のとるに足らぬほど矮小で、情けないほど利己的で、くだらないほどに浅薄な自力では救われないのだ。

「煩悩具足の我らは、いずれの行にても生死をはなるることあるべからざるをあわれみたまいて、願をおこしたまう本意」が阿弥陀仏の救いの本願である。

だから「他力をたのみたてまつる悪人、もっとも往生の正因なり。よって善人だにこそ往生すれ、まして悪人は、とおおせそうらいき」となるのである。

別のいい方でいえば、悪そのものは、悪を深く徹底的にわが事として自覚する人にとっては、人間のちっぽけな善悪是非を超越した神仏の、救いの本願の絶対的世界に入り込めるきっかけになることができるのである。しかし他方、悪をただそのままに現実に肯定するだけの人々のところには、悪はいよいよ悪の様相を強め深めてしまい、たましいの破滅のぎりぎりに追いやられるであろう。しかし、そこからですら、なお、神仏による救いの御手はさしのべられて往生できよう、というのである。

五　法然の教示

専修念仏の確信

法然上人の『念仏大意』には、

末代悪世の衆生、往生の心ざしを致さんにおきては、また他の勤めあるべからず。たゞ善導の釈について、一向専修の念仏門に入るべきなり。

とある。末法は仏滅後一五〇〇年以降を指すのであるが、その時にどうなるかということが記されている。「十方《じっぽう》の衆生、至心《ししん》に信楽《しんぎょう》してわが国に生まれんと願いて、ないし十念せんに、もし生まれずば正覚をとらじ」と阿弥陀仏は第十八願にて誓言したのである。「しかればすなわち、今日の我等ごときの衆生は、もっぱら念仏を行《ぎょう》じて往生を期《ご》すべきものなり」と法然は断言した。

年来受持読誦《としごろじゅじどくじゅ》の功つもりたる諸経《しょぎょう》をも読み奉らでは、罪になるべきかと不審をなすともがらもあり。

尊崇すべきお経を読んでいないと罪になるかもしれないと不安を抱く人もいるが、それは、「いかでか罪になるべきにては侍るべき。末代の衆生、その行、成就しがたきによりて、まず、弥陀の願力《がんりき》に乗じて念仏往生とげてのち」に勉強をしたらどうであろう。善導の『往生礼讃』……にも「雑修のものは往生をうる事、千が中に一、二なお難《かた》し」。千の中に一、二でもない。一生懸命努力しても駄目なのだ。「専修のものは百は即ち百ながら生まる」。専修念仏ならば、百が百生まれるのだという意である。この善導のことばを、法然上人も信じきっているのである。

これらは何事もその門に入りなんには、一向にもっぱら他の心あるべからざる故なり。たとえば今生《こんじょう》に主君に仕え人を相い頼む道、他人に心ざしを分くると一向に相い頼むと、均しからざる事也。

これは、当時の武士道のありように応じて、一人の主人に仕えるべきだという考え方を土台にした説教になっている。法然上人は、このように相手次第での当意即妙の話が大変上手であり、その説法が親鸞上人にも受けつがれている。中世武士が、主君を選び取る際に、危険分散のつもりで、他の主人にも依頼するように両天秤にかけていると、本命のところの頼み方が弱く、少いことになってしまう。それは、「家、豊かにして、乗り物、僮僕《どうぼく》も叶い、面々に心ざしを致す力も堪えたるともがらは、方々に心ざしを分くといえども、その功むなしからず」。金持や有力者は、色々な主人に頼んでも平気であるが、「かくのごときの力にたえざるものは、所々を兼ぬる間、身は疲るといえどもそのしるしを得がたし」。力弱く貧しき武士は、色々な主人に分散して頼んでいたら、全部駄目になってしまう。虻蜂取らずになってしまうと。「一向に人一人を頼めば、貧しき者もかならず、そのあわれみをうる也」。主人を一人と決めて、その主人にどこまでも仕えるといえば、その主人が必ず報いてくれる。それを智恵をしぼりすぎて色々な主人に頼んでいると、誰からも救われなくなってしまう、と。「すなわち末代悪世の無知の衆生は、かの貧しき者のごとし」。だから、この念仏だけを信じてそこに従いなさい、我々の主人は阿弥陀仏ただお一人であるということである。

悪人救済の神髄

以上に触れてきたことからも、歎異抄を読む上で、その源泉となる法然上人のお言葉を見るということは、私たちの信仰や理解が深まることとなるであろう。

例えば、『念仏往生要義抄』に「女人にも近づかず、不浄の食（精進料理以外）をもせずして申さん念仏は、定めて尊とかるべし。朝夕に女境《にょきょう》に睦《むつま》れ、酒を飲み、不浄食をして申さん念仏は、定めて劣るべし。功徳いかでか均しかるべきや」との問いをのせているが、それに対して法然上人は「答えていわく、功徳均しくして勝劣あるべからず」と明確に断言して、いわゆる悪人、破戒人、無戒人を励ましていることにも注目したい。

「口には経を読み、身には仏を礼拝」しても駄目なのである。「悲しきかなや。善心は歳々にしたがいて薄くなり、悪心は日々にしたがいて、いよいよまさる。されば古人のいえる事あり。煩悩は身に添える影、去らむとすれども去らず。菩提（心）は水に浮かべる月、取らむとすれども取られず」と。「善悪をへだてず、持戒破戒を嫌わず、在家出家をも選ばず、有智《うち》無智をも論ぜず、平等の大悲《だいひ》を興《おこ》して仏になり給」われた阿弥陀仏なので、「ただ深く本願を信じて念仏申さば」すべてを救うのである。

「生まれてこの方、女人を目に見ず、酒肉五辛（辛味の菜）ながく断じて、五戒十戒等堅く保ちてやんごとなき聖人も……念仏に不足の思いなして余行を混え申さんにおきては、仏の来迎《らいごう》にあずからん事、千人が中、一人、万人が中に五、三人などや候わんずらん。それも善導和尚《かしょう》は千中無一と仰せられて候」と念を押す。したがって「弥陀の本願と申す事は要もなく、わが心を澄ませとにもあらず、不浄の身を清めよとにもあらず、ただ寝ても覚めても、一筋に御名を称うる人をば、臨終には必ず来たりて迎え給うなるものを、という心に住して……疑いあるべからず」と法然上人が私たちに救いの保障をなさってくださったのである。

法然上人が一皇女に出されたお手紙が、「要義問答」に掲載されている。

人間に生まれて国王の身をうけて一天下を従うといえども、生老病死、愛別離苦、怨憎会苦《おんぞうえく》、一事もまぬかる事なし。

とズバリと断言されている。

法然上人の信仰講話はすばらしい。それらは有力弟子たちを通じて、かなり流布したようであるが、伝説化して定着していくその御詞の中には、八百年後の今に説得的である。「法然伝説の詞」が拾いあげている信空上人の伝える講話に、

学問を好まんと思わんよりは、ただ一向念仏して往生をとぐべし。

これは『歎異抄』第二章とも関連していることが、すぐにも了解されよう。「但し念仏往生の旨を知らざらん程」であるならば「これを学すべし。もしこれを知りなば、いくばくならざる智恵を求めて、称名のいとまをさまたぐるべからず」と。条理を尽した説得である。感嘆する外はない。

法然と親鸞の信仰革命

さきに「法然をめぐる人物・信仰相関図」でも紹介したのであるが、法然信仰の許《もと》に入り込んだ卑賤・貧窮の勤労民衆に対する働きかけの御言葉をも、覚えておきたいものである。

弥陀の如来の本願の名号は、樵夫《きこり》、草刈り、菜摘《なつ》み、水汲みの類《たぐい》ごとき者の内外《ないげ》ともに欠けて一文不通《いちもんふつう》なるが、唱うれば、必ず生まれなんと信じて、真実に欣楽《きんぎょう》して常に念仏申すを最上の機とす。

心身共に善行修養に欠けたところの、差別される職業身分の人々についての法然の詞こそ、『歎異抄』第三章における親鸞上人の悪人正機の源泉なのであった。法然上人はおっしゃる。

もし智恵をもて生死《しょうじ》を離るべくば、源空（法然）、なんぞ聖道門を捨てて、この浄土門におもむくべき。まさに知るべし。聖道の修行は智恵を極めて生死を離れ（難く）、浄土門の修行は愚痴に帰りて極楽に生まる。

悪人、罪人こそ神仏によって救済される第一番目の人間たちであるという法然＝親鸞の信仰革命が、世界思想史の上における輝かしい金字塔として記録さるべき事実であったという外はない。

弁阿上人が記録するところによれば、繰り返し繰り返し、法然上人は、中国や日本の「もろもろの智者たち」の「沙汰し申さるる観念の念仏」ではなく、「学問をして念仏の心をさとり通して申す念仏」でもないと教えられていたという。「ただ極楽に往生せんがために南無阿弥陀仏と申して、疑いなく往生すると思い取りて申す外に別の事なし」と明言されている。さらに確信をもって述べられる。

念仏を信ぜん人は、たとい一代の御法をよくよく学し極めたる人なりとも、文字一つ知らぬ愚痴鈍根の不覚の身になして、尼入道の無智のともがらに我が身を同じくなして、智者の振る舞いせずして、ただ一向に南無阿弥陀仏と申してぞ、叶わんずる。

なんという信仰の深さであろう。なんという民衆救済の暖かさであろうか。十三世紀の法然によって、神仏による人類救済の奥義が究明された、といえるであろう。

私たちの親鸞は、ここから確実にスタートしているのであった。

5　浄土門と聖道門

一　聖道門

聖道門と浄土門の基本的区分

歎異抄第四章

一　慈悲に聖道・浄土のかわりめあり。聖道の慈悲というは、ものをあわれみ、悲しみ、はぐくむなり。しかれども、思うがごとく助けとぐること、きわめて有難し。また浄土の慈悲というは、念仏して、急ぎ仏になりて、大慈大悲心をもって、思うがごとく衆生を利益するをいうべきなり。今生に、いかにいとおし、不便と思うとも、存知のごとく助けがたければ、この慈悲始終なし。しかれば、念仏申すのみぞ、すえ通りたる大慈悲心にて候べきと、云々。

『歎異抄』第四章では「聖道門」と「浄土門」の基本的な区分を示す。私たちの信仰は、全体として「念仏申すのみ」の浄土門に包摂されるのみである、ということを親鸞上人はおっしゃっている。

「聖道の慈悲というは、ものをあわれみ、悲しみ、はぐくむなり」。

聖道門の信仰には、私たち日本人の普通の常識的な、きちんとした人間のもっている情愛や、人間性、あるいは自制心、刻苦勉励などがある。人間的な精進や修練、そして求道、苦行などが含まれよう。勿論、聖道門は自力の精神である。このような精神で人を不憫に思い、憐れみ、親兄弟姉妹をいとおしみ同情したところで、自分の功徳を振り向け慈悲心を供養したところで、所詮は、わが最愛の子たちさえ助けられるものではない。

浄土門の専修念仏は、易行といわれながらも、かえって難しいと思われることがある。それは、善良・善意の普通の人間は、すぐ自力の精神で物事を考え、行動する。「自力＝善」である。ここでのみ救われると考えるため、他力本願の専修念仏の考えは、なかなか理解されにくいのである。普通の人間は、功徳をつみあげることで極楽へ往生することができると考える。自分の修業、修善、苦辛の徳行で、他人を助け、往生させるように祈り通せると確信することほど、誇示できる自信はなかろう。これは、ごく普通の、当たり前の考え方である。

それほどに阿弥陀仏の第十八願による他力真信は、かえって、なかなかに無理なもので、人間は雑業雑善を修する心を離れられるものではない。だから「生々世々の間、習い覚えたる自力執心の晴れぬ者」のためには、次善の信心がある。まずは「自力の信心、自力の念仏」によって、「至心」（一心一向に脇目もふらず、凡夫の力一杯に信を励みこしらえて念仏の功をつむ）、「回向」（称名の功徳を押し向けて未来極楽詣りの土産にしようと志す）、「欲生」（俗世を厭いて浄土の証しを欣い求むる信の心）の、すなわち「みな凡夫の自力の才覚で起す信」（大経二十二首即席法談）心ではじめるのがよかろうと、法談の名手、粟津の義圭師もいっているのである。

いわゆる古代寺院は、その歴史的に荷負った枠組みからしても、中世社会の誕生にブレーキをかけたり妨害をするものである。古代貴族的な身分差別の信仰であり、その性質は形式的であり、社会階級的な選別意識が強く、神秘的な精神世界に埋没しがちであった。歴史展開に対する否定的な働きをどうしてもしてしまう古代寺院勢力の性情を、私たち『歎異抄』読者としては観察せざるをえないが、しかし古代寺院が唱道する仏教信仰は、必ずしも、個々の人間にとって、決していい加減なことを言ったり、書いたり、教示したりしているわけではない。

聖道門は、いわば人間的可能性の無限の発展を確信している、現代にも通ずる考え方である。人類は、それぞれの置かれた社会と時代において、互いに愛し合い頑張るほど幸せになりうるし、完璧な人間社会を作りうる。やがては人類は自らの実力で、理想とする世界平和を獲得することができるという根拠を、「信仰」の根源において物語っているといえるのである。

人間的可能性という言葉については、一般に私たち教育者（教師のみならず親兄弟）が、青少年男女や善男善女を激励するために、よく用いられることが多い。

ところが法然上人は違った。人間的可能性を確信して科学技術をつみあげ、刻苦求道で努力をしていき、難行や善業で功徳をつみあげれば、最終的に私たちは完全な人間に、あるいは幸せな人間に、本当になれるのであろうか、という重大な疑問を持った。自力の功徳と難行の修行で覚醒した人間は、本当に自分の希望通りに身の廻りの人を助け遂げることができるのであろうか、そのようなことはありえないのではないか、と思わざるを得なかった。こうして自力と他力、聖道と浄土両門の違いには、人間世界観の違い以上の根本的な差違を認めることができる。古代中世の聖道門では、知識と支配が結びついていた。だから現実の体制を護持することに宗教性が協調的であって、自己批判をともなう自己否定などは、最初からなかった。

聖道門に挫折して聖に

聖道門に属する一部の人々は、この聖道門的考え方からドロップアウトして、「聖」になる。「世」を捨て、「人」

を捨てる。聖道門の一部の人々が、このようになるのは、聖道門の壮大な虚構と華麗な論理、そして厳修の訓練と、厖大な学問知識を統括する考え方を実行することに挫折するからである。難行道とは、いわば重荷を自ら背負って長い旅路の陸路を風雨水火に抗して苦渋の中に進むようなものである。容易に目的地の彼岸に到達できるようなものではない。自分の一生の真の意味は果してあるのか。なまなかに修善と苦行を積んでも、報いられない。大乗仏教あるいは小乗仏教の哲学、神学をどこまで勉強していっても、あまりに深淵厖大なために耐えきれなくなってしまう。そもそも、「雑行自力の行者は、阿弥陀如来の御慈悲に背いて居るによって……（その）御意にかなっていない」ものだから、現世の濁世で刻苦勉励した割には少しも安心立命するところがない（粟津義圭『即席法談』安永二年）のであった。どだい、当時の学問は古代貴族階級身分の飾りでもあり儀式でもあり、死んだ学問であった。いくら覚醒しようとしても、完成された仏にこの世ではなりえない。自分の苦辛による自力の成果を親しき故人に振り向けて功徳として供養できるなどとは、とても思えなくなってしまう。こうして正規の戒律を投げだし、世を捨て人を捨てるようになってしまう者が出てくる。

このような者が出てくる要因の一つに、矮小な自分の努力が少しも報いられないし、高い自己評価を他人はたいして評価してくれず、自分の実力を世の中が認めてくれないという情ない現実が、あげられるであろう。このことは、僧侶の世界でも、貴族の世界でも、武士の世界にも当時あった。ついには、煩瑣な一族の相続争いにまで巻き込まれ、執着と頑迷の泥沼に入り込んでしまうこともある。天下国家、神仏の大きい問題ではなく、小さな職位の相続権の権利をめぐって、兄弟、叔父・叔母の仲まで争うようなことすらもある。鴨長明はその一人であった。

二　方丈記

五十歳で出家

『方丈記』で有名な鴨長明（一一五三―一二一六年）は、法然上人や親鸞上人の信仰と生き方、あるいは前後はするが同時代の西行法師（一一一八―九〇年）の生き方との対照で、注目すべき人物である。あるいは藤原定家（一一六二―一二四一年）の生き方も配慮しなければなるまい。この十二、三世紀に綺羅星《きらぼし》のごとくに、典型的な日本人の原型となる群像が輩出し、花を咲かせている。頼朝にせよ、清盛にせよ、重盛にせよ、重衡にせよ、そして法然上人、親鸞上人、鴨長明にせよ、あるいは西行法師にせよ。日本人の典型として、世界に出しても恥ずかしくない生き方をしている人々が、多く輩出した時代である。

それなりに、きらびやかな宮廷歌人として評価される道を上昇していた鴨長明が、五十歳になって「世を恨み」出家してしまう。洛北大原の勝林院（天台宗延暦寺別院、仏徳を讃美詠嘆する歌唱の声明家の集まりで知られる）を中心とした遁世の浄土僧、修行者たちの仲間となる。しかしここでも、いわゆる別所聖人（信仰三昧の庵を結ぶ）たちの中にはとけこめず、五年後には日野の外山に孤独に閉じ籠る。一丈四方の山小屋住いに閑居する。鴨長明がよく祈禱をするというのは、法然的な全人的信仰心からというよりは、実は宮中での序列と栄誉から外れてしまった不安からであろう。その場その場の思いつきに生きる古代帝王、後白河法皇（一一二七―九二年）の寵愛を失った。つまり平安京での出世に乗り遅れた。鴨長明は芸能の道にもたけていた。琵琶管弦の道の「家元」のような地位にもあったが、身分格式が低いということで、評価が低きに落着きがちであった。親族間の継承の闘争にまきこまれたこともあった。出世は駄目になるし、身内とも具合悪くなるし、内外共にうまくいかなくなる。といって大原の浄土僧侶や念仏上人たちの中で、本格的な祈禱三昧の念仏境地にも入ってはいけない。鴨長明は一種のかたくなな躁鬱症になり、孤独にのがれ、ひとり山に籠る。人間嫌いとなった。そのようにしか自分が待遇されない時代をも嫌ったのである。

それでも鴨長明は、最晩年になる前までは、世俗と典雅の上層貴族社会への関心があり、本気で世を捨てきれない人でもあった。例えば『方丈記』には、山の中に小屋を建てて、そこに居ながら、下界の情報を集めたり、やんごとなき世界では今どのような状況であるか。誰が調子が良くなり、誰が左遷されたかなどという、つまらないことにもまだ関心を持っていた様子が告白されている。宮中から見舞いの手紙や招待状などが来れば、すねて見せたり、駆けつけたりもした。もっとも、出しゃばってライバルや上司に頭を打たれショックを受けて、やはり人間社会はつまらない、といって又候《またぞろ》、山に閉じこもる。

諦観者の立場

そのような意味では法然上人や親鸞上人とは違う。最後にたどりついた心境は、知識人的な自己点検と自己内省臭の強い生き方であり、無情を知る諦観者の立場なのである。

養和（一一八二）のころとか、久しくなりて覚えず、二年が間、世中飢渇《けかつ》して、あさましき事侍りき。或は春・夏ひでり、或は秋、大風・洪水など、よからぬ事どもうち続きて、五穀ことごとくならず。……これによりて、国々の民、或は地を棄てて境を出で、或は家を忘れて山に住む。さまざまの御祈はじまりて、なべてならぬ法ども行わるれど、更にそのしるしなし。……乞食、路のほとりに多く、愁え悲しむ声、耳に満てり。…………ひたすらに家ごとに乞い歩く。……歩くかと見れば、すなわち倒れ伏しぬ。築地のつら、道のほとりに飢え死ぬるもののたぐい、数も不レ知。取り捨つるわざも知らねば、くさき香、世界にみち満ちて、変りゆくかたちありさま、目も当てられぬこと多かり。……

濁悪の世にしも生れ合いて、かかる心憂きわざをなん見侍りし。……母の命尽きたるを不レ知して、いとけなき子の、なお乳を吸いつつ臥せるなどもありけり。……路のほとりなる頭、すべて四万二千三百余りなんありける。

「なべてならぬ法」とは、並々ならぬ、中国伝来の密教的な加持祈禱（病気、災厄、不孝、不浄などを除くための呪術的な祈禱）のこと。「更にそのしるしなし。……乞食、路のほとりに多く、愁え悲しむ声、耳に満てり」など、自然災害と時代状況による人々の厳しい悲惨な生活ぶりの表現は、必ずしも大げさではない。鴨長明は、自分の観察と人からの情報に基づく時代と社会の暗黒を詠嘆調に書いている。ある種の自己愛を浸み込ませ、末法時代の濁世における知識人の孤独感をこめている。自然と人事に翻弄される哀れなる人間に対して情けをかけた描写が続く。世をすねた清貧家の細やかな観察眼である。だんだんに、肉体が崩れ腐って、道のわきに野犬や猫やカラスが食いついて、骨と皮になって道の端にある様子が、日本の首都《みやこ》、京都の表通りに見られる。

「濁悪の世界にしも生れ合いて、かかる心憂きわざをなん見侍りし」。

「濁悪」は、末法時代の特徴である。こんな末法の時代に生まれてしまって、私はかかる情けない悲しいことをなんと数多く見ていることか、時代は世も末だ、と。

「母の命尽きたるを不知して、……なお乳を吸いつつ臥せるなどもありけり」。

母親が死んで倒れているのも知らず、乳にしゃぶりついてくる。まだ母親の体温は冷えきっていないという様子であろう。これは鴨長明の空想の描写とは思えない。「路のほとりなる頭、すべて四万二千三百余」のような厳しい状況が現にあったのであろう。

すべて世中のありにくく、わが身とすみかとのはかなく、あだなるさま、又かくのごとし。いわんや、所により、身のほどにしたがいつつ、心を悩ます事は、あげて不レ可レ計《かぞ》。……若し貧しくして、富める家の隣におるものは、朝夕すぼき姿を恥じて、へつらいつつ出で入る。……心念々に動きて、時としてやすからず。……勢あるものは貪欲深く、独身なるものは人に軽めらる。財あれば恐れ多く、貧しければ、うらみ切也。人を頼めば、身、他の有なり。人をはぐくめば、心、恩愛につかわる。世にしたがえば、身苦し。したがわねば、狂せるに似たり。いずれの所をしめて、いかなるわざをしてか、しばしも此の身を宿し、たまゆらも心をやすむべき。

自分自身の人生、自分の家や衣食住を考えると、はかなくて甲斐がない、と。自分の地位や職種によれば、ちょっとした地位についていれば、その地位についたなりにつまらない事やいやな事が多い。地位についていなければいないで、またいやなことも多い。出世すれば出世したで、さらにいやなことがつきまとうのである。

「富める家の隣におる」というのは中国伝来の仏典に頻出する護教説話である。そのようなことは、よくある。『聖書』にも、ユダヤの次のような格言がある。「あまり偉い人と親しく付き合うな。いいこともあるが、却って身のほど知らずで、危険におちいることが多いのだ。偉い人とは離れて付き合え。できるだけ相手の目に留まらぬが良し」と。鴨長明も仏典の教養をふまえて同じことを述べている。鴨長明が芸道にも歌学にもすぐれていたので、後白河法皇をはじめ、藤原氏の上層部に目をかけられていたことは確かである。しかし目をかけられると、つい出世したくなってしまう。そうすると競争相手が出てきて足を引っ張られる。そうなれば上層部の人は無責任であるから、時々はかわいがるが、三度に二度は見捨てるのである。能力のある人を引っ張ったり、放したり、捨てたり、拾いあげたりするのが、最上層部のキャラクターである。それに一喜一憂する能力のある下位の者は、情けなくなる。

「心念々に動きて、時としてやすからず」。

偉い人の側にいると、ひとときも休まることが無い。

「勢あるものは貪欲深く、……貧しければ、うらみ切也」。

財産があれば、ねらわれる。嫉妬する人もいるであろう。貧しければ、金持ちの人をうらやむ。これは人間の「業」であろう。「人を頼めば、……身苦し」。人に依頼して寄りかかると、うまい汁を吸えるというが、そうではなく、逆に自分自身を苦しめることになるのである。「したがわねば、狂せるに似たり」。それでは、世の中すべて、上の者には従わないとすれば格好はよいが、一種の気違いになって、すべてから相手にされなくなってしまう。「いずれの所をしめて、……たまゆらも心をやすむべき」。しばしの間も心休まるところがあるであろうか。ありはしないのである。人間真実の苦言は、詠嘆調ではあるが、哀感がこもる。世を捨て、人を捨てる。もうあきた、ばかばかしいという人が群生していたろう。「方丈記」は、それを文学的心情に昇華させて定着させている。私たち近現代人が『方丈記』にひきつけられるのは、そのためである。このあたりの描写は、実に、政府機関や銀行や親企業にふりまわされたあげくに切り捨てられる中小企業家や、使い捨てに愛社精神を弄ばれた末に、時の上層部に見向きもされずにリストラされるサラリーマン中堅管理職の哀れに通ずるといってよかろう。

日本人の無常観

最後は有名な部分であるが、

ゆく河の流れは絶えずして、しかももとの水にあらず。よどみに浮ぶうたかたは、かつ消えかつ結びて、久しくとどまりたるためしなし。世の中にある人と栖と、又かくのごとし。……朝に死に、夕に生るるならい、ただ水の泡にぞ似たりける。不レ知、仮の宿り、誰が為にか心を悩まし、何によりてか目を喜ばしむる。その主とすみかと、無常を争うさま、いわば朝顔の露に異ならず。或は露落ちて花残れり。残るといえども、朝日に枯れぬ。或は花しぼみて露なお消えず。消えずといえども、夕を待つ事なし。

透徹した人生観察の知恵を把握した上での詠嘆調の「無常」観を、この時代の日本人は受けとめることができた。この「無常」感覚が分かるようになったというのは、日本人の精神的な発展である。この世に生きてあることの虚しさを、はっきりと摑むようになってきている。「げに諸行無常生滅の法いやといわれぬ。世間なにものか堅牢なることを得たる。大海、須弥山もついに摩滅す。……およそ天地の間にありとあらゆるもの皆生滅の法にして、いつも常住なものはない。まして人間はなおの事。人生……去年は今年となり、昨日は今日とかわりて、つらつらと遷流る事……さりとは速《は》よう月日がたつと人ことに惜めども、行く年は止《と》めがたく、散る花は枝に返らず。ついには野辺に送り捨てられ、晨《あした》の露と消え、夕《ゆうべ》の煙と登る。はかなきは人間のありさま、あわれというも、なかなかおろかなりと」（栗津義圭）。

『方丈記』に表出している著者の人生の挫折、公私にわたる不如意には、時代を超えた人生苦の真実性があるといってよい。末法の濁世の時代に生まれた自分の悲しみと苦しみを訴え、山に閉じこもると、「ゆく河の流れは」という無常の人生の世の中のことわりの悟りに、自然と辿り着く。

三　浄土門

罪業の渦中に生きる人間認識

私たちには鴨長明のような生き方が、日本人の伝統的な霊性の模範解答になるようなとらえ方が肥大化している。ほとんど現実性がないから安心して憧憬の念の詠嘆に心身をゆだねることができるのであろう。しかし鴨長明のマインドには、なにか大事なものが欠けていた。信仰的な世界観の絶対的真実に、自分自身を縛りつけてでも接近し、神仏そのものに救われようという、ぎりぎりの苦悩するたましいがない。鴨長明の生き方と、法然上人や親鸞上人の生き方とは、決定的に違っている。その両者の断崖の中間には、本章の第一節で触れた「聖」のような人々がいた。

聖道門の者の多くは、学問達成と修練苦行を積んでも、覚者にはなりえない。そのことに挫折を覚えた者が、鴨長明の生き方と、法然上人や親鸞上人の生き方の中間にちょうど存在する「聖」「沙弥上人」となり、世を捨てる生き方をする。聖道門の考え方というのは、人間の自分自身の力を信じて不屈に人生を切り開いていくという意味ではそれなりに「正しい」のであるが、そこから脱落する者が多いということが、まずは言える。つまり聖道門というのは、大多数の人間にとっては無理難題なのである。自分で悟りきるのは難しい。

一方、浄土門の方は、他力である。易行道とは、いわばどんな重荷を運ぶにしても、水路を舟に乗り、順風を帆に受けて流れるように進んで行き、苦痛を知らずに目的地の彼岸に到達することをいう。無量光の絶対完全なる仏に助けてもらう。自分への努力をあきらめたわけではないが、人生の虚しさや無常観にひたるのではなく、むしろこの世での無常観をつきぬけて、阿弥陀仏の救いである他力にひた走るという積極的なものである。「無常」を悟りつつ、仏の御光の照り輝く他力の方へ積極的に馳せ参ずる。これが、法然上人、親鸞上人の生き方であった。

「わずかな学芸を誇りて、彼は悪人、我は善人などと、まして、誇ることはできない」。

悪人と善人の問題である。南都北嶺の仏教学者である高僧や哲学者たちが、自分は学問をした上に善業や苦行もする善人であるなどといって僅かの学芸を誇り、浄土門（専修念仏）の方を、修善や苦行もしていない者、つまり悪人だとしているのだ、と両上人が断定されている。

この背後には、人間は常々、末法的な存在である、という大前提がある。勿論、似非《えせ》宗教家やニセ予言者は、この状況を利用せずにはおかない。「私が救世主だといって偽予言者も大勢現われ、多くの人を惑わす」（マタイ二四章）と、イエスも最晩年に弟子たちに注意している通りである。この世の人々を取り囲むあやしげな「宗教」は、絶えずこれからは時代と社会が悪くなる、もはや世の終りに近づくというような「おどし」をしきりにする。素人考えを挑発して恐怖感を煽るような、その場限りで脅迫的な予言が群生する。

法然や親鸞の場合は、原理的に末法時代であることを主張する。人は常々末法的存在であるから、罪人として生きている外はないという自覚を持つ。そのような意味で、専修念仏は易行でありながら、わずか六文字を唱えればよいと言いながらも、実は時代と社会への厳しい認識を持っている。

自分の実力や努力では救われない。罪業の渦中に生きているというのは、罪の中に埋もれているということである。逆に言えば、非情である。なんともいえず助かりようのないのが人間である。「人間性」を罪とみているのである。あるいはこの世はすべて虚仮《こけ》という。これが専修念仏の信仰の特徴である。これは時代と社会、民族の枠組みという限界をもちつつ生れて世界性を持つに至る歴史認識である。あるいは社会意識である。

法然・親鸞のか細い小道

聖道門からドロップアウトした「聖」は、徹底して世界性を持つ普遍に到達した信仰を持たずに、遁世した人々である。このような人々は、法然や親鸞の世界性、人類性を持つことから甚だしく遠い存在であった。聖道門は自力のみである。ある種の苦難・悲嘆・逆境と闘う信念を生み出せるともいえよう。しかし逆境に耐えかねると、一刻も早く極楽に往生したくなり、穢れた俗世を立ち去りたくなり、集団自殺をしたりする。激しい行き過ぎの「他者破壊・自己崩壊」に走る人々が多くいた。

だから法然と親鸞の信仰と思想の道は、非常にか細い小道である。ちょっとでも左右に脱落すると、身も蓋もなくなってしまう。一歩踏みはずせば、女犯の破戒僧の俗物に陥っていく。醜悪破倫の遊行僧に脱していく。片側には聖道門の学問体系があり、俗界多数派の暗黒の迷信がある。もう片方へ脱落すると、苦行をもって解脱の道とするわけである。その苦行たるや、夏冬裸形で露地に坐したり立ったたまま、あるいは棘や針の上に臥床し、自餓死する者もある。高岩より投淵、赴火して身を焼き死することを極楽往生となし、あるいは寂黙不語常立を限界まで遂行したり、食草、食糞など異常行為を繰り返して人目を集めた。口舌調子がよく、あやしげなおどしゆすりや、見世物のように人間限界を超えた苦行をしたり、南無阿弥陀仏と唱えながら油をかぶって火を付ける。沼や海に入水する。善意と無智の入り交じった周りの信徒と群衆は、その「過激・純粋」な行為にひきつけられてしまう。

苦行とは、精神生活の最高の覚悟を獲得するためと称して、まずはすべての人間的欲望を押え込み、その上で肉体には断食、呼吸制約その他の身心受苦など、自虐的行為を積み重ねることによって、長年重積した悪業と苦行を平衡にし、ついには精神的自由を獲得し極楽往生する「信心」である。もともとはインド土俗信仰の修行様式を仏教が採取したのであろうが、苦行も、その反対極の奔放なる欲望も、いずれも真に解脱にいたる道であるわけがない。釈迦自身、六年間も苦行を積み重ねたのだが、結局、得る所なしと覚り、これを棄捨したことで知られる。

そのような歴史的状況下で妄説邪信が大変に流行した。法然上人が朝廷や既成仏教諸派から攻撃されたのも無理はないといえる。前章までに詳説してきたように、一二〇七年の弾圧の時に、法然はきちんとした信仰伝承を授受していないではないか、日本国王の勅許を得ていないではないか。この二つだけでも、既に駄目であるといわれるのは、無理もない。聖道門を選別して捨て去った法然一門こそ、あやしい。法然よ、お前も邪教だ、と言われたのである。

四　歴史認識

「近代」の誤認と原罪

普通、私たちが「人間性」なるものを語る時、近代の幕開けのアメリカ独立革命（一七七六年）とフランス大革命（一七八九年）以降、基本的な考え方から、「近代」なるものを、良いこと、明るいこと、合理的なこと、客観的なこと、素晴らしいこと、と当然に規定づけている。人間それ自体を本当に信用できるとする「平明」な生き方や「民主」的な考え方である。人間性を自由に解放したら、本当に素晴らしいというのが近代主義である。それは私たちが、母の胎内にいる時から、それが正しいという前提で胎児に刻印され育てられてきている。私たちは出生した瞬間から基本的にはそれらのことを疑わない。母子の健康維持や生物生命科学からも、まわりの衣食住の豊かな生活環境からも、たしかに近現代社会には、人間の知能と良識、人権が開花し、人間生活条件が向上した。「生」を享楽しうる医薬などをはじめとする理想的な社会環境条件が、人間の力で構築できると前提される理由がある。その先頭を切っているのが白色文明の先進大国（米英仏独……）であろう。実をいうと、彼らの主導する世界秩序と世界平和が十九世紀以来、確立されていたのである。「先進近代」が、「後進、遅滞」の無知、頑迷、暴力、無秩序、反乱、宗教弾圧、人権抑圧、思想排除、民族自決を押え込まなくてはならないという。

しかし、その考えは歴史的にいえば必ずしも正しいとは決められない。あるいは地球規模からいっても、全人類段階から考えても、必ずしも神仏の教えにかなっていることだと断定しがたいのである。白人先進文明諸国における凶悪犯罪と薬物中毒の激増、国家悪＝国家犯罪としての戦争仕掛けの乱発、社会風潮や民衆風俗としての性的退廃と人倫の崩壊現象などは、真に目にあまる。有色人種、第三世界、後進諸民族の空気、水、光、植物、魚、林、鉱石、石油と人的労働力を収奪し、吸着しつくしながら、混迷が拡散しているといってよい。第三世界諸国の国内矛盾と混乱を奇貨として武力介入し、外交上、金融上、貿易上に締め上げている。

非情、惨虐、虚飾の人間性こそが「近代」にまといついてしまった、といって誰が否定できようか。ところで真の信仰者の側からみれば、虚仮であり、人として生きていること自体に罪が生じているという世界観を、法然上人や親鸞上人らが持っている。その視座から歴史を振り返ってみると、十八世紀以降に限っても、世界史や各国史に、人間性なるものを、そっくりそのまま呑み込むことができない毒薬の部分があまりにも多い。美しいというか、明るいというか、和やかというか、そのような色調から大きく逸脱しているのである。アメリカ黒人奴隷、アイヌ民族、朝鮮人、中国人、ヴェトナム人、アフリカ諸民族、インドの諸民族などの、この三百年間を概観しただけでも、私たちは、人間の犯した罪業の底のない恐ろしさに震える。これでは近代否定にならざるを得ない。

私たちは、ややもすると、前近代の束縛をのがれ民主・人権・繁栄を獲得すれば、人間は本当によくなるといい切って安心しているが、この十二、三世紀の、私たちが研究対象としている法然・親鸞の信仰は、生きていること自体に他のあらゆる衆生に対して罪が生じるとしているのである。人間の暗闇、人生の底を見つめている。すなわち、人は今や末法的存在であって、神仏によって救われないかぎり、この苦海（界）と泥海から離脱することができないのだと。

罪悪が、己れの生にからみつき、内在する。それは国家の責任である、政治が悪い、他人が悪い、時代が悪い、といって弁解して逃れ切るわけには行かない。末法だから仕方がないとはいうが、そもそも己れが生きていること自体が罪を生じる原因なのである。キリスト教の「原罪」オリジナル・シンに相似の罪悪観である。

親鸞上人が自分こそ罪人だというのは、自分が無銭飲食したとか、盗みをしたとか、性的欲望を持ったとか、世話になった人を裏切ろうとしたとか、人をだまそうとしたとか、人に対して不当に怒りを覚えたとか、そういう程度の罪ではない。親鸞上人が、ご自身の個人的、心理的、肉体的な罪の行ないを恥じ、あるいは悟って、私は罪人だといっている程度ではない。この世の罪業のすべてをとらえて、自分の中にまさにそれがあるとすることである。已れが生きていること自体が、そもそも罪を背負っているのだという。自らを罪悪生死の凡夫といっているのは、大げさではない。

日本人の思想優位性

このことは、十二、三世紀の日本人が、ここまで思想性が高まってきていることを明らかに示している。「全世界」を自分の生死の中に組み込むことである。周知のように親鸞上人も法然上人も、中国、朝鮮にすら行ったことがないような、現代から思うと極端に狭い領域内での枠組みで、情報量の少ない状況下にあった。それにもかかわらず、已れの業に万人の罪が内在するという世界人類を包括する信念に到達した。人類全体の罪を自分の中に感じとっている。だからこそ矮小卑俗な自力程度では救うことができないのである。阿弥陀仏に助けていただくより外はない、という信仰に辿り着く。良いことなどなにもなく、卑賤、俗物、犯罪、憎悪、闘争、殺戮、裏切り、虚飾、退廃などが渦巻く末法の時代である。その泥沼と苦海の中での純粋な信仰体験に裏打ちされた信仰確信によってのみ、鋭く、かつ包括的な歴史意識が育まれるのであった。

これが、法然、親鸞たちの専修念仏信仰者の世界信仰革命の教えの歴史認識の成果なのである。

歴史認識や社会意識というものは、近代社会科学的な合理と客観にのみ依拠するものであろう、と一般的には考えられる。前近代の中世人、あるいは古代人の場合は、その時代に照応して保持する迷信の中に写し出された映像において考える。いま私たちは、社会科学と自然科学の技術や論理を使って真実をとらえることができる。それにしてから が、かなりいい加減で、眉唾的な場合が多いといって間違いではない。第二次世界大戦の始終を判断しえた社会科学が存在したろうか。戦後の高度経済成長やその後のバブル崩壊を予測しえた経済学説がどれほど存在したか。ソ連・東欧社会主義レジームの崩壊についても、ナチズムの因果についても、中国文化大革命の始終についても、どうか。人類の社会科学は、現段階ですら、かなりあやふやな「ものみの塔」であるに過ぎない。

これに対して中世人、古代人は、どのようにして、正しい真実の歴史認識、社会意識を持ったのであろうか。法然、親鸞両上人の場合は、純粋なる信仰体験の中に徹底しきることによって、正しい真実の歴史認識、社会認識を摑んだのである。信仰の中において聖俗の真実を摑むということはあり得るのである。無論、昔は発信受信の情報量も少ない。電信と新聞やテレビ、電話、ファクス、電子メールもない、そのような中で、どのようにして真実を見つけ得るのか。それは、霊性の強い人が純粋な信仰三昧の中に獲得されたマジカルパワーのような霊力によってであった。神仏のオーラを受けたすぐれた宗教家においては、時代や場所を超えて、真実を摑むことができる、としかいいようがない。法然と親鸞の両上人が、あの時代において、あの真実を摑むことができたということは少しも疑わしいことではない。むしろ法然上人、親鸞上人の信仰の強さを、このことは物語っているともいえよう。

こうして、

善人なおもて往生をとぐ、いわんや悪人をや。

という驚くべき聖句が出てくる。決して調子よいレトリックや大向こうをねらった名句を吐こうとしていない。他人に足を搦めて寄り倒すような理論ではなく、真実である。幾度も述べるように、生きていること自体に罪が生じている。私たちは、食事をするということ、呼吸するということ、それ自体が罪を生み出し、罪にからんでいる。法然上人は、南無阿弥陀仏を絶えず唱えなさいという。唱えている間は、悪いことを考えられないからである。このことは法然上人が口癖のように言っていることである。

真宗の僧侶夫婦や熱心な門徒たちは、近代になってからも、この名号称名の信仰慣習を変えていない。日本近代文学のさきがけとも評価される島崎藤村三十五歳の長編小説『破戒』（一九〇六年刊）は、周知のように身分差別される未解放部落出身の青年教師、瀬川丑松を主人公にした悲痛極まりないストーリイで、北信地方農村風土の匂いの濃厚なロマンである。その冒頭、丑松が下宿替えをする飯山町蓮華寺は、真宗の名刹大寺で、名説教師住職（裏面もあるのだが）の五十歳前後の妻（有髪の尼）は、たえず手に数珠を持ちながら「かすかな声で口癖のように念仏して」、相手の丑松と会話をかわす様子が描写されている。話の合い間にも「なむあみだぶつ」と口の中で唱えるのであった。ところでさきの善人悪人論の言葉は、決して言葉のレトリックや飾りの比喩ではない。文章上や文体上の言葉のあやではない。

しかるを、世のひとつねにいわく、悪人なお往生す、いかにいわんや善人をや。

私たちの信仰は、ここを通過しなければ、救いの道を確信できまい。己れの生、一人の命の中に人類の罪が宿っているのであるから、人を責めるどころではない。事実として、法然上人は、強盗殺人犯も救っている。悪人を投げ捨てて、彼は悪人、我は善人といっているような、のんびり都合よいことはできない、他人を傷つけずには生きてはいけない罪人としての己れを感じれば、本願他力しかないのではないか。しかも、私たちはいつでも、時代が悪い、政治が悪い、社会が悪い、他人が悪い、上司が悪い、部下が悪い、女房が悪い、旦那が悪い、子供が悪い、親が悪いと、周囲の人々に言っている。そのようにして私たちは、自分は努力したが、力が及ばずと。そう言えば謙虚のようだが、実は責任を他へ流しているにすぎない。

信仰精神の爆発

他力にたのむ人と、たのまない人との違いは、本質的には、ここに出てくる。この自己点検をみるまでもなく、自分を罪人、愚者、悪人と考えざるをえない人は、阿弥陀仏の無限の力を持つ他力をたのまざるを得ない。全人類の罪が已れ一人に覆いかぶさっているので、逃げようがない。人間の浅知恵のちょっと良いことをしたくらいでは、神仏は救ってくれない。阿弥陀仏にたのむことでしか救われない。

私たちはよく、いわば気軽に自分たちの人間性にとって許しがたいと思うことを、非人間的な罪悪であるとか、非人間的な犯罪であるとか、非人間的な戦争と非難して言うことが多い。本当は宗教的にいえばそうではない。罪こそが、人間的なのである。それほどまでに人間は恐ろしい罪人であり悪人なのである。これが日本人が十二、三世紀に到達しえた信仰到達点である。想い起せば、京都学派の哲学者、西田幾多郎（一八七〇―一九四五年）が大戦下の惨害にふれて述べた評語ではないが、人類史の思想文化の業績の面で日本人が貢献できたものとして、一つは『歎異抄』の親鸞の言葉。もう一つは正法眼蔵随聞記の道元禅師の言葉。この二つが必ずやあげられるであろう。

已れの生に万人の罪が内在しているということを、今から七、八百年前に法然、親鸞の信仰グループがすでに喝破していたことの思想的意義は、あまりにも大きい。この信仰精神の爆発に、東の鎌倉武士から西の平家一族、そして国中の庶民にいたるまで、皆ひきつけられてしまったのは無理もない。

五　信仰の力

罪人の自覚

本章前段で紹介してきた通り、鴨長明のように、一種の諦観から山の中に籠る人もいる。勿論、鴨長明が、法然や親鸞のような、すべての人間存在は末法的存在であり、己れの生そのものに根源的な罪が内在するという信仰観を持っていたわけではない。鴨長明には、ライバルの下級貴族の人々をつい非難してみたり、競争相手の芸術家をなじったり、自分が出世できない理由を述べてみたりしている個人的側面を否定できない。

法然上人は、清貧・遁世・脱俗の風俗を「楽しむ」鴨長明を大きく跳び越えるような存在である。専修念仏の浄土信仰の根底は、生きていること自体に罪が生じていると考えざるをえない所にある。人間性を罪とみなさざるをえないという社会意識なのである。自由・民主・博愛・繁栄万歳の人間讃歌というような近代思想は、歴史的に人間性を束縛している枠組みや制約を皆捨てれば、人類は輝やかしい栄光の現世を自力で獲得できるとしたのであった。近代は古代性・封建性のありとあらゆる嫌なところである、時代遅れのもの、汚ならしいもの、束縛するもののすべてを脱ぎ去ると、正しくなる、幸せになる、美しくなる、という基本的な考えなのである。

その「近代」が生れる七百年も前から、法然と親鸞は、人間性が完璧になりうるという傲慢な考え方に疑問を持っていた。人間は、人間らしくなればなるほど、神に近づくということが、虚構であると考えた。人間は、人間として自力で苦心惨憺、修行をしていけば、最後に聖人君子になれるというような考えは、幻想なのであるという。自分が悪人であるという絶望と自己否定の渦中から、虚無のどん底から、阿弥陀仏によって救いとられ、飛翔できる。仏によって救われない限り、絶対に別の逃げ道はないというのが、法然、親鸞両上人の信仰である。ところが逆に古代寺社は、努力すれば救われるのだ、加持祈禱すれば救われるのだと、さかんに法然、親鸞らを責め、許さなかった。

他人を傷つけずには生きていかれぬ罪人としての己れを認識するというのが、法然、親鸞の信仰である。他人を傷つけずには生きていけない。そのことを知らずに、善人になりたいとは言うが、「善人」になることで他人を傷つける。他人を傷つけずには生きていけないという法則に例外がないというのが、法然、親鸞の信仰であり考え方である。例えば、孤独になるとか孤高になるとか、山に閉じこもるなどということで、他人を傷つけないなどということにはならない。なぜなら、己れの生に、万人の罪が内在しているからである。どこへ行こうが、僧院の中であろうが、深山に閉じこもろうが、無人島に行こうが、全人間の罪を一人の人間が背負っている。だから、どこへ逃げようが、逃げ切ることなど、できない。救われる唯一の方法は、仏に助けていただくことしかない。

法然上人は四十三歳の時、これだ、と悟った。親鸞上人も法然にだまされたとしてもついていくという確信を持った。具体的な証明がなくても、法然上人がそのようにおっしゃった以上、親鸞上人は、だまされていたとしても法然上人を信じるのである。そもそも人間はすべて生きていること自体に、衆生と森羅万象に対して罪があるのだから、師匠にだまされたぐらいでは動揺などしないのであろう。

二つの光源体

法然上人と親鸞上人の信仰者としてのありようの差異を、この段階で強いてあげるならば、浄土真宗の立場からではあるが、近世十八世紀末の粟津の義圭師の言が参考になろうか。すなわち、

法然聖人のように出家の行儀を崩さずに御座なされては、在家の者の疑いは霽《は》れぬ。魚喰っても（往生の）大事ない。妻が有りても（浄土へ）参ると（法然上人が）仰せられても、あなたは精進潔斎、同じ事なら出家にこしたる事は

あるまいと。在家の身ではこの疑惑が霽れまい。処で御開山（親鸞上人）そこを哀れませられ、わざと仏の禁戒を背き給い、在家一同の御身ぶりにならせられて、末の世の我等が往生の疑い、終らせて下された。

人の親の心は闇にあらねども、子を思う道に迷いぬるかな。あれはけしからんと人に笑われ譏《そし》らるる様なことをするとも、子を不便《ふびん》と思う恩愛の闇に迷う親の慈悲。御開山の我等を導き給うもその如く、なんぼう聴聞しても聴いたばかりでは会得（のみこみ）かねる愚痴無智のものを……さとし給わんとて、出家の行儀を崩し給い、あなた（親鸞）の御身からが五欲の泥に汚れ給いて、凡夫往生の御先達と成って下された御慈悲のほどを思いしれ。

他宗からはそしり、世間からは笑うとも、末の世の悪人凡夫のためならば、それはすこしもいとわぬと、御身を捨てさせられて我等を哀れみ下されたは、子を思う道に迷うた親の慈悲。

とわかりやすく説明されている。どこまでも、その人生の最初から最後まで、宗教家として専修念仏聖人として、完璧な学問と識見、深い洞察力と暖かい指導性をもった柔和忍辱《にんにく》で「智恵者随一」の持戒持律の僧侶である法然上人と、愚者、悪人、痴者、凡夫の罪人としての人生実践を貫いた親鸞上人と。この同朋師弟両人は、同じ信仰における両側面の無量光ともいえる輝きを永遠に展開しているといってよかろう。

ここで当然に湧きあがってくる疑問は、一般貴賤や浄土宗側からする「他力念仏の御安心は法然上人が根本ではないか」。それをあろうことか「他力の御勧化」を親鸞に「濫觴《らんしょう》」したことのように仰せられるはどういうことか、ということ。先刻以来、読み合せて来ている粟津義圭師の巧みなる弁説を聞こう。

「きこえたことじゃ」とまずはさっそくに、きつい質問を引き取る。「昔、法然上人の御在世、東山吉水に於いて念仏門御弘めなされたみぎりは、他力真宗……吉水の御家に在りたれども、法然聖人も御入滅なされて後、かの西山（法然に二十三年親随した善恵房証空上人が始祖、禅林寺派、永観堂の光明寺派、深草誓願寺派の三派）、鎮西（聖光房弁阿上人が始祖、知恩院が総本山、金戒光明寺、知恩寺、清浄華院、増上寺が大本山）等と流義まちまちにさきわけて、いずれも元祖（法然上人）の御正意を取り失うた程に、六百年過ぎての当今では、昔、元祖の御弘めなされた他力真宗……は、ひとり当流（浄土真宗）御開山の御家（東西大谷両家）につたわらせられた」と、上手に説明してのける。それはちょうど、「総じて国々にいろいろ物産のある中に、奈良晒布というは、布の名物、時にこの晒布が奈良でできるかといえば、そうではない。近辺の在に引田野、木津野という処があって、それから織出せども、奈良に問屋があって、そこから世間へ売り弘めるによって、奈良晒布という。江戸の浅草海苔も、浅草でできるかと思えば、これも浅草にあるではない。江戸より三里わきの品川で仕出すものなれども、浅草に問屋があって、それから売り出すゆえ、浅草海苔という。……元祖、法然上人は、勢至菩薩の御化身（衆生教化の方便のために仏菩薩が自ら身を変化させて衆生の身、ここでは法然の身となること）、本師（根本の教師たる）阿弥陀如来の智恵の光をわけたまい、この日本国に出現ましまし、選択本願の念仏、他力往生の旨を御ひろめなされたれば、その根本というは法然上人に究まりたれども、末代今の世に至りて、その他力安心の弘め取るというは、外にはない、当流御開山の御家に事きわまる」。

と、法然＝親鸞の法灯を確定するのである。説教家、義圭は、教化のしめくくりを忘れていない。親鸞上人の「御一代御苦労の御蔭」の御宗旨を繁昌させるもさせまいも、「そこは同行の心入れにある。細々に同行に会合の時は、相互いに信心の沙汰……同行同志寄り合うて、かりそめにも飲み食い、あとは世間風話でざっと退散するような事では、御繁昌とはいわれぬ。御開山（親鸞）の御苦労は空事《そらごと》になってしまう。なによりかより信心決定が肝心」と、説教聴取門徒の心を励ましている。

6　信仰の具体像

一　父母への供養

追善供養の否定

歎異抄第五章

一　親鸞は、父母の孝養のためとて、一返にても念仏申したること、いまだ候わず。その故は、一切の有情はみなもって世々生々《せせしょうじょう》の父母《ぶも》兄弟なり。いずれもいずれも、この順次生に仏になりて助け候べきなり。わが力にて励む善にても候わばこそ、念仏を廻向して父母をも助け候わめ。ただ自力を捨てて、急ぎ浄土の悟りを開きなば、六道・四生のあいだ、いずれの業苦に沈めりとも、神通《じんづう》方便をもて、まず有縁を度すべきなりと、云々。

『歎異抄』第五章の力強く私たちに迫ってくる怖さは、冒頭いきなり、「親鸞は」と自分を出してきて、「父母の孝養のためとて、一返にても念仏申したること、いまだ候わず」と、断言しきったところからくる。この言葉は、『歎異抄』全編を通じても特異なもので、ひとたび読み込んだ人は、誰でも生涯忘れられるものではない。「家社会」の精神風土性が濃厚な伝統日本の宗教習俗からしても、個人的な親子の情愛からしても、少くとも表向きは、すべての日本人が、世代男女貧富の差をこえて、ひっかかり、疑問に思うところであろう。それを、こともあろうに先祖供養の惇風《じゅんぷう》を拒否するとは。

五世紀後の十六世紀後半から十七世紀前半にかけて、日本人好みの物珍らしさ気分と儲けの衝動が強く働いて信者が増殖したとされるキリシタンも、第一には秀吉、家康、秀忠、家光の大弾圧に屈して「消滅」したことをも否定できないが、第二にはキリシタンが、伝統日本人の神仏儒合一のごとき祖先崇拝と追善供養の「美風」を偶像崇拝（単なる人間＝死者を神として祀り崇敬し信仰する）として拒否したと思われたことが、大きな原因として数えることができよう。明治期以降のキリスト教（プロテスタント諸派とローマおよびグリークの両カトリックを含め）の信徒群が、宣教師たちの努力の割に伸びなかったことにも、代々につながる先祖墓碑の祭祀と供養の断絶を恐れる日本人の躊躇心が強くひびいているといえようか。それほどまでに、この問題は、日本人の重大関心事でありつづけてきた。それを親鸞がすでに十三世紀に否定していたのであった。

つまり『歎異抄』第五章は、普通の意味での日本人の伝統常識の範囲を逸脱した信仰の筋を、くっきりと示して、北関東の門徒たちのたましいに刻印されたに違いない。唯円は、無論、『歎異抄』第四章に十分に下地を塗って置いたのであり、いわば丹念な言葉と思いの下敷きをして第五章に臨んでいるから、余計にすごい迫力をもって迫ってくる。

無常極まりない生死に輪廻して、うごめき、あせり、苦悩と悲惨のみ多い「火宅」を離脱できずに、うろうろする人間のなさけなさ。自分自身はもとより、親兄弟をも助けることができない。親子、夫婦、親族、知己の人間関係と貨幣関係の世俗事がからみついた現世の苦海を、どこまでもうまく泳ぎ切ることなど、できるものではない。「彼岸」

の極楽まで調子よく遊泳して渡り切ることはおろか、うまい話の便船などに乗り込むことは不可能に近い。あの太閤秀吉の始終をみよ。今太閤といわれた田中角栄を想起せよ。平家の公達《きんだち》の末路を偲べ。

四生（胎生、卵生、湿生、化生）の形態の別で六道（地獄、餓鬼、畜生、修羅、人間、天上）を巡りまわりながら、業苦に沈んでいる近親者や縁もゆかりもある衆生を、救うためには、どうしたらよいのか。『歎異抄』第四章にあるように「今生にいかに、いとおし、不便と思うとも、……助けがたければ」、自力の慈悲など姑息な努力や配慮で間に合うわけがない。

還相廻向

周知のように、いわゆる追善供養とは、亡父母ら祖先のために死後の幸福を祈り、施斎、施財、読経、写経、建寺造像、持呪などの追福活動をすることである。しかしながら、たとえどんなに立派なものであっても、地上的なもの（物と貨幣による支援とはげまし）、人間的なもの（思いやりの愛情のこもる自力）では、結局は救われない。人間的な善意、愛情、親子、夫婦、恋人同士の情愛では、とどのつまり、互いの相手を本格的に、霊的に救うことはできない。

自分を「悪人」として規定してみると、絶望しか残りそうもないのだが、むしろそこに自分を無知、愚鈍と見定めた「自己否定」の渦中から、少くとも自分が「南無阿弥陀仏」の称名の確信する信仰の中で、死没、「往生」し、一刻も早く「仏」になって、この世にふたたび「還相《げんそう》」し、霊的にもどり帰り来たって、現世俗界の人々のたましいの救済に貢献するばかりか、「辺地」に迷い込んでいるすべての衆生のたましいを救済することが可能になるという筋道の方が、確実なのだ、という信仰であった。還相廻向とは、阿弥陀如来より、一切の衆生に対して往生浄土の第十八願の功徳を施す「往相廻向」の、対語である。専修念仏によって極楽に往生した行者が、ふたたびこの生死の迷界に還り来て衆生を化導《けどう》して、共に仏にならしめる能力を阿弥陀仏から往生者に与えられて働くことをいう。

粟津義圭師の『御伝鈔（覚如上人述）演義』（安永四年）に北インドの天親（＝世継。無着の弟）が「衆生済度のためには、西方極楽に往生して還相廻向の利益《りやく》を施し、悪人凡夫を引きて浄土につれかえるにすぎたる事なし、とおぼしめし極められ……『往生浄土論』一部を御製作あられ……後魏の世に玄忠寺の曇鸞大師、天親菩薩の往生論を釈して『論注』一部を御制述……天親、曇鸞、極楽からの還相廻向《えこう》、かかる不思議の因縁がましますす」とある。

どんな「業苦」に沈澱しているような「有縁」の人々をも、こうしてはじめて「神通方便」の無限広大な「還相廻向」の力能によって救い出せるのだという。まさに怖《おそろ》しいほどに力強い信仰のありようである。

二　私の弟子

親鸞の弟子

歎異抄第六章

一　専修念仏のともがらの、わが弟子、ひとの弟子という相論の候うらわんこと、もってのほかの子細なり。親鸞は弟子一人《いちにん》も持たず候。その故は、わがはからいにて、ひとに念仏を申させ候わばこそ、弟子にても候わめ、ひとえに弥陀の御もよおしにあずかって念仏申し候うひとを、わが弟子と申すこと、きわめたる荒涼のことなり。つくべき縁あればともない、離るべき縁あれば、離るることのあるをも、師をそむきて、ひとにつれて念仏すれば、往生すべからざるものなりなんどいうこと、不可説なり。如来より賜わりたる信心を、わがもの顔にとりかえさんと申すにや。かえすがえすもあるべからざることなり。自然《じねん》のことわりにあいかなわば、仏恩をも知り、また師の恩をも知るべきなりと、云々。

私たちからすれば、法然、親鸞の両上人は、民衆のたましいを引きつける崇高性と神秘性を持ったカリスマ的存在である（このカリスマ性を近現代でさがせば、日露戦争前後の明治天皇や、革命中国の毛沢東らがすぐにも思い浮かぶ）。そのカリスマ性を持った親鸞上人が、「弟子一人も持たず候」とまで言い切る。これは後の浄土真宗の自己点検の基軸となる言葉といえよう。

親鸞上人にとって「弟子」といわれる人々は、北関東から、霞ヶ浦周辺までに広範囲に拡散していたと思われる。「門侶交名牒」には四十八名が記されている。下野国では高田の真仏、横曾根の性信ほか五名、常陸国では河和田の唯円、奥郡の安養、ほか十八名、下総国の三名、奥州の大網の如信ほか六名、武蔵国の一名、越後国の一名、遠江国の一名、洛中の尋有、兼有など親鸞実弟ほか五名、ほか一名である。別に「二十四輩牒」に常陸国四名、下野国一名あり、その他の史料にみられる名が二十三名（その中には中太郎、高田入道、善鸞なども）ある。彼らは、主として道場主の立場にある親鸞に直接面授の門徒幹部であったと思われる。この道場主の下に、数人から百人の同朋同行の門徒が出入りしていた。

「門侶交名牒」（妙源寺本）は「上人面授口決門弟末弟共、所記三百十余人、奥書康永三甲申（一三四四）季書写也」としている。職業的には漁人、小商人、行商人などから作人、下作人の窮迫直接耕作農奴層を含んでいた。一部には土豪的武士、郷士名主層的な関東武士層に入る人々もある。一般的にいって「一文不通のともがら」であり、「下根」（能力の劣る）の無知文盲であった。明日もわからぬ窮乏の中で、災害凶事年表にみられる通り、あの恐るべき飢饉と凶作の時代を生きていた「百姓」（親鸞上人の手紙、一二五五年九月二日）の人々であった。京・鎌倉の臨済、曹洞の禅宗のような高尚な中世仏教の学問の権威と修行の美意識とはほど遠い存在であったろう。

さきにも紹介しているように、親鸞上人とその門徒たちは凶作に苦しむ越後国から北関東へ生存を求めて移住してきたのであるが、これらの人々も、法然上人のいう漁人、木こり、草刈り、草つみ、水くみの類いの百姓であった。

まさに親鸞上人がとらえたたましいは、餓死線上すれすれの窮乏農奴たちであった。のち越後に分れ住む妻の恵信尼が手紙で、「この国は、昨年の作物、殊に損じ候いて、あさましき事にて、大方、命生くべしとも覚えず候……何として、ものをも作るべきようも候わねば……いくほど生くべき身にても候わぬに……いずれも命も有難きようにこそ覚え候え」（一二六二年）とか、「今年の飢饉にや餓死もせんずらんとこそ覚え候え」（一二六三年）と認めているような窮状であった。だから「領家、地頭、名主」層が百姓門徒に「ひがこと」をすることや、「公家どの」たちが「ひがこと」申すことに対して、親鸞が「道理」のこもった明確な姿勢をもって対していたのである。いわば北関東親鸞門徒の階級身分構成は、はっきりした位置づけをもっていたといえよう。

貧窮農民の信者

十三世紀中葉、八十五歳の親鸞上人が記した「一念多念証文」には、次のように、ご自分のとらえたたましいの存在形態を生き生きと表現している。

　一念多念証文

ヰナカノヒトビトノ文字ノココロモシラズ、アサマシキ愚鈍キハマリナキユヘニ、ヤスクココロエサセントテ、オナジコトヲ、トリカヘシ々　カキツケタリ。ココロアランヒト、オカシクオモフベシ、アザケリヲナスベシ。シカレドモ、ヒトノソシリヲカヘリミズ、ヒトスジニ、オロカナルヒトビトヲ、ココロエヤスカラント、シルセルナリ。

自分の布教対象とする地方民衆というのは、田舎の人々であって、文字の心をも知らず、浅ましき、愚鈍きわまりなき人々である、と親鸞上人は、その布教上の文書の「低俗性」をさかしらに批評する聖道門の学僧、高僧たち、「心ある人」に弁解している形をとっている。法文解説の同じことを繰り返し繰り返し書きつけ、話しかけないと理解できないような「愚かなる人々」を心やすからしめ、往生の道を教示する布教の志が、いかにも如実な証文である。何度拝読しても感動を覚えざるをえない文章である。

この「田舎の人々」や「愚かな人々」こそ、十二、三世紀の戦乱と凶作と飢饉の社会にあって沈澱し苦悩し、涙して忍従していた人々であったし、現世の苦海の中から極楽浄土に往生したい願望を強く持つにいたった人々であった。『宇治拾遺物語』にとりあげられた「田舎のちご、桜の散るのを見て泣く事」は、その人々の中における父子の別離と無情を文外に語ってあます所がない。

是も今は昔、田舎の児の比叡の山へ登りたりけるが、桜のめでたく咲きたりけるに、風の激しく吹けるを見て、この児さめざめと泣きけるを見て、僧のやわら寄りて、「などこうは泣かせ給うぞ。此花の散るを惜しうおぼえさせ給うか。桜ははかなきものにて、かく程なくうつろい候なり。されども、さのみぞ候」となぐさめければ、「桜の散らんは、あながちにいかがせん。苦しからず。我父の作りたる麦の花の散りて、実のいらざらん思うがわびしき」といって、さくりあげて、よよと泣きければ、うたてしやな。

ここに描かれる田舎児は、おそらくは東日本の貧農下作人層の子供であろうか。天台宗総本山延暦寺の下級下賤な雑役労働力として従事させるため、地方辺境の貧農奴の小児が提供されていた。貢納未済か借金のかたであろう。叡山の支配荘園からか、有力土豪や貴族が労役収奪し、延暦寺に寄進したと思われる。一種の奴隷労働である。泣く泣く親兄弟姉妹と分れ、恐らくは二度と故郷にもどれぬことを幼な心にも知っていた。使役する学僧が、桜花の散りぎわのよい美しさとはかなさを美し、とめでるものの、季節のうつろいとのみ受け止めるだけで、とくに感激もないままなのに、労役の小児（稚児）は違っていた。桜の花を見て「さめざめと」泣く。奥深い民衆窮乏の泥海を知らぬ気《げ》の学僧は、桜花の散るのは毎年のことだよ、と不審がる。その時の稚児の応答は鋭くも悲しい。桜の花の散るのは、どうということはないのだ。泣くほど嫌なことなどではない。自分の父の苦辛して耕作している麦の折角の花が、この春の嵐で吹き飛ばされてしまい、晩春に実が入らなくなってしまうのを、はるかに思うだけで、それが本当に悲しい、としゃくりあげ、声をあげて泣きつづけたという。おそらくは、麦作が不作になると、父は今度は自分の弟や妹を身売りするか、領主公家に人質としてとられてしまうにちがいない、そのことを思うだけでも、とくにつらかったろう。「うたてしやな」という学僧の評語が落ちとして附されているが、興ざめ、無粋、無趣味なもので、この世の無常の仏教哲学を理解できない稚児め、といったところであろうか。「うたてしやな」という評語の見当違いにもかかわらず、というか、その故にというか、このエピソードを記録してくれた学僧に、私たちは感謝しなければなるまい。親鸞上人の北関東の弟子たちの風俗と気風と生活は、この説話の父子に、ほとんど相似していると考えてよいからである。

親鸞上人の信仰上の師匠としてのカリスマ性というのは、こういう人々の中から選び出された弟子たちの中に形成されていくのであった。古代と中世の端境期の混迷の時代における人間差別と労働力収奪のなまなましい現実の中で呻吟する人々こそ、親鸞の真摯なる弟子に入り込んできたのであった。

これらの人々が、法然上人の弟子群像として悪評をこめて描かれる「黒衣多衆党類」（『明月記』）、「魚鳥を食み、女犯を好む」（『吾妻鏡』）破戒僧になり、同時代の評語に、「虫の如き若女」とか「山猿の如くに騒しい」とか「泡の如き小童」とか「東夷の無智」とか「淫女、狂僧」と、悪名をとどろかした念仏衆になっていくのであったろう。

他力本願往生の道筋を、繰り返し繰り返し、凡夫愚痴の悪人に語りかけるという専修念仏衆僧侶の丁寧なる説聞の姿勢は、その後も一貫して変らなかった。「一念多念証文」の信仰布教精神が生き続けたのであった。

だから五百年を経て江戸中期の江州の説教師、粟津の義圭師は、善導大師の次のような戒めを紹介しているほどである。

「善導大師は、たまたま稀有の法を得れども、麁心懈怠にして益するに功なしと御歎きなされ、善知識（高徳の僧侶）はいくたびもいくたびも、人に相訪ねて、他力の安心を治定すべし。一往聴聞して（みるだけで）は必ずあやまりあるべきなり、とお気を向けさせられた」と（「即席法談」）。

阿弥陀如来の本願、凡夫往生の大功じゃによって、……兎角聞きあやまりのないよう、領解違いの出来ぬようにと思召されて、そうして御説きなされた大切の御法じゃによって、あだおろそかに聴聞しよう筈はない。たとえば客を呼ぶに、料理献立はいうに及ばず、床の掛物、生花にいたるまで、なにかに気を付け、心を尽して待ち受けたところに、呼ばれた客が、それを馳走とも思わず、亭主の心遣いに気も付かず、ほんのふりかかりに出来合いの一飯を振舞われたように思って、亭主の身にとりては、切角、心を尽して待ちもうけた馳走の甲斐がない。今もその如く、大切な弥陀の本願、凡夫往生の料理献立、念に念をつかわせられて説き聞かせて下された。この御教をうかうか聴聞しようなら、釈迦牟尼如来のさぞかし御残念に思召すであろう。

名説法家義圭師は、この「即席法談」の中で、地方寺院の門徒聴者の方々に対しても、篤実な信仰心からする積極的な姿勢での聴聞を求める教示を説法していて、ほほえましい。

それにしても、簡単に宗教宗派内の創唱者師匠とその門弟たちという師弟関係と、ひとくくりにいえないほどの同行同朋の師弟のありようが、まさになんともいえぬ凡夫愚痴悪人同士として、専修念仏信仰をめぐって、十二、三世紀に展開したのであった。

「弟子一人も持たず候」

延暦寺の修行僧の学僧、堂衆らが張り付いて日夜つき従う師匠なる存在との関係を断ち切っていた親鸞は、いわゆる師弟関係によって縛られた立場としての弟子は一人として持たないと言い切る。その理由が厳しい。我々は皆、どうしようもない罪人であるから、師弟関係ごとき水準では救われない。阿弥陀仏によって直接に救ってもらう外はない。愚痴凡夫の親鸞自身も、阿弥陀仏によってのみ救っていただける身である。その同門の信者たちを、我が弟子など称することは人間の高慢としかいいようのない、とんでもないことである。そう親鸞は考える。

自分の教導下で専修念仏の道に入ったのに、他の師匠の下へ行くとは。そういう恩知らずの身勝手では、いくら念仏をしても往生するはずがない、などと師匠が言ってのけるのは言語道断である。文化と科学技術など人類の営みの私物化は、宗教の世界でも学問の世界でも、公私企業の中でも、芸能や政治の領域においても、人間の「業《ごう》」として、へばりつく。「師をそむきて、ひとにつれて念仏すれば」と同様の人間関係の状況が、私たちの生きている現実にいくらでもあることに気付かされる。いかに親鸞上人が、人間心理の奥底をえぐって、実はいかにも人間臭い、いったんの弟子の引きつけや取り合いを拒否しているか。厳しい自己点検と規制でもある。阿弥陀如来から賜わった信心を、師匠が我が物顔に、自分の手元へと取り返すというのであろうか。せっかくの弟子が自分の道場を出ていくのであれば、育てあげ結びつけてやった信仰まで返済させて取ってしまい、破門にするとでもいうのであろうか。

「かえすがえすもあるべからざることなり」。

法然上人も親鸞上人も、この「にがい」経験を幾度となく呑み込まざるをえなかったであろう。それだけに親鸞にとっても余計に、このことを、今度は御自分の北関東の面授の高弟たちにも道場運営上の大切な教えだといわざるをえなかった。一人一人のありように融和した一人の絶対信仰でありたいし、一人一人の自立した人間の具体的なあり方にそった信心でありたいと。ピラミッド型の宗教ヒエラルヒーの上下関係による締め付けは最初から拒否される。

親鸞自身も、そのような既成宗教内の厳格固執な師弟関係に立つ弟子をとらないのであるから、北関東在村の各々の道場主も、それぞれに弟子を持っていると考えるのではなく、同朋の同信行者の仲間と考えてもらいたい、と親鸞は言う。

師の恩――その肯定的側面

「自然のことわりにあいかなわば、仏恩をもしり、また師の恩をもしるべきなり」。

「自然のことわり」とは自然の道理である。本願のはたらきの拒みようのない力で「おのずからしかるべくして、しかるべくなる」という「力」のことである。道理に合うならば、人間というものは自然に仏恩も知ることになるであろうし、人生上のある時のあるめぐりあわせで、仏から信仰を受け取るという立場になるであろう。法然上人、親鸞上人の信仰の立場は、人間の方が主体で信仰を見出したというのではない。阿弥陀仏の方から、その人間に信仰を恵んで下さるのである。人生途上での病気とか家内外の苦難といったきっかけを通じて、信仰につながるチャンスを与えて下さる。

「また師の恩をもしるべきなり」。

師の恩も、知るべき時には知るようになるので、師の方から強引に積極的に出しゃばり出掛けていって、私の恩を知れ、忘れるな、などというものではないと。この部分は、信仰者親鸞の師匠としての内面の深層心理が、いわば小師匠である道場主たちに対して、よく出ている文章である。北関東の弟子である道場主に、弟子など持つなとただ言っているわけではない。師、つまり道場主の恩も、いかなる門徒衆の弟子といえども必ず知ってくるであろうと確信している親鸞の気持ちが「べき」という表現に表われている。親鸞が鋭く追求する「師の恩」の周辺には、しかしながら、肯定的側面が信仰と生活の具体性の中に説得性をもって存在することは否定できない。

粟津義圭師（『新撰即席談』）によれば、

古人の申し置きて、何の道でも師匠というものがなければならぬ。ちょっとした芸能の上でも師匠なしにする事は場《ば》へは出されぬ。まして今は後世の一大事なれば、師匠善知識がなくては叶わぬ。すでに善導大師、雑修十三の失をあげ給う。心に驕慢を懐いて、同行善知識に親近せざるが故にと御意なされて、知識にも頼らず、同行にも近づかず、自己の料簡にまかせて、これでよいとすまして居るものが世間にまままある。我《われ》心得顔の風情は、第一驕慢の心にあらずやと御いましめなされて、及ばぬ凡夫の一分料簡で済しているのは甚だ危ない。……大きに本願の思し召しにそむける。まこと後生を大事と性根に入れて大切に思わば、この道を知った友同行、たといその人は我より目下《めした》な者であろうとも、年は若かろうとも、それにかかわろうようはない。医者の面体《めんてい》なり風俗が悪いというても、あわす薬が相応して病さえ治ればよい。夜道《よみち》を送る提灯持ちの風姿《なりすがた》が醜《みぐる》しうても、道さえ明《あか》ければよい。教ゆる人の形にはかまわぬ。身分の貴賤《よしあし》、年輩にもよらぬ。誘《すす》めてくれる法《みのり》がまことの教えに違いなくば、たとい、いかていの人を師匠と頼んでなりとも、後世の徳を取るが肝要じゃ。

信仰と思想の生活における師弟相承の丹念ともいえるような厳しさは、すでに『歎異抄』第二章にても、うかがえるところである。粟津義圭師も次のようにいう。

師の教を守るは仏教を保つなり。師の恩を報ずるは仏恩を報ずるなり。善知識の御意に随うがすぐに仏の御教を守るというもの。……仏は良医の如く、法は良薬の如く、僧は看病人の如しとあって、我等は無明業障《むみようごつしよう》の重い病の床《ゆか》に臥し、菩提心の脈のあがりた身なれば、……諸仏方《がた》も方便利生《りしよう》の匙を投げて、泣く泣く見捨て給う処に、阿弥陀如来は我等が為の名人の御医者。本願醍醐（旨味最上の牛乳の如き仏性）の名薬を御与えなされ、聖人善知識は我等が為の看病人。他力回向の御療治にかかるからは、雑行雑修の毒忌《どくい》みが大事じゃと、くれぐれ御勧化下さるる御意《ぎよい》を守り、雑行雑修をさらりと止め、一心一向脇目をふらず、ただ御恩尊《とう》とや忝《かたじけ》なやと南無阿弥陀仏の薬を好みめす身と成りたれば有難や。世々生々なおりかねた無明淵源《えんげん》の大病がこの度本復《ほんぷく》して、……健やかな覚りの身とはなし下さるる。

いったんは『歎異抄』第二章のごとき否定の側面からの師弟のあり方をかみしめつつ、さらにはその先に、粟津義圭師の講話にあるような肯定的な側面が、信仰生活にそれこそ「自然」に生れてこざるをえないのであろう。真宗門徒の教団的形成の母体をなす念仏寺院の展開は、こうして各地に群生してきたと思われる。

皆、阿弥陀如来の弟子なれば

だから『歎異抄』第六章は、信仰の奥義、思想伝授の本質をめぐっての奥深い訓話となっている。親鸞の気持ちがよく表われている。前述のように唯円は、親鸞上人が言われた通りに文字通り記憶していたのであったろう。これらの親鸞上人のお言葉を記録した時期は、著者唯円が北関東の道場主と人間として対等になるような経験をすでに持った頃（壮年期）であろう。親鸞上人も、唯円の精神的かつ信仰的成長を見定めながら話されたことだろう。このような話は、いくら頭がきれるような人間であっても、若い時はやはり理解困難にちがいない。ある程度の人生経験をふんで来たことは勿論、信者たちを組織しはじめた道場主たちの陥りやすい境遇に、唯円もさしかかっていたのである。だからこそ、唯円には親鸞上人が「かえすがえすもあるべからざることなり」と強くおっしゃる真意が、よく理解できたはずである。

他の師につけないということは、現在でも伝統芸能や競技武道などによくある。キリスト教セクトの世界、あるいは学問派閥の中にも出てくる。これらの精神世界に生きる人間にとっては、つまり師に背いて他の師に従うような弟子をもった師は、弟子に裏切られたような気持ちになるだろう。法然や親鸞はもとより唯円も、そうであったに違いない。

親鸞の長男で最後には裏切る善鸞の息子で京都の親鸞の手元で育てられた如信（一二三五―一三〇〇年）の語ったという「口伝鈔」（親鸞上人の「おりおりの物語」）の中に、「弟子同行を争い、本尊聖教を奪い取ること、しかるべからざるよしの事」の話が述べられている。人間の信仰というものが、信仰上の師匠、教祖などが入門の弟子に与えるというものでなく、一人ひとりのそれぞれ特徴をもつ人間に対して、阿弥陀仏が与えて下さった救いの慈悲によるものである、という法然や親鸞の教えの実例として格好である。

異端の芽ばえ

常陸国の新堤の信楽房が、信仰上の異端の考えを捨てきれずに上京し、「聖人親鸞の御前にて、法文の義理ゆえに」、師上人の「仰せを用い申さざる」ことがあったという。まさに親鸞が生存中から、すでに異った見解《けんげ》が北関東の道場主の一部に発生していたのである。信楽房という房名は、法然房、善信房、唯円房と同じく、それぞれの師匠から与えられた同信行者としての名（室名）であり、俗名で呼ばれることが無くなってしまう。これはちょうど、十六世紀のキリシタンの場合と似ている。日本キリシタンたちも、よほどの人物でないかぎりは、日本俗名は記録に残らず、文書史料に記されているのは、クリスチャンネームだけである。

この信楽房は、わざわざ教義上の疑義を晴らすために上洛するくらいであるから、有力な道場経営者の一人であり、しかも何人かの道場主たちの見解を代弁して京へ上ったことであろう。無論、その異端は上人にいたくお咎めを受けたという。信楽房はなかなかに強気で、結局、もの別れとなり「本国に下向のきざみ」、親鸞上人の他の弟子たちの一人蓮信房「申されて曰く、信楽房の御門弟の儀を離れて下国の上は、預け渡さるるところの本尊（阿弥陀仏）を召し返さるべくや候らんと。なかんずくに、釈親鸞と外題（表題）の下に遊ばされたる聖教多し。御門下を離れ奉る上は、定めて仰崇の儀無からんか、と云々」といって、師親鸞の署名入りの証文、聖教冊子、書簡、御本尊、房名などを取り返してしまうことを主張したのである。

これに対して親鸞上人は、「はなはだしかるべからざることなり」と明確に否定する。「その故は、親鸞は弟子一人も持たず、何事を教えて弟子というべきぞや」ときつく迫る。皆、阿弥陀如来の弟子なれば「みなともに同行なり」と。念仏往生の信心を得たるは、釈迦、弥陀二尊のはからい（方便）から生れたのであって、「まったく親鸞が授けたるにあらず……（凡夫の所持する財宝のごとくに）信心を取り返すなんどいうこと、……返す返すしかるべからず」「あるべからざるなり」と断定している（親鸞上人の曾孫である本願寺第三世覚如の記録した「口伝鈔」による）。「よくよく心得べし」とまで、念を押しているところからも、『歎異抄』第六章の師弟論議への、親鸞上人の厳しい姿勢が理解されよう。

つくべき縁、離るべき縁

上人八十五歳の時に、二月九日の夢告にもとづき作られた「正像末和讃」は『歎異抄』前段第一章の要約のごとき「弥陀の本願信ずべし、本願信ずる人はみな、摂取不捨の利益にて、無上覚をばさとるなり」にはじまる二十三首、

「皇太子聖徳奉讃」十一首、「愚禿悲嘆述懐」十六首、続けて仏敵物部守屋についての五首を集め、念仏信仰は「行者のはからいにあらず」阿弥陀「如来のちかい」なりとし、最後尾に、正信偈を置く。そこには

良し悪しの文字をも知らぬ人はみな、まことの心なりけるを、善悪の字、知り顔は、大そらごとの形なり。是非知らず、邪正もわかぬこの身なり、小慈小悲もなけれども、名利に人師を好むなり。

とあって、日頃、親鸞上人が師匠づらをついついしたがる、己れの罪を強く自省していることをうかがわせて、感銘する。

そもそも信仰というものは、人間が作り出し、自分の自力で獲得し、あるいは選び取るものではない。神仏から授かり、いただくものである。したがって信仰上の師弟の間柄にあっても、つくべき縁あれば、必ず自然に（おのずからもとよりしからしめて）幸いにもついてくるが、離るべき縁あれば、自然に不幸にも離れるのである。「師の恩」はやはり自然に知ることもあるし、離れた弟子にしてもまた元に戻る場合すら自然にありうるのである。事実、信楽房も、あとで同朋同行の門徒集団に戻ったとみえて、くだんの「門侶交名牒」に名をつらねているのであった。

「親鸞は弟子一人も持たず候」という冒頭の言葉の強さ、弟子私物化の「相論」に対して「もっての外の子細なり」という断定的な否定、「きわめたる荒涼のことなり」という、とんでもない言い分に対するごとき拒否、「不可説なり」という言語道断の調子、「かえすがえすも、あるべからざることなり」という念を押した戒め。これらの文言からしても、弟子私物化の相論と嫉妬や悪口雑言に対する、親鸞上人自身の体験から発せられた厳しい自己点検の成果が感じとれよう。

第六章を語る親鸞上人も、これを書き留める唯円房も、二人ともに、親鸞在世中からの北関東門徒有力者の中にお

ける異端の動向にからんで、弟子私物化の偏向が、いかなるすぐれた師にも湧き起る恐れを、十分にわきまえていた。

三　己の罪

無礙の一道

歎異抄第七章

一　念仏は無礙《むげ》の一道なり。そのいわれいかんとならば、信心の行者には天神・地祇も敬伏《きょうぶく》し、魔界・外道《げどう》も障礙《しょうげ》することなし。罪悪も業報を感ずることあたわず、諸善も及ぶことなき故に無礙の一道なりと、云々。

「無礙の一道」とは、なにものにもさまたげられないひとすじの道の意味である。「念仏は」のテキストについては、異論があるところである。一つは「念仏は」、もう一つは「念仏者は」である。前者については「念仏は」の「は」は「者」と書くところから、「念仏は」とするもの。後者は「念仏者」とあるところへ、のちの者が「念仏者は」と付したとの考えである。現在のところ、前者が有力な説とされている。

もともと信仰には、人間が現に生きている間に、幸せを直接入手するために、心を尽して神仏を崇拝し讃美するという立場がある。他にはこの世が惨憺たる世の中、悲痛な人生なので、せめてあの世で幸せに極楽往生したいという立場がある。さらには第三の立場として、近代合理主義と科学的マインドの気風から、人類の苦悩は、政治や福祉や人間愛や友情や軍備や外交や自然科学や近代技術やマスコミや民主人権政策で、克服されてしまうと考えて、宗教・信仰の問題を軽視あるいは無視してしまう人々が多い。信仰心などというのは来世の心配をする者が持つべきものであって、この世で真剣に生きて日夜苦辛している者にとっては、信仰心など持っている暇がない、その余裕がない、と宗教を相手にしない「近代人」が多く見受けられるところである。

そもそも人間の喜びとはなんだろうか。「一筋の道」とは何か。無論、第一の道にあげられるのは、人生における成功の意識からする各種の快楽の願いの実現にあろう。これらはいわゆる伝統と俗世への順応と享楽によって得られよう。道徳や倫理、国家の法や共同体規制も内実では、これを保証する。これが広い大通りである。これに対して第二の道にあげられるのは、人生における罪の意識からする天国（極楽）への往生（救済）の願いの実現であろう。これはかぼそい小道である。第一と第二の両道路の間には、大きな矛盾と対立の堀河があり、人間苦がまといついている。両道は、たがいに見えにくくなっている。

苦悩の中で絶対に生きぬく

しかし第二の道こそ、人間の真の喜びであることはいうまでもあるまい。そこでは、
一、どうしたら因果の束縛から脱れられるか、
二、清く正しく美しい人生を自分ははたして獲得できるか、
三、自分の一生の真の意味は、はたしてあるのだろうか、
が問われる。私たちの神仏への誠実な信仰がつかもうとしている精神世界は、すでに先覚先学が指摘されるように、したがって、
一、智愚、老若、男女、貴賤の差別を見ないたましい、
二、一人一人のそれぞれのありように融和した一人の絶対信仰、
三、利己的でむなしい努力、無駄な出世社交への配慮、身勝手な料簡の取越し苦労、などの渦巻く俗界から離脱した永遠性、を実現できるものでなくてはなるまい。

どんな罪悪にも勝利するし、万善諸善の自力をも問題にしないほどの力をもつ阿弥陀仏への専修念仏信仰においては、だから、一人一人の人間のそれぞれの一生に意味がある。虫けらにも、どんな人間にも、したがって国王、高僧、貴族、大将軍にも意味があるばかりでなく、ただの民衆庶民にも、差別される賤民にも意味がある。文盲、破戒、無戒の在家や悪人にも意味がある。著名な僧院、高尚な寺社の机上の思弁哲理と教学から無縁の俗人や、あやしげな密教の呪術と祈禱から縁遠い罪人にも意味がある。いやむしろ、信心の行者や罪人、悪人にとって、救いのさまたげになるほどの魔教妖術も神がかりも惟神の道も、恐るるに足りないのである。

親鸞も法然も、あの世で極楽往生を望むとはいってはいるものの、自分の人生の現実を真に自分のものとして受け止め、生の根元に備わる苦悩を味わうという信念を持っている。お二人の信仰は、今の世で現実に信仰を育てつつ生きることにその神髄がある。いい加減に生きていて、ただ「南無阿弥陀仏」と唱えれば救われるなどという安易なものではない。信仰を持つということは、この世を現実に厳しく受けとめるということなので、かえって苦しいことである。これが法然、親鸞の信仰思想である。

どんなに罪深くとも、また貧しくとも、己れの人生は、生き抜く価値が絶対にあるという信仰である。だから何ものにも妨げられない一筋の道というのは、容易なことではない。この信仰に本気でたどりつけば、日本の神仏儒三教一致の伝統的信仰対象である天の神（天道と古神道）、地の神（土地神の俗信）と祖先神もかなわないのである。

自分の生きている人生の現実を真実のものとして受け止めるからこそ、あらゆる時代とあらゆる世の中の罪を己れのものとして受け止めるという、法然、親鸞の信仰が生まれてくる。逆に、自分の罪も時代の罪、政治の罪、世の中の罪とすり抜けて逃げ切ることをしようなどとは、親鸞の信仰は考えない。この世のすべての悪人の罪は、己れの罪であると徹底して考える。今、生きていることでの信仰が大切なのであって、あの世に行ってからの極楽浄土のみを望むのではない。いわば「己れの人生の肯定」である。この世は罪深いから切り捨てるのではない。罪深いところで生き抜く。苦悩の中で絶対に生き抜いていくというのが、専修念仏の信仰の核になってくる。

四　すべてをえらばず

現実の中に人間として生きぬく

「我を念ずれば（南無阿弥陀仏の称名のこと）すべて来迎す。貧窮と富貴とをえらばず、下智と高才とをえらばず、多聞と持浄戒とをえらばず、破戒と罪根の深きとをえらばず、ただ心を廻して多く念仏せしめば、よく瓦礫をして変じて金とならしむ」

と、法然「伝説の詞」にも、阿弥陀仏による第十八願の専修念仏の信仰の姿を記されている。

現世を過ぐべき様は、念仏の申されん様に過ぐべし。念仏のさまたげになりぬべくば、なになりともよろずをいとい捨てて、これをとどむべし。……聖で申されずば、妻をもうけて申すべし。妻をもうけて申されずば、聖にして申すべし。……住所にて申されずば流行して申すべし。流行して申されずば、家に居て申すべし。自力の衣食にて申されずば、他人に助けられて申すべし。他人に助けられて申されずば、自力の衣食にて申すべし。一人にて申されずば、同朋とともに申すべし。共行して申されずば、一人籠居て申すべし。衣食住の三つは念仏の助業なり。これすなわち自身安穏にして念仏往生をとげんがためには、何事もみな念仏の助業なり。三途へ帰るべき事をする身をだにも捨てがたければ省み、はぐくむぞかし。まして往生ほどの大事をはげみて、念仏申さん身をば、いかにもいかにもはぐくみ助くべし。……極楽往生の念仏申さんがために自身を貪求するは、往生の助業となるべきなり。

と結んでいる。女犯などといわず、妻がいなければ具合が悪い人は妻をもらって信仰者となればよい、とまで言われる。親鸞は、まさにここでいう法然の妻帯論を実践したのであった。清原良業『和論語』（金言・善行録、一六六九年）が残した法然上人のお言葉は、ずばり「淫欲酒肉をもて不浄とせず」と指摘しているくらいであった。自分の身体を大切にして、たまにはおいしいものを食べたり、酒などを飲み心身を休めたりすることが、最終的に念仏を申すのに妨げとなるくらいなら、やめた方が良いが、身体を健康にすることになるならば念仏の妨げにはならない、と。

私たちは、日常生活において、きちんとした生活をすることで、一定の収入を得ておいしいものも食べ、たまには楽しいこともし、なおかつ、念仏もできるような目的意識で生きろ、生き抜け、というのが法然上人のお言葉の趣旨となろう。

「念仏の申されん様に過ぐべし」とは、おいしいものも食べず、薬ものまず、ただ念仏を唱えれば良いのではない、生きている間に、信仰に全力をかけるのであるから、現実を真に自分のものとして受け止めなければならない。現実の中に人間として生き抜くことこそ、そこに価値があり、信仰が光ってくるのである。

「聖で申されずば、妻をもうけて申すべし」。

「聖」とは、すでに論じ来たった通りで、山に閉じこもって孤独に修行をしている人であり、法然上人の周囲にもこのような聖的存在の人々が多くいた。孤棲、閑居の上に、あるいは遊行して歩く、非妻帯の聖で信仰生活を送り切れないのであれば、女房をもって信心をしたらどうであろうか、という法然上人のスケールの大きさ。

「妻《め》をまうけて申されずば、聖にして申すべし」。

あるいは、その逆でも良い。結婚してもしなくとも、どちらでもよい。ただ結婚したために信仰を持って生きることができないのであれば、結婚しない方が良かろう、と。

「住所にて申されずば流行して申すべし。流行して申されずば、家に居て申すべし」。

安住していて修行できないのであれば、一箇所にとどまらずに流浪、旅に出て、修行しなさい。しかし旅に出て念仏行ができないのであれば家に居てしなさい。

「自力の衣食にて申されずば、他人に助けられて申すべし」。

前述のように法然上人は、黒谷にいた時、師の叡空上人に衣食住を養ってもらっていたことが手紙に書かれている。親鸞上人も、京都に居る時も、明らかに収入の道のある働きはないので、実弟の支えとか、北関東門徒からのカンパによって生活していた。

「他人に助けられて申されずば、自力の衣食にて申すべし」。

他人に助けられては、自分の人間性、キャラクターからできないというのであれば、自分で働けばよい。しかし働けば、様々な人間関係によって必ず罪深くなる。信じきって、一人で山の中に居れば、自分自身を傷つけることはあっても、少くとも他人を傷つけることはない。自力ですべてを行なえば、必ず貧富、貴賤、上下、高低の差はでてくる。罪深くもなり、他人を傷つけることにもなる。これは当たり前である。私たちは生きるということ自体が罪をつくっている。それは具体的に他人を傷つけることでもある。

「一人にて申されずば、同朋とともに申すべし。共行して申されずば、一人籠居《こもりい》て申すべし」。

一人で信仰心が弱くなるようであれば、皆と共に信仰すればよい。しかし皆と共にすると、気分が悪くなったり、気が散るようであれば、一人で籠って信仰すればよい。どちらでも構わない。

「衣食住の三つは念仏の助業なり。……念仏申さん身をば、いかにもいかにもはぐくみ助くべし」。

たましいの往生ほどの大事を励むのであるから、立派な身体、丈夫な肉体を持っていなければならない。精神的にも明るく過ごさなければならない。

「極楽往生の念仏申さんがために自身を貪求するは、往生の助業となるべきなり」。「貪求」とは自分自身、おいしいものを食べ、身なりも整えることであろう。このことは往生の為の助けわざであって必要なことなのであると。

現世の苦海を渡りきる

法然、親鸞両上人の専修念仏信仰とはなにか。非宗教的世界に生きる人々からの宗教一般についての思いは、ほぼ次のようであろう。彼ら信仰者は、あの世のことのみを考え、祈禱を唱えている。我々はこの世を生きていくことで精一杯なのだ、と。しかし、この専修念仏信仰は、非信仰者国民が宗教一般について思う「信仰概念」とは異なるとしかいいようがないのである。この世をしっかりと生きるためには、しっかりとした信仰がむしろ必要なのである。あの世のための信仰ではなく、この世をしっかりと生きるための信仰なのである、というのが、この専修念仏の信仰精神である。いや、それどころではない。法然上人は、「うたがいながらも念仏すれば往生す」(『徒然草』引用)とまで言われているのである。仏の力のものすごさと、人間の力のちっぽけさを、これほど明らかにした言葉はあるまい。しかも絵空事の共同幻想ではなく、しっかりと大地に足を置き、現世の苦海を渡りきる立場を熟知した上での信仰宣言なのであった。

五　ありのままで

本願他力

すでに第二章で見てきたように、親鸞上人は越後へ流され、法然上人は土佐へ流された。西阿弥陀仏という弟子は、法然上人が流罪途中の旅先でお説教などをして、信仰布教をしようとしたのを、やめて下さいと言ったり、そのようなことをすれば更に罪が重くなると言った。「世間の機嫌を損ずる計りなり」と申し上げたことに対して、法然上人が居直るようにして、

「弥陀の本願は是愚痴、暗鈍の輩、罪悪・生死の類の出離解脱の直路也。我頸を切らるる共、この事をいわずば有べからずとて、御気色もっとも至誠也」と。

このエピソードは、どんなに強調してもしきれないくらいに大事な意味を、専修念仏の信仰者にもっているといえよう。法然の、まなじりを決した信仰決意が顕著である。

(播磨国高砂の浦に着き給いければ、七旬有余の老翁と六十有余の老女と進み出で申けるは、我等は重代この浦の海人なり。幼少より漁を業として朝夕魚貝の命をたって渡世の計とす。まことやらん、物の命をころす者は、地獄に落ちて苦をうくる事、隙なきよし伝え承れば、悲しく侍れども、此態を離れては身命つなぎ難き故に、歎きながら此罪業を積事、年を経たりし。此罪をのがるる計ごと候わば、助け給えと申して手を合せて泣きければ)極悪最下の人、南無阿弥陀仏を唱えて、仏の悲願に乗じ、極楽に往生する趣、ねむごろに教え給いて、……罪の軽重にはよらず、念仏すれば往生する現証明なりとぞ。

これは、「幼少より漁を業として……渡世の計」を立てている老海人夫婦に対して、丁寧かつやさしく、往生のための現世での生き方を教えている部分である。

およそ万物生命あるものを、殺して已れが生きることの罪悪を、覚れば覚るほどに苦悩に歎き沈む貧漁民の、たましいに呼び掛ける法然上人の声音さえ、うかがえるエピソードであろう。

室の津に着き給いける時、小船一艘近づき来れり。遊君の船と見えける間……鼓をならして、「くらきよりくらき道にぞ入りぬべき、はるかに照らせ、山の端《は》の月」と。両三度うたいて後、涙にむせびて云う事なし。朝には鏡に向て容顔をかいつくろい、夕には客に近づきて其意をとろかす。念々に思う所、皆是、妄念也。歩々（一歩一歩）に営む所、罪業にあらずと云事なし。悲しいかな、渡世の道、まちまち成るに、いかなる宿習にてか此わざをなせる。恥哉。世路の計事、品々なるに、いかなる前業にてか此業を積也。今生にはかかる罪業に深重の身なりとも、生をあらため得脱する道あらば助け給えと、泣くなく申しければ、

法然上人は、素直に感動されて、

上人、哀感して曰、……誠に罪障かろからず。酬報、又はかりがたし。過去の宿業によって今生の悪身をえたり。現在の悪因にこたえて、当来の悪果を感ぜん事、疑いなし。もし、此わざの外に渡世の計略あらば、速やかに此悪縁を離るべし。

なにか生活する当てが他にあるのであれば、すぐに今の売春の職業を止めなさいと法然上人は言うのである。

たとい、余の計略なしというとも、身命を顧みざる志あらば、速やかに此の悪縁を離るべし。

生活や生命を考えなくてもすむような志（まっすぐの一筋の道）があるのであれば、この渡世の道を捨てなさい、と。

もし又、余の計略もなし、身命を捨る志もなくば、ただその身ながら専ら念仏すべき也。

他の職業にも転職できず、自分の生命を捨てることもできないのであれば、今の遊女職につきながら、しかし念仏に専念すればよい、と。

弥陀如来、汝がごときの罪人の為に、弘誓（救済の誓いである第十八願）をたて給える其の中に、女人往生の願あり。然れば則ち、女人はこれ本願の正機（正当な働きにより救われるべき機会をもつ衆生）也。念仏は是往生の正業（正しいわざ）也。ふかく信心を発すべし。敢えて卑下する事なかれ。罪の軽重をいわず、本願を仰ぎて念仏すれば……所をきらわず……往生うたがいなきよし仰せられければ、

と、法然は激励しているのである。

女人往生

同じような説法は西国流刑への乗船時に、尼崎の江口、神崎の港町でも、すでになされていた。平安京の貴族相手の高級売春婦を家業にしている人々もいたところである。そこでも神崎の遊女たちに同様の趣旨を話されている。

本書がたびたび聴聞する近世近江の説法家、義圭師も「女人の身は罪も深く障りも重いによって、たとい往生……疑いを発そうかと思召して、そこは気遣いするな、五障（五仏身のいづれにもなりえぬ）、三従（父・夫・子に従わざるをえない）の女人も男子と同じく成仏するに違いないぞと御示しなされ……諸仏菩薩に嫌い捨てられ、諸教の利益にも

洩れて、かかろう島のない五障垢穢の女人を、阿弥陀如来、一仏深重の大悲心を発せられて……男子も女人も押並《おしな》べて残らず御迎え下さるが、第十八願の御利益にてまします」（『即席法談』）と述べている。義圭師は「十方衆生の中でも、善人よりは悪人、出家よりは在家、男子よりは女人、罪の重いものほど大切に……思召して極楽へ寄せて下さる」と専修念仏信仰の御利益に念を押しているほどである。

ある人が「念仏の時、睡りにおかされて行を怠たり侍ること、いかがして此の障りをやめなんや」と尋ねたのに対して、源空上人は「目のさめたらんほど、念仏し給えとぞ申され」たという。兼好法師（一二八三―一三五〇年）は、このエピソードを紹介しながら、「いと尊とかりけり」と記しているように、法然上人の専修念仏に対する心からの徹底性と、まろやかな合理性とをうかがい知ることができる。

明らかに専修念仏の信仰は、現実を真に自分のものとして受けとめて、生の根源にせまる苦悩を味わうという中で、信仰をつかみ取る外ないのである。信仰をつかみさえすれば、この世はくだらない汚・悪・穢だから、まっすぐにあの世へ行けばよい、などということではないのである。

だからこそ法然上人が言われるように、

念仏の行は、行住坐臥を嫌わぬ事なれば、伏して申さんとも、居て申さんとも、心にまかせ、時によるべし。念珠をとり袈裟をかくることも、また折により体（心）に従うべし。ただ詮ずるところ、威儀はいかにもあれ、このたびかまえて往生せんと思いて、まことしく念仏申さんのみぞ大切なる。

ということの有難さと貴重さが、罪人である私たちにもしみじみと納得できる。

一切の衆生にことごとく仏性（仏になりうる因性、種子、可能性を本来具有していること）あり、草木瓦石など無情非情の物にも仏性あり、とされる全人的信仰において、すべては包括的であり、情愛あふれる、まさにありのままに救い取って下さる摂取不捨の愛なのである。

天台宗の明禅法師は、顕信の門下で、選択本願念仏集を読んで法然に帰依した高僧であるが、隠逸を好み名利を嫌ったという。「ただよく念仏すべし。石に水をかくる様なれども、（念仏）申すは益ある也」といったという（『一言芳談』）。やはり『一言芳談』にある話だが、真言宗の明遍僧都も、法然に親しみ、信州善光寺参詣の帰りに法然上人に対面し「いかがして今度《こんど》、生死《しょうじ》を離るべく候」と質疑した。「念仏申してこそは」と法然の答え。重ねて明遍が「まことにしかり。ただし、妄念おこるをば、いかが仕り候べき」と問うと、法然上人「妄念おこれども、（阿弥陀仏の絶対なる）本願力にて往生する也」と安心の答え。明遍は、それだけでは「さ受け給わりぬ」といった風情であったという。これに対して法然上人が「妄念おこさずして往生せんと思わん人は、生れつきの目鼻を取り捨てて、念仏申さんと思うがごとし」といってのけ、濁世の人間すべては、自然体のいたらぬ人間、罪人のままでの念仏を申すのが大切と、印象強く示されたのであった。明遍は「かみきぬ、ゑもんつくろうほどの者は、不覚人にてあるなり」と、身づくろい、おしゃれ、格好に気遣うような俗物では往生に遠いと、指摘している。

それにつけても、鎌倉時代後期の編纂で、浄土宗高僧二十余師の法話を集めた『一言芳談』には、私たち『歎異抄』読書家のたましいに迫る、法然とその門下の教えが、ぎっしりとつまっているといった感じである。「小児の母を頼むは、まったくその故を知らず。ただたのもしき心ある也。（六字）名号を信敬《しんぎょう》せん事、かくのごとし」。「ある人、尋ね申していわく。一向に後世のためと思いてし候わん学問、いかが候べき。仰せていわく。始めは後世のためと思えども、のちにはみな名利になるなり」。「昔は後世を思うものは……智者は愚者になり、（有）徳人は貧人《ひんにん》になり、能ある者は無能にこそなりしが、今の人はこれにみな違えり」と。

文芸評論家・小林秀雄の『無常という事』(一九四二年)で知られることになった小話は、忘れがたい。

ある人いわく、「比叡の御社《おんやしろ》(日吉大社)に、いつわりて巫(かんなぎ)のまねしたる生ま女房の、十禅師《ぜんじ》(日吉山王権現の一社で、法華経守護神)の御前《おんまえ》にて、夜打ふけて人静まりて後、ていとう、ていとうと鼓を打ちて、心澄ましたる声にて、とてもかくても候のうのうと、うたいけり。その心を人に、強い問われていわく、「生死無《しょうじむ》常《じょう》の有様を思うに、この世の事はとてもかくても候。のう、後世を助けたまえ」と申しけり云々。

日中でも緑蔭濃く暗湿な境内で、しかも薄気味悪いような夜更けの時刻に、一人鼓《つづみ》を打つ若い女房の、覚りへの必死の取り組みとも見える仕草の恐ろしいまでの気配に、私たちは、中世人の無情の恐怖と来世へのあこがれを、ひしひしと感じざるをえない。俗世での心身のいやしさとたましいの傷口を、洗い流してしまおうとするかのような女人の鬼気を、今に真近に見る想いがする小話である。

法然、親鸞両上人の専修念仏信仰の世界は、要するに、

今生は一夜のやどり、夢幻の世。とてもかくてもありなんと真実に思うべき也。……生きてあらん事、今日ばかり、ただ今ばかりと真実に思うべき也。かく思えば、忍びがたきも安く忍ばれて、後世の勤めもいさましきなり。……資縁(物質的俗世的な衣食住の富)の有無によらず、ただ心ざしの有無による也。……後世を思う人は出離生死のある、何事もいかにもあらばあれと打ち捨てる……。後世者はいつも旅に出たる思いに住する也。雲のはて、海のはてに行くとも、この身のあらんかぎりは、形のごとくの衣食住、所なくてはかなうべからざれども、

執すると執せざるとの、事の外にかわりたる也。常に一夜のやどりにして、始終のすみかにあらずと存ずるは、さわりなく念仏申さるる也。いたずらに野外に捨つる身を出離のために捨て、寒熱にも病患にも侵さるるは有難き一期の思い出かな、と喜ぶようなる人の有難き也。

学問すべしといえばとて、一部始終を見渡し、文々句々に分明に存知せんなどいう心ざしは、ゆめゆめあるべからず。ただ文字読みなどしたるに、やすらかに心得らるる体なる要、貴き所、繰り見るほどの事なり。……我執・名聞もまさる様に覚えば、一向にこれを停止すべし。薬を毒となす事、かえすがえすおろかなる事なり。……天性、器量おろかならぬ者は、これほどの学問もなくとも、一向称念すべき也。行を真心に励まば、教えの本意に違うべからず。

のごときイメージで心身をあふれさせる姿勢で、現世を歩み通し、過しきるほかはないというものであった。

7　専修念仏

一　専修念仏往生の道

非行・非善

　　歎異抄第八章

一　念仏は行者のために非行・非善なり。わがはからいにて行ずるにあらざれば、非行という。わがはからいにてつくる善にもあらざれば、非善という。ひとえに他力にして、自力を離れたるゆえに、行者のためには非行・非善なりと、云々。

『歎異抄』第八章も、現世を生き抜くための信仰として関連してくるところである。さきの第六章、七章に続いて八章は、唯円が論理的展開で主旨をまとめている。

「わがはからいにて行ずるにあらざれば、非行という」。

「非行非善」とはなにか。そもそも専修念仏というのは、自分が自らの意志で企てて積み重ねてきた修行ではなく、自分が苦辛の末に修め取ってきた善根でもない。念仏はまさに本願（第十八願）からの働きかけである。専修念仏に対する自分の思慮や分別は、自分の苦行と努力の結果ではない。自分が信仰をつかみ取り信仰を探りあててきたと思いがちだが、よくよく信心が深まると、自分がつかんだのではなく、つかまされる力を仏から与えられたのだということが、はっきりと理解される信仰なのである。しかも、本来ならば、こちらから「後世を真実に御頼み申」さなければならないほどの悪人凡夫の身で、「往生の請合い」を諸仏もいたしかねるほどであるのに、かえって阿弥陀仏の方から「我を頼め、頼めば助くるぞ。間違わしはせぬぞと仰せ下さるるは、何と身にあまりて有難いではないか。それがどう頼まずに居られようぞ」（『新撰即席談』）ということになろう。

ここでは、法然上人の高弟、聖覚（一一六七—一二三五年）が『唯信鈔』（一二二一年作）で述作している教えに従い、「諸行往生」による「自力の往生」をすら否定しているのである。これは「非行・非善」の逆で、「父母に孝養《きょうよう》し」（歎異抄第五章）、「師長に奉事し」（歎異抄第六章）、あるいは「五戒（在家《ざいけ》道徳律である不殺生、不偸盗、不邪淫、不妄語、不飲酒《おんじゅ》）、八戒（五戒に加えて不坐高広大床、不著華鬘瓔珞、不習歌舞戯楽の三戒の八禁戒）をたもち、あるいは布施（福利、財物を施与すること、檀那となること）、忍辱《にんにく》（侮辱・苦痛を忍び、怒りや恨みのないこと）を行じ、ないし三密（身口意の三動作により一体となり絶対円満になる妙業のこと）、一乗（一切の迷いをなくし彼岸にいたる教法のこと）の行をめぐらして、浄土に往生せんと願う」道である。これら「一切の行は皆たやすからず」、不孝の者、聖典文句を知らざる者、慳貪・破戒の者、瞋恚・懈怠の者は、救済の道から捨てられてしまうばかりである。だから、これが「阿弥陀仏の本願にあらず」ということは、はっきりしている。これに対して「念仏往生というは、阿弥陀仏の名号をとなえて往生を願う」のである。「これによりて、一切の善悪の凡夫、ひとしく生まれ、ともに願わしめん」とされたのであった。「これを唱うるに、行住座臥をえらばず、時処諸縁をきらわず、在家・出家、若男・若女、老・少、善・悪の人をも分かず、なに人かこれに漏れん」と。

念仏あるべし

とくに『歎異抄』第八章で親鸞上人が端的に要約する主旨は、雑修念仏往生でなく、「曠劫流転の旅の空、何も知らず迷い暮したものが、ようよう宿善到来して……雑行捨てて弥陀を頼む」（粟津義圭）専修念仏である。極楽を願い本願をたのみ、「ただ念仏の一行をつとめて、まったく余行をまじえざるなり。他の経・呪をも保たず、余の仏・菩薩をも念ぜず、ただ弥陀の名号を唱え、ひとえに弥陀一仏を念ずる」ことを指す。だから、一日中、念仏一万遍を唱える外は、終日遊び暮して、あるいは夜もすがら眠りこけている者と、念仏あるいは一万遍を称えながら、その外には仏経典をも読唱し、余仏をも念じている者とは、「いずれか、すぐれたるべき」という強い疑問に対しても、聖覚上人が明瞭に、前者すなわち「専修をすぐれたりとす」と断言する。濁世の凡夫、煩悩の所為の者は、眠りからさめ、遊びづかれては、本願を思い出し、念仏を唱えれば、「専修の行にそむかず」となる。「五逆」（父・母を殺す、聖者を殺す、僧侶教団に諍論を起す、仏身血を出す、仏事作法を妨害するなどの重悪罪）の罪人すら」往生を遂ぐことのできるほどの仏の無窮の力を信ずればこそ罪悪深重の身が救われるという、非行・非善の真実心の信仰が、ここにある。

「我が身は罪悪生死の凡夫、曠劫（無限久遠の長時）よりこのかた、常に沈み、常に流転（衆生迷界に続けて起る輪廻）して、出離（現世から離れて悟りの境地に入る）の縁あることなしと信」じざるをえない悪人であるにもかかわらず、「決定《けつじょう》して深く阿弥陀仏の四十八願、衆生を摂取したまうことを、疑わざれば、かの願力（阿弥陀の本願の功徳の力）に乗りて、定めて往生する」ことを信ずるのである。

本当の真実の念仏、すなわち専修念仏往生の信仰の迫力が凝縮したコンパクトな短章節といってよい。親鸞を法然上人に紹介し導いた尊師であり、親鸞がもっとも尊敬する兄弟子の聖覚の信仰の書への帰伏には、深いものがある。

後白河法皇の近臣で保元の乱に活躍、平治の乱に殺された数奇なる学者貴族、藤原通憲の子であり、学識・弁才すぐれた兄弟子・聖覚（熊谷直実、後鳥羽上皇らの専修念仏信仰への帰依も教導したという）の余裕のある説得力をもった弁舌に対比して、親鸞の口調の厳しさと決定信（阿弥陀仏による救済を信じて動かない堅固な信仰）の切なるものが拝察される『歎異抄』第八章であろう。

二　煩悩具足の凡夫

親鸞もこの不審ありつるに

歎異抄第九章

一　念仏申し候えども、踊躍歓喜《ゆやくかんぎ》の心、おろそかに候うこと、また急ぎ浄土へ参りたき心の候わぬは、いかにと候べきことにて候うやらんと、申しいれて候いしかば、親鸞もこの不審ありつるに、唯円房おなじ心にてありけり。よくよく案じみれば、天におどり、地におどるほどに、喜ぶべきことを喜ばぬにて、いよいよ往生は一定《いちじょう》と思い給うべきなり。喜ぶべき心をおさえて、喜ばせざるは煩悩の所為《しょい》なり。しかるに仏《ぶつ》かねてしろしめして、煩悩具足の凡夫《ぼんぶ》と仰せられたることなれば、他力の悲願は、かくのごときのわれらがためなりけりとしられて、いよいよ頼もしくおぼゆるなり。また浄土へ急ぎ参りたき心のなくて、いささか所労のこともあれば、死なんずるやらんと心細くおぼゆることも、煩悩の所為なり。久遠劫《くおんごう》よりいままで流転せる苦悩の旧里は捨てがたく、いまだ生まれざる安養《あんにょう》の浄土は恋しからず候うこと、まことによくよく煩悩の興盛《ごうじょう》に候うにこそ。名残りおしく思えども、娑婆の縁つきて、力なくして終るときに、かの土《ど》へは参るべきなり。急ぎ参りたき心なきものを、ことにあわれみ給うなり。これにつけてこそ、いよいよ大悲大願はたのもしく、往生は決定と存じ候え。踊躍歓喜の心もあり、急ぎ浄土へも参りたく候わんには、煩悩のなきやらんと、あやしく候いなましと、云々。

この『歎異抄』第九章は、唯円房が親鸞上人と一対一になった時に親鸞が親しみをこめて話された述懐を、質問を仕掛けた唯円が誠実に受けとめ、心に刻みこんだであろうことをうかがわせる。唯円がその場にいて、直接にぶつけた正直な信仰の疑問に対して、「親鸞もこの不審ありつるに、唯円房おなじ心にてありけり」と胸襟を開き、信仰同朋としての暖か味のある親しさで親鸞上人が自由自在な気分で語っている。「よくよく案じみれば」以下の真実味のこもる述懐と告白は、生死の境の際の、現実の人間の弱さと苦悩と心細さを素直に表出していて印象的である。信仰原則ともいえる浄土への旅立ちへの「踊躍歓喜の心」が少しもなく、火災に遭った家のように煩悩が盛んで不安いっぱいの「火宅」の濁世が恋しいくらいであるという実相は、ほほえましくなるほどの描写であり、臨場感あふれる文章となっている。

　よくよく思えば、阿弥陀如来、永劫に御辛労あって、我等が為に極楽を荘厳なされ、早よう参りて此の楽しみを受けよと待受け下さるるぞと聴聞したらば、急いで楽邦（浄土）へ参りたい筈なれども、死にたいというは浮世のあり言葉、虚つきじまい、今月今日、ああ娑婆にはせんど（飽きるほど最後まで）いましたと口にはいいつつも、心に浄土を待ちかねるでもなし。死にたい死にたいも老人のくちぐせ、本の事ではない。ただ明ても暮れても欲の道ばっかり性根に入れて、御恩のありがたい事はうわの虚に思うているような、云う甲斐なき我等なれども、それも叱られぬ。

義圭師はこう講説して、『歎異抄』第九章の親鸞上人のお言葉にうかがえる信心への疑いを晴らし、信仰生活の御足跡を慕い、往生の本意を遂げている。

「まことによくよく煩悩の興盛に候にこそ」。

苦海（衆生が生死輪廻に沈没し、際限なく苦悩することを入水海没にたとえる）にのたうちまわりながらも、逃れられぬ人間の罪人性と虚妄性をよくよく把握されての言上であろう。浄土へ急ぎ旅立つという「喜ぶべきことを喜ば」ずに、死への恐怖におののくばかりの、あさましい姿勢の描写は見事である。

たしかに「老いの暮」あるいは重い病いの床にふせてみれば、極楽浄土は「日に日に近くなりにけり、あわれうれしき……浄土のさとりに近寄る。娑婆の憂さ悩さも今しばらく」のみと「嬉しやと喜ぶが信心歓喜の姿にて」一見あるのだろう。しかし「そうはいうものの、我も他人もさほど往生を待ちかねて勇ましう喜ぶ心はおこらず、念もない嬰児が（いくつ寝ると）祭りや正月（になると）まちて楽しむ百分一も喜ばぬが、是は信心のないのか。決定心の出来ぬのかと」（栗津義圭）。はっきり申して「喜びがないとて往生を不定に思うな」、「信心で浄土へ参る」であって、「喜びて参るではない」のだ。

だから「これにつけてこそ」以下の論調の、逆説的な説得力の力強さを感じざるをえない。ユーモアさえ感じとれるほどの軽妙な「落ち」であるといえようか。あきらかに師の顔色を見ながら、逡巡しつつ突っ込んだ質疑をする目の前の唯円に対して、親鸞上人がご機嫌よく語っている様子をうかがい知ることができるであろう。第九章には、唯円が親鸞上人の内輪の感情をも込めた言葉を心に刻み、後々幾度となく咀嚼し、親鸞上人の信仰告白そのものとして構成できたという特徴がある。

末尾の「あやしく候いなまし」とは、煩悩はないのであろうかと、不審に思われ、疑わしく思われるであろうということである。親鸞上人は、よく否定的に用いながら、全体的には肯定へもっていこうとする言葉の使い方をするようである。

師弟信仰問答

「親鸞」と自称する有様は、『歎異抄』第二章、第五章、第六章にもあって、生真面目な記録者・唯円のただならぬ現実記録の精密な復元力を、たくまずに表出していると思われる。『歎異抄』前段の親鸞上人の言葉十章に全般的にいえることであるが、とくにこの第二、五、六、九章では、師弟関係において気が置けずに問答が交わされる、親しみの籠った会話の姿が、生き生きと描写されている。

心身を悩ます一切の怒り、腹立ち、ねたみ、などの心の働きである「煩悩」がその「生」いっぱいにつまっている私たち人間は、正に浅はかな愚鈍者であり、汚れきった俗物であるという大前提に立ってみると、極楽浄土へ往生できるといって、天におどり、地におどるほどに喜びあふれんばかりになれないのも、当然といってよかろう。阿弥陀仏の救いの御手の巨大強盛なる働きは、そのような「悪人」「凡夫」のためであるのだから、むしろいよいよたのもしく感じられてよいのである。

重病の兆しがちょっとでもあると、敏感に、すぐにも大袈裟に「死」を感じとり、あるいは家内外の貨幣に関する心配事の発生や、職場の人事トラブル発生などから、心労が過ぎてストレスになると、恐怖や不安にさいなまれてしまう私たち人間のあわれな実相を、第九章の親鸞は、上手に把握して、たくみに解説しきっている。そのところなど、親鸞風に余裕のある、大変に巧みな説教になっている。

『歎異抄』の読書が私たちに特別に忘れがたいのは、これら「親鸞」自称の会話（告白と述懐）が正直に記録されている第二、五、六、九章の四話といえようか。しかもとくに第九章は、内省的なマインドの深い師弟両者のいつわらざる真実心の信仰が、素直に表出される会話体で現実に展開されたことを、推察させる。さらには両者のおだやかな内にも厳しい信仰問答が、精密に開示され、説得力が強いことが印象的であろう。『歎異抄』の圧巻といってもよい親鸞上人の説話の口調が、正確に復元されているとみてよい。この第九章だけでも、私たち日本人は、唯円に感謝しなければなるまい。

まさに第九章の師弟対話のありように、親鸞上人の説法の特徴が表出している。相手のたましいの置かれた立場に立ちつつ、相手とご自身との両者を包括した機会を正確にとらえて、自らたましいの動きを展開してみせながらの説教なのである。だから私たちは、親鸞上人「御一代の語黙動静、人の物語のなさるるも、または黙りてござる折も、御身を動かしたまう時も、または静かにして座したまう時も、一つとして我等が為の教えならぬ事はなし」と粟津義圭が、寛政初年に讃美するのも理解できよう。ちょうど「幼稚《いとけな》い嬰児にものを教える師匠は、何でも我手にかけて仕てみせる。手習なれば手本に書いて見せる。謡なればうたうて見せる。舞なれば舞うて見せる」ように。今、親鸞上人の「我は此の通りを領解（会話）したほどに、末の世の門徒もこの通りを習うて往生を安堵（安心）せよ……御身に手本をあらわして下された」（新撰即席談）のであった。

三　信仰の奥義

不可称・不可説・不可思議

歎異抄第十章

一　念仏には、無義をもて義とす。不可称《ふかしょう》・不可説・不可思議のゆえにと、仰せ候いき。

ここでは末尾が「云々」ではなく「仰せ候いき」となっている。これと同表現は『歎異抄』第三章にある。すなわち「よって善人だにこそ往生すれ、まして悪人はと、仰せ候いき」。しかも話者である弟子唯円の姿が、この〆《しめ》の文章に滲み出ており、第三章と第十章に唯円のある種の力点が置かれていたことを思わせる。つまりこの二箇所以外は、前段の親鸞上人の聖句はすべて「云々」となっているのである。「仰せ候いき」となって〆ている章は、多少とも親鸞の言葉が前後で端折られるか、要約もされているであろうか。「念仏には、無義をもて義とす。不可称・不可説・不可思議のゆえに」とは、親鸞上人が複数の門徒たちの前でおっしゃっている説話の中から、唯円房が「無義為義」という部分をとくに取り上げたものか。あるいは師の書簡や著述の中から、唯円が学習して心に深く刻み込んでいた「さわり」の箇所であったか。教名房に対して「他力には、義なきを義とは申し候なり」と書き送っている際にも、「誓願を不思議と信じ、また名号を不思議と一念信じ唱えつる上は、……とかく御はからいあるべからず候。往生の業には、私のはからいはあるまじく候なり。……如来にまかせまいらせおわしますべく候」と丁寧に教えさとしているのである。

振り返ってみると、「よって善人だにこそ往生すれ、まして悪人は」という文章で終る第三章のお言葉も、北関東から上洛した多くの門徒たちの前で話された長い説法の中から、お言葉の論理の煮詰まった文として唯円が全力でその行文を復元したのであろう。前段で一番短い本章は、第一、二、三章のそれぞれが論理的に重層的に構築された土台のまとめともいえる。なまじ人間の思慮や分別・判断などを加えないことが大事なので、そこに自力を捨て他力に頼り、ひたりきる道理があるのである。これを「無義」というのであり、かねて法然上人が説法なされていた論旨(他力には義なきを義とする)であった。自力の行者のはからいのないことこそ、凡夫が阿弥陀如来からいただいた念仏の根本である。

すぐにもおわかりのように、これは、『歎異抄』第八章の「非行非善なり」とからんでくる。「念仏は行者のためには非行・非善なりと云々」。わが計らい(自力の思惟と意志と意欲)をまったく超えて脱落させてしまっている他力であるからして、自己と自力に頼ることにもなる作為のまったくない、非行であり、非善である外はないと。

その第八章と対応するのが、この第十章である。

「不可称・不可説・不可思議」。

「不可」を三つ重ねて強い強調による否定が鮮やかである。「不可称」とは人間の能力を超越していて、称讃しえる程度ではなく、たたえることもできず、人間の言葉も及ばない事柄であり、「不可説」とは、真理が証明されるべく説き尽くすことのできないほどに超越した絶対的な存在であり、「不可思議」とは、思い量り考え抜くこともできないほどの深妙なる真実が広大無辺で人智を超越した、心に思い難い真実世界にあることである。

他力と申すことは義なきを義と申すなり。義と申すことは、行者の各々のはからうことを義とは申すなり。如来の誓願は不可思議にましますが故に、仏と仏との御はからいなり。凡夫のはからいにあらず。補処の弥勒菩薩(成仏した跡を補なう仏の候補者のことで、菩薩はやがて仏たるべき位にあるから、弥勒は釈迦如来のそれである)をはじめとして、仏智の不思議をはからうべき人は候わず。しかれば如来の誓願には、義なきを義とすとは、大師聖人(法然)の仰せに候いき。

と、粟津義圭師が念を押されている通りである(正像末和讃可説)。さらには「法然上人の義なきを義とし、用なきを用とす。浅きは深き也と仰せられて、他力を頼んで極楽参りするには、仏智不思議を信ずるばかり。思按も入《い》らず、思按工夫の入るほどの事は、法蔵菩薩(阿弥陀仏)衆生に代らせられ、かねて五劫に思惟なされて下された。修行の入るほどのことは、これまた兆載永劫に我等に代りて彼尊の御修行なされ下された。それゆえ今は何の用もなく頼むばかりで御助にあづかる。……我等が何の造作ものう濡れ手に粟のつかみ取りをするは、法蔵菩薩、我等に代らせられ、かねて御苦労なし下された御蔭にてある」と法話されている。

このことを親鸞上人が、もっとも真実信の重大事と考えていたことは、下総国真岡の慶西房宛の御返事でも、

まことの信心ある人は……弥陀の本願を信じ候いぬる上には、義なきを義とすとこそ、大師聖人の仰せにて候え。かように義の候らんかぎりは、他力にはあらず、自力なりときこえて候。また他力と申すは仏智不思議にて候なるときに、煩悩具足の凡夫の無上覚の覚りを得候なることは、仏の御はからいなり。さらに行者のはからいにあらず候。しかれば義なきを義とすと候なり。

とあって、なみなみならぬ親鸞上人の言及からしても、「無義為義」が、専修念仏信仰の筋骨であることを理解できる。

前段の総括と後段の序文

前段最終章の第十章によって、唯円は、親鸞上人の言葉の集成を見事に総括されたのであった。

了慧（一二四三―一三三〇年）編の『和語燈録』（一二七四年）第五に、法然上人の言葉として「聖道の修業は智慧を極めて生死を離れ、浄土門の修行は愚痴に帰りて極楽に生まる」という法語があるが、詮ずるところ『歎異抄』前段最終章の第十章は、法然、親鸞両上人の「愚痴」の信仰の総括ともいえる。自己否定の極限、自己洞察の極北から一転して、仏の絶対的たる力の助けにより、私たち悪人、罪人が救われるのである。「拾遺古徳伝絵詞」（覚如、絵は土佐法眼）によると、晩年の弟子、沙弥・随蓮（?―一二一四年、後白河法皇北面武士出身）に対して、「念仏は用なきを用とするなり。ただひたすらに称名の行をもっぱらにすべし」といわれたという。さらには随蓮によると「故聖人（法然）は念仏は義なきを義とす。ただひたすらに仏《ぶつ》を信じて念仏せよ」と親しく教示されたという。最晩年の親鸞上人

も、下野国高田の乗信房宛の御返事で、「ただ不思議と信ぜさせ給い候いぬる上は、わずらわしきはからいはあるべからず候。……仏智不思議と信じさせ給い候いなば、別にわずらわしく、とかくの御はからいあるべからず候。ただ人々のとかく申し候わんことをば、御不審あるべからず候なり。……他力と申し候は、とかくのはからいなきを申し候なり」と、くれぐれも念を押して教示されている。唯円が、『歎異抄』による異義批判の根拠となる親鸞上人の十箇の聖句、法話を閉じるにあたって、法然上人最晩年の法話「無義為義」をもってあてたことに注目したいと思う。

人間の心身の弱さ、貧しさ、低劣さ、矮小さを考慮してみると、『歎異抄』第一章から第二章、第三章にて唱道された他力専修念仏信仰の道理がもつ、絶対的で不思議な真実信が、第十章において総括された姿で明らかになってこよう。

さてこの第十章「仰せ候いき」までが前段である。

『歎異抄』原典では、「そもそもかの御在生のむかし」と第十章内で続けさせてしまっているが、これは全体構成の内容と意味からして後段の序文であろう。「仰せ候いき」までと、「そもそもかの御在生のむかし」以下は、全く異なる文章構成なのである。私たちは先学、安良岡康作博士の考え方に従って、一般流布本とは違えて、このように判読する次第である。

『歎異抄』後段末尾の「総括」で、「かまえてかまえて聖教を見乱らせ給うまじく候。大切の証文ども、少々ぬきいで参らせ候うて、目やすにして、この書に添え参らせて候なり」とある「大切の証文」とは、本書第一章の第二節、第三節でもふれたように、従来から色々な意見はあるであろうが、常識的に親鸞上人の聖句集成である第十章までが「大切の証文」と見なすのが適当であろうと思われる。

「この書に添え参らせて」というのは、後段序文と十一～十八章および総括が『歎異抄』という名義の著作としては本論であり、親鸞の弟子である唯円の言葉による文章群である。異義の条項を八つ掲げ、それがいかに間違っているかということを条理をつくして後段（本論）で述べられているのである。

従って「前段」は後段の「目安」にした「証文」であり、本論である後段に対して証文として添えられているということである。思うに第七章、八章、十章などはまさに目安的である。いずれにしても、前段の、とくに第一、二、三章と七、八、十章は、親鸞の法話の言葉そのものにおいて、文章体と会話体が簡潔に一致しているという特徴があろう。これ以上、削ることもできず、またゆるく広げることもできないという、わずかなか細いライン上で、文章が構築されている。文章語と会話語がそこにおいて一致してしまうということは、その人間の思想の緊張感あふれる最高の自己表現なのだといえよう。

しかし第九章については、唯円と親鸞の会話的場面が含まれ、前に掲げたものとは異なる。同様な意味では、第二章もそうであろう。第二章は北関東の弟子達に語る親鸞の会話体の言葉が記されているからである。「目安にして」という言葉に多少そぐわない章ではあるが、いずれも親鸞師弟間の信仰に生きる人間愛の籠められた情景であり、文学的説話の描写としても、忘れがたい。

私たちの『歎異抄』には、とくに最初の第一章、第二章、第三章には、この信仰の精神の力のエッセンスが、力強く復元され描写されているといえよう。私たちは『歎異抄』を読み通している間、あるいはそれぞれの人生を生き通している間に、幾度でも、この第一章、第二章、第三章を心身に音読して読み聞かせたいものである。

ともかく全体的に概観すれば、第一章より第十章「仰せ候いき」までが、親鸞上人の専修念仏信仰の要旨と信仰の原則、あるいは法然、親鸞両上人による御教示の集成である。おそらく親鸞の法話のお言葉そのものであろうと確信してよい文体文章で復元されているのであった。

その指し示す内容といい、その気迫が込められた言葉と文章といい、味読讃嘆の外はない。

8　唯円の歎異

一　意趣と異義

異義の群生

歎異抄後段序

そもそもかの御在生《ございしょう》のむかし、おなじこころざしにして、あゆみを遼遠《りょうえん》の洛陽にはげまし、信をひとつにして、心を当来の報土にかけしともがらは、同時に御意趣をうけ給わりしかども、そのひとびとにともないて念仏申さるる老若《ろうにゃく》、その数を知らずおわしますなかに、上人の仰せにあらざる異義どもを、近来《きんらい》はおおく仰せられおうて候うよし、伝えうけ給わる。いわれなき条々の子細のこと。

ここでいう「同じこころざしにして、あゆみを遼遠の洛陽にはげまし、信をひとつにして、心を当来（まさに来るべき生まれるべき必然性をもった真実）の報土にかけしともがら」とは、『歎異抄』第二章に出てきた北関東の同信同行

（藤季翠）を、いちいちに箇条書きして八箇条取り上げ、順次、丁寧に批判もし、正しい信仰の立場からする教導も加えただけでは足りないとして、「先師口伝の真信」を明確に伝えようとしているのであった。「理由も根拠もない妄説」くに「近来は多く」展開されていたことを十分に認識した唯円が、たまりかねて、関東に下ってきた覚如に申し談じた偽の話を広めて、信心に混迷を与える人々がいたからでもあろう。「あさましく、なげき」悲しむ状況が現実に、との中にも、他力浄土門の専修念仏信仰に対する「異義」を申し述べ、あるいは親鸞上人がまったく法話していない虚鄭重な尊敬表現によるあいまいさを見せていることにも注目したい。当時の唯円からみても、最高幹部の門徒指導者この後段序が「うけ給わりしかども」「おわしますなかに」「仰せられおうて候よし」「伝えうけ給わる」などと、

道場主の門徒指導者間に世代交代が進行する中で、関東武士政権の守護地頭職による専修念仏抑圧政策のしめつけが浸透してきていた。「異義」は、こうして信仰内外の因果として群生した。

六十八歳で亡くなる唯円は、師匠に五十歳ほどの歳の差があったから、親鸞上人が亡くなられた時には四十一歳前後になっていただろう。もはや北関東には親鸞上人面授の上足（門下傑出）の兄弟子たちがいなくなりつつあった時期の唯円の晩年期にあって、老齢の門徒たち、道場主たち（いわゆる関東二十四輩）の間を歴訪して、曾祖父でもある開祖親鸞上人の遺跡と遺徳・法話を収集した本願寺第三代覚如は、二十四輩に入らぬ唯円に依拠して学習するところが大であったという。

趣旨、見解と注釈している。

でいうところの無義為義の根本義を指していよう。日葡辞書は無論「意趣」をひろっていて、心のおもむくところ、う道筋にある。親鸞上人の「御意趣」とは、『歎異抄』第三章でいうところの「本願他力の意趣」であり、同第十章成仏など濁世現世で即座に仏身に昇華してしまう信心や、我利功利の自力念仏で獲得される浄土信心とはまったく違同朋の門徒たち（道場主からその末端の念仏衆まで）のことである。「当来」とは、まさに来るべき未来であって、即身

えていこう、という。

この後段序は、読者諸兄姉が一、二度一人で音読されてみるとはっきりするのだが、息の長い、しかも流れよい川のような、よどみない口調で、「そもそも」から「つたえうけたまわる」まで、一気に文章一箇のみで展開する。前段全十章を受け継ぎながら、本書成立のいわれと真意を語り明かす手ぎわのよさ。文章道上も、わかりやすい語り口の丁寧なる文体。〆として「いわれなき条々の子細のこと」とする体言止のはぎれよさ。見事という外はない。気迫の込められた後段序が、第十一〜第十八章の異義批判の緊張した問題意識を「啓示」しているかのようである。

異義の争論

歎異抄第十一章

一　一文不通のともがらの念仏申すに会うて、「なんじは誓願不思議を信じて念仏申すか、また名号不思議を信ずるか」と、いい驚かして、ふたつの不思議の子細をも分明《ふんみょう》にいいひらかずして、ひとのこころをまどわすこと。この条、かえすがえすもこころをとどめて、思いわくべきことなり。誓願の不思議によりて、たもちやすく、唱えやすき名号を案じいだし給いて、この名字《みょうじ》を唱えんものを、迎えとらんと御約束あることなれば、まず弥陀の大悲大願の不思議に助けられ参らせて、生死を出ずべしと信じて、念仏の申さるるも、如来の御はからいなりと思えば、すこしもみずからのはからいまじわらざるがゆえに、本願に相応して実報土に往生するなり。これは誓願の不思議をむねと信じたてまつれば、名号の不思議も具足して、誓願名号の不思議ひとつにして、さらに異なることなきなり。つぎに、みずからのはからいをさしはさみて、善悪のふたつにつきて、往生の助け、障り、二《ふた》様《よう》におもうは、誓願の不思議をば頼まずして、わがこころに往生の業をはげみて、申すところの念仏をも、自行《じぎょう》になすなり。このひとは名号の不思議をもまた信ぜざるなり。信ぜざれども辺地《へんぢ》・懈慢《けまん》・疑城《ぎじょう》・胎宮《たいぐ》にも往生して、果遂《かすい》の願のゆえに遂に報土に生ずるは、名号不思議の力なり。これすなわち誓願不思議のゆえなれば、ただひとつなるべし。

私たちは、まず最初から、十三世紀後半の北関東における同朋門徒たちの異義の争論の世界に、いきなり投げこまれる。唯円は息せききったように問題の本質に迫って、同朋同行たちに反省を求める。もともと「誓願不思議」と「名号不思議」の信心による念仏については、親鸞上人存命中から門徒たちの間に「御不審」が群生していたらしい。常陸国笠間の教名房に対する「他力には義なきを義とは申し候なり」との追伸のある御返書において、親鸞上人は「誓願を離れたる名号も候わず。名号を離れたる誓願も候わず。……誓願を不思議と信じ、名号を不思議と一念信じ唱えつる上は……とかく御はからいあるべからず候。往生の業にはわたくしのはからいあるまじく候なり。……ただ如来にまかせ参らせおわしますすべく候」と明言されていた。これは「誓願の不思議をむねと信じたてまつれば、名号の不思議も具足して、誓願名号の不思議ひとつとして、さらに異なることなきなり」となるのである。

阿弥陀仏の衆生救済の働きへの信心を、自らの理屈中心に傲慢にも誓願信心さえあれば、すべては解放されるとしてしまうか、名号のみの自力念仏の実践中心に念仏の何万遍かの数を競うような高慢にしてしまうかの両側からの勝手極まりない偏向が群生していた。彼らこそ、北関東の単純素朴なる庶民ともいえる「一文不通のともがら」を恐れさせ驚かし、純真なる信仰をまどわしたりしてしまう異義であった。

「子細」とは日葡辞書によれば、「理由」あるいは「道理」である。「分明」とは同じく「明らかにして区別する」ことである。「かえすがえすもこころをとどめて、思いわくべきことなり」と唯円がきつく念を押している所からも、当時、なによりも激しい異義の偏向であったろう。「思いわく」とは日葡辞書にも、「公正に弁別すること」と語釈している。

もともと法然上人が念仏往生のさわりを紹介されて「念仏は易きが故に一切に通ず。諸行は難きが故に諸機（教えを受ける客体としての衆生のこと。利鈍、大小、頓漸、智愚さまざまの機類のこと）に通ぜず。しかれば則ち一切衆生をして平等に往生せしめんがために、難を捨てて易を取りて本願となし給う」（『選択本願念仏集』、「4　法然の信仰」参照）とされているのであって、「誓願の不思議によりてやすくたもち、唱えやすき名号を案じいだし給いて、この名号を唱えんものを、迎えとらんと御約束ある」ことを、唯円は唱道してやまない。

「法然上人の弘め給う選択本願智慧の念仏は、南無阿弥陀仏と申して、疑いなくすると思い取りて、御助け一定の心から南無阿弥陀仏と喜ぶは、晴天白日、ちっとも曇りのない晴れわたりたる信心の称名」（粟津義圭の正像末和讃可説）であり、「向こう見ずの闇夜をたどり行くような危ない愚痴の念仏」ではなかった。「願力不思議」を「知らず及ばぬ自力の小刀細工を増」しているだけの雑行自力で「こじつけようとするうろたえ者」の「愚痴」ではなかった。

かくして「五濁悪世の有情の、選択本願信ずれば、不可称、不可説、不可思議の、功徳は行者の身にみてり」（同前）ということになる。

二　学問不要

信仰の妨げあり

歎異抄第十二章

一　経釈をよみ学せざるともがら、往生不定のよしのこと。この条、すこぶる不足言の義といいつべし。他力真実のむねをあかせるもろもろの聖教は、本願を信じ、念仏をもうさば仏になる。そのほか、なにの学問かは往生の要なるべきや。まことに、このことわりにまよえらんひとは、いかにもいかにも学問して、本願のむねをしる

べきなり。経釈をよみ学すといえども、聖教の本意をこころえざる条、もっとも不便のことなり。（以下略）

唯円は前の章に続いてここでも生半可な学問が信仰の妨げになると言い放つ。ここでの異義は「経釈をよみ学せざるともがら、往生不定のよしのこと」。このことは論ずるに値しない主張と断言している。さらに、本願他力の救いが真実であると説いた諸経論は「阿弥陀仏の本願の救いを信じて念仏申すならば必ず仏になる」と説いているのにそれ以外にどのような学問が必要なのだろうかとして、教団に入り込んだ擬似インテリに対するきびしい批判と、すべてのパリサイ人に対する告発を行っているのである。

『歎異抄』第二章を思い返していただきたい。北関東から上洛してきた信者たちに親鸞は「南都北嶺」興福寺や、東大寺、延暦寺に行って高尚な話を聞きにいったらどうですかと、やさしいが皮肉たっぷりに突き放したが、その話と対応させている章である。

仏法論争に反対する

さらに唯円は当時諸方でおこりそうになった専修念仏信者と聖道門の僧侶とが仏法論争を企てることに強硬に反対する。専ら念仏申す人々と自力聖道の行に励む人々が教義について論争を始めているが、仮に他の宗派の人が「念仏の教えは浅薄で低級である」と非難しても「私達のような凡夫は、この本願念仏の教えを信じたら救われると聞いている。仮に他の教えが勝れていても自分のような者は能力が追いつかないので修行できない」と憎らしげな態度を取らずに言えば誰が敵対するだろうか。この唯円の言い回しは謙虚というよりはむしろ慇懃無礼である。だが、この慇懃無礼な言葉を無礼ではなく言えと唯円は諭すのである。

親鸞上人は「釈尊はこの法を信ずる衆生もあり、そしる衆生もあると、説いておられる。われはすでに信じたてまつるが、たまたま専修念仏をそしる人に出会うと、なるほど釈尊の言葉は本当だと悟らずにはいられない。間違ってでもそしる人がいなかったらかえって何故かと疑う。そしられても仏法を疑うことがないようにと説かれたのだ」と仰ったことがある。無心に念仏申す人に、学問してこそ浄土へ往生できる、などと言って脅かすのは悪魔の仕業であり阿弥陀仏にたてつく敵である、と言い切っている。

三　本願ぼこり

悪への異義

歎異抄第十三章

一　弥陀の本願不思議におわしませばとて、悪をおそれざるは、また、本願ぼこりとて、往生かなうべからずということ。この条、本願をうたがう、善悪の宿業をこころえざるなり。よきこころのおこるも、宿善のもよおすゆえなり。悪事のおもわれせらるるも、悪業のはからうゆえなり。故上人のおおせには、「卯毛羊毛のさきにいるちりばかりもつくるつみの、宿業にあらずということなしとしるべし」とそうらいき。（以下略）

「弥陀の本願不思議」だからといって本願にあまえ、悪行を恐れない人は往生できないなどということ、これがこの章での異義である。この説は、本願を疑い、善悪が人間の前世の善悪によって起こることを知らないことだ。ここでは世俗の常識と教養を覆す逆転の発想である『歎異抄』第三章の「善人なをもて往生をとぐ、いはんや悪人をや」のフレーズを即座に思い出すだろう。悪人でなくては往生がとげられない、したい放題の悪いことをしようじゃないかと言い出すものがあっても不思議ではない。これが「本願ぼこり」である。

ここで唯円は親鸞上人とのエピソードを披露する。ある時、親鸞上人は「たとえば、ひとを千人ころしてんや、しからば往生は一定すべし」とおおせられたが、私は「一人もこの身の器量にては、ころしつべしとも、おぼえずそうろう」と答えたところ、「なにごともこころにまかせたることならば、往生のために千人ころせといわんに、すなわちころすべし。しかれども、一人にてもかないぬべき業縁なきによりて、害せざるなり。わがこころのよくて、ころさぬにはあらず。また害せじとおもうとも、百人千人をころすこともあるべし」とおおせられた。人は心が善だから殺さないというのではない。殺すまいと思っていても百人、千人殺すこともある。戦争、飢餓など極限状態になれば人間は今まで見せなかった深層をさらけだす。つい善悪の判断にとらわれて阿弥陀仏の本願に助けられていることを忘れてしまう、ということを仰せられたのだ。

唯円はこのエピソードを通じて淡々と親鸞上人のお言葉を伝えようとしているが、それが却って劇的な効果を生んでいる。

くすりあらばとて、毒をこのむべからず

唯円はさらにえせ信者に雑言をあびせる。ある時、間違った念仏に陥った人があり、わざと好んで悪をつくり往生の原因とせよということを言った際、親鸞上人が手紙に「くすりあればとて、毒をこのむべからず」と書かれたのはそのような間違った考えをやめさせるためであったのだ。

「うみかわに、あみをひき、つりをして、世をわたるものも、野やまに、ししをかり、とりをとりて、いのちをつぐともがら」も「あきないをもし、田畠をつくりてすぐるひと」も皆同じ人間だと親鸞上人は仰せられた。一二七〇年代に編集された当時の国語辞典ともいうべき『塵袋』には「貧」「穢れ」と「悪」「悪人」の当時の定義が書かれている。当時、悪人の定義は「道徳的な悪人」「心の悪人」であったが、法然・親鸞の教えは単にそのようなものを悪、

悪人と見做したり、清貧（貧しいが心が清らか）、富濁（金持ちの故心が汚い、悪い）といった区分け、差別さえもしない、すべての人を救うことから始まっている。信仰上は悪、悪人を深く自覚し、悪を現実に肯定することの教えである。それまで日本的霊性が社会的、身分的に差別してきた人々を救うのが阿弥陀仏の教えと説いたのだ。『唯信抄』にも、「弥陀いかばかりのちからましますとしりてか、罪業の身なれば、すくわれがたしとおもうべき」と書かれている。阿弥陀仏の力を過小評価するものではない。むしろ「本願にほこるこころのあらんにつけてこそ他力をたのむ信心も決定するというものだ。いかなる罪業があっても救われない罪などない。本願ぼこりを責め、戒める人がいるが、考えが浅薄といわざるをえない。

四　功利主義的念仏

いまだわれらが信ずるところにおよばず

歎異抄第十四章

一　一念に八十億劫の重罪を滅すと信ずべしということ。この条は、十悪五逆の罪人、日ごろ念仏をもうさずして、命終のとき、はじめて善知識のおしえにて、一念もうせば八十億劫のつみを滅し、十念もうせば十八十億劫の重罪を滅して往生すといえり。これは、十悪五逆の軽重をしらせんがために、一念十念といえるか、滅罪の利益なり。いまだわれらが信ずるところにおよばず。（以下略）

ここでは念仏を重ねれば重ねるほど罪が滅すとする功利主義的な念仏にたいする異論、批判を展開している。「十悪五逆」とは人間にとって最も重い罪とされるもので、十悪とは殺生、偸盗、邪淫、妄語（うそ）、綺語（へつらう）、悪口、両舌、貪欲、瞋恚（いかり）、愚痴をいい、五逆とは殺父、殺母、殺阿羅漢（立派な坊さんを殺す）、破和合僧（教団の和合一致を破壊し乱す）、出仏身血（仏の身体を傷つける）をいう。五逆の方がより罪が重いとされるが、異義者が「一念もうせば八十億劫のつみを滅し、十念もうせば十八十億劫の重罪を滅して往生す」というのに対し、唯円は、必ずしも間違ってはいないが、充分ではないと言い切っている。「いまだわれらが信ずるところにおよばず」は自分が法然上人、親鸞上人の教えの正統派であるとの自信、確信が言わせている言葉である。

さらにその理由はと続ける。阿弥陀仏は永遠の生命と無限の光をもったものだが、その輝かしい光明に照らされて、その光ゆえに心に信仰心が起こる時、すでにわれわれには「金剛の信心をたまわりぬれば、すでに定衆（仏となるべき身と決定した人）のくらいにおさめしたまいて」いるのであるから、必ず仏の位にはいることができる。「一生のあいだもうすところの念仏は、みなことごとく、如来大悲の恩を報じ徳を謝すとおもうべきなり」。ここでも唯円らしい論法を展開しており、唯円の信仰の証が最も出ている個所である。

中国浄土教を発展させる

一国の民の信仰、思想は、その国民の水準を示すものである。その意味では「浄土宗」「浄土真宗」は世界の最高水準にある。単なる中国仏教のコピーや直訳ではなく、中国の浄土思想を進歩、発展させたものである。何故なら中国の浄土教では本願は全てを救うとしているが「五逆十悪」の例外を設けている。これに対し法然は「第十八願により極悪非道の罪人も含め、例外なく全ての人を救う」とし、さらに自らを「無智の身」「破戒の身」と称し、「念仏に深浅なし」「行住座臥（念仏を唱えるのにはどんな環境でもどんな格好でも構わない）」とした。阿弥陀仏を救世主として位置づけ、制約や条件のついている釈迦の歴史的存在さえも飛躍、超越させた。このことがまた南都北嶺が法然や念仏信仰を攻撃した理由でもあった。

死に際に念仏を唱えなければ往生できないとされていた風潮に対しても反論する。「いかなる不思議のことにもあい、また病悩苦痛せめて」念仏もうさずして死んでしまう人でも、罪深い凡夫をおさめとって放さない阿弥陀仏の「摂取不捨の願」を信じ、おすがりすれば浄土に行くことができる。さらに「つみを滅せんとおもわんは、自力のこころにして、臨終正念といのるひとの本意」として、他力の信心がないと戒めている。

9　後半異義四条

一　聖道門の矛盾

歎異抄第十五章

一　煩悩具足の身をもって、すでにさとりをひらくということ。この条、もってのほかのことにそうろう。即身成仏は真言秘教の本意、三密行業の証果なり。六根清浄はまた法華一乗の所説、四安楽の行の感徳なり。これみな難行上根のつとめ、観念成就のさとりなり。来生の開覚は他力浄土の宗旨、信心決定の道なるがゆえなり。これまた易行下根のつとめ、不簡善悪の法なり。おおよそ、今生においては、煩悩悪障を断ぜんこと、きわめてありがたきあいだ、真言・法華を行ずる浄侶、なおもて順次生のさとりをいのる。いかにいわんや、戒行恵解ともになしといえども、弥陀の願船に乗じて、生死の苦界をわたり、報土のきしにつきぬるものならば、煩悩の黒雲はやくはれ、法性の覚月すみやかにあらわれて、尽十方の無碍の光明に一味にして、一切の衆生を利益せんときにこそ、さとりにてはそうらえ。この身をもってさとりをひらくとそうろうなるひとは、釈尊のごとく、種種の応化の身をも現じ、三十二相・八十随形好をも具足して、説法利益そうろうにや。これをこそ、今生にさとりをひらく本とはもうしそうらえ。（以下略）

「煩悩具足の身」つまり煩悩を持ったままで仏の如く悟りにはいること、これはとんでもない主張であり異義である。ここで唯円は自力の修行で悟りを開こうとする聖道門の矛盾を「もってのほか」と最も強い表現を使用して批判すると同時に浄土宗のありがたさを強調している。『歎異抄』第四章に唯円は、聖道門の慈悲の思想の批判を書いたが、この章はそれと対応する。唯円がここで聖道門の代表者としているのは真言・天台の教えである。これらの仏教は現世において仏になろうとする立場であるが、「釈尊のごとく、種種の応化の身をも現じ、三十二相・八十随形好をも具足」した人なら別だが、普通の人間が絶対の仏になるなどとても無理である。能力の勝れた人が修めることの出来る難行によって得られる悟りもある。それに対し極楽浄土において悟りを開くのは本願他力の教え、浄土宗の根本義である。

親鸞上人の作られた『和讃』にもうたわれているように真実の信心が決定した時、同時に阿弥陀仏の救いの光明に摂（おさ）め取られるのであるが、一度摂め取られたら決してお見捨てにならないことだから、二度と迷いの世界である六道を輪廻転生する筈がない。これを知ることを悟ることと混同しているのでしょうか。なんとあさましいことだ。「浄土真宗（浄土の真宗、すなわち阿弥陀仏の本願によるところの仏教）はこの世では本願を信じ、あの世で初めて悟りをひらくもの」と親鸞上人は仰せられた。

二　回心ただひとたびあるべし

歎異抄第十六章

一　信心の行者、自然に、はらをもたて、あしざまなることをもおかし、同朋同侶にもあいて口論をもしては、かならず回心すべしということ。この条、断悪修善のここちか。一向専修のひとにおいては、回心ということ、ただひとたびあるべし。（以下略）

ここでも唯円は晩年の親鸞上人の教えに忠実に、同じ親鸞流浄土宗の同朋のあいだにはびこる逸脱や異義・異端に対する厳しい批判を続行する。「自然に」はここでは「じねんに」と読み、「自らしからしむる」という意であろう。行者が何かの機会に腹を立てたり「同朋同侶」と口論するごとに悔い改めるというのは自力の思想ではないでしょうか。「一向専修のひとにおいては、回心ということ、ただひとたびあるべし」で、その回心とは自力を捨て、他力に帰することである。

日常の悪事を回心し続けよと主張する者は心の中では善いことをした者だけを助けるに違いないと思っているから、他力を頼む気持ちが欠けているのだ。

ひとたび信心が定まったら「往生は、弥陀に、はかられまいらせてすることとなれば、わがはからいなるべからず」。たとえ悪いことをしても、いっそう悪い自分を救ってくださる阿弥陀仏の本願の力を仰げば、自然の道理で耐え忍ぶ心もでてくるものだ。

ここで唯円の放った「ただほれぼれと弥陀の御恩の深長なること、つねはおもいいだしまいらすべし」は素晴らしい表現だ。「日葡辞書」には「ほればれと」が載っているが、ここでの意味は「理屈抜きで対象と一体になること」すなわち我をわすれて阿弥陀仏と一体になることをいったのであろう。「ほればれと」なれることはまた相手の立場になることでもあり、この宗教的恍惚感は親子・男女の愛に通じると言えるかもしれない。

「しかれば念仏もうされそうろう。これ自然なり」自然に念仏が申されてくる。自分のはからいでないのが自然なのであるが、自然ということが特別に存在するように物知り顔にいう人があるように聞くが、何ともあさましく情けないことだ、と唯円は歎いている。

三　辺地往生

歎異抄第十七章

一　辺地の往生をとぐるひと、ついには地獄におつべしということ。この条、いずれの証文にみえそうろうぞや。学生だつるひとのなかに、いいいださるることにてそうろうなるこそ、あさましくそうらえ。経論聖教をば、いかようにみなされてそうろうやらん。信心かけたる行者は、本願をうたがうによりて、辺地に生じて、うたがいのつみをつぐのいてのち、報土のさとりをひらくとこそ、うけたまわりそうらえ。信心の行者すくなきゆえに、化土におおくすすめいれられそうろうを、ついにむなしくなるべしとそうろうなるこそ、如来に虚妄をもうしつけまいらせられそうろうなれ。

念仏しながらも本願を疑い、善悪に拘泥し、自力をたのむ人が辺地（真実報土に対する方便化土）で往生するがついには地獄に落ちるということ、学者ぶる人が言い出したようだが、この異義は情けないことだ。これは親鸞上人のどんな文書に書かれているのでしょうか。「経論聖教」をどのように解釈しているのでしょうか。信心の欠けてる信者は本願を疑ったために辺鄙な浄土に生まれるのだが、ここで疑った罪を償った後初めて極楽浄土に生まれ変わって悟りを開くと教えられている。真の信心を持った信者が少ないから阿弥陀仏は仮の浄土に行かせるのに、最後に地獄に落ちるとは阿弥陀仏の慈悲さえ徒労に終ると主張しているのであって阿弥陀如来に虚妄の罪を押し付けようとしているのではあるまいか。

四　布施の多寡

歎異抄第十八章

一　仏法のかたに、施入物の多少にしたがいて、大小仏になるべしということ。この条、不可説なり、不可説なり。比興のことなり。まず仏に大小の分量をさだめんことあるべからずそうろうや。(以下略)

ここでの異義は「仏法のかたに、施入物の多少にしたがいて、大小仏になるべし」ということ。「この条、不可説なり、不可説なり」。まさに言語道断、意味のないことだと言う以外ない。「不可説」は第六章、第十章にもでてくるが、ここでは重複させて全否定している。寄付やお布施の多寡で差をつけている浄土宗一門の道場主に対しての唯円の激しい非難である。「比興」は「日葡辞書」には「いやしい」と出ている。イエスキリストが弟子に対し「パリサイ人の上流階級貴人と貧しい人とどちらに神は加護を与えられるか」と聞かれる話が聖書にも出てくるが、東西を問わず、信仰のありようを示す逸話である。

「まず仏に大小の分量をさだめんことあるべからず」仏の分量を決めようなどということは絶対間違いで有り得ない。

阿弥陀仏の形をこうだと言うのは、色も形もない真実を衆生に知らせようという仮の姿を言っただけの話。本当の悟りを開けば何の形も色もなくなるのだから何をもって大小を決めると言うのだろう。また寄付は迷いを脱し浄土に到る完全な施しの行為だと主張するのかもしれない。しかし如何に宝物を仏前に投げ、師匠に献げても信心が不足していれば何の甲斐もないし、一枚の紙、半銭のお金を謝礼として出さなくても信心が深ければ本願にかなう筈である。「すべて仏法にことをよせて、世間の欲心もあるゆえに、同朋をいいおどさるるにや」と切り捨てている。

10 『歎異抄』から何を学ぶか

一 総括

歎異抄後序

右条々はみなもって信心のことなるよりおこりそうろうか。故上人の御ものがたりに、法然上人の御とき、御弟子そのかずおおかりけるなかに、おなじく御信心のひとも、すくなくおわしけるにこそ、親鸞、御同朋の御なかにして、御相論のことそうらいけり。そのゆえは、「善信が信心も、聖人の御信心もひとつなり」とおおせのそうらいければ、勢観房、念仏房なんどもうす御同朋達、もってのほかにあらそいたまいて、「いかでか聖人の御信心に善信房の信心、ひとつにはあるべきぞ」とそうらいければ、「聖人の御智慧才覚ひろくおわしますに、一ならんともうさばこそ、ひがごとならめ。往生の信心においては、まったくことなることなし、ただひとつなり」と御返答ありけれども、なお、「いかでかその義あらん」という疑難ありければ、詮ずるところ聖人の御まえにて、自他の是非をさだむべきにて、この子細をもうしあげければ、法然上人のおおせには、「源空が信心も、如来よりたまわりたる信心なり。善信房の信心も如来よりたまわらせたまいたる信心なり。されば、ただひとつなり。別の信心にておわしまさんひとは、源空がまいらんずる浄土へは、よもまいらせたまいそうらわじ」とおおせそうらいしかば、当時の一向専修のひとびとのなかにも、親鸞の御信心にひとつならぬ御こともそうろうらんとおぼえそうろう。（以下略）

『歎異抄』の後段、すなわち第十一章から十八章までの総括としてこの後序は位置付けられる。ここで「そうろうか」とやわらかい表現で入っているように、この後序全体は異義を唱える人に敬語を使用しながら「少し立ち止ってお戻りいただきたい」という感じだが、逆に唯円の本音である自信がはしなくも顕れてしまった文章といえよう。唯円は淡々と『歎異抄』を綴った風だが、起承転結を最初から考え、この総括がクライマックスになるようにしつらえている。その文章は論旨明白、構成は充分にかつ丹念に準備され、練られたものとなっている。すなわちここに親鸞上人と兄弟子たちとの劇的なエピソードを入れ見事な演出を施しているのである。

「法然上人の御とき、御弟子そのかずおおかりけるなかに、おなじく御信心のひとも、すくなくおわしけるにこそ、親鸞、御同朋の御なかにして、御相論のことそうらいけり」が演出の舞台である。

親鸞「善信（若き親鸞のこと）が信心も、聖人の御信心もひとつなり」。

勢観房、念仏房「いかでか聖人の御信心に善信房の信心、ひとつにはあるべきぞ」。

親鸞「聖人の御智慧才覚ひろくおわしますに、一ならんともうさばこそ、ひがごとならめ。往生の信心においては、まったくことなることなし、ただひとつなり」。

勢観房、念仏房「いかでかその義あらん」。

兄弟子達はいきりたって親鸞に迫る。そこでいずれの論が正しいか法然上人にお伺いをたてたところ、法然「源空が信心も、如来よりたまわりたる信心なり。善信房の信心も如来よりたまわらせたまいたる信心なり。されば、ただ、ひとつなり。別の信心にておわしまさんとは、源空がまいらんずる浄土へは、よもまいらせたまいそうらわじ」。

この挿話の後唯円は「一向専修のひとびとのなかにも、親鸞の御信心にひとつならぬ御こともそうろうらんとおぼえそうろう」と親鸞の信心に対する異義、異端を歎くのである。

唯円はこのエピソードを心の奥底に深く刻み込み前段の第一章から第十章にも使用せず後段の結語にもってきた、この文章構成のうまさ、凄さに圧倒されるばかりである。

そのあとは唯円の独り言のようでもある。

どれもこれも（唯円の）老いの繰り言だが、敢えて書いた。我が亡きあとは出鱈目な異端邪教が蔓延るのではないかと心配で書き置くのである。異端邪教に言い負かされそうになった時、親鸞上人が利用されていた書籍などを見て貰いたい。方便を捨て、真実を取ることこそが親鸞上人の本意にかなうに違いない。親鸞上人は「阿弥陀仏が五劫という気の遠くなるような長い間、思案に思案を重ねて立てられた誓願をよく考えれば、それはただ親鸞一人のためだった。私は深く重い罪業をもっている身であるのに、その私を助けてやろうとお思いになった阿弥陀仏の本願のありがたさよ」と述懐された。

さらに唯円は親鸞上人の言葉を思い出す。「わしは善とか悪とかについては知らない。阿弥陀如来がこれは善だこれは悪だとお思いになるのを知りとおすことができたら何が善で何が悪かを認識しているといえよう。しかしわしは煩悩を抱えた凡夫、この世は不安にみちた無常の世界だ」ゆえに「よろずのこと、みなもって、そらごとたわごと、まことあることなきに、ただ念仏のみぞまことにておわします」と仰せられた。これは親鸞の絶望とかつ希望の言葉ともいえる。

唯円はさらにまたひとつ嘆かわしいことがあるとして、「討論し人を説得せねばならない時に、相手の発言を封じるために、親鸞上人が仰せられなかったことを、さも親鸞上人の仰せだと言うのはまことに嘆かわしい」、と続けている。

最後に、「今までのことは親鸞上人の仰せになった趣旨のほんの一端を思い出して書き留めたものである。同朋の中に信心違いを起こすことがないよう書き記し、これを『歎異抄』と名付ける。外見あるべからず」と結んでいる。「外見あるべからず」は、秘密にせよと言っているのではなく、私的なものであるとの意であり、分らない人には見せなくてもよいという程度のことであろう。

二　信仰の証し「流罪記録」と親鸞の絶望

後段の八条にわたる異義、および総括である後序のあと『歎異抄』の末尾には流罪記録がついていることはすでに触れたが、この内容と意味についてあらためて触れておきたい。「後鳥羽上皇の時、法然上人が他力念仏宗を興したが、興福寺の僧達が、敵意をもってこのことを奏上したうえ、弟子の中に悪逆無道な者がいると申しあげた。そしてこの無実のうわさで罪に処された人は以下の人達である」として法然上人、親鸞上人をはじめとして十数人の名前を挙げている。ここで親鸞は犯罪者として流罪されたとはっきり明記しているのだ。親鸞は当時の体制によって迫害された人間であり、それはまた親鸞の真剣、純粋、真摯な信仰のためであった。しかし同時に、親鸞にとってその迫害は信仰の証しであることをこの流罪記録は誇らしく語っているのである。ここにこの流罪記録の意味がある。その後の歴史で後鳥羽上皇は公家（天皇）政治を否定した鎌倉幕府の北条義時により隠岐に配流されることになる。たとえ上皇、天皇であっても天の裁きが下ったということで浄土宗を信仰する人はあらためて法然上人、親鸞上人が無実であったことと信仰の正しさを認識するのである。日本の永い歴史上、天皇教ともいわれる日本的霊性を打ち破った唯一の例はこの承久の乱（一二二一年）だけである。

親鸞上人は師である法然上人と同じ信仰を持ち、同じように流罪になった。親鸞はこの迫害と苦悩の共通性を通じて自身が法然上人の後継者であることを自覚したであろう。しかしこの共通性の思想は親鸞以後消えていくことになる。唯円は親鸞精神が失われようとするのを歎き、信仰を親鸞上人が生きた昔に返そうとしてこの流罪記録を『歎異抄』の末尾につけたともいえる。

唯円は異端、異義を歎いているが、最も歎くべきは「2　親鸞とその時代」で触れた八十四歳の親鸞上人がわが子であり弟子でもあった善鸞を破門義絶したことからの絶望であったろう。善鸞は親鸞上人からひそかに秘事秘伝を受けたとか母の恵信尼を継母だと言ったり、善鸞に従わない門弟たちを中傷するなど策謀していた。そのため親鸞上人は「親鸞にそらごとを申しつけたるは、父を殺すなり。五逆のその一なり」と親について無実のことを言いふらし、常陸・下野の念仏者を動揺させ幕府に訴えた罪は許し難い、と絶望のなか悲痛な思いで親子の縁を切ったのだった。

三　日本的霊性と法然、親鸞

日本的霊性は時代により解釈が異なるが、もともと日本人の民族信仰は天地人の神、よろずの神であった。それはまた神・仏・儒の三教が一致し、全てを包摂する信仰のため曖昧なものであったといえなくもない。さらにいえば「天皇教」と言われるもので国家そのものが信仰であった。

日本の中世社会史上では、古代からの日本的霊性に対抗して、いくつかのあやしげな、ラジカルで狂信的な宗教団体が生まれては消えていった歴史がある。古来、宗教・信仰については国家や国王（天皇）が保護管理することが必要で、勅許以外の宗教・信仰は間違いを犯すもの、危険なものだというのが日本的霊性の考え方にあった。しかし十二～十三世紀の末法の時代には世相を反映した不安や恐怖から、妄信をばらまく者が群生し、従来の生活、信仰から逸脱し隠遁または遊行するいわゆる聖《ひじり》も現われた。

当時の封建領主の考えは「日本的霊性を信じている人は安全、安心で、新しい宗教は不要で認めない」というものであった。一方当時の浄土真宗の信者は作人や下作人という下層の人々であり道場主が地域の領家や地頭や名主から排斥、拒否されてしまえば、布教の道場主として存在できない状況が生まれていた。また地頭や名主は既成の宗教（日本的霊性）にかこつけて浄土真宗信仰に弾圧を加えたことから、親鸞は念仏を信じる人々に、よろずの神をいたずらに否定しない形で念仏するようにとわざわざ書面を送っている。

もともと古代人が信仰上で願ったことは、現世利益、安穏、追善、吉凶禍福の予言、怨霊祓いであったが。この願いが叶わないとなると、これを否定し、現実の生活や俗界、安穏の世界をくだらないと見下し、安穏で調子よく暮らしている人達から離脱し、孤高・清貧へと生活を変え、この社会の俗世を憎悪する者が出て来た。これはまさしく「否定の論理」である。しかし法然上人、親鸞上人は安穏の俗世を否定しつつも愛欲、出世、利己、物欲、嫉妬、憎悪などを呑み込み「人は生きていることとそのことが他人を傷つけている」ということを自覚していた。そしてこの罪は苦行や呪術、卜占などでは救えず、唯一、阿弥陀仏の「他力」によってしか救えないと説いた。

さらに「人は例外なく罪を犯すことなしには生きていけない。生きていることそのものが「人間苦」であり、普遍的な「人間苦」は自力では救えない」とした。これはキリスト教の原罪（original sin）の考えに似ている。つまり人間が生まれながらにして持つ「原罪」を救えるのは阿弥陀仏による「他力」と同様、イエスキリストによる救済しかないとする教えである。

四 『歎異抄』の精神を学ぶ

『歎異抄』的観点から日本の古典で精神的意義を見てみたい。一例として『太平記』と『平家物語』を取り上げその精神的意義を比較すると、『太平記』は現世的、尚武（武道を尊ぶ）、死生観として自力的、強者の立場であるのに対し、『平家物語』は火宅、煩悩、死生観として仏にすがる本願他力という弱者の立場がある。弱者の中にこそ人間の真実の姿が見えることを『平家物語』は表現していると言える。

さらに近代文学『破戒』『罪と罰』『夜明け前』に見える挫折と敗北から『歎異抄』の精神を学ぶことができる。『破戒』の主人公、瀬川丑松は未解放部落の出身で、生まれながらの罪人、賤民（卑しい、汚い、臭い）で、自分の身分を隠し小学校の教師となるが、最後は自分の出自を告白する。丑松の悲劇的運命を知った志保は強い衝撃を受けるが、信仰心に似た人間としての友情や人間的な思いやりで出生と人間の差別を乗り越える。『罪と罰』では丑松に対応する人物としてラスコーリニコフ、志保に対応する人物としてソーニャが登場する。両作品とも不幸な運命を持つ登場人物に神の救いがあるとしている。

『夜明け前』の主人公、青山半蔵（馬籠宿本陣名主）は神国日本の精神を堅持して一生を過し、狂死という凄まじい最期を遂げ敗北する。日本近代の無常、無情、非情を救済する道として『歎異抄』がある。島崎藤村が『破戒』『夜明け前』を発表した二十世紀初めに親鸞の信仰が生きていることを知ることができる。

しかるに現代を生きる人にとって現在は『歎異抄』を理解できない環境である。「今を生きる」人々の言い分は、「過去」は記憶の中にしか存在しない、「過去」にとらわれることなく「将来」を見据えて、「現在」を活かしきり

「今を生きる」しか人間の生き方はないとしている。しかしわれわれ現代人は自らの過去や宿業や、もともと決められていた運命をもっと深刻に認識する必要があるのではないだろうか。

あとがき

この私自身が、浄土真宗の僧侶でもないし、日本仏教史や浄土教の専門家でもなく、いわんや仏教哲学の研究者でもない。そのような者でありながらも、日本民衆をめぐる精神史の構造と展開を、その決定的な瞬時ともいえる様相において、私という一個人の身心に真摯に受けとめたい。

「歎異抄とその時代」を「我が事」として見極めて行きたいと考えてきた。日本および日本人の問題としての一人一人の日本人の「生き方」と「死に方」を、自分なりの手作りの視座から探求する軸心の形成に、八百年前の『歎異抄』が役立つと思われた。

しかも十二、三歳でカトリック修道会経営の中学校にてキリスト教を受容し、十八歳前後から三十年間も離れてしまった精神遍歴の上に、ふたたび信仰に回帰した、ささやかな自分史のあゆみをもつ私には、『歎異抄』に関する既往の厖大な著作文献群とは違ったものが感じ取れるのではないかという気持ちが、十年前から強まっていたのであった。

いわゆる「日本的霊性」の正負の全資産を点検し清浄化するためにも、アシジの聖フランシスコと並んで、世界史の中で決してひけをとらないアジアの霊性として、親鸞上人とその師・法然上人に学ぶ必要を感じてきた。しかも正直なところ、私の信仰回帰はいわゆる「解放の神学」や聖書学習の原理的修復をした上での少年期信仰への回流であったから、『歎異抄』がなにかさらに強く相即不離なものとして、自分のたましいに迫ったのである。

私利にして虚飾、飽和にして浪費の現代文明に囚われてしまった私たちのそれぞれの人生の道にあっても、「教訓」以上のなにかが模索できる可能性が、そこにあるのではないか。

そのほころびが縫いつくろうことができないほどに拡散し、襤褸のような形状をさらけ出してしまった現代日本社会。混迷と乱雑の世にあって、個人道徳ばかりか社会倫理感覚をも喪失してしまった二十世紀日本人。

その新生と復活の兆しを、なんとか二十一世紀に造出するためにも、私たちは、十三世紀前後百年の渦中から生み出された民衆救済の信仰と思想のありように、学ぶべきことが多くある、と自覚せざるをえなくなってきている。

しばらく、親鸞とともに生きてみよう。

このような思いをこめて、五年前に勤務先の大学の公開市民講座やオープン・カレジで、面はゆさを抑えながらも語りはじめたのであった。三年あるいは四年と、連続して受講しお相手をして下さった老壮男女の有志の、誠と志のある方々の励ましのお蔭が、なによりの頼りであった。あわせて居住地の我孫子でも、市民歴史研究グループの「我孫子クリオの会」の会員の方々の御鞭撻を受け、我孫子市史編纂室の市民歴史講座でも語ってみた。

四十五年以上も前に、服部之総『親鸞ノート』正続と『蓮如』をはじめて手にした時からの個人としては長い年月を想い返しながら、多少の感慨をこめて、巻末に記する次第である。

〈年表1〉 親鸞とその時代

一一七三（承安三）年　四月、親鸞誕生（儒教文章家・日野家の末）。同月、文覚、後白河法皇へ「朝家放言」「種々悪言」を吐き「搦捕」らる（九条兼実『玉葉』）。文覚、伊豆配流。五月、「南北大衆蜂起、凡無可止之期……及大事……万事狂乱之世也……焼払多武峯……只仏法之滅尽也、五濁之世、可悲」。七月、興福寺末寺・清水寺焼亡、「南京衆徒……集会……議定……及四五千人カ、皆悉被甲冑之者也」。八月、平家一門が厳島神社に舞楽面奉納。八月、「天下不穏」。十月、比叡「山大衆弥以蜂起云々、可向奈良之儀」。十一月、清水寺焼失。十二月、六波羅密寺焼失。

一一七四（承安四）年　三月、後白河法皇、清盛らと福原から安芸国厳島神社御幸。

一一七五（承安五）年　三月十四日夜半、叡山黒谷報恩蔵中にて法然（四三歳、大原の良忍上人に学んだ黒谷の叡空上人の弟子）は善導の教示「本願の不思議」を体験し専修念仏に開眼。その喜悦の心境は「歓喜のあまりに人なかりしかども……高声に唱えて感悦、髄に徹り、落涙千行なりき」と。

一一七六（安元二）年　前年春より法然、専修念仏唱導。四月八日、大地震、「四十年以来無此程地震、云々」（『玉葉』）。

一一七七（治承一）年　十月六日、彗星、「天下兵乱……此一両月変異頻呈、必可有朝家大事之由」（『玉葉』）。四月、延暦寺衆徒「参洛集会」（『玉葉』）（一一六二年より延暦寺、興福寺、園城寺ら騒乱）。四月二八日、「夜前火猶未消、京中人屋多以焼亡已、及内裏……余騒起見之、火熱弥盛……大極殿已下八省院一切不残（焼亡所也）……火災盗賊、大衆兵乱、上下騒動……誠是乱世之至也、非人力之所及」（『玉葉』）。五月十一日、宣旨「近日」、延暦寺「大衆蜂起……狼藉……凶徒……騒動……放火……合戦……誠是朝家之愁敵、偏為叡山之悪魔者歟」（『玉葉』）。六月一日、「今暁、入道相国」鹿ヶ谷事件摘発、西光「召取……禁固之、被問年来之間所積之凶悪事……」「招寄成親卿、同以禁固」

一一七八（治承二）年　「殆及面縛」。二日、西光「去夜半刎西光頸了、三日京中騒動、上下諸人、皆以成怖畏」（『玉葉』）。

一一七九（治承三）年　七月、延暦寺学徒、堂衆と戦う。

五月十四日、清水、祇園両寺合戦、「各放火、焼堂塔房舎、其中清水悪徒焼八坂塔」（『玉葉』）。六月、「山門堂衆、与学徒、今朝可決勝負、一宗之磨滅時已至云々、可哀」（『玉葉』）。七月二十日、「或人云、内大臣（重盛）入道（一門）所労危急云々」、同月二五日、「近日万物沽価、殊以違法、非唯市人之背法、殆及州民之訴訟云々」。二九日、「今暁入道内府薨去云々、或説去夜云々」（『玉葉』）。重盛没（四二歳）。十一月七日「大地震、無比類」（『玉葉』）。同月二〇日、後白河法皇を幽閉。

一一八〇（治承四）年　五月十七日「散在于諸国之源氏末胤等、多以為高倉宮之方人、又近江国武勇之輩、同以与之云々、凡此間巷説縦横真偽難云」（『玉葉』）。同月二二日、頼政七六歳「入道引率子息等、参籠三井寺、已天下大事歟」。同月二六日、「奈良大衆已上洛云々……巧謀叛、危国家」……「頼政党類併誅殺了」「王化猶不堕地、逆賊遂被檎殺了」「非啻王化之不空、又是入道相国之運報也、可恐々々」（『玉葉』）。八月十七日、頼朝挙兵。九月七日、義仲挙兵。十二月十一日、平家、山門寺門堂塔焼亡、同月二八日、平重衡東大寺、興福寺焼亡。

一一八一（養和一）年　三月、親鸞（九歳）、慈円（二七歳）の自坊にて出家、叡山へ。閏二月四日、清盛没（六四歳）。この年餓死、強盗、兵乱、旱魃の群生。八月、重源（六一歳、入宋して寺院土木建築を学ぶ）東大寺勧進上人となる。

一一八二（寿永一）年　飢饉、疫病、死者多数。

一一八三（寿永二）年　七月、後白河法皇延暦寺潜幸、逆徒鎮定祈願。同月二八日、義仲入京。八月二八日、平宗盛、安徳帝神器を奉じ西海より太宰府へ。

一一八四（寿永三）年　一月二〇日、義仲敗死（三一歳）。二月七日、一の谷合戦、重衡捕わる。三月、維盛入水（二六歳）。重衡、鎌倉護送。大江広元、公文所別当。

一一八五（文治一）年　二月一九日、屋島合戦。三月二四日、壇ノ浦合戦、安徳帝入水崩（八歳）。四月二七日、神器入京。

一一八六（文治二）年　五月二四日、義経の腰越状。六月、宗盛斬（三九歳）、重衡斬（二九歳）。八月二八日、東大寺大仏落慶供養。十一月十二日、義経追捕院宣。

一一八七（文治三）年　三月、頼朝、兼実の摂政奏請。秋、法然、大原問答。天台の顕真が中心となり、重源（六五歳）・貞慶（三一歳、法相宗中興、解脱上人）らが沙弥・聖や出家・在家信仰者の集住する大原に集まり、法然の信仰確信を聴く。聴衆三〇〇人。以後、専修念仏信仰が興隆。

一一八八（文治四）年　二月、義経平泉へ。十月、秀衡没。

一一八九（文治五）年　五月、法然、不断念仏。閏四月三〇日、義経敗死（三一歳）。五月、西行、慈円を訪問。七月十九日、頼朝奥州征討。十二月、兼実、太政大臣。

一一九〇（建久一）年二月、法然、東大寺にて浄土三部経を講義。十月十九日、後白河法皇臨幸して東大寺上棟式。十一月、頼朝上京、後白河法皇、兼実に会見、十二月二九日、鎌倉帰。

一一九一（建久二）年七月、栄西帰日。十二月、兼実、関白（月輪関白）。

一一九二（建久三）年三月十三日、後白河法皇崩（六六歳）。七月十二日、頼朝、征夷大将軍。十一月、慈円、天台座主。

一一九三（建久四）年五月二八日、曾我兄弟仇討。八月、範頼殺さる（修善寺）。

一一九四（建久五）年叡山僧徒、栄西を訴え、禅宗停止。九月二二日、興福寺再建供養。

一一九五（建久六）年

三月、頼朝、東大寺開眼供養会で上洛（二月十四日～七月八日）。三月十二日、後鳥羽天皇、東大寺再建供養行幸。

一一九六（建久七）年　十一月、慈円座主を辞し籠居、兼実関白辞任。九条派、一掃さる。

一一九七（建久八）年　三月、頼朝、善光寺へ。十月十三日、一条能保（権中納言。源義朝の婿。二位法印尊長父）没（五一歳）。聖光房弁長（のち浄土宗第二祖）、吉水に法然を訪れ入門。

一一九八（建久九）年　一月、後鳥羽院政はじまる。三月、法然、「選択本願念仏集」を著述、兼実に献呈。是年栄西『興禅護国論』なる。

一一九九（正治一）年　一月十三日、頼朝没（五三歳）。八月、定家、慈円訪問。東大寺南大門なる。この歳より幕府、念仏禁断策をとりはじめる。十九歳より法然に師事常随の眞観房感西没。

一二〇一（建仁一）年　三月、親鸞（二九歳）、法然へ入門。三月十日、後鳥羽上皇熊野御幸。八月、慈円、天台座主。

一二〇二（建仁二）年　一月、兼実、法然により剃髪して出家（円証）。十月二一日、源通親（後鳥羽上皇近臣）急死（五四歳）。

一二〇三（建仁三）年　九月、比企能員の乱、頼家幽囚さる（翌年七月殺さる。二三歳）。実朝、征夷大将軍。

一二〇四（元久一）年　親鸞（綽空）三二歳。天台衆徒、専修念仏停止訴訟。十一月、法然教戒七ヶ条起請文に綽空の署名。

一二〇五（元久二）年　三月、後鳥羽上皇、藤原定家ら『新古今和歌集』撰。四月、親鸞、師法然の選択集相伝、影像見写を許さる。六月、畠山重忠（念仏者）北条氏に討伐さる。十月、興福寺衆徒、念仏糺改状を提出。破法の邪執である一向専修の過失を停止し、源空（法然）并に弟子等に罪科を行なうことを朝廷に強く望み請うた。

一二〇六（建永一）年　二月十四日、法然門下（親鸞兄弟子ら）、配流。六月四日、重源（法然門下。造東大寺勧進職、周防国司）没（八六歳）。栄西、東大寺入。

一二〇七（承元一）年　二月十八日、二位法印尊長の沙汰により法然（七五歳）、親鸞（三五歳）ら八人遠流となり、安楽ら四名死罪。四月五日、兼実没（五九歳）。十一月、慈円、四天王寺別当。専修念仏停止令。

一二〇八（承元二）年　後鳥羽上皇の側近、二位法印尊長、法勝寺執行となる。十月、後鳥羽上皇、慈円より受戒。同月、北条政子、熊野参詣。

一二〇九（承元三）年　九月十四日、道俗に囲繞され念仏を高唱しつつ熊谷直実（法力房蓮生）没（六八歳）。

一二一一（建暦一）年　十一月十一日、親鸞（三九歳）、勅免。同月、法然入京。

一二一二（建暦二）年　一月、慈円天台座主。同月二三日、法然は聖道・易行両門の混雑出入闘争を沈静化させるために一枚起請文を提出。同月二五日法然没（八〇歳）。三月、『方丈記』（鴨長明）。高野山、叡山、三井寺ら騒動。十一月、高弁（高山寺明恵上人）の法然批判。

一二一三（建保一）年　五月、和田義盛、北条氏に敗死（六七歳）。十二月、実朝『金槐和歌集』。

一二一四（建保二）年　親鸞（四二歳）、常陸国へ。延暦寺、園城寺騒動。大地震、大旱魃。

一二一五（建保三）年　七月五日、栄西没（七五歳）。

一二一六（建保四）年　十月、鴨長明没（六四歳）。

一二一七（建保五）年　三月、延暦寺僧徒蜂起の風聞により念仏衆逃散。六月、善鸞生る。

一二一八（建保六）年　二月、政子、熊野参詣、入京。十二月、実朝、右大臣補任。

一二一九（承久一）年　一月二七日、実朝（二八歳）、鶴岡八幡宮における暁方の除目拝賀式で公暁（二〇歳）に殺さる。二月、後鳥羽上皇、国土安寧祈願（幕府・北条氏呪詛）。六月三日、関白道家（兼実孫）の子、頼経（頼朝遠縁、二歳）を将軍とし、二五日、下向。

一二二〇（承久二）年　慈円、西園寺公経（三九歳、妻は頼朝姪、乱後太政大臣・関東申次）に書簡。三月、後鳥羽上皇、高野山御幸。『愚管抄』（慈円）。

一二二一（承久三）年　親鸞四九歳。一月、後鳥羽上皇、熊野参詣。討幕の最終祈願。五月十五日、政変、内乱。仏敵・国賊・逆臣・朝敵として義時（五九歳）らの追討令。十八日、公経、関東内応にて幽閉。慈円らの説得で死をば免がる。五月二二日、義時、政子ら、東海東山北陸三道より十九万の兵力を出兵さす。六月十四日、泰時（三八歳）、大軍を率いて入京。七月、後鳥羽上皇落飾。七月十三日、後鳥羽院隠岐、二一日順徳院佐渡へ配流。二位法印尊長は逃亡後に自殺。是月、後鳥羽上皇側近の公卿、および北面武士や官軍に寝返った在京関東武士に厳刑。

一二二四（元仁一）年　親鸞（五二歳）、一月、『教行信証』執筆完了か。六月十三日、北条義時没（六二歳）。六月十五日、明遍上人（少納言藤原通憲息、三論密教から法然門下になり高野山で三十年専修念仏）没（八三歳）。八月五日、念仏停止令。

一二二五（嘉禄一）年　六月十日、大江広元没（七八歳）。七月十一日、政子没（六九歳）。八月十六日、定家（六四歳）、慈円を見舞。九月二五日、慈円没（七〇歳）。

一二二七（安貞一）年　六月、延暦寺僧徒の訴により専修念仏弾圧。同月、法然墓破却。「選択集」版木焼却。七月五日、隆寛律師は陸奥、空阿弥陀仏は薩摩、成覚は壱岐へ遠流。道元、宋より帰国。十二月十三日、法然高弟・隆寛（少納言藤原資隆三男、慈円に師事、東山長楽寺により一派をなし、一二〇六年相州流罪）没（八〇歳）。

一二二八（安貞二）年　四月、高野山と興福寺衆徒の紛争。九月二日、法然高弟・信空（左大弁藤原行隆息、叡山叡空に学ぶ）没。

一二三〇（寛喜二）年　八月、大風雨、大飢饉。

一二三一（寛喜三）年　京都飢饉、餓死者道路に充満。群盗横行。是歳大飢饉。

一二三二（貞永一）年　前年に引きつづき飢饉。一月、明恵上人没（六〇歳）。八月、御成敗式目制定。

一二三四（文暦一）年　六月三十日、専修念仏宗停止。

一二三五（嘉禎一）年　親鸞（六三歳）、上京。京都に疱瘡流行。

一二三八（嘉禎四）年　閏二月二九日、法然高弟・浄土宗第二祖弁阿上人（聖光房弁長）、筑後善導寺にて没（七七歳）。

一二三九（延応一）年　二月二二日、後鳥羽院、隠岐にて崩（六〇歳）。

一二四一（仁治二）年　八月二十日、藤原定家没（八〇歳）。

一二四二（仁治三）年　六月十五日、北条泰時没（六〇歳）。九月十二日、順徳院、佐渡にて崩（四六歳）。

一二四七（宝治一）年　六月、三浦泰村（六四歳）一族五百余人、時頼に全滅さる。十一月二六日、法然高弟、善恵房証空（内大臣久我通親養子、法然に随従二十余年、九条家に親近、浄土宗西山派祖）没（七一歳）。

一二五二（建長三）年　七月三日、乗願上人（仁和寺僧、真言を学びしのち法然門下となる）没（八四歳）。

一二五三（建長五）年　四月、日蓮、鎌倉で辻説法はじめる。八月二八日、道元没（五四歳）。

一二五六（康元一）年　五月、親鸞（八四歳）、善鸞（一九歳）を義絶。八月、鎌倉大風雨。

一二五七（正嘉一）年　八月、鎌倉大地震、社寺大被害。

一二五八（正嘉二）年　諸国凶作、盗賊蜂起。

一二五九（正元一）年　諸国飢饉、餓死者多し。

一二六〇（文応一）年　日蓮（三八歳）、『立正安国論』作成。諸国大風雨。大飢饉。

一二六二（弘長二）年　十一月二八日、親鸞（九十歳）没。東山大谷に葬る。

一二六三（弘長三）年　十一月、北条時頼没（三七歳）。

〈年表2〉災害凶事年表

一一七一（承安一）年　是歳火災多し（三・十二、七・十一、九・三十、十一・二三、十二・七、十七）。洪水五月。疫病十月。

一一七二（承安二）年　地震四・二九（『玉葉』）。霖雨洪水五・二十（『玉葉』）。

一一七三（承安三）年　火災四・二九（法住寺）、八・二七、十一・十八（清水寺）、十二・二六（六波羅密寺）。鴨川洪水五・九、暴風雨九・十一（『玉葉』）。

一一七四（承安四）年　是歳火災多し（二・二五、三・八、四・十四、六・六、七・五、八・六（『玉葉』））。大旱（五月、六月）、祈雨奉幣（『玉葉』）。

一一七五（安元一）年　地震一・九、二・二二、十二・二四（『玉葉』）。京師屢々火あり（『玉葉』、『山槐記』）。六・七霖雨洪水、諸国被害多く農作を害す。九・二十京都大風、民舎等被害多し（『玉葉』、『百錬抄』）。是歳春夏痘瘡流行す（『百錬抄』）。八月瘧病流行す。七・二八疱瘡のため改元。

一一七六（安元二）年　地震四・八。火災二・五、三・十二、十・十七、十一・八。暴風雨六・二三、七・五。

一一七七（治承一）年　十・二七地大に震う、大地震、東大寺鐘堕つ（『玉葉』）。四・十二、加賀白山焼。是歳火屢々あり。四・二八京都大火（『方丈記』、『玉葉』）。京中大半焼亡（『本朝年代記』）。四・十八、台風起り人家多く倒る（『百錬抄』）。六・二三大風雨、七月大風洪水。二月疱瘡流行。八・四火災のため改元。

一一七八（治承二）年　是歳火災多し。一・六、二九、三・二四　七条高倉焼亡、延焼して朱雀南北五、六〇町に及ぶ（『玉葉』）。三・二四、七条北東洞院焼亡し延々八条坊門、朱雀大路に及ぶ。

一一七九（治承三）年　地震五・二八、七・七、二一、十一・七京都大地震（『玉葉』、『源平盛衰記』）。八・二三洪水（『玉葉』）。七月疫病流行。

一一八〇（治承四）年　是歳火災頻々たり（『玉葉』）（一・二、二三、二・十、十四、十八、三・十二、二五、四・一、五、九、二六（宇治三室戸寺兵火に罹る）。十・二一、十一・三十、十二・十五（東福寺、三井寺兵火に罹る）。十二・二八南都の兵火により諸堂、伽藍、神社、残らず民屋悉く焼失、大衆男女三五〇〇人死す（『本朝年代記』）。九・二八厳島大地震、十一・二六紀伊熊野地震、十二・十九、二一地震。

一一八一（養和一）年　是歳火災頻々たり（一・三、二三、三・四、二一、二九、四・九、十一・九、十五、二九、三十、『百錬抄』、『玉葉』）。六月大旱、十・十六祈雨奉幣（『玉葉』、『方丈記』）。是歳天下疫病あり、死者多し（『百錬抄』）。是歳天下大いに飢ゆ（『百錬抄』、『源平盛衰記』）。四月、五月、京師飢死する者、途に満ち、兵乱、旱魃、疫癘と共々来り、惨状、京師河原のみにて死者三万二千人に及ぶ（『百錬抄』）。災害二年間に及ぶ。近年、東海、西海、北陸以下、五畿内に至るまで、所々謀反の聞あり（『百錬抄』）。地震一・八（『玉葉』）。地震三・七（『百錬抄』、『玉葉』）。

一一八二（寿永一）年　四・二十、二十二社に奉幣して飢疫を祈禱す（『平家物語』）。六・二京師洪水（『玉葉』）。是春京師飢疫甚し（『百錬抄』、『玉葉』、『平家物語』）。加ふるに夜々強盗所々に放火し、火害甚しく、飢死する者、数を知らず。嬰児を棄て、死者巷に盈つ。被害前代を超ゆ（『百錬抄』、『方丈記』）。五・二七疫病飢饉のため改元。

一一八五（文治一）年　是年六月以降十二月迄、大地震引続き、天下大いに害あり（『百錬抄』、『吾妻鏡』）。自春至夏、大旱、自秋至冬、霖雨洪水、之がため青苗皆枯る（『源平盛衰記』、『百錬抄』）。兵乱続きて食糧乏絶し飢饉甚し。秋早く寒ければ、兵乱打続きて国中の食を奪取れば、天下の人民餓死に及ぶ（『源平盛衰記』）。八・十四地震のため改元。

一一九一（建久二）年　五月旱魃、同十五日炎暑盛なり。天下の歎、只此事にあり。二十二社に奉幣し祈雨（『玉葉』）。是年大旱。

一一九二（建久三）年　十二月疱瘡流行す。

一一九三（建久四）年　十二・七、六角堂炎上（『百錬抄』）。

一一九四（建久五）年　閏八・二七地震。天変撲異及天下魔縁競起して、所々流言等耳を驚かす。仍って伊勢以下十三社に奉幣す（『玉葉』）。

一一九五（建久六）年　三・十二午以後雨頻にして地震う（『吾妻鏡』）。九・十九不熟損亡の為、巡検使を定む（『吾妻鏡』）。

一一九七（建久八）年　閏六・二五、雨後暴風、東大寺廻廊倒る（『百錬抄』）。五、六月天下病悩し一心房病と号す（『一代要記』）。

一一九九（正治一）年　五・十六、鎌倉大地震（『吾妻鏡』）。天下瘧病勝て計うべからず（『明月記』）。

一二〇一（建仁一）年　八・十一、二三甚雨、大風、郷里屋を穿ち、江浦、船を覆す。……所々の仏閣塔廟顛倒し、凡そ万家に一宇も全き所無し（『吾妻鏡』）。京都及諸国大雨洪水、民屋流れ、人民糧を失う。国郡亦同じ……両度の暴風に依り五穀を損亡し、倉庫に一物を納めず。此頃、頼家国政を顧ず、北条泰時、諫言すれども、頼家愚昧にして……之を用いず云々（『本朝年代記』）。泰時、豆州北条に下着し、窮民を召し、証文を焼きて且つ之に酒食を給す。窮民皆喜悦涕泣して退出。……天下飢饉の時（『吾妻鏡』）。

一二〇四（元久一）年　十・六、十二・二九地震う。大震なり（『吾妻鏡』、『明月記』）。三・二二、八・二五、十・八、十二・四、十八、二八火（『明月記』）。七月より八月旱す。七・二以後……祈雨（『東寺長者補任』）。

一二〇五（元久二）年　閏七・三宇治、上皇御所焼亡。十・二叡山炎上、諸堂焼失（放火）（『百錬抄』、『吾妻鏡』）。三月畿内諸国大風被害多。閏七・二三大風雷鳴寒氷降（『皇年代略記』）。七・二二より七・六まで天下旱す。二七箇日孔雀経法を修む（『東寺長者補任』）。

一二〇六（建永一）年　二・二八熊野本宮焼失（『二代要記』）。九・一、十・六、十二・一京都火（『明月記』）。八・十一関東大風雨、堂舎悉く転倒、船舶被害多し。下総……波を揚げ漂死する者無数（『本朝年代記』）。是歳、五穀稔らず（『本朝年代記』）。四・二七天変赤斑瘡のため改元。

一二〇七（承元一）年　四・五、三十京都大火、六角堂又灰燼、焼亡（『明月記』）。五・二五、洛中焼亡す（『本朝年代記』）。十月八日、此日、南風終日吹き止まず、猛火烈しく、烟炎飛ぶが如くして数町に及ぶ（『吾妻鏡』）。七・五大風、十九大風雨（『明月記』）。是歳疱瘡流行し主上亦悩み給う。……。八・三十、舞楽を止め、九・七、二十二社に奉幣使を発遣す（『百錬抄』）。

一二〇八（承元二）年　一・十六幕府問注所火災、記録文書罹災。二・三多武峯炎上（金峯山衆徒により）。四・八、二九、閏四・十五出火。貴賤の災勝て計うべからず（『明月記』）。洛中焼亡。五・十五雷火、京中多く焼亡。九・二七夜半朱雀門焼亡す。弓馬相撲達者が松明を取り門に登り鳩子を取りて帰去の間に件の火災を成す。凡そ近年天子・上皇、悉く鳩を好ましめ給う（『吾妻鏡』）。五・十五雷雨、六・三大雨洪水（『百錬抄』、『明月記』）。五月より六月旱魃、今に至る一滴の雨降らず、庶民耕作の術を失う（『吾妻鏡』）。

一二一一（建暦一）年　三・九天変地妖の為、改元す（『歴代編年集成』）。五・十五洛中大に火く。八・四大風雨。九・五京都火災（『明月記』、『百錬抄』）。十・二二朱雀門頽落す。風雨もなく、朽損もなきを以て、万人之を異とす。

一二一三（建保一）年　正月より十二月に亘り地震多し（『吾妻鏡』）。鎌倉大地震、堂社破れ倒る（『本朝年代記』）。五・二一大地震あり、音ありて舎屋破壊し、山崩れ、地裂く、此境において、近代此の如き大動無し（『吾妻鏡』）。昨年一・十一、七・八、八・十五、十二・一、二三、二六、二九日等、屢々京都火事（『明月記』）。八・三延暦寺の衆徒百余人……清水寺を焼払う（『皇帝紀』）。清水寺を焼き下洛する者五百人許り。……官兵並に西・北面衆を差遣わして或搦取り或者首を刎ぬ（『仁和寺日次記』、『一代要記』）。十二・六地震のため改元。

一二一四（建保二）年　此年地震頻りに起る。二・七、四・三、九・二二、十・六鎌倉大いに震う（『吾妻鏡』、『百錬抄』）。十四・十五、山門衆徒、園城寺に発向し……仏閣僧坊、一宇を残さず放火焼失せり（『吾妻鏡』）。十二・四鎌倉大火（同）。

一二一五（建保三）年　地震頻りなり、八月九月各数回、御祈、……天曹地府祭「三万六千神……奉仕す」「連々の天変等の事により司天勘文を捧ぐ、将軍家殊に御謹慎有るべきの変なりと。……天変御祈を行わせらる」（『吾妻鏡』）。一・十一若宮辻の人家焼亡……廿余町悉く灰燼（『吾妻鏡』）。十二・二二京都大火。百余町焼失す（『仁和寺日次記』）。夏大旱、四・五、五・二、五、二七、六・三、六、祈雨奉幣

一二一六（建保四）年 （『百錬抄』）。請雨経法を修む（『東寺五代記』）。

一二一七（建保五）年 閏六・十一大地震（『吾妻鏡』）。八・二八諸国大風洪水（『百錬抄』）、穀稼損傷し人畜多く溺死す（『興福寺略年代記』）。各官庁、神社拝殿等「在々所々全き所なし」（『仁和寺日次記』）。

一二一八（建保六）年 一・十一鎌倉火災。八・十七、二八、九・三、四、京洛鎌倉大風（『百錬抄』、『吾妻鏡』）。朱雀門、左近衛門等顛倒す（『興福寺略年代記』）。鎌倉中の舎屋大略顛倒す。

一二一九（承久一）年 四・二一京師焼く、三条油小路に発火して四方相併せて百七十余町焼失す（『仁和寺日次記』）。是歳火災頻りなり。二・十四将軍家政所焼亡す。失火云々、一宇を残さず（『吾妻鏡』）。同十五、長谷寺地を払うて焼亡し霊仏灰燼となる。四・二公卿大夫家多く焼亡す。法成寺堂舎五宇等焼亡、天下の火災也（『百錬抄』）。七・十三源頼茂、謀反追討で放火焼死（『興福寺略年代記』）。九・二二鎌倉中焼亡……右の如きは大将軍以来此の例なし（『吾妻鏡』）。十二・二四天下疾疫の事祈謝の奉幣使発遣（『百錬抄』）。四・十二炎旱、火災により改元。

一二二〇（承久二）年 火災頻々、一・二九、二・十六、三・九、九・二五、十二・四。今年は鎌倉中火事絶ゆることなく……遂に免るる所無し。直なる事に匪ざる歟（『吾妻鏡』）。三・二六清水寺本堂并に塔、釈迦堂焼亡す。四・十三祇園社焼亡す。……皆灰燼となる（『百錬抄』）。七月晦日、去夜半より雨降り……鎌倉中の人家或は風の為に顛倒し或は水に依りて流失す。河溝の辺卜居の輩は多く死亡す。近来比類なし（『吾妻鏡』）。二・二二天変彗星に依り廿二社に奉幣使を派遣す（『歴代編年集成』）。

一二二一（承久三）年 火災頻々たり（『百錬抄』、『吾妻鏡』）。正月、二月、三月、四月、五月、九月。五・十五、放火に依り餘災数町に及ぶ。是日……勅定を奉じて八百余騎の官軍を率いて伊賀光季……襲い合戦す。光季並息男等……自害し宿廬に放火す。南風烈しく余烟延びて数十町に至る（『吾妻鏡』）。

一二二二（貞応一）年 大地震七・二三、十一・一（『吾妻鏡』）。失火四・六、五・二、放火五・二九、七・二、九・六。

一二二三（貞応二）年 日来炎旱三十余日に及ぶ。仍って鶴岡供僧等雨の事を祈り奉り、当に第三日目にして此雨有り。法験顕なり。万人之を感嘆す（『吾妻鏡』）。五・八地大いに震う（『百錬抄』）。六・一大地震あり。九・十七、如此く地震屢々天変あるを以て御祈禱之を行わせらる（『吾妻鏡』）。

一二二四（元仁一）年二・二十駿河国惣社及富士新宮焼失、神火たり云々（『吾妻鏡』）。六・六炎旱旬に渉る。仍て今日祈雨す（『吾妻鏡』）。四月赤斑瘡流行し天下の小児に多く其の聞有り（『百錬抄』）。疫病流布す（『吾妻鏡』）。疫疾流行、年を踰えて止まず。

一二二五（嘉禄一）年 火災頻々たり。是歳京師大火多し。十二・三東大寺の衆徒訴訟嗷々、大仏殿を閉し放火すべきの由被露す云々と（『皇帝紀』）。大風雨三・一、二十。長雨五・七。此冬春之間疫癘道路に満ち群盗横行す（『明月記』）。当時世上病死之者数千に及ぶ。……五・二三鶴岡八幡宮に僧千二百口を集め供養の会を行う（『吾妻鏡』）。四・二〇改元は病患による。

一二二六（嘉禄二）年 地頻りに震う。心神亡ぶが如し（『明月記』）。天変地震、恐れて余有り、聞く毎に恐怖す（『明月記』）。八・七天変地変御祈（『吾妻鏡』）。火災頻々、博打凶徒群盗となり、雑物を取らんとして放火（『明月記』）。十一・八陸奥国平泉毛越寺焼亡す（『吾妻鏡』）。十一・十熊野那智山焼く（『皇年代私記』）。京中大風雨四・二五、五・七、六・一、七・十四（『明月記』）。深泥の為路人水中に入るが如し。……大雨飛礫の如く路頭門庭河の如し。……湖水は溢れ人通ぜず。三月より六月に至る迄諸国疫疾流行（『立川寺年代記』）。

一二二七（安貞一）年 地震甚だ多し。天変の御祈盛ん。一・十四、十五、二・三、十八、三・七、十五、四・十三、二六、五・十一、九・三、十一・六大地震、十二・一。四・二二京師大火あり、半ば大内焼亡を作す（『百錬抄』）。十月下旬より赤斑瘡流行し貴賤を問わず、上下皆之を煩う（『吾妻鏡』）。十二・十疫病のため改元。

一二二八（安貞二）年 四・二三興福寺衆徒、多武峯を焼く（『一代要記』）。十二・十二鎌倉由比の民屋火出来し、南北廿余町災す（『吾妻鏡』）。七・二十、二一京鎌倉大風雨。洪水、加茂辺りの在家流失し流死者多し（『百錬抄』）。鎌倉にも同じく洪水の災ありて民屋人馬流れ溺れ、斯る前例なし（『本朝年代記』）。

一二二九（寛喜一）年 大地震二・十七。七月より八月炎旱、雨露なし。天下困乏す（『明月記』）。三・五飢饉天災により改元。

一二三〇（寛喜二）年　閏一・五大風、五・二一大風雨、鴨水溢れ。八・十六関東大雨、洪水、河辺の民居流失し人多く溺死す。九・八大風、御所中已下の人家多く以て破損顛倒す。十一・十八暴風雨、風水の害に不実、下民甚だ憂う（『明月記』）。天下飢饉死者多し。

一二三一（寛喜三）年　京・鎌倉に失火放火数回あり。十・二五鎌倉大火、諸伽藍並に城民の屋舎焼失し人死す（『本朝年代記』）。烟火飛ぶが如し。凡そ人畜の焼死するもの其員を知らず。是盗人放火の由（『吾妻鏡』）。五月、炎旱旬に渉り疾疫国に満つ。大般若経読誦（『吾妻鏡』）。八・八寒さ冬の如し（『本朝年代記』）。去年大旱大風雨のため是年天下大飢、死屍路々満ち（『百錬抄』）。全国飢死者其の三分の一に及ぶ（『立川寺年代記』、『明月記』）。夏天下一同飢饉にして牛馬の肉を食う。七・二飢人且顛倒し死骸道に満ち逐日加増す。十五日京中の道路死骸更に止まず（『明月記』）。治承以後、未だかくの如き飢饉あらず。

一二三二（貞永一）年　前年に引つづき飢饉。土民等飢饉により餓死に及ぶの由、意ならずして農業を抛つの由（『吾妻鏡』）。四・二地震風水害飢饉のため改元。

一二三三（天福一）年　京師火災多し、群盗の放火。六月天下炎旱、祈雨御祈。

一二三四（文暦一）年　二・八、九・十六地震う。二・十四北野社焼亡す。十一・五天災地震により改元。

一二三五（嘉禎一）年　地震頻々たり。三・十六鎌倉大地震。五・八天変地妖祈禱、徳政等行わる。九・一京都大地震。七・十鎌倉大雨、人屋流失山崩る（『吾妻鏡』）。十月京都疱瘡流行す。嬰児老翁死亡。九・十九天変地変により改元。

一二三六（嘉禎二）年　十一・二四鎌倉大火、南北十余丁災す。人家の災勝て計うべからず（『吾妻鏡』）。

一二三九（延応一）年　八・十七加賀国白山噴火、白山権現焼亡（『百錬抄』）。十一・十二大地震（『吾妻鏡』）。飢饉のため人身売買の風流行（『吾妻鏡』）。二・七天変地変により改元。

一二四〇（仁治一）年　二・六鎌倉政所、五・五熊野社、十二・十一伊勢神宮焼亡、七・十六炎旱により改元。

一二四一（仁治二）年　二・七大地震、四・三大地震、津波（『吾妻鏡』）。二・十二常陸国鹿島社焼亡。三・十七鎌倉、人居より失火、数百宇災す。六・八熊野新宮焼亡、十一・十三終日大風吹き南都大災上す（『百錬抄』、

『吾妻鏡』）。

一二四三（寛元一）年　一・四京都火災、数百家焼亡。

一二四四（寛元二）年　一・五大地震、十一・三鎌倉甚雨洪水、家屋流失し資財分散す。近年比なし（『吾妻鏡』）。四～五月咳病流布。

一二四五（寛元三）年　地震連綿不絶、恐るべし（『平戸記』）。

一二四六（寛元四）年　一・二、六、大地震。

一二四七（宝治一）年　六・二京中大焼亡す（『皇年代略記』）。五、六月旱祈雨。九・一、二、大風、仏閣人家多く顚倒（『吾妻鏡』）。

一二五一（建長三）年　三・二三京中大焼亡す（『本朝年代記』）。姉小路より出火して百余町に焼け渡れり。京は既に三分の二焼けぬ（『増鏡』）。同二五皇居上皇御所辺火く。風顔に吹き南北七町を三カ日間焼払う。六月氷交り冷気冬の如し（『吾妻鏡』）。八・十四大風洪水。八月飢饉（『本朝年代記』）。

一二五二（建長四）年　二・八、鎌倉大火。七・二三鎌倉大地震。（『吾妻鏡』）。飢饉により諸国酒造禁止。

一二五四（建長六）年　六月より七月に至り災旱（『皇年代略記』）。

一二五五（建長七）年　是歳赤斑瘡流行、児童多く死す（『立川寺年代記』）。

一二五六（康元一）年　是歳赤斑瘡大いに流行し上下病悩す。二・八甚雨大風洪水（『吾妻鏡』）。男女多く横死す。六月天下飢饉す。気温二、三月の如し（『吾妻鏡』）。十・五赤斑瘡のため改元。

一二五七（正嘉一）年　大地震二・二三、五・十八、八・二三、十一・八。神社仏閣一宇として全きもの無く、人は火災に死し大地裂けて水湧き出ず（『本朝年代記』、『吾妻鏡』）。此年大疫病、餓死者無数（『立川寺年代記』）。三・十四改元。

一二五八（正嘉二）年　六月霖雨。寒気あり冬天の如し（『吾妻鏡』）。是歳疫病流行、飢饉。餓死算無し（『帝王編年紀』、『立川寺年代記』、『吾妻鏡』）。

一二五九（正元一）年　「是歳疫疾流行す」「今年正月以来飢饉」「疫疾飢渇に依り死者道路に充ち、大飢饉、餓死者数を知らず」「諸国七道の民も多く死」「川原等も路もなき程に死骸満ち、浅ましき事なり」「十四、五歳ばかりの小児、まさに死人の上に乗居てむしり喰う、目もあてられず」「五畿七道に最勝王経を転読」「二十二社に奉幣使」(『百錬抄』、『立川寺年代記』、『本朝年代記』)

一二六〇(文応一)年　洪水大雨大風六・一、八・五、十四。河辺の人屋大抵流失し山崩れ、人多く盤石のために圧死さる(『吾妻鏡』)。是歳天下大飢饉、疫疾(『武家年代記』)。四・二九鎌倉大火。

一二六三(弘長三)年　八・十四京都、鎌倉並に諸国大風雨、洪水。民多く死し飢饉す(『本朝年代記』)。六月冷気秋天の如し。諸人綿衣を纏う(『吾妻鏡』)。

参照：小鹿島果『日本災異志』(明治二七年)
東京府社会課『日本の天災・地変』上(昭和十三年)

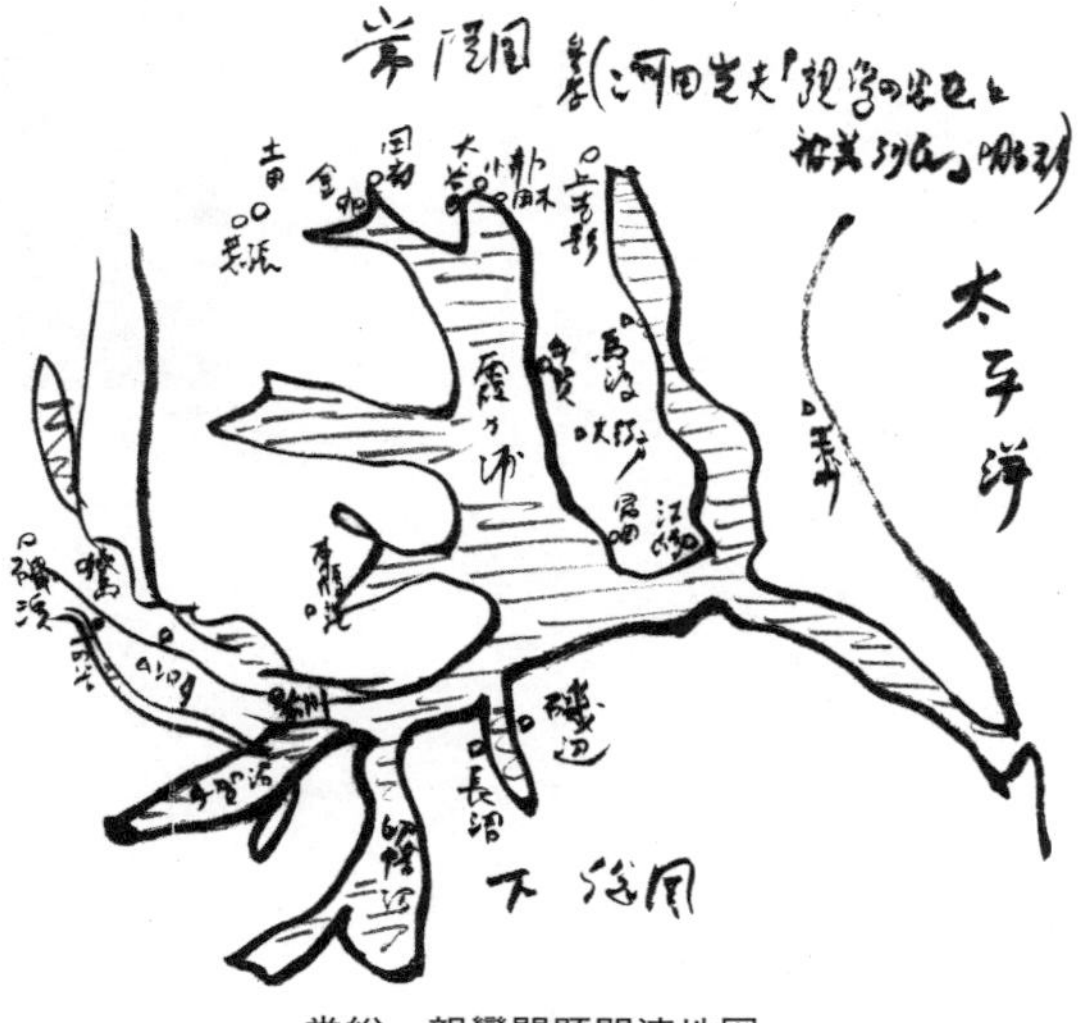

常総・親鸞問題関連地図

諸家系図略

平家物語、玉葉、愚管抄
方丈記、明月記

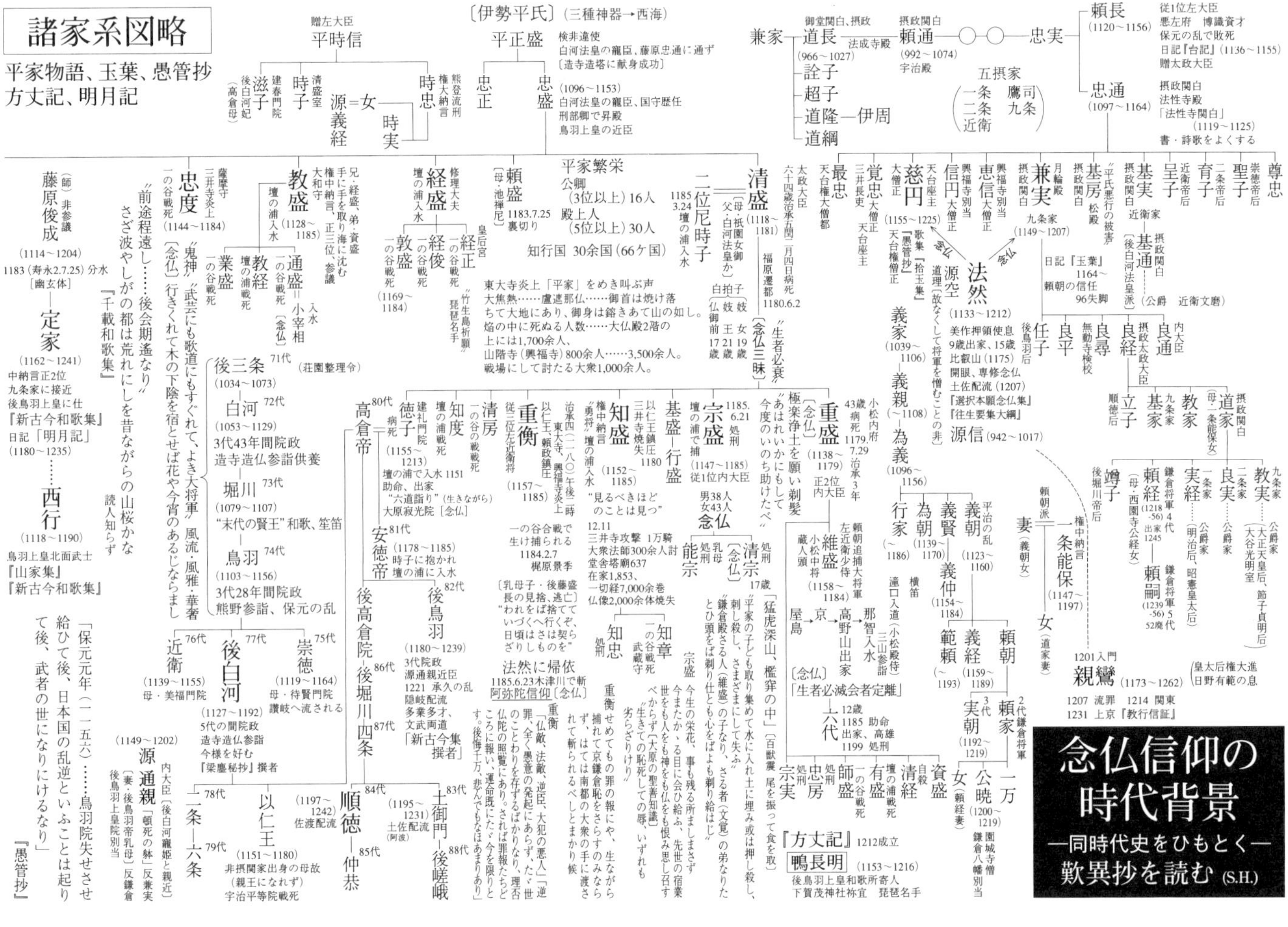

念仏信仰の時代背景

—同時代史をひもとく—

歎異抄を読む (S.H.)

齊博の同時代史

元号	同時代史(人名、享年)		西暦	12周期	自分史(小状況)と時代〔大状況〕
昭和8	◎小林多喜二31	堺　利彦64	1933	減退×	〔ルーズベルト大統領のニューディール、ヒットラー首相〕
	宮沢　賢治38	◎片山　潜75			〔京大・瀧川幸辰教授事件、三陸大津波〕
	吉野　作造56	新渡戸稲造72			
9	野呂栄太郎35	櫛田　民蔵50	34	種子○	齊博生7.3(横須賀市佐野町)、父庄吉、母いね、〔満州国、溥儀皇帝〕
	内藤　湖南69	東郷平八郎88			
	◎竹久　夢二50	宮島新三郎42			
10	坪内　逍遙77	高橋　貞樹35	35	緑生○	〔大本教弾圧〕　**1歳**
11	鈴木三重吉55	◎魯　迅56	36	立花○	〔スペイン人民戦線、日独防共協定〕
	◎ゴーリキイ68	◎オストロフスキイ32			
12	木下　尚江69	北　一輝55	37	健弱×	疫痢重態、〔日中戦争、南京大虐殺、第2次国共合作〕
13	浜田　耕作58	簡野　道明74	38	達成○	岡山県玉造造船所の町に半年在住、〔国家総動員法〕
	ブハーリン50	小川　芋銭71			〔武漢、広州を日軍占領〕父母と金毘羅参り
14	喜田　貞吉69	◎泉　鏡花67	39	乱気×	〔ノモンハン戦争、ドイツ軍ポーランド侵攻〕
15	小熊　秀雄39	◎トロツキイ60	40	再会○	青森県大湊軍港に1年在住〔津田左右吉事件〕父母と恐山参り
16	南方　熊楠75	◎M．コルベ48	41	財成○	〔大東亜戦争、「戦陣訓」、「臣民の道」〕鶴久保国民学校入学
17	◎中島　敦33	◎猪俣津南雄54	42	安定○	〔ミッドウェー敗北〕母と富士山登頂
18	◎島崎　藤村72	フチーク43	43	陰影×	〔スターリングラード・ドイツ軍敗北、ガダルカナル敗退〕
19	中里　介山60	尾崎　秀実44	44	停止×	集団疎開9月末〜、父母と三重県尾鷲11月末〜翌7月、東海大津波地震(12月)
	河合栄治郎54	◎M．ブロック58			〔サイパン島全滅、ゾルゲ死刑〕　**10歳**
	◎R．ロラン78	添田唖蟬坊72			
20	戸坂　潤46	杉村楚人冠74	45	減退×	集団疎開7月末〜10月〔ベルリン陥落、沖縄戦闘、原爆、敗戦、大日本帝国無条件降伏〕〔GHQマッカーサー元師による日本民主化政策〕
	西田幾多郎76	◎三木　清49			
	葉山　嘉樹51	三宅　雪嶺85			
21	◎河上　肇68	黒板　勝美73	46	種子○	〔前年と本年、食糧事情最悪〕〔天皇人間宣言、新憲法公布〕
22	◎幸田　露伴81	織田作之助35	47	緑生○	〔2.1ゼネストの高揚と中止指令〕私立栄光学園入学
23	太宰　治40	眞山　青果70	48	立花○	〔東条英機65ら処刑〕カトリック受洗(霊名レオ)
	◎エイゼンシュテイン51				映画少年時代、地歴愛好期、愛犬パル1カ月飼育、ボーダーコリー、この前後平凡社『社会科事典』全10巻愛読
	岡本　一平63				
24	小野　武夫66	姉崎　正治76	49	健弱×	〔下山事件、松川事件、中国革命勝利〕中国詩文を学び始める
25	竹越与三郎86	相馬　御風67	50	達成○	〔レッドパージ、朝鮮戦争〕、孔子、老子にふれる、文学少年時代
	今井登志喜64	白柳　秀湖66			
26	宮本百合子52	林　芙美子48	51	乱気×	〔サンフランシスコ講和条約〕、ロシア文学愛読時代はじまる、大和古寺旅行、以後ソ連映画愛好
27	三田村鳶魚82		52	再会○	◎スノウ『中国の赤い星』愛読、〔メーデー事件〕

元号	同時代史(人名、享年)	西暦	12周期	自分史（小状況）と時代〔大状況〕
28	徳田　球一59　折口　信夫65 斎藤　茂吉71　堀　辰雄48 佐野　学60　プドフキン60 峠　三吉36	53	財成○	〔スターリン74没、朝鮮戦争休戦〕信仰から離れる。『毛沢東選集』『マル・エン選集』購入愛読、早大政経入学、単身横浜市港北区へ移転、民青入団、文学、思想、世界、アカハタ、前衛、人民中国購読、山辺健太郎と話す
29	幸田　成友81　尾崎　行雄96 ◎山崎　延吉81　高桑　純夫76	54	安定○	〔ビキニ水爆実験〕宮本顕治、羽仁五郎、高野実と話す、エコノミスト購読、この前後早大歴研米騒動部会 **20歳**
30	○大山　郁夫76　坂口　安吾49 ◎T.シャルダン74	55	陰影×	◎スメドレー『偉大なる道』愛読、野村兼太郎・瀧川政次郎両師に学ぶ。郭沫若と話す、許広平と出会、堀江忠男教授ゼミ入室(ゼミ論「服部之総と明治維新論」)〔六全協〕
31	◎吉田絃二郎70　◎○服部之総55 石川三四郎80　◎○会津八一75	56	停止×	〔ソ共20回党大会、ハンガリー事件〕早大全学学生協議会議長、日共入党、荒畑寒村、エレンブルクに会う
32	徳富　蘇峰94　神西　清54 前田河広一郎69◎リ　ベ　ラ71	57	減退×	早大大学院入学、マルクス『資本論』、レーニン『ロシアに於ける資本主義の発展』愛読、京、大和旅行、太宰府行
33	山田　孝雄85　木村　荘八65 ◎久保　栄58　昇　曙夢70 山川　均70	58	種子○	〔フルシチョフ書記長、首相も兼任〕、高田住宅大水害(9月)、前年春夏より、山梨県富士見村農村調査に集中、愛犬パル11歳没、この前後、豊田四郎の早大大学院資本論研参加
34	◎永井　荷風79　和田　英作75	59	緑生○	修士論文『近世甲州農村における農家経済の史的考察』
35	☆野村兼太郎64(恩師) 賀川　豊彦78　浅沼稲次郎62 和辻　哲郎71　火野　葦平53	60	立花○	この前後、農村経済史の実証に専念(武州、甲州、相州)〔安保闘争、三井三池大ストライキ〕、大学院学生協議会議長、獨協学園非常勤講師
36	◎津田左右吉88　◎○青野季吉72 小川　未明79　宇野　浩二70	61	健弱×	獨協中高専任講師、この前後10年間八王子織物史調査参加 宮城県仙南農村資料採訪始める(前年父帰郷)
37	◎柳田　國男87　◎正宗　白鳥83 ◎室生　犀星73　◎トーニイ　82 ☆當眞　嗣康54(栄光恩師)	62	達成○	獨協専任教諭(早大大学院Dのまま) この前後トロツキイ、ブハーリン作品と伝記愛読、この数年早大カトリック研で岡田純一教授主宰の資本論輪読会
38	長谷川　伸79　佐佐木信綱91	63	乱気×	〔日共とソ共分裂〕獨大新設企画、〔ケネディ大統領暗殺〕
39	佐藤　春夫72　三木　露風95 尾崎　士郎66　高群　逸枝70	64	再会○	〔東京オリンピック〕獨協大学誕生(日本史・日本経済史担当)、結婚(10.1)、〔フルシチョフ失脚退陣〕北京周報購読 **30歳**
40	◎○米川正夫74　◎高見　順58 中　勘助80　谷崎潤一郎79	65	財成○	〔ベトナム戦争拡大〕獨大非常勤講師、母いね没76(5.8)、長女美保子生(11.28)、運転免許証取得(宮城県)
41	亀井勝一郎58　鈴木　大拙96 仁井田　陞63　小泉　信三78	66	安定○	〔中国文化大革命、日共と中共分裂〕獨大専任講師、奈良旅行、父・庄吉再婚、高田町大水害(６月)
42	新村　出91　和田　三造84 山本周五郎62○エレンブルグ78 加藤　完治83　◎勝本清一郎68	67	陰影×	〔スカルノ大統領失脚〕学生合宿、遠刈田・鎌先１、奈良４、長男・頼之生(7.6)、父宅を根拠地に東北窮乏農村史の本格調査はじめる。日共離党
43	○広津　和郎75　藤田　嗣治82 ◎スタインベック67　子母沢　寛74	68	停止×	横須賀宅火災全焼、『資本論』合宿(丸１週間)はじめる(鎌先)、以後現在まで継続。ただしここ10年は断続的。『**パンタレイ**』第１号発刊(年誌)、遠刈田ゼミ合宿、獨大助教授、〔R.ケネディ暗殺〕

元号	同時代史（人名、享年）	西暦	12周期	自分史（小状況）と時代〔大状況〕
44	長谷川如是閑94　◎○柳田泉75 伊藤　　整64 ☆エイレンボス92（栄光恩師）	69	減退×	石沢智敏君と恐山、東北一周ドライブ、鎌先合宿 秩父困民党遺跡見学
45	三島由紀夫45　◎村田　大造76 ◎内田　吐夢72　○安藤　更生71	70	種子○	ゼミ学生佐渡合宿、草加市文化財審議委員、秩父
46	志賀　直哉88　平塚らいてう85 金田一京助89　　椎尾　弁匡93 ○松村　謙三88　　ルカーチ86	71	緑生○	〔中国・国連加盟なる〕獨大学生、教員各層の分岐、中道左派に位置して左右から孤立、秩父 ゼミ学生北陸合宿、『南関東山地周辺地方農村史研究』447頁〔単著〕蒼文社刊（修論およびその前後の業績をまとめる）、教え子石沢智敏君（全日空勤務）と北海道ドライブ旅行
47	平林たい子66　　川端　康成72 細田　民樹80	72	立花○	〔ニクソン訪中、沖縄復帰、日中国交回復〕ゼミ学生三陸海岸合宿、日大非常勤講師（日本経済史）（日大闘争の余波）18年間の悪習を断ち禁煙、秩父
48	大佛　次郎75　　ピカソ88 ◎○高野　実74　○石橋　湛山89 ◎J. フォード78　○今　和次郎85	73	健弱×	『近代日本の社会基盤』蒼文社500頁（単著）（絶望の明治農村の研究集成）、ゼミ・北陸合宿、奈良家族旅行、石沢君と北海道旅行、秩父、パンタレイで井上幸治講演
49	中村　白葉83　　山本　有三86 花田　清輝65　○神山　茂夫69	74	達成○	ゼミ学生佐渡合宿、熊野・吉野家族旅行　**40歳** 石沢君と北海道旅行、秩父
50	金子　光晴80　○江口　　喚88 ○舟木　重信82　◎江馬　　修86	75	乱気×	『民衆史の構造』新評論252頁（単著）（初めての通史）、獨大教授、〔ベトナム勝利〕、ゼミ・恐山合宿、京都家族旅行
51	武者小路実篤90　金子　大栄75 大井　広介64　◎毛　沢　東83 朱　　　徳90　　周　恩　来78	76	再会○	〔中国・文革終了〕、我孫子市史編集委員、市史研究の市民講座講師（以後、89年前後に分岐するまで月例研究会継続）、ゼミ合宿恐山、近江家族旅行、パンタレイで山辺健太郎講演
52	竹内　　好67　◎高橋　亀吉86 ◎○山辺健太郎72　藤森　成吉84 ○大熊　信行76◎チャップリン88	77	財成○	『民衆精神の原像』新評論（社会基盤の決定稿）、獨協百年編纂主任、高田住宅新築（建て替え）、ゼミ国東半島合宿『**パンタレイ**』第10号特集号、美保子フェリス女学院中入学
53	平野　　謙70　　浜田　庄司83 橋本　英吉80　　新田　　潤74	78	安定○	〔ローマ教皇ヨハネパウロ２世となる〕ゼミ合宿木曽路、美保子と教会（プロテスタント）へ通いはじめる。
54	◎○中野重治77　　中島　健蔵76 長谷部文雄82　○鍋山　貞親78 ○シーモノフ64　　木村　　毅85	79	陰影×	〔中米国交〕中村光正君と北海道丸駒、ゼミ合宿松山・宇和島、草加市史編集委員となる、『獨協百年』１（資料集編著） 頼之暁星中入学
55	☆天野　貞祐96　○内村　祐之82 山川　菊枝90　　吉川幸次郎76 チトー　　87　　サルトル　75 山田盛太郎83	80	停止×	〔韓国・光州暴動〕、ゼミ萩・津和野、草加市史編集主任、教え子石沢智敏君33没
56	◎○荒畑寒村93　　保田与重郎71 神近　市子93　　湯川　秀樹74 ◎宮本　常一73　○本間　久雄95	81	減退×	〔ローマ教皇訪日〕愛犬レオ飼育（２カ月）、ビーグル雄、ゼミ合宿遠野、経済学部長選挙に出て敗れる。 『獨協百年』５（１～５総2000頁）（編著）
57	諸橋　轍次99　　坪田　譲治92 ◎○渡部義通81　◎バーグマン67	82	種子○	『地域社会史の誕生』360頁、新評論（単著）（我孫子と草加の市史づくり市民運動をふまえた地域民衆史の論集）、筑波大非常勤講師（日本文化論）、経済学科長となる、

元号	同時代史(人名、享年)	西暦	12周期	自分史（小状況）と時代〔大状況〕
				ゼミ沖縄旅行
58	◎○羽仁五郎82　○東畑　精一84 鈴木　安蔵79　里見　弴95 ○田村泰次郎72　小林　秀雄80 ○山本　薩夫73　福本　和夫89	83	緑生○	『目で見る獨協百年』（写真史）（編著）、父庄吉83没（4.2）、中国旅行（西嶋東大名誉教授団長、西安、北京）第１回、ゼミ旅行函館・江差・白老、大和・伊勢松坂
59	大河内一男79◎ショーロホフ79 ☆関　湊77　林　達夫88	84	立花○	ゼミ長崎平戸旅行合宿、鎌先、教え子松枝均君と佐賀、秩父・清里　**50歳**
60	○石川　達三79　向坂　逸郎87 ○志賀　義雄80　○国分一太郎74	85	健弱×	中国旅行２（曲阜）、ゼミ江差・函館旅行、教え子中村光正君39没、『草加市史近世資料編』１（編著）、酒田・鶴岡・遠野
61	◎○石母田正73　高倉　テル94 ◎○郭　沫若86　◎丹野　せつ84 ○稲垣　達郎85	86	達成○	経済学部長就任１、韓国旅行（新羅、百済、京城）、ゼミ対馬•壱岐旅行、鎌先行20回目、甲府・飯田 『歴史の精神』学文社300頁（単著）（歴史評論集） この前後７年、聖書精読
62	○坂本　太郎85　貝塚　茂樹82 臼井　吉見82　石原裕次郎52 深沢　七郎73	87	乱気×	〔ソ連ゴルバチョフ、ペレストロイカ政策〕中国旅行３（敦煌）、『**パンタレイ**』第20号、『あるばむ人間関湊』（編著、写真集）、『回想•天野貞祐』（編著）草加市史編集主任、委員、古文書講座講師などすべて退任、離婚（11.14）、ゼミ沖縄、湖東三山
63	☆岡田　純一67　桑原　武夫83 ○清水幾太郎81　草野　心平85 ○土屋　喬雄92　大岡　昇平79	88	再会○	教え子・松枝均君37没、家裁調停裁判、カトリック教会法裁判、復帰、再婚（3.21）、美保子（青学大卒）ニッカ就職、長崎行、経済学部長２、ゼミ沖縄、『我孫子市史近世資料』１
平成１	美空ひばり53　○田河　水泡90 谷川　徹三94　渋谷　定輔84	89	財成○	〔東欧民主化、天安門事件〕イスラエル•ローマ聖地巡礼（12月～翌１月）、ゼミ沖縄合宿、『質屋史の研究』新評論670頁
2	湯浅　芳子93　◎土門　拳80 ◎○井上幸治76　幸田　文86 池波正太郎67	90	安定○	『新版・地域社会史の誕生』、学部長３、文学博士（筑波大学）、大学院経研M発足、頼之（国学院大卒）国家公務員就職、成都、重慶、天津、北京行（日中国際共同研究調印）、新木住宅新築、家裁調停（12月）、ゼミ沖縄、学位授与パーティー（５月）
3	○野間　宏75　○宮本　又次84 ◎今井　正79　○村川堅太郎84 信夫清三郎83　蔵原　惟人88	91	陰影×	〔ロシア・クーデタ、ゴルバチョフ失脚〕、〔ソ連解体〕ゼミ沖縄、新潟、美保松原、高田住宅売却、前妻へ「慰謝料」支払、残金で中原M書斎購入（５月）
4	☆瀧川政次郎94(恩師) A．ヘイリー70　井上　光晴66 長谷川町子72　松本　清張82	92	停止×	中国5(天津)、中国6(成都)、台湾、京都、ゼミ沖縄、大学院経研D発足、学部長4、『概観日本社会経済史』学文社250頁(単著)、資本論研20回目
5	○安部　公房68　井伏　鱒二95 山本　安英90　芹沢光治良97 ○野坂　参三101	93	減退×	『幻住庵史談』学文社400頁(単著)、台湾、江差、会津若松、沖縄宮古ゼミ旅行、京都、『我孫子市史近世資料』2(編著)、博多
6	愛親覚羅溥傑86　坂口謹一郎97	94	種子○	学部長５、還暦パーティー（５月）、中国(北京)、太平天国紀行(広東,広西)、会津、倉敷、天の橋立、沖縄　**60歳** あびこクリオの会（市民歴史研究会）発足、『我孫子市史近世資料』３（編著）

元号	同時代史(人名、享年)	西暦	12周期	自分史（小状況）と時代〔大状況〕
7	☆小池　辰雄94（前百年史編纂委員長、キリスト者） 山口　瞳69　○平田冨太郎86 ◎○古島敏雄83　○丸木　位里94 ○岩城　之徳71　○春日　正一88 ○亀井　孝84　宮崎　市定93	95	緑生○	『日中地方史誌の比較研究』学文社350頁（編著）、山形•鶴岡、シンガポール、ゼミ沖縄石垣、中国（五台山、大同）、奈良、中国（杭州）、「獨大経済学部30年史稿」140頁、高山、北海道丸駒・余市・平取、伊勢 日独教育思想史研究発足、百年史再編成して新発足、編纂委員長となる、〔関西大震災、オウム真理教事件〕
8	山田　忠雄74　遠藤　周作72 鄧　小平93　宇野　千代99 ○大塚　久雄89　丸山　眞男82	96	立花○	中国11（麦積山）、中国12(黄山、新安)、シンガポール、香港、ゼミ沖縄•奄美、奈良、京都、鎌先30回目合宿、美保子結婚、中新田・気仙沼・遠野 「クリオ」誌第１号、『中日地方史誌の比較研究』中文版、『増田実日記』上、我孫子市史近現代史編集委員
9	◎○蕭　爾誠83　○新庄　嘉章93 住井　すゑ95　○磯村　英一94 ○金　達寿77　萬屋錦之助64 屋良　朝苗94　横井　正一82	97	健弱×	『地域社会史の誕生』新版、藤原書店、『概観日本社会経済史』新版、学文杜、『**パンタレイ**』第30号、ニュージーランド、ゼミ沖縄11、馬籠２、京都、広島・厳島 愛犬レオ没17歳（7.3）、愛犬マリア３カ月ビーグル雌飼育はじめる 『増田実日記』中、我孫子市民市史研究講座新発足（講師）、美保子男児出産（初孫）、ボロブドゥール仏教遺跡
10		98	達成○	
11		99	乱気×	
12		2000	再会○	
13		01	財成○	
14		02	安定○	
15		03	陰影×	
16		04	停止×	**70歳**
17		05	減退×	定年
18		06	種子○	

〔付記〕☆印：恩師、◎印：私淑愛読、○印：出会読書、無印：読書学習
〔追記〕
忘れえぬ洋画：ジュリア、怒りの葡萄、誰が為に鐘は鳴る、カサブランカ、ハムレット（ソ連）、母（第１作）、ライムライト、薔薇の名前、メキシコ万歳、無防備都市、黄金狂時代、ミッション、シンドラーのリスト、質屋、パリの女、尼僧ヨアンナ
好きな作家：幸田露伴、スタインベック、プーシキン、トルストイ、ドストイェフスキイ、チェホフ、ゴーリキイ、ツルゲーネフ、杜甫、蘇東坡、魯迅、郭沫若
好きな歴史家：津田左右吉、柳田國男、会津八一、柳田　泉、羽仁五郎、服部之総、猪俣津南雄、渡部義通、藤間生大、山辺健太郎、井上幸治、色川大吉

近代女性史を考える人物相関図

齊藤 博 作図

北白川宮、品川弥二郎、青木周蔵、平田東助、山脇玄、桂太郎、山口小太郎、内村鑑三、平塚定二郎らをめぐって

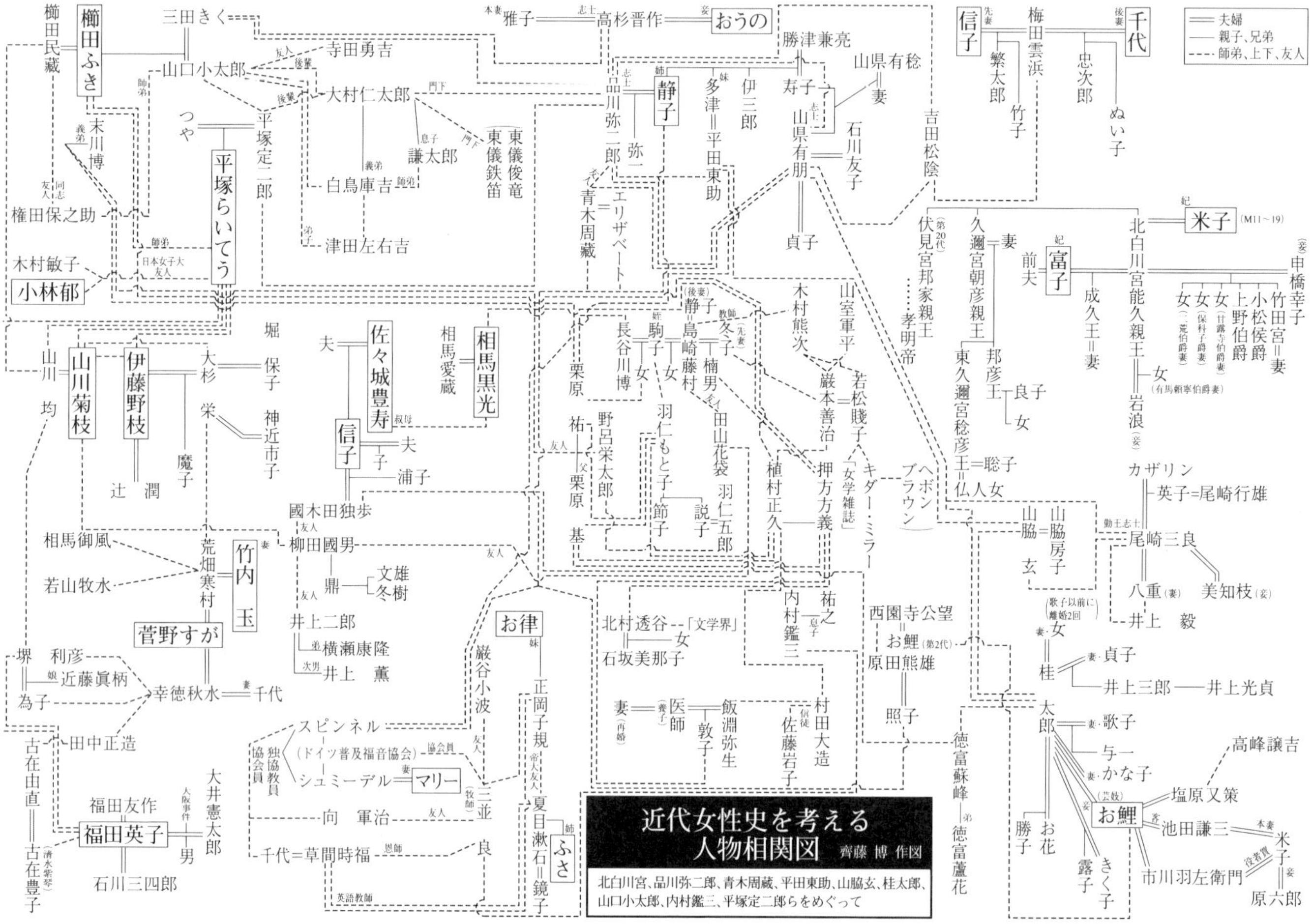

夫婦
親子、兄弟
師弟、上下、友人
櫛田民蔵
櫛田ふき
三田きく
山口小太郎
寺田勇吉
友人
後輩
師弟
大村仁太郎
門下
平塚定二郎
つや
平塚らいてう
末川博
義弟
権田保之助
友人 同志
木村敏子
小林郁
日本女子大 友人
白鳥庫吉
義弟
謙太郎
息子
東儀俊竜
東儀鉄笛
津田左右吉
弟子
師弟
本妻 雅子
志士 高杉晋作
妾 おうの
勝津兼亮
山県有稔
妻
姉 静子
志士 品川弥二郎
弥二
妹 多津
平田東助
伊三郎
寿子
山県有朋
石川友子
貞子
志士 青木周蔵
エリザベート
吉田松陰
先妻 信子
梅田雲浜
後妻 千代
繁太郎
竹子
忠次郎
ぬい子
妃 米子 (M11〜19)
北白川宮能久親王
妃 富子
前夫
成久王
妻
伏見宮邦家親王 (第20代)
孝明帝
久邇宮朝彦親王
妻
東久邇宮稔彦王
聡子
仏人女
邦彦王
良子
女
岩浪 (妾)
女 (有馬頼寧伯爵妻)
中橋幸子 (妾)
竹田宮
妻
小松侯爵
上野伯爵
女 (甘露寺伯爵妻)
女 (保科子爵妻)
女 (二荒伯爵妻)
堀
山川均
山川菊枝
伊藤野枝
大杉栄
保子
神近市子
魔子
辻潤
佐々城豊寿
叔母
夫
信子
夫
子
浦子
國木田独歩
相馬愛蔵
相馬黒光
(後妻) 静子
姪
長谷川博
駒子
女
島崎藤村
女
教師 冬子 (先妻)
楠男
田山花袋
木村熊次
山室軍平
巌本善治
若松賤子
栗原
祐
父
栗原
基
友人
野呂栄太郎
羽仁もと子
節子
説子
羽仁五郎
植村正久
押方方義
「女学雑誌」
キダー・ミラー
ヘボン
ブラウン
山脇玄
山脇房子
勤王志士 尾崎三良
カザリン
英子
尾崎行雄
八重 (妻)
美知枝 (妾)
井上毅
相馬御風
若山牧水
荒畑寒村
竹内玉
菅野すが
柳田國男
友人
鼎
文雄
冬樹
井上二郎
弟 横瀬康隆
次男 井上薫
お律
妹
巌谷小波
正岡子規
帝大友人
夏目漱石
ふさ
姉
鏡子
北村透谷
「文学界」
女
石坂美那子
内村鑑三
祐之
息子
西園寺公望
お鯉 (第2代)
原田熊雄
照子
徳富蘇峰
弟
徳富蘆花
妻 (再婚)
医師 (養子)
飯淵弥生
敦子
村田大造
信徒
佐藤岩子
堺利彦
娘
近藤眞柄
為子
幸徳秋水
妻 千代
田中正造
古在由直
古在豊子 (清水紫琴)
福田友作
福田英子
大井憲太郎
大阪事件
男
石川三四郎
スピンネル
(ドイツ普及福音協会)
協会員
独協教員
協会員
シュミーデル
妻 マリー
友人
三並
(牧師)
向軍治
友人
千代
草間時福
恩師
英語教師
良
(歌子以前に離婚2回)
女
妻
桂太郎
妻 貞子
井上三郎
井上光貞
妻 歌子
与一
妻 かな子
(芸妓) お鯉
妾
勝子
お花
露子
きく子
高峰譲吉
塩原又策
妾 池田謙三
本妻
米子
役者買
妾
原六郎
市川羽左衛門

登場人物紹介

（五十音順）

青木周蔵	弘化 1 年生。長州人、医家。ドイツ留学、外相。
荒畑寒村	明治 20 年生。平民社、雑誌「近代思想」（大正 1 ～ 3 年）。
飯淵弥生	豪農家。邸内に礼拝堂。
池田謙三	安政 1 年生。播磨人。銀行家。
石川三四郎	明治 9 年生。埼玉人、アナーキスト。平民社、大正 2 年に仏亡命。
石川友子	明治 42 年没。長州豪農、松下門の娘。
石坂美那子	明治 21 年結婚。横浜共立卒。プロテスタント。三多摩民権家、自由党政友会政治家石坂昌孝の娘。
市川羽左衛門	15 世。歌舞伎役者。
伊藤野枝	明治 28 年生。福岡人、「青鞜」主宰。アナーキスト、大正 12 年殺。
井上薫	明治 39 年生。千葉人。第一銀行頭取。
井上三郎	明治 20 年生。山口人。侯爵・井上馨養子。
井上二郎	土木技師、東大卒。手賀沼開墾地主。
井上毅	弘化 1 年生。熊本人。法制局長官。枢密顧問官、文相。長州系政治家。
井上光貞	大正 6 年生。東京人。日本史。東大教授。三条実美執事。
巖本善治	文久 3 年生。兵庫人。明治女学校校長。
巌谷小波	明治 3 年生。東京人、ドイツ留学。童話作家。硯友社、獨協生。
植村正久	安政 4 年生。東京人。牧師。富士見町教会。宮城女学院。
内村鑑三	文久 1 年生。キリスト者。明治 24 年内村事件。
内村祐之	明治 20 年生。東京人。東大教授。獨協生野球部。
梅田雲浜	文化 12 年生。小浜人、儒者。尊皇攘夷志士、安政大獄死。
梅田千代	大和高田の豪農分家の娘。文政 6 年生、京都高等女学校教師。
梅田ぬい子	高等女学校教師。
梅田信子	雲浜恩師の娘。文政 9 年生。大津人。
エリザベート	ドイツ富豪貴族の娘。協会員。
おうの	梅処尼。
大井憲太郎	天保 14 年生。大分人、民権家左派。関東自由党。
大杉栄	明治 18 年生。香川人、アナーキスト。平民社、大正 12 年殺。
大村仁太郎	文久 3 年生。山県有朋の姪。ドイツ留学。学習院教授、獨協校長。
お鯉	芸妓。
尾崎三良	天保 13 年生。山城人、男爵。英留学。法制局長官、貴族院議員、天野貞祐の義兄。勤王志士。
尾崎行雄	安政 6 年生。神奈川人。民権家、文相、東京市長、法相。
押川方義	嘉永 2 年生。牧師。東北学院校長。
お律	明治 3 年生。共立女子卒。離婚して帰家。子規看病後に自立して修学。女教師。
カザリン	英人。モリソン教授娘。
勝津伊三郎	山県有朋の養子。
勝津兼亮	長州人。
桂歌子	「山口一の美女」。
桂 お花	旅館女中。
桂勝子	他家へ養女。
桂かな子	芸妓。
桂きく子	芸妓。
桂貞子	歌子兄の妻、未亡人再婚。
桂太郎	弘化 4 年生。長州人、獨協校長。山県門下、品川後輩。ドイツ留学、陸軍大将、首相。
桂露子	他家へ養女。
桂与一	嗣子。
神近市子	明治 21 年生。長崎人。『女人芸術』『婦人文芸』。大正 4 ～ 5 年。
菅野すが	明治 14 年生。大阪人、女流ジャーナリスト。社会主義者、明治 44 年死刑。
北白川宮能久親王	弘化 4 年生。邦家親王第九王子。戊辰戦役時の輪王寺宮。明治 2 ～ 10 年ドイツ留学。明治 28 年台湾で戦病死。
北村透谷	明治 1 年生。小田原人、民権家。フレンド派キリスト者。明治 27 年自殺。

木村熊次	小諸義塾。
草間時福	嘉永6年生。京都人、慶応義塾卒。諭吉門下。県立松山中学校校長、民権家、逓信省灯台局長。
櫛田民蔵	明治18年生。ドイツ留学、大原社会問題研究所、朝日新聞記者、同志社大教授。京大教授。河上肇門下。マルクス経済学者。
櫛田ふき	明治32年生。婦人民主クラブ委員長。婦団連会長。
國木田独歩	明治4年生。千葉人、作家。「国民新聞」貴社、協会員。
久邇宮朝彦親王の妻	島津家娘。
邦彦王	近衛師団団長、陸軍大将。
邦彦王の女	東本願寺大谷家妻。
栗原祐	大阪市立大教授。
栗原基	明治9年生。仙台人。キリスト者、英文学者。ＹＭＣＡ。
幸徳秋水	明治4年生。高知人、土佐民権家。中江兆民弟子、平民社。社会主義者、明治44年死刑。
古在豊子	清水紫琴。慶応4年生。岡山人、民権家。女流文学家。
古在由直	元治1年生。足尾鉱毒調査。農学、東大総長。
小林郁	明治14年生。社会学教授。
権田保之助	明治20年生。ドイツ語、帝大教授、獨協教師。
近藤眞柄	明治36年生。東京人。社会主義者。
西園寺公望	嘉永2年生。公爵、首相、元老。五摂家。
堺為子	明治5年生。金沢人。日露反戦、反明治体制
堺利彦	明治3年生。福岡人、平民社。日本共産党初代委員長、労農派。
佐々城浦子	他家へ養女。
佐々城豊寿	嘉永6年生。仙台人。婦人矯風会幹部。
佐々城豊寿の夫	佐々城本支（伊東友賢）。軍医、開業医。
佐々城信子の夫	商船事務長。妻子あり。
佐藤岩子	仙台人。
聡子	明治帝九女。
塩原又策	お鯉の旦那。三共製薬。
品川静子	文久3年生。山県有朋の姪。
品川弥二郎	天保14年生。長州人。松陰門下、ドイツ留学。内相、子爵。
シュミーデル	1858年生。ザクセン出身。牧師、滞日明治20～25年。
白鳥庫吉	慶応元年生。東洋史学。帝大教授。
末川博	明治25年生。長州人。立命館大学総長。
スピンネル	1854年生。スイス人。駿河台・平田邸内居住。牧師、滞日明治18～24年。
相馬愛蔵	明治3年生。信州人。新宿中村屋創業。
相馬御風	明治16年生。新潟県人。歌人。早大、良寛研究。
相馬黒光	明治9年生。仙台人。宮城女学院。横浜フェリス、明治女学校。
高杉晋作	天保10年生。長州人、松陰門下、奇兵隊長、慶応3年病死。
高杉雅子	山口町奉行　井上平右衛門次女。
高峰譲吉	安政1年生。越中人。薬学、化学者。
竹内玉	荒畑寒村の妻。明治10年生。洲崎妓女。
竹田宮の妻	明治帝六女。
田中正造	天保12年生。下野人、民権家。足尾鉱毒事件、衆議院議員。
田山花袋	明治4年生。小説家。
辻潤	明治17年生。アナーキスト、雑誌「ニヒル」主宰。
津田左右吉	明治6年生。日本・東洋思想史、古代史。獨協教師、早大教授。
寺田勇吉	ドイツ留学、外語教授、協会員。九段精華女学校校長。
東儀俊竜	宮中雅楽師、洋学家。獨協校歌作曲者。
東儀鉄笛	明治2年生。秀芳の子。早稲田大学校歌作曲者。
徳富蘇峰	文久3年生。肥後人。桂太郎ブレーン。民友社、「国民新聞」。民権→国粋。

徳富蘆花	明治1年生。熊本人。同志社、民権、作家。トルストイ平和主義。
富子	文久2年生。宇和島伊達侯爵娘。
富子の前夫	島津久光公爵五男。2年で死別。
良子	明治36年生。東京人。昭和帝皇后。
成久王	大正12年、パリ自動車事故死。
成久王の妻	明治帝七女。
野呂栄太郎	明治33年生。北海道、慶応卒。講座派、日本共産党委員長。
長谷川博	京大生。法政大教授。
羽仁五郎	明治34年生。群馬人。歴史学者。
羽仁説子	明治36年生。自由学園。
羽仁もと子	明治6年生。青森人。明治女学校、自由学園。
原米子	芸妓上り。
原六郎	成金財閥。
原田熊雄	明治21年生。岡山人、男爵。西園寺公望の秘書。
原田照子	協会員。
東久邇宮稔彦王	明治20年生。フランス留学。陸軍大将、首相。
平田東助	嘉永2年生。米沢人、ドイツ留学。内相、枢密院議長、伯爵。品川弥二郎の後輩。
平塚定二郎	和歌山人、ドイツ留学。協会学校設立功労者。品川門下、協会員。一高独語教授。会計検査官。
平塚つや	田安家御典医家。女子学院卒。共立女子職業。
平塚らいてう	明治19年生。婦人文芸誌「青鞜」。明治44～大正5年発刊。
福田英子	慶応1年生。岡山人。
福田友作	上州人、豪農、民権家。
ブラウン	宣教師。
ヘボン	1815年生。米国人、宣教師。英和辞典編集。
堀保子	大杉栄の妻。
正岡子規	慶応3年生。松山人、俳人。新聞「日本」記者、明治35年病死。
三田きく	長州藩士の家、松陰門下の前原一誠派、明治9年戦死。
三並良	松山人、獨協生。子規従兄弟。ドイツ語教師、一高教授。牧師。
キダー・ミラー	フェリス女学院校長。宣教師。
向軍治	獨協生。ドイツ留学、陸軍教授。
村田大造	三河豪農家出身、文学者。ギリシャ正教→独立宣教師。
柳田國男	布佐・医師松岡鼎の弟。明治8年生。兵庫人、民俗学者。貴族院書記官長、朝日新聞。
柳田文雄	医師。布佐。
柳田冬樹	医師。獨協卒。
山県有朋	天保9年生。松陰門下、奇兵隊。元帥、首相、公爵。
山県有稔	長州人。
山県貞子	明治6年生。日本橋商人娘。芸妓（明治24～大正11年）。
山川菊枝	明治23年生。水戸人、津田英学塾。
山川均	明治13年生。岡山人、平民社出身。社会主義者、労農派。
山口小太郎	ドイツ留学、独語教師。外語・一高、獨協教授。
山室軍平	明治5年生。岡山人。日本救世軍。
山脇玄	嘉永2年生。越前人。ドイツ留学。法学者、行政裁判所長官。貴族院議員。
山脇房子	慶応3年生。松江人。山脇女学校校長。
横瀬康隆	獨協生。野球部、早逝。
吉田松陰	天保1年生、長州人。松下村塾。安政大獄死。尊皇攘夷志士。
米子	土佐・山内侯爵の娘。長病・離縁。
若松賤子	元治1年生。会津人、児童文学者。フェリス女学校。
若山牧水	明治18年生。宮崎県人。早大、歌人。

ら　行

わ　行

ま　行

や　行

た　行

な　行

は　行

さ　行

人名索引

あ 行

か 行

あとがき

「死んでしまった人間というものは、何故ああはっきりと、しっかりとして来るんだろう。まさに人間の形をしているよ。
してみると生きている人間とは、人間になりつつある一種の動物かな」
（小林秀雄「無常という事」）

一

二十世紀も終ろうとする年の、十月十七日に入ったばかりの深更、入院中に感染したMRSA菌により、著者・齊藤博（通称・齊博《サイパク》）は六十六歳の生涯を一気に閉じた。そしてこの日より「歴史には死人だけしか現われて来ない」というその、歴史上の人物になった。

あの元気印で働き者、精力家だった人がまさか、と信じ難いままに、ひとり残された私の仕事が始まった。どんなに常日ごろ、乱雑に部屋を散らかしていた者でも、死ぬ前にはきちんと片付けていくものだと聞いてはいたが、齊博の場合もまさにそうであった。

二年前のゴールデンウィーク明けに出勤の途中、齊博は北千住の駅の階段を二段とはのぼれず自宅に引き返したのだった。救急車で緊急入院したあとは私も病室で起居を共にし、週三日の講義日（それも容態に伴い、休講せざるを得なかったのだが）と愛犬の食事のためだけに外出するという日々を、夫の急逝まで五カ月、送った。夫を看取り、いまこうして論文集を作るとき、この日を予知していたかのように、抜刷原稿が分野ごとにまとめられていたのには、思わず泣けてしまった。これまで執筆したほとんどの論文、エッセイ類をまとめ、一九九三年までのものは書物の形にしていたが、『獨協学園史』の遅延を督促され、ようやく完成する二〇〇〇年まで、それらを本にする時間的余裕がなかった。今回刊行する二冊は、その後の七年間の抜刷を中心にした論文集である。

「地方金融史関係のものはこの紙袋だ」「民衆史のはここにある」「この配列でどうかな」などと、齊博の声を感じながら、私はこの作業中、孤独ではなかった。

蔵書もまた、大まかながらきちんと分類、整理されていて、遺言に基づく蔵書目録用のカード取りも少しも苦にならなかった。彼はいったい、いつのまにこの仕事をしたのであろうか。また、身辺の整理をしながら、どんな思いが去来していたのであったか。

二

いま、この校正を手掛けることで、晩年七年間の著述を通読しての素人なりの率直な納得は、齊藤史学を貫くものは、民衆史、地域社会史なのだ、それは「微視の歴史学」で、自分史に支えられるものだ、ということである。この独特の視座は、齊博が徹底して私学人であったことからきているのであろう。この、「私学人」の自由闊達な思想、権力にへつらわず、おもねらず、追従《ついしょう》せず、「誠と志」を信念として真っすぐに貫いた姿勢、本質を見抜く鋭い批評精神が、齊藤史学の特色といえようか。その成果は、特に人物伝によく結実しているように思う。

歴史家として、時代に生きる一個の人間に視点を定めていく齊博の方法は、自分史についても、一個の人間として見聞したこと、思索したこと、怒りにふるえ、涙し、あるいは感動したことを、自己点検をしつつあますことなく記した。それらを拾い読みしながら、私からみた人間齊博について一言することをお許しいただきたいと思う。

研究の方向を決めたのは、大学院一年生の京都旅行での出来事であったようだ。ひとり観光バスで京都の庭園めぐりをした折、案内係の京大の中世造園学者が「日本歴史学は東大か京大でしか本格的にはできない。あなたの場合はもうすでにやむをえないが、ともかく、なにか普通の学者がやらないような小さなテーマをこつこつ長期にわたって続けなさい。そうすれば意味がでてくる場合もあるかもしれない」と注意してくれた、というのである（二二七頁）。

春秋に富む青年期、これからという時に、もう手遅れだが、と言われては大ていの場合、意気阻喪するところだろうが、この一早大院生は、誰もやらないような小さなテーマを、という言葉の方を心に留める胆力があった。それは中学高校時代の猛烈、圧倒的な読書による自信と世界観、そこから培われた柔軟な思考力であったろう。

栄光学園時代の同級生森澄氏も、本に埋もれて過ごす齊藤少年の旺盛な読書生活を証言し（『人に志あり――追想齊藤博』）ており、みずからも「雑学性は私の地域社会史と民衆史学のるつぼ」と言い、「平凡社の『社会科事典』全十巻は中学時代の私の至宝、全巻いたるところを一項目も見逃さず、何度もよみふけった。高校から大学学部前半にかけては『世界歴史事典』（平凡社）全二十巻を愛読した」、という。後年、その事典が二つとも、平凡社編集者時代の井上幸治氏の仕事だと納得した感激を告白している（二三一―二三二頁）。

本書の「史学教育の時空」には、多岐にわたって貪り読んだ本の数々、映画、出合った人々などの絢爛たる青春期を語って尽きることがない。その厖大な愛読書の中から、齊博は『聖書』『歎異抄』『資本論』の古典三冊をあげる。その内の『資本論』は、著者の生きた「時代」が求めた古典であった。その徹底的な読み方は、向坂逸郎訳『資本論』を学生たちと十八年かけて、「一字一句ゆるがせにせずに音読して、互いにわかる範囲で原文に添って、さかしらにならずに輪読」（四一頁）「根源的な思想の把握と全体的な論理の展開と著者の具体的かつ典型的な事例紹介を生々と学習」するというもので、そうした読書法の大切さを体験をこめて熱く語っている（一九七頁）。そして結局、「私の資本論理解は、キリスト教や仏教の終末論信仰や千年王国観、最後の審判と救済への往生観を導入、融合することによって飛躍したといえるだろう。……本源的蓄積論や物神礼拝論を含む資本論の思想体系と論理構成は、キリスト教への深い洞察と原理的理解なしには、本当の所、把握しきれないものであろう」（二五一—二五二頁）と述べる。

三

引き金は、過労であったと確信できるほどに、全身全霊を打ちこみ、渾身の力をこめて仕上げた『獨協学園史』には、私学人齊藤博にしてはじめて出来るさまざまな創意工夫がみられる。ユニークな学園史になったと自負もしていたが、民衆史家の仕事としても大いに面目をほどこしているのではなかろうか。第一には、単なる史料の寄せ集め、継ぎはぎ物ではない、しっかりした歴史観に支えられた視点で書かれていること、第二に明治期の学校教育の多くが外国人宣教師によるものであり、自らもミッションスクールで外国人神父たちに就いて学んだキリスト教教育の環境（牧歌的のどかさとドイツ的律儀さと僧院的厳格性）（二二七頁）における体験と該博な歴史的知識の土壌の上に、明治期草創の学園の、血の通う教師と生徒の交流のさまに生命を吹き込んだこと。第三には、人物（キイパーソン）史で語られ、読み物風の文体をとっていること。第四には、そこから発する名簿への考え方である。一般に名簿は生者のためのもので、物故者は次々に抹消され、あるいは物故者名さえ残っていない名簿もある。この学園史では卒業生の名簿を復元し、生前の住所、職業までも調べて書き込んだ、それも特徴の一つだと語っていた。

本書には、その「序文」と「あとがき」を収録した（二六五—二七〇頁）が、そこには、一巻の大冊を完成した安心感からか、あるいはふとよぎった死の予感からか、あるいは私の気のせいか、著者みずからの遺言めいた言葉が散見される。また、その校正の過程で、「二十一世紀の新獨協像は、十九世紀以来の創唱者たちにまさるとも劣らない、人生上の高価な犠牲を払ってのみ、手に入れることができるものであろう。……（本書全二千頁が）二十二世紀を迎える時代の獨協人の方々にとって基礎資料となりうるであろうと、私たちは確信している」（二六九頁）と述べた文章中の数字「二十二」を「二十一」に直されてしまった。「これはただの数字じゃないんだ。二十二世紀、と書いているんだよ」と言って直させた、という話をしてくれたが、この学園史をはるか百年先の読者に思いを馳せて書いていた心意気が伺えるかと思う。

その学園史の一部、品川弥二郎伝（二七二―三二五頁）は、校正していることを忘れて一気に読んでしまった。時代といい、人物像といい、良質の大河ドラマに仕立てられそうな痛快な一生が活写されている。引き込まれてしまい、しばらく仕事が出来なかったくらいである。

松下村塾門下では、よくさぼり、必ずしも優等生ではなかった品川弥二郎が、師・吉田松陰の精神を受け継ぐ教育者として、大村仁太郎に「この学校より、国の柱石と相成るべき人物出るべしと祈る念は一日も忘れ申さず」（二六六頁）と書き送り、一方、明治の元勲の一人として大成していったその過程で、梁啓超や康有為の亡命事件が語られる。枢密院顧問官という重職を抛《なげう》っても、弥二郎を頼って泣きついたこの清国人たちを守って、山県有朋首相に直談判《じかだんぱん》した姿は、先般起きた中国・瀋陽の総領事館の事件と好対照である。人物を語ることで時代が見えてくる、ということを私なりに納得できた思いだった。また、北白川宮のドイツ留学中のご乱行については、多分、官公立の学校史では省略されるところであろう。当時にあっても口外は憚られることだったにちがいない。明治の超エリートたちの留学中の行状は鷗外『舞姫』にも語られているように、血気盛んな若者たちのこと、白人女性とそれぞれに恋を知った。が、遊興であったにせよ、あるいは真剣であったにせよ、国際結婚は許されない。出世の妨げになる時代である。青木周蔵は、自身にもかかわり、宮の色狂いの件に関しては顰蹙《ひんしゅく》しながら、品川弥二郎とドイツ語で手紙の往復をしている。ドイツ留学経験者ならではの、本音のやりとり法である（二九二―二九八頁）。ついでながら、「近代女性史を考える人物相関図」（六〇四頁）をみると、明治期の男性陣のなんというご乱行ぶりであろうか。そして姦通罪というのは、男性には「蒙ご免」であることもこの図は生々しく物語っている。この「近代女性史を考える人物相関図」に限らず、「法然をめぐる人物・信仰相関図」「念仏信仰の時代背景」など緻密で根気のいる作業にも著者は、粘り強く耐えられた。こうした図一枚だけでも論文七、八本は優に書けるところである。

「増田実日記」解説も又、弱者の味方であり、民衆史を手がけているこの著者にしてはじめて出来る読みではないだろうか。これまた文字通り巻措くあたわずで、校正はそっちのけになってしまった。時代こそ明治であるが、昭和十五年戦争の記憶が、重なり、まざまざと蘇る読者諸氏も多いのではなかろうか。民衆史学の醍醐味を存分に味わっていただけるかと思う。

四

『歎異抄』については、「齊藤博民衆史学の原点としたい。私の人と思想と信仰にとって大切な仕事である」。「服部（之総）史学の『親鸞ノート』正続と『蓮如』なしには私の民衆史学は考えられない」（五八頁）と述べている。「新歎異抄講義」（三六九―五九八頁）は、勤務校のオープンカレジの講義にもとづいている。「私の三十年間の日本民衆精神史の原型への回流の、総決算である。……長い年月の準備と配慮と逡巡の末に、やっとここまで辿りついた感がある」（二五一頁）と述懐するように、これが齊博の究極のライフワークである。

「災害凶事年表」（五八九―五九七頁）を参照しつつ読む『歎異抄』は、あい続く地震、洪水、飢饉という過酷な自然の猛威の前には、他力でしか救われない人間の無力感が必然であることを、著者は読み取っている。あるいは又、『宇治拾遺物語』の「田舎のちご、桜の散るを見て泣く事」を取り上げて、実家の貧しさから奉公に出されたこの幼な子が、春の嵐に散る桜花を見ながら、きっとこの風で麦の花も飛んでしまうだろう。麦が不作になれば、こんどは自分の弟や妹も身売りされるだろうと、泣くこの子の気持を代弁する（五二〇頁）。国文学的読みでは「うたてしやな」（興ざめな子供だ）という感想で終りであるが、なるほど民衆史家の目では、そう読むのかと、この稚児の嗚咽を聞かせてもらった気がした。

オープンカレジは熟年世代の受講生が多く、また繰り返し受講される方があるので、同じことばかりはしゃべれないから、と言いながら新しい資料を付け加えつつ自らも読み深めていった。そしてついに「歎異抄の思想はカトリックに通じるんだね」と語るに至った。みずからの手で書物には出来なかったが、しかしオープンカレジ受講生用に、八割強は本の形に仕上げ、「あとがき」まで書いている。講義時のテープは八年分あった。それを参考に、末尾の二割弱については「我孫子クリオの会」(歎異抄講義はここでも要旨が開陳された)の編集発行人、美崎大洋氏が仕上げて下さった。ここに披露し、御厚意に深謝する次第である。

五

巻末の「同時代史」は、齊博自身の波瀾に富む人生の縮図である(九七年までしか書かれていないが、それはその年の作品ということで他意はない。ただ、そのころこれを書き留めておこう、と思ったことだけは確かである)。そこには、自らの史観を育て、方向づけた「好きな歴史家」の名前が列ねられている。人生と学問において少なからぬ影響を受けていることの表明であろう。ミッションスクールでの影響からか、聖書の語る「人の時」(命の日数)が人生のリズムにこだましている。年わかい教え子の思いがけない死、あるいは病死に直面して、人命は「天命で貸し与えられているだけ」との思いを強くする。一日八十本のヘビースモーカーだったが、肺癌への恐怖から禁煙を決意実践した(三三頁)。人間ドックも欠かさなかった。プロテスタント系のセブンスデイ・アドベンチスト(SDA)教会経営の「東京衛生病院」にドック入院した折に聖書通信教育を知り、聖書の本格的再読に挑む。これを契機に、自分の人生とたましいの総点検をし、しばらく離れていたキリスト教に回帰したのだった。人間ドック受診の際も、必ずしも規則を守っていない。「前晩十時以降は飲食しないこと」とあるのに、痛飲暴食、不摂生の限りで受診したことも一再ではない。最悪のデータも見ておこう、という意図もあったのだろうか。

一方、占いの類にも人並みに関心を持ち、四柱推命、六星占、姓名判断、血液型判断や、周易など中国易占をも研究していた。今思うに、どうも「人の時」をはかっていたのではなかろうか。いつまで生きられるか、その間、どれくらいの仕事ができるのか、と。百年史編纂の仕事で、『あるばむ 人間・関湊』を編纂したときのこと。当時獨協学園理事長であった関湊は、病に身を浸食されつつも、やるべき仕事は山積していた。人生をよく言い当てるという女性占い師を九州に探し当てた関湊は、あとどれくらい生きられるかと問いつめる。病気は不治で、まもなく命尽きる日の見える彼女は泣き出して「言えません」、と言うのを無理に聞き出す箇所がある。これを書いた経験と、両親から癌体質を受け継いでいることを自覚している齊博は、病気で倒れない先に、肉体と相談しながら「もう少しいけるかな」と、薄氷を踏む思いで全力で仕事をしていたようだ。片や、聖書を読み深めつつ、死の黙想を書き綴っている（「華甲私記」四三一―五九頁）。あたかも運命と交渉しているごときであった。「おれ、案外、ころころっと逝っちゃうかもしれないよ」と言ったりもした。その時なにか予兆を感じたのだったろうか。倒れた時に「ああ、時が来たんだ」とつぶやいた言葉が忘れられない。

六十六歳という年齢は、現今の高齢化社会にあっては確かに短い。が、三倍速ほどの密度でなした、特に晩年の仕事量、能うる限りの貪欲な読書と思索のあとを辿れば、またとくに、晩年は自分のためにではなく、「世のため、人のために」と自身にかけ声をかけながら生き抜いたことを思うと、十分に自己実現した人生、倒れる寸前まで仕事をしその完成を見届けてのあっぱれな一生。まさしく大往生だった、と私には思えるのである。

二〇〇二年十月

齊藤　幸枝

初出一覧

序　民衆史の創造化　『芳賀登著作選集』第2巻、雄山閣出版、二〇〇〇年

Ⅰ　自分史の風景

1　境川のほとりで　『体験記集　横須賀の学童疎開』横須賀市教育研究所、一九九七年
2　「あのころ」を思い起こす　『郷土あびこ』第五号、一九八三年
3　叔父・安藤今朝巳と父・齊藤庄吉　『近代日本の社会基盤』蒼文社、一九七三年
4　想い出すこと、これからのこと　『博友会会報』第一号、一九九〇年
5　回流と新生と　『博友会会報』第三号、一九九一年
6　旧情と近情と　『博友会名簿』、一九九三年
7　五十五歳の人生に粛然　『新評論』七一号、一九八九年九月号
8　華甲私記　『パンタレイ』二七号、一九九四年
9　ひとり言　『パンタレイ』二九号、一九九六年
10　慕情　『パンタレイ』三二号、一九九九年
11　母の質屋女中奉公とわが二人の恩師　『質屋史の研究』あとがき、新評論、一九八九年
〈コラム〉二〇〇〇年の正月小感　『クリオ』、二〇〇〇年一月
〈コラム〉明陵にて、幸田露伴『運命』を想う　『博友会会報』第五号、一九九四年

Ⅱ　齊藤史学の地平――学問と教育

第一章　わが地平、わが原点

1　「市民の歴史学」運動の地平から　『新評論』三七号、一九八六年六月号
2　新たなる地域社会史への提言　『機』七三号、一九九七年七・八月号
3　太平天国の地にて考える　『パンタレイ』三十号、一九九七年
4　〈往復書簡〉地域の精神と歴史の再生をめざして（齊藤博・花崎皋平）　『新日本文学』四六八号、一九八六年十一・十二月合併号

第二章　地域社会史の理念

1　地域社会史構築の課題と陥穽　『我孫子市史研究』十六号、一九九八年

2　『増田実日記』を読む　第一巻　我孫子市史資料集　近代篇別冊Ⅰ『増田実日記Ⅰ』、一九九六年

『増田実日記』を読む　第二巻　我孫子市史資料集　近代篇別冊Ⅰ『増田実日記Ⅱ』、一九九七年

『増田実日記』を読む　第三巻　我孫子市史資料集　近代篇別冊Ⅰ『増田実日記Ⅲ』、一九九八年

〈コラム〉地方史と民衆史　中国・南開大学招聘特別講演概要、一九九二年四月二八日

〈コラム〉日本近代化と地域社会の問題点　中国四川省・社会科学院における講演概要、一九九二年九月八日

第三章　史学教育の時空

1　教師と学生、十一年間の精神史　『パンタレイ』十号、一九七七年三月

2　顧みる二十一年間の歩み　『パンタレイ』二十号、一九八七年三月

3　多彩な夢と展開の三十年間　『パンタレイ』三十号、一九九七年

Ⅲ　獨協大学の教育精神に学ぶ

序1　私学教育精神史の大観　『獨協学園史　1881－2000』はじめに、二〇〇〇年

序2　二十一世紀の獨協像の基礎に　『獨協学園史　1881－2000』あとがき、二〇〇〇年

第一章　先人から

1　品川弥二郎　『獨協学園史　1881－2000』、二〇〇〇年

2　関湊の風土　『あるばむ　人間・関湊』獨協学園百年史編纂室、一九八六年

第二章　教育と学問

1　民衆の顔を持った歴史　『大学時報』私大連盟、一九九〇年三月号

2　七〇年前後のわが講義姿勢　『南関東・山地周辺　地方農村史研究』蒼文社、一九七一年

3　根のある学問修練を　『パンタレイ』三十号、一九九七年

〈コラム〉学問修練の場の活性化　『獨協経済』五七号、獨協大学経済学部、一九九一年

〈コラム〉研究と教育の融合　『獨協大学経済学部演習年報』獨協大学経済学部、一九九三年

4　二十一世紀における社会科学新生への幻想　『獨協経済』六一号、経済学部創設三十周年記念号、一九九五年

齊博の同時代史　『パンタレイ』三十号、一九九七年

IV　新歎異抄講義——21世紀の生き方を読む　書き下ろし

著者紹介

齊藤　博（さいとう・ひろし）

1934年、神奈川県横須賀市に生まれる。1957年、早稲田大学第一政治経済学部卒業、大学院進学。獨協大学専任講師を経て、1975年獨協大学教授。1986年より獨協大学経済学部長（～95）。1990年、文学博士号取得（筑波大学）。1992年、中国天津特別市・南開大学客座教授、中華人民共和国四川省・社会科学院客座研究員、栄誉教授となる。1995年、獨協学園百年史編纂委員長をつとめる。2000年、東京慈恵医大柏病院にて逝去。
著書に『民衆史の構造』（1975年）『民衆精神の原像』（1977年）『質屋史の研究』（1989年、以上新評論）『歴史の精神』（1986年、学文社）『地域社会史の誕生』（新版1997年、藤原書店）他多数。

齊藤博史学集成　I

わが精神の歩み

2002年10月30日　初版第１刷発行©

著　者　齊　藤　　博
発行者　藤　原　良　雄
発行所　株式会社　藤原書店
〒162-0041　東京都新宿区早稲田鶴巻町523
電話　03（5272）0301
FAX　03（5272）0450
振替　00160-4-17013

印刷・中央精版　製本・協栄製本

落丁本・乱丁本はお取替えいたします　Printed in Japan
定価はカバーに表示してあります　ISBN4-89434-307-X

真の勇気の生涯

「アメリカ」が知らないアメリカ

（反戦・非暴力のわが回想）

D・デリンジャー　吉川勇一訳

第二次世界大戦の徴兵拒否からずっと非暴力反戦を貫き、八〇代にして今なお街頭に立ち運動を続ける著者の、不屈の抵抗と人々を鼓舞してやまない生き方が、もう一つのアメリカの歴史、アメリカの最良の伝統を映し出す。

A5上製　六二四頁　六八〇〇円
（一九九七年一一月刊）
◇4-89434-085-2

FROM YALE TO JAIL　David DELLINGER

絶対平和を貫いた女の一生

絶対平和の生涯

（アメリカ最初の女性国会議員ジャネット・ランキン）

櫛田ふき監修

H・ジョセフソン著　小林勇訳

二度の世界大戦にわたり議会の参戦決議に唯一人反対票を投じ、ベトナム戦争では八八歳にして大デモ行進の先頭に。激動の二〇世紀アメリカで平和の理想を貫いた「米史上最も恐れを知らぬ女性」（ケネディ）の九三年。

四六上製　三五二頁　三二〇〇円
（一九九七年二月刊）
◇4-89434-062-3

JEANNETTE RANKIN　Hannah JOSEPHSON

真の「知識人」、初の本格評伝

沈黙と抵抗

（ある知識人の生涯、評伝・住谷悦治）

田中秀臣

戦前・戦中の言論弾圧下、アカデミズムから追放されながら『現代新聞批判』『夕刊京都』などのジャーナリズムに身を投じ、戦後は同志社大学の総長を三期にわたって務め、学問と社会参加の両立に生きた真の知識人の生涯！

四六上製　二九六頁　二八〇〇円
（二〇〇一年一一月刊）
◇4-89434-257-X

師・友人を通して綴る精神の軌跡

思い出の人々と

宮本憲一

地域、市民の視点から、経済学者として環境論、都市論の先駆的業績を残した宮本憲一。その精神の軌跡、そして戦後の思想・経済の変遷を、かけがえのない師や友人との交流を通して綴る、愛惜こもる一冊。

四六上製　二四〇頁　二〇〇〇円
（二〇〇一年一〇月刊）
◇4-89434-254-5

ミシュレの歴史観の全貌

世界史入門
（ヴィーコから「アナール」へ）

J・ミシュレ　大野一道編訳

「異端」の思想家ヴィーコを発見し、初めて世に知らしめた、「アナール」の母ミシュレ。本書は初期の『世界史入門』から『フランス史』『十九世紀史』までの著作群より、ミシュレの歴史認識を伝える名作を本邦初訳で編集。L・フェーヴルのミシュレ論も初訳出、併録。

四六上製　二六四頁　二七一八円
（一九九三年五月刊）
◇4-938661-72-1

全女性必読の書

女

J・ミシュレ
大野一道訳

アナール派に最も大きな影響を与えた一九世紀の大歴史家が、歴史と自然の仲介者としての女を物語った問題作、本邦初訳。「女性は太陽、男性は月」と『青鞜』より半世紀前に明言した、全女性必読の書。マルクスもプルードンも持ちえなかった視点で歴史を問う。

A5上製　三九二頁　四六六〇円
（在庫僅少）（一九九一年一月刊）
◇4-938661-18-7

LA FEMME　Jules MICHELET

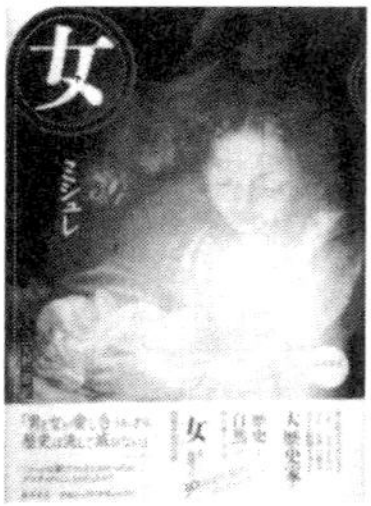

陸中心の歴史観を覆す

海

J・ミシュレ
加賀野井秀一訳

ブローデルをはじめアナール派やフーコー、バルトらに多大な影響を与えてきた大歴史家ミシュレが、万物の創造者たる海の視点から、海と生物（および人間）との関係を壮大なスケールで描く。陸中心史観を根底から覆す大博物誌、本邦初訳。

A5上製　三六〇頁　四六六〇円
（一九九四年一一月刊）
◇4-89434-001-1

LA MER　Jules MICHELET

「自然の歴史」の集大成

山

J・ミシュレ
大野一道訳

高くそびえていたものを全て平らにし、平原が主人となった一九、二〇世紀。この衰弱の二世紀を大歴史家が再生させる自然の歴史（ナチュラル・ヒストリー）。山を愛する全ての人のための「山岳文学」の古典的名著、ミシュレ博物誌シリーズの掉尾、本邦初訳。

A5上製　二七二頁　三八〇〇円
（一九九七年二月刊）
◇4-89434-060-7

LA MONTAGNE　Jules MICHELET

感性の歴史学の新領野

涙の歴史

A・ヴァンサン＝ビュフォー

持田明子訳

ミシュレ、コルバンに続き感性の歴史学に挑む気鋭の著者が、厖大なテキストを渉猟し、流転する涙のレトリックと、そのコミュニケーションの論理を活写する。近代的感性の誕生を、こころとからだの間としての涙の歴史から描く、コルバン、ペロー絶賛の書。

四六上製　四三二頁　**四二七二円**

（一九九四年七月刊）

◇4-938661-96-9

HISTOIRE DES LARMES

Anne VINCENT-BUFFAULT

自然科学・人文科学の統合

気候の歴史

E・ル＝ロワ＝ラデュリ

稲垣文雄訳

ブローデルが称えた伝説的名著ついに完訳なる。諸学の専門化・細分化が進む中、知の総合の企てに挑戦した野心的大著。関連自然科学諸分野の成果と、歴史家の独擅場たる古文書データを総合した初の学際的な気候の歴史。

A５上製　五一二頁　**八八〇〇円**

（二〇〇〇年六月刊）

◇4-89434-181-6

HISTOIRE DU CLIMAT DEPUIS L' AN MIL

Emmanuel LE ROY LADURIE

アナール派、古典中の古典

〈FS版〉新しい歴史

（歴史人類学への道）

E・ル＝ロワ＝ラデュリ

樺山紘一・木下賢一・相良匡俊・中原嘉子・福井憲彦訳

［新版特別解説］黒田日出男

『新しい歴史』を左手にもち、右脇にかの講談社版『日本の歴史』を積み上げているわたしは、両者を読み比べてみて、たった一冊の『新しい歴史』に軍配をあげたい気分である。」

B６変並製　三三六頁　**二〇〇〇円**

（一九九一年九月／二〇〇二年六月刊）

◇4-89434-265-0

HISTOIRE DU CLIMAT DEPUIS L' AN MIL

Emmanuel LE ROY LADURIE

待望久しい増補改訂された新版

〈新版〉新しい世界史

（世界で子供たちに歴史はどう語られているか）

M・フェロー　大野一道訳

世界各国の「歴史教科書」の争点。南アフリカ、インド、イラン、トルコ、ソ連、アルメニア、ポーランド、中国、日本、合衆国、オーストラリア、メキシコ他。［新版特別解説］勝俣誠（アフリカ史）佐藤信夫（アルメニア史）

A５並製　五二八頁　**三八〇〇円**

（二〇〇一年五月刊）

◇4-89434-232-4

COMMENT ON RACONTE L' HISTOIRE AUX ENFANTS A TRAVER LE MONDE ENTIER

Marc FERRO